21 世纪法学系列教材配套辅导用书

法理学练习题集

（第六版）

主　编　朱景文
撰稿人　杜洪波　李户君
　　　　季长龙　蔡　华

中国人民大学出版社
·北京·

出版说明

法学练习题集系列自2006年出版以来，已经发行了15年。在这15年中，这套书受到了广大法学师生的喜爱，屡屡登上法学畅销书的排行榜。作为编者，我们倍受鼓舞，为能够为中国法学教育事业的发展贡献一点微薄的力量而感到由衷的喜悦，同时也深感自己身上的担子更重了。

这套书的设计初衷是帮助学生通过做练习的方式来检测、巩固所学知识，并通过案例分析、论述等题型的设计，进一步提高解决实务问题的能力和开阔学术研究的视野，通过“应试”的方式提高学习能力。从广大读者的反馈来看，这一设计初衷较好地实现了：学生通过精心设计的同步练习，更好地掌握了本学科的知识，加深了对司法实务问题的理解，并对一些法学学术前沿问题有所涉猎。

具体来讲，这套书有如下一些特点：

第一，帮助学生系统掌握本门学科知识。这套书参照法学课程通用教材设计章节体系，每本练习题集的每章下设“知识逻辑图”栏目，提纲挈领地勾画了一章的内容中不同知识点之间的逻辑关系，能帮助学生更好地理解知识体系、结构、逻辑关系，快速记忆本章的核心知识点。其后设计了名词解释、单项选择题、多项选择题、简答题、案例分析题、论述题等常见题型的自测题，突出了本章的重点、难点知识点，并提供了详细的答案分析，从而不仅可以开阔学生的眼界，帮助学生了解不同类型考题的不同形态，掌握其解题方法，而且可以培养和增强学生的综合实战能力。除每章的自测题外，全书还专门设计了三套综合测试题，学生可以在学完本门课程后自己测验一下对这门课程总的学习效果。

第二，帮助学生通过国家统一法律职业资格考试。法学专业的学生在经过系统学习之后，通过法律职业资格考试应当是顺理成章的事情，然而，法律职业资格考试在大多数法学院校学生中的通过率并不高。这套书从历年法律职业资格考试（司法考试）的试题中精选了部分经典的试题，帮助学生在上学期间了解法律职业资格考试的难度、考查的角度和形式，并进行有针对性的学习和准备。

第三，帮助学生准备考研。一方面，这套书从一些法学名校（如中国人民大学、北京大学、中国政法大学等）的历年考研试题中精选了部分试题；另一方面，这套书专门设计了“论述题与深度思考题”栏目，以拓展学生学术视野，同时，对考研的学生掌握论述题的答题方法和技巧亦有较大帮助。

我们的思路可归纳为：通过似乎回到“应试教育”模式、进行同步练习这样一种“俗”的方式，来达到我们强化“专业教育”的大而不俗的目的。

法学教育进入了新时代，更加强调法学专业学生对国家全面依法治国方略的学习和理解，更加强调法律职业伦理的塑造，更加强调法治人才对法治理论的实际运用能力。原来的“司法考试”升级为“国家统一法律职业资格考试”，无论是客观题还是主观题，都更加强调对案例分析能力的考查。作为一门实践性、应用性很强的学科，法学案例教学的重要性日益凸显。

为了回应新时代法学教育的需求，我们对这套书进行了全新的改版升级。一方面，我们适当增大了各类案例题型（案例型选择题、案例型分析题、案例型论述题）的比例。另一方面，我们力图运用新的出版技术手段，更好地为广大读者服务。在保留原有优势和特色的基础上，我们为每本书增加了相配套的视频讲解，选择书中的重点和难点题目，由作者进行更详细的分析和讲解。每本书附数字学习卡，扫码即可观看全部视频。除此之外，为方便读者学习，在有视频解析的题目下也配有二维码，读者扫码即可观看相关的讲解视频。*

此外，为了更好地为广大读者服务，我们计划建立读者答疑群。购买正版图书的读者可以凭所附的数字学习卡，一书一码，扫码进微信答疑群，我们会请相关书的作者不定期地进行集中的答疑。在这里，您既可以跟全国的读者进行交流，又可以得到专家学者的指导，从而能在学习上获得更多的帮助和支持。

最后，推荐大家关注中国人民大学出版社法律分社的微信公众号，“人大社法律出版”。这里不仅有大量的出版资讯，还有不少的数字资源，是跟我们联系的另一条渠道。

您的喜爱是我们前行的动力，衷心希望这套练习题集能够做得越来越好，在您的前进道路上略尽绵薄之力。

2021 年 11 月

扫码关注“人大社法律出版”

*《法理学练习题集（第六版）》无视频讲解和数字学习卡。——编辑注

目　录

导　论　法理学的研究对象、框架和方法

知识逻辑图

- 法理学的研究对象、框架和方法
  - 法学和法理学
    - 法学的研究对象：法律现象
    - 法学发展的历史逻辑：
      - 法学产生的条件：（1）从事法律活动的经验积累；（2）法律经验的专门性；（3）法律职业
      - 法学发展的历史规律：从分化到综合，即法学经历了从整个社会科学分离、法学内部不同学科的分化到各个部门法之间以及与其他学科的综合
    - 法学体系：由法学分支学科构成的体系，主要包括理论法学、法律史学、部门法学、外国法学、国际法学以及交叉学科等
    - 法理学在法学体系中的地位：理论基础学科
    - 法理学的构成和知识体系：法哲学、法社会学和实证法理论
  - 哲学、社会科学、自然科学与法理学
    - 哲学与法理学：（1）哲学作为根本的世界观和方法论，对法学起着重要的指导作用；（2）哲学流派的变化直接影响到法学流派的发展变化
    - 社会科学与法理学：（1）如果把社会科学的研究对象分为规律性和规范性，那么法学尤其是法理学，主要研究的是规范性，关涉的是合法性，而不是真理性；（2）法学虽然主要研究规范性，但并非绝对不关注规律性
    - 自然科学与法理学：自然科学为法理学在研究规律性问题时提供了方法指导，同时，自然科学的研究成果也拓展了法理学的视野
  - 法理学的方法论
    - 哲学方法：是方法论的认识论基础，处于方法论体系的最高层，是造成不同法律观的根本原因
    - 实证科学方法：科学假说的陈述必须由经验事实来检验，主要包括实验、观察、调查、访问等方法
    - 法学的规范研究方法：严格按照法律规定或法律的基本原则、法律精神来看问题

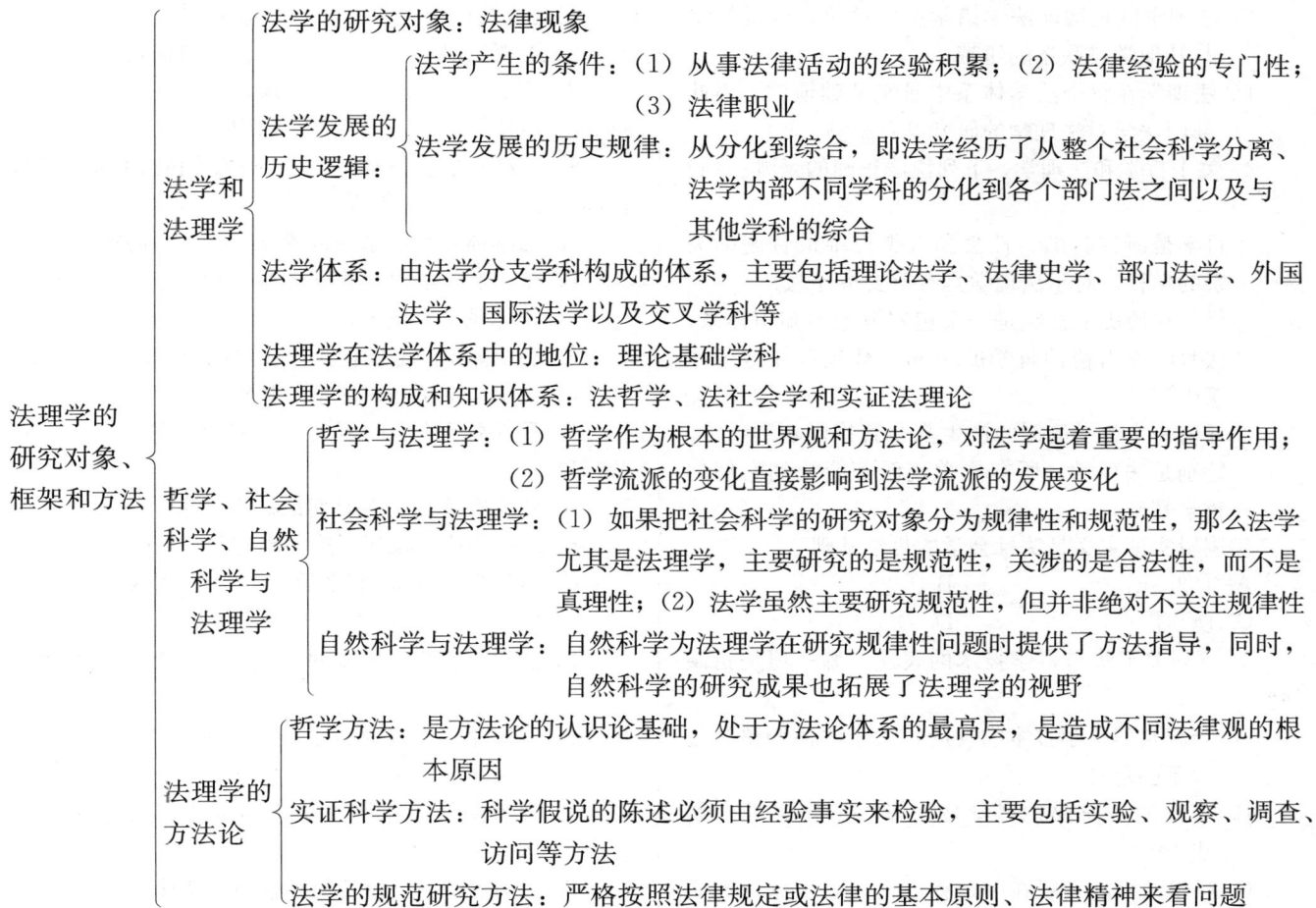

名词解释与概念比较

1. 法学体系和法律体系
2. 法理学和法哲学
3. 法学
4. 法理学和理论法学
5. 法实证论（实证法的理论）

选择题

（一）单项选择题

1. 法学是一门专门以（　　）为研究对象的学科。

A. 社会现象　　B. 法律现象

C. 法律意识　　D. 法律规范

2. 法学体系是一个有着众多分支学科的体系。整

个法学体系的主体是下列哪一部分？（　　）

A. 理论法学　　B. 法律史学

C. 部门法学　　D. 交叉学科

3. 下列有关法理学的表述，哪一个是正确的？（　　）（考研）

A. 法理学是一门理论法学，因而没有实践价值

B. 汉语中“法理学”一词来自日语，与法哲学没有任何关系

C. 法理学既是沟通法学诸学科的桥梁，也是法学与其他学科联系的纽带

D. 法理学在整个法学体系中具有基础地位，因此部门法学对法理学的研究没有影响

4. 关于哲学和法理学，下列说法正确的是哪一项？（　　）

①哲学是研究自然、社会和人类思维最普遍的关系的学科，对于法理学具有重要指导意义

②哲学在历史上曾经是一个包罗万象的知识体系，法哲学作为精神哲学的一部分被包容在这个体系中

③任何一个哲学流派的产生都会直接影响到法学，特别是法理学。所有法学流派都能找到它们的哲学基础

④逻辑实证主义是法社会学的哲学基础

A. ①②③④　　B. ①②③

C. ①②④　　D. ②③④

5. 下列关于法与科学技术的表述，哪一项是错误的？（　　）

A. 当代自然科学技术的发展扩大了法律调整社会关系的范围

B. 当代的法律保护科学技术发展所带来的一切成果

C. 科学技术的发展在一定程度上提高了立法的质量和水平

D. 科学技术发展对法律的作用是全方位的

6. 关于自然科学和法理学，下列哪一项表述是错误的？（　　）

A. 自然科学与法学的研究对象是不同的

B. 自然科学对法理学的意义在于它为法理学中有关规律性的认识提供了实证研究的方法，使法理学的抽象命题能够在实证科学的层次上得到证实或证伪，被具体化和深化

C. 法理学可以利用自然科学新领域的一些新的研究成果，在交叉学科的层次上扩展法理学研究的领域

D. 自然科学研究自然现象规律，而法理学是研究规范性的社会科学，不进行规律性的研究

7. 比较的方法是一种逻辑分析的方法，它涉及对现有材料的整理，也是比较法研究的基本方法。比较可以在哪两个不同层次进行？（　　）

①规范的比较　　②规律的比较

③功能的比较　　④性质的比较

A. ①②　　B. ①③

C. ②④　　D. ②③

8. 下列关于法律体系、法学体系和法系的表述，正确的是（　　）。（考研）

A. 法学体系是法系赖以建立和存在的前提

B. 在一个国家中，法学体系一般只有一个，而法律体系会有数个

C. 法学体系的范围比法律体系的范围广泛

D. 法学体系是法律体系的基础

9. 下列关于法学的表述，能够成立的是（　　）。（考研）

A. 法学在我国先秦时期被称为“律学”

B. 所有法律现象都在法学研究范围之内

C. 马克思主义产生之后，法学才成为一门独立学科

D. 法学随着法的出现而出现，因此有了法就有了法学

10. 关于各法学流派及其观点，下列说法正确的是（　　）。（考研）

A. 自然法学派主张在法学研究中不必考虑价值因素

B. 社会法学派反对任何超越现行法律文本的解释

C. 分析法学派强调法体现人的理性，自然法高于人定法

D. 历史法学派认为法律就像一个民族的风俗、语言一样，是民族精神的体现

（二）多项选择题

1. 法学的研究对象，可以划分为下列哪些层次？（　　）

A. 以法律规则本身为中心的创制、适用和解释法律的方法、手段

B. 在法律规则的基础上深入研究法律原理、原则
C. 研究法的规律性
D. 探求法的合理性

2. 关于法理学和部门法学的关系，下列表述哪些是正确的？（ ）
A. 法理学的结论必须有部门法研究的基础，只有通过对一个具体部门法的研究才能得出法理学的结论
B. 法理学要能够深入到部门法的领域中去，了解、回答部门法所提出的问题
C. 法理学从比较抽象的层面上对法律现象进行把握，比部门法学站得更高，更能够统揽全局性的问题
D. 法理学不是脱离部门法的抽象的思维，而是建立在对部门法的深入研究基础上的多样性的综合

3. 关于法学及其体系的说法，正确的有哪些？（ ）
A. 法学体系的出现以法学分支学科的相对发达为前提条件
B. 法学的发展规律与哲学、历史学的发展规律是相同的
C. 法学体系指的是一个有机联系的知识系统
D. 法学的产生以近代法治出现为前提条件

4. 下列关于法学的表述中，正确的有（ ）。(考研)
A. 从认识论角度，法学可以分为理论法学和应用法学
B. 法学是随着法的产生而产生的，有了法就有了法学
C. 法学的研究对象存在不同层次，最深的层次是创制和适用法的方法
D. 法存在和发展的社会文化状况也是法学的研究对象之一

5. 关于法理学研究的方法论，下列哪些表述是正确的？（ ）
A. 哲学方法是方法论的认识论基础，位于法理学整个方法论体系的最高层
B. 实证科学方法是作为科学的各个学科所共有的方法
C. 规范研究的方法适用于一切把规范性作为自己研究领域的学科，其中最主要的是伦理学和法学
D. 哲学的方法虽然对其他的研究方法具有指导意义，但是它不是万能的，不能代替其他科学的方法

6. 下列有关法学及其体系的解释有哪些是不正确的？（ ）(考研)
A. 法学的产生是以近代法制国家为前提条件
B. 法学体系等同于法律学说体系
C. 法学具有实践性和职业性
D. 法学的发展规律与文学、哲学的发展规律完全相同

7. 在法理学研究中运用的实证科学的方法主要包括下列哪些？（ ）
A. 历史文献的方法
B. 调查的方法和观察的方法
C. 实验的方法
D. 比较的方法

8. 法学的规范研究方法对于法理学中的专门法律问题研究具有重要意义，这些专门法律问题是从法律规定或从整个法律体系的框架或从法律制度的运作当中归纳和引申出来的，它主要表现在下列哪些方面？（ ）
A. 立法程序和立法技术
B. 法律解释的种类、权限和技术
C. 行政执法权限
D. 违法的构成要件

9. 古罗马法学家盖尤斯认为，法学是关于神和人的事务的知识，是关于正义和非正义的科学。对于这句话，理解正确的有（ ）。
A. 把正义和法律相等同
B. 是对法律现象的一种认识
C. 以唯心史观为指导
D. 看到了法律和道德的密切联系

10. 法学是研究法律现象的科学，其产生是多种因素综合作用的结果。关于法学产生的原因，下列表述正确的有哪些？（ ）
A. 法学的产生需要人们从事法律活动的经验的积累
B. 法学的产生需要人们从事法律活动的经验具有专门性，要经过特殊的学习和训练
C. 法学的产生需要法律职业的存在

D. 法律现象是法学的研究对象，两者是同时产生、共同发展的

11. 下列选项中，产生于 19 世纪的法学流派有（ ）。（考研）

A. 分析法学派　　B. 历史法学派
C. 自然法学派　　D. 经济分析法学派

简答题

1. 简要分析法理学的构成和知识体系。
2. 简述法理学中法哲学、法社会学和法实证论之间的关系。
3. 简述法学研究方法中的哲学方法、实证方法和规范方法的特点及分别在法学研究方法论中的地位。
4. 如何理解法学发展的历史逻辑？
5. 如何理解法理学中的规律性研究和规范性研究？

材料分析题

1. 材料一：

古希腊思想家认为自然法是法律（人定法）的基础，自然法要求“和自然相一致的生活”，人定法必须符合这种自然理性要求。中世纪神学家阿奎那把基督教信仰与理性结合在一起，认为法（人定法）是管理社会的人为了公共幸福而制定、颁布的理性规则。近代自然法学派认为，法的基础不是大自然，也不是神的意志，而是人类理性，自然法就是人类理性，是立法者以及一切人的永恒规范；该学派还认为，人生来就有不可剥夺的权利，这种权利源于自然法，不允许政府以及任何人侵犯。

材料二：

孟德斯鸠说：“从最广泛的意义来说，法是由事物的性质产生出来的必然关系。在这个意义上，一切存在物都有它们的法。上帝有他的法；物质世界有它的法；高于人类的‘智灵们’有他们的法；兽类有它们的法；人类有他们的法。”

材料三：

奥地利著名法社会学家埃利希认为，“法律史上已经证明，最初，立法和司法都是在国家范围以外的。司法并不来自国家，而是根源于国家存在以前”。事实上，埃利希所研究的法律，主要是指“活法”。在他看来，法律是社会秩序或人类团体的内在秩序，因而不能把国家制定法看成是法律的主要部分，有些法律虽然不曾被制定为法律条文，但仍然是支配社会生活的法律。

材料四：

分析法学派的代表人物之一奥斯丁认为，法律就是主权者的命令，每一实在法是由一个主权者个人或集体，对独立政治社会的一个成员或若干成员，直接地或间接地设立的。这是一种严格意义上的法，是一般法理学的研究对象。

材料五：

马克思在评论资产阶级法律时指出，“你们的观念本身是资产阶级的生产关系和所有制关系的产物，正像你们的法不过是被奉为法律的你们这个阶级的意志一样，而这种意志的内容是由你们这个阶级的物质生活条件来决定的”。

问题：

（1）材料一关于法现象的认识有何相同点和不同点？

（2）材料二、三对于法的定义有何相同之处？

（3）材料四的结论有何局限性？

（4）综合上述材料，指出马克思主义法理学的特点。

2. 英国法理学家哈特在其《实证主义和法律与道德的分离》一文中，提出了一系列法律实证主义的主要观点：法律是人类的命令；法律与道德之间不存在必然的联系；法律体系是一个“封闭的逻辑系统”，可以通过单纯的逻辑手段从既定的法律规则中推导出正确的判决。

请结合上述材料，运用法理学相关知识，阐释法律实证主义的基本观点并对其作出评价。（考研）

论述题与深度思考题

试述法理学中的规范分析方法。

参考答案

名词解释与概念比较

1. 法学体系指的是由各分支学科构成的知识系统，

其构成要素是法学学科；法律体系是法的内在结构，指一国现行法既分为不同部门而又组成内在统一、有机联系的系统，其构成要素是法律规范以及由此形成的法律部门。

2. 作为理论法学组成部分的法哲学有两种不同的含义：一种是广义的，就相当于法理学，另一种则是狭义的，属于法理学中的一部分，即关于法的概念、作用、价值、历史发展规律，法律在社会结构中的地位，法的制定与实施中的哲理，以及法学研究的方法论等。就狭义的法哲学而言，显然它不是法理学的全部，而更侧重于观察和研究法律现象的哲学基础。依据国内的通说，法哲学是法理学的一个子学科。在研究的方法上，法哲学把哲学的研究方法和法学的研究方法相结合。

3. 法学是一门专门以法律现象为研究对象的学科。法律现象是社会现象的一种，包括立法、司法、执法、诉讼、法律规范、法律渊源、法律关系、法律行为、法律意识等。法是法律现象的中心，其他法律现象都与法有着这样或那样的联系。

4. 理论法学是法的体系的一个构成要素，是研究法的基本原理、概念、思想和规律的学科，大体包括：法理学、法哲学、法社会学、实证法的理论（法实证论）、法经济学、立法学、法律解释学、比较法总论、法人类学、法文化学等。法理学只是理论法学中的一个学科。法理学属于法学体系中的理论法学，是理论法学的主干，在整个法学体系中具有理论基础的作用。

5. 法律实证主义理论来源于英国奥斯丁的实证主义法理学，其主要的研究对象既不是法的哲学基础，也不是法律与社会的关系，而是法律本身，包括法的规范分析、结构分析、法律解释的技术、弥补法律空白的措施、法律渊源的等级结构、法的体系的内在统一性、法律关系的构成与种类、违法的构成要件、法律责任等。法实证论（实证法的理论）关注法律现象自身的构成、运作和技术，它是从事法律工作（包括审判、检察、律师）必备的知识。

选择题

（一）单项选择题

1. 答案：B

解析：法学是一门专门以法律现象为研究对象的学科。法律现象是社会现象的一种，而社会现象不同于自然现象的一个重要特征在于它是有意志、受思想支配的人的活动，而不是无思想、无意志的自然界的活动。故选项 B 正确。

2. 答案：C

解析：部门法学是以一个国家的各个法律部门为研究对象的学科，是整个法学体系的主体部分，包括宪法学、行政法学、刑法学、民法学、商法学、婚姻法学、经济法学、劳动法与社会保障法学、环境法学、诉讼法学、军事法学等，其中各个学科下面又可以有若干个分支学科。故选项 C 正确。

3. 答案：C

解析：本题考查对法理学学科的理解。法理学虽然是理论法学，但其问题意识来源于现实，大多数情况下通过指导部门法学而间接对实务发生影响，有时也对实务直接发生作用，如第二次世界大战后自然法理论为纳粹战犯审判提供了理论依据，故选项 A 错误。汉语中“法理学”一词来源于日本法学家穗积陈重，主要指实证法学以后的法哲学，与法哲学有诸多重合，故选项 B 错误。部门法学对法理学的研究有着重要影响，如法理学中的法学方法论直接导源于民法学（民法解释学），故选项 D 错误。法理学为部门法学提供理论基础，同时承接哲学、政治学、人类学、伦理学等其他学科，故选项 C 正确。

4. 答案：B

解析：哲学是研究自然、社会和人类思维最普遍的关系的学科，它处于人类知识体系的最高层次，决定着人们认识世界、观察世界的世界观和方法论。哲学对于研究任何自然科学和社会科学都具有指导意义，对于法学，特别是作为法学的基本理论学科的法理学，也不例外。故说法①正确。哲学在自己的发展历史上曾经是一个包罗万象的知识体系，这个体系在黑格尔的德国古典哲学中达到了极致，包括逻辑学、自然哲学和精神哲学。法哲学作为精神哲学的一部分被包容在这个体系中。故说法②正确。任何一个哲学流派的产生都会直接影响到法学，特别是法理学。所有法学流派都能找到它们的哲学基础。故说法③正确。逻辑实证主义是分析法学的基础，社会实证主义是法社会学的哲学基础。故说法④错误。综上，选项 B 正确。

5. 答案：B

解析：本题考查法与科学技术的相互关系。科学技术是生产力中的智力性因素，是起着巨大革命作用的力量。它对于作为上层建筑的法的作用是全方位的，不仅包括立法领域、司法领域、法学教育和研究各个领域，而且在一定程度上涉及社会生活的各个方面。在科学技术的推动下，法律调整的社会关系范围逐步扩大，立法质量和水平也有所提高，可以说科技对法律的作用是全方位的。但是科技发展由于其技术性也会带来很多的负面效应，比如高科技犯罪的出现给社会带来了许多不稳定因素，对于这些后果，法律应当制定相关规定予以调整。所以，一概地说法律保护科技发展带来的一切后果不太适当。故本题答案为B。

6. 答案：D

解析：法理学是研究规范性的社会科学，但规律性的研究在法理学中也占有重要的地位。故选项D错误，当选。其他各项的表述均正确。

7. 答案：B

解析：比较可以在两个不同层次之间进行：一个是规范的比较，它以规范为中心，只要被比较的国家或地区具有相同的法律规范、法律文件，就可以比较它们的异同、优劣，比如比较刑法、比较宪法等。另一个是功能的比较，它以问题为中心，而不是以规范为中心，只要被比较的国家有相同的问题，就可以比较它们对该问题的不同解决办法。故选项B正确。

8. 答案：C

解析：法学体系是一个国家的有关法律的学科体系。法律体系是一国现行的法律规范体系。法系是根据历史渊源和传统而对现存的和历史上存在过的各种法律制度所作的分类。三者的关系是：法学体系的内容和范围比法律体系的广泛；法律体系是法学体系形成的基础和动力；法学体系是法律体系发生变化的原因与根据。一个国家中，法律体系一般只有一个，法学体系会有数个。综上，选项C正确。

9. 答案：B

解析：虽然先秦的商鞅"改法为律"，但并没有产生律学，在先秦时法学被称为"刑名法术之学"。从汉代起，在法学领域出现了根据儒学原则对以律为主的成文法进行讲习、注释的"律学"。故A项错误。法学是一门以法（或法律）这一社会现象及其规律为研究对象的人文社会科学，因此所有法律现象都在法学研究范围之内，B项正确。法学最早起源于古希腊，到古罗马共和国时期，法学已发展成为一门独立的学科，出现了法学派别，编写了法学著作。故C项错误。法学是在法律发展到一定阶段后产生的。法学的产生至少具备两个条件：第一，关于法律现象的材料的一定积累；第二，专门从事研究法律现象的学者阶层的出现。故D项错误。

10. 答案：D

解析：自然法学派主张人的理性，强调自然法普遍永恒，且高于人定法，人定法符合自然法时才是真正的法律。自然法学派考虑价值因素，分析法学派主张在法学研究中不必考虑价值因素，A、C选项混淆了自然法学派和是分析法学派的观点，故A、C选项错误。反对任何超越现行法律文本的解释应为分析法学派的观点，故B选项错误。历史法学派主张法律是民族精神的体现，故D选项正确。

（二）多项选择题

1. 答案：ABC

解析：法学的研究对象可以分为几个不同的层次：第一个层次是以法律规则本身为中心的创制、适用和解释法律的方法、手段；第二个层次是在法律规则的基础上深入研究法律原理、原则；第三个层次则是研究法的规律性。故选项A、B、C正确。

2. 答案：BCD

解析：法理学的结论不是建立在个别部门法研究的基础上，而是涉及整个法律制度的全局性、普遍性、一般性的问题，这些问题不可能只通过一个具体的部门法的研究得出，但是必须有部门法研究的基础，从部门法的研究中抽象、升华。故选项A错误。其他选项的表述均正确。

3. 答案：AC

解析：法学体系的构成要素是法学分支学科，由此可知，法学分支学科的发达是法学体系的前提，故A项和C项正确。任何学科都有自己独特的发展规律，法学的发展规律与哲学、历史学的发展规律并不相同，故B项错误。法学产生的前提条件有两个：一个是立法的发达，另一个是职业法学家的出现。可见，其并不以近代法治的出现为前提条件，故D项错误。

4. 答案：AD

解析：本题考查法学的定义、产生和发展。法学就是以法律现象或法律问题为研究对象的学问或理论知识体系。凡是与法的运作有关的问题和现象都属于法律现象的范畴。法学必须对法律现象进行全方位的研究，法存在和发展的社会文化状况也是法学的研究对象之一。法学体系，又称法学分科的体系，即法学各个分支学科构成的有机联系的统一整体。其中心问题是法学内部各分支学科的划分。对法学体系的分科，目前最常用的分类标准有两个：一是从认识论的角度分类，法学分为理论法学和应用法学；二是从法律部门划分的角度分类，法学分为宪法学、民法学、行政法学、刑法学等。理论法学和应用法学的研究互相补充，没有高低层次之分。法和法学并不是同时产生的，法产生之后，法学的产生需要具备一定的条件。故选项 A、D 正确。

5. 答案：ABCD

解析：任何一门科学都有自己的方法论，它大致由哲学方法、实证科学方法和本学科的特殊方法组成，其中，哲学方法是方法论的认识论基础，实证科学方法是作为科学的各个学科所共有的方法。哲学方法位于法理学整个方法论体系的最高层，因为它提供了观察、认识法律现象的世界观和方法论，与其他方法相比，它更带有根本性和方向性。故选项 A、B 正确。规范研究的方法适用于一切把规范性作为自己研究领域的学科，其中最主要的是伦理学和法学。故选项 C 正确。哲学的方法虽然对其他的研究方法具有指导意义，但它不是万能的，不能代替其他科学的方法。故选项 D 正确。

6. 答案：ABD

解析：本题考查法学的性质以及法学体系的内涵。法学的兴衰与一个国家法律制度的发展相关联，而其他学科的发展并不一定以法制和秩序的存在为条件。在一个缺乏有力的法律秩序的国度，却可能生成有创造力的文学或哲学。法学的发展规律与文学、哲学的发展规律并不完全相同，故 D 项错误。只要存在社会冲突和矛盾，就有法学存在的空间，尤其是在商品经济较为发达的社会。比如古罗马法学家们就发展出了内容繁复的法学理论。因此法学的产生并不以近代法制国家为前提条件，在古代社会同样可以存在，故 A 项错误。法学是人的法律经验、知识、智慧和理性的综合。法学是职业性知识体系，以法律人共同体为其组织保障。法学具有实践性和职业性，故 C 项正确。法学体系，是由法学各个分支学科构成的有机联系的统一整体，其中心问题是关于法学内部各分支学科的划分。而法律学说体系指的是建立在一定的世界观和方法论的基础上的法律理论观点、思想和学说的体系。它与一个国家的法学体系不同。一个国家的法学分科体系大致统一，但却可以存在多个不同的法律学说体系（不同派别的理论学说）。故 B 项错误。

7. 答案：ABCD

解析：在法理学研究中运用的实证科学的方法主要包括：(1) 历史文献的方法，即从历史文献中寻找经验材料，从而使法理学的理论具有历史根据。(2) 调查的方法，是实证科学中了解研究对象现状的一种基本的研究方法。(3) 观察的方法，是一种比较直观的了解事物的方法，它借助于观察者的眼、耳、鼻、身等感官，直接感受到研究对象的特点。(4) 实验的方法，是将研究对象放在一个可控制的环境中观察和研究在条件发生变化时对象的变化。(5) 比较的方法，是一种逻辑分析的方法，它涉及对现有材料的整理，也是比较法研究的基本方法。故选项 A、B、C、D 均正确。

8. 答案：ABCD

解析：法理学中的专门法律问题主要表现在：(1) 在法的制定中，有立法程序、立法技术、法典编纂和法规汇编的技术，法律效力、立法监督基本原则，法律规范的结构、种类，法的体系结构，不同法律部门之间的关系，法律渊源等级，不同法律渊源之间的关系。(2) 在法律实施中，有司法管辖权，行政执法权限，仲裁、调解的程序，它们与司法的关系，法律关系的种类、构成，法律关系的主体、客体、内容，法律事实的种类，违法的构成要件，法律责任的种类，法律监督。(3) 在法律解释中，有法律解释的种类、权限和技术，法律解释的方法，各种不同的法律解释之间的关系，法律类推和推理等。故选项 A、B、C、D 均正确。

9. 答案：ABCD

解析：盖尤斯认为法学是关于正义和非正义的科学，把法律同正义相等同。这种说法看到了法律和道德的密切联系，但夸大了二者的联系，是唯心主义观点。故选项 A、B、C、D 均正确。

10. 答案：ABC

解析：法学是研究法律现象的科学，只有在社会出现了法律现象以后，法学才可能产生。因此，法学的产生，无论是在中国还是在世界其他国家，都要比法律现象的产生晚得多，故 D 项表述错误。法学产生的原因在于：第一，法学的产生需要人们从事法律活动的经验的积累；第二，人们从事法律活动的经验必须具有专门性，如果不经过特殊的学习和训练，不可能自动获取；第三，法学的产生需要有专门从事法律工作的人员，即法律职业的存在。故 A、B、C 项表述正确。

11. 答案：AB

解析：自然法学派产生于 17 世纪。到了 19 世纪，哲理法学派、历史法学派、分析法学派取代了日渐衰落的自然法学派，成为 19 世纪三大法学学术流派。而经济分析法学派产生于 20 世纪。据此，A、B 项正确。

简答题

1. (1) 从法理学的知识结构看，它大致应该包括这样三部分内容，即法哲学、法社会学和实证法的理论。

(2) 作为理论法学组成部分的法哲学有两种不同的含义：一种是广义的，就相当于法理学，另一种则是狭义的，属于法理学中的一部分，即关于法的概念、作用、价值、历史发展规律，法律在社会结构中的地位，法的制定与实施中的哲理，以及法学研究的方法论等。就狭义的法哲学而言，显然它不是法理学的全部，而更侧重于观察和研究法律现象的哲学基础。

(3) 法社会学是研究法律与社会之间关系的科学，研究法律的运作怎样受到社会环境的制约、法律能够在多大程度上对人的行为发生作用。至于法律自身的运作的技术、法律结构、法律解释等专门法律问题，不属于它的研究范围。

(4) 实证法的理论来源于英国奥斯丁的实证主义法理学，其主要的研究对象既不是法的哲学基础，也不是法律与社会的关系，而是法律本身，包括法的规范分析、结构分析、法律解释的技术、弥补法律空白的措施、法律渊源的等级结构、法的体系的内在统一性、法律关系的构成与种类、违法的构成要件、法律责任等。

2. (1) 法哲学、法社会学和法实证论三者构成法理学的知识结构。

(2) 法哲学研究法律现象的哲学基础，包括本体论、认识论、价值论和方法论。

(3) 法社会学研究法律与社会的互动，法律怎样受到社会的影响又怎样作用于社会。

(4) 实证法的理论（法实证论）关注法律现象自身的构成、运作和技术，它是从事法律工作（包括审判、检察、律师）必备的知识。

(5) 法哲学、法社会学和法实证论的研究实际上代表了人们认识法律现象的三个不同的方面，对同一法律现象，我们可以从这三个方面、三个角度分析。

3. (1) 任何一门科学都有自己的方法论，它大致由哲学方法、实证科学方法和本学科的特殊方法组成，其中，哲学方法是方法论的认识论基础，实证科学方法是作为科学的各个学科所共有的方法，本学科所特有的方法是研究对象所决定的特殊方法。对法理学的方法论而言，同样如此。

(2) 哲学方法位于法理学整个方法论体系的最高层，它提供了观察、认识法律现象的世界观和方法论。与其他方法相比，它更带有根本性和方向性。在其他层次的方法上，不同的法学流派可能有更多的共同点，如果在哲学方法上有差别，则可能造成根本不同的法律观。哲学的方法虽然对其他的研究方法具有指导意义，但它不是万能的，不能代替其他科学的方法。

(3) 实证科学方法是包括自然科学和社会科学，特别是以研究社会现象的规律性为对象的社会科学所共有的研究方法。实证科学的研究方法是从自然科学移植到社会科学中的。这种方法认为社会研究的逻辑方法是假设演绎法，科学假说的陈述必须由经验事实来检验，理论仅当它得到经验证据的完备支持时才是可接受的。在法理学研究中运用的实证科学的方法主要包括：历史文献的方法、调查的方法、观察的方法、实验的方法、比较的方法。在法理学领域运用实证科学的方法也有界限，它只适用于研究规律性的法理学领域，而对于研究规范性的法理学领域则不适用。

(4) 法学的规范研究方法的特点在于，它们具有明确的规范根据，即严格按照法律规定或法律的基本原则、法律精神，而不是在法律中所不包含的哲学的或社会科学的基础上推导出的。简言之，所谓法学中的规范研究方法就是从法律观点看问题。法学的规范研究方法对于法理学中的专门法律问题研究具有重要意义，这些专门法律问题是从法律规定或从整个法律体系的框架或从法律制度的运作中归纳和引申出来的，它们是一个国家法制建设经验的积累，凝聚了一定的法律文化和法律技术，主要表现在法的制定、法律实施、法律解释过程中。

4.（1）法学是研究法律现象的科学，因此只有在社会出现了法律现象以后，法学才可能产生。法学的产生原因在于：第一，法学的产生需要人们从事法律活动的经验的积累；第二，人们从事法律活动的经验必须具有专门性，如果不经过特殊的学习和训练，不可能自动获取；第三，法学的产生需要有专门从事法律工作的人员，即法律职业的存在。因此，法学发展史是法学逐步从其他学科中分离、走向独立的历史。

（2）法学发展的历史不仅是法学从整个社会科学中分离的历史，也是法学内部不同学科分化的历史，即从古代混沌合一的法学中逐渐分化出宪法、行政法、刑法、民法、诉讼法、国际法等一系列的部门法学。当代法学学科内部的分化趋势还在继续：一方面，出现了一些新领域，需要新的部门法学研究，如环境法学、外层空间法学等；另一方面，在原有的部门法学科之下又出现了新的进一步的划分，法学发展有划分越来越细的趋势。

（3）法学发展的历史逻辑不仅仅是分化，在当代也出现了综合的趋势。一些新的研究领域或法学部门的出现就是这种综合趋势的表现。首先，经济法学就是民法学和行政法学的综合。其次，在各个主要的传统部门法学中都出现了其他部门法学的渗透。最后，法学与其他社会科学、自然科学的综合，出现了介于若干学科之间的新学科，如法经济学、法人类学、法社会学、法政治学、法心理学、法逻辑学、法律与文学、法律与计算机科学等。交叉学科研究已经成为新的学科领域的知识增长点。

5.（1）社会科学所研究的对象可分为两类：一类是社会现象的规律性，另一类是社会现象的规范性。规律性和规范性都表现出人类社会活动的有规则性，它们的法则在经验上都是能够得到验证的。社会现象的规律在有限的范围内能够解释它所涉及的任何现象，人类社会的规范在它所涉及的领域具有普遍适用性。但是，社会科学所研究的规律性和规范性又有着明显的区别。

（2）法学是研究具有明显规范性的法律现象的社会科学。法律是人为的，是人们的约定，而不是不以人的意志为转移的客观规律，尽管它具有国家意志的神圣光环。判断法律现象的标准是合法性，即用法律或更高的法律衡量一种法律行为是否合法，而不是真理性。

（3）但是，法学，特别是法理学，绝不是与规律性无关的。国家在确定规范标准时不可能不考虑有关现象的规律。不符合事物发展客观规律的法律，或迟或早总要被修改。而且法律的适用一方面以法律为准绳，另一方面以事实为根据，也就是说，前者属于是否合法的问题，属于规范性的领域，而后者属于案件所揭示的事实是否真实的问题，属于规律性的领域。

（4）因此，在法学，特别是法理学中，规律性和规范性的研究是紧密联系在一起的。

材料分析题

1.（1）相同点是：都认为实定法之上有自然法、实定法要符合自然法的要求。不同点是：古希腊的自然法主要是自然的法，即要求和大自然一致的法；中世纪时期认为自然法是神的意志；近代资产阶级革命时期认为，自然法不是自然的法，也不是神的意志，而是人的意志。总之，三者在自然法内容界定上有所不同。

（2）孟德斯鸠把法视为一种必然联系，这个法的定义基本上相当于我们给“规律”下的定义；埃利希所界定的法律也是广义的法，只要在实际生活中起作用，这种规则就是法。二者的相同之处在于，都认为法与国家权力没有必然联系。

（3）奥斯丁给法律所下的定义最主要的特点就是将法律与强力相联系，赋予了严格意义上的法以实证性的特点。但是他并没有言明，这个强力是否是国家权力。另外，法律是主权者的命令这种说法虽然指出了法律所具有的强制性以及法的效力渊源，但是，并没有指出法律的其他来源，例如法律有可能来源于习惯；没有指明法律的物质渊源，还没有指明法的内容，这就很难区分规范性法律文件与其他国家文件、非规范性法律文件等。

（4）马克思主义法理学的特点为：1）把法看作统治阶级意志的体现，这是阶级分析的方法，自然法学派则将法律与人的理性相联系；2）认为法最终是由统治阶级的物质生活条件决定的，分析法学派则将法律视为主权者的命令，而对于这个命令是否受限，奥斯丁没有言明；3）认为法与国家权力相联系，统治阶级的意志是被国家强制力“奉为法律”的，社会法学派则给法下了广义的定义，认为凡是起作用的都是法。

2. 概念：法律实证主义又称法律实证论、实证法学，是西方主要的法学流派，其主张法律是人定规则，强调法律和道德之间没有内在的和必然的联系。

内容：法律实证主义是西方主要的法学流派，主要观点包括：(1)“应该是这样的法”与“实际是这样的法”区分；(2) 对法做规范分析；(3) 法律是主权者的命令，以国家强制力保障其实施；(4) 法律与道德不存在必然联系，法律即使不符合道德，也依然具有效力和权威，“恶法亦法”；(5) 法律是一个封闭的体系，司法审判应运用逻辑从现有规则中推出判决，不考虑其他价值因素。

评价：法律实证主义与自然法学派存在立场、方法、观点上的分歧，它在捍卫法律权威性的同时，促进了法律科学的发展：但它也存在局限性，法律的价值因素在现实中无法回避，单纯的逻辑推理并不能保证在疑难案件中得到唯一正确的判决。虽然法律是统治阶级维护统治权威的工具，无论法律的善恶，都要遵守与执行，但法律也有社会性，必须接受社会实践的检验。法律是在解决社会现实的纠纷和冲突，要求法律在追求权威性的同时，也必须考虑法律内在的道德性和伦理价值。因此，法律实证主义有利于法律特别是良法的制定。

论述题与深度思考题

法学的规范研究方法对于法理学中的专门法律问题研究具有重要意义，这些专门法律问题是从法律规定或从整个法律体系的框架或从法律制度的运作中归纳和引申出来的，它们是一个国家法制建设经验的积累，凝聚了一定的法律文化和法律技术，表现在：

(1) 在法的制定中，有立法程序、立法技术、法典编纂和法规汇编的技术，法律效力、立法监督基本原则，法律规范结构、种类，法的体系结构，不同法律部门之间的关系，法律渊源等级，不同法律渊源之间的关系。

(2) 在法律实施中，有司法管辖权，行政执法权限，仲裁、调解的程序，它们与司法的关系，法律关系的种类、构成，法律关系的主体、客体、内容，法律事实的种类，违法的构成要件，法律责任的种类，法律监督。

(3) 在法律解释中，有法律解释的种类、权限和技术，法律解释的方法，各种不同的法律解释之间的关系，法律类推和推理等。

在对上述问题的研究中，法学的规范研究方法的特点在于，它们具有明确的规范根据，即严格按照法律规定或法律的基本原则、法律精神，而不是在法律中所不包含的哲学的或社会科学的基础上推导出的。简言之，所谓法学中的规范研究方法就是从法律观点看问题。

当然，对于上述所有领域的问题，也完全可以从哲学或实证科学的角度研究，但研究的方法、评价的标准、研究的程序和结论可能完全不同。实际上，法学的规范研究方法也是一种实证研究方法，只不过实证研究方法通过经验事实判断理论假设的真理性，理论仅当它得到经验证据的完备支持时才是可接受的；而法学的规范研究方法强调通过法律来判断行为的合法性，行为仅当它具有充分的法律依据时才会得到法律的支持，而判断实证法学的理论观点的根据也只能从现行法律中去寻找。

第一章　法的概念

知识逻辑图

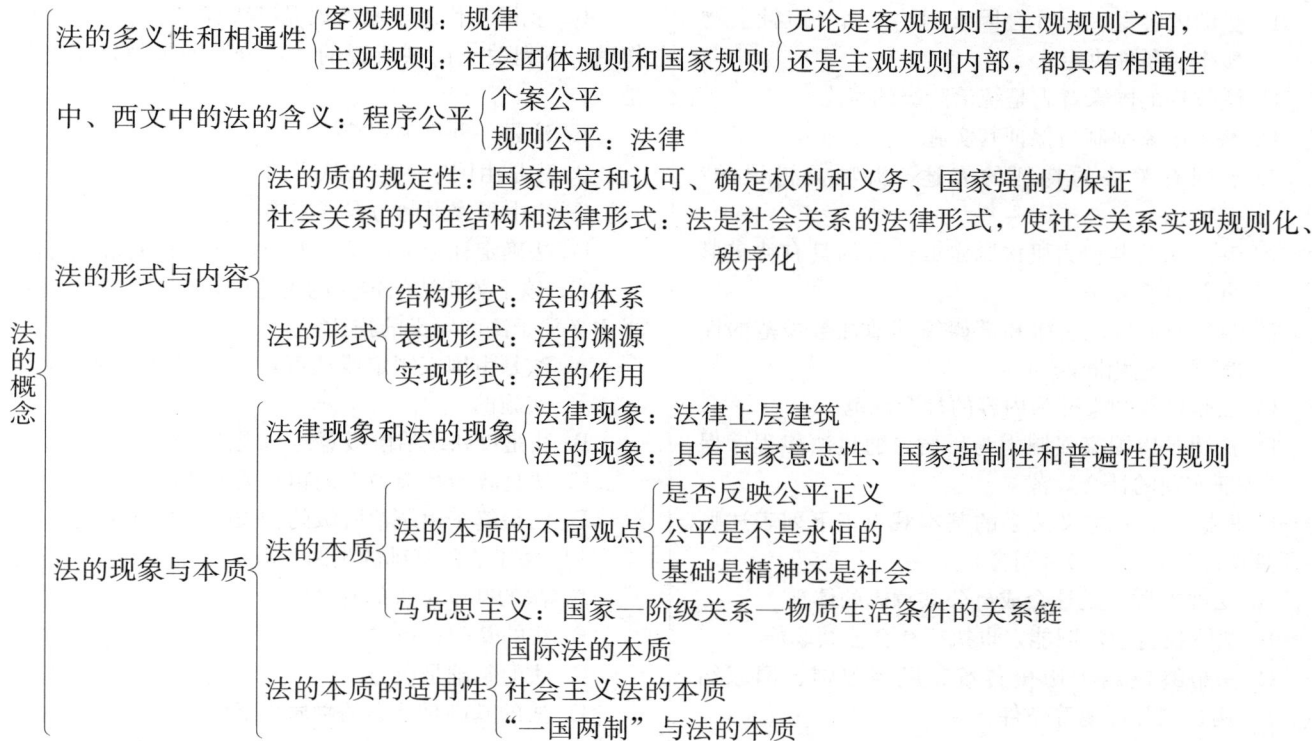

- 法的概念
  - 法的多义性和相通性
    - 客观规则：规律
    - 主观规则：社会团体规则和国家规则
    - 无论是客观规则与主观规则之间，还是主观规则内部，都具有相通性
  - 中、西文中的法的含义：程序公平
    - 个案公平
    - 规则公平：法律
  - 法的形式与内容
    - 法的质的规定性：国家制定和认可、确定权利和义务、国家强制力保证
    - 社会关系的内在结构和法律形式：法是社会关系的法律形式，使社会关系实现规则化、秩序化
    - 法的形式
      - 结构形式：法的体系
      - 表现形式：法的渊源
      - 实现形式：法的作用
  - 法的现象与本质
    - 法律现象和法的现象
      - 法律现象：法律上层建筑
      - 法的现象：具有国家意志性、国家强制性和普遍性的规则
    - 法的本质
      - 法的本质的不同观点
        - 是否反映公平正义
        - 公平是不是永恒的
        - 基础是精神还是社会
      - 马克思主义：国家—阶级关系—物质生活条件的关系链
    - 法的本质的适用性
      - 国际法的本质
      - 社会主义法的本质
      - “一国两制”与法的本质

名词解释与概念比较

1. 法与律
2. 法律规范与社会规范、技术规范
3. 法的结构形式、法的表现形式与法的实现形式
4. 法律现象与法的现象
5. 法的国家性、阶级性和物质制约性

选择题

（一）单项选择题

1. 下列不属于中国古代“法”字的含义的是（　　）。

A. 平之如水　　B. 法，刑也

C. 公平　　D. 保障权利

2. 下列有关法的表述，哪一个是正确的？（　　）

A. 在汉语中，法仅指成文法，不包括不成文法

B. 在西方，无论哪一个民族的语言中，“法”都有“法”“权利”二义

C. 中国近代以来，国法意义上的“法”，逐渐由“法律”一词所代替

D. 在汉语中，法与律含义一致

3. 下列诸项表述中，正确的是（　　）。

A. 为人们的行为提供模式、标准或方向，这一特性指的是法的普遍性

B. 法是调整人们行为的规范和法是调整社会关系的规范，这两种说法没有本质上的区别

C. 非规范性法律文件虽然没有规范性，但有法律效力，因而也属于法律的范畴

D. 国家强制力是保证法的实施的唯一力量

4. 以下有关法的表述中，哪项是法的本质的最终体现？（　　）

A. 法是由国家制定或认可的正式行为规范

B. 法的内容受一定社会因素制约，由一定社会物质生活条件决定

C. 法体现的国家意志是统治阶级的意志

D. 法由国家强制力保证其实施

5. 下列有关法的特征的表述，哪项是错误的？（　　）

A. 法是由公共权力机构制定或认可的具有特定形式的社会规范

B. 就性质而言，法律和道德等其他社会规范的性质是完全相同的

C. 法是以权利义务为内容的社会规范

D. 法律是以国家强制力为后盾，通过法律程序保证实现的社会规范

6. 根据马克思主义法学的基本观点，下列表述哪一项是正确的？（　　）（司考）

A. 法在本质上是社会成员公共意志的体现

B. 法既执行政治职能，也执行社会公共职能

C. 法最终决定于历史传统、风俗习惯、国家结构、国际环境等条件

D. 法不受客观规律的影响

7. 下列有关法与国家的表述，哪一项是不正确的？（　　）（考研）

A. 法是国家意志的表现

B. 在君主制国家，君主的命令即是法

C. 国家政权活动是不受法律制约的

D. 法的性质直接决定于国家的性质

8. 下列有关法的物质限制性的表述，哪一项是错误的？（　　）（考研）

A. 法是由一定的社会物质生活条件所决定

B. 法受制于客观规律

C. 在实际生活中，法有可能违背物质制约性

D. 总体上讲，法不体现人类自由意志

9. 下列关于法的本质的表达，哪项是正确的？（　　）

A. 法的本质是法的内部联系与外部联系的统一

B. 法是公共权力机关按照一定的权限和程序制定和认可的，并由正式的权力机制保证实现，这体现了法的正式性，而法的正式性正是法的本质的最终体现

C. 法的本质根源在于物质生活关系

D. 法所体现的国家意志主要是统治阶级的意志，并不具有公共性

10. 我国古代法学家商鞅提出法有“定分止争”的作用。下列关于商鞅所说的“定分”的理解，正确的是（　　）。

A. 法是一种行为规范

B. 法是由国家制定或认可的

C. 法由国家强制力保证实施

D. 法确定社会关系参加者的权利义务关系

11. 以下关于法的定义的表述中，哪项不符合马克思主义关于法的定义的描述？（　　）

A. 法是由国家制定或认可，并由国家强制力保证实施的

B. 法是反映统治阶级意志的规范系统

C. 法是政治社会中人们相互关系的协议

D. 法最终是由统治阶级的物质生活条件决定的

12. 关于法的基础的论断，哪项是正确的？（　　）

A. 法的基础是人的理性

B. 法的基础是正义

C. 法的基础是权力

D. 法的基础是社会的物质生活条件

13. 下列有关法的阶级本质的论述中，哪些符合马克思主义关于法的本质的学说？（　　）

①法是被奉为国家意志的统治阶级意志的体现

②统治阶级的意志体现为法

③法只体现统治阶级的意志

④法的本质最终是由统治阶级所处的社会物质生活条件所决定

A. ①②　　B. ①④

C. ②③　　D. ①②④

14. 法作为一种特殊的社会规范，其最重要的特征是哪项？（　　）

A. 规范性　　B. 物质制约性

C. 国家强制性　　D. 统治阶级意志性

15. 法对人们的行为可以反复适用，这体现了法的

什么特征？（　　）（考研）

A. 法的强制性　　B. 法的国家意志性

C. 法的规范性　　D. 法的普遍性

16. 关于法的阶级性，下列选项中表述错误的是哪项？（　　）

A. 被统治阶级的利益，绝对不可能被规定于法律中

B. 只有统治阶级才可以把本阶级意志上升为国家意志

C. 对统治阶级的内部成员也可以追究法律责任

D. 法体现的是统治阶级的共同意志

17. 下列有关法的特征的表述，哪项为正确的组合？（　　）

①公司章程对公司、股东、董事、监事、经理均有约束力，为人们提供了行为的标准，因而具有法的特征和效力

②一位党的干部因受贿被判处刑罚，同时被开除党籍，这些都是法的实施方式的体现

③法是司法机关的办案依据，因此，可作办案依据的典型判例、行政规章、国家政策都可列入法的范畴

④法的适用范围具有普遍性，由于北京市地方性法规只能在北京市有效，因而不是严格意义上的法

A. ①④　　B. ②③④

C. 都不正确　　D. ④

18. 法通常是为一般的人、抽象的人而不是单单为某个特定的人制定并提供行为标准的。下列哪一个选项概括了法的这一特征？（　　）（考研）

A. 普遍性与规范性

B. 强制性与国家意志性

C. 规律性与程序性

D. 权利性与义务性

19. 下列哪一项表述是正确的？（　　）

A. 法与其他社会规范的区别在于法具有强制力而其他社会规范没有

B. 法与其他社会规范都有强制力，而且其强制力的性质没有什么本质的区别

C. 任何社会规范都有强制力，法之不同在于其强制力是国家强制力

D. 法具有国家强制性意味着法律规范的实施完全依赖国家强制

20. 下列关于法与阶级斗争关系的说法错误的是（　　）。

A. 法确认和固定阶级斗争的结果，使现实权力和利益的分配合法化

B. 法律也能起到缓和阶级斗争的作用

C. 法是统治阶级意志的体现，统治阶级内部的成员如果违背了法律，不会受到法律的制裁

D. 法律所代表的是统治阶级的整体意志，而不是个别人或个别集团的意志

21. 下列关于法的本质的适用性的说法，正确的是（　　）。

A. “阶级关系—物质生活条件”的法的本质的分析方法只适用于国内法而不适用于国际法

B. 社会主义法作为特殊类型的法不适用“阶级关系—物质生活条件”的关系链分析法

C. “一国两制”条件下我国法的本质，无法用“国家—阶级关系—物质生活条件”的关系链来理解

D. “国家—阶级关系—物质生活条件”的关系链反映了人们对法的认识从现象到本质、从初级本质到深层本质的过程

22. 马克思曾说：“社会不是以法律为基础，那是法学家的幻想。相反，法律应该以社会为基础。法律应该是社会共同的，由一定的物质生产方式所产生的利益需要的表现，而不是单个人的恣意横行。”根据这段话所表达的马克思主义法学原理，下列哪一选项是正确的？（　　）（司考）

A. 强调法律以社会为基础，这是马克思主义法学与其他派别法学的根本区别

B. 法律在本质上是社会共同体意志的体现

C. 在任何社会，利益需要实际上都是法律内容的决定性因素

D. 特定时空下的特定国家的法律都是由一定的社会物质生活条件所决定的

23. 最高人民法院《关于审理盗窃案件具体应用法律若干问题的解释》规定：各地高级人民法院可根据本地区经济发展状况，并考虑社会治安状况，在本解释规定的数额幅度内，分别确定本地区执行“数额较大”“数额巨大”“数额特别巨大”的标准。依据法理学的有关原理，下列正确的表述是：（　　）。（司考）

A. 该规定没有体现法的普遍性特征

B. 该规定违反了“法律面前人人平等”的原则

C. 该规定说明：法律内容的决定因素是社会经济状况

D. 该规定说明：政治对法律没有影响

24. 法律格言说：“法律不能使人人平等，但在法律面前人人是平等的。”关于该法律格言，下列哪一说法是正确的？（　　）（司考）

A. 每个人在法律面前事实上是平等的

B. 在任何时代和社会，法律面前人人平等都是一项基本法律原则

C. 法律可以解决现实中的一切不平等问题

D. 法律面前人人平等原则并不禁止在立法上作出合理区别的规定

25. 关于法律的基本特征，下列表述不正确的是（　　）。（考研）

A. 法律有严格的程序规定，具有程序性

B. 法律由国家制定或认可，具有国家意志性

C. 法律由原始社会的习惯演变而来，具有历史性

D. 法律由国家强制力保障实施，具有国家强制性

26. 法律规定了人们的一般行为模式，从而为人们的交互行为提供了一个模型、标准或方向。法律的这一特性是指（　　）。（考研）

A. 法律的规范性　　B. 法律的普遍性

C. 法律的确定性　　D. 法律的统一性

（二）多项选择题

1. 法律是国家意志的体现，下列关于国家意志性的说法，哪些是正确的？（　　）

A. 法律不等同于国家意志

B. 法律作为国家意志的体现，是一元的

C. 法律可以自发形成

D. 国家意志性是法与其他社会规范的区别之一

2. 下列有关法的普遍性的表述，有哪些是错误的？（　　）（考研）

A. 所有的法律、法规等在全国范围内普遍有效

B. 相同的事、相同的法律主体适用相同的法律、法规

C. 法律、法规不应只针对特定的个人

D. 法的普遍性与其他社会规范的普遍性相同

3. 下列哪些表述代表着马克思主义法学对法的问题的看法？（　　）

A. 法不是个人意志的肆意横行

B. 法既执行政治职能，也执行社会公共职能

C. 法最终决定于历史传统、风俗习惯、国家结构、国际环境等条件

D. 法受社会物质条件的制约

4. 下列有关法的阶级本质的表述中，哪些体现了马克思主义法学关于法的本质的学说？（　　）（司考）

A. 一国的法在整体上是取得胜利并掌握国家政权的阶级意志的体现

B. 历史上所有的法律仅仅是统治阶级的意志的反映

C. 法的本质根源于物质的生活关系

D. 法所体现的统治阶级的意志是统治阶级内部各党派、集团及每个成员意志的相加

5. 法不同于其他上层建筑的基本特征有（　　）。

A. 法是调节人们行为的规范

B. 法是国家制定或认可的

C. 法规定人们的权利、义务和权力

D. 法是调整思想和行为的规范

6. 下列有关法的特征的表述，哪些是正确的？（　　）

A. 法是以权利、义务为内容的社会规范

B. 就性质而言，法律和道德等其他社会规范的性质是完全相同的

C. 法是具有普遍性的社会规范

D. 法是以国家强制力为后盾保证实现的社会规范

7. 以下关于法律所体现的意志的说法，错误的是哪些？（　　）

A. 法所体现的意志为社会各阶级的总体意志

B. 法所体现的意志为统治阶级中各集团意志的总和

C. 法所体现的意志为统治阶级的共同意志、整体意志或根本意志

D. 法所体现的意志为统治阶级中实力上占优势阶层的意志

8. 法的本质主要表现在哪些方面？（　　）

A. 法是统治阶级意志的体现

B. 法是统治阶级整体利益与共同意志的体现

C. 法是被奉为国家意志的统治阶级意志

D. 法所体现的统治阶级的意志的内容是由统治阶级的物质生活条件决定的

9. 有关法的强制性的论述，下列选项中正确的是

哪些？（　　）

A. 法具有强制性，使其与道德规范等其他社会规范相区别

B. 法的强制性是一种特殊的强制性，即国家强制性

C. 国家强制力保证法的实施也必须依法进行，受法律规范的约束

D. 国家强制力不是保证法的实施的唯一力量

10. “无论是政治的立法或市民的立法，都只是表明和记载经济关系的要求而已。”下列关于马克思的这句话的理解正确的是（　　）。

A. 法是由生产力水平决定的

B. 法作为上层建筑的重要内容，是由经济基础决定的

C. 法所体现的统治阶级意志的内容是由统治阶级的物质生活条件决定的

D. 法不反映统治阶级的意志

11. 下列有关“法的普遍性”的理解，哪些是不正确的？（　　）

A. 判例法是由法院对具体的人、具体的案件所作的判决形成的，只对特定当事人有效

B. 在我国，地方性法规也在全国范围内具有效力

C. 法在时间上的适用效力是普遍的，不存在时间的限制

D. 法在有效期内能够反复适用

12. 下列关于法的形式的说法正确的有（　　）。

A. 法的形式包括法的结构形式、法的表现形式和法的实现形式

B. 法的表现形式即法律渊源

C. 法的思想影响作用是法主要的实现形式

D. 法的结构形式是由法律规范、法律制度和法的体系组成的有机联系的整体

13. 法是以国家强制力为后盾，通过法律程序保证实现的社会规范。关于法的这一特征，下列哪些说法是正确的？（　　）（司考）

A. 法律具有保证自己得以实现的力量

B. 法律具有程序性，这是区别于其他社会规范的重要特征

C. 按照马克思主义法学的观点，法律主要依靠国家暴力作为外在强制的力量

D. 自然力本质上属于法的强制力之组成部分

14. 港口税务官对船长说：“照章缴税！否则警察抓你。”海盗对船长说：“按规矩交钱！不然把你抓走。”从法的本质与特征的角度来看，对上述两种情形理解正确的有（　　）。（考研）

A. 税务官的话体现了法的国家意志性

B. 税务官与海盗的话都体现了法的强制性

C. 海盗的话不能体现船长有交钱的义务

D. 税务官的话意味着船长有纳税的义务

简答题

1. 简述法的基本特征。（考研）

2. 马克思主义法学关于法的本质的研究的特点是什么？

材料分析题

材料：学生甲和学生乙就法、法律规范的概念展开讨论。学生甲的观点是：A. 法与法律规范的概念完全相同，因为法的构成要素等同于法律规范的构成要素；B. 所有的法和法律规范都是通过法律条文来表述的；C. 表述法律规范内容的文件被称为“规范性法律文件”。学生乙的论点是：A. 法的要素等不同于法律规范的构成要素；B. 并不是所有的法都表现为法律条文形式，但所有的法律规范都是通过法律条文来表述的；C. 同一个法律规范可以通过一个法律条文来表述，也可以通过若干个法律条文来表述。

试对以上甲与乙的观点进行评析。（司考）

论述题与深度思考题

1. 如何理解法是理与力的结合？

2. 西方自然法学派、社会法学派及分析法学派都对法的本质提出了自己的主张，试分析之，并说明应如何认识法的本质。

参考答案

名词解释与概念比较

1. 在汉语中，法包含公正的含义，但它并不是公

正本身，而是通过某种程序所体现和保证的公正；在西文中，法字（如拉丁文 Jus，德文 Recht，法文 droit）也有类似的公平、公正的含义，除此之外，这些词还包括权利的意思，也就是正当性。中国古代法的标志是一只断狱的神兽——廌，西方法的标志则是一手拿天平、一手持利剑、眼睛被蒙住的司法女神忒弥斯（Themis）。

与法字相连的律，则有整齐划一的含义。律最早与音乐相联系，即音律，运用到法中，则可以解释为使千差万别的人的行为按照统一的标准进行衡量。在西文中的类似的词也都包含着一般规则的含义（如拉丁文 Lex，德文 Gesetz，法文 Loi）。

把法与律相结合反映了法的发展由个别到一般的过程。在法的产生的最早阶段，并没有形成一般的规则，判断是否公正的标准是个别的，因人而异，因案件而异。同类案件反复出现，才形成了一般规则，凡是遇到同类案件，都按照统一标准处理。“法律”一词通常有广义和狭义两种解释，在广义上指的就是法，在狭义上则指的是由国家立法机关所颁布的规则。

总之，法代表了公平观念，即由一定的程序所体现和保证的公平，但这种公平可以体现为个案的公平，即当事人的正当权利（因人因事而异），也可体现为作为一般行为规则的公平（同类的人、同类的案件都按照一般的规则来处理）；当法与一般的行为规则相联系时，法的表现形式成为法律。

2.

种类	特点
法律规范	（1）由国家制定或认可；（2）由国家强制力保证实施，一般以成文形式存在
技术规范	（1）调整人与自然界、人与劳动工具之间的关系；（2）反映自然科学的成就
社会规范	（1）调整人与人的关系；（2）指引人们的行为并预测行为后果
其他社会规范	（1）没有国家强制力的支持；（2）一般自发形成，可以是成文或不成文的

补充：社会技术规范：随着管理科学的出现，人类管理社会规则技术化，又产生了所谓的社会技术规范。法律规范调整的是人与人的关系，是社会规范的一种，但也有相当一部分内容属于社会技术规范的范畴。

3. 法作为社会关系的法律表现具有一定的形式，包括结构形式、表现形式和实现形式。

（1）法的结构形式是一个国家法的内在结构。法律规范是一个国家法的最基本的构成单位。调整同一类社会关系的不同的法律规范形成法律制度，若干相互联系、相互配合的法律制度又构成法律部门，若干法律部门最后形成一个国家的法律规范体系，即法的体系。另外，在法律部门和法的体系之间还会形成如公法和私法、程序法和实体法这样的部门群的层次。这个由法律规范、法律制度和法的体系所组成的有机联系的整体就是法的结构形式。

（2）法的表现形式是法律规范的外在表现，即法律渊源。在历史和现实中具有重大影响的法律渊源主要包括习惯法、判例法和制定法。法律渊源还表现出不同层次的法律规范之间的等级关系，在判例法中表现为由基层法院、上诉法院和最高法院所公布的判例体系。在制定法中表现为由有着不同管辖权的国家机关制定、颁布的制定法体系。一个国家采用什么种类的法律渊源在很大程度上取决于历史、文化传统。

（3）法的实现形式表现为法通过什么方式作用于人们的行为。法作用于人们行为的方式有很多，例如法的思想影响作用。但这种作用方式与一般的思想教育的功能没有什么区别。法作用于社会关系的特殊形式，即这里所说的法的实现形式，是通过确立社会关系参加者的权利与义务，通过法律关系调整社会关系，以这种形式把法律规范的一般规定落实到社会关系参加者的权利中。

4.（1）法律现象是一个类概念，包括法、法律规范、法律制度、法律体系、法律渊源、法律关系、法律行为、法律意识等，包括法在现实生活中的运作、法的制定、法的实施、法的实现、法律监督等，其中每一个范畴都可以称为法律现象，它们的总体则构成了一个国家建立在经济基础之上的法律上层建筑。在法律上层建筑中，一部分是制度上层建筑，即法律制度运作机制；另一部分是思想上层建筑，即作为法律制度建立和运行的思想基础、意志基础的法律意识。

（2）法的现象即常常被称为“法”的这种现象，是国家制定或者认可并得到国家强制力保证的、人人必须遵守的一般行为。我们之所以把它称为法的现象，是因为无论是法的国家意志性、国家强制性还是普遍性，都是人们通过感性认识应能够了解的，其性质与人们的感觉相一致，是我们研究的前提。法的现象应该包括一切国家、一切时期所制定或认可的行为规则，法的概念应该适用于古今中外所有的法，但不能包括不具有国家意志性、国家强制性和普遍性的规则。

（3）法律上层建筑的所有组成部分、所有法律现象都和法有着紧密的联系，法是它们的中心，但是这并不意味着一切法律现象都是法。

5. 马克思主义法律观的最主要的特征是从“国家—阶级关系—物质生活条件”的关系链来理解法的本质。

“国家—阶级关系—物质生活条件”的关系链反映了人们对法的认识从现象到本质、从初级本质到深层本质的过程。* 法是被奉为法律的国家意志，这是对法的认识的现象层次；法是统治阶级意志的体现，这是对法的认识的第一层次的本质；法所反映的意志受到物质生活条件的制约，这是对法的认识的深层本质。

法的国家性	法的阶级性	法的物质制约性
（1）形成：由公共权力机关按照一定的权限和程序制定或认可； （2）实施：依靠正式的权力机制保证实现； （3）表现：一般以官方文件的形式加以公布	（1）体现统治阶级的整体意志； （2）有时亦反映被统治阶级以及同盟阶级的要求； （3）并不体现统治阶级的全部意志	（1）法的本质的最终体现； （2）其内容及所体现的意志是由一定物质生活条件决定的

选择题

（一）单项选择题

1. 答案：D

解析：中文的法，最常见的一种解释出自东汉许慎《说文解字》：“灋，刑也。平之如水，从水。廌，触不直者去之，从去。”也就是说，法与刑在中国古代是同义的。法包括两重意思：一是从水，象征公平；二是从去。所以A、B、C项正确，答案选D项。

2. 答案：C

解析：在汉语中，法既指成文法，又包括不成文法；在西文中，拉丁文 Jus，德文 Recht，法文 droit，俄文 Право，都有公平、正当的含义，这些词也包括权利的意思，也就是正当性。但并非西方任何一个民族的语言中的“法”，都有“法”“权利”二义，例如，英文中的法（law）与权利（right）就是分开的。在中国古代，法与刑是同义的，包括两重意思：一是从水，象征公平；二是从去，象征神明裁判。汉语中的“法”包含着公正的含义，但它并不是公正本身，而是通过某种程序所体现和保证的公正。与法字相连的“律”，则有整齐划一的含义。法与律的含义并不一致。所以选项A、B、D都不正确，答案选C项。

3. 答案：B

解析：法为人们的行为提供模式、标准或方向，这一特性指的是法的规范性而非普遍性，所以A项错误。非规范性法律文件虽然具有法律效力，但由于不具备法律所要求的普遍性，不属于法律的范畴，故C项错误。法与其他社会规范的不同之处在于法的强制力是国家强制力，但这并不意味着法律规范的实施都是依靠国家强制。根据哈特的理论，人们看待法律有内在的观点与外在的观点之分，人们对法律规则的自愿服从也是法的实施的保证。国家强制力的运用程度实际上决定于法律规范反映社会上大多数人的利益与意愿的程度，如果国家权力代表社会上大多数人的利益，广大人民就会自觉遵守法律。

4. 答案：B

解析：法的本质具有层次性*：法的本质首先表现为法的正式性或官方性，即法是由国家制定或认可的并由国家强制力保证实施的正式的、官方确定的行为规范；法的本质其次反映为法的阶级性，即在阶级对立的社会，法所体现的国家意志实际上是统治阶级的意志；法的本质最终体现为法的物质制约性，即法的内容是受一定物质因素制约的，最终也是由一定社会物质生活条件决定的。

5. 答案：B

解析：法律的特征包括以下几个方面：首先，法律是调整人的行为的社会规范，但这一社会规范与道德、宗教等其他社会规范不同，是一种以公共权力为后盾、具有特殊强制性的社会规范，而道德、宗教等

* 孙国华教授提出：法的第一级本质是统治阶级的意志，第二级本质是上层建筑中其他因素的影响，第三级本质是经济基础和社会生活的其他客观需要。参见孙国华主编：《马克思主义法理学研究——关于法的概念和本质的原理》，223～227页，北京，群众出版社，1996。

其他社会规范建立在人们的信仰的基础上，通过人们的内心起作用。其次，法律是具有普遍性的社会规范，法的普遍性要求法在国家权力所及的范围内具有普遍的约束力，要求法律面前人人平等。近代以来，法律虽然与一定的国家紧密联系，具有民族性、地域性，但是法律的内容始终具有与人类的普遍要求相一致的趋向。再次，法律是以权利、义务为内容的社会规范，法通过设定以权利、义务为内容的行为模式，指引人的行为，将人的行为纳入统一的秩序之中，以调节社会关系。又次，法律是以国家强制力为后盾、通过法律程序保证实现的社会规范。一般而言，法律是一种最具有外在强制性的社会规范，但是国家暴力还是一种合法的暴力，即国家权力必须合法行使，包括符合实体法和程序法两个方面的要求。最后，法律是由公共权力机构制定或认可的具有特定形式的社会规范。

6. 答案：B

解析：A项否定了法的阶级性：法的阶级性是指：在阶级对立的社会，法所体现的国家意志实际上是统治阶级的意志。C项否定了法的物质制约性：法的物质制约性是指法是由一定社会物质生活条件所决定的。这里所说的“物质生活条件”是指与人类生存条件相关的物质资料的生产方式、地理环境、人口的增长及其密度等诸多方面，其中主要是统治阶级建立政治统治所赖以生存的经济基础。法的物质制约性同法的阶级性相比较，是更深层次的本质属性，它是法产生与存在的客观基础。D项明显错误：马克思主义法学对法所作的科学揭示，表明了法与客观规律有着密切的联系，表明了法作为一种社会现象是受客观规律支配的。B项是对马克思主义法学观的正确理解。

7. 答案：C

解析：马克思主义法律观认为法是被奉为法律的国家意志，因此A项认为法是国家意志的体现的观点是正确的；同样，国家的性质也直接决定着该国法的性质，故D项也是正确的；在君主制国家，君即国家，君主的命令即被视为法律，故B项正确；但国家政权活动并不是没有限制的，国家权力必须在宪法与法律的范围内运行，故C项错误。

8. 答案：D

解析：马克思主义法律观认为法所反映的统治阶级意志是由一定的物质生活条件所决定的，同时法也受到客观规律的制约，因此选项A、B都是正确的；但这并不否认在个别时期，国家所制定个别法律由于受到法律认识或者立法技术/条件等因素的影响而违背物质制约性，所以C项正确；另外，虽然法受到客观规律的制约，但法并不是客观规律本身，法属于社会规范的范畴，是人类意志的体现，所以D项错误。

9. 答案：C

解析：法的本质是内在联系，法的现象是外部联系；法的正式性只能是法的本质的最初表现，而非最终体现；法体现的国家意志实际上是统治阶级的意志，但在表面上看具有一定的公共性和中立性；法的内容受到一定社会因素的制约，最终也是由一定的物质生活条件所决定的，因此，本题C项正确，当选。

10. 答案：D

解析：商鞅所说的“定分止争”是指法律通过确定人们之间的权利义务关系来达到减少和解决纠纷的目的。而确定权利义务关系正是法的基本特征之一。所以D项正确。

11. 答案：C

解析：马克思主义对法的定义是从历史唯物主义的立场出发的，认为法根源于社会的物质生活条件，代表社会上占统治地位的阶级的利益，由国家制定或认可并由国家强制力保证实施。所以A、B、D三项正确。至于C项，是西方启蒙时期社会契约论的观点，该学派认为国家和法产生于社会契约，人们通过契约转让自己的部分或全部权利，从而建立国家。该说法有一定的合理性，但不够科学，所以C项当选。

12. 答案：D

解析：A、B、C项都是西方自然法学派对法的认识。古代以古希腊为代表的自然法学认为法是正义的体现，近代自由资本主义时期以洛克为代表的自然法学则把法归结为人的理性，文艺复兴时期以霍布斯为代表的自然法学则把法定义为主权者的意志。这些认识都是人类法律文明和智慧的结晶，反映了法的一部分特征，但都没有找到法的真正的基础，即法的根源在于社会的物质生活条件。

13. 答案：B

解析：本题考查的是马克思主义关于法的本质的学说。马克思主义认为，法的关系不能从其自身或者从人类精神的一般发展来理解，法的本质根源于物质的生活关系。具体而言：（1）法是统治阶级意志的体现。(2)法体现的统治阶级意志是统治阶级的整体意志、共同意志或者根本意志，而不是统治阶级内部各派别或每个成员的个别意志或者这些个别意志的简单相加。(3)法是被奉为国家意志的统治阶级意志的体现，但并不是统治阶级的所有意志都体现为法。(4)法体现统治阶级的意志并不是一步到位、一蹴而就的，要经历一个复杂的过程。(5)法不仅体现统治阶级的意志，也反映被统治阶级以及统治阶级的同盟者的某些要求和愿望。(6)作为上层建筑重要内容的法决定于一定经济基础。统治阶级意志的内容是由统治阶级所处的社会物质生活条件决定的，因此，法的产生、变更和消灭都取决于一定经济关系（经济基础）的产生、变更和消灭。综上所述，B项正确。

14. 答案：D

解析：本题考查的是法的特征。法作为一种特殊的社会规范，与其他规范相比具有自己的特殊性，具体表现为：规范性（法是调整人们行为和社会关系的社会规范）、国家意志性（法是由国家制定或者认可的，体现了国家意志）、国家强制性（法是由国家强制力作为最后保障手段的社会规范）、程序性（法是严格按照规定程序制定、修改、废止和执行的规范）、普遍性（法在国家权力管辖范围内普遍有效）。法最重要的特征是国家意志性，即法是统治阶级意志的体现。

15. 答案：C

解析：从效力上看，具有规范性的法，不是为某个特定的人而制定的，它所适用的对象是不特定的人；它不是仅适用一次，而是在其生效期间内反复适用的。因此本题选择C项。

16. 答案：A

解析：法具有社会性，即法对人类社会基本生活条件应予以必要的维护，这里自然包括被统治阶级的某些利益。

17. 答案：C

解析：与相近的其他社会现象（如道德、宗教、政策等）相比，法具有如下一些特征：(1)法是调整人的行为的社会规范。(2)法是由公共权力机构制定或认可的具有特定形式的社会规范。(3)法是具有普遍性的社会规范。(4)法是以权利、义务为内容的社会规范。(5)法是以国家强制力为后盾，通过法律程序保证实现的社会规范。

结合以上法的特征加以分析，题目中①②③④的描述都与法的特征不相符合，故C项为正确答案。

18. 答案：A

解析：题干中所描述的法的特征主要指的是法的普遍性与规范性。

19. 答案：C

解析：任何社会规范都具有强制力，例如，违反道德会受到舆论的谴责或人们内心信念的谴责，违反党纪要受到党的纪律处分。法与其他社会规范的不同之处在于法的强制力是国家强制力，后面跟着的是军队、警察、监狱，是对违法者的法律制裁。法具有国家强制性并不意味着法律规范的实施都是依靠国家强制，国家强制力的运用程度实际上决定于法律规范反映社会上大多数人的利益与意愿的程度。所以选项A、B、D都不正确，答案选C项。

20. 答案：C

解析：对于阶级斗争而言，法律起到两方面的作用：一方面，确认和固定阶级斗争的结果，使现实权利和利益的分配合法化，使任何破坏这种分配的任意行为受到法律制裁。另一方面，国家和法律也起到缓和阶级斗争的作用，使他们之间的斗争能在一定的框架内进行，不至于使他们在旷日持久的斗争中同归于尽。即使是统治阶级内部的成员，如果违背了法律规定，同样要受到法律的制裁，因为法律所代表的是统治阶级的整体意志，而不是个别人或个别集团的意志。

21. 答案：D

解析：法是被奉为法律的国家意志，这是对法的认识的现象层次；法是统治阶级意志的体现，这是对法的认识的第一层次的本质；法所反映的意志受到物质生活条件的制约，这是对法的认识的深层本质，所以D项正确。国际法与国内法的不同仅仅在现象层次，深入本质层次则同样适用“阶级关系—物质生活条件”的关系链，从全球范围内的物质生活条件出发分析当代国际法的本质是我们认识该问题的基本线索，所以选项A错误。社会主义法作为法当然具有法的本质的一般特征，从“国家—阶级关系—物质生活条件”的关系链分析法的本质对于我们认识社会主义法仍然具有指导意义，所以选项B错误。恰是由于内地（大陆）与港、澳、台地区政治、经济、文化的历史和现实的联系才造成了“一国两制”条件下法律多本质的矛盾现象，所以仍然可以使用“国家—阶级关系—物质生活条件”的关系链来理解“一国两制”条件下我国法的本质，因而选项C错误。

22. 答案：D

解析：马克思主义法学的根本观点在于“是否承认物质的根本决定作用”，而不在于“是否承认社会是法律的基础”。事实上，绝大多数法学家都认为：社会是法律的前提和基础。故A项表述错误。法律在本质上不是“社会共同体”意志的体现，而是专指“统治阶级意志”的体现。考生要注意，统治阶级虽然属于“社会共同体”，但仅仅是社会共同体的一种，不得将“统治阶级”与“社会共同体”等同。故B项表述错误。法律内容的决定性因素是“物质生活条件”，而不是利益需要。故C项表述错误。根据马克思主义法学的基本观点，特定条件下的法律是由一定的社会物质生活条件决定。故D项表述正确。

23. 答案：C

解析：法律具有普遍性的特征。法的普遍性有三层含义：一是普遍有效性，即在国家权力范围内，法具有普遍效力。二是普遍平等对待性，即要求平等地对待一切人，做到法律面前人人平等。三是普遍一致性，即法律的内容始终有与人类普遍要求相一致的趋向。

法的普遍性不能绝对化：(1) 效力虽然是普遍的，但并不否认某些法律可以在特定地域生效；(2) 对象虽然是平等的，但允许有合理差别；(3) 趋势上虽然与人类的普遍要求相一致，但同时应当承认，法律在实际发展过程中有地域以及民族等差异。

最高人民法院《关于审理盗窃案件具体应用法律若干问题的解释》属于司法解释，要求各高级人民法院按照地域的经济状况，分别确定“数额较大”“数额巨大”“数额特别巨大”的标准，然后以省、自治区、直辖市为单位，确定盗窃罪的“入刑”标准。这样做，既实现了形式上的“平等对待”，又从实质上照顾“区域差异”，实现了形式平等和实质平等的协调。故A、B项错误。请考生注意，2013年4月，最高人民法院、最高人民检察院《关于办理盗窃刑事案件适用法律若干问题的解释》已生效，本司法解释同步被废止。

C项考查的是法的本质。法律的本质体现在正式性、阶级性和物质制约性这三个方面。马克思主义法律观的根本特点在于承认法的“物质制约性”。从题干给出的信息看，各高级人民法院需要根据“地区经济发展状况”确定盗窃罪的“入刑”标准，这体现了社会经济状况对法律的重要性。故C项正确。

D项考查法与政治的关系。法与政治都属于上层建筑，都受制于和反作用于经济关系。法律与政治是相互作用、相辅相成的关系：(1) 政治对法的作用。法的产生和发展与一定的政治活动相关，反映和服务于一定的政治要求。政治关系的发展、变化在一定程度上影响法的发展、变化。(2) 法对政治的作用。法律在“确认政治体制、发挥政治功能、规范政治角色以及保障政治民主化”等方面都具有重要意义，可以说，在近现代社会，法律在多大程度上离不开政治，政治便在多大程度上离不开法律。题干中，最高人民法院通过司法解释的方式，发挥了对地方法院的监督功能，因此，题干的做法表明了政治对法律的作用。故D项表述错误。

24. 答案：D

解析：关于法律面前人人平等，需要掌握以下理论：(1) 近代社会以后，法律面前人人平等开始成为法律原则甚至宪法原则；(2) 法律面前人人平等原则贯穿于立法、法的实施以及法律监督等全部的法治环节；(3) 法律面前人人平等并不排除合理差别，判断合理差别的依据为“目的正当、方式必要、符合比例”。

法律面前人人平等作为一项法律原则，主要实现的是“法律上的平等”，但并不意味着能够实现“事实上的平等”。故A项表述错误。法律面前人人平等是近代资产阶级革命以后才开始成为一项基本的法律原则，故B项表述错误。社会是法律的前提与基础，法律对社会有能动的反作用，但是法律不是万能的，法律有其局限性，不可能解决现实中的任何不平等问题。法律所能解决的问题，要立足于社会的现实能力，故C项表述错误。法律面前人人平等并不意味着“对等”，也不意味着“完全相同”，允许有合理的差别，故D项表述正确。

25. 答案：C

解析：法是调整人们行为的规范，具有规范性和普遍性；法是由国家制定或认可的社会规范，具有国家意志性和权威性；法是以权利和义务为内容的社会规范，具有权利和义务的一致性；法是由国家强制力保证实施的社会规范，具有国家强制性和程序性。A、B、D选项均正确。历史性不是法的基本特征，故C选项错误。

26. 答案：A

解析：法作为社会规范，像道德规范、宗教规范一样，具有规范性。所谓法的规范性，是指法所具有的规定人们行为模式、指导人们行为的性质。它表现在：法规定了人们的一般行为模式，从而为人们的交互行为提供了一个模型、标准或方向。故A选项正确。

（二）多项选择题

1. 答案：ABD

解析：国家意志的表现形式是多方面的，可以表现为法律，也可以表现为政策。国家意志是统治阶级意志的体现，是一元的；法律是国家制定或认可的，是人们自觉活动的结果，不是自发形成的；其他社会规范一般不是由国家制定或认可的，不具有国家意志性，国家意志性正是法与其他社会规范的区别之一。

2. 答案：AD

解析：有的法规（例如地方性法规）并不具有全国普遍适用的效力，所以选项A错误；法的普遍性与其他法律规范（例如道德、宗教）的普遍性并不相同，彼此间的适用范围本身就是不同的，所以选项D错误；选项B、C是法的普遍性的正确表述。

3. 答案：ABD

解析：马克思主义法律观认为法受社会物质条件的制约；法既执行政治职能，也执行社会公共职能；法是统治阶级的整体意志而非个人意志的体现；法最终决定于一定的社会物质生活条件，而非决定于历史传统、风俗习惯、国家结构、国际环境等条件。所以选项A、B、D正确。

4. 答案：AC

解析：马克思主义法学认为，法律是统治阶级或取得胜利并掌握国家政权的阶级的意志的表现。法所体现的统治阶级的意志具有整体性，不是统治阶级内部的各党派、集团及每个成员的个别意志，也不是它们的简单相加，而是统治阶级的整体意志、共同意志或根本意志，因此D项错误。在一定情况下，法的内容规定不仅反映统治阶级的意志，也反映被统治阶级以及统治阶级的同盟阶级的某些愿望或要求，因此B项错误。

5. 答案：ABC

解析：选项A、B、C分别是法的规范性、国家性与权利义务性三个基本特征的表述，而选项D并非法的基本特征，而且其本身表述即有错误：法并不调整人的思想而只调整人的外在行为。所以答案选A、B、C。

6. 答案：ACD

解析：法的特征包括以下几个方面：（1）法是调整人的行为的社会规范。但作为调整行为的社会规范，法律又不同于其他社会规范。法律是一种以公共权力为后盾的、具有特殊强制性的社会规范。而道德、宗教等社会规范建立在人们的信仰或确信的基础上，通过人们的内心起作用。故B项中的说法是不正确的。（2）法是由公共权力机构制定或认可的具有特定形式的社会规范。（3）法是具有普遍性的社会规范。（4）法是以权利、义务为内容的社会规范。（5）法律是以国家强制力为后盾、通过法律程序保证实现的社会规范。依上可知，A、C、D项中的说法都是正确的。故A、C、D项当选。

7. 答案：AB

解析：法体现的统治阶级意志具有整体性。这主要是指：法所体现的统治阶级意志不是统治阶级内部的各党派、集团及每个成员的个别意志，也不是这些个别意志的简单相加，而是统治阶级的整体意志、共同意志或根本意志。这种共同意志或根本意志是统治阶级作为一个整体在政治、经济上的根本利益的反映。或者说，体现为法律的统治阶级意志是与统治阶级的政治统治、根本经济利益相关联的意志。但就个别意志而言，不仅对立阶级之间的意志是矛盾的，而且即使在统治阶级内部，其各个人、党派、集团之间的意志也可能存在冲突和摩擦；在某些情况下，个别意志甚至与统治阶级的整体意志相抵触，危及整个统治阶级的根本利益。此时，统治阶级就会通过惩罚的手段，迫使与整体意志冲突的个别意志符合统治阶级的根本利益。法体现统治阶级意志，要经历一个复杂的过程。它取决于统治阶级同被统治阶级的阶级斗争状况，也取决于统治阶级内部各阶层、集团或个人的矛盾和斗争。

8. 答案：ABCD

解析：法的本质一直是法理学中的一个重要问题。马克思主义法的本质学说认为：关于法的本质，从主观方面看，法是统治阶级意志的体现，此处的统治阶级意志是指被奉为国家意志的统治阶级意志，它是统治阶级整体利益与共同意志的体现；从客观方面看，法所体现的统治阶级的意志的内容是由统治阶级的物质生活条件决定的。本题中的四个选项的描述均正确，所以应选 A、B、C、D。

9. 答案：BCD

解析：法是由国家强制力保证实施的社会规范。法与其他社会规范一样都具有强制性，但法不同于其他社会规范之处在于它具有国家强制性。

10. 答案：BC

解析：本题考查的是法的深层次本质。马克思这句话的含义是：任何统治阶级都不能不顾一定经济条件的要求肆意制定法律。法就其阶级本质而言，是在生产关系中占统治地位，从而也掌握了国家政权的统治阶级意志的法。

11. 答案：ABC

解析：选项 A 混淆了判例法与判例：判例是指司法审判中可供遵循的先例本身，它是对某一案件的先前判决，而判例法是指作为个案的先例中所包含的一般性的法律原则或规则。也就是说，“判例法”也是法，具有法所应具有的普遍性，而判例中的司法判决只对特定当事人有效。在我国，省、自治区、直辖市的人大及其常委会，在不同宪法、法律、行政法规相抵触的前提下，可以制定地方性法规，省、自治区、直辖市、设区的市的人大常委会，也可以拟定本市需要的地方性法规草案，提请省、自治区人大常委会审议制定，这样制定出来的地方性法规只在立法机关所辖范围内有效，选项 B 错误。法的适用范围不仅有空间的限制，也有时间的限制，故选项 C 也是错误的。

12. 答案：ABD

解析：法作为社会关系的法律表现具有一定的形式，包括结构形式、表现形式和实现形式，所以选项 A 正确。法的表现形式是法律规范的外在表现，即法律渊源，主要包括习惯法、判例法和制定法，故选项 B 正确。法的思想影响作用是法作用于人们行为的一种方式，但是这种思想影响作用不是法律作用于社会关系的特有形式，法作用于社会关系的特殊形式（法的实现形式）是通过确立社会关系参加者的权利与义务，通过法律关系调整社会关系，所以选项 C 错误。法律规范是一个国家法的最基本的构成单位，调整同一类社会关系的不同的法律规范形成法律制度，若干相互联系、相互配合的法律制度又构成法律部门，若干法律部门之间最后形成法的体系。这个由法律规范、法律制度和法的体系所组成的有机联系的整体就是法的结构形式。所以选项 D 正确。

13. 答案：ABC

解析：本题考查的是法的“国家强制力”和“程序性”两大特征。

关于国家强制力及程序性的特征，包括以下内容：(1) 任何规范都具有强制力保障，没有保证手段的规范是不存在的。(2) 不同的社会规范，其强制方式、范围、程度、性质不同，法律的保障力是“国家”强制力（又称“国家暴力”）。(3) 国家强制力具有“合法性”。国家权力必须合法行使。(4) 法律的制定和实施都必须遵守法律的程序，这是法区别于其他社会规范的重要特征之一。

由此可以得出以下结论：(1) 同其他规范一样，法律也具有保障自己实现的力量，故 A 项正确。(2) 法律强制力的特殊性在于“国家暴力”，故 C 项正确。(3) 国家暴力主要表现为国家机器的运转，这不属于自然之力，而是社会之力，故 D 项错误。(4) 国家暴力的行使，要遵循实体法和程序法，法律具有程序性。故 B 项正确。

14. 答案：ACD

解析：港口税务官所说的“章”即法律，法由国家制定或认可，因此法当然体现的是国家意志。“否则警察抓你”则体现了法律的国家强制性，即法律以国家强制力为后盾，由国家强制力保证实施。而海盗所说的“规矩”并非法律，不具有国家意志性，“不然把你抓走”更不能体现法的国家强制性。因此，A 项正确，B 项错误。公民的义务是由法律加以规定的，因此，C 项、D 项正确。

简答题

1. 任何事物都有它的质的规定性，即一种事物区别于他种事物的质的特征。法区别于其他事物的基本特征在于：

(1) 法是国家制定或认可的行为规则。1) 法律规范是社会规范的一种，它所调整的是人与人的关系，但是也有相当一部分内容属于社会技术规范的范畴。2) 法体现的是国家意志。这是法的最主要的特征，也是法区别于其他任何社会规范的主要特点。

(2) 法通过确定社会关系参加者的权利与义务的

形式调整社会关系。这一特征反映了法作用于社会关系的特殊性。法通过确定社会关系参加者的权利与义务的方式使法律的一般规定得到具体化。

(3) 法得到国家强制力的保证。1) 任何社会规范都具有强制力。法与其他社会规范的不同之处在于法的强制力是国家强制力。2) 法具有国家强制性并不意味着法律规范的实施都是依靠国家强制。3) 有的时候，国家强制力的运用程度不仅取决于法律反映社会上多数人的利益的程度，也取决于人们认识自己利益(包括眼前利益和长远利益、根本利益)的程度。但是无论哪种情况，国家强制性都是法律所必不可少的属性，否则就不是法律。

总之，法是反映由一定物质生活条件所决定的统治阶级意志的、由国家制定或认可并得到国家强制力保证的，通过赋予社会关系参加者权利与义务的方式实现的规范体系。

2. 马克思主义法律观的最主要的特征是从“国家—阶级关系—物质生活条件”的关系链来理解法的本质。

(1) 法是被奉为法律的国家意志。作为法律的国家意志不同于国家意志的其他表现形式的地方在于，它不是针对个别人、个别情况所颁布的，而是具有普遍的效力。由此法律表现出一般统治的特点，即代表国家意志的统治。

(2) 法是统治阶级意志的体现。马克思主义法律观的鲜明特征是把具有普遍约束力的法律、国家意志放到阶级关系、政治关系、统治和被统治关系的框架中加以分析。

(3) 法所反映的统治阶级意志是由一定的物质生活条件所决定的。强调法的阶级意志性是马克思主义法律观的主要特征，但是这并不表明统治阶级可以任意立法，并不表明法的阶级性是唯意志论。马克思主义把阶级的存在同历史发展的一定阶段相联系，从社会的物质生活条件出发阐明法的阶级意志性，这样就使阶级意志不再是任意、随意和偶然的，而是有了物质基础，有规律可循。

“国家—阶级关系—物质生活条件”的关系链反映了人们对法的认识从现象到本质、从初级本质到深层本质的过程。法是被奉为法律的国家意志，这是对法的认识的现象层次；法是统治阶级意志的体现，这是对法的认识的第一层次的本质；法所反映的意志受到物质生活条件的制约，这是对法的认识的深层本质。

材料分析题

学生乙的三个论点都是正确的，而学生甲的论点都不正确。分析如下：

本题涉及六个基本概念：法、法律规范、法的构成要素、法律规范的构成要素、法律条文和规范性法律文件，以及四对基本关系，即法与法律规范、法的构成要素与法律规范的构成要素、法律条文与法律规范、法与规范性法律文件的关系。法的要素为法律规范和法的概念，而法律规范的构成要素就是其逻辑结构，分“二要素”和“三要素”两种学说。二者不仅不相等同，而且法律规范本身就是法的构成要素之一。法有成文法和不成文法之分，只有成文法才使用法律规范来调整社会关系，法律规范条文化的文字表述形式就是法律条文，而不成文法则表现为习惯、判例和法理，不表现为法律条文。同一个法律规范可以通过一个法律条文来表述，也可以通过若干个法律条文来表述。所以说学生乙的三个论点都正确。而学生甲的第一个和第二个论点与乙的论点正好相对，故不正确。学生甲的论点三也不够全面，因为“规范性法律文件”是指法律条文的集合，表述法律规范的内容的文件可称为规范性法律文件，而表述法的文件除了规范性法律文件，还有判例这种非规范性的法律文件以及法理学著作等。学生甲的论点以偏概全，不够全面。因此学生甲的三个论点都是错误的。

论述题与深度思考题

1. 法是“理”与“力”的结合这一命题指出了法的内容与形式的辩证关系。马克思主义反对把法归结为法律而忽视法的内容，也反对脱离开法的形式来认识法。法的内容中最重要的、决定其阶级倾向性的因素——归根结底是由统治阶级的物质生活条件所决定的统治阶级的共同意志——只有被奉为法律，才能成其为法。也就是说，法是内容与形式的结合。

(1) 法的内容是一个内涵丰富的概念，至少包括三个方面的因素：

首先，法是人对一定事实和客观规律的承认。任何法中都有人对一定事实和客观规律的认可的内容，总有反映并体现一定事实和自然的、社会的、心理的客观规律的内容。

其次，法是人们根据对一定事实和规律的认识提出的一定的主张、价值追求和愿望。在法中必然凝结着人的愿望、正义观和意志，虽然这种愿望、意志归根结底是一定物质生活条件的产物，受一定规律的制约，但它不等于生活条件和客观规律本身。

最后，人们利用法调整社会生活的经验、智慧、技术措施构成一定的法律文化。这些经验、知识、智慧和技术措施就可以为不同的经济、政治、社会制度服务。

概括起来，法的内容包括事实和规律的内容、愿望和价值的内容以及经验和智慧的内容，我们可以把这些内容用一个字来概括，这就是“理”。

（2）法之所以为法，不仅因为其内容是有一定的“理”的，是有根据的，而且因为这种“理”需要取得公共权力的保障，具有人人必须遵守的效力。关于法的形式——“力”，可以从以下几个方面来认识：

第一，由一定的社会生活、归根结底由一定的社会物质生活条件所决定的“理”，必须经过公共权力以一定的程序（制定或认可）上升为法律，即体现为一定的法的形式，才是人人必须遵守的东西，才具有国家的强制性。

第二，这种“理”的实现，还必须有国家强制力的保障和支持，国家必须以其暴力机器保证所制定的法律得到遵守和执行。违反这种以国家强制力保障的“理”的行为，要承担一定的法律责任。

所以说，法是有国家强制力保证之“理”，“理”是法的内容，“力”是法的形式；缺乏“理”的法不是好法，没有法律形式的“理”则不成其为法；“理”是法之所以成为法的基本要素，“力”是法之所以成为法的必要条件。二者是辩证统一、缺一不可的。

（3）明确法是内容与形式的辩证统一，明确法是“理”与“力”的结合，有重大的理论、现实意义。

首先，只有坚持法是“理”与“力”的结合，才能避免非马克思主义法学的片面性，正确回答什么是法的问题。

其次，研究法既不能脱离法律形式，绕过法律形式而只研究其经济、政治、社会、文化生活的内容，也不能仅仅停留在法律层面上，就法律问题而讲法律问题；既不能只研究专门法律问题，也不能脱离法律只研究法律背后制约着法律的社会政治问题。

最后，坚持法的内容与形式、“理”与“力”的辩证统一的观点，才能深刻理解依法治国的深远意义，正确实行并坚持依法治国。（这部分内容可参考孙国华：《法理求索》，242、262、276页，北京，中国检察出版社，2003。）

2. 对法的概念和本质的追问与探索，贯穿于人类法律文明的整个历程。在西方的法治文明中，对法的概念和本质的回答，自然法学、实证法学和社会法学三个主流法学派各不相同。

（1）自然法学派经历了古代自然主义自然法、中世纪神学自然法、近代理性主义自然法、现代自由主义自然法四个阶段。1）他们认为法从本质上说就是人的规律，源于人类永恒不变的社会性和理性，其功能和目的在于实现正义，即享受人作为人所应该享受的权利和平等地承担义务。2）他们重视和强调法律存在的客观性与同一性，认为不同国家和时代的不同法律都有着共同的根源与共同的价值目标，即人的本性和规律、理性、正义所综合形成的一系列价值目标。可见，自然法学派主要从法的价值和理想出发考察法律。

（2）分析法学派把研究的重点集中于国家法的结构形式上，主张“价值无涉”“恶法亦法”。他们认为法是主权者的命令、由法律规则构成，是一个法律规则或规范的系统。分析法学派从法的形式或逻辑入手，把法归结为命令和规则的体系，以此为基础提出法的概念，大体是与现实中的实在法律之情形相符的；并且，分析法学派将法律与在社会生活中居于政治上优势地位的主权者联系起来，客观上表达了法体现统治阶级意志的意思，但他们否定法的价值判断，主张“恶法亦法”则是非理性的。

（3）社会法学派则致力于从社会生活中寻找法的本质，主张“活的法”或“行动中的法”，以区别于“书本上的法”。他们认为法本质上是一种社会秩序，真正的和主要的法律不是国家立法机关制定的法律规则，而是社会生活中的秩序或人类联合的内在秩序。

（4）马克思主义法学运用历史唯物主义和辩证唯物主义的观点，揭示了法的本质。

首先，法的阶级意志性。统治阶级的法是统治阶级的意志的体现，法所体现的也不是每一个统治阶级成员个人的意志，而是统治阶级的整体意志。

其次，法的国家强制性。法并不是统治阶级的所有意志的体现，而是统治阶级意志的一种形态，是被奉为法律的那一部分统治阶级意志的体现，即只有体现在由国家制定或认可的、人人必须遵守的、有国家强制力保证的“法律”中的统治阶级的意志才是法。

最后，法的物质制约性。法是统治阶级生产关系和所有制的产物，从最根本的意义上说，法是由统治阶级的物质生活条件所决定的，是统治阶级的经济基础的产物。

第二章　法的作用

知识逻辑图

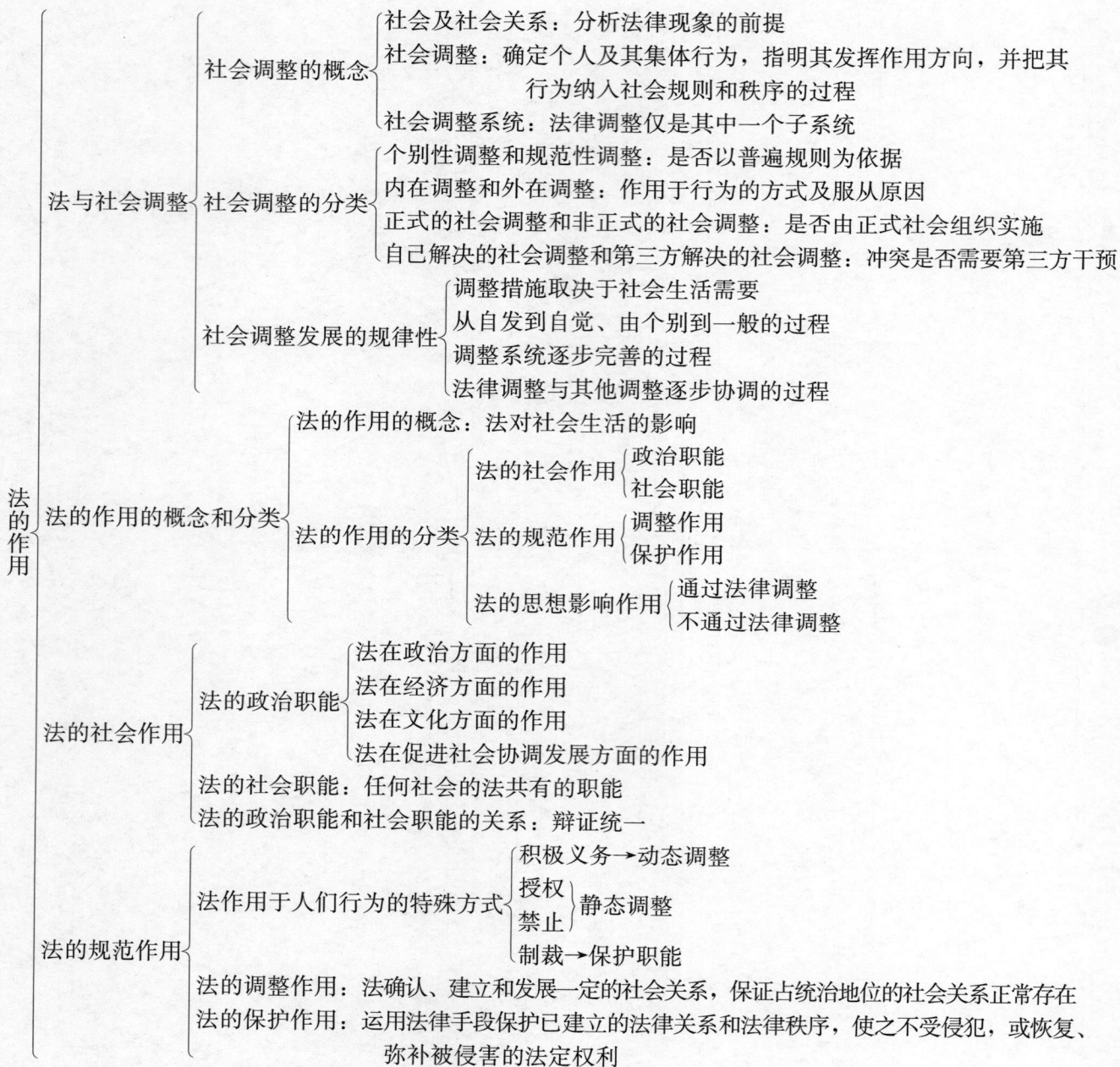

- 法的作用
  - 法与社会调整
    - 社会调整的概念
      - 社会及社会关系：分析法律现象的前提
      - 社会调整：确定个人及其集体行为，指明其发挥作用方向，并把其行为纳入社会规则和秩序的过程
      - 社会调整系统：法律调整仅是其中一个子系统
    - 社会调整的分类
      - 个别性调整和规范性调整：是否以普遍规则为依据
      - 内在调整和外在调整：作用于行为的方式及服从原因
      - 正式的社会调整和非正式的社会调整：是否由正式社会组织实施
      - 自己解决的社会调整和第三方解决的社会调整：冲突是否需要第三方干预
    - 社会调整发展的规律性
      - 调整措施取决于社会生活需要
      - 从自发到自觉、由个别到一般的过程
      - 调整系统逐步完善的过程
      - 法律调整与其他调整逐步协调的过程
  - 法的作用的概念和分类
    - 法的作用的概念：法对社会生活的影响
    - 法的作用的分类
      - 法的社会作用
        - 政治职能
        - 社会职能
      - 法的规范作用
        - 调整作用
        - 保护作用
      - 法的思想影响作用
        - 通过法律调整
        - 不通过法律调整
  - 法的社会作用
    - 法的政治职能
      - 法在政治方面的作用
      - 法在经济方面的作用
      - 法在文化方面的作用
      - 法在促进社会协调发展方面的作用
    - 法的社会职能：任何社会的法共有的职能
    - 法的政治职能和社会职能的关系：辩证统一
  - 法的规范作用
    - 法作用于人们行为的特殊方式
      - 积极义务→动态调整
      - 授权、禁止：静态调整
      - 制裁→保护职能
    - 法的调整作用：法确认、建立和发展一定的社会关系，保证占统治地位的社会关系正常存在
    - 法的保护作用：运用法律手段保护已建立的法律关系和法律秩序，使之不受侵犯，或恢复、弥补被侵害的法定权利

- 法的作用
  - 法的思想影响作用
    - 通过法律调整
      - 法的创制
      - 法的实施和实现
    - 不通过法律调整
      - 衡量价值
      - 提供信息
      - 培养法律意识
  - 正确认识法的作用
    - 轻视法律作用——法律虚无主义
    - 夸大法律作用——法律万能论
    - 歪曲法律作用——法学世界观
    - 法的作用的局限性
      - 受生产力发展水平和客观规律的制约
      - 受本身属性限制，不可能调整所有社会关系
      - 所调整的社会关系范围不是固定不变的
      - 受被社会制约的主体对法的利用程度限制

名词解释与概念比较

1. 个别性调整与规范性调整（考研）
2. 内在调整与外在调整
3. 法的政治职能与社会职能
4. 法的作用
5. 法的社会作用和法的规范作用
6. 法的调整作用和法的保护作用
7. 正式的社会调整和非正式的社会调整
8. 个别性调整（考研）
9. 法学世界观（考研）

选择题

（一）单项选择题

1. 关于社会调整，以下说法中错误的是哪一项？（　　）

A. 社会调整摆脱了单纯偶然性和单纯任意性

B. 社会调整是使人们接受社会价值、原则或规范的整个过程的静态表现

C. 社会调整有多种形式，并且受到各种经济的、政治的、文化的因素的制约

D. 法律调整不是社会调整唯一的方式，而是社会调整大系统中的一个子系统

2. 社会调整根据其是否以普遍适用的规则为依据可分为（　　）。

A. 内在调整和外在调整

B. 个别性调整和规范性调整

C. 正式的社会调整和非正式的社会调整

D. 自己解决的社会调整和由第三方解决的社会调整

3. 1831 年，著名的俄国文学家普希金与美丽的村姑岗察洛娃结婚。后来，他发现他的妻子岗察洛娃与丹特士关系暧昧。为解决此事，普希金与丹特士决斗，并在决斗中死亡。从社会调整的角度来考虑，普希金与丹特士的决斗属于一种什么样的社会调整方式？（　　）

A. 规范性社会调整

B. 由第三方解决的社会调整

C. 正式的社会调整

D. 自己解决的社会调整

4. 美国加利福尼亚州有一位大学女教授，她每天早上驾车上班，在所有的停车信号和红灯前都停车，她遵守所有的限制车速的规定，她把自己的车都停放在法律所规定的停车地点，从不超过所允许的停车时间。她进入自己的办公室从不大声喧哗。她从来都按期支付自己所欠的各种款项，从来都按期缴税。那么，从社会调整的角度来说，我们应如何看待她的行为呢？（　　）

A. 她的此种行为是基于非正式的社会调整，因为如果她不这样做，就会有各种嘲笑、流言蜚语、批评、排斥等

B. 她的此种行为，完全是一种习惯作用的结果，是由于她的良好教育的作用。从现在她的做法来看，这是一种内在的社会调整的结果

C. 她的这些行为背后，都有明确的法律规定，有着可预测性的结果。她之所以这样做，完全是规范性调整的结果

D. 她不这样做，就会被罚款或是获得其他的惩罚，所以，这是一种通过外部压力导致的行为结果，是外在调整的结果

5. 有人认为，所谓法治的最高理想，就是将人们的行为都纳入法律的调整框架内。对此，下列说法错误的是哪一项？（　　）

A. 这种观点犯了法律虚无主义错误

B. 这种观点认为法律没有局限性

C. 这种观点崇尚绝对的理性主义，认为法律至上是法治唯一的标准

D. 这是资本主义法学世界观的表现

6.《中华人民共和国环境保护法》第 1 条规定："为保护和改善环境，防治污染和其他公害，保障公众健康，推进生态文明建设，促进经济社会可持续发展，制定本法。"下列说法正确的是（　　）。

A. 该规定执行的是法的社会职能

B. 该规定执行的是法的公共职能

C. 该规定体现的是法的保护职能

D. 该规定的实现最终受经济发展水平的限制

7.《中华人民共和国民法典》第 1133 条第 2 款规定："自然人可以立遗嘱将个人财产指定由法定继承人中的一人或者数人继承。"从法的规范作用看，该项规定属于下列哪一情况？（　　）（司考改编）

A. 个别指引　　B. 确定的指引

C. 有选择的指引　　D. 非规范性指引

8. 关于法的规范作用，下列哪一说法是正确的？（　　）（司考）

A. 陈法官依据诉讼法规定主动申请回避，体现了法的教育作用

B. 法院判决王某行为构成盗窃罪，体现了法的指引作用

C. 林某参加法律培训后开始重视所经营企业的法律风险防控，反映了法的保护自由价值的作用

D. 王某因散布谣言被罚款 300 元，体现了法的强制作用

9. 学者们认为，法律不是万能的，其作用是有限的。其理由之一在于（　　）。

A. 法律重视程序，不讲效率

B. 法律调整外在行为，不干预人的思想观念

C. 法律强调稳定性，避免灵活性

D. 法律只对坏人起作用，不对好人起作用

10.（　　）是指法确认、建立和发展一定的社会关系，保证占统治地位的社会关系正常存在的作用。

A. 法的保护作用　　B. 法的调整作用

C. 法的规范作用　　D. 法的制裁作用

11. 关于法的保护作用，其主要的作用方式是下列哪一种？（　　）

A. 禁止

B. 授权

C. 积极义务

D. 规定和实施法律制裁

12.《中华人民共和国民法典》规定，当事人应当按照约定全面履行自己的义务。当事人应当遵循诚信原则，根据合同的性质、目的和交易习惯履行通知、协助、保密等义务。该法律规定作用于人们行为的基本方式是（　　）。

A. 禁止

B. 授权

C. 积极义务

D. 规定和实施法律制裁

13.《中华人民共和国劳动合同法》第 19 条规定："劳动合同期限三个月以上不满一年的，试用期不得超过一个月；劳动合同期限一年以上不满三年的，试用期不得超过二个月；三年以上固定期限和无固定期限的劳动合同，试用期不得超过六个月。"关于这个条文，下列哪一选项是错误的？（　　）（司考）

A. 该条规定不属于法律原则

B. 该条规定属于法律规则中的授权性规则

C. 该条规定对于签订劳动合同的劳动者与用人单位具有指引作用

D. 审理劳动合同纠纷的仲裁员可以根据该条规定判断劳动合同的相关条款合法还是违法、有效还是无效，就此而言，该条规定具有评价作用

14. 2007 年，某国政府批准在实验室培育人兽混合胚胎，以用于攻克帕金森症等疑难疾病的医学研究。该决定引发了社会各界的广泛关注和激烈争议。对此，下列说法错误的是（　　）。（司考）

A. 目前人兽混合胚胎研究在法律上尚未有规定，这是成文法律局限性的具体体现

B. 人兽混合胚胎研究有可能引发严重的社会问题，因此需要及时立法给予规范和调整

C. 如因该研究成果发生了民事纠纷而法律对此没有规定，则法院可以依据道德、习惯或正义标准等非正式法律渊源进行审理

D. 如该国立法机关为此制定法律，则制定出的法律必然是该国全体公民意志的体现

15. 下列关于法律作用的表述，正确的是（　　）。（考研）

A. 强制作用不属于法律的规范作用

B. 只有公法才具有维护阶级统治的社会作用

C. 法律的规范作用通过法律的社会作用来实现

D. 法律的规范性与确定性特点使法律具有预测作用

16. 下列关于法的作用的表述，正确的是（　　）。（考研）

A. 法的作用只能通过守法的方式来体现

B. 法的规范作用是法的社会作用的目的

C. 法的规范作用是法对人们的意志与行为发生的间接影响

D. 法的作用根本上取决于生产关系或生产方式自身的生命力

（二）多项选择题

1. 下列关于社会调整的说法，正确的有哪些？（　　）

A. 社会调整是社会发展的客观要求

B. 法律调整是最有效的社会调整

C. 社会调整的发展是一个由自发到自觉、由个别到一般的过程

D. 社会调整的作用机理在于通过外在压力来调整人们的行为

2. 社会调整系统是指由许多相互联系的子系统构成的，运用多种调整手段和调整形式的社会规范体系。这个庞大的社会调整系统包括下列哪些内容？（　　）

A. 道德规范的调整　　B. 习惯规范的调整

C. 宗教戒律的调整　　D. 法律规范的调整

3. 关于个别性调整和规范性调整的理解，下列哪些说法是错误的？（　　）

A. 个别性调整往往出现在规范性调整之前，并成为规范性调整产生的基础，然而，在规范性调整出现后，个别性调整就完成了历史使命

B. 个别性调整和规范性调整其实都是针对具体事项而进行的社会调整，只是个别性调整更容易使人们了解，从而遵守固定的行为模式

C. 规范性调整是在个别性调整的基础上发展起来的，但是，规范性调整有很大的局限性，所以，必须辅之以个别性调整，才能对社会生活各方面进行有效的管理

D. 问题出现一次，规范性调整就适用一次，所以，规范性调整其实最终还是一种个别性调整，这种区分实际并无固定标准

4. 法的作用，有时又称为法的职能，是指法对社会生活的影响。我们可以从哪些角度研究法的作用？（　　）

A. 法的社会作用

B. 法的规范作用

C. 法的思想影响作用

D. 法的行为影响作用

5. 法在经济方面的作用主要表现在下列哪些方面？（　　）

A. 法对经济基础有重要的反作用

B. 法在协调各种利益的关系中有重要的作用

C. 法可以促进或阻碍社会生产力的发展

D. 法可以建设和管理各种公共基础设施

6. 作为一种专门的调整社会关系的手段，法作用于人们行为的方式主要有哪些？（　　）

A. 积极义务　　B. 授权

C. 禁止　　D. 制裁

7. 社会调整按照不同的标准可以作不同的分类，以下的分类标准及分类正确的是（　　）。

A. 按照社会调整作用于人们行为的方式和人们服从它的原因，可将其分为内在调整和外在调整

B. 按照解决冲突是否需要第三方干预，可分为自己解决的社会调整和由第三方解决的社会调整

C. 根据其是否由正式的社会组织实施，可以分为正式的社会调整和非正式的社会调整

D. 根据其是否以普遍适用的规则为依据，可以分为规范性社会调整和个别性社会调整

8. 下列关于社会调整发展规律的表述错误的有哪些？（　　）

A. 社会调整措施越细致越好

B. 社会调整的发展其实就是规范性调整日益取代个别性调整的过程

C. 社会调整的发展其实就是法律调整将本来属于其他社会调整的对象日益纳入法律调整的过程

D. 社会调整措施的选择从根本上要以社会生活实际需要为依据

9.《庄子·杂篇·盗跖》中说：“神农之世，卧则居居，起则于于；民知其母，不知其父，与麋鹿共处，耕而食，织而衣，无有相害之心。”《商君书·画策》说：“神农之世，男耕而食，妇织而衣，刑政不用而治，甲兵不起而王。”从上述描述中，我们可以推断，当时的社会调整方式主要是（　）。

A. 内在的社会调整方式

B. 个别性社会调整方式

C. 非正式的社会调整方式

D. 规范性社会调整

10. 关于法的作用，下列哪些选项是错误的？（　）（司考）

A. 法是由人创制的，人们在立法时受社会条件的制约

B. 法律人在处理法律问题时没有自己的价值立场

C. 法具有概括性，能够涵盖社会生活的所有方面

D. 法律不能要求人们去从事难以做到的事情

11. 下列有关法律作用、法律观念等问题的表述哪些是正确的？（　）（司考）

A.“法典是人民自由的圣经”，这说明法律是自由的保障

B.“恶法亦法”观点强调法律的权威来自法律自身，与法律之外的因素无关

C.“徒法不足以自行”，因此法律不是万能的

D.“有治人，无治法”，反映了中国古代“以法治国”的法治观

12. 某林区村民于小林为盖房欲去山上伐几棵国有林木。父亲对儿子说，未经许可去伐国有林木属乱砍滥伐，是违反《森林法》的。于小林依从了父亲的劝导。该事例说明法的哪些功能？（　）（司考）

A. 指引功能　B. 评价功能

C. 教育功能　D. 强制功能

13. 下列关于法的作用的表述，正确的有哪些？（　）

A. 法律能否正常发挥作用，归根到底取决于法律是否适应生产关系的性质

B. 法的作用包括社会作用、规范作用和思想影响作用

C. 从历史上来看，法对生产力最终都起到了促进作用

D. 法的作用不是绝对的，也不是无限的

14. 下列关于法的规范作用和社会作用的说法，正确的有（　）。

A. 法的社会作用包括法的调整作用和保护作用

B. 法的规范作用和社会作用是相辅相成的

C. 从历史上看，任何法律都承担着阶级统治职能

D. 法的调整作用旨在建立合法的社会秩序

15. 下列关于法的思想影响作用，说法错误的有（　）。

A. 法律对人们的思想影响贯穿于法律调整的全过程

B. 法律是通过调整具体的社会关系来发挥其思想影响作用的

C. 法律的思想影响作用一般是指生效的法律对人们的思想影响作用

D. 法律的思想影响作用的前提是要得到人们的认同

16. 中国古代思想家孟子说：“徒法不足以自行”。对此，下列说法错误的有（　）。

A. 法律有其局限性，因此“法律至上”不是法治的理想状态

B. 法律不可能调整所有的社会关系，需要和其他社会规范相配合

C. 法律必须以社会为基础，因此其调整范围不是固定不变的

D. 法律的作用受到人们法律意识和法律文化水平的制约

17. 下列哪些表述代表着马克思主义法学对法的问题的看法？（　）（考研）

A. 法不是单个人的肆意横行

B. 法既执行政治职能，也执行社会公共职能

C. 法最终决定于历史传统、风俗习惯、国家结构、国际环境等条件

D. 法受社会物质条件的制约

18. 我国刑法规定，组织、策划、实施分裂国家、破坏国家统一的，对首要分子或者罪行重大的，处无期徒刑或者 10 年以上有期徒刑；对积极参加的，处 3 年以上 10 年以下有期徒刑；对其他参加的，处 3 年以下有期徒刑、拘役、管制或者剥夺政治权利。下列说

法错误的有（　　）。

A. 这表明法律对社会关系具有保护作用

B. 法律的作用是通过制裁违法犯罪行为而实现的

C. 该条规定执行的是政治职能而不是公共职能

D. 该条规定执行的是公共职能而不是政治职能

19. 下面关于法的规范作用和法的社会作用的表述中，哪些选项是正确的？（　　）

A. 张某抓住了潜入家中行窃的小偷，非常生气，本想教训教训他，但后来想起老师曾经说过抓住小偷应该交给公安机关处理，私自对小偷用刑是违法的，于是就和家人一起将小偷送到了当地派出所。这体现了法的指引作用

B. 某村村民吕某因涉嫌行凶杀人，被公安机关逮捕，村里一片哗然，村民们议论纷纷，张说吕某可能会被判处死刑，李说吕某罪不足杀。这体现了法的预测作用

C. 我国刑法规定了贪污贿赂类犯罪，但是当有人以谋取不正当利益为目的，向国家工作人员进行性贿赂时，法律没有规定贪污贿赂罪。这表明法的社会作用的发挥还需要进一步加强

D. 法的社会职能不容忽视，如《重大动物疫情应急条例》主要体现了在执行社会职能方面法的社会作用

20. 某国政府决定在实验室进行人体器官克隆研究，用于攻克某种疑难疾病。由于该国并无相关法律规定，该决定引发了社会各界广泛争论。对此，下列表述能够成立的有（　　）。（考研）

A. 目前人体器官克隆问题在法律上尚未规定，这正是法律滞后性的体现

B. 克隆人体器官所引发的法律问题，是科技、伦理与法律紧张关系的表现

C. 由此项研究引发的民事纠纷，法院可以依据道德、习惯或正义标准等裁决

D. 如该国民众对此问题在道德上无法形成共识，则应立法禁止此项研究

简答题

1. 简述社会调整的分类。

2. 简述社会调整发展的规律性。

3. 简要分析法的政治职能和社会职能的关系。（考研）

4. 法的作用有哪些分类？

5. 什么是法的规范作用？法作用于人们行为的特殊方式有哪些？

6. 简述个别性调整和规范性调整的优、缺点。

7. 简述法的作用的局限性。（考研）

8. 简述法的规范作用与社会作用的关系（考研）

材料分析题

1. 结合给定的材料，分析法律作用的分类以及不同作用之间的相互关系。（考研）

材料一：

《管子·七主七臣》：“夫法者，所以兴功惧暴也；律者，所以定分止争也；令者，所以令人知事也。法律政令者，吏民规矩绳墨也。”

材料二：

马克思在《资本论》中论述私有制社会中政府的职能时指出：政府的监督劳动和全面干涉包括两方面：既包括由一切社会的性质产生的各种公共事务的执行，又包括由政府同人民大众相对立而产生的各种特有的职能。（参见《资本论》，2 版，第 3 卷，431～432 页，北京，人民出版社，2004。）

材料三：

恩格斯在《反杜林论》中指出：政治统治到处都是以执行某种社会职能为基础，而且政治统治只有在它执行了它的这种社会职能时才能维持下去。（参见《马克思恩格斯全集》，2 版，第 26 卷，188 页，北京，人民出版社，2014。）

2. 2015 年新修订的《中华人民共和国食品安全法》第 62 条规定：“网络食品交易第三方平台提供者应当对入网食品经营者进行实名登记，明确其食品安全管理责任；依法应当取得许可证的，还应当审查其许可证。”该法实施后，各地媒体仍然不断曝光网络外卖乱象。一些网络平台未能严格执行新规，无证餐厅成为外卖网站上的热销大户。

针对此现象，主要存在三种观点。观点一：外卖食品网站和外卖 App 是新生事物，仍在不断发展，法律规定过于具体并不明智。观点二：虽然食品安全法对网络平台的监管义务有明确规定，但网络平台客观上无法做到对每个网络食品经营者进行实名登记和许可证查验，该法缺乏可行性。观点三：该规定本身是合理的，目前法律未能有效实施，主要原因是行政监

管不到位，如果加大监管力度，该法还是能够发挥其应有作用的。

请运用法理学相关理论，回答下列问题（考研）：

（1）材料反映出法具有哪些局限性？

（2）三种观点中，你赞同哪一种，请说明理由。

3. 某村民委员会在开展“争创精神文明户”活动中，将子女是否孝敬老人作为一项重要的指标，要求村民对孝敬老人作出承诺。张老汉的儿子张三写了书面承诺书，保证每个月至少给父亲50元的赡养费，保证书一式三份，村民委员会在保证书上盖章后，张老汉、张三和村民委员会各存一份。之后，张三被评为“精神文明户”。但是张三始终没有履行过承诺。一次张老汉向儿子要钱看病，张三以其儿女上学需要学费、经济紧张为由拒绝。村民委员会据此撤销了张三家的“精神文明户”的称号，并支持张老汉向法院起诉。法院审理后支持了张老汉的请求，判令张三每月向张老汉支付赡养费50元，并支付张老汉看病的费用。几个月后，张老汉再次找到原审法官，请求撤销原判决。理由是判决生效后，虽然张三付清了他看病的医疗费，每月也按时给他50元赡养费，但是他的孙子和孙女从此不再喊他“爷爷”了，他为此非常伤心。法官听后也很同情，却感到无能为力。

阅读上述材料，结合法理学知识和原理，谈谈你对村民委员会的举措、法院的判决以及张老汉的遭遇的认识。（考研）

论述题与深度思考题

1. 如何正确认识法的作用？（考研）

2. 试述法的作用的局限性理论及其对社会主义法治国家建设的启示。（考研）

参考答案

名词解释与概念比较

1. 社会调整根据其是否以普遍适用的规则为依据可分为个别性调整和规范性调整。个别性调整是指没有普遍适用的规则依据，按照针对具体人、具体事件所确定的行为方式进行的一次性调整。它只对所涉及的具体行为有效，问题每出现一次，就要重新处理一次。规范性调整是指借助于一般的、具有普遍效力的、可以反复适用的行为规则进行的调整。规范性调整与个别性调整相比有许多优越性，它有助于克服个别性调整所固有的不确定性、随意性，从而使被调整的社会关系摆脱单纯偶然性和任意性的束缚。

2. 社会调整根据其作用于人们行为的方式和人们服从它的原因，可分为内在调整和外在调整。内在调整是人们学习一定社会群体的行为规则的过程。社会通过各种形式的教育（家庭、学校、各种社会实践等）使人们逐渐认识到在什么情况下什么行为是正当的、什么行为是不正当的，从而使外在的行为规则内化，人们接受了这种规则就会自觉地按照这种规则去行为：从事正当的行为成为一种习惯，从事不正当的行为被视为“异常”“越轨”。因此，内在调整也就是人的社会化过程。外在调整则是通过外部压力（包括道德、宗教、纪律、法律等措施），使人们遵守一定社会规范的过程。外在的社会调整根据其给予人们行为压力的方法，可分为肯定性调整和否定性调整。

3. 法的社会作用包括政治职能即维护一定阶级统治的职能和社会职能即执行一定社会公共事务的职能。法的政治职能是国家活动的基本方向在法律上的体现，反映了法存在的根本价值，是法的阶级意志性的集中体现。法的政治职能是联系法的社会、政治目的和使命来观察的法的作用和职能。法的社会职能，即法的社会公共职能，是指法对一切有关全社会的公共事务进行管理，从而保证人类共同体的存在和发展的职能。不应把法的政治职能和社会职能割裂开来、对立起来，而应该把它们看作法的同一本质的两个相互联系、相互依赖的方面。

4. 法的作用，又称为法的职能，是指法对社会生活的影响。法的作用是法作为社会上层建筑对经济基础反作用的表现。法的作用不限于对经济基础，它对同处于上层建筑领域的政治、文化、各种思想意识等都可能发生作用。法的作用既体现在社会、政治内容和价值取向上，又体现在作用手段、形式方面，另外还体现在思想影响方面。法的作用主要包括：法的社会作用、法的规范作用、法的思想影响作用。

5. 法的社会作用包括政治职能即维护一定阶级统治的职能和社会职能即执行一定社会公共事务的职能。法的规范作用，即法的专门法律作用和职能，是指法作为社会调整措施所专门具有的职能，它反映了法律作用于社会关系的特殊性。

6. 法的调整作用，是指法确认、建立和发展一定的社会关系，保证占统治地位的社会关系正常存在的作用。法的调整作用反映社会生活的正常状态，其使命在于建立合法关系与合法秩序。法的保护作用，是指运用法律手段保护已建立的法律关系和法律秩序，使之不受侵犯，或恢复、弥补被侵害的法定权利。法的保护作用反映的是社会生活的异常状态，往往同违法行为相联系。法的保护作用主要是针对违法犯罪行为的，旨在限制、取缔非法关系，通过制裁来保护、补偿合法行为的损失，以恢复被破坏的法律秩序。

7. 社会调整根据其是否由正式的社会组织实施，可分为正式的社会调整和非正式的社会调整。正式的社会调整是指由正式的社会组织（包括国家、宗教团体、教育组织等）执行的社会调整，它不仅得到正式的社会组织的保证，而且有一套执行的程序。非正式的社会调整是指人们在日常生活中自发产生的，不通过正式的社会组织执行，无须专门人员负责的、自发的社会调整。正式的社会调整是随着社会分工而发展起来的专门化的社会调整，是在非正式的社会调整不完善、不足以保证人们服从社会规范的情况下产生的。在现代社会，正式的社会调整占主导地位，但非正式的社会调整在一定范围内仍然起着重要作用。

8. 个别性调整是指没有普遍适用的规则依据，按照针对具体人、具体事件所确定的行为方式进行的一次性调整。它只对所涉及的具体行为有效，问题每出现一次，就要重新处理一次。如产品交换最初只是个别的偶然的现象，对某次交换方式的规定或确认，只对该次交换有效。这种规定或确认便是对特定主体从事的特定行为的个别性调整。

9. 法学世界观是与中世纪的神学世界观相对应的资本主义经典的世界观，它是神学世界观的世俗化。法学世界观的特点是，崇尚理性主义，法律至上，主张不是君主或上帝决定一切而是法律决定一切，认为法律可以独立于社会而存在、法律可以决定历史的进程。马克思、恩格斯认为这种世界观属于“法学家的幻想”。

选择题

（一）单项选择题

1. 答案：B

解析：社会调整是把个人及其集体的行为纳入一定的社会规则和秩序的范围内的过程。它是实现社会秩序、维持社会正常运行的必要手段，是使人们接受社会价值、原则或规范的整个过程。而这种秩序无论是自发的还是自觉的，都摆脱了单纯偶然性和单纯任意性，而社会规则（规范）是这一过程的静态表现。社会调整有多种方式，法律调整不是社会调整唯一的方式，而是社会调整大系统中的一个子系统。社会调整方式受到社会经济、政治、文化条件的制约。故选项B错误。

2. 答案：B

解析：社会调整有多种形式，按照不同的标准可以分为如下种类：（1）根据其是否以普遍适用的规则为依据可分为个别性调整和规范性调整。（2）根据其作用于人们行为的方式和人们服从它的原因，可分为内在调整和外在调整。（3）根据其是否由正式的社会组织实施，可分为正式的社会调整和非正式的社会调整。（4）社会调整是一种解决冲突的措施。社会调整根据解决冲突是否需要第三方干预，可分为自己解决的社会调整和由第三方解决的社会调整。故选项B正确。

3. 答案：D

解析：社会调整根据解决冲突是否需要第三方干预可分为自己解决的社会调整和由第三方解决的社会调整。自己解决的社会调整是在无须第三方参与的情况下由冲突各方通过各种方式自己解决冲突的措施，如决斗、复仇等。故而本题中普希金和丹特士之间的决斗属于这种社会调整方式。故选项D正确。

4. 答案：B

解析：非正式的社会调整是在人们生活中自发产生的，不通过正式的社会组织执行，无须专门人员负责；它主要在一个人际关系密切、频繁交往的社会团体内部具有明显的作用。而本题中女教授的行为显然不符合非正式的社会调整的特征。故选项A错误。

内在调整是人们学习一定社会群体的行为规则的过程。社会通过各种形式的教育（家庭、学校、各种社会实践）使人们认识到在什么情况下什么行为是正当的、什么行为是不正当的，从而使外在的行为规则内化，从事正当的行为成为一种习惯，从事不正当的行为被视为“异常”“越轨”。内在调整是人的社会化的过程。本题中，女教授的行为模式，显然是一种教育、习惯的结果。故选项B正确。

规范性调整以普遍适用的规则为依据，只要出现规则所规定的那种情况，就可以反复适用。而本题中，女教授的很多良好习惯并不具有规范调整结果的特征。故选项C错误。

外在的社会调整根据其给予人们行为压力的方法，可分为肯定性的社会调整和否定性的社会调整。本题中，女教授的许多行为显然不是外在压力的结果。故选项D错误。

5. 答案：A

解析：题干反映了法律万能论的观点。法律万能论认为，法律没有局限；崇尚理性主义，认为法律至上是法治唯一的衡量标准。法律万能论是资本主义法学世界观的表现之一。故正确答案为A项。

6. 答案：D

解析：从该条规定的内容来看，主要执行的是公共职能，但是，按照阶级分析理论的观点，公共职能是手段，政治职能是目的，因此，不能说某一规范仅仅执行社会职能或公共职能，所以A、B项错误；法的保护职能主要是通过制裁违法犯罪行为来实现的，所以C项错误。马克思主义法理学告诉我们，对法律发展起最终决定作用的是经济发展水平，所以D项正确。

7. 答案：C

解析：法的指引作用的表现形式有：确定的指引和有选择的指引、个别指引和规范性指引。(1) 确定的指引，是指人们必须根据法律规范的指引而行为，法律通过设定否定性法律后果来实现确定的指引。义务性规范代表确定的指引。(2) 有选择的指引，是指人们对法律规范所指引的行为、模式有选择余地，法律允许人们自行决定是否这样行为，法律通过规定肯定性的法律后果来实现有选择的指引。授权性规范代表有选择的指引。(3) 个别指引，是指通过具体指示对具体的人和情况的指引。(4) 规范性指引，是指具有概括性的行为规范对同类的人和情况的指引。

本题中《民法典》的规定是授权性规范，自然人可以立遗嘱，也可以不立遗嘱；可以立遗嘱指定法定继承人一人，也可指定数人继承个人财产，因此该项规定属于有选择的指引、规范性指引，而不是个别指引（非规范性指引）、确定的指引。故选项C正确。

8. 答案：D

解析：A项：陈法官依法主动申请回避，这直接体现的是“指引作用”，并没有体现出“提升一般人的法律意识”。故A项错误。

B项：法院判决王某行为构成盗窃罪，针对王某而言，这直接体现的是强制作用；针对法官而言，这直接体现的是评价作用。故B项错误。

需要说明的是，该选项有较大争议，很多考生认为：法院作出判决的行为，既然是根据相关法律规定作出的，所以也体现出“指引作用”。这种观点是错误的。通过细读选项“法院判决王某行为构成盗窃罪”，我们应该能体会到：这句话主要表述的是“法院在评价王某的定罪问题”，因此，直接体现的是“评价作用”而不是“指引作用”。同理，如果选项改为“法院依照刑法的规定判案”，则直接体现的就是“指引作用”。

C项：林某参加培训后开始重视企业的法律风险防控，这体现的是法律的教育作用，也反映了法对于“秩序”价值的保护（而不是“自由”价值）。故C项错误。

D项：王某因散布谣言而受到处罚，这体现了法律对违法犯罪行为的强制作用。故D项正确。

9. 答案：B

解析：法的作用的有限性主要有以下几个方面：第一，法是社会发展的主观因素，受生产力发展水平和客观规律的限制。第二，法受其本身属性的限制。法律不可能对所有的社会关系进行调整。法律只调整统治阶级认为有重要意义的社会关系，即不运用国家权力就不能保证个人利益服从集体利益、局部利益服从整体利益、暂时利益服从长远利益的那种社会关系。第三，法所调整的社会关系的范围不是固定不变的。第四，法还受到被社会制约的主体对法的利用程度的局限。社会主体的法律意识和法律文化水平高，就能比较充分、恰当地发挥法律的作用。综上所述，选项B正确。

10. 答案：B

解析：法的保护作用，是指运用法律手段保护已建立的法律关系和法律秩序，使之不受侵犯，或恢复、弥补被侵害的法定权利。法的调整作用是指法确认、建立和发展一定的社会关系，保证占统治地位的社会关系正常存在的作用。法的制裁作用是指法律对违法犯罪行为施加的强制惩罚。故选项B正确。

11. 答案：D

解析：法的保护作用主要是通过规定法律责任措施以及实施专门保护主体权利的国家强制措施表现出来，其主要的作用方式是规定和实施法律制裁。故选项D正确。法的调整作用分为两种：（1）静态的调整职能，其主要方式是授权和禁止。义务人满足权利人的要求的方式是消极地不作为。（2）动态的调整职能，其主要方式是积极义务。义务人满足权利人要求的方式是积极地履行义务、承担责任。故选项A、B、C均是法的调整作用的主要方式。

12. 答案：C

解析：禁止的调整方式就是要求人们不为一定行为的义务，在法律规范的表述上多使用“不得……”“禁止……”等字眼。授权的方式会赋予人们行为的自由，在法律规范的表述上多使用“可以……”“有……自由”等字眼。积极义务的方式就是要求人们必须作出某种行为，承担作出某种积极行为的义务，在法律规范的表述上多使用“应当……”“必须……”等字眼。故选项C正确。

13. 答案：B

解析：该规定属于法律规则，而非法律原则，因此，A项说法正确。该条规定属于义务性规则，而非授权性规则，因此，B项说法错误。法律规范的指引作用是指对本人的行为具有引导作用，题干中给出的规定对于签订劳动合同的劳动者与用人单位具有指引作用，因此，C项说法正确。法律规范的评价作用是指，法律作为一种行为标准，具有判断、衡量他人行为合法与否的评价作用，因此，D项说法正确。综上，本题的正确答案是B项。

14. 答案：D

解析：法律具有一定的滞后性，是成文法律的局限性的体现，所以选项A正确。法律对科技具有规制作用，但是由于法律的滞后性，对科技等问题没有规定时，可以根据道德、习惯或正义标准等非正式法律渊源进行审理，所以选项B、C正确。法律是统治阶级意志的体现，因此，只有社会主义国家的法律才是全体公民意志的体现，所以选项D错误。

15. 答案：D

解析：从法是一种社会规范的角度来看，法具有规范作用；从法的本质和目的的角度来看，法具有社会作用，这两种作用是手段与目的的关系。法的规范作用包括指引作用、评价作用、预测作用、教育作用、强制作用，故A选项错误。法的社会作用包括维护一定阶级统治的政治职能和执行一定公共事务的社会职能，一切法都具有此两种作用，故B选项错误。法的规范作用是手段，社会作用是目的，法的社会作用通过规范作用来实现，故C选项错误。预测作用是指人们根据法可以预先估计人们相互间将怎样行为以及行为的后果等，从而对自己的行为作出合理的安排。法之所以具有预测作用，是因为法具有规范性、确定性的特点，故D选项正确。

16. 答案：D

解析：法的作用不只通过守法的方式来体现，立法、司法和执法同样能体现法的作用，故A选项错误。法的规范作用是手段，社会作用是目的，故B选项错误。法的规范作用是指法作为行为规范，对人们的意志、行为发生的直接影响，对人的行为所起到的保障和约束作用，故C选项错误。生产方式对法的内容、形式和效力起着决定性作用，法能否发挥立法者预期的作用，从根本上取决于法所反映的生产方式自身有无生命力，故D选项正确。

（二）多项选择题

1. 答案：AC

解析：伴随着社会关系的细密化和复杂化，社会越来越需要进行社会调整，因此，社会调整是社会发展的客观要求，故选项A正确。社会调整是一个系统，里面包括法律调整、道德调整以及宗教调整等，不同的调整方式有不同的适用范围，不能笼统地说某种调整方式是最有效的社会调整方式，所以选项B错误。社会调整的发展是一个由自发到自觉、由个别到一般的过程，所以选项C正确。社会调整包括内在调整和外在调整，内在调整不是通过外在压力而是通过内心行为实现的调整，所以选项D错误。故本题正确答案为A、C。

2. 答案：ABCD

解析：社会调整系统是指由许多相互联系的子系统构成的，运用多种调整手段和调整形式的社会规范体系。社会是一个复杂的系统，它是由许多相互联系的子系统构成的，例如，道德规范的调整、习惯规范的调整、礼仪规范的调整、政策规范的调整、宗教戒律的调整、法律调整等。随着社会生活的发展，调整手段和调整形式也会日益丰富，从而形成一个庞大的社会调整系统。不同的社会调整构成其中相对独立的子系统，从不同的侧面调整着各种社会关系。它们之间相互联系、相互制约，起到稳定社会秩序的作用。故选项A、B、C、D均正确。

3. 答案：ABD

解析：规范性调整是在个别性调整的基础上发展起来的，它有助于克服个别性调整的不确定性、任意性，但缺乏灵活性。二者应互为补充。个别性调整没有普遍适用的规则依据，是针对具体人、具体情况所进行的一次性调整，它只对所涉及的具体行为有效，问题每出现一次，就要重新处理一次。规范性调整以普遍适用的规则为依据，只要出现规则所规定的那种情况，就可以反复适用。故选项 A、B、D 错误，当选。

4. 答案：ABC

解析：法既是一定社会关系的体现，又是一定社会关系的调整器；法的作用既体现在社会、政治内容和价值取向方面，又体现在作用手段、形式方面，另外还体现在思想影响方面，因此，研究法的作用可以从三个角度进行：一是法的社会作用，即法的社会政治职能。这是联系法的社会目的和社会使命来看法的作用，从这个角度可以将法的作用分为政治职能和社会职能。二是法的规范作用，即法作为一种调整社会关系的手段所具有的特殊职能。这是从法本身，把法作为工具、手段来看的法的作用，从这个角度可以将法的作用分为法的调整作用和法的保护作用。三是法的思想影响作用。这是从法的意识形态影响来看法的作用。从这个角度可以将法的作用分为通过法律调整的思想影响作用和不通过法律调整的思想影响作用。故选项 A、B、C 正确。

5. 答案：ABC

解析：法在经济方面的作用主要表现在：(1) 法对经济基础有重要的反作用。(2) 法在协调各种利益的关系中有重要的作用。(3) 法可以促进或阻碍社会生产力的发展。故选项 A、B、C 正确。法的社会职能主要包括发展生产，建设和管理各种公共基础设施，管理和发展文化科学技术、教育、人口、公共卫生、维护交通安全、保护环境、水利灌溉、保护和利用自然资源等。故选项 D 错误。

6. 答案：ABCD

解析：作为一种专门的调整社会关系的手段，法作用于人们行为的方式主要有四种：(1) 积极义务，法律规定一方必须实施一定的积极作为的义务，从而满足另一方请求履行这种义务的权利。(2) 授权，法律规定一方享有从事或不从事某种行为的权利，其他人承担不妨碍这种权利实现的义务。对义务人而言，这是一种消极的不行为的义务。(3) 禁止，法律规定使人们承担不行为的义务，以保证权利人对权利的享用。这种方式是与第二种方式配合使用的，也是一种确定性的指引，即人们不得为某种行为。(4) 制裁，法律规定当人们作出违反法律的行为时，将受到法律制裁，例如刑事制裁等。故选项 A、B、C、D 均正确。

7. 答案：ABCD

解析：本题主要考查社会调整的分类。

8. 答案：ABC

解析：社会调整措施的根源在于社会关系，故社会调整措施的选择取决于社会生活实际需要，因此，并不是越细致越好，也不是越粗糙越好，而是应和社会关系保持一致，所以 A 项错误，D 项正确；个别性调整虽然是规范性调整的基础，但是这并不意味着规范性调整日益取代个别性调整，二者不是取代关系而是依存关系，所以 B 项错误；社会调整是一个系统，下面包含着法律、道德、政治等子系统，社会调整的发展过程实际是法律调整系统日益协调化的过程，而不是法律调整取代其他社会调整的过程，所以 C 项错误。故本题正确答案为 A、B、C 项。

9. 答案：ABC

解析：本题主要通过对《庄子·杂篇·盗跖》和《商君书·画策》中对原始社会中社会调整的描述来推断原始社会调整的特征。原始社会的社会调整主要是通过内在的社会调整和非正式的社会调整、个别性社会调整来实现的。故本题正确答案应为 A、B、C 项。

10. 答案：BC

解析：本题考查法的作用。法的作用体现在法与社会的相互影响中。法是由人创造的，人们在立法时会受到社会条件的制约，其产生、存在与发展变化都是由社会的生产方式决定的。因此，A 项说法正确。法律人是有其法律思维的，法律思维的基本特征之一就是价值判断。因此，B 项说法错误。法不是万能的，法的局限性是和法律调整对象的有限性相联系的，法不可能调整社会生活的全部，有些社会关系（如人的情感关系、友谊关系）不适宜由法律来调整，法律不应涉足其间。因此，C 项说法错误。法律是以社会为基础的，法律不可能超越社会发展的需要、超越人们的能力范围来改变社会，因此，不能要求人们去从事难以做到的事情，故 D 项说法正确。

11. 答案：ABC

解析：选项A和C明显正确，不赘述。“恶法亦法”观点认为违反道德的法也是真正意义上的法，据此，选项B正确。“有治人，无治法”，强调治理国家靠人而不能靠法，反映的是人治观而非法治观。据此，选项D错误。

12. 答案：AB

解析：根据作用对象的不同，法的规范作用和功能可分为以下几个方面：（1）指引作用和功能，其作用对象是本人的行为。小林听从父亲劝导，知道未经许可去砍伐国有林木属违反我国《森林法》的行为，而未去伐木。这说明法有指引作用和功能。（2）评价作用和功能，其作用对象是他人的行为。小林父亲认为儿子不经许可去国有林区伐木会违反《森林法》而加以劝阻。这说明法有评价的作用和功能。（3）预测作用和功能，其作用对象是人们相互的行为。本事例不能说明法有此功能。（4）教育作用和功能，其作用对象是一般人的行为。本事例中未有法律的适用，因而对一般人今后的行为也不能发生影响，故不能说明法有教育功能。（5）强制作用与功能，其作用对象为违法者的行为。小林未去伐木，故无违法行为。综上，选项A、B正确。

13. 答案：ABD

解析：法律是以社会为基础的，法律能否发挥作用，归根到底在于法律是否适应了生产力（生产关系）的发展水平，所以A项正确；法的作用包括社会作用、规范作用和思想影响作用，所以B项正确；生产力对法律起着根本的决定作用，法律对生产力则有反作用，这种反作用表现为如果适应生产力要求，就会促进生产力发展，反之，则阻碍其发展，所以C项错误；法的作用要受到经济、政治、文化等因素的制约，因此是相对的、受限的，所以D项正确。正确答案为A、B、D项。

14. 答案：BCD

解析：法的作用包括法的规范作用和社会作用，二者是相辅相成的，法律通过规范作用最终实现了社会作用，同时通过社会作用也对规范作用产生一定影响，所以B项正确。其中，规范作用包括调整作用和保护作用，社会作用包括政治职能和社会职能，所以A项错误。其中，调整作用旨在建立合法社会秩序，保护作用则旨在限制、取缔非法关系，保护、补偿合法行为的损失，以恢复被破坏的社会秩序，所以D项正确。另外，在阶级社会中，任何法律都承担着阶级统治职能和社会职能，所以C项正确。综上，本题正确答案为B、C、D项。

15. 答案：BCD

解析：法的思想影响作用是指法律对人们的思想所产生的影响作用，因此，无论是立法阶段还是司法、执法阶段，法律都会对人们的思想产生影响，所以A项正确；但是，法律的思想影响作用有时需要法律调整的存在，有时又根本不需要通过法律调整就能发挥作用，所以B项错误；法律对人们的思想影响作用，并不一定需要法律的生效，有时在立法阶段，法律草案的规定也会对人们的思想产生影响，所以C项错误；同时需要注意的是，法的思想影响作用与人们对法律的认可是两个概念，前者是中性词，后者是褒义词，即便人们不认可法律，法律仍然可能对人们的思想产生影响，只不过这种影响是负面的、消极的，所以D项错误。故选项B、C、D表述错误，当选。

16. 答案：ACD

解析：“徒法不足以自行”这句话描述的是法律在调整范围上的受限性，并不是所有的社会关系都适合法律调整，因此，法律需要和其他社会规范相配合，所以B项正确。A项前半句的说法正确、后半句说法错误：虽然法律有其局限性，但法律调整有其专门的优势，因此“法律至上”是法治的理想状态。C项说法正确，但不能从题干中推断出来：C项说的是法律的调整范围要和社会关系相适应，而题干说的是法律调整要和其他规范相配合。D项说法正确，但同样不能从题干中推断出来，D项说的是法律要受到人们行为的影响，不符合题意。正确答案为A、C、D项。

17. 答案：ABD

解析：本题考查马克思主义关于法的本质、作用的看法。马克思主义认为：首先，法是由国家制定或认可，并由国家强制力保证实施的，反映了国家意志，即统治阶级的意志。这种阶级意志往往是阶级内部相互妥协的结果，它具有整体性和统一性，不是个人的肆意横行，故A项正确。其次，法是统治阶级意志的体现，服务于统治阶级的利益和政治目的，执行着政治职能；同时，法律作为一种社会规范，服务于整个社会，具有调解社会纠纷等作用，也具有社会公共职能。故B项正确。最后，法由一定的社会物质生活条件所决定，这种物质生活条件最主要的内容为经济基础。法由经济基础决定，并以统治阶级意志为中介来反映这种经济关系。故D项正确。至于C项，是历史法学派的主要观点，不是马克思主义法学的观点。

18. 答案：BCD

解析：法的职能包括政治职能和社会职能。需要注意的是，任何法律都执行着社会职能和政治职能，只不过有些规定执行政治职能的成分多一些，有些规定执行社会职能的成分多一些，但法律在执行政治职能的同时也执行了社会职能，在执行社会职能的同时也执行了政治职能，所以C项、D项错误。法的作用包括社会作用、规范作用以及思想影响作用，这些作用的实现，并不一定需要经过法律调整，更不一定需要通过制裁违法犯罪来实现，所以B项错误。法律的规范作用包括调整作用和保护作用，其中保护作用针对的是违法犯罪，所以A项正确。综上，本题正确答案为B、C、D项。

19. 答案：AD

解析：根据法在社会生活中发挥作用的形式和内容，法的作用分为规范作用和社会作用。选项A、B考查的是法的规范作用。法的规范作用是指法作为行为规则直接作用于人的行为所产生的影响。规范作用包括指引、评价、预测、教育和强制作用等。其中，指引作用是指法通过授权性行为模式（权利）和义务性行为模式（禁止性行为和命令性行为）的规定，指引人们作出一定行为或不作出一定行为。指引作用的对象是每个人自己的行为。选项A中，张某在法的指引下，没有对小偷用刑，而是作出正确的决定把他交给有关机关，体现了法的指引作用，所以A项正确。

选项B中，村民对吕某的议论并非法的预测作用的体现，因为法的预测作用是指人们根据法可以预先估计相互间将怎样行为以及行为的后果等，从而对自己的行为作出合理的安排。预测作用的对象是人们的相互行为。村民议论的只是吕某个人的行为，并非村民根据法作出自己针对吕某如何行为的选择。实际上，村民对吕某的议论体现的是法的评价作用。评价作用是指法作为一种行为标准和尺度，对他人行为进行评价所起到的作用，评价作用的对象是他人的行为，正如村民对吕某行为的评价。所以B项错误。

选项C考查的是法的局限性。法是人创制的，这使得法总会存在某种不合理、不科学之处，同时，法具有稳定性和保守性，它往往会落后于现实社会生活，因此，导致刑法对性贿赂犯罪的调整与现实不协调的原因，并不是法的社会作用发挥不到位，所以C项错误。

选项D考查的是法的社会作用。法的社会作用是指法作为社会关系调整器对社会所产生的影响。法的社会作用大致包括两个方面：一是政治职能，即维护阶级统治；二是社会职能，即执行社会公共事务。《重大动物疫情应急条例》主要体现了法对公共卫生安全的调整作用，所以D项正确。

20. 答案：ABC

解析：法律的局限性主要体现在法律调整的范围是有限的、法律特性与社会生活的现实之间存在矛盾、法的制定和实施受人的因素的制约、法的实施受到政治、经济、文化等社会因素的制约。A选项正是法律特性与社会生活的现实矛盾，是法律滞后性的体现，故A选项正确。B选项即法的实施受到政治、经济、文化等社会因素的制约，故B选项正确。当出现法律无法调整的关系，可以依据道德、习惯或正义标准等裁决，故C选项正确。道德上无共识不会必然导致立法禁止，法律具有稳定性与滞后性，对于无法形成的共识不宜马上立法禁止，以免阻碍科学的发展，故D选项错误。

简答题

1. 社会调整按照不同的标准可以分为不同的种类。

（1）社会调整根据其是否以普遍适用的规则为依据可分为个别性调整和规范性调整。个别性调整只对个别人和个别事件有效，没有普遍的、整体的规范作用。它是最简单的社会调整。规范性调整是指借助于一般的、具有普遍效力的、可以反复适用的行为规则进行的调整。

（2）社会调整根据其作用于人们行为的方式和人们服从它的原因，可分为内在调整和外在调整。外在的社会调整根据其给予人们行为压力的方法，可分为肯定性调整和否定性调整。

（3）社会调整根据其是否由正式的社会组织实施，可分为正式的社会调整和非正式的社会调整。

（4）社会调整根据解决冲突是否需要第三方干预，可分为自己解决的社会调整和由第三方解决的社会调整。

2. 社会调整的存在和发展有其内在的规律性，主要表现在：

(1) 社会调整措施决定于社会生活的需要。社会调整措施的性质、方式和繁简程度，是受多种因素的影响而形成的，但归根结底是由一定社会的生产方式的需要决定的。

(2) 社会调整的发展是一个由自发到自觉、由个别到一般的过程。社会调整中社会性的比重越来越大，对社会的影响也越来越大。

(3) 在社会调整的发展过程中会形成相对完整的调整系统。随着人们之间社会关系的日益复杂化，社会调整手段也从单一性向多样化转变，由单纯的习惯调整分化为多种多样和相对独立的社会规范体系，从而形成一个庞大的社会调整系统。

(4) 法律调整与其他社会调整相互协调。在阶级社会中，法律调整在社会调整中居于重要地位，在法律调整系统不健全的情况下，又往往直接将其他的社会规范赋予法律的性质。

3. (1) 法的政治职能是国家活动的基本方向在法律上的体现，是法的阶级意志性的集中体现；法的社会职能是法对一切有关全社会的公共事务进行管理，从而保证人类共同体的存在和发展的职能。

(2) 正确理解法的政治职能和社会职能，对于深刻认识法的本质，从而正确、充分地发挥法的作用和职能，实现法的历史使命，有重要意义。

(3) 只承认法有政治职能，不承认或忽视法的社会职能，是片面的；承认法执行社会职能，但又否认法执行政治职能、否定法的政治属性，也是片面的。

首先，法的这两种职能是内在统一的，一个国家或地区的全部法律规范也是内在统一的，在存在国家与法的历史条件下，执行社会公共职能恰恰是维持一定的政治统治所需要的。

其次，既然法的政治职能和社会职能是辩证统一的，既然一国、一地区的法律规范构成一种统一体，那么，我们就不应把它们截然分为一部分有阶级性而另一部分没有阶级性只有“社会性”。

可见，法的政治职能和社会职能、法的阶级性与社会性并不是互不相容的。

总之，我们在认识任何法律规范的本质时，不能孤立地、不把它放在它所处的规范系统中来认识。

4. 法的作用，有时又称法的职能，是指法对社会生活的影响。因为法既是一定社会关系的体现，又是一定社会关系的调整器，法的作用既体现在社会政治内容和价值取向方面，又体现在作用手段、形式方面，另外还体现在思想影响方面，因此，法的作用主要分为以下几类：

(1) 法的社会作用，即法的社会政治职能。这是联系法的社会目的和社会使命来看法的作用，从这个角度可以将法的作用分为政治职能和社会职能。

(2) 法的规范作用，即法作为一种调整社会关系的手段所具有的特殊职能。这是从法本身，把法作为工具、手段来看的法的作用，从这个角度可以将法的作用分为法的调整作用和法的保护作用。

(3) 法的思想影响作用。这是从法的意识形态影响来看法的作用。从这个角度可以将法的作用分为通过法律调整的思想影响作用和不通过法律调整的思想影响作用。

5. 法的规范作用，即法的专门法律作用和职能，是指法作为社会调整措施所专门具有的作用，它反映了法律作用于社会关系的特殊性。法律是通过权利与义务调整社会关系的。作为一种专门的调整社会关系的手段，法作用于人们行为的方式主要有四种。

(1) 积极义务：法律规定一方必须实施一定的积极作为的义务，从而满足另一方请求履行这种义务的权利，例如买卖合同、父母子女关系。

(2) 授权：法律规定一方享有从事或不从事某种行为的权利，其他人承担不妨碍这种权利实现的义务。对义务人而言，这是一种消极的不行为的义务。对权利人而言，这是一种有选择的指引，即允许权利人在法律规定的范围内自行选择一定的行为或不行为，为社会成员发挥主动性、创造性提供了条件。

(3) 禁止：法律规定使人们承担不行为的义务，以保证权利人对权利的享用。这种方式是与第二种方式配合使用的，也是一种确定性的指引，即人们不得为某种行为。这种命令式的指引，是无条件的必须遵行的指示，例如，刑法规定禁止犯罪行为，民法规定不得侵犯他人的财产所有权等。

(4) 制裁：法律规定当人们作出违反法律的行为时，将受到法律制裁，例如刑事制裁、行政制裁、民事制裁等。

6. (1) 个别性调整能够针对具体情况进行具体处理，充分考虑每一具体情况的特点。所以，个别调整具有一定的创造性。当某种新的社会关系出现，但尚未成为普遍现象时，往往首先以个别调整的方式加以确认。个别性调整的缺点是带有一定的偶然性和任意性，不能形成普遍、稳定的秩序。

（2）规范性调整的优点是它为某一类社会关系提供了行为模式，使人们摆脱了偶然性和任意性，而有利于形成稳定的秩序。规范性调整的缺点是它无法充分考虑每一个具体主体或具体情况的特点，提出符合每一个具体主体或具体情况的处理方案。

7. 法的作用的局限性表现为以下几点。

（1）法是社会发展的主观因素，受生产力发展水平和客观规律的限制。

（2）法受其本身属性的限制。法律不可能对所有的社会关系进行调整，法律只调整统治阶级认为有重要意义的社会关系。

（3）法所调整的社会关系的范围不是固定不变的。

（4）法还受到社会所制约的主体对法的利用程度的局限。

8. 法律的作用指法律对人的行为及最终对社会关系所产生的影响，是国家权力运行和国家意志实现的具体体现，是社会经济状况的具体体现。法对人的行为及对社会关系的影响，实质上是国家把意志与态度通过权力加以推行与实现。法能否承担其功能，取决于生产关系、生产方式自身的生命力。法的规范作用与社会作用的区别如下。

（1）考察基点：规范作用基于法的规范性；社会作用基于法的本质、目的、实效。

（2）作用对象：规范作用对象是人的行为（自然人、社会组织）；社会作用对象是社会关系（人与人的关系、社会化了的人与自然的关系）。

（3）存在方式：规范作用是一切法所共有的；社会作用因不同类型、国家等形成差别。

（4）发挥作用前提：实现规范作用的前提是颁布法律；实现社会作用的前提是法律被运用实施。

（5）所处层面：规范作用是手段，有形式性、表象性；社会作用是目的，有内容性、实质性。

材料分析题

1.（1）法律的作用是指法律对人们的行为、社会生活和社会关系产生的影响。一切社会法律的作用都可以有规范作用和社会作用之分；法律的规范作用是从法律的特征角度出发来解释的法律作用，而法律的社会作用是从法律的本质和目的这一角度出发来解释的法律的作用。

（2）法律的规范作用和法律的社会作用是相辅相成的，它们之间是手段和目的的关系，法律的规范作用是手段，法律的社会作用是目的。材料一实际上涉及法律的规范作用和社会作用，我们可以理解为：法律是通过发挥其“令人知事”和“规矩绳墨”等规范作用来实现其“兴功惧暴”和“定分止争”的社会目的。

（3）马克思在《资本论》中的论述表明，在阶级对立的社会中，法律的社会作用又可以分为维护阶级统治的作用和执行社会公共事务的作用两个方面，“执行由政府同人民大众相对立而产生的各种特有的职能”是指法律维护阶级统治的作用，而执行“由一切社会的性质产生的各种公共事务”是指法律执行社会公共事务的作用。

（4）材料三表明，维护阶级统治和执行社会公共事务两种作用虽有区别，但是在本质上并不矛盾，法律只有在很好地执行了社会公共事务职能的前提下，才能更好地实现其维持阶级统治的目的。

2.（1）法是社会发展的主观因素，受生产力发展水平和客观规律的限制。法律自身的缺陷，比如立法空白、法的滞后性、法的僵硬性等也影响其发挥作用。法还受到社会所制约的主体对法的利用程度的局限。执法、司法、守法水平的高低直接影响法的作用的实现。法律的实施受制于经济、政治和文化等多种因素，法律规定有时会与客观实际不符，法律主体难以实际遵守法律。

（2）赞同观点一的理由：网络食品外卖是新兴社会现象，发展非常迅猛，法律如果规定得过细，可能会使法律的稳定性与网络食品外卖发展的快速性之间形成较大矛盾，影响法律效果的实现。

赞同观点二的理由：网络平台客观上无法全面履行其义务，新食品安全法的这一规定缺乏可行性，立法的科学性有待加强。

赞同观点三的理由：徒法不足以自行，执法机关执法力度不到位，执法人员执法活动不充分，法律效果必然不能得到充分实现。

3.（1）道德是法律的基础和评价标准，是法律的理论基础、价值基础以及法律运作的社会基础。道德是法律的补充，具有弥补法律漏洞的作用。道德对法律的实施有促进作用，社会主义道德观念的培养和道德水平的提高有助于我国法律的实施和实现，村民委员会提倡孝敬老人和支持张老汉起诉的举措有利于法律上相关规定的落实。

（2）法律是传播道德、保证道德实施的有效手段。通过立法，将社会中的道德理念、信念、基本原则和基本要求制度化、法律化，赋予社会道德以法律的强制力，进一步强化、维护、实现道德的基本信念和要求。就本案而言，张老汉作为老年人应该享有的权利和张三作为子女应尽的赡养义务得到了我国宪法和法律的确认。法院的判决体现了法律传播社会主义道德和保障社会主义道德实现的功效。

（3）法律的作用具有局限性。虽然法律在社会生活调整中居于主导地位，但是并非所有的问题都可以适用法律，在有些社会关系的调整中，法律无法发挥其作用，而更多地需要道德手段来调整。就本案例而言，关于张老汉赡养费的问题，法律和道德可以共同调整，可以通过法律的适用来解决，但是，对于张老汉的孙子和孙女不喊他“爷爷”的苦恼，并不属于法律调整的范围，这正体现了法律作用的局限性。

论述题与深度思考题

1. 法的作用，有时又称为法的职能，是指法对社会生活的影响。法的作用是法作为社会上层建筑对经济基础反作用的表现。法的作用不限于对经济基础，它对同处于上层建筑领域的政治、文化、各种思想意识等都可能发生作用。法的作用的目的在于改变社会。

法既是一定社会关系的体现，又是一定社会关系的调整器；法的作用既体现在社会政治内容和价值取向方面，又体现在作用手段、形式方面，另外还体现在思想影响方面，因此，研究法的作用可以从三个角度进行：一是法的社会作用，二是法的规范作用，三是法的思想影响作用。

正确认识法的作用应反对两种倾向：否定和轻视法的作用和片面夸大法的作用。

（1）轻视法律作用——法律虚无主义。法律虚无主义否定和轻视法的作用，主张绝对自由，反对任何约束和限制。法律虚无主义轻视法律的作用，造成对社会关系的调整失去可预测性和相对稳定性，失去制度化、法律化的保障，导致政策变动的任意性，直接影响了社会经济、政治和文化的发展。

（2）夸大法律作用——法律万能论。法律万能论认为，法律越多越好，社会关系的方方面面都应有法律规定；鼓吹法律上的平等就是公平、正义，司法是维护社会公平的最后屏障；认为一切公平、正义问题有了法律或通过司法就都可以解决。这种观点走向另一极端，夸大了法律的作用，在理论上和实践中是有害的。对社会的调整，并非法律越多越好，在缺乏足够论证的情况下，立法过多过细甚至会阻碍社会的发展。

（3）歪曲法律作用——法学世界观。法学世界观是与中世纪的神学世界观相对应的资本主义经典的世界观，它是神学世界观的世俗化。法学世界观的特点是，崇尚理性主义、法律至上，主张不是君主或上帝决定一切而是法律决定一切，认为法律可以独立于社会而存在，法律可以决定历史的进程。

从思想路线上说，它是本末倒置的，是马克思、恩格斯曾多次批判过的“法学家的幻想”。

（4）法的作用只有和一定社会的经济、政治和文化相结合才能体现出来，因为法律的一个重要价值恰恰在于减少任意性和偶然性，使个人服从社会生活的一般条件。与本源的社会生活一般条件相比，法律毕竟是第二性的、工具性的。

（5）法的作用的局限性主要表现在：第一，法是社会发展的主观因素，受生产力发展水平和客观规律的限制。第二，法受其本身属性的限制。第三，法所调整的社会关系的范围不是固定不变的。第四，法还受到被社会制约的主体对法的利用程度的局限。

总之，应正确认识法的作用。我们考察法的作用不能脱离社会的经济制度、政治形势和文化条件，既要看到法的重大作用，又要看到法的作用的局限性。

2. 法的作用的局限性表现为以下几点：（1）法是社会发展的主观因素，受生产力发展水平和客观规律的限制。（2）法受其本身属性的限制。法律不可能对所有的社会关系进行调整，法律只调整统治阶级认为有重要意义的社会关系。（3）法所调整的社会关系的范围不是固定不变的。（4）法还受到社会所制约的主体对法的利用程度的局限。

社会主义法治国家建设的主要内容为“十一个坚

持”：坚持党对全面依法治国的领导。坚持以人民为中心。坚持中国特色社会主义法治道路。坚持依宪治国、依宪执政。坚持在法治轨道上推进国家治理体系和治理能力现代化。坚持建设中国特色社会主义法治体系。坚持依法治国、依法执政、依法行政共同推进，法治国家、法治政府、法治社会一体建设。坚持全面推进科学立法、严格执法、公正司法、全民守法。坚持统筹推进国内法治和涉外法治。坚持建设德才兼备的高素质法治工作队伍。坚持抓住领导干部这个“关键少数”。

应清醒地认识到，法的作用的局限性对社会主义法治国家建设的启示：法律不是万能的；法律要不断修正，在适用中进行解释；法律不能独自发挥作用；要注意法律运行的社会环境建设。因此，我们考察法的作用不能脱离社会的经济制度、政治形势和文化条件，既要看到法的重大作用，又要看到法的作用的局限性。

第三章　法的价值

知识逻辑图

- 法的价值
  - 法的价值释义
  - 法的价值体系
    - 法的价值系统
      - 价值目标：自由、平等、安全等，在一般意义上可概括为正义
      - 价值属性：诸如权威性、普遍性、稳定性等形态结构上的品质
    - 法与正义
      - 正义概念的多样性和一般性
      - 正义的多种形态：亚里士多德、罗尔斯等的观点
      - 法律与正义的关系大致可以置换成合法性和正当性的关系
  - 法的价值冲突
    - 表现形式
      - 不同形态的法律价值之间的冲突
      - 不同主体在同一形态法律价值上的冲突
    - 冲突原因
      - 法的价值在内容上的多样性和特殊性
      - 价值主体在价值观上的认识差异
  - 法的价值冲突的解决
    - 定义排除原则
    - 优先性原则
    - 比例平衡原则

名词解释与概念比较

1. 法的价值
2. 法的价值系统（考研）
3. 分配正义和校正正义（考研）
4. 法的价值冲突（考研）
5. 法的价值的客观性与主体性
6. 法的目的价值（考研）

选择题

（一）单项选择题

1. 法的价值是事物价值的具体形态，具有法律认知和法律实践领域的特点。关于法的价值的含义，下列表述正确的是哪一项？（　　）

①法的价值可以指法律在发挥其作用的过程中所能够保护和增进的价值

②法的价值可以指法律所包含的价值评价标准

③法的价值可以指法律自身所应当具有的良好品质和属性

④法的形式价值主要包括自由、平等、公平、秩序等，是法的价值这一概念含义的直接所在

A. ①②③④　　B. ①②④

C. ①②③　　D. ①③④

2. 法律在功能形态上的要求在于为人类生活提供合理的预期，其价值功能的属性可以归结为（　　）。

A. 公正性　　B. 确定性

C. 公开性　　D. 权威性

3.《集会游行示威法》第4条规定："公民在行使集会、游行、示威的权利的时候，必须遵守宪法和法律，不得反对宪法所确定的基本原则，不得损害国家的、社会的、集体的利益和其他公民的合法的自由和权利。"关于这一规定，下列哪一说法是正确的？（　　）（司考）

A. 该条是关于权利的规定，因此属于授权性规则

B. 该规定表明法律保护人的自由，但自由也应受到法律的限制

C. 公民在行使集会、游行、示威的权利的时候，不得损害国家的、社会的、集体的利益，因此国家利益是我国法律的最高价值

D. 该规定的内容比较模糊，因而对公民不具有指导意义

4. 关于法律与自由，下列哪一选项是正确的？（　　）（司考）

A. 自由是至上和神圣的，限制自由的法律就不是真正的法律

B. 自由对人至关重要，因此，自由是衡量法律善恶的唯一标准

C. 从实证的角度看，一切法律都是自由的法律

D. 自由是神圣的，也是有限度的，这个限度应由法律来规定

5. 在价值目标的意义上说，法的价值问题往往被概括为（　　）的关系问题。

A. 法律与自由　　B. 法律与秩序

C. 法律与道德　　D. 法律与正义

6. 下列哪一位学者提出著名的关于分配正义和校正正义的理论？（　　）

A. 苏格拉底　　B. 乌尔比安

C. 亚里士多德　　D. 柏拉图

7. “正义具有一张普洛透斯的脸，变幻无穷，随时可呈不同形状，并具有极不相同的面貌。”这是哪位法学家的话？（　　）

A. 苏格拉底　　B. 亚里士多德

C. 博登海默　　D. 卢梭

8. 我国《刑法》第 21 条规定：为了使国家、公共利益、本人或者他人的人身、财产和其他权利免受正在发生的危险，不得已采取的紧急避险行为，造成损害的，不负刑事责任。紧急避险超过必要限度造成不应有的损害的，应当负刑事责任，但是应当减轻或者免除处罚。该条文中的价值平衡，适用的是下列哪一项原则？（　　）（司考）

A. 价值位阶原则　　B. 个案平衡原则

C. 比例原则　　D. 功利原则

9. 出租车司机甲送孕妇乙去医院，途中乙临产，情形危急。为争取时间，甲将车开至非机动车道掉头，被交警拦截并被告知罚款。经甲解释，交警对甲未予处罚且为其开警车引道，将乙及时送至医院。对此事件，下列哪一项表述是正确的？（　　）（司考）

A. 在此交通违章的处理中，交警主要使用了形式逻辑的推理方法

B. 警察对违章与否的解释属于“行政解释”

C. 在此事件的认定中，交警进行了法的价值判断

D. 此事件所反映出的价值之间没有冲突

10. 我国《民法典》第 498 条规定：“对格式条款的理解发生争议的，应当按照通常理解予以解释。对格式条款有两种以上解释的，应当作出不利于提供格式条款一方的解释。格式条款和非格式条款不一致的，应当采用非格式条款。”对该法律条文的下列哪种理解是错误的？（　　）（司考改编）

A. 该法律条文规定的内容是法律原则

B. 格式条款本身追求的是法的效率或效益价值，该法律条文规定的内容追求的是法的正义价值

C. 该法律条文是对法的价值冲突的一种解决

D. 该法律条文规定了法律解释的方法和遵循的标准

11. 西方法律格言说：“任何人不得因为自己的错误而获得利益。”关于这个格言的理解，下列哪一选项是错误的？（　　）（司考）

A. 错误不是构成合法利益的前提

B. 任何时候，行为人只要没有错误，就应获得利益

C. 任何人只要行为正确，其利益就应得到保护

D. 利益的获得在一定程度上取决于行为的正确与错误

12. 下列选项中有关正义的说法不正确的是（　　）。

A. 正义是人类普遍认为的崇高价值，指具有公正性、合理性的事物

B. 正义是建立在一定经济基础之上的观念形态

C. 根本不存在判断是否正义的客观标准

D. 正义是相对的、历史的、具有阶级性的概念

13. 临产孕妇黄某由于胎盘早剥被送往医院抢救，若不尽快进行剖宫产手术将危及母子生命。当时黄某处于昏迷状态，其家属不在身边，且联系不上。经医院院长批准，医生立即实施了剖宫产手术，挽救了母子生命。该医院的做法体现了法的价值冲突的哪一解决原则？（　　）（司考）

A. 价值位阶原则　　B. 自由裁量原则

C. 比例原则　　D. 功利主义原则

14. 关于法的价值冲突及其解决，下列说法正确的是（　）。（考研）

A. 司法中效率与公平处于同等位阶，无主次优劣之分

B. 在解决生命权与财产权的冲突时，应采用“个案平衡”原则

C. 秩序是法的基础性价值，当与自由、正义冲突时，秩序一律优先

D. 为保护某个较为优越的价值而损害另一法益时，不得超过达此目的所必要的限度

15. 我国《突发事件应对法》第 11 条第 1 款规定：“有关人民政府及其部门采取的应对突发事件的措施，应当与突发事件可能造成的社会危害的性质、程度和范围相适应；有多种措施可供选择的，应当选择有利于最大程度地保护公民、法人和其他组织权益的措施。”这一规定体现的法律价值冲突处理原则是（　）。（考研）

A. 价值位阶原则　　B. 个案平衡原则

C. 比例原则　　D. 效率原则

（二）多项选择题

1. 法的价值是法学理论中的重要概念。关于法的价值，下列哪些表述是正确的？（　）

A. 法的价值是对法的价值主体和法的价值客体之间关系的一种主体性描述

B. 法的价值体现了法律在回应人的法律需求这一主体化过程的性质和程度

C. 法的价值体现人类在法律生活领域的主观情感和意向，法律是否有价值以及价值的大小，不受法律现象的规律和属性的影响

D. 法的价值是一种主体和客体交互作用、主观和客观相互融合的现象

2. 法的价值系统就是法律的各种价值要素基于法律的公正性和确定性追求而形成的有机整体，具体包括（　）和（　）两个子系统。

A. 价值目标　　B. 价值主体

C. 价值属性　　D. 价值客体

3. 法的价值冲突及其解决是法的价值研究的重要内容，如何解决法律冲突，是法的价值研究中最为重要的内容。解决法的价值冲突的原则主要包括（　）。

A. 定义排除原则　　B. 优先性原则

C. 比例平衡原则　　D. 习惯性原则

4. 我国《民法典》第 8 条规定：“民事主体从事民事活动，不得违反法律，不得违背公序良俗”，对这条规定，下列哪些理解不正确？（　）（司考改编）

A. 这一条的内容是法律规则

B. 一切民事案件均可以优先适用这一条文

C. 这一条的内容所反映的是正义的价值

D. 在处理民事案件时可以采取“个案平衡原则”适用这一条文

5. 马克思指出“法律只是在自由的无意识的自然规律变成有意识的国家法律时，才成为真正的法律。哪里法律成为实际的法律，即成为自由的存在，哪里法律就成为人的实际的自由存在”。关于这句话的表述，下列哪些说法不正确？（　）（司考）

A. 人们应当对自然规律进行立法

B. 自由是评价法律善恶与否的唯一标准

C. 自由是法律的最高价值

D. 对自由的追求，是法律发展和变革的根本因素

6. 下列有关法的价值的表述，哪些是不正确的？（　）（考研）

A. 法律规定制裁表现着法律对秩序价值的追求

B. 在现代司法实践中，为了实现实质正义，可以违背程序正义

C. 历史上所有的法律均追求平等的价值

D. 所有的法学家均坚持这样一种观点：恶法不是法律

7. 下列有关法与自由关系的表述，哪些是正确的？（　）（考研）

A. 所有的自由都在宪法和法律的范围内行使

B. 自由的行使应无害于他人

C. 自由是做法律所许可的一切事情的权利

D. 凡法律不禁止的，就是自由的

8. 下列关于法的价值说法，错误的有哪些？（　）

A. 北京市为了解决交通拥堵问题实行车辆单双号限行制度，但在清明节期间又取消了单双号限行，这体现了法的价值冲突解决方法中的个案平衡原则

B. 在法的价值体系中，正义是法的价值的顶端，是制约其他法价值的法律标准

C. “公民服从国家的法律也就是服从他自己的理

性即人类理性的自然规律”这句话体现了法的正义价值

D. 法的价值是法的效用或者说法的作用的具体体现，它反映了主体与法律之间的特定关系

9. 法律与利益有着内在的联系。下列关于法律与利益关系的表述，哪些是正确的？（　　）（司考）

A. 法对社会的控制和调整主要通过对利益的调控而实现

B. 法律是分配利益的重要手段，法律表达利益的过程，同时也是对利益选择的过程

C. 民法的诚信原则在维护民事活动中当事人利益和社会利益的平衡方面具有积极作用

D. 离开了法律，利益就无从产生，也无以存在

10. 2016 年 9 月，国务院新闻办公室发布《国家人权行动计划（2016－2020 年）》，对我国人权事业发展作出全面部署。对此，下列说法中正确的有（　　）。（考研）

A. 国家对保障人权负有重要责任

B. 人权就是公民依据宪法和法律享有的权利

C. 现代人权的保护需要通过立法予以确认

D. 司法机关在审判时应尊重和保障当事人的人权

11. 下列关于法的价值的表述，能够成立的有（　　）。（考研）

A. 法的价值影响人们的法律实践活动

B. 法律的各种主要价值之间存在一定的冲突

C. 与法律原则相比，法律规则更能体现法的价值

D. 除了正义、自由与秩序，不存在其他法的价值

简答题

1. 如何理解法的价值的含义？
2. 如何理解法的价值的特性？
3. 简述解决法的价值冲突的原则。（考研）
4. 如何理解法与正义的关系？
5. 如何理解法与自由的关系？

材料分析题

1. 材料：对于 2004 年和 2005 年爆发的高致病性禽流感疫情，政府明确提出对于发生高致病性禽流感的地区捕杀家禽的损失给予合理的补偿，对家禽强制免疫的实行免费，使群众无后顾之忧。对于按规定捕杀和强制免疫所需经费，由中央和地方财政分担。

问题：试对这个材料中体现出来的法价值问题进行分析。

2. 材料：广东省汕头市一居民甲，从该市中国银行一储蓄所提款后，未及点清即回家。不一会儿，该所储蓄员乙匆匆来到甲家中，说多付给甲人民币 600 元，经查点后属实，甲遂退还乙 600 元，乙表示感谢后离开。事后，甲想起该储蓄所柜台前的告示“钱款当面点清，离柜概不负责”，觉得该告示不公，遂表示异议。双方就此发生争议。

问题：这一告示是一种格式条款，设立此条款力图体现何种法律价值？又容易导致对哪些法律价值的限制或者损害？（考研）

3. 自由是做法律所许可的一切事情的权利……在一个有法律的社会里，自由仅仅是：一个人能够做他应该做的事情，而不被强迫去做他不应该做的事情。

——孟德斯鸠：《论法的精神》（上）

自由意味着不受他人的束缚和强暴，而哪里没有法律，哪里就没有自由。

——洛克：《政府论》（下）

请结合上述材料，回答以下问题。（考研）

（1）除了材料中出现的自由价值，现代法律还有哪些主要价值？

（2）什么是法律的自由价值？

（3）自由与法律的关系主要体现在哪些方面？

论述题与深度思考题

1. 分析法的价值冲突产生的原因。（考研）

2. 试论“正义不仅要实现，而且要以看得见的方式实现”。（考研）

3. 某省人大常委会在起草该省《道路交通管理办法》时，邀请专家和市民代表召开座谈会，征求意见。会上，甲指出，道路交通立法应保证机动车跑得动、开得快；乙指出，道路交通立法应预防交通事故的发生，让行人有安全感；丙指出，道路交通立法的目的是保障交通秩序，让全体道路使用者各有其道，各行其道，实现交通和谐。

结合材料，谈谈你对法的价值冲突及其解决的认识。（考研）

4. 正义是现代法律的核心价值，司法是实现正义的重要途径之一。据统计，2013 年我国各级人民法院受理的案件达到 1 400 多万件。如何“让人民群众在每一个司法案件中都能感受到公平正义”，成为司法机关必须面对和思考的问题。

请根据上述材料，结合我国法治发展的现实，论述通过司法实现正义的途径与措施。(考研)

参考答案

名词解释与概念比较

1. 法的价值有多种含义：一是指法律在发挥其作用的过程中所能够保护和增进的价值，即法的“目的价值”。二是指法律所包含的价值评价标准，法律在进行利益衡量时本身遵循的价值标准。三是指法律自身所应当具有的良好品质和属性。在一般意义上，法的价值是作为法律价值关系主体的人所希求，并借助于作为法律价值关系客体的法律的价值属性而得以满足的各种价值目标的集合。

2. 法的价值系统就是法律的各种价值要素基于法律的公正性和确定性追求而形成的有机整体，具体包括价值目标和价值属性两个子系统。在学理上，法的价值目标往往涉及各种因素的考量，其中最常见的有自由、平等、安全和幸福等。法的价值属性也涉及法律的方方面面，如法律的权威性、普遍性、稳定性、公开性、协调性、完整性等。法律只有在形态结构上具备相关的品质，并且贯穿于法律实践的各个环节，才能体现和满足法律价值目标的要求，成为德性之法。

3. 古希腊哲学家亚里士多德提出其著名的关于分配正义和校正正义的理论，对后世影响深远。所谓分配正义，主要涉及的是在制度安排或立法上如何公正地分配权利和义务的问题，而校正正义则适用于一条分配正义的规范被违反的情况，关注的是在执法和司法中如何公正地分配赏罚的问题。

4. 法的价值冲突及其解决是法的价值研究的重要内容。从逻辑形态上看，法的价值冲突大致可以归为两类：一类是不同形态的法律价值之间的冲突，如自由与平等、自由与秩序、自由与幸福、公平（或平等）与效率、平等与秩序等基本价值形态之间的冲突；另一类是不同主体在同一形态法律价值上发生的冲突。从另一个角度看，法的价值冲突不但包括目的价值的冲突，还包括形式价值的冲突。

5. 法的价值的性质和程度如何，主要取决于法律价值关系主体在法律领域的认识和实践情况，而不是由法律价值关系的客体所决定。因而也可以说，法的价值实际上就是对法律价值关系主体和法律价值关系客体之间关系的一种主体性描述，体现了法律在回应人的法律需求这一主体化过程的性质和程度。当然，在法律价值关系中，法律所具有的制度和规范属性则是人类在法律生活领域进行价值评价的必要参照。法律是否有价值、具有何种价值以及价值的大小，也必然受制于法律现象的规律和属性的影响。法的价值既体现人类在法律生活领域的主观情感和意向，也体现法律在满足人的价值需求时所呈现的客观属性。法的价值同任何形态的事物价值一样，也是一种主体和客体交互作用、主观和客观相互融合的现象。

6. 法的目的价值是指法律在发挥其作用的过程中所能够保护和增进的价值，如自由、平等、公平、秩序、安全、效率等。人类社会之所以需要法律，需要发挥法律调整社会生活关系的作用，目的就是保护和增进这些事关人类福祉的价值。这些价值构成了法律所追求的理想和目标，可以称之为法的“目的价值”。

选择题

（一）单项选择题

1. 答案：C

解析：法的价值的含义有以下三种理解：一是指法律在发挥其作用的过程中所能够保护和增进的价值，如自由、平等、公平、秩序等。二是指法律所包含的价值评价标准。三是指法律自身所应当具有的良好品质和属性。此种意义上的法的价值被称为法的“形式价值”，是指法律在形式上应当具备哪些值得肯定的或良好的品质或属性。在上述三种理解中，法的目的价值最为根本，是法的价值这一概念的含义的直接所在，而法的形式价值则是在延伸意义上对法的价值含义的认识，它实际指称的是法的价值功能和属性，服务于法的目的价值的实现。故④表述错误，本题正确答案为C项。

2. 答案：B

解析：法律在功能形态上的要求在于为人类生活

提供合理的预期，其价值功能的属性可以归结为确定性。故B项正确。

3. 答案：B

解析：该规定是对权利的限制，是义务性规则中的禁止性规则。故选项A错误。该规定表明法律保护公民的集会、游行、示威的权利和自由。但是该自由的行使是有限制的：必须遵守宪法和法律，不得违反宪法所确定的基本原则，不得损害国家的、社会的、集体的利益和其他公民的合法利益。故选项B正确。根据该条规定可以看出，公民的合法利益与国家的、社会的、集体的利益是等同的，在同等程度上受到保护，而非国家利益是我国法律的最高价值。故选项C错误。该规定的内容明确，对公民具有指导意义。故选项D错误。

4. 答案：D

解析：法律和自由的关系密切。一般情况下，法律以自由为最高目标和价值，自由必须受法律的限制。故A项说法不正确，D项是正确的。另外，自由是衡量法律善恶的标准，但不是唯一的标准，还有正义等标准。故B项错误。实证主义者认为“恶法非法”，所以C项说法错误。

5. 答案：D

解析：在价值目标的意义上说，法的价值问题往往被概括为法律与正义的关系问题。故选项D正确。

6. 答案：C

解析：古希腊学者亚里士多德曾经提出著名的关于分配正义和校正正义的理论，对后世影响深远。

7. 答案：C

解析：“正义具有一张普洛透斯的脸，变幻无穷，随时可呈不同形状，并具有极不相同的面貌。”这句话是博登海默说的，意在说明正义没有一个精确的概念，大家对正义有不同的认识。

8. 答案：C

解析：价值平衡有三个原则：价值位阶原则指在不同位阶的法的价值发生冲突时，在先的价值优于在后的价值。个案平衡原则是指在处于同一位阶上的法的价值之间发生冲突时，必须综合考虑主体之间的特定情形、需求和利益，使个案的解决能够适当兼顾双方的利益。比例原则是指为保护某种较为优越的法价值须侵及另一种法益时，不得逾越此目的所必要的程度。换句话说，即使某种价值的实现必然会以对其他价值的损害为代价，也应当使损害减低到最小限度。紧急避险的价值平衡属于比例原则的适用，因此，本题的正确答案是C项。

9. 答案：C

解析：在此交通违章的处理中，交警主要使用了辩证推理方法而非形式推理（包括演绎推理和归纳推理），因此选项A错误。行政解释，与立法解释和司法解释一样，都属于正式解释，具有普遍约束力，而本案中警察对违章与否的解释针对的对象是特定的，而且是一次适用，因此选项B错误。价值判断与事实判断在判断的取向上不同：价值判断，以主体（人）为取向尺度；而事实判断，以现存的法律制度作为判断的取向。在本案中，交警并没有以法律为判断取向，而是以人为取向。因此，选项C正确。此事件反映出交通规则所体现的秩序价值与孕妇的身体健康的利益价值之间的冲突，因此选项D错误。

10. 答案：A

解析：法律原则是为法律规则提供某种基础或根源的综合性的、指导性的价值准则或规范，是法律诉讼、法律程序和法律裁决的确认规范。根据法律原则的定义可知，该规定的内容应是法律规则，而不是法律原则。因此选项A错误。格式条款是为了重复使用而事先制定的、在订立合同时未与对方协商的条款。格式条款追求的是法的效率价值，而对法的正义价值有所忽视。该规定就是为了避免格式条款的上述不足而设计的。因此选项B正确。根据该条文的内容可知，该条文规定的是对格式条款解释的一般标准和方法，同时也是对法的价值冲突加以解决的规定，故选项C、D正确。综上可知，本题的答案为A项。

11. 答案：B

解析：“正义”本身是一个关系范畴，它存在于人与人之间的相互交往之中，可以说，没有人与人之间的关系存在，就不会有正义问题的产生。在法律上实现正义这一价值标准主要通过以下途径：第一，正义是法的基本标准。第二，正义是法的评价体系。第三，正义也极大地推动着法律的进化。“任何人不得因为自己的错误而获得利益”是西方国家的一句法学名谚，它指出了一个人利益的获得必须基于合乎法律规定的要件，必须是基于主体的正当意思和正当行为，而其依据的法律自身又必须是制定得良好的法律。所以，本题选择错误的表述，应当选B项。

12. 答案：C

解析：正义是人们的一种理想，但是正义是没有永恒的标准，它会随着时代的变化而变化，并且不同的人所追求的正义也很不相同。正义作为思想观念要受制于一定的生产方式，但是，即便正义没有绝对统一的标准，也还是有一定的标准可供遵循，正义不是完全虚无缥缈的，因此，也不能说在正义这个问题上根本不存在任何客观标准。

13. 答案：A

解析：A项“价值位阶原则”的判断技巧是：当不同位阶的价值冲突时，采用“价值位阶”。本题中，孕妇的生命权相对于医院的医疗程序所产生的秩序价值具有优先性，应当优先保障。因此体现的是价值位阶原则。故A项表述正确。

B项和D项属于干扰项，“自由裁量”与“功利主义”并不属于价值冲突的解决原则。

C项“比例原则”的判断技巧是：为保护其他价值而限制某一价值时，不能逾越必要的限度，应保持“最小损害”或“最少限制”。本题并没有体现出“必要的限度”。

14. 答案：D

解析：当基本价值与非基本价值之间发生冲突时，应以基本价值为优位，而司法公正是维护正义的表现，所以A选项错误。生命权属于人权，是法律的基本价值，而财产权是非基本价值，所以当两者发生冲突时，应适用价值位阶原则，故B选项错误。个案平衡原则，即指在处于同一位阶上的法律价值之间发生冲突时，必须综合考虑主体之间的特定情形、需求和利益，使个案的解决能够适当兼顾双方的利益。就法律价值而言，法律的主要价值或基本价值包括秩序、自由、平等、人权、正义等，所以当秩序与自由、正义冲突时，秩序一律优先的说法是错误的，故C项错误。比例原则，即指为保护某种较为优越的法律价值须侵害另一法益时，不得逾越达此目的所必要的程度，故D选项正确。

15. 答案：C

解析：比例原则，即指为保护某种较为优越的法律价值须侵害另一法益时，不得逾越达此目的所必要的程度。“应对突发事件的措施，应当与突发事件可能造成的社会危害的性质、程度和范围相适应”是比例原则中适当性原则的体现。“有多种措施可供选择的，应当选择有利于最大程度地保护公民、法人和其他组织权益的措施”是比例原则中必要性原则的体现。

（二）多项选择题

1. 答案：ABD

解析：法的价值的性质和程度如何，主要取决于法律价值关系主体在法律领域的认识和实践情况，而不是由法律价值关系的客体所决定，法的价值实际上是对法的价值主体和法的价值客体之间关系的一种主体性描述，体现了法律在回应人的法律需求这一主体化过程的性质和程度。故A、B项表述正确。法律所具有的制度和规范属性则是人类在法律生活领域进行价值评价的必要参照。法律是否有价值、具有何种价值以及价值的大小，也必然受制于法律现象的规律和属性的影响。法的价值既体现人类在法律生活领域的主观情感和意向，也体现法律在满足人的价值需求时所呈现的客观属性。故C项表述错误。法的价值同任何形态的事物价值一样，也是一种主体和客体交互作用、主观和客观相互融合的现象。故D项表述正确。本题正确答案为A、B、D项。

2. 答案：AC

解析：法的价值系统就是法律的各种价值要素基于法律的公正性和确定性追求而形成的有机整体，具体包括价值目标和价值属性两个子系统。故A、C项为正确答案。

3. 答案：ABC

解析：法的价值冲突在法律生活中无处不在，如何解决法律冲突，是法的价值研究中最为重要的内容，也是其最终意义所在。解决法的价值冲突，首先需要确立一些指导性的原则或准则，主要包括定义排除原则、优先性原则和比例平衡原则。故本题答案为A、B、C项。

4. 答案：ABC

解析：法律规则是采取一定的结构形式具体规定人们的法律权利、法律义务以及相应的法律后果的行为规范。该条文没有规定具体的权利、义务或法律后果。据此，选项A错误。该条规定的是禁止权利滥用原则，该原则体现的是秩序价值，而非正义价值。据此，选项C错误。秩序的位阶低于自由、正义等法价值，而《民法通则》同时规定了自愿、公平、诚实信用等原则（体现自由、正义价值），因此选项B错误。该条表明，应当正确处理个人利益、社会利益和国家利益，而处理该利益关系当然可以采取“个案平衡原则”。故选项D正确，不当选。

5. 答案：ABD

解析：人类立法要符合自然规律，而不是“为自然规律立法”，A项本末倒置，错误。自由是法律的最高价值，是法律的目的，但除了自由，正义、秩序、人权等同样是评价法律善恶的标准，故B项错误、C项正确。对自由的追求，是法律发展和变化的“重要因素”，而不是“根本因素”，法律变革的根本因素是“物质生活条件”。本题为选非题，故A、B、D项当选。

6. 答案：BCD

解析：秩序是法律要实现的最基本价值。为防止社会的无序状态，法律的作用表现在：(1) 通过其制定、执行和遵守的过程，影响和引导人们遵守一般的社会规范；(2) 将一些重要的社会关系加以确认，作为保护对象，在这些对象遭受破坏时，采取制裁等措施使原来的社会关系得到恢复；(3) 直接调整一定的社会关系，形成有条不紊的状态。故A项正确。

程序性是现代司法追求的目标，也是现代法的一个重要特征。法在本质上要求实现程序化，程序的独特性质和功能也为保障法律的效率和权威提供了条件。法就是一种程序制度化的体系或制度化解决问题的程序。司法的特点是“程序先于实质”而不是相反，因此B项错误。

平等是现代法律追求的目标，但并非历史上所有法律追求的目标，如奴隶制法律就不追求平等，柏拉图的正义论事实上就是为不平等的分配制度辩护的。故C项错误。

在法律与道德关系问题上，存在“恶法非法”和“恶法亦法”两种主张，前者认为不合乎道德的法律不是真正的法律，后者认为只要由有权立法机关经由正当程序制定的法律就是有效的法律，而不论这种法律是否合乎道德。在这一问题上至今存在争议。故D项错误。

7. 答案：ABC

解析：本题考查法律与自由的关系。在法律上，自由意味着主体可以自主选择和实施一定的行为，同时这种行为又必须与法律规范中所规定的行为模式相一致。所以，一方面，拥有法律自由的主体可以不被强迫去做法律不强制他做的事；另一方面，主体也只能在宪法和法律的范围内行使自由。同时这种范围是“单边线的”，这条边线就是法律的许可。故A、B、C项正确。法律的评价存在一个合法与违法之间的模糊地带，法不禁止并不就意味着法律许可，故D项的说法是片面的。故本题正确答案为A、B、C项。

8. 答案：ABCD

解析：在法的价值冲突之中，“比例原则”是指为了保护某种较为优越的法价值而侵及另一种法益时，不得逾越此目的的必要程度。A项中车辆限行是为了维持秩序，但侵害了法的自由价值，而考虑到在清明节中国人有扫墓拜祭的习俗，在此期间取消单双号限行，使对自由价值的侵害降到最低，因此A项体现了比例原则。法的基本价值之中，自由代表了人性的需要，因此是法价值的顶端，故B项说法错误。C项中公民觉得服从法律就是服从自己的理性，说明此种法律与人性自由是相符合的，这种法律必然体现着自由价值，因此这句话体现了法的自由价值，故C项说法错误。法的价值概念并不等同于法的效用或者说法的作用，法的效用或者说法的作用是法价值实现的基础或者条件，因此D项说法错误。

9. 答案：ABC

解析：利益，就是人们受客观规律制约、为满足生存和发展而产生的对于一定对象的各种客观需求。法所体现的意志的背后乃是各种利益，法也应该是社会共同的、由一定物质生产方式所产生的利益和需要的表现。离开了利益关系，法既无从产生，也无以存在。D项颠倒了法与利益之间的关系，因此是错误的。法对社会的控制和调整主要是通过对利益的调控而实现的，所以A项正确。法对利益的调控，具体体现为两种情况：第一，利益表达。法表达利益的过程，同时即是对利益选择的过程。故B项正确。第二，利益平衡。对匮乏的社会资源的控制不同导致了利益差别，利益差别构成了利益冲突的基本原因。法律必须对各种利益冲突加以平衡，从而不至于使人类社会在无谓的利益纷争中毁灭。法对利益关系的协调、对利益冲突的平衡一般是通过某些基本原则和制度设计体现的，比如，民法中的诚信原则，就能够维持民事活动当事人双方及社会三者利益的平衡。故C项正确。

10. 答案：ACD

解析：人权与法律有着十分密切的联系，没有法律对人权的确认、宣示和保障，人权要么只能停留于道德权利的应有状态，要么经常面临受侵害的危险而无法得到救济。人权的法律保护首先表现为国内法的保护，主要包括宪制保障、立法保护、行政保护、司法救济四个方面。选项 A、C、D 项正确。人权和公民权既有联系又有区别，人权是一个政治概念，不同的人对人权可以有各自的理解和解释。公民权是一个法律概念，其含义和保护方式有着法律上的界定，人权的内容如果入宪成为公民权，就有了固定含义，所以 B 项错误。

11. 答案：AB

解析：法的价值直接决定了社会的法律主体的法律思维方式与法律实践，故 A 选项正确。法律价值体系之间是协调统一的，有些价值之间可能本身存在冲突，但价值体系可以实现价值之间的协调，故 B 选项正确。法律原则的作用是法律规则所不能替代的，其比法律规则更能体现法的价值，故 C 选项错误。法的主要价值包括秩序、自由、平等、人权、正义、效率等，故 D 选项错误。

简答题

1. 法的价值是事物价值的具体形态，除体现事物价值的一般原理之外，也具有法律认知和法律实践领域的特点。在法学理论中，法的价值的含义通常有以下三种不同的理解。

一是指法律在发挥其作用的过程中所能够保护和增进的价值，如自由、平等、公平、秩序、安全、效率等。人类社会之所以需要法律，需要发挥法律调整社会生活关系的作用，就是为了保护和增进这些事关人类福祉的价值。这些价值构成了法律所追求的理想和目标，可以被称为法的“目的价值”。

二是指法律所包含的价值评价标准。美国法学家庞德曾指出：在法律调整和安排背后“总有对各种互相冲突和重叠的利益进行评价的某种准则”，“在法律史的各个经典时期，无论在古代或近代世界里，对价值准则的论证、批判或合乎逻辑的适用，都曾是法学家的主要活动”。在许多法学著作中，法的价值的问题也就是法律评价的标准问题。

三是指法律自身所应当具有的良好品质和属性。此种意义上的法的价值被称为法的“形式价值”，它与法的“目的价值”不同，并不是指法律所追求的社会目标和社会理想，而仅仅是指法律在形式上应当具备哪些值得肯定的或良好的品质或属性，比如，法律应该逻辑严谨而不应当自相矛盾，应当简洁明了而不应当烦琐隐晦，应当公之于众而不应当神秘莫测，等等。

2. 法的价值是一种特殊形态的事物价值，它存在于人类的法律生活领域，体现了人类法律认知和法律实践的特点，从而在内容和形式上表现出不同于其他形态事物价值的特点。具体而言主要有三：其一，法律存在于人类社会生活领域，作为调整社会生活关系的一种制度或规范现象，它在很大程度上是人为努力或安排的结果，因此，法律服务于人类的法价值需求的价值功能和属性，是人类所赋予的而非固有的。这也体现了现象（或事实）分类中自然现象（或事实）和人为或制度现象（或事实）的不同。其二，法律作为存在于人类社会生活领域的制度现象和制度实践，其满足于人类价值需求的内容有自己的偏重和独到之处。其三，法的价值在表达形式上也有自己的特点。不仅如此，法律作为制度规范现象，作为社会主流意识形态的体现，其价值目标在表述上也必然更为规范。

法的价值的特性除了表现在它与其他事物价值相区别的意义方面，还涉及其自身在不同时空场景下所发生的变化以及所呈现出的多样性问题，从而也表现为普遍性和特殊性的统一。法律是一种社会生活现象，它作为人类有目的活动的结果，不仅在形态结构上具有共同的价值功能和属性，而且在满足人类的价值需求上、在实体价值目标上，也具有跨时空的普遍性。

3. (1) 定义排除原则。在法的价值冲突的解决中，我们常常可以通过对所涉价值形态的含义作出明确限定的方式，对相关的价值主张予以排除。尽管对于自由、平等、安全等不同的价值形态会有不同的认识，但是考虑到法律作为社会主流观念形态的体现，这些价值形态在法律上具有比较规范、明确的理解，应该说在许多情况下作出这种定义上的排除是可能的。

(2) 优先性原则。由于法的价值主体的价值观的不同，因而在不同的价值形态上往往有所偏重，或者更加注重自由的价值，或者更加注重平等的价值，或者更加注重安全的价值，等等，这就使在法的不同价值形态发生冲突时有可能借助于优先性的安排对冲突加以解决。

(3) 比例平衡原则。当两种或两种以上法的价值形态发生冲突，或者当同一价值形态的不同方面的内容要求发生矛盾时，基于个案的情况作出适当的权衡，以便于兼顾，就是必要的。在这方面，保护和限制、得和失之间服从于某种比例原则的要求是必要的，而与比例原则相关联的则是某种合理补偿的原则。

（4）在解决法的价值冲突的实践中，上述各种准则往往需要加以综合运用。

4.（1）从价值目标的意义上说，法的价值问题往往被概括为法律与正义的关系问题。正义是关于法的价值目标的一种整体概括的表述，在古代思想家那里，法律就曾被作为一种“正义之术”，法学则被认为是关于正义和非正义的学问。

（2）正义有多种含义。有人认为，正义存在于和谐的社会关系之中；也有人认为，正义寓于某种平等之中；还有人认为自由的价值最为可贵；更有一些人将正义与公共福祉相提并论。正义涉及广泛而复杂的考量因素，包含了在社会个体和整体之间不同的立场选择和偏重，不同的时代、不同的社会和人群甚至于不同的社会个体，往往会有不同的正义观。

（3）历史上形成了各种关于正义的理论，例如，古希腊亚里士多德的分配正义和校正正义，美国的政治哲学家罗尔斯的“正义论”等。

（4）法律是以权利和义务为内容的行为规范，必然涉及人类生活在利益和不利益问题上得与予的考量，从而与一般意义上的正义观念发生紧密联系。

（5）合法性和正当性的关系，要求我们坚持法律对正义的追求，服从于正当性，并在最低限度上坚信整个法制与正义的一致性，另外要重视合法性要求。

5.（1）在追求法的正义价值过程中，自由构成最显著的考量要素。近代资产阶级革命以来，自由被宣布为普遍人权，成为一项基本的价值准则。

（2）关于自由的界定，包括三种学说：1）绝对自由理论，认为自由是绝对的、无条件的，不受任何外在的、人为的限制。这种观点在无政府主义和利己主义那里表现突出。这种理论的缺陷在于：将自由作为人们追求的唯一价值目标，并且混淆了不受限制与不受“任意”限制、不受限制与不可剥夺的界限。2）规律制约理论，认为自由不能超越自然和社会的客观规律，自由是对客观必然的认识。这种理论的缺陷在于：大大超出了社会现实中具体个人的要求。3）法律制约理论，认为自由就是做法律所许可的一切事情的权利。这种理论的缺陷在于：无法解决法律背离甚至剥夺自由时是否还要守法的问题。

（3）折中的自由理论：既坚持自由的不可剥夺性，又承认自由的有限性；既看到规律对自由的制约，又强调法律对自由的限定必须符合规律，法律应该是自由的定在，是对客观必然的反映。

（4）一种正义的法律制度必须以最大限度地追求和实现自由为依归；同时，自由通常只能通过法律的确认和维护来实现，自由必须通过转化为各种法定权利来实现。

材料分析题

1. 这则材料就体现了在现实生活中，在法律的价值问题上，公平与利益之间的关系，以及对社会中的各种利益进行平衡的问题。

（1）应当说，对养殖户进行补偿是社会公平、利益平衡的要求。从利益的角度出发，养殖户所进行的家禽养殖行为体现的是一种个人利益行为，但也是为社会其他利益群体进行养殖，表现为个人利益的一种外化。虽然说养殖户应当有义务对家禽进行防疫，但是由于禽类疾病的发生存在不确定性，更由于禽类疫病的易传染性、破坏性，因而养殖户不可能承担这突然的灾害以及为了防止疫病的扩散而对大批家禽进行捕杀、强制免疫的损失费用。既然是为了实现公共利益而实施的行为，那么，享受公共利益的全体社会就应该共同负担有关损失，这样才有利于调整公共利益和个体利益、全局利益和局部利益。2004 年修改后的《宪法》规定：“国家为了公共利益的需要，可以依照法律规定对公民的私有财产实行征收或者征用并给予补偿。”从我国《宪法》的规定可以看出，对受损失的养殖户进行补偿是社会公平的要求，是公共利益的需要。社会公平通过合理的补偿、利益的正当分配而得到了体现，同时，受损失者的利益通过社会保障机制也得到了实现。

（2）从理论上讲，利益和公平都是法律的重要价值。在现实生活中，法的诸多价值之间不可避免地会发生冲突，利益和公平也不例外。要平衡利益和公平的冲突，在不同的状况中应该采取不同的办法，不应该整齐划一、机械对待。一般而言，社会公平的要求要高于社会利益的要求，但是，当重大社会利益受到侵害的时候，就需要一部分社会成员作出必要的牺牲，这会使这部分社会成员应该获得的公平待遇受到侵害。那么，在对更大社会利益进行保障的同时，也要有相应的基于社会公平原则的补偿。这里面又涉及在国家利益、社会利益和个人利益发生冲突、不能兼顾的时候，个人利益需要为集体利益、国家利益、社会利益和民族利益作出让步。但是，也同样存在补偿原则：当这种危机过后，应该对个人利益进行补偿，使个体利益和整体利益有机地平衡。在不影响基本的社会公正的基础上协调不同的正义观，这实际上是不同利益的协调问题，也就是效益和公平的协调问题。关于公平和效益的协调问题，实际上可还原为利益与利益的协调问题。法调节利益关系的矛盾，实际上也就是调节并缓和法与正义的矛盾。

2. 此条款力图体现“效率（秩序）”的价值，但容易导致对自由与平等的价值的限制或者损害。银行每天都要发生大量的金钱流通业务，将每笔款项交易的完成这种形式特征确立为交易有效的标志，可以最大限度地降低交易成本，保证交易秩序的确定性，否则，如果认可经常发生的双方间交易额出现差错的情况，就会产生大量的交涉成本和核查成本，于银行不利。但是，这种格式条款是由银行单方面强加于顾客的，剥夺了顾客的意思表示自由，也是对顾客的不平等对待。

3.（1）法律的主要价值还有秩序、效率、正义等。

（2）法律的自由价值包含两方面：一是依法保护主体的意志自由，二是依法保护主体的行为自由。

（3）法律与自由具有密切的关系。

自由是现代法律精神的基本内容，自由不仅仅表现为主体有在法律规定的范围内进行活动的权利，也表现为主体在法律规定之外不被强迫的权利。

自由的实现很大程度上要依赖于社会的法律环境，法律通过约束义务主体的自由，保障权利主体自由的顺利实现，这是现代社会自由实现的最主要形式。在受法律支配的社会中，没有法律也就没有自由的实现。

论述题与深度思考题

1. 法的价值冲突及其解决是法的价值研究的重要内容。法的价值实现的过程，不仅是一个价值形态识别和确认的过程，也是一个在各种价值形态之间折中、平衡的过程。

法律是一个以设置权利和义务为内容的庞大的规范和制度体系。分析说来，任何一项具体的权利和义务的设置，其背后都蕴含了某种法的价值的指引；任何一项具体的权利和义务，都是法的价值的定在或载体。因此，现实法律生活中在权利享有和义务履行方面所发生的矛盾和冲突，最终都可以归结为法的价值的某种冲突。就此而言，不仅在性别歧视、就业歧视、户籍管理、残疾人保障等社会舆论关注问题上的法律权益之争具有浓烈的价值冲突的味道，而且在财产继承、人身侵害、个人名誉等各种日常问题上的法律权益之争也内含有价值冲突的性质。从法的价值的角度对各种大小不同的法律问题进行分析，具有方法论上的一般意义。

法的价值冲突呈现出丰富而复杂的现象，但从逻辑形态上看大致可以归为两类：一类是不同形态的法律价值之间的冲突，如自由与平等、自由与秩序、自由与幸福、公平（或平等）与效率、平等与秩序等基本价值形态之间的冲突；另一类是不同主体在同一形态法律价值上发生的冲突。人们通常论及法的价值冲突，在形态上基本上讲的都是前一种类型的冲突，而很少把后一种情况也视为法的价值冲突的一种形态。此外值得一提的是，人们通常所讲的法的价值冲突是指法的价值目标意义上存在的冲突，而事实上法的不同价值属性之间也可能发生矛盾和冲突，如法律的权威性和公开性、稳定性和妥当性等都有可能在不同的情况下出现矛盾，从而影响到法的价值目标的实现。法的价值研究对此也应该予以关注。

法的价值目标发生矛盾和冲突的原因已见大量的理论探讨，各种复杂的原因归纳起来大致还是在于以下两个方面。

（1）法的价值在内容形态上的多样性和特殊性。尽管法的价值目标在整体上可以概括为正义，但具体则涉及自由、平等、秩序、幸福、效力等不同的考量维度或因素。这些因素作为法的价值目标的不同形态，具有不同的价值特性，例如，自由的价值关注的是社会个体的自尊、自主，重视个性发挥和个体的自我实现对于社会生活的意义；平等的价值则更加重视社会生活主体因自然或社会禀赋的不同而产生的各种差距的克服，注重社会关系的和谐；而安全或秩序的价值则更加关注社会生活的稳定性和连续性，强调社会生活在最低限度上对权威的依赖。由于法的价值在内容形态上的多样性和不同特性，法的价值实现的过程必然充满矛盾和冲突。

（2）法的价值主体在价值观上的认识差异。对于同一形态价值目标的含义，对于不同形态价值目标的关系，不同的价值主体往往会有认识上的不同，甚至同一价值主体的认识也会出现变化。价值观的不同以及所可能发生的变化，取决于各种主观和客观、微观和宏观的因素。例如，由于个体的需求结构的变化，在衣食无忧、生活安定后会更加注重个性的张扬，从而会更加在意法律的自由和平等的价值，而非安全或秩序的价值；一个社会由于经济发展阶段的不同，可能在一个时期更加注重经济的增长，注重如何“把蛋糕做大”，从而更加注重法律在效率方面的价值，而非一味地强调法律的公平价值，而在情况变化之后，法的价值的钟摆又会由效率回到公平；不同的个体和不同的社会因为法律价值观的不同而发生的矛盾和冲突就更为常见，国际人权法领域在不同权利类型优先性序列上认识的不同就是明证。

2. 正义是法的核心价值之一，是对利益的正当分配。现代法治社会，如何处理法律与正义、合法性与正当性的关系，的确是一个重要且复杂的问题。法治的理论和实践需要我们在合法性和正当性之间求得适当的平衡，使两者保持必要的张力。为此，一方面，要在原理、原则上坚持法律对正义的追求，服从于正当性概念的评论和主导，并在最低限度上坚信整个法制与正义的一致性；另一方面，要在具体的法律活动中高度重视合法性要求，在最大限度服从法律权威的同时，借助于一定的制度安排和程序设计，形成法律在正当性问题上的反思机制。这句话是法的正义价值在司法中得以实现的形象概括，强调法既要实现实体正义，又要实现程序正义。

（1）实体正义是指通过法律规定的实体权利和义务来公正地分配社会利益与负担。

（2）程序正义是指为了实现法律上的实体权利与义务，设定必要程序以实现正义。

（3）从司法角度看，应避免单纯地追求实体正义而忽视程序正义，司法机关应严格执行法定程序，防范冤假错案的出现。

3.（1）法的价值冲突的概念：法律是一个以设置权利和义务为内容的庞大的规范与制度体系，任何一项具体的权利义务的设置，其背后都蕴含了某种法的价值指引；任何一项具体的权利和义务，都是法的价值的定在和载体。因此现实法律生活中，在权利享有和义务履行方面发生的矛盾与冲突，最终都可归结为法的价值的某种冲突。

（2）法的价值冲突的分类：1）不同形态的法律价值之间的冲突，如自由与平等、自由与秩序。2）不同主体在同一形态法律价值上发生的冲突。3）法的不同价值属性之间发生冲突，如法律的权威性和公开性。

（3）法的价值冲突的原因：1）法的价值在内容形态上的多样性和特殊性。2）法的价值主体在价值观上的认知差异。

（4）法的价值冲突的解决思路与方法：1）定义排除原则。在法的价值冲突解决中，我们常常可以通过对所涉价值形态的含义作出明确限定的方式，对相关价值主张予以排除。2）优先性原则。法的价值主体由于价值观的不同，在不同的价值形态上往往有所偏重。3）比例平衡原则。当两种或者两种以上的法的价值形态发生冲突，或者当同一价值形态的不同方面的内容要求发生矛盾时，基于个案的情况作出适当的权衡，以便兼顾，就是必要的。4）法的价值冲突的实践中，上述各项准则往往需要综合加以运用，且建立健全的解决冲突的机制十分必要，考虑到价值问题的特殊性，以及现代民主政治的要求，在冲突解决的程序上引入某种沟通、对话和整合的原理，就更为必要。

4.（1）正义是人类追求的共同理想，也是现代法律的核心价值。作为现代社会权威的纠纷解决机制，司法是实现正义的重要途径。司法要实现的正义包括实体正义和程序正义两个方面，实体正义注重结果的公正，程序正义注重过程的公正。

（2）为了让人民群众在司法审判中切实感受到公平正义，必须确保司法机关依法、公正、独立行使职权；切实维护当事人的诉讼权利；加强对司法工作的监督；不断推进司法公开；提高司法人员的业务素质和职业道德。

第四章 法的历史发展

知识逻辑图

- 法的产生
  - 原始社会的社会调整
    - 凡是生产力发展水平仍然处于采集、狩猎乃至简单养殖业阶段的社会，调整也是简单的
    - 在只有简单的社会分工、不存在私有财产和阶级分化的社会，社会调整主要是内在的
    - 原始社会的社会调整受到社会组织状况的影响
    - 原始社会文化的单一性也影响了原始社会的调整
  - 法的产生过程：与原始社会后期社会经济、组织、文化的变化相关
  - 法的产生标志
    - 国家的产生
    - 权利与义务的划分
    - 专门解决纠纷的机关
  - 不同国家法律产生的特点：法律的产生途径不同造就了不同的法律文化
  - 原始社会的氏族习惯与法的区别
    - 赖以存在的社会基础不同
    - 赖以形成和实施的社会力量不同
  - 历史类型变更
    - 变更的原因
      - 社会原因：生产关系阻碍了生产力的发展
      - 法律原因：法律意识与法律规则、法律实践出现矛盾
    - 法的继承性
      - 原因：独立性
      - 表现形式：法律规则、法律实践、法律意识和法律文化等
      - 与阶级性的关系：反映的是类型变更中两个不同方面
    - 法律移植
      - 原因：相对独立性
      - 例证：法律援助中的慈善模式、司法模式、工作律师模式
      - 冲突及其解决：克服教条主义和经验主义
    - 前资本主义类型
      - 主要特征：以人身依赖为基础；等级法、特权法
      - 东、西方的差异
        - 西方：氏族解体、土地私有；教权与皇权对立
        - 东方：氏族征服、土地公有；皇权至高无上
  - 资本主义类型
    - 自由资本主义
      - 反对封建特权，宣扬平等
      - 私有财产神圣不可侵犯
      - “三权分立”、公私法划分、民主法治
      - 英美法系和大陆法系

- 法的产生
  - 资本主义类型
    - 当代资本主义
      - 法西斯倾向
      - 结构性变化
        - 国家干预、社会利益
        - 社会立法、实质公正
        - 增加法官的自由裁量权
        - 私法化和公法化
        - 行政立法、体系繁乱
        - 违宪审查
        - 严格责任
        - 注意法外因素

名词解释与概念比较

1. 法的历史类型（考研）
2. 法的继承性
3. 法律移植（考研）
4. 从身份到契约（考研）

选择题

（一）单项选择题

1. 按照马克思主义的观点，法作为一种社会现象，与其他社会现象都有程度不同的联系，其中与哪一种的联系是根本的联系？（　　）（考研）

A. 经济　　B. 政治

C. 国家　　D. 道德

2. 被恩格斯称为“商品生产者社会的第一个世界性法律”的是下列哪一种？（　　）

A. 拿破仑法典

B. 唐律

C. 罗马法

D. 地中海沿岸的海商法

3. 西方资本主义法产生的政治条件是下列哪一种？（　　）（考研）

A. 封建社会中后期商法的兴起

B. 罗马法的复兴

C. 资本原始积累的法律出现

D. 资本主义国家政权的建立

4. 下列有关法的起源与发展的表述，哪一个是正确的？（　　）（考研）

A. 有社会，即有法律

B. 在原始社会，习惯、道德和宗教规则往往是三位一体的

C. 氏族习惯是通过制定的方式产生的

D. 最早的法律是成文法

5. 生物科技和医疗技术的不断发展，使器官移植成为延续人的生命的一种手段。近年来，我国一些专家呼吁对器官移植进行立法，对器官捐献和移植进行规范。对此，下列哪种说法是正确的？（　　）（司考）

A. 科技作为第一生产力，其发展、变化能够直接改变法律

B. 法律的发展和变化也能够直接影响和改变科技的发展

C. 法律既能促进科技发展，也能抑制科技发展所导致的不良后果

D. 科技立法具有国际性和普适性，可以不考虑具体国家的伦理道德和风俗习惯

6. 按照摩尔根和恩格斯的研究，下列有关法的产生的表述哪一项是不正确的？（　　）

A. 法的产生意味着在社会成员之间财产关系上出现了“我的”“你的”之类的观念

B. 最早出现的法是以文字记录的习惯法

C. 法的产生经历了从个别调整到规范性调整的过程

D. 法的产生标志着公力救济代替了私力救济

7. 关于资本主义法的表述，能够成立的是（　　）。

A. 在封建社会中后期出现的带有资本主义的因素的法律，在本质上已经属于真正意义上的资本主义法律了

B. 各国资产阶级国家政权的建立虽然在时间上有先有后，但其法律的产生却呈现出大致相同的特征

C. 维护资本主义私有制是资本主义法律始终不变的核心

D. 资本主义法与社会主义法相比，主要区别在于前者是公共意志的体现

8. 关于资本主义社会两大法系的表述，正确的是（　　）。（考研）

A. 大陆法系是在普通法的基础上发展起来的

B. 英美法系在诉讼程序方面倾向于职权主义

C. 西班牙法律属于英美法系

D. 两大法系的差别在逐渐缩小，但差别还将长期存在

（二）多项选择题

1. 下列哪些表述代表着马克思主义法学对法的问题的看法？（　　）

A. 法不是单个人的个人肆意横行

B. 法既执行政治职能，也执行社会公共职能

C. 法最终决定于历史传统、风俗习惯、国家结构、国际环境等条件

D. 法受社会物质条件的制约

2. 下列选项有关法的移植的表述中，哪几项是不正确的？（　　）

A. 现代的法律都是从古罗马法移植来的

B. 法的移植是指对同一个国家历史上的法律进行批判的吸收

C. 所有的法律原则不能移植

D. 法的移植可能在不同的国家和地区之间形成法系

3. 当代西方资本主义法律制度与自由资本主义时期法律制度比较，出现了哪些变化？（　　）（考研）

A. 加强国家对社会生活的干预

B. 强调绝对私有权原则

C. 社会立法的出现

D. 授权立法的作用增大

4. “法的继承体现时间上的先后关系，法的移植则反映一个国家对同时代其他国家法律制度的吸收和借鉴，法的移植的范围除了外国的法律外，还包括国际法律和惯例。”据此，下列哪些说法是正确的？（　　）（司考）

A. 1804 年《法国民法典》是对罗马法制度、原则的继承

B. 国内法不可以继承国际法

C. 法的移植不反映时间关系，仅体现空间关系

D. 法的移植的范围除了制定法，还包括习惯法

5. 下列关于“公法”和“私法”的论述，正确的有（　　）。（考研）

A. 公法调整国家利益，私法调整个人利益

B. 保险法属于私法，食品安全法属于公法

C. 公法和私法是普通法系国家的基本法律分类

D. 公法和私法的分类源于古罗马法学家乌尔比安

简答题

1. 简述法产生的标志。（考研）

2. 如何理解法的阶级性和继承性？（考研）

3. 简述当代资本主义法律制度的特点。

4. 简述原始社会的习惯和法的区别。

5. 简述法律继承的根据。（考研）

6. 简述两大法系的区别。（考研）

7. 简述法律全球化的主要表现。（考研）

论述题与深度思考题

1. 法的移植：经验和应当注意的问题。

2. 怎样认识原始社会的社会调整的特点？

3.《修订法律大臣沈家本等奏进呈刑律分则草案折》载：“是编修订大旨折衷各国大同之良规，兼采近世最新之学说，而仍不戾乎我国历世相沿之礼教民情。”

清末修律处理外来法与本国固有法之间关系的原则，对于当代中国的法律移植有哪些启示？（考研）

参考答案

名词解释与概念比较

1. 法的历史类型是按照法赖以产生的生产关系的类型和反映的阶级意志的不同对历史与现实的不同国家和地区的法进行的分类，凡是属于建立在同一经济基础之上、反映同一阶级意志的法就属于同一法的历史类型。历史上存在过的法包括四种历史类型，即奴隶制法、封建制法、资本主义法和社会主义法。

2. 法的继承性指的是不同类型的法之间在其专门

法律内容、法律技术内容方面的历史联系，在这方面根据新的社会需要和统治阶级利益可以继承。

3. 法律移植，指一个国家的法律制度的某些因素是从另一个国家的法律制度或许多国家的“法律集团”中输入的。

4. 自由资本主义的法律制度主张契约自由的原则。随着前资本主义社会人身依附关系的解体，人们之间的关系日益建立在自由订立的契约的基础上，任何人都有缔结或不缔结契约的自由，有选择缔约对象的自由，有缔结任何一种契约的自由，而且它们完全建立在缔约各方意思表示一致的基础上，政府对此不加干涉。因此，就法律形式的特征而言，从前资本主义向自由资本主义的过渡必然伴随着“从身份到契约”的运动。*

选择题

（一）单项选择题

1. 答案：A

解析：本题考查马克思主义历史唯物论对法与其他社会现象关系的看法。马克思主义唯物论的基本范畴是经济基础与上层建筑的关系，其中经济基础是一国所有的生产关系的总和，而上层建筑包括法律、政治、国家、道德、意识形态等种种经济以外的物质文明和精神文明。经济基础决定包括法律在内的上层建筑是历史唯物论的核心观点，而马克思主义也认为法律与经济的关系是最为根本性的，其他关系都建立在这一关系的基础上，故A项正确。

2. 答案：C

解析：本题考查法律的发展历史（商品经济与法律的关系）。在历史唯物论中，商品经济是法律得以发展的重要条件，商品经济越发达，就越需要复杂化和精致化的法律。古罗马社会是同时代古代商品经济最发达的社会，也正是古罗马商品经济的发展产生了罗马法（私法）这一对现代西方各国私法影响深远的法律。故恩格斯说它是“商品生产者社会的第一个世界性法律”。故选C。

3. 答案：D

解析：本题考查西方资本主义法产生的条件。资本主义法的产生有三个条件。（1）经济条件：商品经济的发展与国内市场的日益统一化；（2）政治条件：资本主义革命的胜利和资本主义政权的建立；（3）法律条件：封建社会中后期商法的兴起、罗马法的复兴以及反映资本主义早期特征（资本原始积累）的法律的出现。

4. 答案：B

解析：本题考查法的起源与发展。法的产生是社会基本矛盾发展的必然结果，是与私有制和阶级的出现分不开的，它伴随着国家的产生而出现。因此，在阶级和国家产生之前的社会中不存在法律。故A项错误。原始社会的社会规范主要是习惯，其本身兼有风俗、道德和宗教规范等多重属性，多种调整手段之间并无性质和功用上的区别，而是混合在一起，共同调整着氏族生活，故B项正确。氏族习惯是氏族成员在长期的社会生产和生活中经过不断重复和积累而形成的共同信奉的行为标准和生活惯例，具有自发性，并不经由制定这种自觉形式产生，故C项错误。法的形成经历了由习惯演变为习惯法再发展为成文法的长期过程，因此最早的法律是习惯法。它由人们口头相传而不具有文字形式，故D项错误。

5. 答案：C

解析：法律与科技相互作用、相互影响。一方面，科技为立法提出了新问题、为司法提供了新技术，科技促进法律观念的更新，促使法律方法的进步，但是科技的发展变化并不能直接改变法律本身。另一方面，法律也规范、管理着科技活动，调整着科技竞争，促进科技成果的商品化，并抑制科技可能带来的消极作用，但法律的发展变化也并不能直接影响、改变科技的发展。故选项A、B是错误的。此外，无论科技如何发展、法律如何更新，二者都以一国的伦理道德和风俗习惯为基础，具有某种地方性和特殊性。故选项D的说法不正确。综上可知，本题的答案为C。

6. 答案：B

解析：法产生的主要标志之一是权利和义务观念的形成。社会成员之间形成了权利和义务观念，出现了权利和义务的分离，这种分离首先表现为在财产归属上有了“我的”“你的”“他的”之类的区别，故不选A。以文字记录的习惯法，已经上升到制定法的高度，已经不是单纯的习惯法了，而人类社会最早出现

* 参见［英］梅因：《古代法》，95～97页，北京，商务印书馆，1959。

的法是习惯法，习惯法不是成文法，故选B。法的产生经历了从个别调整到规范性调整、从一般规范性调整到法的调整的发展过程，故不选C。法产生的主要标志之一是法律诉讼和司法的出现，而法律诉讼和司法的出现，标志着公力救济代替了私力救济，使争端可以通过非暴力方式解决，故不选D。

7. 答案：C

解析：本题考查的知识点是：法的历史类型中资本主义法的产生和特征。法的历史类型是与社会历史形态相联系的概念，是根据法所依赖的经济基础和阶级本质的不同而对法所作的一种历史分类。其实质就是法的一种分类方式，分类标准是一定的经济基础和阶级本质。近代资本主义法律制度是在资本主义的市场经济和民主政治条件下存在并运行的，不同的资产阶级国家政权的建立和法律的产生呈现出大致相同的特征。

8. 答案：D

解析：大陆法系，又称罗马法系、民法法系、法典法系、罗马德意志法系、日耳曼法系、成文法法系等，是以罗马法为基础发展起来的法律的总称，所以A项错误。欧洲大陆大部分国家都是属于大陆法系，如法国、德国、意大利，西班牙也属于大陆法系，所以C项错误。普通法法系，又称英美法系、判例法系、不成文法系、海洋法系等，是以英国中世纪的法律，特别是普通法为基础发展起来的法律的总称。大陆法系的诉讼程序以法官为中心，具有纠问程序的特点，奉行职权主义；英美法系的诉讼程序奉行当事人主义，法官一般充当消极的、中立的裁定者的角色，所以B项错误。进入20世纪后，两大法系之间的差别已逐渐缩小，融合也正在发生，但由于传统的不同，差异还将长期存在，所以D项正确。

（二）多项选择题

1. 答案：ABD

解析：本题考查马克思主义关于法的本质、作用的看法。马克思主义认为：首先，法是由国家制定或认可并由国家强制力保证实施的，反映了国家意志，即统治阶级的意志。这种阶级意志往往是阶级内部相互妥协的结果，它具有整体性和统一性，不是个人的肆意横行，故A项正确。其次，法是统治阶级意志的体现，服务于统治阶级的利益和政治目的，执行着政治职能；同时，法律作为一种社会规范，具有整合社会、调解社会纠纷等作用，也具有社会公共职能，故B项正确。最后，法由一定的社会物质生活条件所决定，这种物质生活条件最主要的内容为经济基础。法由经济基础决定，并以统治阶级意志为中介来反映这种经济关系，故D项正确。至于C项，是历史法学派的主要观点，不是马克思主义法学的观点。

2. 答案：ABC

解析：本题考查法的移植的相关内容。法的移植，是指一个国家或地区对其他国家或地区法律的借鉴和吸收。移植国和被移植国一般而言处于同一时期，法的移植强调的是一种“地域性”，是一个空间概念；法的继承一般是指新法对历史上存在过的旧法的承接和继受，它强调的是一种“历史性”，是一个时间概念。B项混淆了法的移植和法的继承，是错误的。现代的法律，尤其是私法的规定，有很大一部分来自古罗马法律，但是也有许多来源于其他法律，如日耳曼法、英吉利法等，故A项错误。法的移植的对象可以是法律规则，也可以是法律原则，如侵权认定中的过错原则、法律面前人人平等原则，故C项错误。法的移植可能导致在不同的国家和地区之间形成法系，尤其是历史上殖民地对宗主国法律的移植，比如美国对英国法律、印度对英国法律的移植，就形成了英美法系，故D项正确。

3. 答案：ACD

解析：本题考查资本主义法律制度的历史发展。当代西方资本主义法与自由资本主义时期法相比有以下变化：(1) 加强国家对社会生活的干预；(2) 与国家的福利政策相联系；(3) 加强法官的自由裁量权；(4) 社会立法的出现，打破了公法与私法的界限；(5) 授权立法、行政立法的作用日益增大；(6) 建立违宪审查制度；(7) 自由资本主义时期的三大原则即绝对所有权原则、契约自由原则、过错责任原则，分别为对所有权行使的限制、标准化契约和严格责任原则所取代。故A、C、D项正确，B项错误。

4. 答案：ABD

解析：本题考查法的继承与法的移植。

选项A正确：法的继承是不同历史类型的法律制度之间的延续和继受，一般表现为旧法对新法的影响和新法对旧法的承接与继受。法国资产阶级以奴隶制时代的罗马法为基础制定的《法国民法典》体现了法的继承性。

选项 B 正确：法的继承是不同历史类型的法律制度之间的延续和继受，一般表现为旧法对新法的影响和新法对旧法的承接与继受。从定义中可以看出，法的继承是旧的法律制度的延续，而国际法不存在法律制度延续的问题，另外，“历史类型”与“法律制度”也是从国内法的角度说的。因此，法的继承本身就不包含国内法对国际法的继承。

选项 C 错误：法的移植是指在鉴别、认同、调适、整合的基础上，引进、吸收、采纳、摄取、同化外国法，使之成为本国法律体系的有机组成部分，为本国所用。其主要体现了空间关系，但不能说其绝对不体现时间关系。

选项 D 正确：法的移植的范围除了外国的法律，还包括国际法律和惯例。

5. 答案：ABD

解析：公法与私法的分类源于古罗马法，它是在民法法系中适用的一种法律分类。古罗马法学家乌尔比安提出，公法是关于罗马国家稳定的法律，私法是关于个人利益的法律。现代西方法学著作认为，公法是主要调整国家与普通个人之间关系的法律，私法主要是调整公民个人之间关系的法律。一般认为，宪法、刑法、行政法属于公法；民商法属于私法。保险法属于民商法，属于私法；食品安全法属于行政法部门，属于公法。普通法与衡平法是普通法法系的一种法律分类方法，故 C 项错误。

简答题

1. 法的产生的标志大致包括：

（1）国家的产生使正在形成的私有制获得社会普遍承认的形式，并得到国家强制力的保证，从而使法这种新的行为规则具有物质后盾。

（2）出现权利与义务的划分。

（3）出现专门解决纠纷的机关。在氏族制度内部，大多数争端都由全体当事人自己解决，历来的习俗把一切都调整好了。私有财产的出现使人们之间的纠纷的性质和数量都发生了很大的变化。起初是野蛮地、赤裸裸地占有公有的或其他人的财产，后来这种占有逐渐披上合法化的外衣，由专门处理纠纷的机关运用国家权力解决，法的野蛮的行使方式变文明了。在法的形成的早期阶段，主要由个人来解决彼此之间的利害冲突，违法往往也只是被看作是对个人利益的侵犯。随着社会分工的发展，社会管理职能集中在少数人手中，对违法行为的制裁才逐渐由国家专门机关掌握。

2. 法的继承性与法的阶级性不是绝对对立的，它们反映的是法的历史类型变更过程中的两个不同方面。法的阶级性指不同类型的法之间在其社会政治内容、阶级本质上的根本区别，在这方面是不存在继承的；而法的继承性指的是不同类型的法之间在其专门法律内容、法律技术内容方面的历史联系，在这方面根据新的社会需要和统治阶级利益可以继承。因此，既不能因为法的阶级性而否定法的继承性，也不能因为法的继承性而否定法的阶级性。

3. 我们可以把当代资本主义法律制度不同于自由资本主义法律制度的特点归纳为以下几个方面：

（1）加强国家对社会生活的干预，国家不再只是充当“私有财产的守护神”这一被动角色，而是积极参与社会财富的再分配。自由资本主义法律制度通行的绝对所有权和契约自由的原则为对所有权行使的限制和标准化契约所代替。国家在“保护社会利益”的名义下进入私人生活领域，从而大大加强了行政权。有的学者甚至认为，行政权力重新变为至高无上、不受法律约束的权力。（2）与福利国家的政策相联系。为了缓和阶级矛盾，国家在住房、医疗卫生、最低工资标准、失业救济等方面采取一系列福利措施，出现了社会立法的新领域，与此相适应，在司法实践中法律推理由注意“形式公正”转变为注意“结果公正”，从以法律规则为中心转变为以目的和政策为依据。（3）加强法官的自由裁量权。国家经常发布一些含糊的“不确定规则”“任意标准”“一般原则”指引司法，从而使执法能够适应变动的社会环境，有更大的行动变通性和灵活性。（4）国家干预的增加，社会立法的出现，打破了自由资本主义时期所形成的公法与私法的界限。一方面，私法公法化，民商法已不再居于整个法律体系的中心，大量的民事、经济行为，如果没有国家干预，没有许可证制度，是不可能适当完成的；另一方面，公法也私法化，国家垄断的出现，国营企业的建立，使国家成为私法活动中的主体。如此，公与私之间已经很难再划出一条明确界限。（5）授权立法、行政立法的作用日益增大，议会立法的中心地位受到削弱；与此同时，针对特别人、特别地区、特别问题并有特定生效期间的各种单行法、特别法的数量越来越大。

(6) 违宪审查制度的建立。一些国家设立了宪法法院或宪法委员会，在另外一些国家由普通法院代行此职权，对法律和其他规范性文件的合宪性进行审查，这一方面加强了法治，另一方面又削弱了作为西方政治法律制度基石的分权原则。(7) 随着保险事业的发展，为了提高司法审判的效率，解决“诉讼爆炸”的问题，在刑法和侵权行为法中体现法治精神的过错责任原则在某些领域逐步让位于严格责任原则，无论主观上是否有过错，只要造成了危害的结果，都要承担赔偿责任。(8) 在法律理论上，更加重视法外因素对法、法律过程的影响。

4. 原始社会的习惯和法的区别可以概括为：

第一，二者赖以存在的社会基础不同。原始社会的习惯建立在原始公有制的基础上，反映氏族全体成员的利益和意志；而法建立在阶级分化的基础上，反映社会上占统治地位的阶级的利益和意志。是否与存在经济上的不平等、存在阶级的社会相联系，构成了法与原始社会的习惯在社会本质上的区别。

第二，二者赖以形成和实施的社会力量不同。原始社会的习惯是在氏族成员长期的共同劳动和共同生活中自发形成的，依靠氏族首领的威望、人们内心的信念、传统的力量实施；而法是国家制定或认可并得到国家强制力保证实施的。是否与国家相联系，构成了法与原始社会的习惯在社会调整形式上的重要区别。

5. 法律移植，即一个国家的法律制度的某些因素是从另一个国家的法律制度或许多国家的“法律集团”输入的。法律移植、借鉴和吸收其他国家甚至不同社会形态国家的法律制度，是法律制度发展的一条捷径。法律继承的根据主要表现在：(1) 社会生活条件的历史延续性决定了法律的继承性。(2) 法律的相对独立性决定了法的发展过程的延续性和继承性。(3) 法作为人类文明成果决定了法律继承的必要性。(4) 法律演进的历史事实验证了法律的继承性。

6. 法系 (genealogy of law, family of law) 是比较法学使用的一个概念，来源于遗传学，即根据一定的标准对世界各国或地区的法律体系进行划分，将若干具有共性的法律体系归类为特定的群体。两大法系主要有如下区别：(1) 法律的渊源不同。在大陆法系国家，正式的法的渊源主要是指制定法，法院的判例不是正式意义上的法律渊源；在普通法法系国家，制定法和判例法都是正式的法的渊源，判例法在整个法律体系中占有非常重要的地位。(2) 法律的分类不同。大陆法系国家法的基本分类是公法和私法，进入 20 世纪后又出现了经济法、劳动法等兼有公法和私法两种成分的法；普通法法系国家无公法和私法之分，法的基本分类是普通法和衡平法。(3) 法典编纂不同。大陆法系国家承袭古代罗马法的传统，基本法律一般采用系统的法典形式；普通法法系国家，尤其是英国，一般不倾向于法典形式，它的制定法往往是单行的法律、法规。即使后来英美法系国家逐步采用法典形式，也主要是判例法的规范化。(4) 诉讼程序和判决程式不同。大陆法系的诉讼程序以法官为重心，奉行职权主义，具有纠问程序的特点。法官审理案件除了案件事实，首先考虑制定法是如何规定的，随后按照有关规定来判决案件；普通法法系的诉讼程序奉行当事人主义，法官一般充当消极的、中立的裁定者的角色，法官首先要考虑以前类似案件的判例，将本案的事实与以前案件事实加以比较，然后从以前的判例中概括出可以适用于本案的法律规则。(5) 哲学倾向不同。大陆法系倾向于理性主义，而普通法法系则倾向于经验主义。进入 20 世纪后，两大法系之间的差异已逐渐缩小，融合也正在发生，但传统不同，差异还将长期存在。

7. (1) 法律的“非国家化”。越来越多的法律由各种经济联合体、知识产权组织、环境保护组新闻媒介联合体等“非国家”的机构制定。

(2) 法律的“标本化”或“标准化”。由联合国、国际组织、经济联合体制定法律范本，提供给各个国家作为立法的参照。

(3) 法律的“趋同化”。这是指调整相同类型社会关系的法律规范和法律制度趋向一致。

(4) 法律的“世界化”。所谓法律世界化，是指全球范围内法律规范的相互联结，国际法与国内法之间的界限正在变得模糊不清，国际法高于国内法的信念已得到普遍确认。法律世界化还意味着某些“全球性法”“世界性法”的出现。

论述题与深度思考题

1. 法律移植，指一个国家的法律制度的某些因素是从另一个国家的法律制度或许多国家的“法律集团”

中输入的。

法律移植、借鉴和吸收其他国家甚至不同社会形态国家的法律制度，是法律制度发展的一条捷径。因为在当代世界，虽然各国的社会制度不同，但往往会遇到相同的社会问题，因此可以借鉴和吸收其他国家的处理同一问题上的法律手段。完全不必把自己封闭起来，关起门来搞代价很高的法律实践，一切都要自己从头做。实践证明，那种经验爬行主义的态度对于法制建设来说是不利的。

但是，法律移植的效果有好坏之分。有的移植的效果好，对“输入国”的社会经济发展起到促进作用，能与该国原有的法律制度较好地结合；有的移植的效果不好，与“输入国”的社会制度格格不入，或者表面上有一套从其他国家移植来的法律制度、法律规范，但充其量它们只不过是“书本上的法”，在这些国家实际适用的却是自己的传统法、习惯法。法律移植成功与否，同“输入国”的社会土壤是否适合于该法律制度、规则直接相关：如果某个法律规则的原产地与移植地、输出国与输入国的社会土壤相似，那么在原产地、输出国能够行之有效的法律规则在新的土壤上也能达到预期的效果，否则，在原产地、输出国再好的法律制度在新的土壤上也不能奏效。因此，在法律移植问题上一定要采取具体情况具体分析的态度，经验主义和教条主义都是不可取的。

2. 当代人类学的发现表明，原始社会的社会调整与其经济、组织和文化的特点都有着密切的联系。

首先，凡是生产力发展上仍然处于采集、狩猎乃至简单养殖业阶段的社会，其社会调整也是最简单的。也就是说，它仍然处在个别性调整阶段。

其次，在只有简单的社会分工、不存在私有财产和阶级分化的社会，其社会调整主要是内在的，人们遵守规则主要是由于内在的自发性，出于习惯，而不是出于外部压力的结果。

再次，原始社会的社会调整不仅受到社会经济状况的影响，而且受到社会组织状况的影响。氏族制度建立在血缘关系的基础上，几乎没有什么社会分工，人们从事共同的劳动，任何人违反了群体规范，都会立即受到其他人直接的、迅速的、非正式的反应和制裁，有轻微的异常行为者受到嘲笑、白眼、冷遇，有严重的异常行为者则被驱除出部落，处于孤立无援的境地。共同的生活和人们之间的密切关系，使人们不可能对规则有不同的理解、对一种行为是否违反了规则有不同的看法，以致需要分化出一种特殊的机构专门解释规则、处理争端。因此，氏族首领的权力也是很有限的。

最后，原始社会文化的单一性也是影响其社会调整性质的一个重要因素。原始社会以血缘关系为基础，具有同一血缘关系的人组成同一氏族或部落，他们不仅具有同样的生产方式和生活方式，而且具有同样的习俗、礼仪、宗教信仰，即同样的文化。人类学家发现，在最简单的游牧社会，几乎不存在文化多样性，那里不存在亚文化，没有文化冲突，一个部落的人们很少与其他部落的人们接触。由于文化的单一性，人们对于什么是正当的行为、什么是不正当的行为有共同的理解、有共同的价值观念，历来的习俗完全可以承担社会调整的功能，无须更复杂、高级的调整方式。

3. 材料是清末沈家本主持修订刑律分则时提出的立法指导原则，也是处理外来法与本国固有法关系的经验。该材料总结了三点基本经验：折中各国大同之良规；兼采近世最新之学说；尊重我国历世相沿之礼教民情。启示：第一，应合理吸收当代各国先进的法律制度；第二，应科学、理性地对待国外的法学理论，当今中国在推进法治现代化过程中应持开放的态度；第三，在吸收借鉴外来法的同时，应充分考虑与我国现有法律制度相协调，并结合国情和善良风俗合理改造，以确保法律移植的良好效果。

第五章　社会主义法的产生和发展

知识逻辑图

- 社会主义法的产生与发展
  - 社会主义法的历史必然性
    - 无产阶级专政与社会主义法的产生
      - 无产阶级专政理论与社会主义法的产生
      - 社会主义法是实行无产阶级专政的重要武器
    - 社会主义法产生的一般规律及特点
      - 无产阶级取得政权为前提
      - 摧毁旧法体系是必然要求
    - 社会主义法的继承性
      - 不是对旧法全盘抛弃、一笔勾销
      - 法的继承性与阶级性并不矛盾
  - 人民民主专政与中国社会主义法的产生
    - 革命根据地法是我国社会主义法的雏形
    - 人民民主专政与我国社会主义法
      - 对人民实行民主
      - 对敌人实行专政
  - 中国社会主义法的发展阶段
    - 基本完成社会主义改造时期
      - 共同纲领
      - 1954 年《宪法》
      - 其他配套法律
    - 全面建设社会主义时期
      - 取得了一些成就
      - 出现了一些“左”倾错误
    - “文化大革命”时期——民主与法制被破坏
    - 法制的恢复与发展时期
      - 实践是检验真理的唯一标准
      - “十六字”方针
      - 1982 年《宪法》
    - 法治基本方略的确立时期——法治写进 1999 年《宪法修正案》
    - 法治中国：全面推进依法治国时期
      - 党的十八届四中全会专题讨论依法治国问题
      - 明确依法治国总目标
      - 明确依宪治国、依宪执政
      - 党的十九大将全面推进依法治国确定为基本方略

名词解释与概念比较

1. “伪法统”
2. “六法全书”
3. 社会主义法的继承性与摧毁旧法体系

选择题

（一）单项选择题

1. 列宁曾经说过：“民主就是承认少数服从多数的国家，即一个阶级对另一个阶级、一部分居民对另一部分居民使用有系统的暴力的组织。”这段话说明了民主与专政关系的原理，其中错误的是（　　）。

A. 民主与专政始终是相联系的

B. 在实行一定阶级的民主的时候，也是在实行一定阶级的专政

C. 在这里，民主是一种国家形态

D. 民主也就是专政

2. 关于无产阶级专政与社会主义法治之间的关系，下列说法正确的是（　　）。

A. 无产阶级专政是社会主义法治的工具和武器

B. 无产阶级专政是社会主义法治的前提和保证

C. 社会主义法治决定无产阶级专政的性质

D. 社会主义法治不是绝对的，只要能产生好的社会效果，无产阶级专政可以不拘泥于自己制定的法律

3. 关于无产阶级专政的概念有若干理解，一些片面的理解使这个概念面临被推翻的危险。下列对这个概念的理解错误的是（　　）。

A. 无产阶级专政就是无产阶级革命的继续和在新时期的新体现

B. 无产阶级专政在中国特定时期的体现是人民民主专政

C. 无产阶级专政并非等同于人民民主专政

D. 无产阶级专政不同于无产阶级民主，前者侧重对敌人的暴力和革命，后者侧重对人民的民主、尊重和保护

4. 我国社会主义法的雏形是（　　）。

A. 新民主主义革命时期革命根据地的政策

B. 社会主义革命时期党的方针、政策

C. 新民主主义革命时期革命根据地的法律、条例

D. 社会主义革命时期颁布的各项法律、条例

5. 我国开始走上法治道路的起点应该是（　　）。

A. 1954 年宪法的颁布

B. 1978 年党的十一届三中全会的召开

C. 1982 年宪法的颁布

D. 党的十五大提出依法治国、建设社会主义法治国家

6. 关于社会主义法的继承性的理解，下列正确的观点是（　　）。

A. 它是指中国的法律与外国法律之间的连续性方面的关系

B. 它是指中国自己的法律的前后连续性方面的关系

C. 它是指不同历史类型的法律之间某些方面的连续性

D. 它是指中国历史中不同历史类型的法律之间的连续性的关系

（二）多项选择题

1. 下列是对无产阶级专政必然导致社会主义法产生原理的理解，其中正确的是（　　）。

A. 无产阶级专政必然代替资产阶级专政

B. 从资本主义到共产主义需要一个过渡时期，即社会主义社会

C. 社会主义社会必然需要人民民主专政

D. 无产阶级专政作为一种国家形态，必然需要社会主义法

2. 无产阶级革命胜利并取得政权以后，不能像剥削阶级那样承袭旧法，而是必须摧毁旧法体系制定新法。这是马克思主义的基本原理，其理由在于（　　）。

A. 旧的法律制度必须同旧的社会关系一起消失

B. 上层建筑必须与经济基础保持一致

C. 无产阶级必须摧毁剥削阶级的法律上层建筑才能达到革命目的

D. 无产者没有自己的东西必须加以保护，他们必须摧毁保护私有制的一切上层建筑

3. 社会主义法的继承性与阶级性并不矛盾，其主要原因在于（　　）。

A. 社会主义法的阶级性针对的主要是法的阶级意志内容

B. 社会主义法的继承性针对的主要是技术性等内容

C. 社会主义法的阶级性针对的主要是法的社会政治内容

D. 社会主义法的继承性针对的主要是本国历史的优秀法律成果

4. 我国的人民民主专政与无产阶级专政在“实质”上是一致的，这样说的理由在于（　　）。

A. 二者都以工人阶级为领导

B. 二者都以工农联盟为统治阶级的基础

C. 二者的统治阶级成分都是无产阶级

D. 二者的最终目的都是消灭一切阶级，实现共产主义

5. 关于社会主义法产生的一般规律和特点，下列观点正确的有（　　）。

A. 工人阶级领导的广大人民取得政权是社会主义法得以产生的前提条件

B. 社会主义法是在摧毁旧法体系的基础上产生的

C. 摧毁旧法体系并不意味着全部废除旧的法律规范和制度

D. 人民参加了社会主义法的创造

6. 1949 年 2 月，中共中央发布的《关于废除国民党六法全书与确定解放区司法原则的指示》中指出，法律是统治阶级公开以武装强制执行的所谓国家意识形态。这说明了哪些基本法学原理？（　　）

A. 法律与国家一样，只是维护一定阶级利益的工具

B. 国民党的全部法律只能是维护地主与买办阶级利益的工具，作为一个法统必须废除六法全书

C. 法律的本质和阶级属性不能从个别法律现象来理解，而必须从其代表的整体阶级意志来把握

D. 这反映了我国社会主义法律产生的特点是革命性

7. 我国社会主义法律的社会作用主要是（　　）。（考研）

A. 确立和维护人民民主专政的国家制度

B. 确立和维护社会主义的经济制度

C. 确立和维护和谐稳定的社会秩序

D. 通过法的创制和实施，推动社会变革与进步

8. 下列关于中国特色社会主义法律体系特征的表述，正确的有（　　）。（考研）

A. 体现中国特色社会主义的本质要求

B. 体现改革开放和现代化建设的时代要求

C. 体现结构内在统一而又多层次的国情要求

D. 体现继承中国法律文化优秀传统和借鉴人类法制文明成果的文化要求

简答题

1. 社会主义法是历史上全新类型的法律，它的产生为什么还具有继承性？（考研）

2. 社会主义法的阶级性与继承性是否矛盾？（考研）

3. 请分析社会主义法产生过程中可以继承旧法律的哪些方面。

材料分析题

材料：《中央关于废除国民党〈六法全书〉和确定解放区司法原则的指示》（1949 年 2 月 22 日）中包括以下内容：

（1）对国民党“六法全书”的认识，在我们好些司法干部中，是错误的，模糊的。不仅有些学过旧法律的人，把它奉为神圣，强调它在解放区也能适用；甚至在较负责的政权干部中，也有人认为“六法全书”是合乎广大人民利益的，只有一部分而不是基本上是不合乎广大人民利益的。东北印行的《怎样建设司法工作》中所提到的对“六法全书”的各种观点，不过是一部分明显的例证。

…… ……

（2）在无产阶级领导的以工农联盟为主体的人民民主专政的政权下，国民党的“六法全书”应该废除，人民的司法工作不能再以国民党的“六法全书”为依据，而应该以人民的新的法律作依据。在人民新的法律还没有系统地发布以前，应该以共产党政策以及人民政府与人民解放军已发布的各种纲领、法律、条例、决议作依据。目前，在人民的法律还不完备的情况下，司法机关的办事原则，应该是：有纲领、法律、命令、条例、决议规定者，从纲领、法律、命令、条例、决议之规定；无纲领、法律、命令、条例、决议规定者，从新民主主义的政策。同时，司法机关应该经常以蔑视和批判“六法全书”及国民党其他一切反动的法律法令的精神，以蔑视和批判欧美、日本资本主义国家一切反人民法律、法令的精神，以学习和掌握马列主义——毛泽东思想的国家观、法律观及新民主主义的政策、纲领、法律、命令、条例、决议的办法，来教育和改造司法干部。只有这样做，才能使我们的司法工作真正成为人民民主政权工作的有机构成部分，只有这样做才能提高我们司法干部的理论知识、政策知识与法律知识的水平和工作能力，只有这样做，才能彻底粉碎那些学过旧法律而食古不化的人的错误的和有害的思想，使他们丢下旧包袱，放下臭架子，甘当小学生，重新从马列主义——毛泽东思想及我们的政策、纲领、命令、条例、决议学起，把自己改造成为新民主主义政权下的人民的司法干部。只有这样，他

们才能够为人民服务，才能与我们的革命的司法干部和衷共济，消除所谓新旧司法干部不团结或旧司法人员炫耀国民党的“六法全书”和自高自大的恶劣现象。

问题：根据该材料，分析中国社会主义法律产生和发展的一般规律和特点。

参考答案

名词解释与概念比较

1. 法统是指作为系统的法律规范、法律运作机构及机制、法律意识及理论的总和，尤其是作为这个系统的个人主义哲学、政治学理论体系和价值观念以及唯心主义世界观等。“伪法统”是指国民党伪国民政府所创制的法统，这一法统集中表现为“六法全书”及其一整套法律运作机构和机制。

2. “六法全书”是国民党政府制定的六部法律文件的总称，包括宪法、行政法、民商法、刑法、民事诉讼法和刑事诉讼法。这是仿照大陆法系的法制模式创制的具有封建官僚色彩的资本主义法律体系。

3. 社会主义法的继承性是法的继承性在社会主义社会的体现。社会主义法律同样有继承性，原因在于法律既有物质制约性又有相对独立性，由于社会主义社会的物质条件与资本主义社会的存在共性，也由于法律本身的概念和技术具有相对独立性，对相同的概念可以赋予不同的内容，所以社会主义法对资本主义法的许多概念、制度甚至观念可以继承。

摧毁旧法体系是指无产阶级取得政权以后，从本质上、整体上对旧法加以根本否定，批判旧法的剥削阶级本质、其赖以建立的思想理论体系和原则体系，同时对旧法从整体上加以废除，不再承认其（法律渊源）法律效力。旧法作为一个体系建立在资本主义（个人主义等）理论基础上，维护资本主义私有制，对此必须从整体上废除，然后再从局部的概念和技术上加以吸收、借鉴，赋予、增加新的内涵。

社会主义法的继承性与摧毁旧法体系并不矛盾，因为它们针对的对象不同，所继承的是局部的观念（例如政府权力要受到制约等）、规范、制度和技术，而摧毁的并不是所有的这些规范、制度和技术，而是作为法律规范、法律运作机构、法律意识和理论三位一体的法制，即法律上层建筑。摧毁的是宏观的理念、原则、法律渊源，而继承的是微观的技术和文明的法律观念。

选择题

（一）单项选择题

1. 答案：D

解析：民主与专政紧密联系，有民主必须有专政，反之亦然，但问题是对谁民主、对谁专政。对统治阶级民主就必须对被统治阶级专政，所以，民主就是专政的说法不正确。民主一般是一种国家形态，但有时也是一种处理问题的方法，在这里而言，民主就是一种国家形态。故D项应选。

2. 答案：B

解析：无产阶级专政是一种国家政权，即国家机器，同时也是一种历史任务，即保持统治阶级的统治地位，发展生产力；它不是法治的工具，而是相反。故A项错。专政意味着掌握政权，它是法治的政治前提和保障，并决定法治的性质和方向，故B项对、C项错。社会主义法治必须确立法律权威，不可违背自己制定的法律，故D项错。

3. 答案：D

解析：无产阶级专政的目的与无产阶级革命的目的是相联系的，专政是一种特殊的不带硝烟的革命，但也不排除暴力和硝烟。这种专政在中国被称为人民民主专政，目的是扩大专政基础、缩小打击对象，但是二者在概念上并不相同，人民民主专政的专政主体大于无产阶级专政的专政主体。故A、B、C项的说法正确，不应选。无产阶级专政与无产阶级民主在概念上是一样的，虽然民主不同于专政，但加上了无产阶级二字就是一样的，二者都是指对无产阶级民主、对敌人专政。故D项应选。

4. 答案：C

解析：法律的雏形还应该是法律，故A、B项错。社会主义法的雏形是在我国社会主义国家建立以前的社会主义性质的法律文件，即新民主主义革命时期的法律条例。新民主主义革命必须区别于社会主义革命，社会主义革命发生在社会主义国家建立以后，是为了清除私有制成分而进行的公有化革命，故C项正确、D项错。

5. 答案：B

解析：法治的起点并非提出法治这个概念本身。

在法治概念提出以前，法制的概念中已包含着依法办事的含义，实际上也具有法治的内涵，仅仅是叫法不同而已。所以我国走上法治的起点不是党的十五大提出建设社会主义法治国家，而是真正开始重视法制建设的1978年。故选B项。

6. 答案：C

解析：法的继承性涉及的是不同历史类型法律之间的关系，不限于不同国家之间的关系，故A项错。无论是在同一国家内部还是在不同国家，两种法律制度必须是不同的历史类型。即使在同一国家内部，如果前后法律都属同一种历史类型，例如1982年宪法和1975年宪法之间的关系，也不叫继承性。故B项错，C项正确。这种继承性不限于继承中国历史中的资本主义法律，也包括继承外国的资本主义法律，故D项错。

（二）多项选择题

1. 答案：ABD

解析：无产阶级专政原理包含无产阶级专政必然替代资产阶级专政，这种专政的目的是为向无阶级社会过渡准备条件，这个过渡时期就是社会主义社会。故A、B项正确。社会主义社会未必都实行人民民主专政，对其他社会主义国家来说，它们可能直接执行无产阶级专政，无产阶级专政也是一种国家形态，虽然是过渡性的，但也必然需要社会主义法。故C项错，D项对。

2. 答案：ABCD

解析：法律是一定经济基础或社会关系的产物，必然随着旧的社会关系一起消灭，这反映了上层建筑与经济基础保持一致的原理，故A、B项对。革命就是要打破旧的生产关系及其上层建筑，以解放生产力，故C、D项正确。

3. 答案：ABC

解析：法的阶级性和继承性所针对的对象不同，这是二者不矛盾的根本原因，阶级性针对政治性内容，继承性针对技术性内容，所以A、B、C项正确。社会主义法的继承性针对的不仅包括本国的法律成果，更多的还包括外国的法律成果，并且这个内容与题干不大相关，故D项错误。

4. 答案：ABD

解析：实质一致说明二者在细节上存在差别，但根本内容和目的一致，包括以工人阶级为领导、以工农联盟为基础，故A、B项对。对统治阶级来说，无产阶级专政的主体限于无产阶级，而人民民主专政的主体还包括更多的阶层，当然，二者的目的都是消灭阶级差别、实现共产主义，故C项错、D项对。

5. 答案：ABCD

解析：社会主义法的产生首先需要破旧立新，必须打破旧的法律体系，但是这个法律体系是作为一个整体被打破，就是否定了它作为整体所代表的阶级意志的合法性，并不是说这个法律体系的具体法律制度都不可取。故选A、B、C、D项。

6. 答案：BCD

解析：题中的说法反映了两个基本的原理：第一个原理是法所反映的意志是一个整体，不能从单个的法律条文来理解它的真正意志。因此B、C项是正确的。但是法作为工具只维护统治阶级的利益，说只维护一定阶级是不严谨的，所以A项不对。第二个原理就是法律的强制性，包括旧法统要靠强制力来保证，新的法律也要依靠强制力作为后盾。既然旧法统以国家强制力为保障，就只有革命才能把它推翻，而且不能对法统进行保留，因为法统是统一的整体，对法统的保留就意味着对旧的阶级意志的承认，就使革命失去了合法性和根本意义。故选B、C、D项。

7. 答案：ABCD

解析：法的社会作用是指法的社会、政治功能，即法作为社会关系的调整器，服务于社会的政治目标，承担着社会的政治使命，形成、维护、实现社会秩序。这是因为法属于上层建筑，利于维护经济基础和发展生产力，这是从法的本质和目的角度出发来解释法的作用。在阶级对立社会，法的社会作用大体上又可以归纳为维护阶级统治和执行公共事务两个方面。具体到我国社会主义法律的社会作用，主要体现在：(1) 保障和促进社会主义经济建设和经济体制改革。(2) 保障和促进社会主义精神文明建设。(3) 保障和促进社会主义民主建设和政治体制改革。(4) 保障社会秩序，建设社会主义和谐社会。所以答案选A、B、C、D。

8. 答案：ABCD

解析：当代中国法律体系的特色：体现中国特色社会主义的本质要求；体现改革开放和现代化建设的时代要求；体现结构内在统一而又多层次的国情要求；体现继承中国法律文化优秀传统和借鉴人类法制文明成果的文化要求；体现动态、开放、与时俱进的社会发展要求。各选项均正确。

简答题

1. 社会主义法是人类历史上最新、最高类型的法律，与历史上一切剥削阶级国家的法律在性质和目的上根本不同，但它也有继承性。这是因为：

（1）首先是由法的物质制约性决定的，新法律与旧法律所赖以存在的物质生活条件有很多相似性和延续性，例如自然环境、人口状况和生产力水平等因素都有明显的延续，新社会不可能立刻超越、改变这些物质生活条件。

（2）经济基础的性质虽然发生了变化，但也存在对旧的生产关系的保留，例如市场经济其实是对资本主义生产关系的保留。

（3）法律作为上层建筑具有相对独立性，它虽然服从社会发展的一般规律，但也有自身的相对独立性，并非与物质条件的发展完全一致。旧法中还包含有某些具有历史进步性和科学性的思想资料。新法之所以能够批判继承旧法中某些有益的思想资料，还由于旧法也有一定的社会公共职能，新社会也存在类似的公共职能，需要类似的法律来调整。

（4）民族心理和文化作为上层建筑的另一部分也有其相对独立性和连续性，而一个民族的心理和文化对法律制度的形成和发展有制约作用，这也是社会主义法律制度具有继承性的原因之一。

所以，社会主义法虽然是最高历史类型的全新的法，也仍然和其他历史类型的法律一样，需要对旧法积累的成果加以继承。

2. 社会主义法的阶级性与继承性在本质上是一致的，并不矛盾。原因如下：

（1）社会主义法的本质首先表现为阶级性，作为全新历史类型的法，必须彻底废除代表封建买办资产阶级整体意志的伪法统，对旧法律体系的保存就意味着承认和肯定被推翻的买办资产阶级的整体利益和意志的合法性。

（2）社会主义法也必须要有继承性，因为任何制度所赖以存在的物质生活条件具有连续性，也就是生产力水平的提高具有渐进性，而且法律本身作为上层建筑也有相对独立性，有其自身演进的特殊规律。

（3）法的阶级性主要讲的是法的阶级意志内容，即法的社会政治内容，讲的是法的服务对象和价值取向；而法的继承性主要不是针对法的社会政治内容，而是针对法的社会公共职能而言。社会主义法废除旧法主要是废除旧法中的社会政治内容，而对许多专门法律内容可以赋予其新的阶级意志，使之为新的统治阶级服务，成为表达广大人民意志的载体。而且，即使是法的社会政治内容，其中也有一些民主、进步的合理成分，对它们是要批判地继承的。

（4）此外，法律规范就其本身来看有很强的工具性，可以被不同的阶级利用以达到其目的，关键是看政权掌握在哪个阶级手里。

（5）片面地讲法的阶级性而忽视法的继承性不利于社会主义法的发展和完善。事实上，社会主义法要更准确、更充分地表达和实现以工人阶级为领导的广大人民的意志，就应该积极吸收和借鉴人类历史上一切优秀的法律成果，更好地利用法这种特殊的社会调整工具。

3. 社会主义法的继承性是指新法律历史类型对旧法律历史类型中合理有用、适合社会主义社会建设和发展需求的因素的吸收与借鉴，它体现了法律的物质制约性和相对独立性。社会主义法律也有继承性。我们要以马克思主义为指导，有选择、批判性地吸收旧法律中有益的法律成果：

（1）继承调整由科学技术发展所带来的社会关系的一系列法律，将其移植到社会主义法律体系中来，以促进社会主义生产力的发展，比如环境保护法、能源法、专利法等。

（2）继承促进市场经济发展的法律。社会主义也需要市场经济，有市场经济就需要调整市场关系、反映市场经济规律的法律规范。

（3）继承调整国家权力的组织和行使、完善民主政治的法律规范。在民主政治建设方面，资本主义国家积累了很多经验，具有一定的人类普遍性，应该借鉴。

（4）继承维护社会生活基本秩序的法律规范，例如交通法规、刑法等。

（5）可以借鉴资本主义国家长期法律实践中所积累起来的立法技术、法律解释技术、司法技术以及法学研究的成果等。

由于法律及法律文化具有相对独立性，也具有一定的人类共同性，这些方面的批判继承对社会主义法治国家的建设是必要的、有益的。

材料分析题

任何历史类型的法的更替都有规律性。首先，法的历史类型更替的根本原因是社会基本矛盾的运动。其次，从法的历史类型更替的方式上看，新的历史类型的法取代旧的历史类型的法都是在社会革命的过程中实现的。社会主义法的产生也是遵循这一规律，同时又有自己的特点：

（1）社会主义法的产生必须以无产阶级取得政权为前提。

第一，无产阶级不能利用资产阶级的国家来实现创建社会主义法的目的。资产阶级国家是资本主义经济基础的上层建筑，它是适应其经济基础的要求而产生的，以维护和巩固其经济基础为根本使命。只要资本主义私有制和雇佣劳动制继续存在，就一定会有资产者和无产者、剥削者和被剥削者存在。无产阶级绝不能把资本主义国家这种压迫自己的工具，当做解放自己的工具来使用，绝不能依靠资本主义国家机器来创制社会主义法。因此，无产阶级在领导广大劳动人民进行革命斗争的过程中，必须打碎这种旧的国家机器，创立自己的国家机器。

第二，无产阶级的政权是建立在社会主义公有制的经济基础之上的上层建筑，以发展社会生产力、维护社会主义经济基础，消灭一切人剥削人的制度，实现社会主义和共产主义为根本使命。这个使命集中体现了工人阶级为首的广大人民的根本利益。

第三，只有社会主义国家才能保证社会主义法的贯彻实施。

（2）摧毁旧法体系是社会主义法产生的必然要求。

摧毁旧法体系是指从本质上、整体上对旧法加以根本否定，即批判旧法的剥削阶级本质以及其赖以建立的思想理论体系和原则体系，同时将旧法从整体上予以废除，不再承认其法律效力。旧的法律制度体现了旧的统治阶级的利益与意志。对旧法体系的保存，就等于承认和肯定被推翻的统治阶级的利益与意志的合法性。社会主义法的阶级本质决定了它与剥削阶级法有着根本区别，必须摧毁后者才能建立前者。

第一，旧法律必然同旧社会关系一起消失。

第二，无产者必须摧毁旧的法律上层建筑。一切剥削阶级取得统治地位之后，总要采取包括建立庞大的政治法律上层建筑在内的各种手段，使整个社会服从于他们发财致富的目的，企图以此来巩固他们已经获得的生活地位。

（3）废除“六法全书”在政治上是正确的，但是在法律技术上也存在问题，尤其是对旧法完全采取蔑视的态度，这是对社会主义法制发展不利的。因为法律不仅有阶级性，还有社会性，也必须有继承性，完全不重视应该继承的方面，是不利于社会主义法制建设的。

第六章　法制与法律调整机制

知识逻辑图

- 法制与法律调整机制
  - 法制
    - 法制的词语含义
      - 法、法律、法律规范
      - 规则的组合
      - 整个的法律上层建筑
    - 法制的内容构成
      - 法律规范
      - 法律实践
      - 法律意识
  - 法律调整机制
    - 法律调整的概念
      - 基本环节：立、执、司、守
      - 法律调整与法律作用的关系
    - 法律调整的对象
      - 主体间的社会关系
      - 受意志支配的行为
      - 具体的社会关系
      - 重要的社会关系
    - 法律调整的机制
      - 调整过程：法律生效──→法律关系──→权利义务实现
      - 基本要素：法律规范＋法律关系＋法律行为＋（法律适用）

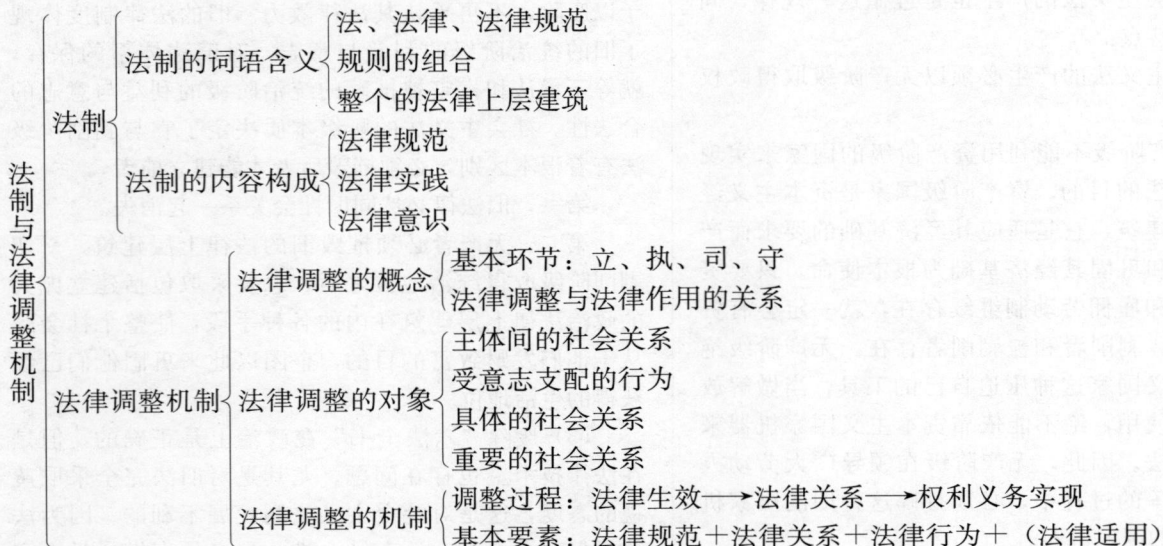

名词解释与概念比较

1. 法制（考研）
2. 法律调整
3. 法律调整机制（考研）
4. 法律调整对象

选择题

（一）单项选择题

1. 对于“法制”的概念，以下理解错误的是（　　）。

A. 从内涵上来看，法制一词不仅包括一个国家或地区的法，还包括法在实际中的运行

B. 从内涵上来看，法制一词还包括一个国家或地区的法律文化传统，占主导地位的法律意识、法学教育、法学研究等

C. 法制不仅包括法（法律规则），还包括许多其他因素：法律外延、法律内涵、法律文化、法律结构、法律角色、法律过程

D. 法制是一种治国方略，是法律制度动态运行的一种原则

2. 法律意识与法和法律实践有着紧密联系。下列关于法律意识与法和法律实践的关系的说法中不正确的是哪一项？（　　）

A. 法律意识既可以对法律实践起到积极推动作用，也可以产生消极阻碍作用

B. 同法不一致的法律意识，不构成一国法律上层建筑（法制）的组成部分

C. 法、法律实践和一个社会占主导地位的法律意识是一个有机联系的整体

D. 法律意识受到一个民族的法律文化传统、法在社会生活中的地位的强烈影响，在不同法制中

也表现为相同的形式

3. 西方法律格言说："法律不强人所难"。关于这句格言含义的阐释，下列哪一选项是正确的？（　　）（司考）

A. 凡是人能够做到的，都是法律所要求的
B. 对人所不知晓的事项，法律不得规定为义务
C. 根据法律规定，人对不能预见的事项，不承担过错责任
D. 天灾是人所不能控制的，也不是法律加以调整的事项

4. 法律调整的对象是社会关系参加者的（　　）。（考研）

A. 行为　　B. 意志
C. 意志行为　　D. 意志和行为

5. 下列可以作为法律调整的直接对象的是（　　）。

A. 某科研机构培育玉米改良品种时采用的试验方法
B. 刘某和王某谈恋爱并签订一份协议，就"约会的时间、互相尊重各自的选择"等条款所作的约定
C. 张某偷吃了某农业技术部门培育的珍贵的葡萄改良品种
D. 李某因打鼾而影响了别人的休息

6. 法律调整不同于一般社会调整的特点在于（　　）。

A. 强制性
B. 规范性
C. 有国家强制力作后盾
D. 受一定的物质生活条件决定

7. 马克思说："君主们在任何时候都不得不服从经济条件，并且从来不能向经济条件发号施令。"这句话表明法律调整的特点是（　　）。

A. 法律调整的实现需要通过一系列法律手段
B. 法律调整的受物质制约性
C. 法律调整可能对经济条件具有反作用
D. 法律调整有国家强制力作后盾

8. 公民李某有梦游症，在一次梦游过程中将同宿舍正在熟睡的何某的胳膊踩伤，根据法医鉴定结论，已构成轻伤。何某遂诉至法院，但法院裁定不受理。对于法院的做法，下列说法正确的是（　　）。

A. 法院的做法不正确，因为已经出现了危害结果，李某应该承担法律责任，法院应当受理
B. 法院的做法不正确，因为二者之间的关系是具体的社会关系，法院应当受理
C. 法院的做法是正确的，因为法律仅调整通过人的意识和意志发生的关系
D. 法院的做法是不正确的，因为这种事情应根据习惯来处理，应该交给二者的所在单位管理

9. 关于法律调整对象的特点，认识错误的是（　　）。

A. 是一种社会关系、社会过程
B. 表明了统治阶级的意志
C. 大规模的、群众性的社会过程也属于法律调整的对象
D. 法律调整对象的发展倾向是扩大和加深

10. 法律调整的初始阶段是指下列哪一个阶段？（　　）

A. 法律案的提起阶段
B. 法律的公布阶段
C. 法的适用阶段
D. 法律法规生效阶段

11. 美国学者布莱克认为，一个案件的判决不是仅仅由法律因素所决定的，而是由案件的社会因素、案件的社会结构决定的，案件中谁是原告、谁是被告、谁是法官等，都会影响法官的判决。布莱克研究的法律调整机制属于（　　）。

A. 专门法律机制　　B. 心理机制
C. 社会机制　　D. 社会效果

12. 关于法律调整和法律作用的说法，下列表述中错误的是哪一项？（　　）

A. 法律调整体现了法律的社会作用
B. 法律作用是比法律调整更为广泛的一个概念
C. 虽然对于许多社会关系法律并不直接调整，但是法律会对它发生作用
D. 法律调整需要专门的法律调整机制，而法律作用不需要通过法律调整机制来实现

13. 下列有关法律调整和社会调整的说法，正确的是（　　）。

A. 法律调整是规范性调整，因此它排斥个别性调整
B. 法律调整通过外在压力发挥作用，因此它排斥

内在调整

C. 法律调整是阶级社会中比较有效的调整方式，但它必须与其他社会调整相互配合

D. 法律调整需要第三方在纠纷解决过程中保持中立角色，因此它排斥当事人自己解决冲突

14. 法律调整过程就是各种专门法律手段对主体行为和社会关系发生影响的过程，可以分为若干个阶段。下列哪一个阶段是法律调整过程中的机动性阶段？（　）

A. 法律规范开始生效阶段

B. 产生法律关系阶段

C. 法律上的权利和义务获得实现，转化为主体享受权利、承担义务的行为的阶段

D. 法的适用阶段

15. 把社会学的方法引入，进行法社会学的研究，从法的运作与社会环境联系的角度来分析法律发生作用的条件和机制属于（　）。

A. 法律调整的专门法律机制

B. 法律调整的社会机制

C. 法律调整的心理机制

D. 法律调整的宏观机制

16. 下列关于法治与法制的说法，不能成立的是（　）。（考研）

A. 法制完备表明法律体系已经形成

B. 法制完备意味着法治的实现

C. 法治要求宪法和法律具有权威性

D. 法治的关键就在于依法治权

（二）多项选择题

1. 法制是一个国家或地区法律上层建筑的各个因素所组成的系统，从其构成看，这个系统主要由下列哪些部分组成？（　）

A. 法

B. 法律实践

C. 指导法和法律实践的法律意识

D. 指导法和法律实践的法律方法论

2. 法律调整是从法的运作方面描述法的实现、法在生活中如何起作用的一个范畴。法律调整作为一种特殊的社会调整，具有下列哪些特点？（　）

A. 法律调整反映国家意志，体现国家的立场

B. 法律调整运用专门法律手段进行社会调整

C. 法律调整具有严格的规范性和组织性

D. 法律调整以国家强制力为后盾

3. 关于法律调整的性质，下列哪些说法是正确的？（　）。

A. 法律调整是一种规范性调整

B. 法律调整是一种个别性调整

C. 法律调整是从动态的角度描述法的运作的范畴

D. 法律调整蕴含了国家意志性

4. 下列关于法的适用的表述，正确的有哪些？（　）

A. 产生的是非规范性法律文件

B. 需要国家权力机关的介入

C. 国家权力机关的介入并不一定总是为了排除某种障碍

D. 是法律调整的必需阶段

5. 法律通过调整主体的意志行为，确认、形成、巩固和发展一定的社会关系。关于法律的调整对象，下列表述正确的有（　）。

A. 法律调整人与人之间的交互行为关系

B. 法律调整的是受到主体的意志和意识的支配的行为

C. 法律调整的是具体的社会关系，不包括依社会生活客观规律发生的大规模的、群众性的社会过程

D. 法律只调整重要的社会关系

6. 法律调整机制是用来保证对社会关系实现有效法律影响的各种法律手段的系统。法律调整机制的构成要素包括哪些？（　）

A. 现行法律规范

B. 法律关系

C. 实现权利和义务的行为

D. 法的适用

7. 法律对社会关系能够实现专门的调整作用，下列说法正确的有（　）。

A. 法律通过设定权利和义务来调整社会关系

B. 法律通过禁止性规定，为人们提供确定的指引

C. 法律通过授权性规定，为人们提供有选择的指引

D. 法律通过积极义务性规定，实现了法律对社会关系的动态调整

8. 下列关于法治与法制的表述哪些是不适当的？（　）（司考）

A. 法治要求法律全面地、全方位地介入社会生活，这意味着法律取代了其他社会调整手段

B. 法治与法制的根本区别在于社会对法律的重视程度不同

C. 实现了法制，就不会出现牺牲个案实体正义的情况

D. 法治的核心是权利保障与权力制约

9. 下列有关法制、法治与宪治的表述，哪些是不正确的？（　　）（考研）

A. 若实行法治，就不能实行法制

B. 凡实行法制，就实行宪治

C. 在一切社会中，法制均以法治为前提

D. 无论法治还是宪治，均强调对公共权力的限制

10. 下列选项关于法制与法治的表述中，哪些是不正确的？（　　）（考研）

A. 法制只有在民主政治中才会存在

B. 法治与法制的含义相同

C. 历史上凡是有法律的国家就有法治

D. “有法可依”是建立我国法制的根本前提

11. 关于法律调整和法律调整机制，下列理解错误的是（　　）。

A. 法律调整是从法的价值方面描述法的实现、法在生活中如何起作用的一个范畴

B. 法律调整和法律的社会作用可以同等理解

C. 法律调整一切社会关系

D. 社会虽然在发展，但是法律调整的对象是不会发生改变的

12. 马克思指出：“立法者应该把自己看作一个自然科学家，他不是在制造法律，不是在发明法律，而仅仅是在表述法律。他把精神关系内在规律表现在有意识的现行法律之中。”这段话表明（　　）。

A. 立法者和自然科学家的思维和行动没什么区别

B. 法律调整是一个包含人的意志在内的动态过程

C. 某种社会关系即使进入法律调整的领域，仍然有不以人的意志为转移的属性

D. 立法者应该把现行法律看作是绝对精神的体现

13. 下列选项中，不能作为法律调整对象的有（　　）。

A. 某精神病患者将张某打成重伤

B. 某市爆发了大规模的反战游行

C. 某对大学生恋人在校外同居

D. 某大学教授在其著作中大量抄袭他人的论点和论据，但未作说明

14. 法律调整的过程包括（　　）。（考研）

A. 法律法规开始生效

B. 产生法律关系

C. 法律意识的培养

D. 法的适用

15. 下列关于法治与法制的表述，正确的有（　　）。（考研）

A. 法制的核心是权利保障与权力制约

B. 法治与法制的区别之一在于是否要求“良法之治”

C. 法治社会也可能出现严格遵守法律制度却牺牲个案正义的情况

D. 法治要求法律全方位介入社会生活，但并非完全取代其他社会规范

简答题

1. 简述法律制度的构成。
2. 简述法律的调整对象。（考研）
3. 如何理解法律调整和法的作用的关系？
4. 简述法律调整的过程。（考研）
5. 如何理解法律调整的专门法律机制？（考研）

材料分析题

材料：2005年修改的《公司法》第58～64条增加了对一人有限责任公司的规定，主要内容可以概括为：一人有限责任公司是指只有1名自然人股东或者1个法人股东的有限责任公司；一人有限责任公司的注册资本最低限额为人民币10万元。股东应当一次足额缴纳公司章程规定的出资额。1个自然人只能投资设立1个一人有限责任公司。该一人有限责任公司不能投资设立新的一人有限责任公司。一人有限责任公司应当在每一会计年度终了时编制财务会计报告，并经会计师事务所审计。一人有限责任公司的股东不能证明公司财务独立于股东自己的财产的，应当对公司债务承担连带责任。

旧的公司法中，除国有独资公司外，不允许设立一人有限责任公司。但从实际情况看，一个股东的出资额占公司资本的绝大多数而其他股东只占象征性的极少数，或者一个股东拉上自己的亲朋好友做挂名股

东的有限责任公司，即实质上的一人公司，已是客观存在，也很难禁止。从国际上看，许多国家也都从过去不允许设立一人公司，发展到现在允许设立，如法国、德国、韩国等。考虑到一人公司设立比较便捷、管理成本比较低，实际需要比较迫切，允许设立一人有限责任公司，有利于社会资金投向经济领域，有利于鼓励投资创业，有利于经济发展和促进就业，修订后的公司法允许设立一人有限责任公司。同时，为了更好地保护交易相对人的利益，降低交易风险，防止一人公司可能产生的问题，应当对一人有限责任公司作特别的限制性规定，建立严密的风险防范制度。

问题：根据法律调整对象的原理，分析允许设立一人有限责任公司的合理性。

论述题与深度思考题

马克思曾经精辟地指出："只是由于我表现自己，只是由于我踏入现实的领域，我才进入受立法者支配的范围。对于法律来说，除了我的行为以外，我是根本不存在的，我根本不是法律的对象。我的行为就是法律在处置我时所应依据的唯一的东西。"试分析之。

参考答案

名词解释与概念比较

1. 法制，即法律制度的简称，是个多义词。第一种含义是"法"、"法律"或"法律规范"，相当于"法律体系"或"法律规范体系"。第二种含义是指有共同调整对象或调整方法，从而相互联系、相互配合的若干法律规则的集合。在这个意义上，人们往往习惯于使用"法律制度"的概念。第三种含义包括法（法律规范），又大于法，是指一个国家整个法律上层建筑的系统。

2. 法律调整是从法的运作方面描述法的实现、法在生活中如何起作用的一个范畴。法律调整是根据一定社会的社会生活的需要，运用一系列专门法律手段，对社会关系施加的规范、组织、控制和调节。其特点在于：(1) 反映国家意志；(2) 严格的规范性和组织性；(3) 有目的、有结果、有保证的性质，有国家强制力作为后盾。

3. 法律调整机制是用来保证对社会关系实现有效法律影响的各种法律手段的系统。这些专门法律手段包括法律规范、法律关系、权利与义务、法律责任、法律制裁、法律诉讼、法律解释、法律推理，等等，是法律得以调整主体意志行为和社会关系的工具。法律调整机制包括三个基本要素和一个机动性要素，即现行法律规范、法律关系、实现权利和义务的行为以及法的适用。

4. 法律调整对象即法律作用的直接对象，是社会关系参加者的意志行为，即调整一定社会人与人的相互关系中的意志行为。法律通过调整主体的意志行为，确认、形成、巩固和发展一定的社会关系。既然法律只能调整人们的意志行为，那么社会关系只有在其表现为通过人们的意志而形成的思想关系时，才能成为法律调整的对象。在一定社会中，并非所有的社会关系都是法律调整的对象。有些社会关系难以由法律有效调整，有些社会关系没必要由法律调整。因此，法律调整的对象是客观上要求法律调整的具体的社会关系参加者的意志行为关系。

选择题

（一）单项选择题

1. 答案：D

解析：本题主要考查对法制概念的理解。法制是一个国家或地区法律上层建筑的各个因素所组成的系统，从其构成上看，起码包括法、法律实践及指导法和法律实践的法律意识。从内涵上来看，"法制"一词不仅包括一个国家或地区的法，包括法在实际中的运行，还包括一个国家或地区的法律文化传统、占主导地位的法律意识、法学教育、法学研究等，此外，还包括许多其他因素：法律外延、法律内涵、法律文化、法律结构、法律角色、法律过程。故，本题中选项A、B、C都正确，而D选项说的是"法治"的概念，所以，本题应选D项。

2. 答案：D

解析：同法相一致的法律意识，对法和法律实践起积极作用，它是一个国家或地区法律上层建筑的有机组成部分。反之，同法不一致的法律意识，则对法和法律实践起消极作用。故A项正确。同法不一致的法律意识，不构成一国法律上层建筑（法制）的组成部分，故B项正确。法、法律实践和一个社会占主导地位的法律意识这些法制的不同构成因素，是一个有机联系的整体。故C项正确。法律意识受到一个民族的法律文化传统、法在社会生活中的地位的强烈影响，在不同法制中也表现为不同的形式，如好诉心理、厌诉心理，“德主刑辅”“法律至上”等。故D项错误。

3. 答案：C

解析：“法律不强人所难”，即不能对自己无法预见的事情承担责任。选项A说法错误：“人能够做到的”中的人，可能是“圣人”，也可能是“小人”，不能以“圣人”的道德情操要求所有人，也不能以“小人”的标准去定分止争。另外，法律的范围毕竟是有限的，道德调整的范围不一定都要由法律来规范。选项B说法错误：义务具有强制履行性，不能以不知晓而拒绝履行。选项D说法错误：法律明确规定“天灾”是不可抗力，是法律调整的事项。

4. 答案：C

解析：法律调整的对象是社会关系参加者的“意志行为”。所谓的意志行为主要指的是“受意志指导的行为”。单纯的意志不会成为法律的调整对象，法理学上有句名言“法律不过问思想”，就是此意；另外，不受意志指导的行为多数情况下也不会成为法律的调整对象，例如梦游。

5. 答案：C

解析：并不是所有的社会关系都能成为法律的调整对象。一般来讲，单纯的自然实验过程不能成为法律调整对象，当然，对于某些实验，例如和人类伦理不相符的实验，法律会持否定态度。但这和单纯的自然实验过程不是同一个问题。至于B选项所谓的“合同”形式，只不过是其恋爱关系的表现形式，法律并没有把恋爱关系纳入调整对象。D选项中李某的行为属于不受人的意志控制的生理行为，不能成为法律的调整对象。C选项中张某的行为是受其意志控制的行为，而且带来了一定的危害后果，可能成为行政处罚法的调整对象；如果后果严重，还可能成为刑法的调整对象。

6. 答案：C

解析：法律调整是社会调整的一种，任何社会调整都有强制性，都受一定物质生活条件决定，所以A、D项不是法律调整与一般社会调整的区别。规范性社会调整都有规范性，例如法律调整、政策调整等，B项也不是法律调整与一般社会调整的区别。法律调整与一般社会调整的主要区别是法律调整与国家相联系，国家强制力的保障实施是法律调整不同于一般社会调整的主要特点。

7. 答案：B

解析：马克思这句话强调的是：法律调整，无论是法律调整方法还是法律调整对象等，都要受到物质制约。例如，我国《刑事诉讼法》第263条第2款规定：“死刑采用枪决或者注射等方法执行。”而在我国西周时期，死刑的方式有“绞、弃世、焚”等。这种死刑的执行方式的变化反映了法律调整的物质制约性。

8. 答案：C

解析：根据法律调整对象的基本原理，法律调整的是人的意志行为。至于那些在生理上不受意志控制而必须作出的行为，不是法律调整的对象。法院的做法是正确的。

9. 答案：C

解析：社会关系、社会过程是法律调整的直接对象，故A项正确。法律调整的本质实际上是统治阶级从国家的角度对人们的行为所作的评价，反映的是统治阶级意志，故B项正确。随着社会关系的复杂化和扩大化，新事物、新现象层出不穷，导致了社会关系的复杂化和扩大化，很多社会关系以前根本没有，或者以前不是法律调整的对象，现在逐步被纳入法律调整的范围，以至于西方有学者发出了“法律！你的触角无处不在”的感叹。现代法律的细密化也是这种现象的一种反映。故D项正确。大规模的、群众性的社会过程一般不是法律调整的对象。西方有法谚云：“枪炮声中无法律”，就是这种情形的一个注脚。故C项错误。

10. 答案：D

解析：法律调整的初始阶段是法律法规的生效，故D项正确。A、B选项属于法的创制中的两个环节，不属于法律调整的环节。另外，有人提出，法律的公布也意味着法律法规的生效。这种看法是错误的：法律的公布只不过是法律生效的前提条件，任何法律不经公布不得生效已经成为现代法律的精神；然而，法律公布并不必然意味着法律即刻生效，很多时候二者有个时间差，例如，有时候法律会规定具体的生效日期。C项法的适用只是法律调整的机动阶段。

11. 答案：C

解析：人们一般从三个角度来认识法律调整机制：专门法律机制、心理机制和社会机制。专门法律机制仅仅研究专门法律手段；心理机制则借助心理学的方法进行法律心理学研究（比如，犯罪心理学）；社会机制常常把法的运作与具体的社会环境相联系，进行法律社会学的研究。值得注意的是，从这三个角度对同一个问题的研究往往得出不同的甚至冲突的结论。布莱克强调案件中原告、被告、法官等社会因素、社会结构对法官的判决的影响，属于法律调整的社会机制。故C项正确。

12. 答案：D

解析：法律调整体现了法律的社会作用，但不应把这二者等同。法律作用是比法律调整更为广泛的一个概念，对于许多社会关系法律并不直接调整，但不等于法律对它们没有发生作用。法律调整需要通过一整套法律手段来实现，即需要通过法律调整机制来实现，而法律作用却不一定都需要通过法律调整机制来实现，法的思想影响作用就是如此。故D项错误，当选。

13. 答案：C

解析：根据是否依据普遍适用的规则，社会调整分为规范性调整和个别性调整。法律调整是规范性调整，但它并不排斥个别性调整，而且在某些领域，只能依靠个别性调整来实现法的作用，故A项错误。法律调整虽然是通过外在压力发挥作用，但是，它并不排斥内在调整，内在调整实行得好，外在调整也会取得预期效果，故B项错误。在审判中，法律调整需要中立的第三方在纠纷解决过程中发挥作用，但并不排斥当事人的意思自治，例如刑事和解、被害人承诺等情况，故D项错误。正确答案为C项。

14. 答案：D

解析：法律调整过程的实现需要国家权力的介入，或者表现为国家行政机关根据法律规定作出具体行为，如税收、审批等，或者表现为主体间发生纠纷或出现违法犯罪行为，需要有权机关判明是非、认定和追究法律责任。在此情况下，法律调整过程还需要一个机动性的第四阶段。这个阶段有时不需要（如在法律规范被自觉遵守的情况下），有时出现在法律关系产生前，有时出现在法律关系产生后。这个阶段对于保证主体权利、义务的实现是必需的，其特点是有管辖权的机关（如法院）发布产生法律效力的个别性文件（如判决）并加以执行。故D项正确。

15. 答案：B

解析：法律调整机制，可分为法律调整的专门法律机制、法律调整的社会机制、心理机制。从法的运作与社会环境联系角度来分析法律发生作用的条件和机制的是法律调整的社会机制。从法的运作与主体的心理活动的联系角度来分析法律发生作用的条件和机制是法律调整的心理机制。故选项B正确。

16. 答案：B

解析：从约定俗成的意义上说，法治与法制概念的用法历来不同。法制是法律制度的简称，更侧重于形式意义上的法律制度及其实施，故A项正确。法治不仅包括形式意义上的法律制度及其实施，更强调实质意义上的法律至上、权利保障的内涵，强调法律的至高权威，强调对权利的制约与对人权的保障。故C、D项正确。综上，本题选B。

（二）多项选择题

1. 答案：ABC

解析：法制是一个国家或地区法律上层建筑的各个因素所组成的系统，从其构成看，起码包括法、法律实践以及指导法和法律实践的法律意识。故本题答案为A、B、C项。

2. 答案：ABCD

解析：法律调整是一种特殊的社会调整，其特点在于：（1）法律调整反映国家意志，体现国家赞成什么、要求什么、禁止什么、反对什么的立场；（2）法律调整是运用专门法律手段进行的社会调整，具有严格的规范性和组织性；（3）法律调整具有有目的、有结果、有保证的性质，有国家强制力作为后盾。故选项A、B、C、D均正确。

3. 答案：ACD

解析：社会调整可以分为个别性调整和规范性调整，个别性调整的依据不是普遍适用的规则，而是个别性文件，例如，违法者依据法官的判决履行自己的义务。规范性调整的依据是具有普遍性的规则。法律调整依据的是具有普遍性的法律规范，从这个意义上说，法律调整是规范性调整而不是个别性调整。所以选项A正确，选项B错误。与法律规范不同，法律调整对法的描述主要侧重于法的动态运作，例如，法律规范的创制、法的实施等，所以C项的说法正确。与国家相联系构成了法律调整与其他社会调整区别的主要标志，所以D项的说法也是正确的。

4. 答案：ABC

解析：法的适用是法律调整过程的一个机动性阶段，这个阶段有时候是不需要的。例如，法律、法规被自觉遵守，就不用法的适用（想一想“红灯停、绿灯行”的情形）。有时候却又需要这个阶段，包括两种情况：法律、法规的特殊规定和出现了威胁法律关系的情况。前者如房屋登记管理机关为房屋办理产权证、过户手续等；后者如诉讼。所以D项错误，不当选。

5. 答案：ABCD

解析：法律调整的对象概括起来有以下主要特点：第一，法律调整的对象是主体之间的社会关系，即人与人之间的交互行为关系。第二，法律调整的是受到主体的意志和意识的支配的行为。第三，法律调整的是具体的社会关系，这意味着在法律调整对象中不包括依社会生活客观规律发生的大规模的、群众性的社会过程。第四，法律只调整重要的社会关系，即对于社会正常存在和运转会产生重大影响的社会关系，这些领域内的任意行为和利益冲突可能危及社会基本秩序。故选项A、B、C、D均正确。

6. 答案：ABCD

解析：与法律调整的三个阶段加一个机动性阶段相适应，也可明确划分出法律调整的三个基本要素和一个机动性要素。这就是现行法律规范、法律关系、实现权利和义务的行为以及法的适用。故选项A、B、C、D均正确。

7. 答案：ABCD

解析：法律是以权利、义务为内容的社会规范，因此，法律对社会关系的调整，主要是通过设定权利、义务来实现的，所以A项正确。权利、义务的设定在法律中有四种表现形式：授权、积极义务、禁止和制裁。其中，授权性规定是指人们有权从事某种行为的规定，人们既可以从事也可以放弃，因此这种规定为人们提供了有选择的指引，故C项正确。禁止性规定是指人们不得从事某种行为的规定，当事人没有选择权，它为人们提供的是确定的指引，故B项正确。积极义务的规定是指人们应当从事某种行为的规定，也即人们有作为的义务，由此实现了法律的动态调整，故D项正确。所以，正确答案为A、B、C、D项。

8. 答案：ABC

解析：A项中，法治要求法律全面、全方位地介入社会生活，但绝不意味着法律取代了其他社会调整手段，事实上，法律也不可能取代其他调整手段。B项中，法治与法制的根本区别在于法对国家权力的限制与制约不同。法治的核心是权利保障与权力制约，而法制的最终目的是建立符合统治阶级的法律秩序。基于对B项（法制的最终目的）的分析，可知C项所述内容也不正确。

9. 答案：ABC

解析：本题考查法制、法治与宪治这三个概念的关系。所谓“法制”，在静态意义上，指的是一国的法律制度；在动态意义上，指的是由立法、执法、司法、守法、对法律实施的监督等各个环节构成的一个系统。只要存在法律制度以及法律制度的运行就可以认为存在法制。所谓“法治”，是由西方政治家和法学家提出的一种严格依照法律治理国家的治国方略和理论思想，包括两层基本含义：法治之法应当是良好的法律；法律获得普遍的服从与遵守。法治的核心在于对公共权力的限制。比较而言，法制强调法律制度的存在和运作这一事实，而法治更突出这种法律制度具有与民主相关联、制约权力、保护权利的价值特征。法制是法治的前提和基础，有法治必然有法制，有法制则未必有法治。故选项A、C错误。至于“宪治”，指的是用国家的根本规范性文件——宪法作为治理国家的总章程，以之来保护公民的基本权利（公民权利篇）、限定和划分国家机构的权力与职责（国家机构部分），它同样以权利保护和权力限制为价值取向。法治与宪治在现代民主国家密不可分，而有法制未必意味着有宪治。故选项B错误，选项D正确。

10. 答案：ABC

解析：本题考查法制与法治的区别。世界上任何国家，只要存在法律制度以及法律制度的运行，就可以认为存在法制。故选项A错误。比较而言，法制强调法律制度的存在和运作这一事实，而法治不仅要求有这一事实，而且更突出这种法律制度具有与民主相关联、制约权力、保护权利的价值特征。法治直到近代民主国家出现才产生。故选项C错误。法制是法治的前提和基础，有法治必然有法制，有法制则未必有法治。故选项B错误。我国法制建设存在着十六字方针：有法可依、有法必依、执法必严、违法必究。其中，有法可依是根本前提，有法必依是中心环节，执法必严是关键条件，违法必究是有力保障。故选项D正确。

11. 答案：ABCD

解析：法律调整是从法的运作方面描述法的实现、法在生活中如何起作用的一个范畴，故选项A错误。法律调整体现了法律的社会作用，但不应把这二者等同。法律作用是比法律调整更为广泛的一个概念，对于许多社会关系法律并不直接调整，但不等于法律对它们没有发生作用。故选项B错误。一定社会中，并非所有的社会关系都是法律调整的对象。有些社会关系难以由法律有效调整（或者成本很高，或者硬性调整会带来许多副作用），有些社会关系没必要由法律调整。故选项C错误。随着社会的发展，法律调整的对象不能不起变化：有的社会关系从生活中消失，或者虽未消失但已丧失进行法律调整的必要；有的社会关系产生并迫切要求法律调整。故选项D错误。综上，A、B、C、D项均错误，当选。

12. 答案：BC

解析：马克思这段话表明，立法者立法的过程其实就是在尊重客观规律的前提下，通过发挥主观能动性，把社会中的法律需要，用法律的形式表现出来。在这个意义上，立法其实也是一个主观见之于客观的过程，因此立法者应该把自己看成一个自然科学家。但这并不表明立法者与自然科学家的思维和行动没什么区别。事实上，作为社会科学家的立法者，与自然科学家的思维和行动有诸多不同，例如，在自然科学界，很多实验的过程、结果都可以表现为数据，但是在立法领域则不同，有一些对象无法量化（如立法目的的正义性）。既然法律规范的产生是一个主观见之于客观的过程，那就表明法律调整两个属性：意志性和客观性，所以B、C选项是正确的。至于D项，只看到了法律的意志性一面，而忽视了意志背后的东西。

13. 答案：AC

解析：并不是所有的社会关系都可以成为法律调整对象。A项中，精神病患者与被害人张某之间并不能形成法律关系，主要原因就是，精神病患者所作出的行为并不是心理健全者的行为，法律调整对象的要素之一就是“必须是通过人的意识和意志发生的关系”。B项考查的是如何正确理解“法律调整的是具体的社会关系”这个命题。对该命题的另一种解读就是：法律调整对象中不包括依社会生活客观规律发生的大规模的、群众性的社会过程，如朝代更迭、大移民等。C项考查的是，爱情（以及由此衍生的同居）能不能成为法律的调整对象。爱情更多地归道德规范或宗教规范调整，国家法律一般不介入。D项中某大学教授的行为属于知识产权法的调整对象。对知识产权的保护并不是自古就有的事情，而是随着工业化的大生产，很多智力成果得不到有效的保护，对社会秩序带来了一定的危害，知识产权法的产生才有必要。综上，选项A、C正确。

14. 答案：ABD

解析：法律调整的过程包括三个必备阶段和一个机动阶段：法律法规的生效、产生法律关系、法的实现以及法的适用。其中法的适用属于机动阶段，法律适用有两种情况：排除障碍（如诉讼）以及法律规定的具体化（如登记）。而法律意识的培养则不属于法律调整的过程：一方面，法律意识的培养并不一定需要法律调整（如法律教育）；另一方面，法律意识的培养并不属于法律调整机制的范畴。

15. 答案：BCD

解析：法治不仅包括形式意义上的法律制度及其实施，更强调实质意义上的法律至上、权利保障的内涵，而法制则侧重于形式意义上的法律制度及其实施，故A项错误。法治关注法律制度的内容，讲究“良法之治”，强调法律的至高权威，强调法律的公正性、稳定性、普遍性、公开性和平等性，以及对权力的制约与对人权的保障；而法制则侧重于关注法的规范性和有效性，要求严格依法办事，以实现立法者期望的法律秩序，对法律本身的内容和价值取向并无特殊的规定性，故B项正确。法律的制定依据是社会的一般正义，由于法律的稳定性和滞后性，以及社会的发展性和复杂性，立法者不可能将社会所有可能发生的情况都事无巨细地规定下来，例外的情况一定会出现，所以严格适用法律肯定会出现牺牲个案正义的情况，故C项正确。法的作用具有局限性，法律的调整范围是有限的。法只是众多社会调整手段的一种，而不是唯一的。国家调整社会关系的手段，除法律之外，还有经济、政治、行政、思想道德、政策、纪律、习俗、舆论等多种手段，作为社会规范的一种，法律并不能完全取代其他的社会规范，故D项正确。

简答题

1. （1）法制是一个国家或地区法律上层建筑的各个因素所组成的系统，从其构成看，起码包括法、法律实践以及指导法和法律实践的法律意识。（2）构成法制的法，是一个国家或地区的现行法律规范的总和。各种法律规范有机联系的总体构成的法的体系，即一国法的内在结构。（3）法律实践是法在社会中的运动形式，西方学者有时称之为“行动中的法”或“活法”，与“书本上的法”相对应。实际上，法律实践包括多种形式，既包括各种社会关系参加者的法律实践，也包括国家行政机关和授权组织适用法律的活动，还包括司法机关和仲裁机关解决纠纷、认定或追究法律责任的活动。(4) 法律意识与法和法律实践有着紧密联系。一般来讲，同法相一致的法律意识，对法和法律实践起积极作用，它是一个国家或地区法律上层建筑的有机组成部分。反之，同法不一致的法律意识，则对法和法律实践起消极作用，不构成一国法律上层建筑（法制）的组成部分。(5) 法、法律实践和一个社会占主导地位的法律意识这些法制的不同构成因素，是一个有机联系的整体。

2. (1) 所谓法律的调整对象是指已被法律调整或客观上要求法律调整的具体的意志社会关系。(2) 法律调整的对象是社会关系参加者的意志行为。也就是说，社会关系只有在其表现为通过人们的意志而形成的思想关系时，才能成为法律调整对象。(3) 一定社会中，并非所有的社会关系都是法律调整的对象。法律调整的对象概括起来有以下主要特点：第一，法律调整的对象是主体之间的社会关系，即人与人之间的交互行为关系。第二，法律调整的是受到主体的意志和意识的支配的行为。单纯的思想和观念不成为法律调整的对象；法律所调整的行为是受到意识支配的行为。第三，法律调整的是具体的社会关系。第四，法律只调整重要的社会关系。第五，随着社会的发展，法律调整的对象也处于变化之中。(4) 随着社会关系的复杂化，法律调整对象的主要倾向是扩大和加深。

3. (1) 法律调整指的是根据一定的社会生活需要，运用一系列法律手段对社会关系施加的规范、组织、控制和调节。法的作用是指法对人的行为或社会生活的影响。(2) 法律调整和法的作用的区别：法律作用相较于法律调整外延更为广泛，有些社会关系，虽然法律不调整但有可能对其起作用，例如党内关系、友谊关系。另外，法律调整需要一整套的法律手段来实现，而法律作用则不一定通过具体的法律手段来实现，例如法的思想影响作用。法的思想影响作用可以通过提供信息和衡量价值两个渠道来实现。(3) 法律调整和法的作用的联系：很多情况下，法的作用是通过具体的法律手段来实现的，例如，法的预测作用、强制作用等就和法律调整有很直接的关系；另外，法律调整的效果就是一种以对比关系反映法的作用的结果性指标。因此，在一定意义上说，法律调整研究的其实就是“法如何起作用”。

4. 法律调整的过程就是各种专门法律手段对主体行为和社会关系发生影响的过程。这一过程可以分为以下几个阶段：

第一阶段，法律规范开始生效阶段。经过法的创制，法律规范被通过并付诸实施，进入对一定社会关系的法律调整过程。这个阶段是法律调整的初始阶段，其特点在于确立了法律调整的规范性根据，把一定的社会关系纳入了法律调整的领域。

第二阶段，产生法律关系阶段。当出现一定法律事实后，根据法律的规定，使一定主体之间产生、变更或消灭法律上的权利、义务关系，使法律规范转化为现实关系。

第三阶段，法律上的权利和义务获得实现，转化为主体享受权利、承担义务的行为的阶段。其特点是把包含在法律规范中的应然的要求，转化为具体社会关系参加者之间的具体行为尺度（具体的法律权利和义务），又转化为社会关系参加者的实际行为，权利被享用、义务被履行，法在生活中获得了实现。在许多情况下，法律调整到此结束。

机动性的第四阶段：法的适用。有时，法律调整过程的实现需要国家权力的介入，或者表现为国家行政机关根据法律规定作出具体行为，或者表现为主体间发生纠纷或出现违法犯罪行为，需要有权机关判明是非，认定和追究法律责任。在此情况下，法律调整过程还需要一个机动性的第四阶段。这个阶段有时不需要，有时出现在法律关系产生前，有时出现在法律关系产生后。

5. (1) 法律调整的专门法律机制是从法律运作的专门法律手段方面所作的考察。法律调整机制是用来保证对社会关系实现有效法律影响的各种法律手段的系统。这些专门法律手段包括法律规范、法律关系、权利与义务、法律责任、法律制裁、法律诉讼、法律解释、法律推理等，是法律得以调整主体意志行为和社会关系的工具。(2) 法律调整机制的概念不仅使我们把作用于社会关系的各种法律手段集合在一起，作为一个整体来加以描绘，而且能以“运作着的”、动态系统的形态来认识这些法律手段，说明它们的相互联系和相互制约，说明每个法律手段在整个“机制”中的地位、职能作用，说明从法律方面达到立法者提出的目的的能力、效果。(3) 与法律调整的三个阶段加一个机动性阶段相适应，法律调整机制的要素包括三个基本要素和一个机动性要素，即现行法律规范、法律关系、实现权利和义务的行为和法的适用。(4) 法律调整的基本阶段中出现的基本要素，与其他法律工具相结合，又构成法律调整这个大系统的四个子系统。在每一个子系统中的各种法律手段都在统一和相互联系中发挥职能。各个子系统共同构成法律调整的整个系统、整个机制。

材料分析题

所谓法律的调整对象是指已经被法律调整或客观上要求法律调整的具体的意志社会关系。一种具体的意志社会关系是否能成为法律的调整对象是由物质生活条件最终决定的。从法律调整对象的特点来看，法律只调整客观上要求法律调整的关系以及只调整统治阶级认为重要的关系。设立一人有限责任公司，有利于社会资金的良性流向，鼓励投资创业和促进就业等，这对于我们建设市场经济、创造就业机会有很大作用，从这个意义上说，一人有限责任公司的设立有其客观性；另外，考虑到现实中实质的一人公司大规模地存在，需要法律的规范，统治阶级必须正确认识到这种法律需求才能正确地规范这种现象。从这两个角度来看，一人有限责任公司的设立有其合理性。

论述题与深度思考题

(1) 法律作用的直接对象是社会关系参加者的意志行为，即调整一定社会人与人的相互关系中的意志行为。法律通过调整主体的意志行为，确认、形成、巩固和发展一定的社会关系。马克思的这段话深刻地阐明了法律是调整行为关系的规范。法律是针对行为而设立的，并首先调整人的行为。对于法律来说，不通过行为控制就无法调整和控制社会关系。

(2) 马克思主义认为，法律不是通过对人们思想的调整来调整社会关系的，只有通过人的行为才使人与人之间的关系得以建立和存在，而这种“社会关系”是以行为为条件的，并形成“行为关系”。行为关系是社会关系的一种，它是一种表现于外部的、通过人们行为而发生的社会关系。对于法律来说，一般不以主体作为区分标准，而是以行为作为区分标准，它实现社会控制的有效途径就是通过对人们行为的调整来对社会关系进行调整。这也是法律区别于其他社会规范的重要特征之一。

(3) 法律是调整社会关系的规范，是社会控制的手段，这种控制是通过对人们行为的有效调整来对社会关系进行调整。这段话说明，法律是以行为作为区分标准，是针对行为而设立的，因而它首先对行为起作用。

(4) 法律只能调整人们的意志行为。一定社会中，并非所有的社会关系都是法律调整的对象。有些社会关系难以由法律有效调整（或者成本很高，或者硬性调整会带来许多副作用），有些社会关系没必要由法律调整。因此，法律调整的对象是客观上要求法律调整的具体的社会关系参加者的意志行为关系，这种关系是客观上能够“接受”法律调整，并在一定的社会条件下又要求对之进行法律调整的意志行为关系。

第七章　法　　治

知识逻辑图

- 法治
  - 法治的含义
    - 西方法治源流
      - 古希腊罗马：亚里士多德、柏拉图、西塞罗
      - 欧洲中世纪：教会与国家的关系
      - 近代资本主义：自由、平等、人权等
    - 法治的逻辑
      - 法秩序：注重法律的权威性
      - 法的统治：强调合法性
      - 良法之治：强调外在评价标准、程序正义、实质法治等
    - 法治和法治国家
      - 思想史角度：德国式概念，即建立在法律基础上的国家
      - 现代意义：良法之治的国家治理模式
  - 法治的要求
    - 法治理念
      - 法律的权威性：法治的根本保障
      - 限制公权力：法治的基本精神
      - 公正：法治的普遍价值
      - 尊重及保障人权：法治的价值实质
    - 法治原则
      - 一般性：内容上和适用上
      - 公开性：法律本身及法律适用结果
      - 不溯及既往
      - 稳定性
      - 明确性：语言、内容
      - 统一性：法律内部以及法律之间
      - 独立行使司法权：裁判行为、薪酬等
      - 诉讼合理、易行
  - 依法治国，建设社会主义法治国家
    - 法制与法治的区别
      - 习惯用法不同
        - 法制：法律制度
        - 法治：相对于人治
      - 基本内涵不同
        - 法则：法律制定和实施相关的制度
        - 法治：法律至上权威
      - 关联关系不同
        - 法制是法治的前提
        - 有法制不一定有法治
      - 具体要求不同
        - 法制：只是强调静态制度和动态运行
        - 法治：良法和善治

法治
- 依法治国，建设社会主义法治国家
  - 全面依法治国
    - 党的领导
    - 以人民为中心
    - 中国特色社会主义法治道路
    - 依宪治国依宪执政
    - 在法治轨道上推进国家治理体系和治理能力现代化
    - 建设中国特色社会主义法治体系
    - 共同推进、一体建设
    - 全面推进科学立法、严格执法、公正司法、全民守法
    - 统筹推进国内法治和涉外法治
    - 建设德才兼备的高素质法治工作队伍
    - 抓住领导干部这个“关键少数”

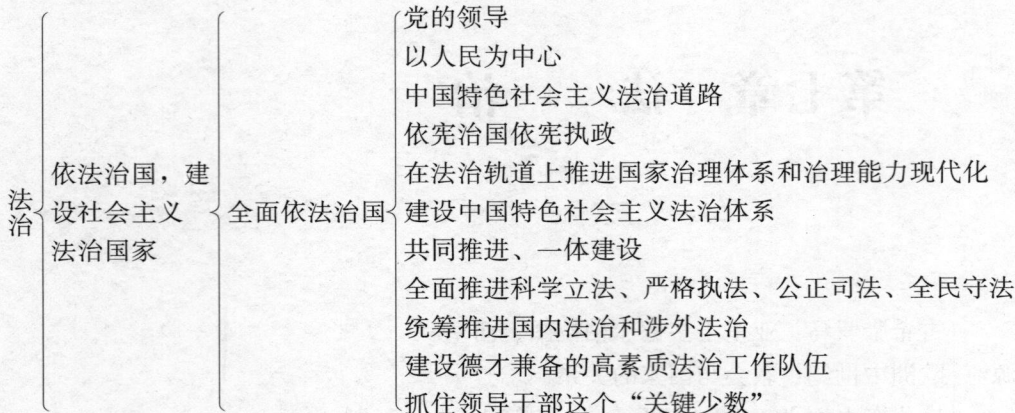

名词解释与概念比较

1. 法治与法制（考研）
2. 法的统治与法治国
3. 法治理念（考研）

选择题

（一）单项选择题

1. 法治应包含两重含义：“已成立的法律获得普遍的服从，而大家服从的法律又应该本身是制定得良好的法律。”这段名言的作者是（　　）。
A. 亚里士多德　　B. 乌尔比安
C. 西塞罗　　D. 柏拉图

2. 下列有关法治论与人治论之间分歧的说法，正确的是（　　）。
A. 法治论强调依法治国，人治论强调习惯在治国中的作用
B. 法治论强调对人的行为的具体指引，人治论则重视一般性规则
C. 法治论主张民主共和政体，人治论主张君主专制政体
D. 法治论和人治论在政治制度上的分歧主要出现在罗马共和国时期

3. 下列说法不是儒家的是（　　）。
A. 德礼为政教之本，刑罚为政教之用
B. 为政以德，譬如北辰，居其所而众星拱之
C. 君仁莫不仁，君义莫不义，君正莫不正，一正君而国定矣
D. 法、术、势皆帝王不可一无之具

4. 下列说法错误的是（　　）。
A. 中国古代法家的理想是建立法治国家
B. 在英国，法治原则表述为法的统治
C. 在德国，法治被理解为法治国
D. 德国的法治被称为形式法治

5. 下列说法错误的是（　　）。
A. 英国的法治原则是实质法治
B. 德国的法治是形式法治
C. 德国的法治更具自由主义色彩
D. 法的统治的意思是说除法律之外任何人不受其他统治

6. 下列有关法制与法治、人治之间关系的说法，哪一个较为合适？（　　）（考研）
A. 法制与法治均以民主为前提
B. 有了法制即有法治
C. 人治之中有法，法治之中有人
D. 人治与法制不相容

7. 首先提出“徒善不足以为政，徒法不足以自行”的是（　　）。
A. 先秦儒家　　B. 汉代儒家
C. 法家　　D. 道家

8. 提出法是“根据自由的一般法则，一个人的任意可以和其他人的任意相共存的条件的总和”的思想家是（　　）。
A. 黑格尔　　B. 康德
C. 马克思　　D. 卢梭

9. 法治的一般原则从总体上可以概括为（　　）。

A. 平等原则和自由原则
B. 实体原则和形式原则
C. 民主原则和程序原则
D. 秩序原则和正义原则

10. 儒家人物大部分坚持（　　）。
A. 人性善　　B. 人性恶
C. 人本善恶兼具　　D. 人本无善恶

11. 以下不是法家人物观点的是（　　）。
A. 垂法而治　　B. 人存政举
C. 信赏必罚　　D. 刑无等级

12. 下列选项中不是自由资本主义法治的法律原则是（　　）。
A. 人民主权　　B. 过错责任
C. 正当程序　　D. 法律社会化

13. 下列说法错误的是（　　）。
A. 法律职业共同体包括法官、检察官、律师、法学教师和法学研究生
B. 法官只向法律负责
C. 司法审判是社会冲突和纠纷的最后裁判所
D. 过程的程序性是司法结果正当性的必要条件

14. 首先提出法治应当优于一人之治的是（　　）。
A. 柏拉图　　B. 苏格拉底
C. 亚里士多德　　D. 孟德斯鸠

15. 现代法治与古代法制的区别之一在于（　　）。
A. 是否重视人的作用
B. 是否承认法律的作用
C. 是否有完善的法律程序
D. 是否强调主体权利的保障

16. “听讼吾犹人也，必也使无讼乎”，这句话表明儒家（　　）。
A. 注意德治，轻视法治
B. 轻权利观念，重义务观念
C. 主张取消专门司法和法学
D. 追求司法公正

17. 在某次法学理论研讨会上，甲和乙就法治的概念和理论问题进行辩论。甲说：①在中国，法治理论最早是由梁启超先生提出来的；②法治强调法律在社会生活中的至高无上的权威；③法治意味着法律调整社会生活的正当性。乙则认为：①法家提出过“任法而治”“以法治国”的思想；②法治与法制没有区别；③“法治国家”概念最初是在德语中使用的。下列哪一选项所列论点是适当的？（　　）（司考）
A. 甲的论点②和乙的论点①
B. 甲的论点①和乙的论点③
C. 甲的论点②和乙的论点②
D. 甲的论点③和乙的论点②

18. 下列关于法治的表述，不能成立的是（　　）。（考研）
A. 法治强调良法之治
B. 法治的目的在于依法行政
C. 法治要求法律得到普遍遵守
D. 法治的政治基础是民主政治

19. 关于法治的说法，正确的是（　　）。（考研）
A. 法治以尊重和保障人权为核心
B. 法制比法治更强调实质意义上的法律至上、权利保障的内涵
C. 古希腊的柏拉图认为法治应当优于一人之治
D. 实行法治表明公民的一切权利都由法律加以保障

（二）多项选择题

1. 中国传统法律文化的特点包括（　　）。
A. 重视道德教化对人的行为的调控
B. 重视调解在解决纠纷中的作用
C. 判例是主要的法律渊源之一
D. 自然法观念一度盛行

2. 法律也有局限性，其局限性主要是（　　）。
A. 法律不是调整社会关系的唯--手段
B. 徒善不足以为政，徒法不足以自行
C. 法的抽象性、稳定性与现实生活的矛盾
D. 并不是所有的人都自觉遵守它

3. 法治的内容大致包括哪几项？（　　）
A. 法律至上，权力在法律之下
B. 法律公开，依法行政，独立行使司法权
C. 保障权利和自由
D. 实行“正当程序”

4. 下列说法中正确的是（　　）。
A. 中国古代法家主张应依靠圣君贤人通过道德感化治理国家
B. 法治和人治是两种治国的制度和原则，前者强调法的作用，后者强调人的作用
C. 中国先秦时期，法家主张人治，而儒家则主张法治

D. 柏拉图前期主张人治，后期重视法律的作用；亚里士多德主张法治

5. 法治要求法律在形式上具有哪些特征？（　　）

A. 一般性　　B. 公开性

C. 明确性　　D. 可诉性

6. 1999 年我国宪法修正案明确规定："依法治国，建设社会主义法治国家。"根据宪法的这一规定，下列关于"依法治国"的表述，有哪些是正确的或适当的？（　　）

A. 依法治国是发展社会主义市场经济的客观需要，是社会文明进步的重要标志，是国家长治久安的重要保障

B. 依法治国的最终目标在于实现形式意义的法治

C. 依法治国要求逐步实现社会主义民主的制度化、法制化

D. 依法治国把坚持中国共产党的领导、发扬人民民主和严格依法办事统一起来

7. 第二次世界大战以后，资本主义法制的新变化主要表现在（　　）。

A. 立法重点从私法转向公法，公私混合法大量增加

B. 立法和司法的指导思想转向现实主义、利益多元论和折中主义

C. 两大法系逐步靠拢，出现了超国家组织的法律

D. 更多地采用单行法、特别法等立法形式

8. "任何组织和个人都不得有超越宪法法律的特权，绝不允许以言代法、以权压法、逐利违法，徇私枉法。"该论断直接体现的法治理念有（　　）。（考研）

A. 程序正义理念

B. 法律至上理念

C. 权力受制约理念

D. 法律面前人人平等理念

简答题

1. 简述中国古代的德治和法治理论与现代法治论的区别。

2. 简述资本主义法治的基本类型。

3. 论法治理念。

材料分析题

1. 试分析"徒法不足以自行"。

2. 试分析"听讼，吾犹人也，必也使无讼乎"。（司考）

3. 材料一：当今世界正经历百年未有之大变局，我国正处于实现中华民族伟大复兴关键时期，顺应时代潮流，适应我国社会主要矛盾变化，统揽伟大斗争、伟大工程、伟大事业、伟大梦想，不断满足人民对美好生活新期待，战胜前进道路上的各种风险挑战，必须在坚持和完善中国特色社会主义制度、推进国家治理体系和治理能力现代化上下更大功夫，把我国制度优势更好转化为国家治理效能，为实现"两个一百年"奋斗目标、实现中华民族伟大复兴的中国梦提供有力保证。

材料二：要加大对危害疫情防控行为执法司法力度，严格执行传染病防治法及其实施条例、野生动物保护法、动物防疫法、突发公共卫生事件应急条例等法律法规，依法实施疫情防控及应急处理措施。

材料三：这场抗疫斗争是对国家治理体系和治理能力的一次集中检验。在新的征程上，要突出问题导向，从完善疾病预防控制体系、强化公共卫生法治保障和科技支撑、提升应急物资储备和保障能力、提升国家生物安全防御能力、完善城市治理体系和城乡基层治理体系等方面入手，抓紧补短板、堵漏洞、强弱项，加快完善各方面体制机制，增强社会治理总体效能，不断提升应对重大突发公共卫生事件的能力和水平，为保障人民生命安全和身体健康夯实制度保障。

根据上述材料，结合在法治轨道上统筹推进疫情防控工作的要求，谈谈如何发挥法治在国家治理体系和治理能力现代化的积极作用。（司考）

4. 材料一：全面依法治国是一个系统工程，必须统筹兼顾、把握重点、整体谋划，更加注重系统性、整体性、协同性。依法治国、依法执政、依法行政是一个有机整体，关键在于党要坚持依法执政、各级政府要坚持依法行政。法治国家、法治政府、法治社会三者各有侧重、相辅相成，法治国家是法治建设的目标，法治政府是建设法治国家的主体，法治社会是构筑法治国家的基础。

——摘自习近平总书记 2018 年 8 月 24 日在中央全面依法治国委员会第一次会议上的讲话

材料二：依法治国是我国宪法确定的治理国家的基本方略，能不能做到依法治国，关键在于党能不能坚持依法执政，各级政府能不能坚持依法行政。我们要增强依法执政意识，坚持以法治的理念、法治的体制、法治的程序开展工作，改进党的领导方式和执政方式，推进依法执政制度化、规范化、程序化。执法是行政机关履行政府职能、管理经济社会事务的主要方式，各级政府必须依法全面履行职能，坚持法定职责必须为、法无授权不可为，健全依法决策机制，完善执法程序，严格执法责任，做到严格规范公正文明执法。

——摘自习近平谈《治国理政》第2卷

材料三：深化党和国家机构改革，目标是构建系统完备、科学规范、运行高效的党和国家机构职能体系，形成总揽全局、协调各方的党的领导体系，职责明确、依法行政的政府治理体系……全面提高国家治理能力和治理水平。

——摘自《中共中央关于深化党和国家机构改革的决定》

请根据以上材料，结合你对深化党和国家机构改革的认识，谈谈法治政府建设在全面依法治国中的重要意义以及新时代法治政府建设的根本遵循。（司考）

5. 在法治政府建设背景下，某市根据权责法定的要求推行政府权力清单“瘦身”和责任清单“强身”，引发社会热议。一种观点认为，权力清单“瘦身”实质上是推卸责任，责任清单“强身”则导致权力滥用，与法治政府建设目标背道而驰；另一种观点认为，推行权力清单“瘦身”和责任清单“强身”是政府明确职权与强化职责的体现，是法治政府建设之要务。

试结合我国法治理论与实际，评价上述两种观点，并说明理由。（考研）

6. 材料一：推进全面依法治国是国家治理的一场深刻变革，必须以科学理论为指导，加强理论思维，从理论上回答为什么要全面依法治国、怎样全面依法治国这个重大时代课题，不断从理论和实践的结合上取得新成果，总结好、运用好党关于新时代加强法治建设的思想理论成果，更好指导全面依法治国各项工作。

材料二：党的十八大以来，党中央对全面依法治国作出一系列重大决策，提出一系列全面依法治国新理念、新思想、新战略，明确了全面依法治国的指导思想、发展道路、工作布局、重点任务、这些新理念、新思想、新战略，是全面依法治国的根本遵循，必须长期坚持，不断丰富发展。

材料三：立足我国国情和实际，加强对社会主义法治建设的理论研究，尽快构建体现我国社会主义性质，具有鲜明中国特色、实践特色、时代特色的法治理论体系和话语体系。坚持和发展我国法律制度建设的显著优势，深入研究和总结我国法律制度体系建设的成功经验，推进中国特色社会主义法治体系创新发展。

结合习近平法治思想的核心要义，谈谈在当前和今后一个时期内推进全面依法治国要重点抓好的“十一个坚持”。（司考）

7. 材料一：改革和法治如鸟之两翼、车之两轮。我们要坚持走中国特色社会主义法治道路，加快构建中国特色社会主义法治体系，建设社会主义法治国家。全面依法治国，核心是坚持党的领导、人民当家作主、依法治国有机统一，关键在于坚持党领导立法、保证执法、支持司法、带头守法。要在全社会牢固树立宪法法律权威，弘扬宪法精神，任何组织和个人都必须在宪法法律范围内活动，都不得有超越宪法的特权。

——摘自《习近平在庆祝中国共产党成立95周年大会上的讲话》

材料二：“全面推进依法治国这件大事能不能办好，最关键的是方向是不是正确、政治保证是不是坚强有力，具体讲就是要坚强党的领导，坚持中国特色社会主义制度，贯彻中国特色社会主义法治理论。”

——摘自《关于〈中共中央关于全面推进依法治国若干重大问题的决定〉的说明》

根据材料，结合自己的实际工作和学习，谈谈坚定不移走中国特色社会主义法治道路的核心要义。（司考）

论述题与深度思考题

1. 社会主义法治的基本要求。

2. 有人说，中国进行法治建设要走政府推进型道路，也有人认为中国要走社会演进型法治道路，还有人认为要把二者结合起来。谈谈你的观点。

3. 联系我国的法治实践，论述“将权力关进制度的笼子里”的内涵与意义。（考研）

4. 联系我国实际，论述法治的权利保障原则。（考

研）

5. 联系当前实际，论述现代法治应遵循的基本原则。（考研）

6. 论述法治国家的主要标志。（考研）

7. 联系我国实际，试从立法、执法和司法角度论述权利保障的法治原则及其意义。（考研）

参考答案

名词解释与概念比较

1. 法制是指法律制度，即一国或一地区法律上层建筑的系统。与它相对应的是政治制度、经济制度、文化制度等概念。法制首先强调的是法作为制度化构成物所形成的统一体，而法治首先强调法作为社会控制工具在治国诸方式中的地位和功能。法制的产生与发展和国家直接相联系，而法治则直接与民主制国家相联系。在任何国家中都存在法制，而只有在民主国家中才有法治。法治的基本要求是严格依法办事，法律在各种社会调整措施中具有至上性、权威性，而且法律应当是良法、善法。而法制并不必然蕴含严格依法办事的内容。法治总是与专制、特权、任性相对立，而法制并不必然意味着这种对立，它可以充当专制、特权的工具。

2. 法的统治是指一种近现代意义上的法治形态，它最大限度地信奉法律的权威和作用，任何人除法律之外不受其他统治。它也被称为实质法治。它不但要求法律在形式上被严格遵守，还关注法的内容，把“合法性”作为判断社会主体行为的基本准则，努力做到凡事“皆有法式”、凡事“一断于法”。其中又特别强调法律对政府权力的规范和限制，强调任何政府行为都可能经受合法性检验或挑战的重要性。这种模式的典型代表是英国。法治国是指特别关注行政权力行使在形式上的严格合法性，而对法的内容却较少考虑，也被称为形式法治，更强调法律的普遍性、稳定性、内在一致性等形式特征，强调秩序和效率，强调自上而下的管理，具有较明显的国家主义色彩。第二次世界大战时期，这种思想为纳粹所利用，成为掩饰种族灭绝的法律托词。从某种意义上说，“法治国”的思想更多的是指“行政主治”和“依法统治”（government by law）。这种模式的典型代表是德国。

3. 黑格尔首次提出“法的理念”这一专门术语，并认为法的理念就是“法的概念及其现实化”。法律的理念一方面是对法律的本质及发展规律的一种宏观的理性认知和把握，源于法律实践；另一方面它又蕴含着法律的内在精神，是理性认识对现实的一种建构，是理性的思想、方法和态度，对现实具有引导作用。

法治理念是法治的灵魂，体现了法治的精神实质和价值追求，所要解决的是为什么实行法治以及如何实现法治的问题。它根植于一定社会的经济、政治、文化等诸方面必然性要求之中。具体而言，法治理念主要包含以下四个方面的内容：(1) 法律的权威性是法治赖以实现的根本保障；(2) 限制公权力是法治的基本精神；(3) 公正是法治最普遍的价值表述；(4) 尊重和保障人权是现代法治的价值实质。

选择题

（一）单项选择题

1. 答案：A

解析：西方法律思想史上对于法治的定义最有代表性意义，也是最为经典的就是亚里士多德对于法治的定义：“已成立的法律获得普遍的服从，而大家服从的法律又应该本身是制定得良好的法律。”

2. 答案：B

解析：法治论的确是强调依法治国，但是人治论强调的不是习惯在治国中的作用，而是道德的指引、圣君贤相或德政在治国中的作用，故A项不正确。法治论强调对人的行为的具体指引，人治论重视一般性规则，故B项正确。法治论多数主张民主共和政体，但也有可能主张君主立宪政体，比如英国的法治模式，但是人治论不见得一定主张君主专制政体，也可能主张所谓的贤人政治，比如柏拉图的理想国，故C项不正确。古今中外法治论和人治论的冲突，屡见不鲜，即使是在政治制度上的分歧也不仅仅是在罗马共和国时期，故D项不正确。

3. 答案：D

解析：中国古代的儒家人物的主要观点是强调德治、礼治和人治，认为在治国层面上应该主要依靠道德教化的力量和圣君贤相的指引作用，而不是法律的强制作用。德治论的大意是：第一，从性善论的人性预设出发，重视道德教化的作用，主张德主刑辅，反对专任刑罚。第二，提倡圣君当政，为政以德，以德服人。第三，德治与礼治直接相关联，礼治是德治的具体化。第四，德治是人治的一种形式，也是贤人政治的一种。“德礼为政教之本，刑罚为政教之用”“为政以德，譬如北辰，居其所而众星拱之”“有治人，无治法”“法者，治之端；君子者，法之原”“君仁莫不仁，君义莫不义，君正莫不正，一正君而国定矣”，都是最典型的儒家的观点。而法家人物的观点与儒家的观点形成鲜明的对比，他们认为，在治国层面上仅仅依靠道德的教化是很不够的，应提倡霸道、反对王道。法家法治论的大意是：第一，主张以法为本，垂法而治，刑无等级，一断于法。第二，主张严刑峻法、以刑去刑；主张信赏必罚、厚赏重罚。第三，法、术、势紧密结合，共同确保君主的专制集权。第四，这种法治是一种运用法律实现的人治。“法、术、势皆帝王不可一无之具”“尺寸也，绳墨也，规矩也，斗斛也，角量也，谓之法”“法者，国之权衡也”“法者，所以兴功惧暴也；律者，所以定分止争也；令者，所以令人知事也。法律政令者，吏民规矩绳墨也”“夫生法者，君也；守法者，臣也；法于法者，民也，君臣上下皆从法，此谓为大治”“礼法以时而定，制令各顺其宜”“治世不一道，便国不法古”“为法，必使之明白易之”，都是法家的代表性观点。

4. 答案：A

解析：中国古代法家虽然主张“以法治国”“缘法而治”“垂法而治”，但是，这种主张有非常明显的历史局限性和阶级局限性，他们的理想并不是现代意义上的法治国家，而依然是一种人治，只不过是比较重视法律的调整作用的人治。因为，法家不限制君主的权力，认为法律的地位在君主之下，当时的君主、大臣和百姓对待法律的态度是一种典型的法律工具主义，在社会中没有法治社会中必需的法律信仰和理念，所以其理想不可能是建立法治国家。资本主义国家的法治有多种模式，其中比较突出并具有特色的有：英国模式、德国模式、美国模式、法国模式以及第二次世界大战后的日本模式等。在英国，法治原则表述为“法的统治”，即除法律之外，任何人不受其他统治。这种法治也被称为“实质法治”。它不但要求法律在形式上被严格遵守，还关注法的内容。在德国，法治被理解为“法治国”，它特别关注行政权力行使在形式上的严格合法性，而对法律的内容较少考虑。这种法治也被称为“形式法治”。一般说来，形式法治更强调法律的普遍性、稳定性、内在一致性等形式特征，这种法治具有较明显的国家主义色彩，有可能导致法制之下的人治或专制。而实质法治更强调用法律约束政府权力、保障公民的基本权利和自由，重视实质正义。这种法治具有较强的自由主义色彩。

5. 答案：C

解析：参见上题解析。

6. 答案：C

解析：法制的基本内涵是指法律以及与法律的制定和实施相关的各种制度（如立法制度、司法制度等）。法治的基本内涵则是与人治不同甚至对立的一种治国理论和治国方略或原则。现代“法治”与民主政治密切相关，而法制则单纯以“有法”、法律完备为满足，与民主并无必然联系。故A项错误。从人类的政治法律实践看，任何国家在任何时期都有这样或那样的法制，但却不一定是在实行法治。如希特勒统治下的德国和蒋介石统治下的中国也有法律制度，但都不是在实行法治。故B项错误。法治是与人治对立使用的一个概念，但法制却不是，作为法律制度简称的法制可以与人治相结合。故D项错误。

7. 答案：A

解析：儒家根据所处的时代分为先秦儒家、汉代儒家和宋明儒家。先秦儒家的代表性人物是孔子、孟子和荀子，“徒善不足以为政，徒法不足以自行”正是孟子的观点，强调在诸多社会调控方式中，法律不是唯一的方式，而且不是最为重要的一种方式，因法律本身具有很多局限性。汉代儒家的主要特点是儒家真正牢牢地占据了封建正统思想地位，“罢黜百家，独尊儒术”被采纳，儒家经义出现了法典化的倾向。根据法家法治论的大意（参见本章“单项选择题”第3题解析），法家的人物不会说出“徒善不足以为政，徒法不足以自行”的话。先秦道家的代表人物是老子和庄子，他们的主要观点是“无为而治”“道法自然”，反对一切有违自然的东西，认为德治和法治都是违背自然的东西。

8. 答案：B

解析：这是康德关于法的经典定义。

9. 答案：B

解析：法有很多原则，正义、公平、秩序、民主等都是法律追求的目标，但是，从总体上而言，法的一般原则可分为实体原则和形式原则。

10. 答案：A

解析：人性的问题是所有法律学家建立自己的法律观的伦理基础和起点。一般而言，坚持法治的法学家坚持人性恶的观点，只有认为人性恶，才会坚持用法律控制人性中恶的一面。大部分坚持人治论的法学家都持人性善的观点，正是因为认为人性本善，才会用道德来弘扬人性中的善的一面。

11. 答案：B

解析：参见本章“单项选择题”第3题的解析。

12. 答案：D

解析：不同的社会形态中会有不同的法治类型和特征。资本主义法治在自由资本主义时期确立，它有其相应的经济、政治、文化和社会基础。自由资本主义法治确立了一系列的法律原则，主要有人民主权原则、契约自由原则、过错责任原则、分权制衡原则、正当程序原则等。这些原则在资本主义进入垄断阶段后有了很多变化，法治原则从两个角度被动摇：一是法西斯化，二是社会化。所以，社会化不是自由资本主义时期的法治原则，而是垄断资本主义时期的法治原则。在自由资本主义阶段，个人主义盛行，整个资本主义世界强调国家对个人的干涉越少越好。在这样的整体社会氛围中，不可能产生法的社会化倾向。

13. 答案：A

解析：法律职业是指基于专门的法学学识和修养及运用法律的艺术而致力于为社会大众服务、追求社会公正的专业性工作。法律职业一般指法官、检察官、律师和法学教师等。法学研究生虽然具有足够的法学学识和修养，但是不是以法律为专门的职业和专业性工作的，因而，不在法律职业共同体的范围之内。法治的一个很重要的条件是司法权和行使具有独立性和中立性，法官只向法律负责，忠于法律，只接受监督，不接受命令。司法机关是社会冲突和纠纷的最后裁判所，这是社会公正的最显著特征。司法过程必须遵循公正的程序。

14. 答案：C

解析：柏拉图主张“哲学王”的统治，而亚里士多德则主张“法治应当优于一人之治”。苏格拉底倾向于知识贵族的统治，孟德斯鸠则是近代人物，远晚于亚氏。

15. 答案：D

解析：法制的基本内涵是指法律以及与法律的制定和实施相关的各种制度（如立法制度、司法制度等）。法治的基本内涵则是与人治不同甚至对立的一种治国理论和治国方略或原则。二者都承认法律的作用，其区别并不在于是否重视人的作用与是否有完善的法律程序，而在于是否要求“良法”，即如D项所言是否强调主体权利的保障。所以选项A、B、C项错误，答案选D项。

16. 答案：A

解析：本句引自《论语·颜渊》，意思是：“审理案件，我和别人一样。要说我和别人有什么不一样的，那就是，我想使世间没有讼事!”反映了儒家注重道德教化、轻视法治的主张。答案选A项。

17. 答案：A

解析：在中国，可以说法治概念是由梁启超最初提出的，却不能说法治理论最早是由梁启超提出的，所以甲的论点①的说法是不准确的。法治强调法在社会生活和国家生活中具有至上地位，所以甲的论点②的说法是正确的。实行法治，的确意味着法律调整社会生活的正当性，中国古代的法家的确提出过“任法而治”“以法治国”的思想，“法治国家”概念最初的确是在德语中使用的。因此，甲的论点③、乙的论点①、乙的论点③的说法是适当的。法治和法制是两个概念，前者强调依法治国，而后者主要是指法律制度，所以乙的论点②的说法有误。

18. 答案：B

解析：法治关注法律制度的内容，讲究良法之治，强调法律的至高权威，强调法律的公正性、稳定性、普遍性、公开性和平等性，以及对权力的制约与对人权的保障，A项说法正确。法治要求“法律的统治”，将法律置于统治者的权力之上，要求公共权力必须依法取得和行使，不限于行政权，B项说法错误，C项说法正确。法治的政治基础是民主政治，其根本意义在于制约国家权力以确认和保障公民的权利和自由，实现公民对国家和社会事务的管理，D项说法正确。故本题选B。

19. 答案：A

解析：法治强调法律的至高权威，强调法律的公正性、稳定性、普遍性、公开性和平等性，以及对权力的制约与对人权的保障，故A项正确。法治比法制更强调实质意义上的法律至上、权利保障的内涵，故B项错误。柏拉图推崇贤人政治，认为贤人之治优于法治，故C项错误。法律只对那些于社会稳定和发展有重大影响的公民权利才加以确认和保护，公民的一切权利都由法律保障是不现实的，故D项错误。

（二）多项选择题

1. 答案：AB

解析：中国的传统法律文化有着和西方法律文化截然不同的特征，其中很重要的两个方面就是重视道德教化对人的行为的引导和约束作用以及重视调解在化解纠纷中的作用。中国是典型的成文法国家，判例不是主要的法律渊源。而且，自然法观念源于古希腊，经由古罗马、中世纪直至近现代一直在西方法律传统中占据重要的位置。但是，这种自然法传统在中国传统法律文化中并没有盛行。

2. 答案：ABC

解析：法的作用的局限性主要有以下几个方面：(1) 法只是社会调整方法中的一种。(2) 法的作用范围不是无限的，如有关人们的信仰、思想或一般私生活的问题，就不宜采用法律手段。(3) 法自身特点所带来的局限性：1）法具有主观意志性，法律不等于客观规律。2）法具有概括性，法律规范是对人们的行为加以抽象，因此将这种抽象的、具有概括性的行为规范适用于千姿百态的社会生活及人们具体的行为时，总会有法不适应社会实践的地方，不可能做到天衣无缝。3）法具有稳定性，这往往导致法落后于实践。4）法讲究程序，有时可能会使人们不能及时、迅速地解决问题。(4) 法律的实施受人员与物质条件的制约。“徒善不足以为政，徒法不足以自行”说的正是法律的这种局限性。

另，在法律的诸多局限性中，并不包括“不是所有的人都自觉遵守它”这一项，因为道德、伦理和宗教等其他调整方式也具有这个局限性，可以说，这是所有社会规范的局限性，并不是法律的“专利”。

3. 答案：ABCD

解析：作为法秩序的法治要求法律公开，依法行政，独立行使司法权，实行正当程序；作为“法的统治”的法治要求法律至上、权力在法律之下运行；作为“良法之治”的法治要求能够保障权利与自由。故A、B、C、D项都应选择。

4. 答案：BD

解析：中国古代法家主张以法治国，而儒家主张以德治国，所以，法家不可能提出依靠圣君贤人通过道德感化治理国家的主张。法治的确强调法的作用，而人治强调人的作用。在古希腊历史上，柏拉图前期提倡人治、后期提倡重视法律的作用，而亚里士多德一直倡导法治原则。

5. 答案：ABCD

解析：法治的实现在形式上要满足很多要求，一般性、公开性、明确性和可诉性都是重要的要求。其中，一般性是指法律是针对社会中的一般人而非特定人设定的行为模式，从而同样的情况应受法律上的同样对待；这些行为模式是将个别的、具体的行为概括为一般性的权利、义务和责任规则，从而使之抽象化、普遍化。法律的公开性是指法律必须公布，使所有人能够了解法律的内容，这样才有可能使法律成为自我保护和发展的有力工具。法律的明确性是指法律必须是明确的、具体的，这样才可能使人们能够预测到行为的法律后果，从而有效地指引人们的行为，也有助于限制法的适用的任意性。法律的可诉性，是指当法律中规定的权利被侵犯或滥用、义务被违反时，必须有适当的救济程序和手段。

6. 答案：ACD

解析：1997年党的十五大报告在分析和反思新中国成立以来法制建设的经验和教训的基础上，明确提出“依法治国，建设社会主义法治国家”的跨世纪目标。“依法治国”作为治理国家的基本方略，随即在九届全国人大二次会议上被载入宪法。“依法治国，就是广大人民群众在党的领导下，依照宪法和法律规定，通过各种途径和形式管理国家事务，管理经济文化事业、管理社会事务，保证国家各项工作都依法进行，逐步实现社会主义民主的制度化、法律化，使这种制度和法律不因领导人的改变而改变，不因领导人的看法和注意力的改变而改变。”A项所说明的是依法治国的地位与意义，C项与D项是依法治国的应有内涵。但当代中国的法治发展从“法制”到“法治”，依法治国的最终目标不仅仅是实现“形式意义的法治”，而是要求实现保障人民权利、让权力在法律约束下运行的良法之治。

7. 答案：ABCD

解析：第二次世界大战以后，资本主义法制的新变化有立法重点从私法转向公法、公私混合法大量增加，立法和司法的指导思想转向现实主义、利益多元化和折中主义，两大法系逐步靠拢、出现了超国家组织的法律，更多地采用单行法、特别法等立法形式。

8. 答案：BCD

解析："任何组织和个人都不得有超越宪法法律的特权"，体现了法律面前人人平等理念和法律至上理念，故选项B、D正确。"绝不允许以言代法、以权压法、逐利违法、徇私枉法"体现了权力受制约理念，故选项C正确。程序正义原则即正当程序原则，包含不能做自己的法官和听取当事人的意见两项内容，故选项A不符合题目论断。

简答题

1. 中国古代的德治和法治理论与现代法治论是有原则性区别的：

第一，古代的德治和法治理论都是从强化君主统治秩序的角度来讨论治国之术的，都是为专制制度服务的。它们根本不重视有效约束君主权力的制度建设。而现代法治与民主制度相联系，它是为有效地约束国家权力并确保相应的民主制度服务的。

第二，古代的德治、法治都注重民众对君主的服从义务，上下尊卑之间没有平等的人格尊严和地位。现代法治注重公民的权利和自由，包括全体公民的人格尊严的平等，它从形式上破除了等级特权制度和人身依附关系。

第三，法律在中国的德治、法治理论中都没有优于其他社会规范的至上权威性。现代法治则通过代议制、权力的分工与制约、宪治等制度有力地确认并保障了法律的至上性、权威性。法律虽具有工具性，但已从治民之术转变为民治之术。法律虽然也在巩固和强化国家权力，但同时也以控制和约束国家权力为己任。

2. 参见本章"单项选择题"第4、12题解析。

3. 法治理念是法治的灵魂，体现了法治的精神实质和价值追求，所要解决的是为什么实行法治以及如何实现法治的问题。具体而言，法治理念主要包含以下四个方面的内容：（1）法律的权威性是法治赖以实现的根本保障。法律的权威性甚至是法律的至上权威性是法治内涵的基本理念之一。任何社会形态都存在权威以及某种权威等级体系。现代法治所要求的法律的至上权威性意味着任何组织和个人不得凌驾于宪法和法律之上，均要受宪法和法律的约束。在现代以政党政治为明显特征的国家和社会生活中，政党的活动也不能超越宪法和法律的界限，政党的政策不得违反或代替法律。（2）限制公权力是法治的基本精神。防止权力腐败，是近现代法治应有之义。以法律限制权力，首先要强调一切国家权力最终皆以宪法和法律为根据，否则权力的存在就不具有正当性；其次要强调任何公共权力的行使最终都必须以宪法和法律为根据，遵循法律规定的正当程序。制约公共权力有各种途径和方式，在一个现代法治社会中，这些制约最终都可以归结为基于法治的制约。（3）公正是法治最普遍的价值表述。法治所要求的法律是本身良好的法律，而所谓本身良好的法律，在最为一般或普遍的意义上说就是体现公平正义的法律。所谓公平正义，简单地说就是在国家和社会生活中体现"给每个人其所应得"（give each his due）的原则。（4）尊重和保障人权是现代法治的价值实质。人权是人之作为人所应当享有的基本权利，是近现代社会中道德和法律对人的主体地位、尊严、自由和利益的最低限度的确认。现代法治就是保护人权的一种制度性安排。正是人权体现了现代法治所追求的公平正义的精神实质，奠定了现代法治的价值正当性的基础。

材料分析题

1. 认识法律的作用应该避免两个倾向：一是法律万能论，二是法律虚无论。反对法律万能论就是说要承认法律的有限性。"徒法不足以自行"说的正是法律的这种有限性。

2. 这句话的意思是：审案，我跟别人一样。我想做的是：使案件消失。

这句话充分表现了作为儒家创始人的孔子的无讼、贱讼的观点。

中国的传统法律文化中对于诉讼的态度是息讼、贱讼、厌讼。对于发生的纠纷首先想到的不是是非曲直，而是怎样把这个诉讼消灭。而且，无论过错在原告还是在被告，只要发生了诉讼，就认为是很不光彩的事情，会受到周围人们的歧视，认为品德高尚的人身上根本不会发生诉讼，也不认为诉讼是很好的解决问题的途径和方法。在对待诉讼这个问题上，传统文化的态度是最终可以在社会中实现一种没有诉讼的最佳境地。

传统文化中的这种息讼、厌讼的态度与中国根深蒂固的民族性和民族习惯有密切的关系。

3. 统筹推进疫情防控工作，必须坚持在法治轨道上推进，这是全面依法治国的必然要求，是实现国家治理体系和治理能力现代化的重要保障。实现国家治理体系和治理能力现代化，内在的要求是必须发挥法治的积极作用，具体包括以下几个方面：

首先，从立法环节看，发挥法治在国家治理体系和治理能力现代化的作用，必须完善中国特色社会主义法律体系，加强宪法实施。法律是治国之重器，良法是善治之前提，建设中国特色社会主义法治体系，必须坚持立法先行，发挥立法的引领和推动作用。正如材料所言，在立法工作中，要突出问题导向，完善疾病预防控制体系，强化公共卫生法治保障，完善城市治理体系和城乡基层治理体系，加快完善各方面体制机制，提升应对重大突发公共卫生事件的能力和水平，为保障人民生命安全和身体健康夯实制度保障。

其次，从执法环节看，发挥法治在国家治理体系和治理能力现代化的作用，必须推进依法行政，建设法治政府。法律的生命力在于实施，法律的权威也在于实施。各级政府必须坚持在党的领导下、在法治轨道上开展工作，这是推进国家治理体系和治理能力现代化的重要保障。正如材料所言，要加大对危害疫情防控行为执法力度，严格执行传染病防治法及其实施条例、野生动物保护法、动物防疫法、突发公共卫生事件应急条例等法律法规，依法实施疫情防控及应急处理措施。

再次，从司法环节看，发挥法治在国家治理体系和治理能力现代化的作用，必须提高司法公信力，实现司法公正。公正是法治的生命线，要努力让人民群众在每一个司法案件中感受到公平正义，提高司法公信力，这对推进国家治理体系和治理能力现代化有重要的引领作用。正如材料所言，对危害疫情防控行为，要加大司法力度，推进严格司法和公正司法，同时，加强司法中的人权保障，严格适用相关法律规定。

最后，从守法环节来看，发挥法治在国家治理体系和治理能力现代化的作用，必须实现全民守法，建设法治社会。法律的权威源自人民的内心拥护和真诚信仰。人民权益要靠法律保障，法律权威要靠人民维护，推进国家治理体系和治理能力现代化，必须要形成守法光荣、违法可耻的社会氛围。从材料来看，在法治轨道上推进疫情防控，应加强法制宣传教育，及时解决因疫情引发的矛盾争议，夯实依法治国的群众基础。

总之，实现国家治理体系和治理能力现代化，必须要重视法治的积极作用，在法治轨道上推进疫情防控，这是实现国家治理体系和治理现代化的重要保障，有利于把我国制度优势更好转化为国家治理效能，有利于实现党执政兴国、人民幸福安康，有利于实现国家的长治久安。

4. (1) 深化党和国家机构改革，内在的要求是建设法治政府。一方面，我们要充分认识到，法治政府建设在全面依法治国战略中具有重要意义；另一方面，我们还要认识到，建设法治政府，需要坚持中国特色社会主义法治道路，这是新时代法治政府建设的根本遵循。

(2) 从党和国家机构改革的角度看，法治政府建设在全面依法治国中具有重要意义，具体包括以下几点：1) 全面依法治国是系统工程，党要坚持依法执政、各级政府要坚持依法行政。从材料来看，这是共同推进依法治国、依法执政、依法行政的关键环节，是一体建设法治国家、法治政府、法治社会的重要保障；2) 形成总揽全局、协调各方的党的领导体系，形成职责明确、依法行政的政府治理体系，有利于推进依法执政制度化、规范化、程序化，有利于健全依法决策机制，完善执法程序，严格执法责任，做到严格规范公正文明执法。

(3) 新时代法治政府建设的根本遵循在于坚持中国特色社会主义道路、理论体系和制度。具体包括以下几点：1) 法治政府建设，需要从我国基本国情出发，同改革开放不断深化相适应，总结和运用党领导人民实行法治的成功经验，围绕社会主义法治建设重大理论和实践问题，推进法治理论创新，发展符合中国实际、具有中国特色、体现社会发展规律的社会主义法治理论；2) 新时代法治政府建设，还需要汲取中华法律文化精华，借鉴国外法治有益经验，但决不照搬外国法治理念和模式，也不能照抄照搬他国制度模式。

(4) 总之，在深化党和国家机构改革战略中，法治政府建设是重要的环节，是全面依法治国总目标的有机组成部分；同时，建设法治政府，必须坚持中国特色社会主义法治道路。这事关党执政兴国、事关人民幸福安康、事关党和国家的长治久安，与全面建成小康社会、实现中华民族伟大复兴的中国梦，全面深化改革、完善和发展中国特色社会主义制度，提高党的执政能力和执政水平，具有内在的一致性和天然的统一性。

5. 法治政府是政府依据宪法法律设立、政府权力法定、政府决策和行为严格依据法律程序进行并对其后果承担相应责任的政府。政府依法行政和严格执法，是法治的重心。在规范政府权力的行使、防止权力滥用、明确权力价值取向上作出全面的法治制度安排，并确保在法治实践中得到有效落实，全面依法治国、加快建成法治国家才不至于流于形式。

法治政府是有限政府，其权力受到法律的界分和限定，不能超越法律的界限运行；法治政府是责任政府，有权必有责，有责必承担。法治政府的运行应做到权责统一。其内涵分为两个方面。（1）行政效能原则：行政机关依法履行经济、社会和文化事务管理职责，要由法律、法规赋予其相应的执法手段，保证政令有效。（2）行政责任原则：行政机关违法或者不当行使职权，应当依法承担法律责任。这一原则的基本要求是行政权力和法律责任的统一，即执法有保障、有权必有责、用权受监督、违法受追究、侵权须赔偿。权力清单“瘦身”正是明确政府职权，划定权力边界，建设有限政府，实现行政效能的体现。责任清单“强身”则是强化政府职责、提高责任意识，建构责任政府，落实行政责任的体现。

6.【参考答案一】

“法治兴则国兴，法治强则国强”，深入推进全面依法治国，必须全面把握习近平法治思想的核心要义，重点抓好“十一个坚持”，这有利于发挥法治固根本、稳预期、利长远的保障作用，有利于推进中国特色社会主义法治体系创新发展。

从习近平法治思想的内容来看，深入推进全面依法治国，必须重点抓好“十一个坚持”，主要包括：（1）坚持党对全面依法治国的领导，这是中国特色社会主义法治的根本保证。正如材料所言，党中央对全面依法治国作出一系列重大决策，提出一系列全面依法治国新理念、新思想、新战略。（2）坚持以人民为中心，这是中国特色社会主义法治的力量源泉。（3）坚持中国特色社会主义法治道路，这是唯一正确的道路。（4）坚持依宪治国、依宪执政，这是中国特色社会主义法治的首要任务。（5）坚持在法治轨道上推进国家治理体系和治理能力现代化，这是国家治理领域的深刻革命。（6）坚持建设中国特色社会主义法治体系，这是全面依法治国的总抓手。正如材料所言，坚持和发展我国法律制度建设的显著优势，深入研究和总结我国法律制度体系建设的成功经验，推进中国特色社会主义法治体系创新发展。（7）坚持依法治国、依法执政、依法行政共同推进，法治国家、法治政府、法治社会一体建设，这是全面依法治国的基本途径。（8）坚持全面推进科学立法、严格执法、公正司法、全民守法，这是法治的基本环节。（9）坚持统筹推进国内法治和涉外法治，这是法治建设的重要工作。（10）坚持建设德才兼备的高素质法治工作队伍，这是法治建设的重要保障。（11）坚持抓住领导干部这个“关键少数”，这是法治建设的关键工作。

总之，“奉法者强则国强”，深入推进全面依法治国，必须全面把握习近平法治思想的核心要义，重点抓好“十一个坚持”，这是对党领导法治建设丰富实践和宝贵经验的科学总结，是中国特色社会主义法治道路的根本遵循，是引领法治中国建设实现高质量发展的思想旗帜，为坚持中国特色社会主义法治道路提供了强有力的思想武器。

【参考答案二】

“伟大时代孕育伟大理论，伟大理论开启伟大征程”，习近平法治思想是习近平新时代中国特色社会主义思想的重要组成部分，是马克思主义法治理论中国化的最新成果，是全面依法治国的根本遵循和行动指南，为深入推进全面依法治国、加快建设社会主义法治国家，实现党和国家长治久安，提供了科学指南。

深入推进全面依法治国，必须全面把握习近平法治思想的核心要义，贯彻落实“十一个坚持”。在当前和今后一定时期内，要重点做好以下工作：

首先，抓好“十一个坚持”，首要的是坚持党的领导。党政军民学、东西南北中，党是领导一切的。坚持党的领导，是推进全面依法治国的法治之魂，是中国特色社会主义最本质的特征，是社会主义法治最根本的保证，是党和国家的根本所在、命脉所在，是全国各族人民的利益所系、幸福所系，是全面推进依法治国的应有之义。正如材料所言，党中央对全面依法治国作出一系列重大决策，提出一系列全面依法治国新理念、新思想、新战略，明确了全面依法治国的指导思想、发展道路、工作布局、重点任务。

其次，抓好“十一个坚持”，必须建设中国特色社会主义法治体系。“法治兴则国兴，法治强则国强”，重点抓好“十一个坚持”，必须立足我国国情和实际，建设以宪法为核心的中国特色社会主义法律体系、高效的法律实施体系、有力的保障体系、严密的监督体系和党内法规体系，这是全面依法治国工作的总抓手，是法治建设的骨干工程。正如材料所言，要坚持和发展我国法律制度建设的显著优势，深入研究和总结我国法律制度体系建设的成功经验，推进中国特色社会主义法治体系创新发展。

最后，抓好“十一个坚持”，前提是坚持中国特色社会主义理论指导。坚持中国特色社会主义法治理论，是我国法治建设的理论前提，是中国特色社会主义法治道路的应有之义。这就要求必须立足我国国情和实际，加强对社会主义法治建设的理论研究，尽快构建体现我国社会主义性质，具有鲜明中国特色、实践特色、时代特色的法治理论体系和话语体系。正如材料所言，推进全面依法治国是国家治理的一场深刻变革，必须以科学理论为指导，加强理论思维，从理论上回答为什么要全面依法治国、怎样全面依法治国这个重大时代课题。

总之，“奉法者强则国强，奉法者弱则国弱”，深入推进全面依法治国，必须全面把握习近平法治思想的核心要义，深刻领会“十一个坚持”，重点做好“坚持党的领导、坚持中国特色社会主义法治理论、坚持中国特色社会主义法治体系建设”工作，这有利于发挥法治“固根本、稳预期、利长远”的积极作用，有利于推动国家治理体系和治理能力现代化。

7. (1) 中国特色社会主义法治道路的核心要义，具体包括：坚持中国共产党的领导、坚持中国特色社会主义制度和贯彻中国特色社会主义的法治理论。

(2) 从核心要义的具体内容看，包括以下几点：1) 要坚持中国共产党的领导。党的领导是中国特色社会主义最本质的特征，是社会主义法治最根本的保证，要把党的领导贯彻到依法治国全过程和各方面。2) 要坚持中国特色社会主义制度。中国特色社会主义制度是全面推进依法治国的根本遵循和根本保障，在政治制度上，我国实行人民代表大会制度，在经济制度上，我国实行公有制为主体、多种所有制经济共同发展的基本经济制度；在文化制度上，我国提倡爱祖国、爱人民、爱劳动、爱科学、爱社会主义的文化制度。这些制度对全面依法治国有重大保障作用。3) 要坚持中国特色社会主义法治理论。中国特色社会主义法治理论是马克思主义普遍真理同中国实践结合的产物，是马克思主义法治思想中国化的最新成果，是对我党带领全国人民探索法治道路经验的科学总结。

(3) 从实际工作来看，核心要义对司法实践提出了更高要求：1) 在日常工作中，坚持党组织的领导作用，同时注重发挥党员干部的带头作用，正如材料所言，法治的关键在于坚持党领导立法、保证执法、支持司法、带头守法。2) 在日常学习中，要注重对中国现实的把握，熟悉中国问题，构建中国理论，为世界法治发展贡献中国话语。正如材料所言，我们要坚持走中国特色社会主义法治道路，加快构建中国特色社会主义法治体系，建设社会主义法治国家。3) 加强宪法学习，在全社会牢固树立宪法法律权威，弘扬宪法精神，任何组织和个人都必须在宪法法律范围内活动，都不得有超越宪法的特权。

(4) 总之，坚持党的领导，坚持中国特色社会主义制度，贯彻中国特色社会主义法治理论，三者紧密联系，构成有机联系的整体，指明了中国特色社会主义法治道路的领导力量、制度基础与保障、理论指导和学理支撑，彰显了道路自信、理论自信和制度自信，对于我们的实践和学习有重大的指导意义。

论述题与深度思考题

1. 社会主义法治的基本要求是一个具有内在一致性的综合体系，是形式要求与实质要求的统一、制度和价值理念的统一、法的静态方面和动态方面的统一。具体说来包括以下几个方面：

1) 法治的形式要求。包括法律要具有一般性、公开性、明确性和可诉性；法的体系要结构严谨、内部和谐、内容完备；政府行政行为具有合法性；司法权的行使具有独立性和中立性；法律职业的专门化及职业共同体自治；一般法律主体具有法律积极性。

2) 法治的制度要求。包括民主的、科学的立法制度；国家行政权力受约束和监督的法律机制；保障独立行使司法权和公正的各项制度；保障公民权利和自由的制度体系；国家权力恰当配置的内部互相制约制度。

3) 法治的价值理念要求。包括法律至上与党的领导、人民民主的三位一体；尊重利益和价值的多元化与寻求共同利益和价值共识的统一；约束权力使之得以正确行使与尊重和保障人权的协调统一；秩序、效率与实质公正的三位一体。

4）法治的观念要求。包括社会公众形成一种法律具有至上性、权威性的法律信仰；社会公众有法律参与的热情，并确立相应的权利、义务观念和责任观念；国家公职人员确立对法律的信仰。

2. 选择一种什么样的法治道路、为什么要走这样的道路以及目前的路径选择会有哪些困难和障碍等问题，是进行法治建设所要考虑的重要问题。

每一种法治道路的选择都会有这样或那样的问题和困难，因而没有一种完备无缺的法治道路。但是，适合社会土壤与历史传统的法治道路却不能是任意的选择。

第一，政府推进型法治道路与社会演进型法治道路的定义。

前者的主要特点是，政府是法治运动的领导者和主要推动者，法治主要是在政府的目标指导下设计形成的，是主要借助和利用政府所掌握的本土政治资源完成的，是人为设计出来和建构出来的；后者的主要特点是，法治主要是在社会生活（与政府相对应的“民间”社会生活）中自然形成和演变出来的，是社会自发形成的产物。两者之间的区别还有许多，比如时间与知识、目标与结果、成本与代价、创新与学习借鉴，等等。

第二，为什么中国会走上政府推进型的法治道路，而不是社会演进型的法治道路？

主要原因，可能也是唯一现实的原因，是中国社会面临的外部压力与内部危机。所谓外部压力，是指自近代以来，西方列强对古老中国的入侵压迫和1949年新中国成立后，西方国家对我国实行的封锁、遏制与渗透，包括“和平演变”。所谓内部危机，就是在西方压力背景下中国社会经济发展迟缓、体制僵化所造成的矛盾激化。

中国之所以走上了政府推进法治的发展轨道，从另外一个角度说，就是时间问题。简单地说，中国目前恰恰最缺少的就是时间，是时间上的紧迫性决定中国要尽快建立新的社会经济政治秩序，以实现国家的赶超目标。

第三，政府推进型法治的代价及可能的局限。

第一个方面的局限与代价：政府自身的不合理价值偏好对法治化进程和方向的影响问题。我们知道，在政府通过法律、命令推进的强制性制度变迁中，制度变迁的方向、方法、策略是受政府价值偏好影响的。在以往四十多年中国法制建设中，政府价值偏好对法治目标的确定一直有着强烈影响。在未来中国的进程中，政府的法治价值目标如果缺乏民意基础，或者如果过于迎合民意中极容易存在的短期收益最大化（或短期成本最小化）的不良倾向，或是受一些不合乎实际的思想潮流的影响，都会使法治化进程偏离正常、健康的轨迹。

第二个方面的局限与代价：政府推进型法治是否会出现政府动力衰减和中断、停滞？政府推进型法治的基本动力或者初期的主要动力是政府，以及政府领导下的人民。在这种动力结构中，政府是起主导作用的。政府的动力来源于国家外部的压力与挑战，来源于国内原有政治管理体制的僵化所造成的发展问题和国内危机。那么，一旦随着法治化进程的深入，现代法治秩序的初步建立，政府所面临的危机与压力消除了，政府还有多大的动力继续推进法治？是否会出现政府动力衰减和法治化进程中断、停滞的现象？

第三个方面的局限与代价：政府对法治体制、社会经济管理法律框架的主观设计和急促推进与社会生活客观需要之间可能存在的脱节和矛盾问题。谈到政府对法治体制和社会经济管理体制的法律框架的主观设计与社会生活需求的脱节问题，人们对此都不会感到陌生。从某种意义上说，一部四十多年中国的经济改革史，就是一部政府主观的体制设计与社会生活需求相脱节并不断纠正这种脱节的历史。正是因为政府的一些改革设计存在与社会生活需求相脱节的地方，中国的经济改革政策和与此配套的法律设计才总在不断地改变和改进中；也正是因为几乎每一步改革都是对以往主观体制设计与社会需求相脱节的纠正，中国的改革才显出它的渐进改良的特点。

第四，政府推进型法治的两难困境与克服。

政府推进型法治的成功，取决于诸多因素。从总体布局上说，它既取决于法制自身改革的成功，更取决于法制外部改革的成功，取决于经济领域和政治领域的法制化改革的成功。

3.“将权力关进制度的笼子里”是对法治社会中权力制约原则的形象描述。“权力”主要包括立法权、行政权、司法权；“制度”主要指法律制度；“关进笼子”是指通过制度合理规制权力的行使，包括通过立法机制与监督机制将权力的行使限制在合理范围内。“将权力关进制度的笼子里”要求权力应在法律规定的范围内合理运行，国家权力之间相互监督、有效制约，权力的行使接受人民群众和其他社会主体的监督，促使权力机关能够依法履行法定职责。“将权力关进制度的笼子里”有助于国家权力的有序运行、权力不被滥用；有助于人权不受公权力侵犯；有助于实现法律的公平正义。

4. 权利保障原则的内容主要包括尊重和保障人权、法律面前人人平等和权利与义务相一致。

(1) 人权原则。从一定意义上说，法治的所有价值目标都可以归结为充分尊重和保障人权，促进公民自由意识和能力的提高。对国家权力的法律限制本身就是对人权的有力保障。法律至上的最终目标也是为权利和自由发展服务的。因此，可以说，充分尊重和扩展人权是法的终极性的目的价值。

(2) 平等原则。法律面前人人平等是民主和法治的基本要求。

1) 法律面前人人平等还要求在立法上平等分配各种社会资源。此外，平等还意味着尊重社会主体的多元价值观和生活方式，消除歧视与偏见。2) 法治原则要求法律适用上的平等，即在执法和司法过程中，对一切公民权利和自由的平等保护，对一切主体义务的平等要求，对违法行为平等地追究法律责任，不承认任何法外特权。

(3) 权利与义务相一致原则。

1) 确认和保障主体的权利和自由是法治的根本目的。2) 权利和义务具有一致性，没有无权利的义务，也没有无义务的权利，这是平等原则的必然要求。对国家权力而言，在资源分配上不能将权利分配给一部分人，而将义务分配给另一部分人；对社会主体而言，在行使权利时，也必须尊重他人和社会的相应权利，不能只享有权利而不承担义务。

5. 法治，是一种治国方略，是依法办事的原则，是将国家权力的行使和社会成员的活动纳入完备的法律规则系统的一种社会治理模式。法治包含着多种内涵和意义。首先，法治是一种治国方略或者社会调控方式，从这个意义上讲，法治是相对于人治而言的；其次，法治是指依法办事的原则，法治作为一个动态的或能动的社会范畴，其基本意义是依法办事；再次，法治是指良好的法律秩序，无论是作为治国方略，还是作为依法办事的原则，法治最终要表现为一种良好的法律秩序；最后，法治代表某种包含特定价值规定性的社会生活方式，法治不是单纯的法律秩序，而是有特定价值基础和价值目标的法律秩序。实现法治，必须遵循法治的基本原则。

综合对法治原则的各种概括，按照法治理念的要求，可以在具体的操作技术上对法的原则作出以下列举。(1) 法律必须具有一般性。法律的一般性是指法律是针对社会中的一般人而非特定人设定的行为模式，这些行为模式将个别、具体的行为概括提升为法律上一般性的权利、义务和责任规则，从而使之具备被普遍和反复适用的特性。(2) 法律必须具有公开性。法律从秘密向公开状态的演进是法制文明的重要体现。法律是行为规范，只有公开，才能为人们所了解和遵循，使人们得以按照法律的指引安排生活和处理事务。(3) 法律不溯及既往。法治是使人的行为服从规则指引的事业，法律最基本的作用就是为人们的行为提供合理的预期，因此，在通常情况下，法律只能适用于其颁布、生效以后的行为，而不能对此前的行为有溯及力。(4) 法律必须具有稳定性。法律的规范作用在于指引人们的行为，为此，法律必须具有稳定性，不能频繁变动、朝令夕改，使人们无法明确预见自己行为的结果，也无法合理地安排自己的生活。(5) 法律必须具有明确性。人们常以为只有执法者或司法者才会侵犯法治，事实上，立法上的模糊不清、支离破碎对法治的危害更大。法律的明确性不仅要求立法在语言上具有明确性，平实严谨，而且要求立法在内容上明晰、确定。法律不明确，执法者的自由裁量权就会无端扩大，法律的权威和效力就会大打折扣。(6) 法律必须具有统一性。在现代社会，法律呈现出一种爆炸式发展的趋势，新法不断地出台，使保持法律的统一性、避免法律之间相互矛盾成为实现法治的基本要求。(7) 法院独立审判。审判独立原则，体现了法律治理的理念，是现代法治得以实现的基本保障。法院独立审判，即司法审判机关依照法律独立行使审判权，以事实为根据、以法律为准绳，不受任何行政机关、社会团体和个人的干涉。(8) 诉讼应当合理易行。诉讼的合理易行首先要求司法资源向所有的社会成员开放，并为经济困难者提供司法救助；同时要求诉讼具有效率，避免由怠慢、迟缓导致非正义。

此外，法治还可包括如下原则：

（1）法律至上原则。法律至上是法治区别于人治的根本标志，也是法治的首要条件。法律至上原则是指法律具有至高无上的地位与权威，是法治之中最基本的重要原则，其中宪法至上是法律至上原则的核心。（2）权利保障原则。主要包括尊重和保障人权、法律面前人人平等和权利义务相一致。从一定意义上说，法治的所有价值目标都可以归结为充分尊重和保障人权，促进公民自由意识和能力的提高。对国家权力的法律限制本身就是对人权的有力保障。法律至上的最高目标也是为了人的权利和自由发展服务的。因此可以说，充分尊重和保障人权是法治的终极性的目的价值。（3）权力制约原则。法治的内在要求是对国家权力进行合理的分工和有效的制约。权力如何分配和制约是法治国家权力架构的基本问题。能否实现法治，也取决于国家权力结构中是否实行分工和制约。之所以强调权力的分工制约，是因为法治的目的就在于运用法律防止国家权力的专横、恣意和腐败，保障公民的权利和自由。法治所强调的对国家权力进行制约，是权力之间的相互制约。让权力之间相互监督，是维护法的权威，保障国家权力的执行者不违背法律的有力措施。法治原则特别强调对国家行政权力的制约，要求严格依法行政。（4）正当程序原则。正当程序原则包含不能作自己的法官和听取当事人的意见两项具体的内容。正当程序原则的理论根据主要是自然公正原则。自然公正原则认为，任何权力的行使都必须公正，对涉及当事人利益的事项作出裁判要听取当事人的意见，平等地对待各方当事人，不得偏袒任何一方。

6.“法治国家”的概念与“法治”紧密联系。一个国家选择实行法治，就意味着在社会制度的安排和治理方式上奉行法治的原则，使法治从一种理论观念转化为一种政治实践，将政治活动纳入法治轨道。无论是作为治国理念，还是作为制度选择，法治原则与国家制度相结合，就意味着近现代意义的“法治国家”的诞生。作为一种现代意义上的国家治理模式，“法治国家”是指国家依靠正义之法来治国理政与管理社会，从而达到权力和权利得到合理配置的社会状态，使法治理念得以实现，良好的法秩序得以形成。尽管现实中的法治受到历史和文化特殊性的影响而使不同国家的法治模式存在一定的差异，但从根本上看，作为一种政制模式，法治国家蕴含着法治的基本精神和价值关怀。从这个意义上说，不同的法治国家在本质上应更多地具有相似性。

法治国家的主要标志包括以下几点：（1）完备而良善的法律体系。对于我国来讲，完备良善的法律体系的建立要求形式上和内容上具有如下特点：在形式上，重要的法律关系必须有法律调整；法律规范必须明确、肯定、具体，具有可诉性和可操作性；法律体系应当结构严谨、内部和谐、内容完备，各部门法之间、各种不同渊源的规范性法律文件之间要彼此衔接、和谐一致。在内容上，立法必须体现民主政治、权利保障和权力制约原则。（2）健全高效的法律运行体制。法律运行包括执法、司法和法律监督等活动。严格的执法体制和公正的司法体制要求在行政执法体制建设上，应当建立行政权力分工和制约制度。在司法体制方面，必须健全和完善保障司法权独立行使的各项制度。法律监督是实现法治的必要保障，离开有效的监督，国家权利很容易日益膨胀而摆脱法律的束缚，为此，必须进一步完善各种法律监督机制，并为监督活动的实施提供可靠的途径和保障条件。（3）高素质的法律职业队伍。法律终究需要人来执行，高素质的法律职业队伍是法治国家的组织保证。因此，对于我国而言，培养大批忠于法律和人民利益，高度知识化、专业化的公务员队伍和法律职业群体是建立社会主义法治国家的当务之急。（4）较高的全民法律意识。法治社会的基础归根结底在于民众，广大公民自觉行使权力、履行义务的动机和行为是依法治国的最根本动力所在。特别是在我国现阶段，更是急需提高全民素质，培养自由、民主、人权和宪法理念、法律至上观念，努力在全民中普及法律知识。（5）良好的法律秩序。法治最终表现为一种良好的法律秩序，实现良好的法律秩序既是法治的目标和结果，也是检验是否厉行法治的一个重要指标。

7.权利保障原则的内容主要包括尊重和保障人权、法律面前人人平等和权利与义务相一致。

从一定意义上说，法治的所有价值目标都可以归结为充分尊重和保障人权，促进公民自由意识和能力的提高。对国家权力的法律限制本身就是对人权的有力保障。法律至上的最终目标也是为人的权利和自由发展服务的。因此，可以说，充分尊重和保障人权是法治的终极性的目的价值。

法律面前人人平等是民主和法治的基本要求。第一，法律面前人人平等还要求在立法上平等分配各种社会资源。此外，平等还意味着尊重社会主体的多元价值观和生活方式，消除歧视和偏见。第二，法治原则要求法律适用上的平等，即在执法和司法过程中，对一切公民权利和自由的平等保护，对一切主体义务的平等要求，对违法行为平等地追究法律责任，不承认任何法外特权。

法治原则要求在法的制定和实施过程中贯彻主体的权利与义务相一致的原则。第一，确认和保障主体的权利和自由是法治的根本目的；第二，权利和义务又具有一致性，没有无权利的义务，也没有无义务的权利，这是平等原则的必然要求。

第八章　法的原则

知识逻辑图

- 法的原则
  - 法的原则的概念
    - 法的原则的争论
      - 法律实证主义、新分析法学
      - 自然法学、社会法学
    - 法的原则释义
      - 起源和内容上：一般法律意识和道德意识的产物
      - 地位上：根本性、基础性
      - 功能上：指导立法、执法
      - 属性上：普遍性、约束性和可证成性
    - 法的原则与相关概念
      - 与法律原理
      - 与法律规则
        - 适用范围的宽窄不同
        - 适用方式上的有效程度不同
        - 相互联系和统一
      - 与国家政策
  - 法的原则的功能
    - 法的创制
      - 直接决定法律制度的基本性质、基本内容和价值倾向
      - 法律制度内部协调、统一的重要保障
      - 对法律制度的变革起导向作用
    - 法的实施
      - 指导法律解释和法律推理
      - 填补法律漏洞
      - 限定自由裁量权的范围
    - 效力和适用
      - 普遍地体现在法律规则中，填补法律规则失效后的真空
      - 填补法律规则的漏洞，协调法律规则的冲突
      - 明晰法律规则的含义，续造相关的法律规则
      - 适用的特点：全面性、重合性、排斥性
    - 法的原则体系
      - 基本原则与具体原则
      - 一般社会原则与专门法律原则
      - 立法原则、法的适用原则等
      - 公理性原则与政策性原则
      - 实体性原则与程序性原则
    - 中国特色社会主义法的原则
      - 发展过程
      - 一般社会原则
      - 专门法律原则
        - 法治原则
        - 法律面前人人平等
        - 法制统一
        - 尊重和保障人权
        - 职权原则
        - 分工负责、互相配合、互相制约

名词解释与概念比较

1. 法律原则与法律规则
2. 法律原则与法律原理
3. 法的一般社会原则
4. 法的专门法律原则（考研）
5. 中国特色社会主义法的基本原则（考研）

选择题

（一）单项选择题

1. 在法律原则是否存在及作用的问题上，否认法律原则的存在或者不重视法律原则作用的学派是（　　）。

A. 分析法学派　　B. 历史法学派
C. 社会法学派　　D. 自然法学派

2. 有一个西方学者反对哈特主张的法官面对疑难案件只能在法律规则的阴影下行使自由裁量权的观点，提出了法律必须被看成一个整体性的概念，不仅包括规则，还包括显明的或暗含的原则。这个学者是（　　）。

A. 分析法学派的拉兹
B. 社会法学派的庞德
C. 自然法学派的德沃金
D. 自然法学派的富勒

3. 作为法律的价值理念与制度设计、实践操作之间的桥梁，立法、司法、守法的指导思想和立足点的是（　　）。

A. 法律原理　　B. 法律技术
C. 法律解释　　D. 法律原则

4. 法律原则作为法律要素之一，它也有自己的调整对象，那么法律原则的调整对象是（　　）。

A. 法律规则　　B. 整体性社会关系
C. 一般性社会关系　　D. 法律主体

5. 下列有关法律原则的说法不正确的是哪项？（　　）

A. 所有的法律原则都具有指导性
B. 有的法律原则具有任意性
C. 所有的法律原则具有强制性
D. 有的法律原则具有规范性

6. 关于社会主义法的专门法律原则的说法错误的是（　　）。

A. 它是法律生活本身规律性的体现
B. 它是本来意义的法律原则
C. 对于资本主义法的专门法律原则我们一般是要摒弃不用的
D. 它受到法律的一般社会原则的支配

7. 下列各项法律原则中属于一般社会原则的是（　　）。

A. 法治原则
B. 人民代表大会原则
C. 宪法中的民族平等原则
D. 无罪推定原则

8. 我国宪法规定，国家尊重和保障人权，这反映了法律原则中的何种原则？（　　）

A. 一般社会原则　　B. 一般文化原则
C. 专门法律原则　　D. 一般政治原则

（二）多项选择题

1. 法律原则又称法的原则，下列关于法的原则的观点，哪些是正确的？（　　）

A. 它是法的要素之一，它规定权利、义务和确定的法律后果
B. 它具有实体性和程序性
C. 它包括政策性原则和公理性原则
D. 它具有可适用性

2. 下列哪些是根据法律原则涉及的内容和问题不同对法律原则进行的分类？（　　）

A. 实体性原则　　B. 政策性原则
C. 公理性原则　　D. 程序性原则

3. 下列选项涉及法律原则与法律规则的联系和区别，其中正确的观点是（　　）。

A. 法律原则是法律规则的基础
B. 法官在适用法律原则时具有一定自由裁量权，而法律规则的目的则在于限制自由裁量权
C. 法律原则的适用范围比法律规则更为广泛
D. 在不同个案中，不同法律原则的强弱关系可能有所改变，而法律规则则是以“非此即彼”方式应用于个案

4. 法律原则也是可以适用的，具有适用性。与法律规则相比，法律原则的适用有哪些特点？（　　）

A. 法律原则的适用存在于法律运作的全过程

B. 法律原则的适用可以部分地适用于案件

C. 法律原则以“全有或全无的方式”适用

D. 法律原则的适用可以排除规则的适用

5. 部门法的原则不可能全面反映法的基本原则，而是后者某个方面的体现，其中可以体现法的一般经济原则的有（　　）。

A. 行政法　　B. 民商法

C. 经济法　　D. 环境法

6. 法的原则不仅有理论上的认识意义，还有应用的价值。关于法的原则的功能，以下观点正确的有（　　）。

A. 确立了一种什么样的法律原则，也就确立了一种什么样的法律制度

B. 法律规则的方向性变化是由于法律原则的变化直接引发的

C. 法的原则可以作为实质性标准，对实在法本身是否具有合法性加以评判

D. 法律原则的目的在于赋予法官以较大自由裁量权

7. 社会主义法的一般社会原则包括（　　）。

A. 反映当代中国经济发展要求的基本原则

B. 反映当代中国政治制度要求的基本原则

C. 反映社会主义精神文明的原则

D. 反映社会主义的社会生活其他重要要求的原则

8. 关于法律原则的功能，它具体包括以下哪些方面？（　　）

A. 它决定法律制度的性质

B. 它可以避免法律制度的内部矛盾

C. 它对法制改革具有导向作用

D. 它可以限制自由裁量权

9. 关于法律原则与国家政策的关系，下列说法正确的是（　　）。

A. 有些法律原则来自国家政策

B. 有些国家政策来自法律原则

C. 有些国家政策自动作为法律原则

D. 法律原则和国家政策在本质属性、表现方式等方面存在不同

10. 关于法律原则与法律规则之间的区别，下列表述正确的有（　　）。（考研）

A. 法律原则的适用范围比法律规则更广

B. 法律规则一般比较具体，法律原则比较抽象

C. 法律规则相互间冲突时，法律原则可以成为解释法律规则的依据

D. 法律规则是司法裁判的依据，法律原则不能直接在司法过程中适用

11. 下列各项法律规定，属于法律原则的有（　　）。（考研）

A. 承诺生效时合同成立

B. 当事人在民事活动中的地位平等

C. 为了犯罪，准备工具、制造条件的，是犯罪预备

D. 法律没有明文规定为犯罪行为的，不得定罪处刑

简答题

1. 简述法律原则的概念和特点。

2. 简述法律原则的必要性。

3. 当代中国社会主义法的专门法律原则有哪些？（考研）

4. 简述我国“公民在法律面前一律平等原则”的基本含义以及其与西方“法律面前人人平等”原则的区别。（考研）

5. 法的原则在法创制中的作用。（考研）

材料分析题

1. 材料：四川泸州的黄××与妻子蒋××结婚三十多年，有一养子。1994年起黄××开始与张××来往，1996年起二人公开同居，依靠黄××的工资（退休金）及奖金生活，并曾经共同经营。但黄××与蒋××并未离婚。2001年2月起，黄××病重住院，蒋××一直在医院照顾，法院认为其尽到了扶养义务。4月18日黄××立下遗嘱：“我决定，将依法所得的住房补贴金、公积金、抚恤金和泸州市江阳区一套住房售价的一半（即4万元），以及手机一部留给我的朋友张××一人所有。我去世后骨灰盒由张××负责安葬。”4月20日，该遗嘱在纳溪区公证处得到公证。黄××去世后，张××根据遗嘱向蒋××索要财产和骨灰盒，遭到蒋××拒绝。张××遂向纳溪区人民法院起诉，请求根据《继承法》的有关规定，判令被告蒋××按照遗嘱履行，同时对遗产申请诉前保全。从5月17日起，法院经过4次开庭之后（其间曾一度中止，2001年7月13日，纳溪区司法局对该公证遗嘱的“遗

赠抚恤金”部分予以撤销，依然维持了住房补贴和公积金中属于黄××部分的公证。此后审理恢复），于10月11日判决驳回原告张××的诉讼请求。法院判决依据《民法通则》第7条关于“民事活动应当遵守社会公德，不得损害社会公共利益”的基本原则，认为：黄××的遗嘱虽然是其真实意思的表示，形式上也合法，但遗嘱内容存在违法情况，且黄××与原告的非法同居关系违反了《婚姻法》的有关规定，黄××的遗赠遗嘱是一种违反公序良俗和法律的行为，因此是无效的。一方面，本案的判决获得了当地民众和一些学者的支持；另一方面，很多法律界人士却认为这是道德与法、情与法的一次冲突，甚至认为这是在舆论的压力下所作出的一个错判，认为在有具体的实体法规则——《继承法》——可依的情况下依据法律原则判案，这样的判决是错误的。

问题：对此案件你是怎么看的？法律规则和法律原则之间的关系是怎样的？其各自的功能是什么？

2. 2020年5月28日，全国人民代表大会通过《中华人民共和国民法典》。该法第8条规定“民事主体从事民事活动，不得违反法律，不得违背公序良俗。”第10条规定：“处理民事纠纷，应当依照法律；法律没有规定的，可以适用习惯，但是不得违背公序良俗。”

请结合上述材料，运用法律学相关知识，回答以下问题：

（1）什么是公序良俗？什么是习惯？

（2）习惯作为处理民事纠纷的依据需满足哪些条件？

（3）第8条的内容属于哪一种法律要素？它对于司法审判有什么功能？

论述题与深度思考题

1. 试述中国特色社会主义法的基本原则有哪些。
2. 试论法律原则的功能。

参考答案

名词解释与概念比较

1. 法律原则是指反映法律制度的根本性质，促进法律制度的协调统一，为其他法律要素提供指导，保障法律运作的动态平衡，并证成其法治理念的基础性原理和价值准则。

法律规则是由国家制定或者认可的、逻辑上周全的、具有普遍拘束力的行为规则，它规定了社会关系参加者在法律上的权利和义务，并以国家强制力作为实施的保障。

两者都属于法的基本要素，但是两者的概念和功能以及性质是不同的。两者相比，前者更具有稳定性和适用范围的广泛性，它概括并体现着法律制度的基本性质、内容和价值取向，是整个法律制度的指导思想和核心；后者是前者所确定的基本价值理念在不同方面和领域的具体化。

2. 法律原则与法律原理有一定区别，二者概念不同。法律原则是其他法律要素内容的基础性原理和准则，作为由法律明文规定的基本原则，本身是成文法法律渊源的组成部分，可以作为审判案件的合法依据。

法律原理简称法理，是对法律上之事理所作的具有说服力的、权威性的表达，是法律的公理、教义或信条。它不是正式法律渊源和法律要素的组成部分，大致属于法律的非正式渊源。

法律原理一旦被实在法接受、纳入制定法，就成为法律原则。法律原理具有不确定性，也缺乏权威性，只有上升为法律原则，才具有确定性和权威性。但是，也有某些法律原则没有在法律条文中表现出来，它们与法律原理的界限并不清晰。

3. 法律作为社会关系的调整器，需要反映社会关系的基本要求，特别是社会基本制度的要求，这类法律原则就是法的一般社会原则。不同的社会制度往往决定了法的一般社会原则是不同的，在法律实施过程中，它还对专门法律原则的具体内容产生影响。

4. 法的专门法律原则决定于法之所以为法的特点，反映法律本身的规律性，它回答的是某种历史类型的法和法制用什么样的方法、方式和手段来确认、保护和发展其所要确认、保护和发展的社会关系的问题。

5. 中国特色社会主义法的基本原则是我国马克思主义法学理论所研究的，并在这种研究的基础上提出的社会主义法的出发点和指导思想，它反映着社会主义法的本质、基本内容和基本精神，体现了社会主义社会各项建设以及人与人关系的需要。

选择题

（一）单项选择题

1. 答案：A

解析：分析法学派崇尚理性，他们相信依靠理性可以制定出完美的法典、无漏洞的法律体系，所有的问题都可以从法律规则的条文中找到答案；他们不主张采用法律原则，立法者试图以此排除司法中人的因素，将法官变成一“自动售货机”。所以答案是A项。

2. 答案：C

解析：哈特属于新分析法学派，与之观点直接对立的是自然法学派，所以A、B项显然不对。自然法学派的富勒主要研究了法律的道德性，提出了程序自然法。但他没有提出将法律原则纳入法律体系。所以答案是C项。

3. 答案：D

解析：法律原理本身就是法律理念的一种，与法律原则存在区别；法律技术无法作为立法等法律实践的指导思想；法律解释同样如此。所以A、B、C项不正确，应该选D项。

4. 答案：B

解析：法律的调整对象是某种社会关系，因此，法律原则与法律规则的调整对象也都是社会关系，只是调整的角度不同：前者针对社会关系的整体性问题，涉及价值取向，而法律规则针对的是具体性的社会关系、具体的社会问题。所以A、D项不正确。一般性社会关系与整体性社会关系不同，一般性社会关系针对的是基本（一般）法律原则，排除了具体法律原则。所以C项不正确，应选B项。

5. 答案：C

解析：法律原则都具有指导性，但这种指导性可能是非强制性的，因为它是一种模糊而非精确的指引，所以并非所有法律原则都有强制性。所以C项的说法是错误的，应选。而法律原则也可能具有一定的规范性，即反复适用和强制性的特点，所以D项的说法并非错误，不应选。

6. 答案：C

解析：社会主义法的专门法律原则是法律作为一种社会关系调整器而具有的一般规律性的体现，因此它是法律本来意义上的原则，但是，它要受到一般社会原则的制约，因为一般社会原则是宏观的外部性的原则，故A、B、D项的说法正确，不选，应该选C项。

7. 答案：B

解析：一般社会原则与专门法律原则的区别主要在于它们是更多地从法律调整的角度考虑问题还是更多地从法律以外的社会政治角度考虑问题。法治原则、民族平等原则和无罪推定原则主要反映的是法律自身的自洽性和权威性，属于专门法律原则，而人民代表大会原则不是，它是解决政治性问题所要求的，所以选B项。

8. 答案：C

解析：尊重和保障人权是法律精神的集中体现，虽然在过去时代未必如此，但是现在所说的法律原则就是为当今所认同的法律的基本价值取向，其中具有特定社会历史形态特点的、服务于社会某个具体领域的法律原则是一般社会原则，而服务于整个国家诸多发展领域并且以维护法律自身品质为己任的法律原则是专门法律原则，而人权问题不仅是社会问题、文化问题或政治问题，它还是法律的自身品质问题，所以四个选项中只有C项是正确的。

（二）多项选择题

1. 答案：BCD

解析：法的原则不具体规定权利、义务，也没有规定确定的法律后果，因此A项的说法本身错误，不选。法的原则既可以在立法环节适用，也可以在法律实施环节适用，也就是当法律规则不存在，或者法律规则明显违背法律原则，并可能导致极不公正的后果时，可以用法律原则纠正法律规则。但这也是依法裁判，因为法律原则也属于法的要素。

2. 答案：AD

解析：按照法律原则涉及的内容和问题不同，可以把法律原则分为实体性原则和程序性原则。实体性原则是直接指涉实体法问题（实体性权利和义务等）的原则，例如，宪法、民法、刑法、行政法中所规定的多数原则属于此类。程序性原则是直接指涉程序法（诉讼法）问题的原则，如诉讼法中规定的“一事不再理”原则、辩护原则、非法证据排除原则、无罪推定原则等。所以A、D项正确。

3. 答案：ABCD

解析：本题考查的是法律原则和法律规则的区别。法律原则和法律规则存在以下区别：（1）在作用方面，法律原则是法律规则的根源和基础。（2）在内容方面，法律原则的要求较为原则，在具体适用时，法官具有一定自由裁量权，而法律规则的要求明确、具体，其目的在于限制自由裁量权。(3) 在适用范围方面，法律原则具有宏观指导性，适用范围比法律规则更为广泛，而法律规则只适用于某一类型的行为。(4) 在适用方式方面，不同的法律原则具有不同的强度，当两个法律原则在具体个案中发生冲突时，法官必须从实际出发，在不同强度的原则间作出权衡。在不同个案中，不同原则的强弱关系可能有所改变。而法律规则则是以“非此即彼”方式应用于个案。综上所述，A、B、C、D 项论述均正确。

4. 答案：ABD

解析：法律原则适用的环节包括从立法到法律监督的任何法律运作过程，它可以不同程度地适用于案件，而未必是全部适用，因此两个存在矛盾的法律原则可以和谐地作用于一个案件；法律原则在特定情况下可以排除法律规则的适用，即法律规则的适用违背法律原则或法律精神，并导致严重社会后果等情况。所以 A、B、D 项正确。而“全有或全无的方式”是指全部适用或全部不适用，是法律规则的适用方式。

5. 答案：BC

解析：我国法的一般经济原则主要是体现我国经济制度的一系列原则，包括公有制为主体原则、公共财产神圣不可侵犯原则、公民合法的私有财产不受侵犯原则、实行社会主义市场经济原则等。所以 B、C 项正确。而行政法反映的是一般政治原则，环境法反映的是一般社会原则。

6. 答案：ABC

解析：法律原则是法律规则的价值准则，所以在立法的过程中，首先需要确立法律原则，然后根据法律原则来拟定法律规则，所以 A 项正确。法律原则决定法律规则的性质和方向，所以 B 项正确。法律原则既然可以指导法律规则，当然也就可以评判法律规则，所以 C 项正确。法律原则的目的是指导法律规则，并指导人们对法律规则的理解，而并非赋予法官自由裁量权。虽然客观上当出现法律漏洞时，法官根据法律原则断案确实拥有了较大的自由裁量权，但相对于无法司法，也是限制了自由裁量权，因此它的目的不在于赋予法官自由裁量权，故 D 项错误。

7. 答案：ABCD

解析：法的基本原则包括法本来意义的原则，也是法自身的规律的原则，这叫法的专门法律原则，它独立于法的一般社会原则。而一般社会原则是法律之外的一些其他因素对法有影响的原则。A、B、C、D 项都是要接受法指导的、法律之外对法进行影响的一些原则，都是正确的。故选 A、B、C、D 项。

8. 答案：ACD

解析：法律原则的功能包括对法律创制和法律实施的指导：在法律创制方面可以决定法律制度的性质，减少法律制度内部冲突，并作为法制改革的导向。在法律实施方面，作为法律解释的指导，当出现法律漏洞时作为裁判依据，当法律规范不细致时可以限制自由裁量权等。所以 A、C、D 项正确。由于它不能完全避免法律制度的内部矛盾，故 B 项错误。

9. 答案：AD

解析：法律原则具有法律属性，国家政策不具备该属性，国家政策可以上升为法律原则，但不能相反。故 A 项对，B 项错。国家政策变为法律原则必须经过立法程序，二者是法律规范与其他社会规范的关系。比如，虽然实行计划生育既是国家政策也是法律原则，但不是自动作为法律原则的，故 C 项错。法律原则与国家政策在本质属性、表现方式、实施途径、稳定性、程序性等方面有很大不同，故 D 项正确。

10. 答案：ABC

解析：法律原则与法律规则之间的区别主要体现在内容、适用范围、适用方式和作用上：在适用范围上，法律规则只适用于某一类型的行为，而法律原则具有宏观的指导性，其适用范围比法律规则更广，故 A 项正确。在内容上，法律规则的规定是明确具体的，而法律原则不预先设定明确的、具体的假定条件，更没有设定明确的法律后果，其要求比较笼统模糊，故 B 项正确。在作用上，法律规则具有比法律原则强度大的显示性特征，它形成了法律制度中坚硬的部分。法律原则是法律规则的本源和基础，它们可以协调法律体系中法律规则之间的矛盾，弥补法律规则的不足与局限。法律原则有时可以直接作为法官裁判的法律依据，故 C 项正确，故 D 项错误。

11. 答案：BD

解析：法律原则是指可以作为法律规则的基础或本源的综合性、稳定性的原理和原则。B 选项是民法的基本原则之一——平等原则，D 选项是刑法的基本原则之一——罪刑法定原则，故 B、D 选项正确。A 选项“承诺生效时合同成立”是法律规则，“承诺生效”为假定条件，“合同成立”为法律后果；C选项“为了犯罪，准备工具、制造条件的，是犯罪预备”是对犯罪预备共同特征的概括而形成的法律概念，既不是法律规则，也不是法律原则。

简答题

1.（1）概念：法律原则是指反映法律制度的根本性质，促进法律制度的协调统一，为其他法律要素提供指导，保障法律运作的动态平衡，并证成其法治理念的基础性原理和价值准则。

（2）特点：第一，从起源看，法律原则是社会一般道德意识和法律意识的产物，是社会成员普遍道德标准的法律表现。它深深根植于一个社会的经济、政治、文化传统中，经过逐渐演变最终纳入法律体系。

第二，从在法律体系中的地位看，法律原则把法律规则联结成一个有机整体，是法律体系的总纲，决定了法律制度的基本性质、基本内容和价值取向；是促使法律体系各项具体制度和规则保持协调性、稳定性和连续性的保证。

第三，从法律原则在法律运作中的功能看，法律原则是立法、司法和执法主体处理疑难案件、法律事务时有约束力的标准，它是立法、司法、守法的指导思想和立足点，决定法律调整的实际效果。

第四，从法律原则区别于非法律原则的属性看，作为法的原则，法律原则必须具有普遍性、约束性和可证成性。普遍性和约束性是法的基本属性，可证成性是调和法的确定性、救济性与可诉性等法治价值之间矛盾的保证。

2.（1）从法律的内在逻辑来看，法律原则是法律价值理念与制度设计、实践操作之间的桥梁，是立法、司法、守法的指导思想和立足点。由于法律规范的稳定性与社会关系瞬变性之间存在矛盾，法律规范难免存在漏洞甚至冲突。这就需要一个指导性的要素加以协调，以弥补法律的空白、协调法律的冲突，即法律原则。

（2）从法律的外部逻辑来看，法律原则作为法律体系的灵魂，直接决定法律制度的基本性质、基本内容和价值取向，它是法律制度保持协调性、稳定性和连续性的保证。法律规则调整的是具体性社会关系，而法律原则调整的是整体性社会关系，整体性社会关系对个别性社会关系具有约束性和制约性。

（3）从经验来看，法律原则存在于各种法律之中，包括国内法和国际法、整体法和部门法。

（4）从思想争论看，反对法律原则是法律形式主义（分析法学）的主要观点，这种观点早就受到恩格斯的批判。法典法包罗万象的主张是黑格尔哲学体系的投影，如同黑格尔体系最终破产一样，绝对严格的法典法理论也注定无法维持下去。

3. 法的专门法律原则是法律生活本身相对独立的规律性的体现，是本来意义的法律原则。它受一般社会原则的支配，服务于一般社会原则，但又有相对的独立性。专门法律原则越符合一般社会原则的要求，并符合法律调整的规律性，就越能较好地服务于社会生产、生活的需要。

中国特色社会主义法的专门法律原则包括：

（1）法治原则。也就是依法治国的原则，它要求制定出好的、符合广大人民利益的法律，并能得到真正的遵守。一切个人、组织和机关都要遵守法律尤其是宪法，任何人和机关不得享有超越宪法和法律的特权。

（2）法律面前人人平等的原则。任何公民享有宪法和法律规定的权利，同时履行规定的义务。这是人类长期积累的进步的法律成果，反映了法律本身的特性。

（3）法制统一的原则。一切法律、行政法规和地方性法规等都不得同宪法相抵触，统一在宪法的规定中。

（4）国家尊重和保障人权原则。任何公民享有宪法和法律规定的权利，包括政治、经济和社会文化权利，同时不得滥用这些权利。

（5）依法独立行使职权原则。人民法院依照法律独立行使审判权，人民检察院依法独立行使检察权，不受任何行政机关等的干涉。

（6）分工负责、相互配合、相互制约的原则。人民法院、人民检察院和公安机关办理刑事案件，应当分工负责、相互制约、确保准确执行法律。

此外，还有无罪推定原则、过错责任原则等。

4.（1）我国“公民在法律面前一律平等原则”的基本含义是：

1）这个原则要求给任何公民在法律上平等的对待，保证公民心中的正义感，使公民信仰法律。

2）任何人在同样条件下的权利和义务是平等的，不允许任何人有超越法律规定的特权。

3）任何人在违法时都要被平等地追究法律责任，无论民事责任还是刑事责任，不允许对掌握公权力的人法外施恩。

4）这个原则是整个社会主义法的基本原则，它既体现在法的创制过程中，又体现在法的适用过程中，还体现在追究法律责任和法律监督过程中。

（2）上述原则与西方“法律面前人人平等”原则的区别在于：

1）我国的法律面前人人平等是可以真正实现的平等，不但考虑形式上的平等，还考虑实质上的平等；而西方主要是讲形式上的平等，用形式上的平等掩盖事实上的不平等，形式平等的背后是资本家雇佣和剥削劳动人民的实质不平等。

2）西方国家由于剥削阶级的存在，国家权力掌握在资产阶级手中，因而它们所制定的法律必然对富人有利而对穷人不利，贫富分化的存在无法根本解决，立法中的实质平等难以实现。

3）由于西方资本主义国家以私有制为基础，国家的司法资源控制在资产阶级手中，因而，即使在法的适用过程中，适用法律的人也不可能对劳动人民一视同仁，必然存在大量的不平等；而我国以公有制为基础，劳动人民在根本利益上是一致的，比较容易实现事实上的平等。

5. 在法律创制过程中，法的原则具有非常重要的和不可替代的功能，具体表现在如下三点：

第一，法的原则直接决定了法律制度的基本性质、基本内容和基本价值倾向。

它是法律精神最集中的体现，因而，构成了整个法律制度的理论基础。可以说，法的原则也就是法律制度的原理和机理，它体现着立法者及其代表的社会群体对社会关系的本质和历史发展规律的基本认识，体现着他们所追求的社会理想的总体图景，体现着他们对各种相互重叠和冲突着的利益要求的基本态度，体现着他们判断是非善恶的根本准则。所有这一切，都以高度凝缩的方式集中在一个法律制度的原则之内。因此，确立了一批什么样的法律原则，也就确立了一种什么样的法律制度。对不同时代、不同社会的法律制度加以比较就可以发现，规则间的众多差别不一定构成实质性的差别，规则间的众多一致也不一定构成实质性的一致，然而，当一批为数不多的基本原则之间存在重要的差别或一致时，两种法律制度间的深刻差别或一致性就会作为一种不容争议的事实而显现在人们眼前。

第二，法的原则是法律制度内部协调、统一的重要保障。

任何一个成熟的法律制度都包含着众多的规则要素，这些众多的规则所涉及的事实状态纷繁复杂，其法律性质、法律效力和具体的立法目的也各有不同。尤其是在现代社会中，法的规则的数量之巨、种类之多，远非古代法律所能比拟，而且，这些规则又分别由各级、各类不同的国家机构出于不同的管理需要而制定，因此，如何保障法律自身的协调一致就成为一个突出的问题。近、现代立法经验表明，法的原则在防止和消弭法律制度内部矛盾和增强法制统一方面，具有突出作用。在法律的创制过程中，当处于不同效力位阶的各项原则能够被各级、各类立法者刻意遵从时，法制的统一就有了最基本的保障。

第三，法的原则对法制改革具有导向作用。

现代社会是变迁节奏越来越快的社会，随着社会的不断发展，新的兴趣、利益、行为方式和权利要求也不断涌现，并且时常与原有的权利、义务分配结构发生冲突。在此种形势下，法制改革或曰法律发展就成了现代法制中一种惯常的现象和客观需要。在中国自实行改革开放以来，原有的权利、义务沿着特定的方向发生了深刻变化，大批的原有规则被废止和修正，大批的新规则被制定出来。在过去，某些行为属于作为义务，不作为者会被惩处，现在却被当成不作为的权利而受到保护；过去，某些行为属于不作为的义务，作为者会被制裁，现在却被当成作为的权利而受到鼓励；与此同时，某些行为在过去属于权利或权力，现在却被取消或禁止。这种涉及人们行为方式和生存方式的深刻变化，正是由于法律原则的变化而直接引发的：某些新的原则取代了原有的原则或某些原有的原则被赋予新的含义，并引导整个法制沿着新的方向发展，即把我国建设成为社会主义法治强国。

材料分析题

1.（1）法律规则和法律原则之间的关系。

法律规则是指由国家制定或认可的、逻辑上周全的、具有普遍拘束力的行为规范，它规定了社会关系参加者在法律上的权利和义务，并以国家强制力作为实施的保障。它是一种一般的行为规则，为行动者提供了一种行为模式，通过一定的行为模式来指导人们的行为，并对某种事实状态的法律意义和法律后果作出明确的界定，从而它直接实现着法对社会关系的调整功能。法律原则是指在一定法的体系中作为法律规范的指导思想、基础或本原的综合的、稳定的原理和准则。它在形式上并不具备法律规范的结构要素，往往只是提出了立法对于某一类行为的倾向性的要求，没有提供明确、具体的行为模式，具有高度的抽象性和概括性。虽然没有法律规则所具有的对社会关系的直接调节作用，但是法律原则在法律系统中具有极为重要的功能，在法的创制和适用过程中都具有重要的作用。

（2）法律原则的功能。

在法的创制过程中，法律原则概括并体现着法律制度的基本性质、内容和价值取向，是整个法律制度的指导思想和核心，而法律规则是法律原则所确定的基本价值理念在不同方面和领域的具体化。此外，法律原则是法律制度内部协调、统一的保障，使不同种类和层级的法律规范组织起来，成为相互关联、相互协调、相互作用的统一整体而发挥作用。在法的适用过程中，它的功能首先在于可以作为法律解释和法律推理的基本出发点和价值导向，避免法律解释和推理的任意与无序；其次是在出现法律空白或者漏洞的时候，在现行法律和社会生活脱节的时候，可以直接作为法律适用的依据。

法律规则直接实现着对社会的控制，但是它必须在法律原则的指导下进行。法律原则的基本价值取向是贯穿于始终的，它是法律规则制定和适用的依据，是法律规则的上位概念，法律规则是不能和它相冲突的。

（3）法律原则的适用。

本案是一起遗赠遗嘱纠纷，本应适用《继承法》。遗嘱是立遗嘱人的真实意思表示，形式合法。而且在现行《继承法》的条文中，确实看不到禁止“第三者”接受遗赠的内容和规则。《继承法》第16条第2款规定：“公民可以立遗嘱将个人财产赠给国家、集体或者法定继承人以外的人”，从而确认了遗赠的合法性。其第19条关于“遗嘱应当对缺乏劳动能力又没有生活来源的继承人保留必要的遗产份额”的规定，明确了遗赠的限制。也就是说，只有在剥夺了缺乏劳动能力又没有生活来源的继承人的遗产份额的情况下，遗赠才可以受到限制（被撤销、宣布无效或者部分无效）。由此，很多法学家解释说，立法者的原意是最大限度地尊重当事人也就是立遗嘱人的意思自治，在符合其他形式要件的情况下，遗嘱的内容即使是违反道德乃至违法，只要不涉及上述必须排除的情况，就应认为其合法有效。这种严格依据法律规范的解释对法官来说也是一种风险最小的选择，在一般情况下，法官都会以“特别法优于普通法”的原理作出这种选择，这样，即使判决原告胜诉，任何人都不会说这是一起错案。然而在民众乃至全国民众的关注之下，这样判决引起的直接问题就是：如果按照当时的《继承法》的规定，支持了张××的诉讼主张，那么也就是肯定了“包二奶”的行为以及“第三者”对合法婚姻家庭的侵害，并承认“第三者”可以从这种违法行为中获益。这种结果不仅违背了《婚姻法》的原则和规定，而且和公序良俗这一民法的基本原则背道而驰。这是显而易见的。

《民法通则》是《继承法》的上位法。继承属于一种民事行为，尽管其具有特殊性，但是必须受到民法基本原则的管辖。民法基本原则应该贯穿在一切民事法律规范和制度中，继承法的具体规定可以与其他民事制度以及其他民事法律规范有所不同，但其基本原则和精神不能与《民法通则》发生根本性矛盾。《民法通则》第7条规定，“民事活动应当尊重社会公德，不得损害社会公共利益”。第55条规定，民事法律行为要件之一包括：不得违反法律或者社会公共利益。第58条规定的无效民事行为包括：恶意串通，损害国家、集体、第三人利益的，以及违反法律或者社会公共利益的行为。

单纯地适用法律规范并不能真正执行法律，当现行的法律规范与社会的发展不相适应的时候，当法律规范的规定与法律的基本原则和精神相违背的时候，我们应该适用的是法律原则。

此外，应特别注意的是，《民法通则》《继承法》现在均已失效。

2.（1）公序，指公共秩序，是指国家社会的存在及其发展所必需的一般秩序；良俗，指善良风俗，是指国家社会的存在及其发展所必需的一般道德。公序良俗指民事主体的行为应当遵守公共秩序，符合善良风俗，不得违反国家的公共秩序和社会的一般道德。

习惯指一地方的风俗、社会习俗、道德传统等，是一种经过长时间而形成的一种行为方式。

（2）能够作为处理民事纠纷依据的习惯，应当符合以下几点条件：

第一，在特定地区，该民事习惯必须是客观上存在的，这种客观存在体现在其对该地区人们的现实生活产生了各种各样的影响。

第二，这种民事习惯在该地区得到了人们的普遍遵守，并且对这种民事习惯的遵守并不是由国家强制力来作为保证的。

第三，这种民事习惯不违反民法的基本原则和民法的强制性规定，符合公平正义，合情合理的要求。

第四，这种民事习惯在社会生活中对于争议的事项发挥着调整的作用。

只有符合这几个条件的民事习惯才可以作为处理民事纠纷的依据。

（3）公序良俗原则属于法律原则，法律原则对司法审判的功能如下：

第一，指导功能，为法律解释和法律推理提供基本出发点和价值导向，在个案中作为对某个具体法律规则、法律制度的合理性、正当性或正确性进行评价的标准。

第二，裁判功能，当出现法律空白或法律漏洞时，法律原则往往可以直接成为适用法的根据。

第三，约束功能，限定自由裁量权的合理范围。

论述题与深度思考题

1. 中国特色社会主义法的基本原则是指社会主义法治建设的总体性和纲领性的原则，包括一般社会原则和专门法律原则。

（1）一般社会原则：也就是社会主义基本路线，包括经济、政治、文化和社会领域确立的基本原则在法律领域的体现。具体包括：

1）中国特色社会主义法的一般经济原则：A. 坚持以公有制为主体、多种所有制经济共同发展的基本经济制度的原则；B. 坚持按劳分配为主体、多种分配方式并存的分配制度的原则；C. 社会主义公共财产神圣不可侵犯的原则；D. 公民的合法的私有财产不受侵犯的原则；E. 国家实行社会主义市场经济的原则，这也是一种经济制度；F. 宏观调控的原则。

2）中国特色社会主义法的一般政治原则：A. 人民民主专政的社会主义制度的原则，也就是我国的国体；B. 人民主权和人民代表大会制度的原则，人民代表大会制度是我国的政体；C. 中国共产党领导的多党合作和政治协商制度的原则，即我国的政党制度；D. 各民族一律平等和民族区域自治的原则，即我国的民族制度；E. 基层自治的原则，即基层民主制度；F. “一国两制”的原则，这是非常特殊的我国独创性的政治制度。

3）中国特色社会主义法的一般文化原则：A. 坚持马列主义、毛泽东思想、邓小平理论、“三个代表”重要思想、科学发展观、习近平新时代中国特色社会主义思想的指导地位，这是理论指导；B. 加强社会主义精神文明建设的原则；C. 国家发展社会主义的教育、科学、文化、卫生、体育事业，以满足人民群众日益增长的物质和文化需要。

4）中国特色社会主义法的一般社会原则：一般社会是指狭义的社会概念，即除经济、政治和文化以外的社会基础设施与公共服务领域的建设，对该领域进行建设的一般原则即一般社会原则。A. 经济、政治、文化和社会协调发展的原则；B. 经济社会发展与人口增长相协调的原则；C. 经济社会发展与环境保护相协调的原则。

（2）中国特色社会主义法的专门法律原则。

1）法治原则。也就是依法治国的原则，要求制定出好的、符合广大人民利益的法律，并能得到真正的遵守。一切个人、组织和机关都要遵守法律尤其是宪法，不得享有超越宪法和法律的特权。概言之，也就是要树立法律的权威性，以法律为治国方略的原则。

2）法律面前人人平等的原则。任何公民享有宪法和法律规定的权利，同时履行规定的义务。这是人类长期积累的进步的法律成果，反映了法律本身的特性。法律面前人人平等包括立法参与的平等、法律实施的平等若干方面。

3）法制统一的原则。一切法律、行政法规和地方性法规等都不得同宪法相抵触。只有法制达到统一，才能保证法律的确定性、增强法律的权威性。法制统一是法律的基本品质之一，是良法的体现，是法治的基本前提。

4）国家尊重和保障人权原则。任何公民享有宪法和法律规定的权利，包括政治、经济和社会文化权利，同时不得滥用这些权利。这既是对立法者的要求，对全体公民的要求，更是对国家执法机关的要求，也是对国家各个机关赋予的一种义务和责任。

5）依法独立行使职权原则。依法独立行使职权虽然是针对任何享有国家公权力的机关，包括立法机关，但主要是针对司法机关：人民法院依照法律独立行使审判权，人民检察院依法独立行使检察权，不受任何行政机关等的干涉。

6）分工负责、相互配合、相互制约的原则。人民法院、人民检察院和公安机关办理刑事案件，应当分工负责、相互制约，确保准确执行法律。

此外，还有无罪推定原则、过错责任原则等。

（3）社会主义法的基本原则与资本主义法律原则的区别。

1）在私有制条件下，资本主义法律的形式平等掩盖了立法内容的不平等，是以法律的形式确认了剥削和压迫的合法性。

2）在贫富差距悬殊的资本主义社会，即使法律上的形式平等也不能得到彻底贯彻。

3）社会主义法的原则不但在内容上可以不断趋向平等，而且在贯彻实施中也更容易做到公平合理。

2. 法律原则作为法律规则等其他法律要素的指导性准则，作为立法、司法和守法的指导思想和立足点，具有多方面的功能。

（1）关于法律原则的功能存在法律形式主义与自然法学派的争论。

第一，法律形式主义认为法律原则不存在，或者是反对法律原则在司法中能发挥作用。他们认为根据人的理性，可以制定无所不包的法典，根据法律规则就可以为所有的问题找到答案；反对法官根据法律原则判案，以防止法官拥有自由裁量权，危害民主和法治。这是一种理性万能和理想主义的法治观。

第二，自然法学者大多重视道德原则对法律规则的指导作用，将道德原则作为法律体系建立和发展的基石。社会法学家庞德探讨了法律规则以外的法律组成成分，并提出以法律原则作为法律推理的根本出发点。这种观点为复兴自然法学派所接受，形成了法律原则是法律核心要素之一的观点，代表性人物是德沃金。

（2）在法律创制方面的功能。

在法的创制过程中，法律原则发挥着重要的不可替代的作用。

1）法的原则直接决定了法律制度的基本性质、基本内容和基本价值倾向。它是一个时代法律精神的集中体现，构成了整个法律制度的理论基础。法律原则体现着立法者及其代表的统治阶级对历史发展规律的基本认识、他们判断善恶是非的标准，以及他们所追求的社会理想的总体图景。所以确立了什么样的法律原则，也就确立了什么样的法律制度。

2）法的原则是法律制度内部协调、统一的重要保障。由于法律数量的增加，也由于立法者本身受到社会利益集团的影响，加上立法机关的层级众多，既有中央各个部委，也有地方各级人大和人民政府，这就使众多规范性法律文件之间的冲突难以避免，因此需要法律原则尤其是法律基本原则来加以协调，宪法中的法律原则作为法律基本原则是一切法律规则冲突的裁断依据。

3）法的原则对法制改革具有导向作用。社会不断变化发展，人们的权利、义务观念也随之改变，法律意识和道德意识的集中体现就是提炼出新的法律原则，例如国家尊重和保障人权等原则。任何法律规则的变化都意味着法律意识的变化，都是对既有法律原则的深入贯彻，或者对原有法律原则产生了新的理解。

（3）在法律实施方面的功能。

1）指导法律解释和法律推理，在个案中作为对某个具体法律规则、法律制度的合理性、正当性或正确性进行评价的标准。关于法律规则往往存在多种理解，法官为了保证自己的理解符合法律精神、保持法律体系的统一性，并确保判决被当事人接受，这时候法官就必须求助于法律原则。

2）在法律规则出现“漏洞”时，法律原则可以作为“法源”运用于法律对案件事实的涵摄过程，从而补充法律漏洞，强化法律的调控能力。社会关系的复杂性、立法者阅历和智慧的有限性，以及法律规则的概括性、稳定性等特点，容易导致法律规则对许多案件不能完全涵摄，或者不能正当、合理地涵摄，这都需要求助于法律原则来补充或修正。

3）限定自由裁量权的合理范围。法律实施除要符合合法性以外，还有合理性与公正性的问题。由于法律规则尤其是责任性规则，对应的违法情节幅度很宽，不同程度的违法共用一个宽泛的制裁幅度，这就要求法官具有非常广的社会阅历和高超的法律智慧，以保证处理结果的公平、合理，同时法律原则也构成了对法官走向公正之门的指引和规制。

第九章　法与经济

知识逻辑图

- 法与经济
  - 生产力
    - 生产力决定法律产生和发展
    - 法对生产力的反作用
      - 激发劳动者的创造性和积极性
      - 保障生产力要素的合理配置
      - 抑制生产力发展中的负面因素
  - 生产关系
    - 经济基础决定法
      - 法根源于经济基础
      - 法必须与经济基础相适应
      - 法的变化取决于经济基础的变化
    - 法律的反作用
      - 确认、引导、促进和保护经济基础
      - 间接作用于经济基础，提供发展的环境
      - 摧毁和改造旧的经济基础
  - 法与市场经济
    - 市场经济的发展及特点
      - 以市场调节为基础配置资源
      - 经济主体平等、自由、权利明晰
      - 完备的市场经济法律体系
    - 市场经济是法治的起点
      - 市场经济的发展要求经济运行必须法制化
      - 经济运行规则必须法制化
    - 法治是制度保障
      - 建立市场经济秩序需要法治
      - 市场主体的行为需要法律调整
      - 市场主体的多样化权益需要法律保障
      - 对市场经济宏观调控的重要手段
      - 抑制市场经济对基本社会价值和利益的侵害
      - 促进渐进式改革的完善，减少改革的风险和代价
  - 法与知识经济
    - 知识经济的特征
    - 法对知识经济：知识产权
      - 中介
      - 动力
      - 保障
    - 知识经济对法
      - 扩大与更新法律内容
      - 优化和完善法治进程
      - 变动国家主权及国际法的内涵
      - 变动和更新人们的法律观念
      - 更新法学方法论
      - 负面影响

法与经济
- 法经济学
  - 法经济学的概念和框架
  - 法律公共品和法律市场理论
  - 法律供求理论
  - 法律均衡理论
  - 法律成本—效益理论

名词解释与概念比较

1. 法经济学
2. 法律供求
3. 法律均衡（考研）

选择题

（一）单项选择题

1. 生物科技和医疗技术的不断发展，使器官移植成为延续人的生命的一种手段。近年来，我国一些专家呼吁对器官移植进行立法，对器官捐献和移植进行规范。对此，下列哪种说法是正确的？（　　）（司考）

A. 科技作为第一生产力，其发展、变化能够直接改变法律

B. 法律的发展和变化也能够直接影响和改变科技的发展

C. 法律既能促进科技发展，也能抑制科技发展所导致的不良后果

D. 科技立法具有国际性和普适性，可以不考虑具体国家的伦理道德和风俗习惯

2. 被恩格斯称为“商品生产者社会的第一个世界性法律”的是下列哪一种？（　　）

A. 拿破仑法典　　B. 唐律

C. 罗马法　　D. 地中海沿岸的海商法

3. 下列有关法与生产力的表述，哪一项是不正确的？（　　）（考研）

A. 法可以直接反作用于生产力

B. 法对生产力的作用一般要通过经济基础的中介

C. 法保护了生产力，就等于保护了经济基础

D. 法可能阻碍生产力的进步

4. 有些国家的经济制度或经济发展水平相同，它们的法律却千差万别。这种现象表明（　　）。（考研）

A. 经济条件不是法的内容的唯一决定因素

B. 法的物质制约性原理不具有普遍性

C. 经济以外的因素有时也对法的本质起最终决定作用

D. 一国法律的具体表现形式与该国的经济制度无关

（二）多项选择题

1. 2007 年 8 月 30 日，我国制定了《反垄断法》，下列说法哪些可以成立？（　　）（司考）

A.《反垄断法》的制定是以我国当前的市场经济为基础的，没有市场经济，就不会出现市场垄断，也就不需要《反垄断法》，因此可以说，社会是法律的母体，法律是社会的产物

B. 法对经济有积极的反作用，《反垄断法》的出台及实施将会对我国市场经济发展产生重要影响

C. 我国市场经济的发展客观上需要《反垄断法》的出台，这个事实说明，唯有经济才是法律产生和发展的决定性因素，除经济之外法律不受其他社会因素的影响

D. 为了有效地管理社会，法律还需要和其他社会规范（道德、政策等）积极配合，《反垄断法》在管理市场经济时也是如此

2. 马克思说：“立法者应该把自己看做一个自然科学家。他不是在制造法律，不是在发明法律，而仅仅是在表述法律……如果一个立法者用自己的臆想来代替事物的本质，那么我们就应该责备他极端任性。”下列哪些说法不违背这句话的原意？（　　）（考研）

A. 立法应反映客观规律

B. 立法不是立法者所代表的国家意志的体现

C. 客观规律与法律规范是同时产生的

D. 法律要具有科学性

3. 法律在起源的过程中经历了从个别调整到一般调整的过程。下列哪些说法不符合这个规律？（　　）（考研）

A. 法律是在自发形成的习惯基础上产生的

B. 自从有了人类，就有了法律

C. 在法律起源过程中，从个别调整到一般调整，就是从习惯法到成文法

D. 法律起源的过程带有一定的自发性

4. 下列选项关于法与科学技术的表述，哪些是正确的？（　　）（考研）

A. 当代自然科学技术的发展扩大了法律调整社会关系的范围

B. 当代的法律保护科学技术发展所带来的一切成果

C. 科学技术的发展一定程度上提高了当代立法的质量和水平

D. 法律能够调整由于科学技术的利用而产生的社会关系

5. 法对经济基础有着能动的反作用，这体现在（　　）。

A. 法对其赖以存在与发展的经济基础（经济关系）起确认、引导、促进和维护作用

B. 一定的社会生产力发展程度规定了法的发展情况

C. 法对经济基础的反作用不仅体现在通过直接规定经济关系内容的法律规范方面，而且体现在服务于经济活动的各种（法律）制度方面

D. 在一种社会形态代替另一种社会形态后，与新法相矛盾的旧的经济关系，受到极大的削弱，也已不占统治地位；作为维护新的掌握国家政权阶级利益的新法，必然要改造旧的经济基础或者摧毁之

6. 美国法经济学家 T. W. 舒尔茨在广义上提出的“为经济提供服务的制度”包括（　　）。

A. 用于降低交易成本的制度

B. 用于影响生产要素的所有者之间配置风险的制度

C. 用于提供职能组织与个人收入流之间的联系的制度

D. 用于确立公共品德和服务的生产和分配的框架的制度

7. 对于法与经济的关系，下列认识正确的有（　　）。（考研）

A. 在封建社会，法律对经济没有什么影响

B. 古罗马商品经济的繁荣促进了古罗马法的发展和完善

C. 法律可以为经济发展提供保障，但有时也会阻碍经济发展

D. 当代中国法律对经济的影响主要体现在对市场经济的引导、促进和保障等方面

简答题

1. 简述法与生产关系的关系。

2. 简述法与市场经济的关系。（考研）

3. 简述法与经济基础之间的相互关系。

4. 简述科学技术对法律的影响。（考研）

材料分析题

某夫妇婚后多年未育，盼子心切，遂与保姆达成“借腹生子”协议。医院提取夫妇双方的精子和卵子培育受精卵后，植入保姆子宫。保姆成功妊娠生育后，该夫妇按协议付给保姆 10 万元。此事件在社会上引起热议。赞同者认为，“试管婴儿”技术实现了那些不能生育者的生育梦想，法律应予肯定；反对者认为，通过此项技术“借腹生子”，容易引发社会伦理紊乱，法律应予以干预。

根据法律与科技关系的基本原理，结合上述材料分析并阐述（考研）：

（1）科技发展对立法有何影响？

（2）立法应如何规范科技成果的应用？

论述题与深度思考题

1. 如何理解市场经济是法治经济这一命题？（考研）

2. 试述法治文明和知识经济二者之间的关系。

3. 分析法律与市场的互换性的主要体现。

4. 结合相关实例论述科技和法律二者之间的关系。（考研）

5. 联系实际，论述法律对我国社会主义市场经济的作用。（考研）

参考答案

名词解释与概念比较

1. 法经济学，又称经济分析法学，它是运用现代

经济学（微观经济学、新制度经济学、福利经济学、公共选择理论等）的基本原理和方法分析法律制度的形成、变迁、运作效果及创新发展的学科。它将经济学的理论和方法引入法学领域，是法学研究认识论和方法论的重大变革。其意义不仅在于它深入揭示了经济学和法学之间的内在紧密联系与相互作用，还在于它提供了一个包含着各种新的概念和实证研究方法的框架，即通过对法律规则实施效益和成本的比较，促进科学立法和更合理的司法判决，推动法律创新和法制改革，实现整体社会资源的有效配置和法律均衡。

2. 法律供求包括法律供给和法律需求两方面。所谓法律供给（supply of law），就是指国家机关强制或依意愿进行的立法、司法、执法等活动的总称。法律需求（demand of law）则是指人们购买法律的主观愿望和客观能力。法律供给（包括立法、司法和执法）是一种被严格限制的法律行为，它的产生需要具备一定的主观和客观条件。影响法律供给水平、规模、结构的因素主要有社会经济状况、民族习惯和文化传统、既定社会政治秩序，以及法律生产水平、研发弹性、生产成本、预算约束、市场信息和供给者预期，等等。

3. 法律均衡就是指：法律的供给等于法律需求，既不是供过于求，也不是供不应求，在机会成本最小的那一点上各法律主体的权利和利益达到了平衡，从而出现法律价格持续不变的情形。在法律均衡状态下，法律诸价值都能够通过立法和实施过程顺利地实现，法律需求都能得到满足；法律供给适应法律需求，既不存在法律过剩，也不存在法律短缺。人们对既定法律的内容和结构安排十分满意，因而无意也无力改变现行制度。

选择题

（一）单项选择题

1. 答案：C

解析：法律与科技相互作用、相互影响。一方面，科技为立法提出了新问题，为司法提供了新技术，科技促进法律观念的更新、促使法律方法的进步，但是科技的发展变化并不能直接改变法律本身。另一方面，法律也规范、管理着科技活动，调整着科技竞争，促进科技成果的商品化，并抑制科技可能带来的消极作用，但法律的发展变化也并不能直接影响和改变科技的发展。故选项 A、B 是错误的。此外，无论科技如何发展、法律如何更新，二者都以一国的伦理道德和风俗习惯为基础，具有某种地方性和特殊性。故选项 D 的说法不正确。综上可知，本题的答案为 C。

2. 答案：C

解析：本题考查法律的发展历史（商品经济与法律的关系）。在历史唯物论中，商品经济是法律得以发展的重要条件，商品经济越发达，就越需要复杂化和精致化的法律。古罗马社会是同时代古代商品经济最发达的社会，也正是古罗马商品经济的发展导致产生了罗马法（私法）这一对现代西方各国私法影响深远的法律。故恩格斯说它是“商品生产者社会的第一个世界性法律”。故选 C。

3. 答案：C

解析：本题考查法与生产力的关系。生产力是生产主体运用劳动工具作用于劳动对象获取物质资料的能力，反映了人与自然的关系。生产关系是人们在生产过程中形成的关系，反映了人与人的关系。一个社会一定历史时期生产关系的总和构成经济基础。法律与二者之间的关系是：生产力—生产关系（经济基础）—上层建筑（法律）。生产力通过生产关系间接决定法律及其发展变化。法律对生产力的反作用可以通过两种途径进行：其一，通过生产关系（经济基础）的中介，这是主要途径；其二，直接发生关系，如当代作为生产力的科学技术的发展对法律的直接影响。故 A、B 项正确。如果法律维护的生产关系适应生产力发展水平，就会促进生产力的发展，否则将阻碍生产力的发展，故 D 项正确。由于生产力和生产关系（经济基础）处于矛盾运动之中，二者可能发生不相适应的情况，所以保护生产力的法并不一定就保护了经济基础。例如，某一部法律改革了束缚生产力发展的不合理因素，却违背了这个社会的经济基础（奴隶制生产关系）。当然，此时虽然整个社会仍处于奴隶制社会，但也离封建革命不远了。故 C 项错误。

4. 答案：A

解析：经济基础决定上层建筑。法由经济基础决定，这是从总的性质上来说的；但除了经济基础对法的决定作用，对法的性质、内容发生影响以至在某些情况下起决定作用的因素还有国家制度、历史因素、民族习惯、社会心理等。故 A 项正确，B、C、D 项错误。

（二）多项选择题

1. 答案：ABD

解析：本题考查法与社会、法与经济的关系问题。选项A正确，是从“法以社会为基础”这个角度讲的。选项B正确：法对于经济基础具有能动的反作用。选项C错误：法律不仅受经济因素影响，还受文化、历史条件等影响。选项D正确：法律需要和其他社会规范（道德、政策等）积极配合。

2. 答案：AD

解析：本题考查马克思主义关于法与客观规律和国家意志的关系问题。立法应当反映客观规律，也要体现国家意志性，即客观规律—国家意志—法律。而国家意志具体通过立法者依据立法程序制定或认可具有普遍约束力的行为规范来实现。客观规律是始终存在的，而法律则是历史发展到一定阶段的产物。故选A、D。

3. 答案：BC

解析：法律是在私有制和阶级逐渐形成的社会背景下孕育、萌芽，并与国家相伴发展和确立起来的，故B项应选。法律的形成是一个行为调整方式从个别调整到一般调整的过程。法律的形成经历了一个由习惯到习惯法，再到成文法的过程，习惯法的调整属于规范性的调整。法律、道德和宗教等社会规范从浑然一体逐渐转化为相对独立的调整系统。

4. 答案：AC

解析：本题考查法与科学技术的关系。一方面，科学技术对于法的作用在于：（1）科学技术的发展扩大了法律调整社会关系的范围，导致一些新的法律部门和法律制度产生，故A项正确；增加了法律内容中各种科学技术规范的分量，提高了法律的科学水平，故C项正确；也为调整传统社会关系的法律规范开拓了新的领域。（2）科学技术的发展改善了法律调整机制，可以利用新技术来确保法律的及时实施。另一方面，法对于科学技术的作用在于：（1）法组织和管理科技活动；（2）法鼓励科技活动并促进科技成果的推广和使用；（3）法防范和治理科技发展带来的消极后果。科技发展在造福社会的同时也可能由于失控、滥用而产生某些社会危害，因此必须控防而不是保护，故B项错误。此外，科技的发展还带来了一系列人与自然、人与自身关系方面的科技伦理问题，如克隆技术、借腹生子等，这些问题在伦理上都没有定论，法律上不能加以有效调整，故D项错误。

5. 答案：ACD

解析：B项阐述的是经济基础对法的决定作用，与题干要求不符。

6. 答案：ABCD

解析：美国法经济学家T. W. 舒尔茨在广义上列举了四种“为经济提供服务的制度”：（1）用于降低交易成本的制度；（2）用于影响生产要素的所有者之间配置风险的制度；（3）用于提供职能组织与个人收入流之间的联系的制度；（4）用于确立公共品德和服务的生产和分配的框架的制度。故A、B、C、D四项的表述均正确。

7. 答案：BCD

解析：法是商品交换的必然产物，也是商品交换乃至整个商品经济不可或缺的调整机制。封建社会已经出现商品交换，因此在封建社会，法律也对经济产生影响，故A项错误。西方古罗马时期，由于简单商品经济非常繁荣发达，推动了罗马法的发展和完善，故B项正确。经济基础决定法，法也会反作用于经济基础，法律对经济的发展有保障和促进作用，也有加速或延缓作用，法律对生产关系的某些方面具有否定、阻碍或限制的作用，故C项正确。法律在社会主义市场经济宏观调控方面发挥着重要作用，主要表现在对市场经济运行的引导、促进、保障和必要的制约方面，故D项正确。

简答题

1. 法与生产关系之间的关系表现为两个方面：

一方面，法决定于经济基础，这体现在：（1）法根源于一定的经济基础。立法者不是在创造法律，而是在表述法律。（2）一定的法必须与一定的经济基础相适应。有什么样的经济基础，就有什么样的法。（3）法的变更与发展取决于一定的经济基础的变更与发展。

另一方面，法对经济基础有着能动的反作用。这体现在：（1）法对其赖以存在与发展的经济基础（经济关系）起确认、引导、促进和维护作用。（2）法对经济基础的反作用不仅体现在通过直接规定经济关系内容的法律规范方面，而且体现在通过服务于经济活动的各种（法律）制度方面。（3）法对于与之相矛盾的、旧的经济基础，加以改造或摧毁。

2. 一方面，市场经济是法治的经济起点。

(1) 法律是商品交换的必然产物。1) 需要法律确认主体的平等和自由；2) 需要法律确认商品交换前所有权的归属；3) 需要确认一般的交换规则；4) 需要法律确认与规定解决可能出现的各种纠纷的方法。

(2) 商品经济不仅决定了法律的产生，而且推动了法律的发展。纵观人类社会的历史发展，商品经济的发达与法律的健全和完善基本上是同步的。

总之，市场经济的发展要求经济运行及其规则的法制化。

另一方面，法治是市场经济的制度保障。

(1) 建立市场经济秩序需要法治。市场经济需要法治，就是要通过法治形成稳定的、积极的经济秩序。

(2) 市场主体的行为需要法律调整。

(3) 市场主体的多样化权益需要法律保障，捍卫各类市场主体的合法权益，才能为市场经济的不断发展提供持续的动力。

(4) 法律是对市场经济进行宏观调控的重要手段。

(5) 法律有助于抑制市场经济对基本社会价值和利益的侵害。

(6) 法律能够促进渐进式改革方式的完善，减少改革的风险和代价。

3. 马克思主义认为，任何一种社会形态，都是由特定的经济基础和上层建筑所构成的统一体。经济基础是一定社会的生产关系的总和；上层建筑是建立在经济基础之上并由经济基础所决定的政治法律制度和社会意识形态。因此，在法与经济基础的关系上，经济基础决定法，法反作用于经济基础。

(1) 经济基础对法的决定作用。主要表现在：1) 经济基础决定法的产生、发展和消亡。2) 经济基础决定法的性质和内容。有什么性质的经济基础，就有什么性质的法。但正确理解经济基础对法的决定作用，必须注意以下几个问题：其一，经济基础对法的决定作用是从根本意义上说的，并非每一具体的法律内容都有其相应的经济基础。其二，经济基础对法的决定作用不是自发实现的，而是通过人们有意识的活动实现的。其三，经济基础并非法的唯一决定性因素，对法发生影响甚至在某种条件下起决定作用的因素还有国家制度、历史传统、民族习惯、政治观点、哲学观点和宗教观点等因素。

(2) 法对经济基础的反作用。虽然法是由经济基础决定的，但这并不意味着法只是消极地反映经济基础。法对经济基础的反作用主要表现在：1) 确认、巩固和发展有利于统治阶级的经济基础。统治阶级的经济基础就是代表统治阶级利益的生产关系。统治阶级在取得政权之初，首先就要运用法律手段确认这种生产关系的统治地位。在掌握政权之后，统治阶级还要运用法律手段调整各种经济关系，巩固和发展有利于本阶级的生产关系。2) 限制、削弱和消除不利于统治阶级的经济基础。在任何一个社会里，都存在多种生产关系，其中有的生产关系是与统治阶级的根本利益相违背的。因此，统治阶级往往要运用法律手段限制其发展、削弱其影响，并在条件成熟时彻底予以清除。

4. 科技对法律的影响具体表现在：

(1) 拓宽了法律的调整范围，产生了新的法律部门，如“科技法”。

(2) 一定程度上影响和改变了法的内容和原理，如禁止近亲结婚。

(3) 影响了法律技术和法律调整机制，如现代刑侦手段。

(4) 影响了立法方法和立法体制，如立法技术和委托立法。

(5) 提出了许多新问题和新挑战，如克隆技术和安乐死。

材料分析题

(1) 科技发展影响立法调整的范围。当前在医学科技领域还存在许多法律空白，如“试管婴儿”技术的应用等问题，亟须法律调整。科技对法律的内容与原理产生影响。材料中“试管婴儿”等医学技术的进步引发“借腹生子”等事件，冲击着传统的婚姻家庭关系、父母子女关系及相关的法律法规。科技进步对法律的评价标准产生影响，如人们会根据医学技术的进步，确立新的法律评价标准，并要求法律不断完善。

(2) 科技成果的应用具有双重性，立法应使其向积极方面发展，并控制其消极方面。立法对科技成果的应用要合理规范，使其符合社会基本伦理和社会发展的需要。具体措施包括：通过立法规定科技成果的主体、条件和适用范围，通过立法规范相关程序，通过立法规定相应的法律责任及制裁措施。

论述题与深度思考题

1. 说市场经济是法治的起点，大致有两个方面的具体内涵：第一，市场经济的发展要求经济运行必然法制化。现代化大生产导致市场主体结构的多元化和社会经济关系的复杂化，市场联系愈益广泛、紧密，经济全球化日渐明显，国际大市场正逐步形成，市场交易灵活、便捷，产品结构更加多样化，等等。这些都对法律的发展和完善提出了更高的要求。如果说从法国民法典到德国民法典反映了市场经济由自由资本主义阶段发展到垄断资本主义阶段，那么，现代市场经济的迅速发展必然要求现代法制能够更准确地反映客观经济规律，推动经济发展。第二，市场经济的发展呼唤着经济运行规则必然法制化。现代市场经济的发展要求经济运行规则必须法制化，必须将市场的自发调节（看不见的手）同国家宏观调控（看得见的手）相结合，建立一套完善有效的法律约束机制。

2.（1）法治文明是知识经济运行和发展的中介。任何知识转化为现实生产力的过程，或者说知识经济运行的机制，都必须通过反映法治文明的知识产权这一中介。这就是说，知识，哪怕是最直接应用的知识，如果不转化为知识产权形式，它就难以广泛运用，就难以转化为知识产业。显而易见，作为法治文明重要组成部分的知识产权，同时又是知识经济运行的中介环节，从而使法治文明与知识经济直接结合起来，可以说，没有知识产权的知识经济是不存在的。

（2）法治文明是知识经济发展的动力。众所周知，知识产权作为一种为在交易中获利以弥补智力支出而设置的专有权利，具有个人创造的本质属性，虽然它最终应成为人类社会的共同财富，但如果片面强调社会公有属性，固然在短期内可能有较高的社会利用率，但同时会极大地抑制发明人的创造积极性，长期看则必将导致科技成果高投入低产出的不良后果，使整个社会经济都很难持续增长。而要使人类不断进取、不断实现科技创新，就有必要通过恰当的法律制度设计（付给科学家和发明者专利使用费或其他高额报酬），在“发明的火焰中增添燃料”，无疑是鼓励人们勇敢迎接挑战、保护其创造者权益、激发创造发明积极性的好办法。因为任何科学技术的发明与创造，只有通过取得专利权、著作权等知识产权，才能受到法律保护并进而促进产业发展，才能广泛地运用与传播。虽然人们很久以前就已经使用知识产权制度来发挥此种功效，但大规模和普遍地运用还是 20 世纪后半叶的事情。

（3）法治文明是知识经济发展的保障。知识经济也是在一定的时间与空间中运行的，离不开有序的环境和良好的社会秩序，而这些环境与秩序的营造与保障，就是不可取代的法治文明。以知识产权的保护为例，知识产权的保护同对知识产权的侵害行为势不两立。各国制定知识产权法的一个基本目的，就是要保护知识产品和智力成果不受侵害。没有相关法律的有效保障，就会出现盗版横行、任意侵权的现象。

人类社会进入知识经济时代，必将带来法律自身和法学研究的重大变化。知识经济对法治文明的作用具体表现在以下几个方面：

（1）知识经济推动法律内容的扩大与更新。知识经济作为一种新的社会经济形态，必然会出现新的社会关系或改变原来某些社会关系，而法律是调整社会关系的，并因社会关系的不同而划分不同的法律部门；在新的社会关系面前，法律的调整范围必须扩大、内容必须更新。诸如与科学技术发展伴生的新型知识犯罪如计算机犯罪、网络诈骗、“黑客”的出现必然导致刑法相关内容的增加；电子商务、电子政务、电子单证等新生事物需要法律调整；克隆技术、转基因食品、“安乐死”等现象引发尖锐的价值冲突和法律适用问题；而这些知识性、技术性问题的出现，必然要求制定调整这种新型关系的法律。

（2）知识经济促进法治过程的优化和完善。工业社会的立法与决策机制的特点是权力集中划一，立法与决策信息反馈比较缓慢。而知识经济社会中生产交易的平等分工必然带来决策权和立法权的分权，知识爆炸则引起了政治权力系统的“决策爆炸”甚至“立法爆炸”，各种经济立法大量涌现。促使立法者的立法活动从重“量”到重“质”的转变，从偏于制定“纸面上的法”到寻求“运行中的法”的配置效率的转变。在司法领域，有关知识产权保护、专利技术转让纠纷、人体器官移植、医学鉴定等知识含量较高的案件，其审理、裁决的复杂性和专业性已经大大超过工业社会，由此对司法工作乃至司法者的综合素质提出了重大挑战。值得一提的是，在知识经济社会中，公民实际享有的言论自由、出版自由、新闻自由及知情权等各种权利都将大大超出工业社会的范围。

（3）知识经济促使由法律所确认的民主政治形式和国家意识形态的重大变化，引发国家主权和国际法实际内涵的变动。随着网络时代的来临，以普选制和代议制为代表的民主政治形式发生变化，民众可以通过网络对他们关注的各种社会问题，从本国政治、经济的发展到全球性事务，进行“投票”，发表意见，参政议政。目前，一些国家进行总统选举和地方官员选举已经采用了网络投票的方式，而“电子政务”“电子立法”“电子司法”等一系列由高科技引起的政治权力运作的新机制、新事务也层出不穷，在许多国家得到运用。

（4）知识经济导致人们观念的变化和更新，其中当然包括法学观念的变化与更新，特别是法学基本概念的变化与更新。知识社会条件下社会结构的变化引起了社会阶级、阶层的变化，进而使人们关于财富、社会、国家、法律以及人性和伦理道德等问题的看法也发生了重大的变化。具体到法学观念上，则是关于法的本质、法的价值、法律关系、权利与义务以及法律现代化、法律全球化等基本理论问题出现百家争鸣的局面，打破了传统的“权威”性话语。

（5）知识经济引起法学方法论的更新。如果说农业经济和近代工业经济使人们产生形而上学的方法论，现代工业经济的发展把人们引向了系统论、控制论、信息论的新方法论，那么在互联网时代，普通社会公众之间相互沟通的可能性为法律文化的相互渗透、法律意识的相互影响、法律规则的相互借鉴提供了前所未有的机会。更重要的是，越来越多的网上行为者会逐步意识到，基于相同的行为规则对网上活动加以调整不仅是保证世界各地的人民平等参与网络活动的基础，也将是解决网络上问题的重要出路。由此，人们开始强调对法律的实证研究，将法律看成是社会公众参与其中的“商谈”法理，以平等性和交互性思维理解和运用法律，注重法律的国际性和可移植性，等等，从而开启了法学研究的新局面和新境界。

3.（1）法律本身就是人类社会分工和交易的产物。国家政权、法律制度和市场的建立具有同源性，都是由社会生产决定的资源配置机制。

（2）以社会（分配）正义为目标对权利、义务的分配和社会经济资源的分配之间具有互换性。申言之，代表公共权力与公共利益的政治国家和代表私人权利与私人利益的市民社会之间主要通过法律实现彼此的互动。

（3）国家机构之间、社会主体之间也都存在更为广泛的权利义务交易，前者如立法机关和行政机关之间被称为“授权立法”或“委托立法”的权力交易关系，后者则如排污企业与邻近居民达成的谅解协议。

（4）法律正义的诉求与购买正义的价格必须联系在一起考虑。法律制度能够像市场一样使人们面临其行为的成本，但也将是否愿意承受这些成本的决定权留给个人。与市场一样，“等价交换”是法律市场的最基本原则，恢复原状、同等补偿、同罪同罚等法制均衡观念深入人心。

（5）法庭上的司法程序就像市场过程一样，形形色色的法律消费者（追求利益最大化的当事人）为争取将资源配置给自己，以承担诉讼费和其他费用的代价选择了审判程序——这种能替代市场自愿谈判的最佳解纷方式，为此，他们搜集证据、聘请律师，竭尽全力地驳倒对方、为自己辩护。

4. 按照马克思主义的观点，科学技术也是生产力，而且是第一生产力。一方面，一国科学技术发展水平的高低，不仅决定着其生产力的发展水平，而且对生产关系和上层建筑的各个领域包括法律都有着重要的影响。另一方面，法律对科学技术的发展也有着不可或缺的作用。总之，法与科学技术是紧密联系、互相影响、互相作用的。

（1）科学技术对法的影响。

1）科学技术的发展大大地丰富和完善了法律的内容。A. 科学技术的发展，拓宽了人类的活动领域，由此产生了许多新的社会关系，对这些社会关系进行法律调整就形成了新的法律部门。例如，由于许多科学技术的发展尤其是航天技术的发展，出现了和平探索和利用外层空间方面的国际关系，于是，航空法、太空法等新的法律部门应运而生。B. 科学技术的发展，引起了人们对科学技术成果的创造、使用、转让和保护等方面问题的关注，涉及科学技术领域的法律、法规日益增多，例如，有关核试验和核安全方面的法律、知识产权的法律等。C. 科学技术的发展，改变了人类的行为方式和原有的社会关系，以致法律的内容不得不作出相应的调整。例如，随着科技的进步，出现了高度危险作业和高速运输行为，给社会和他人造成损害的可能性大大增加，对此法律规定了更严厉的责任，在保留传统民法过错责任原则的同时，在部分场合实行无过错责任。

2）科学技术的发展深刻地影响了法律的运行机制。A. 从立法上看，席卷全球的新技术革命浪潮，直接影响到世界各国的立法工作，导致立法体制和立法工作方式发生变化。由于立法涉及的科学技术问题越来越多，立法机关把这类立法工作委托给某些专门的机构，促成了“委托立法”和“授权立法”体制的产生。科学技术的发展还使立法工作方式趋向技术化。立法机关可以利用电脑存储、分析来自社会的各项信息，可以对法律体系本身进行检查，发现其中的矛盾和漏洞。B. 从法的适用上看，新的科学技术成果有助于提高司法和执法活动的工作质量。例如，在侦查犯罪过程之中，各国普遍使用了现代通信设备、自动监控设备、电子信息系统等；在某些领域，先进国家已将“法律系统专家”用于执法，实现了执法电脑化；在司法审判过程之中，有的国家已经开始运用电脑确定量刑的最佳效应，协助法官判案，等等。

3）科学技术的发展对传统法律观念和法律思想提出了新的挑战。例如，随着科学技术的进步，信息作为一种资源，其财产价值越来越受到重视。这样，传统民法之中关于保护“物权”的观念就要被扩展和更新。又如，随着现代医学的发展，“安乐死”成为引人注目的话题。不少人认为，终止以昂贵的或危险的医疗手段维持病人生命的做法是正当的。这样，“生命权至高无上”的传统法律观念就受到了挑战。

4）科学技术的发展使法学研究方法取得了根本性的突破。传统的法学研究一直处于定性分析阶段，难以进行量化分析。随着电子计算机技术的发展，人们可以全面收集有关法律的各种数据和信息，并对它们进行分析和处理，这样，法学研究就向定量分析大大地迈进了一步。此外，现代科学理论和方法被引入法学领域，对法学研究的进步也起到了极大的推动作用。

（2）法对科学技术的作用。

1）法对科学技术活动有组织和管理作用。现代科学技术活动已经不再是个别科学家的私人活动，而是一项重要的社会活动。当代世界各国都十分注重运用法律手段组织和管理科学技术活动，制定科技发展战略和科技发展计划，建立健全科技组织、科研人员、科技项目、科技经费、科技情报等方面的管理制度。为此，许多国家先后制定了科技基本法，如英国的《科学技术法》，奥地利的《科技组织法》和《科技促进法》，法国的《科学研究和技术发展方向和规划法》，美国 1976 年的《科学技术政策、机构和优先目标法》等。

2）法对科学技术的发展有推动和促进作用。为了发展科学技术，必须对科技人员的正当权利和利益予以保护，对科技成果予以奖励，以调动科技人员的积极性。世界上许多国家都规定了知识产权法律制度，依法确认和保护专利权、发明权、著作权和商标权等；同时，还规定了科技成果奖励制度，对科学发明、发现、科技进步、合理化建议、技术改造等予以奖励，确定了评审的程序和奖励的等级等。

3）法对科学技术成果的使用和推广有保证和促进作用。科技成果的使用和推广不仅是一个技术问题，还包含许多社会问题。比如，由谁来鉴定科技成果、如何鉴定，创造人的权利如何保障，其他人如何取得该项成果的使用权，未经许可而使用他人科技成果应承担何种责任，等等。针对这些问题，法律规定了科技成果的鉴定制度、使用制度、转让制度和保护制度，从而有效地保证和促进科技成果的使用和推广。

4）法对科学技术的发展所产生的负面效应有抵制和防范作用。科学技术的开发和利用，有其固有的负面效应，如环境污染、破坏生态平衡等，所以，必须运用法律手段坚决抵制并严格防范科技发展所带来的消极影响。例如，为了防止核污染发生，就必须从法律上对因利用原子能而产生的一系列社会问题作出全面的规定，建立健全原子能许可制度、核安全制度等有关法律制度。

5.（1）法对其赖以存在与发展的经济基础（经济关系）起确认、引导、促进和维护作用。所谓确认，是指法律适应生产力和社会发展状况，创建新的生产关系和改造旧的生产关系；所谓引导，是指法律规范提供制度和行为模式，引导经济关系和经济行为朝着有利于统治阶级利益要求的方向发展；所谓促进，是指巩固和发展该经济关系；所谓维护，是指法律对经济关系的维护和保障，保证一定社会的社会秩序稳定、不受侵扰。现阶段，我国法律必须保护经过法律确认的各种经济形式和市场经济秩序，对于各种侵扰经济秩序的违法行为，给予应有的法律制裁。

（2）法对经济基础的反作用不仅体现在直接规定经济关系内容的法律规范，而且体现在服务于经济活动的各种（法律）制度。美国法经济学家 T. W. 舒尔茨列举了四种“为经济提供服务的制度”：1）用于降低交易成本的制度；2）用于影响生产要素的所有者之间配置风险的制度；3）用于提供职能组织与个人收入流之间的联系的制度；4）用于确立公共品德和服务的生产和分配的框架的制度。有效率的法律制度安排及其适用对于经济生活的促进作用是非常巨大的。在市场经济社会，法律成为促进经济发展的“内生变量”，法律（制度）环境的好坏在很大程度上都影响着经济发展水平。

（3）法对于与之相矛盾的、旧的经济基础，加以改造或摧毁。在一种社会形态代替另一种社会形态后，与新法相矛盾的旧的经济关系，虽然受到极大的削弱，也已不占统治地位，但往往被暂时保留下来。在这种情况下，作为维护新的掌握国家政权阶级利益的新法，必然要改造旧的经济基础或者予以摧毁。

（4）我国社会主义市场经济与法律有着密切的联系，法律对市场经济的作用主要体现在如下方面：1）社会主义市场经济是主体独立的经济，市场主体的行为需要法律来规范，市场主体的地位需要法律来确认和保障。2）市场经济关系是契约关系，现代市场经济运行中的各种活动，几乎都是通过契约来实现的，契约关系是一种法的关系，具有法律的约束力，也需要法律来确认和保障。3）市场经济是自由竞争、平等竞争的经济，法律就是竞争的规则。4）市场经济的运行需要有正常的秩序，需要有正常的市场进入和市场交易秩序，这些都离不开法律的作用。5）市场经济还是开放性经济，要求主权国家不仅要完善国内法律体系，而且要善于运用国际法律、规则和惯例等。6）法律在社会主义市场经济宏观调控方面还发挥着重要作用，主要表现在对市场经济运行的引导、促进、保障和必要的制约作用。

第十章　法与政治

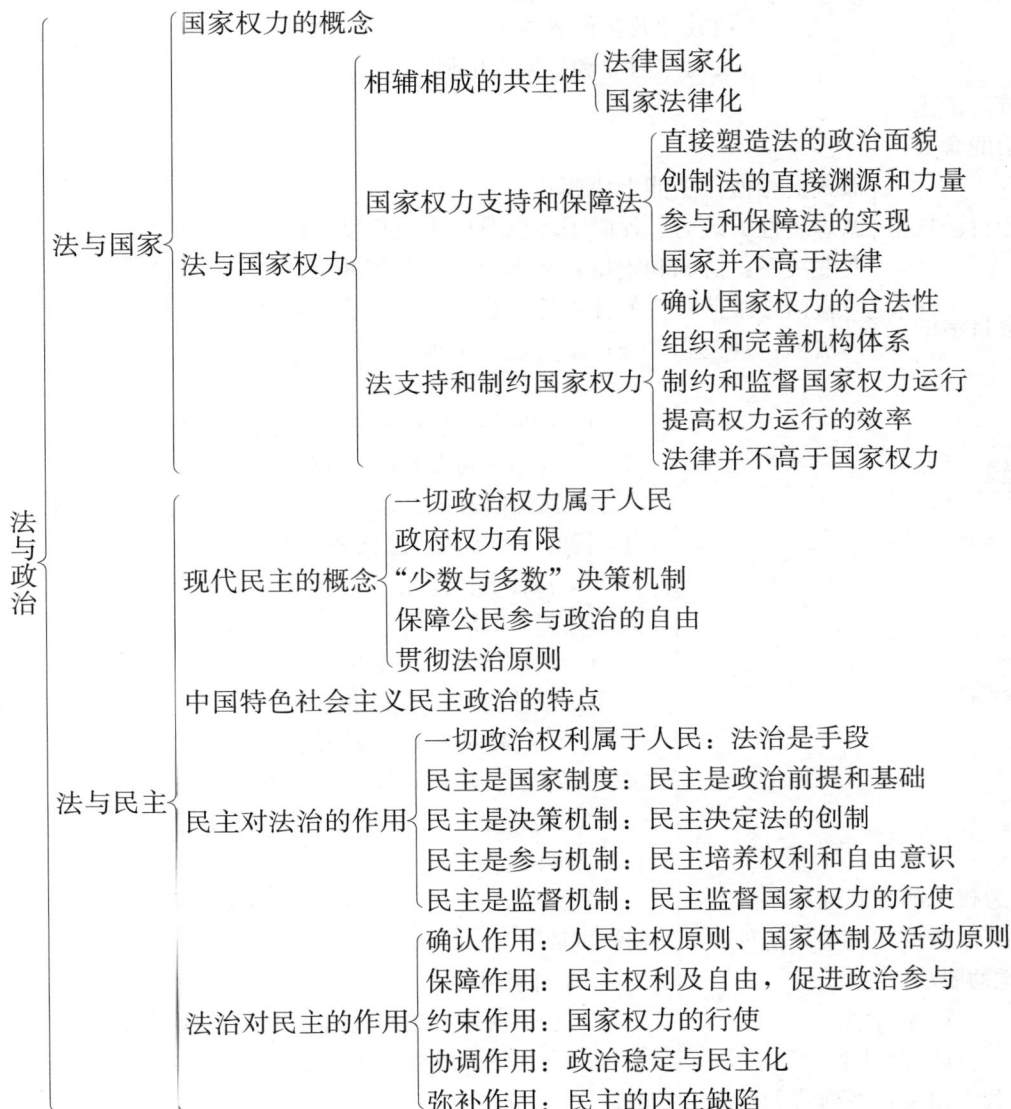

知识逻辑图

- 法与政治
  - 法与国家
    - 国家权力的概念
    - 法与国家权力
      - 相辅相成的共生性
        - 法律国家化
        - 国家法律化
      - 国家权力支持和保障法
        - 直接塑造法的政治面貌
        - 创制法的直接渊源和力量
        - 参与和保障法的实现
        - 国家并不高于法律
      - 法支持和制约国家权力
        - 确认国家权力的合法性
        - 组织和完善机构体系
        - 制约和监督国家权力运行
        - 提高权力运行的效率
        - 法律并不高于国家权力
  - 法与民主
    - 现代民主的概念
      - 一切政治权力属于人民
      - 政府权力有限
      - “少数与多数”决策机制
      - 保障公民参与政治的自由
      - 贯彻法治原则
    - 中国特色社会主义民主政治的特点
    - 民主对法治的作用
      - 一切政治权利属于人民：法治是手段
      - 民主是国家制度：民主是政治前提和基础
      - 民主是决策机制：民主决定法的创制
      - 民主是参与机制：民主培养权利和自由意识
      - 民主是监督机制：民主监督国家权力的行使
    - 法治对民主的作用
      - 确认作用：人民主权原则、国家体制及活动原则
      - 保障作用：民主权利及自由，促进政治参与
      - 约束作用：国家权力的行使
      - 协调作用：政治稳定与民主化
      - 弥补作用：民主的内在缺陷

- 法与政治
  - 法与政党
    - 政党政治是现代民主的制度形式
    - 执政党政策与法的关系
      - 一致性：经济基础、社会目的、指导思想
      - 区别
        - 意志属性
        - 表现形式
        - 保障途径
        - 稳定、程序
      - 实践关系
        - 执政党政策是法的核心内容
        - 法可以贯彻执政党政策
        - 执政党政策促进法的实现
        - 反对“对立和等同”的倾向
    - 依法执政与依法治国
  - 法与社会自治
    - 社会自治的含义
    - 法与社会自治规范
      - 形式上相似；功能上协调
      - 意志属性、效力、保障手段以及体系化程度不同
      - 实践关系：协调和支持；互不交叉；互相冲突
    - 法与社会自治的关系
      - 自治：维持社会的独立性；影响立法和法的实现
      - 法治：规范和促进；不得过分干预

名词解释与概念比较

1. 国家（国家权力）
2. 民主
3. 自治
4. 社会自治组织规范
5. 社会主义法与执政党政策

选择题

（一）单项选择题

1. 国家权力的（　　）为权力的强制性和暴力性披上迷人的外衣，使它更容易被认可和接受，使外在强制在一定程度上转化为自觉的服从。

A. 民主性　　B. 科学性
C. 合法性　　D. 合理性

2. 关于法与国家关系的若干角度，下列哪种观点是正确的？（　　）

A. 乡规民约也是法的一种，是民间法
B. 法决定国家权力
C. 国家权力决定法
D. 国家与法在性质上有根本的一致性，在职能上又有不可分割的关联性

3. 法是国家权力体系的组成部分，法就是国家权力运行的一种方式，这就是所谓（　　）。

A. 法律的国家化
B. 国家的法律化
C. 法律与国家的共生性
D. 法律与国家的互补性

4. 法律相对于国家权力的（　　），使它可能对国家权力的运行及其结果产生重大影响。

A. 制约性　　B. 民主性
C. 科学性　　D. 独立性

5. 从民主作为一种（　　）来看，民主决定法的创制质量。

A. 国家制度　　B. 权利类型
C. 公共决策方法和机制　　D. 法律意识

6. 下列关于民主与法治之间的关系的表述，正确的是（　　）。

A. 民主是法治的物质和制度基础
B. 民主必须法律化才能健康发展
C. 司法机关独立行使司法权与民主存在一定冲突
D. 法治是发扬民主的最终目标

7. 社会主义国家党的政策对法的制定有指导作用，说明党（　　）。（考研）

A. 有权向立法机关提出立法议案

B. 有权审议法律草案

C. 有权提出立法建议

D. 有权对立法机关通过的法律行使批准权

8. 关于共产党的政策与社会主义法的关系，正确的表述是（　　）。（考研）

A. 政策对法律具有指导作用，法律对政策的实施具有保障作用，两者相辅相成

B. 政策决定法律，法律对政策具有积极或消极的作用

C. 政策与法律在指导思想和制定机关方面相同，两者不可分离

D. 政策是法律的评价标准，也是法律的基本组成部分

9. 自治组织规范与法律规范不宜混同，如果把前者也称为一种法，就会抹杀后者区别于其他社会规范的核心内容，及法所体现的（　　）。

A. 稳定性　　B. 明确性

C. 物质制约性　　D. 国家意志性

10. 关于法与社会自治的关系，下列观点中错误的说法是（　　）。

A. 社会自治通过争取更多的自我管理权力，可以在一定范围内替代国家行政管理

B. 国家权力从市场、社会的某种程度退出，容易导致社会的失控或混乱

C. 社会自治的组织化有利于发现社会的法律需要，形成人民的共同意志

D. 社会自治内在地需要法律的介入和参与

11. 卡尔·马克思说："法官是法律世界的国王，法官除了法律没有别的上司。"对于这句话，下列哪一理解是正确的？（　　）（司考）

A. 法官的法律世界与其他社会领域（政治、经济、文化等）没有关系

B. 法官的裁判权不受制约

C. 法官是法律世界的国王，但必须是法律的奴仆

D. 在法律世界（包括在立法领域）中，法官永远是其他一切法律主体（或机构）的上司

（二）多项选择题

1. 我国1999年宪法修正案明确规定："依法治国，建设社会主义法治国家。"根据宪法的这一规定，下列关于"依法治国"的表述，有哪些是正确或适当的？（　　）（司考）

A. 依法治国是发展社会主义市场经济的客观需要，是社会文明进步的重要标志

B. 依法治国的目标在于实现形式意义的法治

C. 依法治国要逐步实现社会主义民主的制度化、法律化

D. 依法治国把坚持中国共产党的领导、发扬人民民主和严格依法办事统一起来

2. 如果说对国家权力任意性的一定程度的制约是人类文明取得的巨大成就之一，那么国家权力最终不受下列哪些因素的制约？（　　）

A. 经济社会因素　　B. 法律

C. 民主制度　　D. 网络监督、民意

3. 国家权力作为最强有力的一种权力，属于它的特征有（　　）。

A. 阶级性　　B. 社会公共性

C. 主权性　　D. 受制约性

4. 在法与国家权力的关系中，国家权力对法具有依赖性，表现在国家权力借助于法律（　　）。

A. 确认并维护国家的合法性

B. 有利于合理组织国家机构

C. 有助于顺利实现国家职能

D. 法律至上，即法律相对于国家权力具有至上性，并约束国家的活动

5. 下列有关民主与法治的关系表述，正确的是（　　）。

A. 法治是民主的前提

B. 法治能够弥补民主的缺陷，防止民主作为一种决策权的滥用

C. 民主是法治的基础

D. 民主能约束和监督国家权力，从而敦促其依法办事

6. 下列哪些选项符合现代民主政治的内涵？（　　）

A. 政府权力必须是有限的、受约束的

B. 要反对"少数服从多数，多数尊重和保护少数"决策原则，防止民主暴政

C. 健全的民主政治应当是宪治民主、法治政治

D. 民主自身也必须受约束

7. 发扬民主就是要求（　　）。

A. 国家权力的行使者对人民负责、接受监督

B. 提高国家公职人员的民主意识

C. 国家权力体系内要通过分工和制约实现权力的自我约束和规范化

D. 通过执政党的积极活动促进对国家权力的监督

8. 社会主义民主政治要求（　　）。

A. 实行中国共产党领导的多党合作和政治协商制度

B. 执政党必须在宪法和法律范围内活动

C. 转变党的领导方式，只有制定为法律的政策才能上升为国家意志，政策不能代替法律

D. 政党行为的法律化

9. 关于法与政党、依法执政与依法治国及其关系，下列说法正确的是（　　）。

A. 执政党的政策不等于国家的政策

B. 执政党要依法进入国家政权组织

C. 党的意志法律化，可以巩固党的领导

D. 依法治国必然要求依法执政

10. 自治包括地方自治和社会自治，下列属于社会自治形式的有（　　）。

A. 学校　　　　B. 同乡会

C. 社区业主委员会　　　　D. 政党

11. 下列有关社会主义法治与社会自治的关系的观点哪些是正确的？（　　）

A. 现代法治以各种形式的社会自治为基础

B. 社会自治会提高公民法律参与的积极性，促进法的实现

C. 社会自治能有效影响立法过程，使立法更好地反映民意

D. 社会自治反对国家干预，促进法治进程

12. 有社会自治组织就有自治组织规范，关于社会自治组织规范，下列说法正确的是（　　）。

A. 自治组织规范具有规范性和可预测性等特征

B. 自治组织规范类似"潜规则"等概念

C. 西方学者所说的"活法"一般就是指自治组织规范

D. 自治组织规范可以称为民间法，是法的一种最新形态

13. 某国跨国甲公司发现中国乙公司申请注册的域名侵犯了甲公司的商标权，遂起诉要求乙公司撤销该域名注册。乙公司称，商标和域名是两个领域的完全不同的概念，网络域名的注册和使用均不属中国《商标法》的调整范围。法院认为，两国均为《巴黎公约》成员国，应当根据中国法律和该公约处理注册纠纷。法院同时认为，对驰名商标的权利保障应当扩展到网络空间，故乙公司的行为侵犯了甲公司的商标专用权。据此，下列表述正确的是（　　）。（司考）

A. 法律应该以社会为基础，随着社会的发展而变化

B. 科技的发展影响法律的调整范围，而法律可以保障科技的发展

C. 国际条约可以作为我国法的渊源

D. 乙公司的辩称和法院的判断表明：法律决定的可预测性与可接受性之间存在着一定的紧张关系

简答题

1. 简述法与国家权力的关系。

2. 简述现代民主政治的特点。

3. 简述执政党的领导与依法治国的关系。（考研）

论述题与深度思考题

1. 试论法治与民主的关系。（考研）

2. 联系我国法治现状，论述立法民主原则的内容、要求及意义。（考研）

参考答案

名词解释与概念比较

1. 国家一般是指政治国家，也叫国家权力或国家政权。国家权力是权力的一种特殊形式，对应于个人权力和社会权力。国家权力作为特殊的权力体系，是指一定国家组织机构体系凭借所占有的社会资源，控制一定社会生活状况的影响力系统。它是维护统治阶级的地位、实现社会秩序和社会发展的权力体系。

2. 民主也叫民主政治，是与专制对应的基本政治统治类型。民主政治是近代以来的主要政治形态。现代民主政治的一些基本共识和共同特点是：国家的一

切政治权力归属于人民；政府权力必须是有限的；民主的权力自身要受约束；公民享有平等参与政治生活的权利和自由；民主决策要遵循严格的程序，实现“少数服从多数，多数尊重和保护少数”的原则；将法治和宪治原则贯彻到民主政治运作的全过程等。

3. 自治是指一定地域或群体的成员基于自己的真实意愿，依托一定的组织体，自我认知、自我管理、自我决定的活动方式和能力。自治一般有两种类型：一是与国家权力体系分工相联系的地方自治，二是与社会日常生活中的权力组合相关联的社会自治。严格说来，社会自治属于社会民主问题，而地方自治属于政治民主问题，但社会自治对政治民主化也有直接的影响，社会主义民主政治建设也应充分考虑如何扩展社会自治问题。

4. 社会自治组织规范是社会自治组织自行制定的对其成员有普遍约束力的，并由该组织内部措施所保证的社会规范。这些规范反映了组织成员的共同意志，其功能是协调组织与其成员的关系和组织与社会的关系，据此维护和实现组织利益和目标。社会自治组织规范是实现社会调整的基本规范之一，对于实现社会秩序、约束组织成员具有重要意义。

5.

<table>
<tr><th>概念</th><th colspan="2">社会主义法</th><th>执政党政策</th></tr>
<tr><td rowspan="4">相同</td><td colspan="3">（1）产生并服务于社会主义经济基础</td></tr>
<tr><td colspan="3">（2）以中国特色社会主义理论为指导思想</td></tr>
<tr><td colspan="3">（3）体现广大人民的意志和要求</td></tr>
<tr><td colspan="3">（4）相同的根本任务，即为人民利益促进生产力的发展，消除阶级差别，实现共同富裕</td></tr>
<tr><td rowspan="4">不同</td><td>（1）意志属性</td><td>体现国家意志</td><td>体现全党意志</td></tr>
<tr><td>（2）表现形式</td><td>表现为国家的规范性法律文件、国家认可的其他法律渊源形式，具有高度的公开性、明确性、具体性、严格的逻辑结构</td><td>表现为党的决议、决定、通知、规定等党内文件，没有法律规范那样的严格逻辑结构、系统性、规范性，并且不是全部公开</td></tr>
<tr><td>（3）实施途径和保障方式</td><td>主要由国家强制力保障实施</td><td>主要靠党纪、党员的忠诚、人民群众的信赖保证实施</td></tr>
<tr><td>（4）稳定性和程序化程度</td><td>稳定程度高</td><td>灵活程度高，稳定性不如法律</td></tr>
</table>

选择题

（一）单项选择题

1. 答案：C

解析：国家权力具有最强的控制力，但是为了降低运行成本，国家总是希望自己的命令得到自觉遵守。这种自觉性需要国家通过各种途径确立国家权力及其运行机制的合法性，通过教育、新闻、国家机器等途径宣传、强化有利于其统治秩序的价值观和正义观，从而强化其统治的合法性。所以C项正确。其他选项都是合法性的要求或成分。

2. 答案：D

解析：乡规民约不是由国家制定、认可或解释的，并且不是由国家强制力保证实施的，不具有法的外部特征，不是法；国家权力与法具有相辅相成的共生性，不是决定与被决定的关系，二者共同为经济基础所决定；国家与法在性质上具有根本的一致性，在职能上有又不可分割的联系。因此，D项对，A、B、C项错。

3. 答案：A

解析：从法律的运行背景和环境来看，法是国家运行的一个组成部分，这是法律的国家化；反过来，从国家权力运行方式的角度看，现代国家权力是通过法律才得以组织并完善起来的，国家权力以法律的形式运行，这是国家的法律化。所以A项对，B项错。国家的法律化和法律的国家化两个角度合起来才可以推出法律与国家的共生性，也就是二者的依存性。二者的关系不存在互补性。所以C、D项错。

4. 答案：D

解析：制约性是一个结果，不是相对于国家的一个特点；民主性不是法律独有的，国家也可以有民主性；法律具有科学性也依赖于国家的组织和国家的性质，不是法律相对于国家的特点；而独立性是法律的一个重要特点，法律虽然在若干方面依赖国家，但是它一旦产生就有自己的稳定性和相对独立性，这就是它可能对国家产生影响和制约的品质，所以D项正确。

5. 答案：C

解析：民主作为国家制度主要是决定法的性质，而不是某个法律文件的质量，所以A项错。民主作为权利类型主要是政治性权利，本身是法律的内容，无法决定法的质量，所以B项错。民主作为公共决策方法和机制可以让更多人参与法律拟定和讨论，有利于提高立法质量，所以C项正确。民主不能作为法律意识，所以D项错。

6. 答案：B

解析：从民主作为一种国家制度来看，社会主义民主是社会主义法治的政治前提和基础，民主也内在地需要法治：民主要顺利发展，就必须与法治相结合，以法治来约束民主。因此，A项错，B项对。我国宪法确认：中华人民共和国国家机构实行民主集中制原则。该原则是我国国家权力的组织活动的根本原则。法院和检察院组织法及其他各类法律、行政法规等是该原则的具体化、程序化。因此，司法机关独立行使司法权与民主在本质上是统一的，C项错。法治是推进民主政治的一种手段，而不是目的，所以D项错。

7. 答案：C

解析：党的政策对法的制定具有指导作用，但是，根据我国《宪法》和《立法法》的规定，只有法定的机关和个人才有权向立法机关提出法律议案，同时只有立法机关才有权制定和批准法律。而政党只有提出立法建议的权利。因此，C项对，A、B、D项错。

8. 答案：A

解析：执政党政策是社会主义法的核心内容，是人民意志集中的成果，是通往法律的桥梁。法律受党的政策的指导，同时，社会主义法是贯彻、执行党的政策、完善和加强党的领导、提高党的执政能力不可或缺的手段。但是政策并不决定法律，决定法律的是物质生活条件，所以A项对、B项错。政策与法律在指导思想上是一致的，但制定机关不同，所以C项错。政策虽然指导法的制定，但不是法的组成部分，二者是并列、相互补充的规则体系，所以D项错。

9. 答案：D

解析：法律规范与其他社会规范的关键区别是它的阶级性和国家意志性，尤其是国家意志性。所以D项正确。而稳定性是民间习惯等社会规范也具有的，明确性和物质制约性是自治规范也具有的，实际上任何社会规范只要属于上层建筑，都在不同程度上或者最终受经济基础的决定，因此具有物质制约性，所以A、B、C项不正确。

10. 答案：B

解析：社会自治在一定程度上和范围内可以替代国家的行政管理，也可以减少国家权力的寻租机会；社会自治的基本特点是增加社会成员的组织性，更容易在交流互动中发现法律需要；但社会自治也存在自己无力管理的事项，不能独立地建立和谐、安全的社会秩序，只要共产主义社会没有实现，自治组织就无法解决所有的问题，就内在地需要国家法律加以补充。所以A、C、D项的说法正确，不选；B项的说法错误，应选。

11. 答案：C

解析：A项考查法与社会的一般关系。务必要牢记：(1) 法是社会的产物，社会性质决定法律性质；(2) 法以社会为基础，不仅指法律的性质与功能决定于社会，而且指法律变迁与社会发展的进程基本一致；(3) 为了有效地通过法律控制社会，必须使法律与其他的资源分配系统（宗教、道德、政策等）进行配合。因此得出结论，法官的法律世界与其他社会领域（政治、经济、文化等）并非没有关系。故A项错误。

B项考查司法机关依法独立行使司法权原则。其基本含义是：(1) 专属性，即只能由国家各级审判机关和检察机关统一行使；(2) 独立性，即法院、检察院依照法律独立行使自己的职权，不受行政机关、社会团体和个人的非法干涉；(3) 合法性，即司法机关审理案件必须严格依照法律规定，正确适用法律。由此看出，法官独立行使裁判权，但并不意味着不受制约，其必须依法裁判。故B项错误。

根据B项的原理，法官虽然是法律世界的国王，但必须服从法律，依法裁判，做法律的奴仆，故C项正确。

在法律世界中，立法者、法官、检察官、律师之间需要分工合作，法官并非永远是其他法律主体（或机构）的上司，故D项错误。

（二）多项选择题

1. 答案：ACD

解析：市场经济的发展必须有高质量、高效率的法律调整，必须把法律的至上性、权威性原则贯彻到一切市场关系中去，才可以保障市场经济的健康发展。依法治国与党的领导、人民民主是三位一体的：法律是人民当家做主、进行自我统治和管理的有效手段，依法治国就是要逐步实现社会主义民主的制度化、法律化；同时由于法治的社会主义性质，其发展是离不开共产党的领导的，正确的党的领导为法治指明了方向。所以A、C、D项对。因为我们是形式与内容的统一论者，不仅要实现形式意义上的法治，还要实现实质意义上的法治，所以B项错。

2. 答案：BCD

解析：马克思说过，即使是君主也不能对经济条件发号施令。也就是说无论国家权力如何强有力，都无法要求臣民去做他们做不到的事情，否则就会导致人民革命。这就是对国家权力的最根本制约。所以A项的说法本身正确，不选。而法律、民主制度、网络监督都要根据经济条件来制约国家权力，这些措施也无法违背经济条件去要求国家权力去做它无法做到的事情。所以B、C、D项的说法错误，应选。

3. 答案：ABCD

解析：国家权力的基本特征有：国家权力具有特殊的强制性和合法性；国家权力具有社会公共性和阶级性；国家权力具有主权性和受制约性，受经济因素、政治体制、民主和法制的制约。因此，所有选项都应选。

4. 答案：ABC

解析：国家权力需要社会主义法的支持和制约：社会主义法确认国家权力的合法性，对国家权力的规范化既是对它的约束也是对它的合法性的认可；通过社会主义法组织和完善国家权力机构体系，规定国家机构的权限和职责范围，保障各个机构各司其职、各安其位，这其实是把国家权力具体化、转化为法律上的权利、义务和责任。社会主义法是实现国家职能的基本工具，国家的社会公共职能和阶级统治职能、对内职能和对外职能，都必须借助法律来实现；单纯靠直接运用国家权力来实现国家职能，有很大的任意性，也缺乏效率。因此A、B、C项正确。法律至上是指法律相对于任何具体化的国家权力具有至上性，而不是相对于整个国家权力即国家政权或主权具有至上性，所以D项错误。

5. 答案：BCD

解析：社会主义民主是社会主义法治的政治前提和基础，社会主义法治是实现社会主义民主的重要保障。人民作为国家权力的所有者，要求权力的直接行使者对人民负责、接受监督。发扬民主的基本要求之一，就是使国家权力更好地为人民服务。从这个角度看，实行法治其实是民主监督的手段，是人民约束国家权力的手段，且是一种不可缺少的手段；发扬民主，要求国家权力的运行贯彻民主集中制原则，国家权力体系内要通过分工和制约实现权力的自我约束与规范化；要求提高国家公职人员的民主意识，使之以对人民负责的态度自我约束其行为。所以A项错，其他选项对。

6. 答案：ACD

解析：现代民主政治的一些基本共识和共同特点是：国家的一切政治权力归属于人民；政府权力必须是有限的、受到有效约束的，所以A项正确。虽然少数服从多数会导致民主暴政，但克服的办法不是反对这一原则，而是以法治原则限制民主滥用，所以B项错误。民主的权力自身要有约束，如果民主权力不受约束，就可能出现以民主的名义、以多数人决定的形式不公正地剥夺少数人的正当权利和自由的情况，这就是有些学者所称的“多数人的暴政”问题，所以要将法治和宪治原则贯彻到民主政治运作的全过程。故C、D项也正确。

7. 答案：ABCD

解析：民主作为国家制度就是要求人民当家做主，民主的扩展对于规范政府权力有积极作用，人民作为国家权力的所有者，要求权力的直接行使者对人民负责、接受监督。同时，动员和鼓励人民群众对国家公务活动提出批评和建议，并注重通过舆论监督来约束公共权力。通过政党的积极活动促进对国家权力的监督。因此，所有选项都对。

8. 答案：ABCD

解析：社会主义民主政治要求建立新型的政党政治，社会主义政党政治的特点是一党执政、多党参政，即实行中国共产党领导的多党合作和政治协商制度；而社会主义法是贯彻执政党政策、完善和加强党的领导、提高党的执政能力的不可或缺的基本手段，执政党的政策只有被制定为法律，才能上升为国家意志，获得更有力的实施保障，尤其在依法治国的条件下，不能以政策代替法律；执政党的活动也应在宪法和法律的范围内，政党行为的法律化也是依法治国的必然要求。因此，所有选项都对。

9. 答案：BCD

解析：执政党在国家中的领导地位决定了它的政策就相当于国家的政策，故A项错。执政党也要充分利用法律手段约束自己的权力，保证管理国家的民主性，所以要依法进入国家政权组织；党的意志法律化可以减少任意性，增加权威性；依法治国的重要组成部分是对党和行政权力的规制，即依法执政。所以 B、C、D 项正确。

10. 答案：BCD

解析：社会自治往往依托于一定的社会团体，属于类似社团的范畴。学校是一个事业单位，不是社团，不属于自治问题；同乡会属于地缘社团，社区业主委员会也属于地缘社团，政党属于政治性社团，B、C、D 项都属于社会自治形式。其中，政党类似政治民主，与地方自治容易混同，也易与国家机关混同，但从本质上说，政党也属于自我管理的社会团体。

11. 答案：ABC

解析：社会自治是社会主义法治发展的推动力量，这表现在：社会自治有助于维持社会领域的独立性，抑制国家权力对社会生活的不适当干预，但不是排斥一切干预，恰恰相反，它需要并在当前时期依赖国家的适当干预和扶持，所以 D 项的说法错误，不选。社会自治有助于提高公民政治参与和法律参与的积极性和能力，从而影响立法质量，促进法的实现过程，所以 A、B、C 项正确。

12. 答案：AC

解析：自治组织规范与法律有很多相似性，包括规范性和可预测性，但缺乏的是国家意志性和国家强制性，所以 A 项对；自治组织是公开的行为规范，与“潜规则”相差很大，所以 B 项错；西方学者所说的“活法”是与“纸面法”相对应的法律的实际运作形态，自治组织规范是其中的一个表现方式，故 C 项对；自治组织规范在某些学者看来是民间法，但是并不能被称为真正的法，也谈不上法的某种新形态，故 D 项错。

13. 答案：ABCD

解析：A 项考查法与社会。本题中，随着网络技术的发展，导致“网络域名”的保护成为急需解决的社会问题，“商标法”的保障范围也应当随之扩展。这表明，法律以社会为基础，随着社会的发展而变化。故 A 项正确。

B 项考查法与科技。（1）科技对法的影响：1）对立法。科技发展对传统法律领域提出了新问题，并且随着科技发展，出现了大量新的立法领域。2）对司法。科学技术对于事实认定、法律适用和法律推理有重要影响。3）对法律思想。法律意识以及法律观念受到科技的影响和启迪。（2）法对科技的作用：1）运用法律管理科技活动，确立国家科技事业的地位以及国家间科技竞争与合作的准则。2）法律对于科技经济一体化特别是科技成果商品化，具有积极的促进作用。3）在知识经济时代，法律具有对科技活动和科技发展所引发的各种社会问题的抑制和预防作用。故 B 项正确。

C 项考查法的渊源。国际条约可以作为法的渊源，而且，我国缔结或参加的国际条约，还可以构成法的正式渊源。故 C 项正确。

D 项考查法律适用的目标。法律适用的目标是“具有可预测性与可接受性的法律裁判”。（1）法律的可预测性侧重强调合法性，其逻辑结果是形式法治；（2）可接受性侧重强调合理性，其逻辑结果是实质法治。（3）可预测性与可接受性之间有紧张关系，法治的理想是形式法治和实质法治的融合，尽可能消除二者之间的紧张关系。故 D 项正确。

简答题

1. （1）法与国家权力具有相辅相成的共生性。

法和国家权力都是上层建筑的最重要组成部分，是上层建筑领域相互联系最紧密的两个部分。它们共同决定于经济基础，并对经济基础发生反作用。它们都是实现阶级统治的工具，在发挥职能时相互依存、相互支持、互为条件。因而，法和国家在性质上有根本的一致性，在职能上又有不可分割的关联性。

（2）法需要国家权力的支持和保障。

第一，国家权力直接塑造法的政治面貌，是法产生的政治前提，政权的稳固是法律发展的基本条件之一。

第二，国家权力是创制法的直接渊源和力量。借助国家权力，法被创制出来，并且能够最大限度地表达人民的利益和意志。法律渊源就包括国家权力这层含义。

第三，国家权力以其强制力参与和保障社会主义法的实现。尽管人们更多地自觉守法，但是在特殊情况下，也就是在法律适用的情况下，国家权力是必需的。

第四，国家权力对于法的必要性，并非指国家绝对高于法律或法律绝对依附于国家。要反对在国家与法的关系上的夸大国家地位和作用的倾向。

（3）国家权力需要法的支持和制约。

第一，法确认国家权力的合法性。

第二，通过法律组织和完善国家权力机构体系，规定国家机构的权限和职责范围，保障各个机构各司其职。这其实是把国家权力转化为法律上的权利、义务和责任。

第三，通过法律制约和监督国家权力的运行，实现国家权力内部的分工制约和相互配合。这是保障国家权力健康运作的必要条件。

第四，法有助于提高国家权力运作的效率，更好地完成国家职能。

第五，法律相对于国家权力的独立性，使它有可能对国家权力的运行及其结果产生重大影响，也使它有可能且必须把国家权力纳入法律调整。

2.（1）国家的一切政治权力归属于人民。现代民主政权的合法性来源于人民的同意，政权运作的目标是表达和实现人民的意志和利益。这就是说，民主政治要求主权在民、民意至上、人民当家做主。这是民主政治最根本的、最重要的特征，其他特点都是从这里引申出来的。

（2）政府权力的有限性。人民要当家做主，就必须由所有人民牢牢控制政府权力，政府权力必须是有限的、受到有效约束的，即有限政府、责任政府。

（3）少数服从多数，多数尊重和保护少数。完善的民主决策程序可以使权力的行使规范化，使政治行为具有可预测性，有效克服权力和民意中的非理性因素。但民主程序要注意保护少数，给少数派一个保护机制，因为多数人也可能犯错误。尊重少数才能保持民主的活力。

（4）公民具有平等参与政治生活的权利和自由。民主要求公民广泛地参与政治生活，表达政治意愿、参与政治决策、参与公共事务管理等。这就要求公民享有政治参与的多种渠道，这是衡量民主程度的重要指标。不过，国家不能强迫公民参加政治生活，其参与必须是自愿的。

（5）贯彻法治和宪治原则。这是现代民主政治的内在要求，是其发展和完善所必不可少的软环境。法治是宪治的展开，宪治是法治的核心，法治和宪治作为对民主权力的制度性规制，力求避免民主权力的膨胀和任意行使的弊端。

3. 改善党的领导是政治体制改革和法治建设的关键环节之一。二者是统一的，具体关系如下：

（1）依法治国必须坚持党的领导。依法治国要求确立法律的至上性、权威性，但依法治国并不是排斥或否定党的领导。党的正确领导是依法治国的内在要求，是依法治国的根本保证。依法治国把坚持党的领导、发扬人民民主和严格依法办事统一起来，这是中国特色社会主义法治和民主政治的基本特点之一。坚持党的领导并非以政策治国，而是将政策具体化为法律来贯彻。

（2）依法治国要求一切政党必须在宪法和法律的范围内活动，其中自然也包括作为执政党的中国共产党。一方面，依法治国必须依赖党的领导，另一方面，又要求党严格在宪法和法律范围内活动。

（3）执政党必须依法执政，政党行为的法律化是依法治国的必然要求。

党在宪法和法律的范围内活动，主要指政党的守法问题。与此相关的另一个问题是，对政党活动本身的法律调整。依法执政对于党的合法性的巩固，对于提高执政能力具有重要意义。作为执政党，中国共产党行使着相当一部分的国家权力，对这部分权力必须进行有效的约束。这也是依法治国的内在要求。

依法执政的具体要求包括：第一，执政党要依法进入国家政权组织，掌握和控制国家权力，依法保障党在政权体系中居于核心地位；此外，党依法向国家机关推荐重要干部，并保证所推荐的干部担任领导职务。第二，依照法定程序提出立法建议，从制度上保证党的路线和主张上升为法律。依法执政表明党的执政方式的转变，更多通过法律来贯彻自己的政策主张。第三，要支持和保证国家权力机关、行政机关和司法机关依法独立行使职权，不进行法外干涉。要支持各个国家机关独立履行职责，规范党委和这些机关的关系。

论述题与深度思考题

1. 如果将民主理解为人民当家做主，那么法治只是实现民主的手段，民主具有决定性的意义。如果将民主理解为社会治理的方式和手段，法治就有了独立意义，民主与法治相互依存、相互促进，任何一方脱离了另一方都不可能是完善的，每一方的进步都必须借助于另一方。民主意识的增强不断促进法律变革，而变革的法律是民主意识和民主斗争成果的确认和保障，并提供实现民主权利的程序、渠道和救济手段。

(1) 民主对法治的积极作用。

1) 从民主作为一种国家制度来看，民主是法治的政治前提和基础。第一，现代民主国家政权的建立是现代法治国家建设的政治前提。第二，民主的国家政权制度决定着法治的社会性质及基本内容。如在社会主义制度下，它要求法治必须为人民群众当家做主、从事国家和社会事务管理、实现其民主权利服务。第三，民主政权为了实现其自身的稳固与发展，积极要求确立法治原则，这是向法治化进步的强大动力，即民主化要求法治化，推动法治化。

2) 从民主作为一种公共决策方法和机制看，民主决定着法的创制的质量。对社会主义制度来说，法治要求法律必须真正反映以工人阶级为领导的广大人民的共同意志和利益，而要做到这一点，就必须发展和完善社会主义民主，这可以体现在法的创制活动的各个环节。第一，认识社会中的法律需要，要发扬民主，把社会中分散的、潜在的、相互矛盾的利益要求提出来，加以讨论。第二，健全的民主程序要求立法走群众路线，集思广益，使立法能更广泛反映人民的共同需要。第三，发扬民主，要求立法遵循严格程序，使人民代表能切实履行职责，真正代表人民。

3) 民主促进民众权利提高，培育其守法精神，促进民众对法的自愿遵守。民主是一所大学校，人民群众在积极的政治参与中，会逐步学会管理国家事务，也学会自我管理，从而民众当家做主的意识和能力都会有大的提高。第一，发展民主的过程也是公民权利意识和能力提高的过程。民主本身就是一系列政治权利，民主意识也孕育权利意识、为权利而斗争的意识。第二，民主的发展有助于培育一种新型的公民守法精神，使其从消极被迫守法转向积极自愿守法。

4) 民主有助于监督和约束国家权力，敦促政府机关严格执法和司法。社会主义法治的核心是政府严格守法，而民主的扩展对于规范政府权力有积极作用。第一，人民作为国家权力的所有者，要求对权力的直接运用者进行监督。第二，发扬民主要求国家权力的运行贯彻民主集中制原则，国家权力内部通过分工、制约达到自我约束。第三，扩展社会自治，使人民群众更多进行自我管理，使国家权力的运作保持谨慎。第四，通过政党的民主，民主党派参政议政，促进对国家权力的监督。

(2) 社会主义法治对民主的促进作用。

民主内在地需要法治，要求法治原则贯彻于民主发展的全过程。没有法治也就没有民主，应当通过法治来积极推动民主进程，这可能是民主化改革的一种风险较小、效益较大的方式。法治对民主的积极作用可以从以下方面来理解：

1) 法确认人民主权原则，确认基本民主体制及其活动原则。法治对民主的作用首先就是赋予民主一种法律上的合法性、正当性，并以国家力量维护民主制度。

2) 法确认和保障公民的广泛民主权利和自由，促进政治参与。

3) 法治有助于规范和约束国家权力，保障国家权力正确行使。民主的发展要求有效地制约国家权力的行使，这促进了法治原则的确立。第一，确认法律的至上性、权威性，要求任何国家权力的行使必须有法律依据。第二，通过法律确认国家权力的内部分工及其相互关系。第三，法律有助于加强和完善对国家权力的监督机制。第四，保障民主集中制原则的贯彻，促进决策和管理的民主化。

4) 法治有助于协调政治稳定和民主化改革的关系，保障在政治稳定的基础上不断扩展政治的民主化。

5) 法治能够弥补民主的内在缺陷或弱点。民主与法治可能存在一定的矛盾。民主作为一种决策权可能被滥用，即不适当地扩大其决定范围；它也可能被用来压制甚至打击少数人，即不能充分尊重个人意志和选择，而导致“多数人的暴政”。民主要顺利发展，就必须与法治相结合。

2. (1) 立法民主原则，是指在立法过程中，要体现和贯彻人民主权思想，集中和反映人民的智慧、利益、要求和愿望，使立法与人民群众相结合，使立法机关与人民群众参与相结合。(2) 立法民主原则的内容。一是立法内容的民主，二是立法过程和立法程序的民主。立法内容的民主是指立法必须从最大多数人的最根本利益出发，发扬社会主义民主，体现人民的意志，这是由我国社会主义的性质决定的。我国宪法规定的公民的基本权利体现了民主立法的原则，但要使立法的内容更充分地体现民主原则，还要用其他法律将宪法规定的公民权利具体化。立法过程和立法程序的民主性，首先要求立法主体的组成要民主；其次是立法过程要公开；最后是立法主体的活动要民主，保障人民通过多种途径参与立法活动。（3）立法民主原则的要求。具体包括：树立民主观念，完善民主制度，注意民主和集中相结合，扩大公民参与。（4）立法民主原则的意义。具体包括：有利于立法正确地反映人民的意志，而不仅仅反映行政机关的意志；有利于全面了解各种不同的利益要求，使立法的内容更加科学合理，进而提高立法质量和立法水平；有利于使立法的最终结果得到人民的认同和支持，提高政府威信；有利于增强民众的民主参与意识，增加政府立法的透明度；极大限度地提高行政效率。

第十一章　法与文化

知识逻辑图

- 法与文化
  - 法与道德
    - 中国古代思想家
      - 法和道德能否分离
        - 儒家：法律以道德为基础
        - 法家：法律不以道德为基础
      - 法所包含道德的性质
        - 家庭利益、国家利益等
        - 法所包含道德的层次
      - 法治与德治的关系
        - 儒家：德治
        - 法家：法治
        - 法与道德的历史性和社会性
    - 西方法学家
      - 法和道德能否分离
        - 自然法学：法以道德为基础
        - 分析法学：法不以道德为基础
      - 法所包含道德的性质
        - 自然法学：人类普遍道德
        - 分析法学：最低限度道德
        - 法所包含道德的层次和界限
      - 法治与德治的关系
        - 自由资本主义：法律至上
        - 道德回归的迹象
    - 法与道德的关系
      - 社会主义法与道德的必然联系
        - 法治包含价值取向和衡量
        - 都受物质生活条件决定
        - 都有阶级性
      - 社会主义法与道德的区别
        - 法律以国家确认为标志
        - 法律具有明确正式的表现形式
        - 权利义务规则以及配套规则
        - 法律侧重外部行为的合法性
        - 法律的调整范围要比道德窄
      - 依法治国与以德治国
        - 习近平：法治和德治相结合
        - 依法治国的必要性
          - 法律规范的优越性
          - 市场经济的需要
          - 民主政治的需要
        - 以德治国的必要性
          - 法律需要道德基础
          - 有些社会关系需要法律与道德共同调整
          - 道德可以弥补法律漏洞
          - 道德可以改善社会风气和环境
  - 法与宗教（略）

名词解释与概念比较

1. 法的道德基础
2. 道德的阶级性与共同性
3. 法律技术规范（考研）

选择题

（一）单项选择题

1. 道德与法律都属于社会规范的范畴，都具有规范性、强制性和有效性，道德与法律既有区别又有联系。下列关于法律与道德的几种表述中，哪种说法是错误的？（　　）（司考）

A. 法律具有既重权利又重义务的“两面性”，道德具有只重义务的“一面性”
B. 道德的强制是一种精神上的强制
C. 马克思主义法学认为，片面强调法的安定性优先是错误的
D. 法律所反映的道德是抽象的

2. 法与道德的一致性体现在（　　）。

A. 法与道德都具有强制性
B. 法与道德都反映统治阶级的意志
C. 法与道德都有明确的权利与义务
D. 法与道德最终都趋于自行消亡

3. 下列关于法与道德、宗教、科学技术和政治关系的描述中，哪一项表述不成立？（　　）（司考）

A. 宗教宣誓有助于简化审判程序，有时也有助于提高人们守法的自觉性
B. 法具有可诉性，而道德不具有可诉性
C. 法与科学技术在方法论上并没有不可逾越的鸿沟，科学技术对法律方法论有重要影响
D. 法的相对独立性只是对经济基础而言的，不表现在对其他上层建筑（如政治）的关系之中

4. 下列关于法与道德的表述哪一项是正确的？（　　）（司考）

A. 自然法学派认为，实在法不是法律
B. 分析实证主义法学派认为，法与道德在本质上没有必然的联系
C. 中国古代的儒家认为，治理国家只能靠道德，不能用法律
D. 近现代的法学家大多倾向于否定“法律是最低限度的道德”的说法

5. 社会主义法与社会主义道德具有共同点，表现在两者（　　）。

A. 规范内容相同　　B. 要求相同
C. 指导思想相同　　D. 调整范围相同

6. 我国法律对宗教采取（　　）的政策。

A. 禁止　　B. 限制
C. 保护　　D. 强制

7. 下列有关法与道德的表述，哪一项是正确的？（　　）

A. 法与道德是同时产生的
B. 凡属道德所调整的，必为法调整
C. 凡属法所调整的，必为道德所调整
D. 法与道德均有强制性

8. 在政教合一的国家，法与宗教的关系是（　　）。

A. 法与宗教教义是完全独立的
B. 宗教教义不具有法的效力
C. 宗教教义甚至是法的主要渊源
D. 宗教教义仅适用于教徒

9. 关于义务道德与愿望道德的区别，表述正确的是（　　）。

A. 义务道德往往以否定形式表现，规定“不允许做什么”，而愿望道德通常以肯定的形式表现，提倡“应当做什么”
B. 义务道德与法律有直接的联系，而愿望道德与法律没有必然的联系
C. 对两者的违反都会受到谴责和惩罚
D. 义务道德与愿望道德在确定性上没有区别

10. 下列关于法与道德的确定性和不确定性表述正确的是（　　）。

A. 道德调整的范围比法律调整的范围广
B. 道德和法律的调整范围是恒定不变的
C. 道德的调整范围和法律调整范围不能相互转化
D. 凡是违反法律的行为大多受到道德的谴责，同时，违反道德的行为也往往构成违法

11. 下列关于宗教与法律的关系说法不正确的是（　　）。

A. 历史上许多国家都曾经实行政教合一的制度
B. 当代世界各国，特别是发达国家，大多都实行

政教分离的制度

C. 宗教在当代各国已经退出社会生活，不再起作用

D. 宗教与法律具有某些共同的要素，如仪式、传统、权利和普遍性等

12. 下面各项说法中正确的是（　　）。

A. 法律调整在现代社会中越来越重要

B. 法律是最低限度的道德，法律不调整的，道德就不必干预

C. 在现代化建设过程中法律与道德是“此消彼长”的关系

D. 经济交往中，只要交易双方能够秉持诚实、守信的道德准则，就不需要法律的干预

13. 下列关于法律与道德的表述，正确的是（　　）。（考研）

A. 法律与道德的调整对象存在一定程度的重合

B. 法律至上的法治原则排斥道德在审判中的运用

C. 法律只强调程序正当性，道德则注重实体正当性

D. 法律是最高限度的道德，因而守法是高尚的行为

14. 按照马克思主义学说，下列关于法律与道德起源的表述，能够成立的是（　　）。（考研）

A. 法律先于道德产生

B. 道德先于法律产生

C. 法律与道德同时产生

D. 法律与道德相伴而生

（二）多项选择题

1. 公元前399年，在古雅典城内，来自社会各阶层的501人组成的法庭审理了一起特别案件。被告人是著名哲学家苏格拉底，其因在公共场所喜好与人辩论、传授哲学而被以“不敬神”和“败坏青年”的罪名判处死刑。在监禁期间，探视友人欲帮其逃亡，但被拒绝。苏格拉底说，虽然判决不公正，但逃亡是毁坏法律，不能以错还错。最后，他服从判决，喝下毒药而亡。对此，下列哪些说法是正确的？（　　）（司考）

A. 人的良知、道德感与法律之间有时可能发生抵牾

B. 苏格拉底服从判决的决定表明，一个人可以被不公正地处罚，但不应放弃探究真理的权利

C. 就本案的事实看，苏格拉底承认判决是不公正的，但并未从哲学上明确得出“恶法非法”这一结论

D. 从本案的法官、苏格拉底和他的朋友各自的行为看，不同的人对于“正义”概念可能会有不同的理解

2. 关于法与道德之间关系的正确表述是（　　）。

A. 法必须合乎所有社会成员的道德要求

B. 法与道德同属于社会上层建筑

C. 法的规范性程度比道德更高一些

D. 道德的调整范围小于法律

3. 按照自然法学派的观点，法具有道德内容，体现一定的道德性。自然法学派这一观点的主要理由是什么？（　　）（司考）

A. 道德的原则可以上升为法律原则

B. 违反人道的法律不具有法的品质

C. 法的安定性原则优先

D. 只有实在法才是有效的法律

4. 法律与道德的关系主要涉及哪几个方面？（　　）

A. 法律是否可以与道德分离

B. 如果法律与道德不可分离，法律所包含的道德的性质如何

C. 法律与道德的调整对象

D. 在社会生活中法与道德的地位

5. 社会主义法与社会主义、共产主义道德的区别体现在（　　）。

A. 调整范围　　　　B. 实施方式

C. 表现形式　　　　D. 对人们的要求

6. 法对科学技术活动的作用主要表现在（　　）。

A. 法可帮助组织和管理科学技术活动

B. 法可保障和促进科技成果的推广和使用

C. 法可抵制和防范科技带来的消极后果

D. 法可推动和协调国际科技合作

7. 科学技术的发展对法的调整范围和方法的深刻影响表现在（　　）。

A. 科学技术的发展可改变法的本质

B. 科学技术的发展可增强法执行社会公共事务的职能

C. 科学技术的发展可扩大法调整的范围

D. 科学技术的发展为同违法犯罪进行斗争提供新的有效的手段

8. 我国保护宗教活动的理由是（　　）。
A. 宗教信仰属思想问题
B. 宗教具有群众基础和民族性
C. 宗教具有广泛的国际性
D. 宗教具有历史性

9. 我国社会占统治地位的道德包含以下哪两个不同的层次？（　　）
A. 社会主义道德　　B. 共产主义道德
C. 愿望道德　　D. 义务道德

10. 下列有关法与宗教的表述，哪些是正确的？（　　）（司考）
A. 在适用效力上，宗教通常采取"属人主义"，法律则采取属人主义与属地主义相结合
B. 宗教规范是由专门的国家机关制定，但由宗教组织来实施的
C. 宗教规范从来没有代替过法律的作用
D. 法律所保护的宗教自由，也包括不信仰宗教的自由

11. 关于法与道德的调整对象说法正确的是（　　）。
A. 法律只调整人们的外部行为
B. 道德只调整人们的思想动机
C. 单纯的思想不是法律调整的对象
D. 道德调整对象既包括行为也包括动机

12. 下列有关法与道德的表述，哪些是不成立的？（　　）
A. 道德规范可以表述为法律规范
B. 双方当事人违反诉讼程序同时也必然违反道德
C. 法律只规定权利，道德只规定义务
D. 不守德即违法

13. 关于法和道德之间关系的正确表述是（　　）。
A. 二者并不必然有内在联系
B. 法必须合乎所有社会成员的道德要求
C. 二者同属于社会上层建筑
D. 法的规范性程度高于道德

14. 法与道德的区别有（　　）。
A. 法有约束力，道德没有约束力
B. 道德调整的范围比法律的广
C. 道德起源比法律早
D. 道德缺乏准确的正式的表现形式

15. 下列说法正确的是（　　）。
A. 马克思主义法学认为法律不可以脱离道德，反对法律的非道德化
B. 马克思主义法学赞成"恶法非法"的观点
C. 社会主义条件下，同样可能出现违背社会主义道德的"恶法"
D. 失去了社会主义道德基础，法律规则势必会蜕变为立法者的专横任意

16. 孙某早年与妻子吕某离婚，儿子小强随吕某生活。小强 15 岁时，其祖父去世，孙某让小强参加葬礼而小强与祖父没有感情，加上吕某阻挡，未参加葬礼。从此，孙某就不再支付小强的抚养费用。吕某和小强向当地法院提起诉讼，请求责令孙某承担抚养费。在法庭上，孙某提出不承担抚养费的理由是，小强不参加祖父葬礼属不孝之举，天理难容。法院没有采纳孙某的理由，而根据我国相关法律判决吕某和小强胜诉。根据这个事例，下面哪些说法是正确的？（　　）（司考）
A. 一个国家的法与其道德之间并不是完全重合的
B. 法院判决的结果表明：一个国家的立法可以不考虑某些道德观念
C. 法的适用过程完全排除道德判断
D. 法对人们的行为的评价作用应表现为评价人的行为是否合法或违法及其程度

17. 下列关于道德与法律的关系的表述，能够成立的有（　　）。（考研）
A. 道德与法律的内容互相渗透
B. 道德因素影响执法与司法
C. 道德水平高低影响法的遵守
D. 法律是道德的价值基础

简答题

1. 简述法与道德的区别。（考研）
2. 简述法与宗教的关系。

材料分析题

1. 请对下列案例进行理论分析。

案情：1944 年，德国某妇女向纳粹当局密告其夫休假在家时曾讲过有损希特勒的话。结果，其夫被纳粹当局以 1934 年纳粹政府法令判处了死刑（未执行）。法西斯倒台后，该妇女在联邦德国法院被控犯有 1874

年刑法典规定的非法剥夺他人自由的罪行。联邦德国法院的终审判决是：被告犯有罪行，尽管该妇女是依照纳粹法律告密的，但由于纳粹法律本身是违反一切正直人的正当良知和正义感的，所以她必须接受法律制裁。

但法学家们对于该妇女是否应当被判刑所涉及的法理学基本问题一直存有争议。试问：

（1）根据案情分析，你认为法学家们讨论的法理学问题是什么？

（2）假如站在分析实证主义法学立场上，你认为该妇女不能被判刑的法理依据是什么？

（3）假如站在自然法学立场上，你认为该妇女应被判刑的法理依据是什么？

2. 请分析“随着现代化的发展，法律的作用会日益加强，而包括道德在内的其他社会规范的作用会日益减弱”的说法。

论述题与深度思考题

1. 试论“以德治国”和“依法治国”的结合。（考研）

2. 论人治和法治的区别，并阐释法治的代价。（考研）

3. 结合实际从法与宗教关系的角度分析法律信仰在我国的建立。

参考答案

名词解释与概念比较

1. 法与道德是两个有着十分密切联系的现象。法是国家颁布的行为规范，在法律规范中包含着国家关于人们应该做什么、允许做什么和禁止做什么的要求，它是从国家立场出发对人们行为的评价，包含着立法者关于什么是正义与非正义、合理与不合理、善与恶的价值判断，反映了支持什么、反对什么、赞成什么的价值取向，故法不可能脱离道德而独立存在。道德是一种社会现象，是按照善恶标准来评价并依靠社会舆论、内心信念与传统习惯维持的规范、原则和意识的总称。

在历史唯物论看来，道德观念归根到底也是由一定的物质生活条件决定的，人们自觉或不自觉地，总是从他们阶级地位所依据的实际关系中，从他们进行生产和交换的经济关系中，获得自己的伦理观念。法律必须有道德基础，失去道德基础，法律规范势必会蜕变成立法者的专横；而法的道德基础同样不是脱离社会的实际利益和历史发展的抽象概念，它归根到底是一个社会经济基础要求的反映。

2. 按照历史唯物主义的观点，在社会中占统治地位的道德总是统治阶级的道德，法律所反映的道德不是抽象的，而是具体的、历史的，是社会上占统治地位的道德，统治阶级的道德具有强大的意识形态作用，这就是道德的阶级性。同时，由于法律具有普遍性、人人必须遵守的表现形式，因而它在体现和执行统治阶级道德方面，将统治阶级道德打扮为全人类共同的道德。另外，由于不同阶级的道德必然具有许多共同之处，统治阶级道德作为社会上正统的道德观念，为了维护占统治地位的社会关系，必然反映该历史条件下社会生活的客观需要，因而又具有全人类性，也就是所谓的社会性。

3. 科学技术的发展把大量的原本属于纯粹技术规范的各种标准带到法律当中，形成了一种新的法律规定——法律技术规范（也称技术法规）。这是法律与科学技术相互作用在法律规范上的表现，这些规范既具有技术性，也具有法律性。它们把人与人之间的社会关系同人与自然（主体与客体）之间的关系结合起来调整。它们作为法律规范虽然仍保持着它们作为纯粹技术规范的属性，但它们所调整的已不仅仅是主体与客体的关系，而更主要的是主体之间的关系，即“科学技术活动中的社会关系”。人们不遵守这些标准要受到法律制裁，主要是因为他们违反了对他人、对社会承担的法律义务，危及人们的生命和健康。

选择题

（一）单项选择题

1. 答案：D

解析：法律既规定主体的权利，也规定其义务，而且强调权利和义务的相辅相成，没有无权利的义务，也没有无义务的权利，因此法律具有“两面性”；道德更多地强调与人为善，主张个人的克制与牺牲，只讲付出不计回报，所以与法律对比，其具有只重义务的“一面性”。故不选 A 项。

道德和法律一样都具有强制性，只是两者的强制方式不同：法律通过国家强制机关（军队、警察和监狱、法庭等）来实施其强制力，而道德更多地依靠社会舆论、内心信念和传统习惯来维持，属于一种精神的强制。故B项也不能选。

在法律与道德的优先关系上，有两种观点：一是法的安定性原则优先，二是法的道德正义原则优先。简单地说，当法律与道德不一致时，前者认为法律优先，后者认为道德优先。马克思主义法学认为，片面强调这两种观点中的一种，均是错误的。因此，选项C的说法正确，不应选。

法律所反映的道德是具体的而非抽象的。它是一个历史的范畴。时代不同，其所叙述内容不同；且它所反映的是统治阶级的利益要求，这种要求是具体的。因此，D项是错误的，当选。

2. 答案：A

解析：一方面，法与道德有着不可分割的联系，法必须具有基本的道德基础；另一方面，作为两种不同的调整社会关系的方式，法与道德在形成、表现形式、调整对象、调整机制和评价行为的标准等方面又各不相同。本题目的各选项就是对这些区别的考查。

我们说法律与道德都是有强制性的，法的强制性体现在国家通过强制机关对人们行为的规范和强制，而道德的强制则通过社会舆论、内心信念和传统习惯来维持。两者的强制方式不同，不能由此否认道德的强制性。故A项应选。

法与道德都具有阶级性，但不能笼统地说法与道德都反映统治阶级的意志。因为道德可以分为不同的种类和层次，只有占统治地位的道德才反映统治阶级的意志。故不选B项。

法与道德都具有规范性，但两者的表现形式不同：法有明确的权利义务条款，而道德只规定人们行为的一般原则。故C项不选。

我们知道法与道德都是历史的、具体的，但法的产生不同于道德，法是阶级矛盾不可调和的产物，并随着阶级的消灭而逐渐消亡。而道德不会消亡，只可能被其他道德取代。故D项不选。

3. 答案：D

解析：A项考查法与宗教的历史渊源关系。在历史上，宗教和法是两种有着密切联系的社会现象，法中的很多规范或程序规定都源于宗教仪式和教规。宗教宣誓使法庭当事人受到约束，不仅可以简化程序，也有助于提高守法自觉性。故A项正确。

B项考查法与道德的区别。由于法规范的是人们的行为，有明确的权利和义务，所以可诉诸法院予以裁决；而道德规范的是人的思想，不可能通过现实裁决来实施。故B项正确。

C项考查法与科技的关系。科学技术对法律方法论的影响是显而易见的，而且法律方法论中也引进了一些新的技术因素，两者没有不可逾越的鸿沟。故C项正确。

法具有独立性，不仅独立于经济基础，而且独立于其他上层建筑，如政治、意识形态等。故D项错误，符合题意，应选。

4. 答案：B

解析：关于法与道德在本质上的联系，是一个法在本质上是否包含道德内涵的问题。西方法学界存在两种观点：一是肯定说，以自然法学派为代表，肯定法与道德存在本质上的必然联系，认为法在本质上是内含一定道德因素的概念。实在法只有在符合自然法、具有道德上的善的时候，才具有法的本质而成为法。一个同道德严重对立的邪恶的法并不是一个坏的法，而是丧失了法的本质的非法的“法”，因而不是法，即“恶法非法”。二是否定说，以分析实证主义法学派为代表，否定法与道德存在本质上的必然联系，认为不存在适用于一切时代、民族的永恒不变的正义或道德准则，而法学作为科学无力回答正义的标准问题，因而是不是法与是不是正义的法是两个必须分离的问题，道德上的善或正义不是法律存在并有效力的标准，法律规则不会因违反道德而丧失法的性质和效力，即使那些同道德严重对抗的法也依然是法，即“恶法亦法”。由上可知B项正确。

5. 答案：C

解析：社会主义法与道德之间存在密切的联系，法律也包含着对人们行为的评价，这是从国家立场出发对人们行为的评价，包含着善恶标准和正义与否的评价，法不可能脱离道德；同时，道德观念也是由一定的物质生活条件决定的，人们自觉或不自觉地总是从他们的阶级地位所依据的实际关系中，从他们进行生产和交换的经济关系中，获得自己的伦理观念。法具有一定的道德基础，是社会最低的道德准则，道德也为法律的制定提供善恶标准，两者相辅相成。

从社会主义法与社会主义道德的规范内容来看，前者是人们的行为准则，是规定人们应当做什么、允许做什么或者禁止做什么的规范，而后者则主要规制人们的思想，要实现真、善、美。可见，两者的规范内容是有差别的，故选项A错误。

社会主义法与社会主义道德的要求也不相同，前者是对公民最低的道德标准，要求其在无害于别人的基础之上行使自身权利；而后者则对人们的思想和行为提出了更高的要求，要求行善、积德等，故不选B项。

社会主义法与社会主义道德都是由社会主义经济基础决定的上层建筑，它们共同服务于社会主义的政治和经济发展，都服从于马克思主义，也就是辩证法唯物主义和历史唯物主义，这是两者共同的指导思想。故选项C正确。

社会主义法与社会主义道德的调整对象很明显不同，前者调整行为，而后者调整思想，很多法律不能调整的对象都可以由道德来调整，这也是两者的区别之一。故不选D项。

6. 答案：C

解析：当代中国对宗教的态度建立在马克思主义世界观上。我们提倡辩证唯物主义和历史唯物主义，但对宗教不采取强制的办法，国家保护正常的宗教活动，并且宣布宗教信仰自由。这是我国关于宗教问题的基本立场，所以答案是C项。

7. 答案：D

解析：从法与道德的形成看，法与道德都是由一定的物质生活条件决定的，法的形成以国家的确认为标志，离开国家不可能有法；而道德与国家没有不可分割的联系，道德早在国家建立之前就存在。故A项的说法是错误的。关于法与道德调整的范围，一般来说，道德调整的范围比法律调整的范围更广。法律调整的是那些要求并可能由国家评价和保证的社会关系，而道德调整的领域几乎囊括一切社会关系。需要法律调整的社会关系，大都需要道德调整，但违反社会主义道德的行为，却有很多不是违法行为。故B、C项的说法都是不确切的。任何社会规范都具有强制力，违反道德会受到舆论的谴责或人们内心信念的谴责，违反社会团体规范会受到社会团体规范的制裁。法与其他社会规范的不同之处在于法的强制力是国家强制力。所以D项是正确的，为应选项。

8. 答案：C

解析：当代世界各国，大多实行政教分离的制度，反对宗教干预国家事务，并把这一点作为文明社会的标志。但历史上包括现今的一些国家仍然实行政教合一的制度，形成了所谓的“宗教法律体系”。在宗教法律制度中，法与宗教教义是相互渗透的，宗教法是最高的法律渊源，与君主的命令、“世俗法”之间既相互作用又相互补充。因此，宗教教义也具有法的效力，甚至是法的主要渊源。不同于政教分离的国家，在政教合一的国家里，宗教教义不仅适用于全体教徒，而且由于其法律渊源的性质，也直接适用于社会全体成员。故答案为C。

9. 答案：A

解析：愿望道德以肯定形式出现，而义务道德以否定形式出现；对愿望道德的违反不产生谴责，而义务道德则相反；愿望道德的确定性不及义务道德；义务道德与法律最接近，愿望道德与法律没有直接的联系，但是这种道德的追求与法律的普遍含义有一定的联系，对于法律的制定和实施起到一定的指导作用。故本题答案为A。

10. 答案：A

解析：所谓法与道德的确定性与不确定性指的是法与道德的界限是客观存在的，但又不是固定不变的。法与道德没有恒定不变的界限，两者的调整范围是随着社会历史条件的发展而不断变化的，可以相互转化。从两者调整的范围来看，一般来说，道德调整的范围比法律调整的范围更广泛，凡是违反法律的行为大多受到道德的谴责，而违反道德的行为却不一定构成违法。故答案为A。

11. 答案：C

解析：历史上许多国家都曾经实行政教合一的制度，形成了所谓“宗教法律体系”，如伊斯兰教法、印度教法、犹太教法和中世纪欧洲的教会法等。故选项A正确。法律与宗教的分离、政教分离是近代资产阶级革命、文艺复兴和宗教改革运动的结果。当代世界各国，特别是发达国家，大多都实行政教分离的制度，反对宗教干预国家事务，并把这一点作为文明社会的一个标志。故选项B的说法正确。伯尔曼在《法律与宗教》一书中认为，宗教规范与法律规范之间具有某些共同的要素，法律规范中所包含着的仪式、传统、权利和普遍性等要素可能起源于宗教中的相应因素。

故选项D正确。在当代，仍然存在伊斯兰教法等宗教法律体系，宗教仍然在其中起着重大作用；即使在政教分离的国家，宗教虽然失去了如中世纪那样对整个社会的统治地位，但作为一种传统或习惯法，仍然在某些社会生活领域起着重要作用。所以选项C的说法是错误的。

12. 答案：A

解析：确定性、可预测性和有保证性是法律区别于道德的重要属性。现代社会只靠原则的、不具体、难预测、主要依靠社会舆论的力量和人们内心的信念加以维护的道德来调整是远远不够的。随着现代社会的发展，法律调整越来越显示出其重要性。故选项A的说法是正确的。法与道德的调整范围不同，道德调整的范围比法律的更广一些，有许多社会生活领域，不适于或不完全适于用法律调整，在这些领域加强社会主义道德作用有助于形成良好的社会风气和社会环境。故选项B是错误的。在现代化建设过程中法律作用的加强并不意味着道德作用的削弱，二者之间不存在“此消彼长”的关系。故选项C是错误的（具体理由请参考朱景文主编：《法理学》，223～224页，北京，中国人民大学出版社，2008）。现代经济不同于自给自足的自然经济，它建立在高度的社会分工和相互依赖的基础上，如果不建立一种明确的、可预测的、有保障的关系，现代经济活动很难顺利运行。比如，现代经济交往只靠诚实、守信的道德准则是远远不够的，必须在合同法和合同本身中把这一准则具体化。故选项D是错误的。本题应选A。

13. 答案：A

解析：法与道德是人类生存的两大支柱，人类社会和文明要求法与道德并举并重，相互配合，相互协调。只有法与道德互助共生，才能真正形成和保持和谐稳定的社会秩序，故B项错误。法律既强调程序正义，也强调实体正义，故C项错误。法律是最低限度的道德，故D项错误。

14. 答案：B

解析：法律一般通过特定的机构、程序、方式而形成，依赖团体公共权力而实现。法律是自觉的、有形的。道德根据人的自然生活而逐渐产生，依赖教育培养而积累长成。道德是自发的，有时是无形的，一般不通过专门的公共机关和人员来制定，也不一定要通过专门的组织和制度来实现。在时间上，道德具有先在性，它的产生早于法律，是法律的产生、形成、发展、运作和实现的基础。故本题选B。

（二）多项选择题

1. 答案：ABCD

解析：A项考查道德与法律的冲突。法律与道德虽然有紧密的联系，但也有明显的冲突，在现实生活中表现为“合法”与“合理”的冲突，具体表现在对于某种行为：（1）法律支持，但道德反对，例如诉讼时效；（2）道德支持但法律反对，例如基于正义的杀人；（3）道德支持或反对，法律不管；等等。在本题中，由于判决不合理，友人欲帮苏格拉底逃亡，但逃亡违反法律。这体现出道德与法律的冲突。故A项正确。

B项考查的是对题干的理解，不涉及具体考点。人们不应该放弃探究真理的权利，故B项正确。

C项考查法与道德在本质上的联系。关于法与道德在本质上是否有联系，西方有两种观点：（1）以自然法学派为代表，肯定法与道德存在本质上的必然联系，认为“恶法非法”。（2）以分析实证主义法学派为代表，否定法与道德存在本质上的必然联系，认为“恶法亦法”。由此可见，“恶法非法”是自然法学派提出的观点，苏格拉底时期尚没有明确提出“恶法非法”。故C项正确。

D项考查正义的相对性。正义具有相对性，不存在绝对的、适用于一切民族、国家的正义观，不同的人群、不同的社会有不同的正义观。故D项正确。

2. 答案：BC

解析：法与道德的关系是法与社会关系的一个重要的知识点，也是历来考试的重点。

A项考查道德的阶级性。尽管法当中也有全体社会成员的共同意志，但作为阶级统治的工具，法更多地反映统治阶级的意志，所以题干表述有误。

B项考查法与道德的属性。上层建筑是与经济基础相对应的概念，具体包括法律上层建筑和思想上层建筑，法与道德分别属于法律上层建筑和思想上层建筑的范围。

C项考查法与道德的规范性。法的确定性和规范性要高于道德，其条文中具体规定了人们在社会生活中的相互关系及权利、义务，是人们行为的准则。

D项考查法律与道德的调整范围，我们说需要法律调整的社会关系大都可以由道德来评价，而道德调整的对象却不一定为法律所调整，道德的调整范围比法律的更广。

3. 答案：ABC

解析：自然法学派关于法与道德关系的观点是：在人定法（实在法）之上存在自然法（正义或道德），只有体现道德内容的法律，才是具有法的品质的法律，否则是不法的法律。法与道德、实然的法与应然的法之间有必然的联系。法的安全性原则，是指法应当与道德要求保持一致，不应成为侵害公民合法权益的具有法的品质的恶法。

与自然法学派相对的实证主义法学派观点则认为：法是主权者的命令，法律的结论能通过道德判断或价值判断得出，无须参考道德准则；只要运用逻辑工具，直接由已预设的法律中演绎得出。法律无所谓善恶，只要是主权者的意志和命令，即是法，恶法亦法。实在法才是有效的法律。

4. 答案：ABD

解析：由于道德的特征，因而它与法律既有明显的区别又存在密切的联系。法律与道德的关系历来是古今中外的法理学所包含的一个重要内容，也是法学家、哲学家们一直争论不休的一个问题。它主要涉及这样三个方面的问题：法律是否可以与道德分离；如果法律与道德不可分离，法律所包含的道德的性质如何；在社会生活中法与道德的地位如何。答案选 A、B、D。

5. 答案：ABCD

解析：这道题目是法与道德的关系在社会主义法与社会主义、共产主义道德关系领域的具体化，根据上述法与道德关系原理，可以得出这样的结论：社会主义法与社会主义道德和共产主义道德在调整范围、实施方式、表现形式和对人们的要求方面都有区别，故本题答案为 A、B、C、D。

6. 答案：ABCD

解析：法对科学技术的影响是多方面的，表现在对科学技术发展的组织管理，对科技成果的转让与推广，对科技合作的促进和保障，以及对科技发展的消极后果的抵制和防范等各方面，所以本题答案为 A、B、C、D。

7. 答案：BCD

解析：科学技术的发展可以扩大法的调整范围并且改善法的调整方法：科技不仅为法执行社会公共事务职能提供了多种手段和方法，而且为同违法犯罪进行斗争提供了新的有效的手段；但是科学技术并不会直接改变法的本质，法的本质是由一定的国家性质决定的，科学技术可以通过长期的变革，改变社会生产关系，并最终改变经济基础和由之决定的上层建筑，并最终改变法及其本质，但是笼统地说科技发展改变法的本质是不成立的。故本题选 B、C、D。

8. 答案：ABCD

解析：我国以及世界上很多国家采取宗教信仰自由主要基于以下理由：宗教信仰属于思想领域的问题，而且具有群众基础和民族性；属于世界范围内共同的问题，也是长期存在的历史现象，所以宗教的消灭必须经过长期的历史过程，在现阶段采取宗教信仰自由是非常明智的。故本题答案为 A、B、C、D。

9. 答案：AB

解析：我国社会占统治地位的道德包含两个不同的层次：社会主义道德和共产主义道德。而义务道德和愿望道德虽与之类似，但没有看到两者的密切联系，所以本题选 A、B。

10. 答案：AD

解析：宗教规范是由宗教团体制定的、只对其成员有效的社会规范的一种，而法律规范则是由国家颁布的，对该国所有人有约束力，所以说宗教通常采取“属人主义”，而法律是属人主义与属地主义相结合；宗教规范由宗教团体制定，由宗教组织来实施；在历史上有政教合一的情况，宗教教规高于世俗法律，甚至会代替法律的作用。综上，答案为 A、D。

11. 答案：CD

解析：从法与道德的调整对象看，不能简单认为法律调整人们的外部行为而道德调整人们的思想动机，因为不论法律还是道德，其调整对象都既包括行为也包括动机。二者的区别在于：法律着重要求的是人们外部行为的合法性，而不能离开行为过问动机，单纯的思想不受法律调整的影响。而道德所要求的不仅仅是人们的外部行为，它还要求人们行为动机的高尚、善良，对人们行为时的心理“内在”产生影响是道德发挥作用的特殊机制。故本题答案选 C、D。

12. 答案：BCD

解析：道德规范经过国家的认可可以上升为法律规范，故选项 A 正确；法与道德不同，违反法律并不一定违反道德，故选项 B 是错误的；法律既规定权利又规定义务，道德主要是义务性的，但也不能绝对认为道德只有义务，故选项C错误；法反映的道德是有层次的，有的道德要求并没有反映到法律中去，因此不守德未必违法，故选项D错误。所以本题答案选B、C、D。

13. 答案：CD

解析：法律与道德是两个有着十分密切联系的现象。一方面，法律不是纯粹的技术和抽象的规范，在法律规范中包含着国家对于人们应该做什么、允许做什么和禁止做什么的要求，它是从国家立场出发对人们行为的评价，包含着立法者的价值判断与价值取向，它不可能脱离道德。另一方面，在历史唯物论看来，道德也不是抽象的善恶观念，而是归根到底由一定的物质生活条件决定的。所以选项A是错误的。法律所反映的道德是有层次的，西方法学家提出了“法律是道德的最低限度”这一命题；另外，法所反映的道德还有阶级性。这些都说明法不可能合乎所有社会成员的道德要求，故选项B是错误的。法与道德同属于社会上层建筑，同时法的规范性高于道德，故选项C、D正确，为应选项。

14. 答案：BCD

解析：任何社会规范都具有强制力，违反道德也会受到舆论的谴责或人们内心信念的谴责。法与其他社会规范的不同之处在于法的强制力是国家强制力。道德调整的范围比法律的要广泛；道德的起源先于法律，法律是与国家同时产生的；法律有严谨、规范、准确的表现形式，而道德主要存在于人们的心中，缺乏准确的正式的表现形式。故本题答案为B、C、D。

15. 答案：ACD

解析：历史唯物论反对把法律与道德相分离，反对法律可以脱离道德，反对法律的非道德化以及道德相对主义的主张，但是这并不意味着它赞成“恶法非法”的观点。法，作为一个整体，体现着统治阶级的道德，但这并不否认在个别时期国家所制定的个别法律可能不符合统治阶级的道德。在社会主义条件下，同样可能出现违背社会主义道德、侵犯人权的专横、非法的官方行为和个别的“恶法”。但失去了社会主义道德基础，法律规则势必会蜕变为立法者的专横任意。答案选A、C、D。

16. 答案：ABD

解析：从调整范围看，道德比法律调整的范围广泛。一般地说，法律调整的关系，大多数由道德调整。但是并非所有的法律事项和问题都是道德评价的对象。从调整对象看，道德调整的对象不仅是人们的行为，还包括人们的思想、品格和动机。由此可见，法与道德并不是完全重合。故A项正确。

本题中，孙某提出不承担抚养费的理由是“小强不参加祖父的葬礼属不孝之举，天理难容”，这是道德上的考虑；而法院根据国家法律规定作出裁判，并没有采纳孙某的理由，由此可以发现，法律并没有将这种较高级别的道德转化为法律义务。这表明国家的立法可以不考虑某些道德观念。当然，这也并不否认国家的立法需要考虑某些道德观念。故B项正确。

法的适用过程是法律事实的判断过程，主要解决的是客观存在的法律如何适用于案件这一问题。在这一过程中，法官并不是机械的、消极的，而是具有一定的自由裁量权。道德对法律的实施起着不可忽视的作用。(1) 在执法方面，较高的职业道德可以保证执法者做到秉公而断、执法严明；(2) 在守法方面，道德意识可以提高人们遵守法律的自觉性和维护法律的权威性，以及同违法犯罪作斗争的积极性。因此法的适用过程不仅不能完全排斥道德判断，而且往往需要考虑道德对法律的指导作用。故C项错误。

法的评价作用具体表现为：法律对于他人的行为合法或违法及其程度具有判断、衡量的作用。本案中，法官根据我国相关法律对吕某和小强的行为作出了肯定评价，对孙某的行为作出了否定评价。故D项正确。

17. 答案：ABC

解析：道德是人们在社会生活中形成的关于善与恶、好与坏、美与丑、正义与非正义、公正与偏私、诚实与虚伪等伦理观念、思想、原则、标准的总和。法律与道德之间具有密切联系，二者相互影响，相互渗透，相互作用，故A项正确。在具体的法律运作过程中，人们的道德信念和道德水平的高低，特别是法官、律师、检察官、警察的道德信念、原则、水平的状态，直接影响法律的实施和实现，故B项正确。法治的形成和实现都离不开道德信念的支持，人们的道德水平越高，守法的程度也越高，选择法律所认可的合法行为的程度也越高，故C项正确。道德是法律的价值基础，故D项错误。

简答题

1. 法与道德一方面有着不可分割的联系，另一方面，作为两种不同的调整社会关系的方式，它们又有以下区别：

(1) 从两者的形成看，法律的形成以国家的确认为标志，但道德的产生早于国家。

(2) 从两者的表现形式看，法律具有明确、正式的表现形式，规定了人们之间具体的权利和义务，而道德通常只是指出人们行为的一般原则。

(3) 从两者的作用机制看，法律作用的发挥需要特殊的机制，需要有国家的权威性，通过立法机关颁布法律并确认其效力，司法机关解释并适用法律；而道德仅存在于社会舆论、习俗和人们的内心信念之中，缺乏明确的表现形式和执行方式。

(4) 从两者调整的对象来看，法律着重要求的是人们外部行为的合法性；而道德不仅要求人们的外部行为，还要求人们的行为动机高尚、善良。

(5) 从两者的调整范围看，一般来说，道德调整的范围比法律调整的范围更广。

2. (1) 宗教，像法律、道德、习惯等一样，也是一种社会现象，它包括人们对于超自然、超社会的力量——“上帝”“神灵”的信仰、规范、仪式和活动。

(2) 在历史上，宗教和法律是两种有着密切联系的社会现象。一切古代的法律几乎都具有广义的神权政治的属性。君主为了论证自己统治的合法性，都把其统治权的渊源归于上帝、归结于神（例如，“天子”“奉天承运”）。

历史上许多国家都曾经实行政教合一的制度，形成了所谓“宗教法律体系”，如伊斯兰教法、印度教法、犹太教法和中世纪欧洲的教会法。所有这些法律体系都相信有一种超人的权力存在，或者作为人格化的“上帝”“神”的意志，或者作为非人格化的秩序。在宗教法律体系中，宗教法是最高的法律渊源，它与君主的命令、“世俗法”之间既相互作用又相互补充。

(3) 有的法学家（如伯尔曼）还注意到，宗教规范与法律规范之间不仅具有这种历史的联系，而且具有某些共同的要素，法律规范中所包含着的仪式、传统、权利和普遍性等要素可能起源于宗教中的相应因素。还有的学者提出，宗教规范与法律规范的执行机制也有相似之处：法律规范的执行必须通过法律解释的机制，随着法律解释的发展出现了专门的法学家阶层，在古罗马还出现了《学说汇纂》这样的解释罗马法的专门著作。宗教规范的执行也是如此。

(4) 法律与宗教的分离、政教分离是近代资产阶级革命、文艺复兴和宗教改革运动的结果。当代世界各国，特别是发达国家，大多都实行政教分离的制度，反对宗教干预国家事务，并把这一点作为文明社会的一个标志。宗教规范是由宗教团体制定的，只对其成员有拘束力，它是社会团体规范的一种；而法律规范是由国家颁布的，对所有人，无论是教徒还是非教徒，无论是信奉何种宗教的人，都有拘束力。宗教失去了如中世纪那样对整个社会——包括对法律——的统治地位，但作为一种传统或习惯法，仍然在某些社会生活领域起着重要作用，如在西方一些国家仍然把宗教的结婚仪式作为婚姻成立的法定条件。

(5) 古代中国宗教的地位同宗教法律体系——无论是伊斯兰教法、印度教法还是欧洲中世纪的教会法——相比，都有很大的差别。宗教，作为一种社会势力，始终没有形成与皇权相对抗，甚至凌驾于世俗权力之上的力量。古代中国的皇权是至高无上的，皇帝本身就是上天在尘世的代言人。换句话说，在宗教法律体系，特别是欧洲中世纪的教会法中，宗教权力与世俗权力之间的关系是外在的；而在古代中国，二者的关系则是内在的，宗教是为皇权辩护的工具。这一方面使古代中国长期以来形成以封建皇权为中心的统一格局，另一方面又使皇权成为不受任何约束的绝对的权力。

材料分析题

1. (1) 法律是否应该有道德基础的问题（或者“恶法非法”还是“恶法亦法”）。

(2) 分析法学派类似于中国的法家，主张法律应该与道德相分离。奥斯丁认为，法理学“研究实在法，或研究严格意义上的法律，而不考虑这些法律的好坏”。凯尔森提出：“法的概念无任何道德含义，它指出一种社会组织的特定技术。”该学派强调国家主权者与法的关系，否认道德是法的效力依据。按照这一学派的观点，虽然纳粹的法律“本身违反了一切正直人的正当良知和正义感”，但这并不影响其作为一项法律的效力，而该妇女是依照这一法律告密的，所以她不应受到处罚。

(3) 自然法学派，类似于中国的儒家，主张法律必须以道德为基础、法与道德不可分离、道德是法的效力依据。古典自然法学派提出自然法观念，以代表那个时代占统治地位的道德，认为自然法高于国家制定的实在法，实在法只有符合自然法才配称为真正的法，“恶法非法”。以此观之，恰如联邦德国法院的判决所言：“尽管该妇女是依照纳粹法律告密的，由于纳粹法律本身是违反一切正直人的正当良知和正义感的，所以她必须接受法律制裁。”

2. (1) 随着现代化的发展，法律的作用有日益加强的趋势。

确定性、可预测性和有保证性是法律区别于道德的重要属性。社会主义现代化建设是国家有组织、有秩序的活动，要求把许多重要的经济、政治和其他社会关系以明确、正式的形式确定下来，增加对人们行为进行指导的确定性、可预测性和有保证性，从而把法律调整提到了重要地位。

道德规范往往是原则的，法律将道德的基本原则具体化，比道德规范更加确定。现代社会只靠原则性规定是不够的。在出现不同情况时，人们对原则经常有不同的理解，必须有具体、明确的规定。可预测性是指人们从事某种行为时，通过法律可预测对方会相应作出什么反应和国家对自己的行为有什么评价。道德规范由于不具体，其可预测程度远远低于法律的。有保证性是法律规范的突出特点，人们的行为如果符合法律，会得到国家的保证，任何侵犯法律所赋予的权利的行为都将受到法律制裁。而道德规范由于其自身的性质主要依靠社会舆论的力量和人们内心的信念加以维护，需要人们自觉遵守。当违反道德的行为发生时，如果行为者不顾社会舆论和个人的廉耻，那么只依靠道德本身不可能制止这种行为。法律调整的上述特点随着现代社会的发展，越来越显示出其重要性。

现代经济不同于自给自足的自然经济，它建立在高度的社会分工和相互依赖的基础上，如果在参与经济活动的每个个人、经济组织之间不建立一种明确的、可预测的、有保障的关系，现代经济活动很难顺利运行。现代政治也不同于君主政治或人治，它是民主政治，只凭“人民主权”之类的政治道德原则是远远不够的。这些都要求确定性、可预测性和有保证性的法律来予以调整规制。

(2) 但是，在现代化建设过程中法律作用的加强并不意味着道德作用的削弱，二者之间不存在“此消彼长”的关系。这是因为：其一，法律规范必须有道德基础，失去道德基础，法律规范势必会蜕变为立法者的专横任意。其二，许多社会生活领域，由法律和道德共同调整，道德建设的加强有助于法律调整的顺利进行，并使之达到更好的社会效果；反之，道德建设的削弱，会使法律调整的任务极大地加强，甚至会形成“防不胜防”“罚不胜罚”的局面。其三，有些社会生活领域，虽然应该由法律调整，但由于某些原因法律没有作出明确规定，在这些领域加强道德调整有助于弥补法律调整的不足，同时也为以后制定法律准备了条件。其四，还有许多社会生活领域，不适于或不完全适于用法律调整，在这些领域加强社会主义道德作用有助于形成良好的社会风气和社会环境。

(3) 总之，社会主义法与道德是我国社会主义上层建筑的两个紧密相连的部分。一方面，社会主义法制的加强有助于培养社会主义道德，社会主义法的制定将社会主义道德的基本原则和要求确认下来。社会主义法的实施有利于树立和发扬社会主义道德风气。另一方面，社会主义道德建设又能为社会主义法制建设创造良好的思想道德环境，社会主义道德建设不仅是社会主义法的制定的基础，而且对社会主义法的实施也有重要影响。因此，对社会主义现代化建设来说，它们都是必不可少、不可偏废的。我们必须有意识地发挥二者相辅相成、互相促进的作用，从我国社会主义现代化建设总体布局的高度，使依法治国与以德治国相互配合，协调发展。

论述题与深度思考题

1. 中共中央《关于全面推进依法治国若干重大问题的决定》指出：国家和社会治理需要法律和道德共同发挥作用。必须坚持一手抓法治、一手抓德治，大力弘扬社会主义核心价值观，弘扬中华传统美德，培育社会公德、职业道德、家庭美德、个人品德，既重视发挥法律的规范作用，又重视发挥道德的教化作用，以法治体现道德理念、强化法律对道德建设的促进作用，以道德滋养法治精神、强化道德对法治文化的支撑作用，实现法律和道德相辅相成、法治和德治相得益彰。具体而言包括以下几点：

（1）法律规范必须有道德基础，失去道德基础，法律规范必然蜕变为立法者的专横任意。建立社会主义市场经济和民主政治更需要加强以培养有理想、有道德、有文化、有纪律的人为目标的社会主义精神文明建设。

（2）许多社会生活领域，由法律和道德共同调整，道德建设的加强有助于法律调整的顺利进行，并使之达到更好的社会效果；反之，道德建设削弱，法律调整的任务便会极大地加重。

（3）有些社会生活领域，虽然应该由法律调整，但在由于某些原因法律没有作出明确规定时，可以由道德调整来弥补法律调整的不足，同时也为日后制定法律准备了条件。

（4）许多社会生活领域不适合或不完全适合法律调整，在这些领域加强道德作用有助于形成良好的社会风气和社会环境。

总之，社会主义法与道德是我国社会主义上层建筑的两个紧密相连的部分。一方面，社会主义法制的加强有助于培养社会主义道德。社会主义法的制定以法律的形式将社会主义道德的基本原则和要求确认下来。社会主义法的实施，有助于树立和发扬社会主义道德风气。另一方面，社会主义道德建设又能为社会主义法制建设创造良好的思想道德环境，对法的制定、实施以及法治观念的建立有重要影响。对社会主义现代化建设来说，它们都是必不可少的，应当将两者相结合，使其相互配合、协调发展。

2.（1）法治和人治的含义。

法治和人治是两种对立的治国理论和方法。法治建立在民主的基础上，崇尚的是宪法和法律，认为宪法和法律的权威高于个人意志，坚持任何组织和个人不能凌驾于宪法和法律之上，必须坚持依法办事。而人治是建立在个人专断与独裁的基础上，主张的是个人的权威大于宪法和法律的权威、权大于法。

（2）人治与法治的内在冲突。

人治意识就是一种与专制统治相适应的社会政治心理，它与法治统治是格格不入的，二者存在根本冲突。

1）人治意识中的“权大于法”观念与法治观念的冲突。“权大于法”观念的实质是在“人与法”的关系上人大于法；在国家的治理方略上，不是靠法律、制度，而是靠人。

2）人治意识中的重礼轻法、重德轻刑与法治观念的冲突。在中国封建社会，政治的主要内容就是“治人”。治人的方式和手段不外乎礼、法、德、刑四种，这四种手段的价值关系是德、礼为主，法、刑为辅。长期以来，重礼轻法、重德轻刑塑造了一种道德型人格，并积淀成为一种顽强的心理意识。

3）人治意识中的等级观念与现代法治发展中的“法律平等观念”的冲突。人治的实现以及其“合法性”的获得主要归功于德治和礼治的实践。从中国古代来看，儒家的“礼”是分尊卑贵贱的。可以说，等级观念是人治得以实现的心理基础，它不仅渗入中国传统社会的每一个细胞，而且内化为臣民人格的一部分，规范着人们的行为。而法治倡导的是“法律面前人人平等”，它要求对合法权利的保护和对违法行为的惩处援用统一的法律标准，它是基于现代社会中人与人之间平等关系而产生的一种新的法律意识。

（3）法治的代价。

在文明的进化中，从混沌到战争，从暴力到道德，从德治到法治，人类还没有发现一种完美无缺的治理形式，法治作为一种治国方略，其功能有正负之分，法治的负功能也就是法治的代价。法治的代价表现在：其一，建设法治国家，必须通过完善立法来解决腐败问题，而法律上存在的漏洞，也即立法欠缺问题，在一定时期内得不到有效解决。其二，法治的“人人平等”原则忽略了社会人的个体差异性，法律只是以表面的平等掩盖实际社会中的不平等。其三，法律的稳定性与社会发展之间的矛盾也似乎无法克服。其四，执法集团内部及执法集团与社会其他集团的利益矛盾得不到调和。

3. 宗教对法律的影响涉及立法、司法和守法等领域。首先，宗教可以推动立法。许多宗教教义实际上都表达了人类的一般价值追求，而且部分教义被法律吸收，成为立法的基本精神。《圣经》《古兰经》《摩奴法典》等宗教经典，分别对西方两大法系、伊斯兰法、古印度法产生了根本性的影响。其次，宗教影响司法程序。在宗教作为国教与政教合一的地方，宗教法庭直接掌握部分司法权。在西欧中世纪，教会独立行使司法权，世俗政权则负责执行教会的命令，如被开除教籍者，在法律上就成为被放逐法外之人。中世纪教会的司法权不但及于教徒而且及于俗人，对教会执事提起的民事诉讼、执事向俗人提起之民事诉讼未获公正解决者，等等，均由宗教法庭管辖。最后，宗教信仰有助于提高人们守法的自觉性。宗教提倡与人为善、容忍精神等，公民习惯于循规蹈矩，不为损害他人和社会的行为。宗教超自然的崇拜、各种精神祭祀，等等，均给法律蒙上神秘的、超自然的色彩，增加了法律的威慑力。

在西方，法律的信仰来源于宗教传统。中国没有真正意义上的全民宗教或国家宗教，而儒家主张的道德伦理教条由于同时兼有宗教教义的意义，故被称为“儒教”。中国法与宗教似乎没有多少联系，但如果按照伯尔曼的观点，中国法同样有其信仰基础。在古代中国，法律被看作是必要的邪恶，而又辩证地与儒教的礼仪、修养和新儒家的祖先崇拜、皇帝崇拜有密切关系。换言之，在中国，被神圣化的道德本身兼有宗教的功能。今天我们要树立对法律的信仰，必须从找回我们的道德标准开始。

第十二章　法与社会、社会建设

知识逻辑图

- 法与社会
  - 法与社会建设、社会治理
    - 社会建设
      - 广义：包含经济、政治、文化等领域
      - 狭义：不包含经济、政治、文化领域
    - 社会治理
      - 治理主体多元化
      - 治理依据多元化
      - 治理方式多元化
    - 法治的社会基础——市民社会是法治的前提和基础
    - 社会建设、社会治理需要法治
      - 严格依法办事是基本方式之一
      - 法治是国家长治久安的重要保障
  - 社会主义法与和谐社会
    - 中国特色社会主义理论体系的新发展
      - 党的十八届三中全会：创新社会治理
      - 党的十八届四中全会：增强全民法治观念，推进法治社会建设
      - 党的十九大：加强和创新社会治理
      - 党的十九届四中全会：共建共治共享
    - 法在和谐社会中的作用
      - 坚持民主法治
      - 正确处理改革、发展、稳定
      - 社会建设和治理的法治化
      - 依法完善社会治理
      - 依法调整人与自然
      - 全社会树立法治意识
  - 法治社会是全面依法治国的基础
    - 法治社会是法治国家的基础
    - 必须走中国特色社会主义法治道路
      - 党的领导
      - 中国特色社会主义制度
      - 中国特色社会主义理论体系
    - 必须坚持以人民为中心
      - 体现以人民为中心的指导思想
      - 着眼于增强全社会法治观念
      - 着眼于保障和改善民生
      - 着眼于法治的系统性、整体性、协同性
    - 必须坚持共建、共治、共享
      - 全社会力量共同参与、共同治理、共同享有
      - 完善社会治理体制机制
      - 坚持党的领导
    - 必须坚持法治、自治、德治相结合
      - 全面提升社会治理法治化水平
      - 加强道德规范指引
      - 促进社会自治建设

名词解释与概念比较

市民社会

选择题

（一）单项选择题

1. 法治作为一种治国方略，需要一定的社会生活条件作为其生长的土壤和发展的动力，西方占主流地位的法治理论认为，这种土壤和动力是指（　　）。

A. 市民社会　　B. 市场经济

C. 民族国家　　D. 理性观念

2. 奥地利法学家埃利希在《法社会学原理》中指出："在当代以及任何其他的时代，法的发展的重心既不在立法，也不在法学或司法判决，而在于社会本身。"关于这句话含义的阐释，下列哪一选项是错误的？（　　）（司考）

A. 法是社会的产物，也是时代的产物

B. 国家的法以社会的法为基础

C. 法的变迁受社会发展进程的影响

D. 任何时代，法只要以社会为基础，就可以脱离立法、法学和司法判决而独立发展

3. 马克思曾说："社会不是以法律为基础，那是法学家的幻想。相反，法律应该以社会为基础。法律应该是社会共同的，由一定的物质生产方式所产生的利益需要的表现，而不是单个人的恣意横行。"根据这段话所表达的马克思主义法学原理，下列哪一选项是正确的？（　　）（司考）

A. 强调法律以社会为基础，这是马克思主义法学与其他派别法学的根本区别

B. 法律在本质上是社会共同体意志的体现

C. 在任何社会，利益需要实际上都是法律内容的决定性因素

D. 特定时空下的特定国家的法律都是由一定的社会物质生活条件所决定的

4. 关于法与社会相互关系的下列哪一表述不成立？（　　）（司考）

A. 按照马克思主义的观点，法的性质与功能决定于社会，法与社会互相依赖、互为前提和基础

B. 为了实现法对社会的有效调整，必须使法律与其他的资源分配系统进行配合

C. 构建和谐社会，必须强调理性、正义和法律统治三者间的有机联系

D. 建设节约型社会，需要综合运用经济、法律、行政、科技和教育等多种手段

5. 下列有关"法的普遍性"的理解，正确的是哪一项？（　　）

A. 判例法是由法院对具体的人、具体的案件所作的判决形成的，只对特定当事人有效

B. 在我国，地方性法规也在全国范围内具有效力

C. 法在时间上的适用效力是普遍的，不存在时间的限制

D. 法在有效期内能够反复适用

（二）多项选择题

1. 要建设成为法治国家，需要具备下列哪些条件？（　　）

A. 健全、完善的市场经济体制

B. 高度民主的政治体制

C. 全民具有较高的文化素质

D. 人民和谐相处的社会环境

2. 法律自身哪些特点决定了法治在市民社会中的独特作用？（　　）

A. 法律的一般性

B. 法律的权威性

C. 法律的权利义务性

D. 法律由国家强制力保障执行

3. 市场经济能够促进社会主义法治的实现，原因在于（　　）。

A. 市场经济激发了人们追求权利和自由的法律积极性

B. 市场经济是法治得以建立的唯一因素

C. 市场经济孕育着自由和平等及关于此的相应规则

D. 市场经济不需要国家权力的干预

4. 下列有关法与社会关系的表述，哪些选项是错误的？（　　）

A. 社会是法的基础，国家法以社会法为基础，"纸上的法"以"活法"为基础

B. 科技发展对于以良知、正义为裁判基础的司法活动影响不大

C. 在发展水平上，法与道德都是社会文明进步的

标尺，且在发展水平上互为标志和说明

D. 法律只规范和关注人们的外在行为，不过问人的内心活动；而宗教规范不规范人的外部行为，只规范人的内心活动

5. 关于当代中国社会主义法在构建和谐社会中的作用，下列表述正确的有（　　）。（考研）

A. 确定公平正义的标准，协调主体之间的利益关系

B. 为诚信友善的实现提供良好的制度环境

C. 为维护社会的安定和秩序提供有力保障

D. 为经济发展与自然环境的和谐提供制度支持

简答题

如何理解法治是现代社会建设的客观要求？

材料分析题

随着网络技术的发展与共享经济理念的流行，在传统出租车之外，网约出租车成为人们出行的另一选择。网约出租车的出现在给人们的出行带来便利的同时，对传统的出租车行业造成了巨大冲击，也对城市交通运输管理提出了挑战。在此背景下，为了规范网约出租车发展，促进行业创新和转型升级，更好地满足公众需求，2016 年 7 月，交通运输部等联合发布了《网络预约出租汽车经营服务管理暂行办法》（以下简称《办法》）。

请结合上述材料，根据法理学相关知识，回答以下问题（考研）：

（1）从法律渊源的角度，分析该《办法》的属性和效力。

（2）谈谈社会发展与法律变革关系。

参考答案

名词解释与概念比较

市民社会，又译作“民间社会”，大体是指相对独立于国家，有一定自主、自治权的社会共同体。古典市民社会理论往往在市民社会、政治社会和文明社会三重意思上使用“市民社会”的概念，现代市民社会理论坚持政治国家和市民社会的二分法，强调市民社会系由非政治性的社会所组成。这种现代意义上的市民社会的概念，主要是由黑格尔提出并由马克思加以完善的。

选择题

（一）单项选择题

1. 答案：A

解析：法治作为一种治国方略，需要一定的社会生活条件作为其生长的土壤和发展的动力，西方占主流地位的法治理论认为，这种土壤和动力是指市民社会。故 A 项正确。

2. 答案：D

解析：本题考查法与社会的关系。社会性质决定法律性质，社会物质生活条件在归根结底的意义上最终决定着法律的本质，不同的社会就有不同的法律。国家的法以社会的法为基础，法律的发展受社会发展进程的影响。故选项 A、B、C 正确。选项 D 错误，错在“任何时代”，比如英美法系的普通法就不能脱离司法判决而独立存在。

3. 答案：D

解析：马克思主义法律理论认为，法的本质最终体现为法的物质制约性。法的物质制约性是指法的内容受社会存在这个因素的制约，其最终也是由一定的社会物质生活条件决定的。马克思主义法律理论分析社会的特点在于：认为法律是社会的组成部分，也是社会关系的反映；社会关系的核心是经济关系，经济关系的核心是生产关系；生产关系是由生产力决定的，而生产力则是不断发展变化的；生产力的不断发展最终导致包括法律在内的整个社会发展变化。这就提供了一个将法律置于物质的能动的社会发展过程中加以考察的唯物史观的分析框架。按照这种观点，立法者不是在创造法律，而只是在表述法律，是将社会生活中客观存在的包括生产关系、阶级关系、亲属关系等在内的各种社会关系以及相应的社会规范、社会需要上升为国家的法律，并运用国家权威予以保护。所以说在特定时空下特定国家的法律都是由一定的社会物质生活条件所决定的。由此可知，答案 D 是正确的。

4. 答案：A

解析：马克思主义法学认为法是社会的产物，因

为：第一，社会性质决定着法律的性质，社会物质生活条件决定着法的本质。第二，社会是法的基础。第三，制定认可法律的国家也以社会为基础，国家权力以社会力量为基础；同时还可以说，国家法以社会法为基础，“纸上的法”以“活法”为基础。故选项A错误。法对社会的调整主要表现为通过法律对社会有机体的疾病进行治疗，运用法律解决经济、政治、文化、科技、道德、宗教等各方面的社会问题，由此实现法的价值，发挥法的功能。但是法不是万能的，在某些社会关系领域，法律的控制不是唯一的手段，或者说不是最佳的手段。因此，为了有效地通过法律控制社会还必须使法律与其他的资源分配系统（宗教、道德、政策等）进行配合。正是通过与经济、科技、文化和政治等社会领域，以及政策、宗教、道德等社会规范的互动，法律才得以改造世界，维护人权，由此直接影响国家的发展进程，从而实现全方位的社会和谐。故选项B正确。社会主义和谐社会具有以下特征：（1）民主法治；（2）公平正义；（3）充满活力；（4）诚信友爱；（5）安定有序；（6）人与自然和谐相处。民主法治是和谐社会的基本特征之一，法治建设与和谐社会建设具有内在的高度统一性。构建和谐社会，必须建立理性的法律制度，确立实质法治，创新法律对社会的调整机制。其中所谓“实质法治”是指整个社会、个人和组织都要服从和遵守体现社会正义的理性法律统治。理性、社会正义和法律统治三者的有机联系，构成21世纪新阶段科学的法治精神内涵。故选项C正确。建设节约型社会，需要综合运用经济、法律、行政、科技和教育等多种手段，采取更加有力的措施全面节约资源，加快经济发展模式转变，建立节约型的生产模式、消费模式和城市建设模式。故选项D正确。综上可知，本题的答案为A。

5. 答案：D

解析：本题考查对法的普遍性的理解。所谓“法的普遍性”，是指法作为一般行为规范在国家权力管辖范围内具有普遍适用的效力。它有两方面内容：一是法的效力对象的广泛性，指法在其空间效力范围内对任何人一律平等适用；二是法的效力的重复性，指法在有效期内对人们的行为可以反复适用（故D项正确）。但需注意，法有普遍性并不等于说法的效力是绝对和无限的，它要受到时空限制：（1）对于一国的具体法律而言，按照其制定主体和效力范围的不同，有的在全国范围内生效（如狭义上的“法律”），有的则只在部分地区生效（如地方性法规）。故B项错误。（2）法律有其特定的有效期间，即起始时间和（有的明确规定）终止时间，仅在此期间内法的适用效力是普遍的。故C项错误。（3）判例法虽然是由法院对具体的人、具体的案件所作的判决形成的，但在英美法系国家对以后的类似案件具有约束力。故A项错误。

（二）多项选择题

1. 答案：ABCD

解析：我国法学界普遍认为，要建设成为法治国家，至少需要具备三个条件：一是健全、完善的市场经济体制，二是高度民主的政治体制，三是全民具有较高的文化素质。这三个条件是成为法治国家所必不可少的经济、政治和文化条件，而法治国家的建立，又是这三个条件充分发展的必然要求和结果。实际上，形成法治国家，还要加上一个条件，这就是人民和谐相处的社会环境。故选项A、B、C、D均正确。

2. 答案：ABCD

解析：法治是现代社会建设的客观要求，法律本身的特点决定了法治在市民社会中的独特作用：第一，法律具有一般性；第二，法律是由国家制定或认可的，体现了法律的权威性；第三，法律规定人们的权利和义务；第四，法律由国家强制力保障执行。故选项A、B、C、D均正确。

3. 答案：AC

解析：市场机制可以唤起人们追求权利和自由的热情，市场机制孕育出自由、平等等因素及其相关的规则，这些都是建立法治的重要条件。法治得以建立受多种因素影响。市场在一定条件下也需要国家权力的干预。故选A、C项。

4. 答案：BD

解析：社会是法的基础，也就是说，制定、认可法律要以社会为基础，国家权力以社会力量为基础；同时，国家法以社会法为基础，“纸上的法”以“活法”为基础，故A项正确。科技进步对司法的影响表现在司法过程的三个方面——事实认定、法律适用和法律推理，法律越来越深刻地受到了现代科学技术的影响，故B项错误。在发展水平上，法与道德都是社会文明进步的标尺，且在发展水平上互为标志和说明，故C项正确。法一般只规范和关注外在行为，一般不离开行为过问动机；宗教规范不但规范人的外部行为，而且更侧重于规范人的内心活动，故D项错误。

5. 答案：ABCD

解析：当代中国社会主义法在构建社会主义和谐社会中的作用具体表现在以下方面：(1) 法对于社会主义民主的实现具有重要作用。(2) 法通过确认并保障正义标准的实现，协调主体之间的利益关系。(3) 法可以为诚信友爱的实现提供良好的制度环境。(4) 法为激发主体的活力创造制度条件。(5) 法为维护社会的安定和秩序提供有力保障。(6) 法协调人与自然的关系，为经济发展与自然环境的和谐提供制度支持。

简答题

严格依法办事是管理社会的基本方式之一。法治在管理社会、调整社会秩序中的作用是：第一，法治能够保障、促进人的生存和发展。虽然法律不能直接作用于人的社会生活，但它能够为社会生活作出制度性的安排。法律通过所构建的制度框架，为人们进行包括社会建设在内的政治、经济、文化等方面的建设提供手段和适当的环境。第二，法治能够促进社会的和谐。一个法治的社会可以建立相应的法理机制，以和谐、理智的方式调整社会中不同成员、不同社会组织、社会管理者和社会成员之间的关系，并且解决冲突。第三，法律本身的特点决定了法治在市民社会中的独特作用：法律具有一般性；法律是由国家制定或认可的，体现了法律的权威性；法律规定人们的权利与义务；法律由国家强制力保障执行。

依法治国是国家长治久安的重要保障。法的基本作用之一是建立并维持稳定的社会秩序。法律建立和维护一定的社会秩序的目的，是通过发挥其规范作用和社会作用来实现的。法的规范作用是实现其社会作用的手段，法律的社会作用是其规范作用的目的。通过法治建立新型秩序是保障国家长治久安的重要途径。

材料分析题

(1)《办法》由交通运输部等联合发布，属于行政规章。效力低于宪法、法律、行政法规，不得与它们相抵触。

(2) 法的形成最终是由生产力、经济基础以及整个社会发展的客观需要引起和决定的。也就是说，法的形成开始于这种客观需要的出现，并决定于这种客观需要。所以，法的形成有其客观的历史性和必然性，社会发展的客观需要是法的形成的最深层次的原因。

法律是由社会发展决定的，社会发展推动着法律的变革；法律应与时俱进，根据社会发展及时制定、修改、废止；法律对新出现的社会现象与问题予以合理地规范和调整，能够引导和保障社会良性发展；但如果法律规制不当，也会成为社会发展的阻碍。

第十三章　法与人权

知识逻辑图

- 法与人权
  - 人权的概念
    - 人权是基本权利
      - 普遍性
      - 基础性
      - 制约性
      - 意识形态性
  - 人权的体系
    - 人权的二分法
      - 公民和政治权利
      - 经济、社会、文化权利
  - 法与人权的关系
    - 人权法律化的必要性
    - 人权的国内法保护
      - 人权的宪法保护
      - 建立专门人权保护机构
      - 人权的部门法保护
    - 人权的国际法保护
      - 国际条约
      - 国际人权保护机构
    - 保障人权的法律意义
      - 奠定法治的合法性基础
      - 激发法治发展的推动力
      - 指引法治的社会主义方向
      - 引导法治，促进社会转型

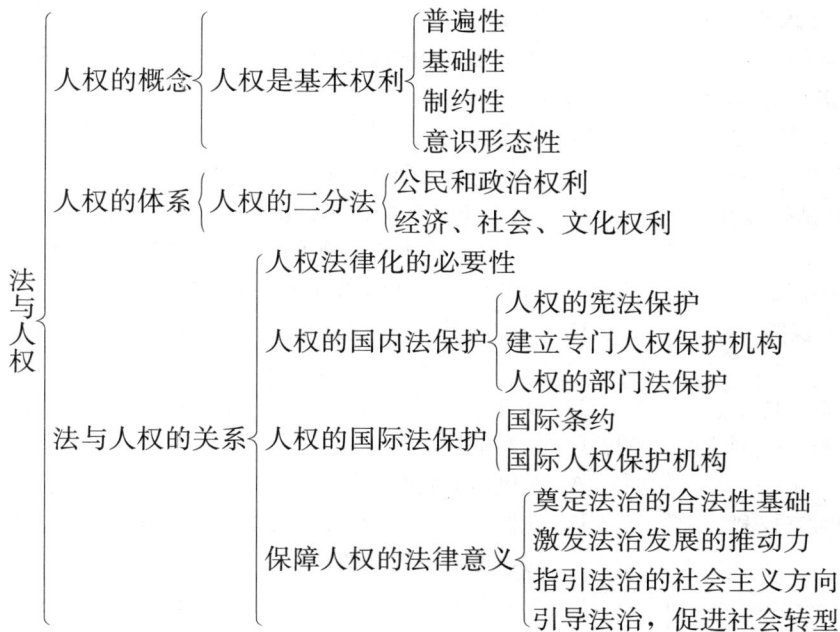

名词解释与概念比较

1. 人权
2. 三代人权理论
3. 集体人权（考研）
4. 人权的普遍性（考研）

选择题

（一）单项选择题

1. 人权是权利的一种特殊形态，也是最为重要的权利。关于人权的说法，下列说法正确的是（　　）。

A. 人权突出强调人的普遍性尊严和价值，各国人民所享有的人权都是一样的

B. 人权是神圣不可侵犯的，对于任何权利均不得克减

C. 人权具有社会制约性，人权不能超出现实社会关系的具体要求而提出不切实际的权利诉求

D. 人权在现实中往往代表着社会强势者的要求，是强者的意识形态的表现

2. 人权突出强调人的普遍性尊严和价值。人权的普遍性，最重要的表现在（　　）。

A. 享有人权的主体是普遍的

B. 享有的权利是广泛的

C. 人权观念为世界大多数国家所接受

D. 人权具有普世的价值

3. 下列哪一个文件首次明确确认了全面而统一的

人权体系？（　　）

A.《公民权利和政治权利国际公约》

B.《经济、社会和文化权利国际公约》

C.《世界人权宣言》

D.《联合国宪章》

4. 随着科技的发展，人体器官移植成为可能，从而自然人享有对自己的器官进行处理的权利。美国统一州法律全国督查会议起草的《统一组织捐献法》规定："任何超过 18 岁的个人可以捐献他的身体的全部或一部分用于教学、研究、治疗或移植的目的"；"如果个人在死前未作出捐献表示，他的近亲可以如此做"；"如果个人已经作出这种捐献表示的，不能被亲属取消"。之后，美国所有的州和哥伦比亚特区采取了这个法令。关于这一事例，下列哪一选项是错误的？（　　）（司考）

A. 科技进步对法律制度的变迁有较大的影响

B. 人权必须法律化才能获得更大程度的保障

C. 人权归根结底来源于国家的承认

D. 器官捐献是一种自由处分的权利，而不是义务

5. 关于法律与人权关系的说法，下列哪一选项是错误的？（　　）（司考）

A. 人权的法律化表明人权只能是一种实有权利

B. 保障人权是法治的核心内容之一

C. 人权可以作为判断法律善恶的标准

D. 法律可以保障人权的实现，但是法律并不能根除侵犯人权的现象

6. 下列哪一位学者最早提出三代人权理论？（　　）

A. 瓦萨克　　B. 米尔恩

C. 马克思　　D. 洛克

7. 下列关于法与人权的关系，表述正确的是（　　）。（考研）

A. 在人类历史上，有法律就有人权

B. 人权只受国际法的保护

C. 人权是法律保护的价值

D. 法律在任何时候不得对人权进行限制

8. 集体人权是指由个人所组成的群体或者团体所享有的人权。下列哪一项属于集体人权？（　　）

①自决权　②受教育权　③环境权

④发展权　⑤公共生活自由权

A. ①②③④　　B. ①②③

C. ①②⑤　　D. ①③④

9. 下列有关法与人权的关系，说法错误的是哪一项？（　　）

A. 人权既可作为道德权利存在，也可作为法律权利存在

B. 人权可以为国家的法律提供合理性

C. 从本质上说，人权只能在一个国家的法律出现之后才存在

D. 在现代民主和法治国家，司法是保障人权的重要方式

10. 下列哪一表述说明人权在本原上具有历史性？（　　）（司考）

A."根据自然法，一切人生而自由，既不知有奴隶，也就无所谓释放"

B. "没有无义务的权利，也没有无权利的义务"

C. "人人生而平等，他们都从他们的'造物主'那里被赋予某些不可转让的权利"

D. "权利永远不能超出社会的经济结构以及由经济结构所制约的文化发展"

11. 关于法与人权的关系，下列哪一说法是错误的？（　　）（司考）

A. 人权不能同时作为道德权利和法律权利而存在

B. 按照马克思主义法学的观点，人权不是天赋的，也不是理性的产物

C. 人权指出了立法和执法所应坚持的最低的人道主义标准和要求

D. 人权被法律化的程度会受到一国民族传统、经济和文化发展水平等因素的影响

12. 下列关于人权的表述，正确的是（　　）。（考研）

A. 人权就是指公民权利和政治权利

B. 人权价值可作为立法与司法的指导

C. 人权是超越时代和历史的基本权利

D. 人权的主体是公民，其内容由宪法加以规定

（二）多项选择题

1. 下列有关人权的表述，哪些是不正确的？（　　）（考研）

A. 马克思主义法学最早提出了人权的理论

B. 人权只是一种法定权利

C. 第二代人权的内容主要是发展权、环境权等

D. 人权只是国际法上规定并保护的权利

2. 2004 年，第十届全国人大第二次会议通过了新的宪法修正案，明确宣告"国家尊重和保障人权"。这

说明（　　）。

A. 社会主义法的阶级本质决定了它最尊重人权

B. 社会主义法的社会本质也决定了它最尊重人权

C. 人权保护入宪标志着我国人权的国内法保护发展到了新的阶段

D. 人权的保护需要法律的保障，尤其是宪法的保障

3. 根据瓦萨克的三代人权理论，下列哪些权利属于第三代人权的范畴？（　　）

A. 自决权　　B. 发展权

C. 结社、联合、集会自由　　D. 和平权

4. 根据《宪法》的规定，下列哪些权利属于公民的政治自由？（　　）（司考）

A. 言论自由

B. 出版自由

C. 集会、结社、游行、示威的自由

D. 宗教信仰自由

5. 下列关于人权的表述中正确的是（　　）。（考研）

A. 人权是一种道德权利，属于应有权利的范畴

B. 人权为立法和执法提供了最低的人道主义标准

C. “人权”的概念起源于近代西方

D. 人权的实现要依靠法律的确认和保护

6. 2016 年 9 月，国务院新闻办公室发布《国家人权行动计划（2016—2020 年）》，对我国人权事业发展作出全面部署。对此，下列说法中正确的有（　　）。（考研）

A. 国家对保障人权负有重要责任

B. 人权就是公民依据宪法和法律享有的权利

C. 现代人权的保护需要通过立法予以确认

D. 司法机关在审判时应尊重和保障当事人的人权

7. 下列有关人权的说法，不正确的有（　　）。（考研）

A. 只存在个体人权，不存在集体人权

B. 人权是指宪法中规定的公民基本权利

C. 马克思主义法学认为，人权是历史发展的产物

D. 人权具有超时代性，所以人权价值属于本源性价值

简答题

1. 简述人权的概念和特点。

2. 如何理解人权与主权的关系？

3. 简述人权体系的法律框架。

4. 如何理解人权与国内法的关系？（考研）

5. 简述法与人权的关系。（考研）

6. 简述人权的相对性。

材料分析题

材料一：

第二次世界大战后，国际社会制定了一系列法律文件，比如，《世界人权宣言》《经济、社会和文化权利国际公约》《防止并惩治灭绝种族罪公约》《消除一切形式种族歧视国际公约》《关于战俘待遇的日内瓦公约》等，加强了对人权的普遍关注、保护和救济。

材料二：

罗伯特·科尔布（Robert Kolb）在《论人道干涉》中认为：“认为每一次干预都仅仅是被隐藏在愤世嫉俗的慷慨言辞下秘而不宣的动机所支配，这种认识是错误的。不错，这些干预从来不是出于绝对无私的理由，不过这没什么奇怪。由于这些干预是因为保护基督徒而采取的，所以它是有选择性的，这也是事实。然而一些干预也符合了，至少部分符合单纯的人道信念，它们扎根于 19 世纪广泛认同的思想意识领域，这种定型的思想意识以人道价值为中心，这也是当时所谓的‘文明国家’观念中不可或缺的组成部分。”

问题：根据以上材料谈谈人权的国际法保护。

论述题与深度思考题

1. 如何理解人权的普遍性和特殊性？

2. 试述人权的法律保护问题。（考研）

3. 试论人权与国内法的关系。

4. 请结合法理学和宪法学原理，论述人权的内涵以及人权保障在我国宪法的体现。（考研）

参考答案

名词解释与概念比较

1. 人权是基于人的人格尊严而为所有人享有的，对于人的生存和发展具有重要意义的基本权利。人权是权

利的一种特殊形态，也是最为重要的权利。人权的理念和制度是人类政治法律文明成果的结晶。人权具有普遍性、基础性、社会制约性和意识形态性等特点。

2. 联合国教科文组织专家法国法学家瓦萨克首先提出三代人权理论。瓦萨克将“人权”的发展区分为三代：第一代人权涉及公民权利和政治权利，第二代人权涉及经济、社会与文化权利，第三代人权则涉及所谓的“连带权”。大体而言，第一代人权着重于在形式上（法律上）保障个人自由，反映的是17、18世纪的个人自由主义思想。第二代人权现在也称为“经济、社会和文化的权利”，着重于在实质上为个人自由之实现提供基本的社会与经济条件，反映的是19世纪开始勃兴的社会主义思想。第三代人权则着重于集体人权，反映的是第二次世界大战后第三世界国家对于全球资源重新分配的要求。

3. 集体人权是指由个人所组成的群体或者团体所享有的人权。它是一种作为有机整体的“人民的权利”。关于集体权利是不是人权有很多的争论。它主要包括的具体人权有：自决权、环境权、发展权、和平权以及对自然资源和财富的权利等。

4. 人权突出强调人的普遍性尊严和价值。人权的普遍性，最重要的是指享有人权的主体的普遍性。人的概念本身就说明人权的普遍性。对人权问题的理解，首先就牵涉对人的理解，只有理解了什么是人，才能更好地理解什么是人权。对人的形象的建构是和一定的社会背景有直接关联的。尽管学者企图建立一种能够超越特定时代的理论和关于人的想象图景，但是他们的思考从来都不是无背景的。什么是人这个似乎最简单的问题困扰了无数个时代的人们。人之为人，就在于人对自身形象的自觉，但是每个时代、每个民族都有自己对人的形象的想象和规划。人是什么这一问题便不只是一个单纯的事实问题，而是有着强烈价值色彩的问题。人权作为一种普遍性的权利，并不排斥对于社会中的某些弱势群体给予特殊的关照和专门强调其权利，这是为了实现人权的真正平等享有，真正实现对人的尊严的同等尊重。

选择题

（一）单项选择题

1. 答案：C

解析：人权突出强调人的普遍性尊严和价值。人权的普遍性，最重要的是指享有人权的主体的普遍性，但是由于具体国情以及历史条件等的差异，各个国家的人民所享有的人权是不相同的。故A项前半句正确、后半句错误。人权的基础性还意味着人权是神圣不可侵犯的，对人权的剥夺或者克减应该具有严格的限制，有些最基本的人权应该是不可克减的，即在任何条件下都是不可剥夺的。故B项错误，只有那些最基本的人权才是不可克减的。人权的社会制约性，决定了人权是一种有强烈历史性、时代性的主张，不能超出现实社会关系的具体要求而提出不切实际的权利诉求。故C项正确。人权在现实中往往代表着社会弱势者的要求，即人权作为一种抗议性的理想，往往是弱者的意识形态。故D项错误。

2. 答案：A

解析：人权突出强调人的普遍性尊严和价值。人权的普遍性，最重要的是指享有人权的主体的普遍性。故A项当选。

3. 答案：C

解析：《世界人权宣言》首次明确确认了全面而统一的人权体系。按照该宣言制定了两个联合国人权公约，即《公民权利和政治权利国际公约》和《经济、社会和文化权利国际公约》。故C项正确。

4. 答案：C

解析：人权的实现要靠法律的确认和保护，没有法律对人权的确认、宣布和保护，人权要么只能停留在道德权利的应有状态，要么经常面临受侵害的危险而无法救济。《统一组织捐献法》先是规定了捐献自己身体的器官是人的权利，这就是器官捐献“权”受到了法律的确认，同时，法律是人权的体现与保障。所以C项说法错误，应选。

5. 答案：A

解析：人权有三个层次：第一个层次是应有权利，第二个层次是法律权利，第三个层次是实有权利。人权的内容通过立法转化为法律权利，使人的应有权利有机会转化为法律权利，通过法的实施，使法律权利转化为实有权利，但并非表明人权只能是一种实有权利。在现代法治社会，保障人权是法治的核心内容之一。人权可以作为判断法律善恶的标准，反过来，法律可以保障人权的实现，但是有了法律并不能当然根除侵犯人权的现象，也不意味着有了法律，人权必然就会得到实现和保障，因为法律实施的效果决定着人权的实现和保障的程度。所以，不能仅根据人权的法律化就判断人权只是一种实有权利，A项的说法是错误的。

6. 答案：A

解析：联合国教科文组织专家法国法学家瓦萨克首先提出三代人权理论。瓦萨克将“人权”的发展区分为三代：第一代人权涉及公民权利和政治权利，第二代人权涉及经济、社会与文化权利，第三代人权则涉及所谓的“连带权”。故A项当选。

7. 答案：C

解析：法律可保护人权，但是也要通过限制一定的人权才能更好地保护有一定冲突的人权，故D项错误，A项也错误；人权主要是受国内法而不是国际法保护，故B项错误。所以，答案是C项。

8. 答案：D

解析：集体人权是指由个人所组成的群体或者团体所享有的人权。它是一种作为有机整体的“人民的权利”。它主要包括的具体人权有：自决权、环境权、发展权、和平权以及对自然资源和财富的权利等。本题中，①自决权、③环境权、④发展权属于集体人权，故选项D当选。⑤公共生活自由权属于基本自由权，②受教育权属于经济、社会、文化权利，均不属于集体人权。

9. 答案：C

解析：人权是基于人的人格尊严而为所有人享有的，对于人的生存和发展具有重要意义的基本权利。人权是一种超越法律的权利，从根本上讲，人权的正当性的根据首先在于它是一种道德性的权利。人权首先是一种在道德上获得肯定和正当性的权利。但是人权的先法律性或者先国家性，并不是说人权的实现仅仅借助于道德来保障。应当充分认识以法律来保障人权的重要意义，认识人权从道德权利、政治诉求转换为法律权利的必要性。所以选项C表述错误：人权具有先法律性，而不是只能在一个国家的法律出现之后才存在。

10. 答案：D

解析：人权在本原上具有历史性。人权存在和发展的内因是人的自然属性，外因是社会的经济、文化状况。“权利永远不能超出社会的经济结构以及由经济结构所制约的文化发展。”这句话表明，人权不是天赋的，也不是理论推导的产物，而是历史地产生的，最终是由一定的物质生活条件所决定的。它的具体内容和范围总是随着历史发展、社会进步而不断丰富和扩展的。

A、C项表达的是“人权天赋、人权来自理性”的观点，而非人权的历史性；B项表达的是权利、义务的关系；D项表述的是人权要受到社会的制约，随着社会的变动而变动，具有历史性。故D项正确。

11. 答案：A

解析：A项考查人权的概念。所谓人权，简言之就是指“人类应该拥有的权利”，由此可见，人权属于应然的权利，属于道德权利的范畴；但是随着法治化进程，越来越多的人权都被纳入法治的保护体系。因此，那些已经被纳入法律保护范畴的人权既属于道德权利又属于法律权利，故A项错误。

B项和D项考查马克思主义法学的人权观。按照马克思法学派的观点，人权不是天赋的，也不是理性的产物，而是社会发展的产物，受制于社会经济及文化发展。马克思认为：人权永远不能超越一国的经济发展及经济发展所制约的文化发展。故B项正确。同理，D项正确。

C项考查人权对法律的意义。人权对法律的意义表现在：（1）指出了最低人道主义标准，即法律不得任意剥夺人权；（2）指出了侵权的解决方案；（3）是评价法律是不是真正法律的标准。C项正确。

12. 答案：B

解析：人权内容具有广泛性，除了公民权利和政治权利，还包括范围广泛的经济、文化、社会权利和生态权利，故A选项错误。人权具有法律价值，既是对法律的精神、原则、规范的直接检验和方向引导，也是对法律内在品质进行批判的标准和完善的依据，人权价值可作为立法与司法的指导，故B选项正确。人权是历史发展的产物，马克思说：“人权不是天赋的，而是历史地产生的”。人权具有历史性，不具有超时代性，故C选项错误。人权的主体除了公民，还包括集体。从主体角度来看，人权可以分为个人人权和集体人权，故D选项错误。

（二）多项选择题

1. 答案：ABCD

解析：本题考查人权的性质、发展、保护等内容。（1）人权首先是一种道德意义上的权利，属于应有权利的范围，是指作为人应该享有的权利；其次只有当人权为法律所规定、转为实在法上的权利时（尤其是一国的宪法将人权转化为“基本权利”时），它才转化为法定权利，故B项错误。（2）人权理论最早发源于西方文艺复兴时期的人文主义思潮，随后古典自然法学者洛克、孟德斯鸠、卢梭等人明确提出“天赋人权”的理论，构成了早期人权理论的渊源，因此A项错误。（3）到目前为止，在历史上前后出现了三代人权的概念：第一代人权强调个人权利和政治权利，第二代人权强调经济、社会和文化权利，第三代人权强调自决权、发展权、环境权、和平与安全权等集体人权，故C项错误。（4）人权不仅需要通过国际法在世界范围内得到普遍保护（国际人权法），更需要得到国内法的确认和保障。保护人权是国内法的主要内容和立法的基本原则之一，也构成了一国宪法的主要内容之一。因此，D项错误。

2. 答案：ABCD

解析：人权需要法律保护，尤其是宪法，而且它主要由国内法保护，但不是说国际法就不保护人权，人权保护入宪标志着我国人权的国内法保护发展到了新的阶段。因此，选项A、B、C、D均正确。

3. 答案：ABD

解析：瓦萨克将“人权”的发展区分为三代：第一代人权涉及公民权利和政治权利，第二代人权涉及经济、社会与文化权利，第三代人权则涉及所谓的“连带权”。第三代人权着重于集体人权，反映的是第二次世界大战后第三世界国家对于全球资源重新分配的要求。它包括自决权、发展权、和平权，以及对资源共享、健康、生态平衡、灾害救济等的权利。故选项A、B、D属于第三代人权的范畴。结社、联合、集会自由属于第一代人权的范畴，不当选。

4. 答案：ABC

解析：《宪法》第35条规定，中华人民共和国公民有言论、出版、集会、结社、游行、示威的自由。这是我国公民享有的政治自由，所以选项A、B、C正确。宗教信仰自由不属于公民的政治自由，故D项不当选。

5. 答案：ABCD

解析：人权是一种道德权利，属于应有权利的范畴。人权也是一项法律权利，人权的实现要依靠法律的确认和保护。人权对法律的作用之一就体现在人权为立法和执法提供了最低的人道主义标准。“人权”的概念起源于近代西方，但人权观念并非为西方国家专有。故选项A、B、C、D均正确。

6. 答案：ACD

解析：人权与法律有着十分密切的联系，没有法律对人权的确认、宣示和保障，人权要么只能停留于道德权利的应有状态，要么经常面临受侵害的危险而无法救济。人权的法律保护首先表现为国内法的保护，主要包括宪法保障、立法保护、行政保护、司法救济四个方面。选项A、C、D正确。人权和公民权既有联系又有区别：人权是一个政治概念，不同的人对人权可以有各自的理解和解释。公民权是一个法律概念，其含义和保护方式有着法律的界定。人权的内容如果入宪，成为公民权，就有了固定含义。所以B项错误。

7. 答案：ABD

解析：人权是人作为人所享有或应当享有的那些权利，按照主体角度可以分为个体人权和集体人权，故A项错误。宪法中规定的公民基本权利属于公民权，人权是一个政治概念，公民权是一个法律概念，二者不可以简单等同，人权和公民权从性质到形式差异很大，人权的一个方面的要求可能具体化为公民权的若干项权利，而公民权的一项权利也可能同时体现着人权的多方面要求，二者并非一一对等，故B项错误。马克思曾引用黑格尔的论断“人权不是天赋的，而是历史地产生的”，所以，马克思主义法学认为人权是历史发展的产物，故C项正确。人权是本源性的权利，是其他权利存在的正当性根据和理由，但人权不具有超时代性，故D项错误。

简答题

1. 人权是基于人的人格尊严而为所有人享有的、对于人的生存和发展具有重要意义的基本权利。人权的基本特点大致如下：

（1）人权具有普遍性。人权突出强调人的普遍性尊严和价值。人权的普遍性，最重要的是指享有人权的主体的普遍性。人权作为一种普遍性的权利，并不排斥对社会中的某些弱势群体给予特殊的关照和专门强调其权利。这是为了实现人权的真正平等享有，真正实现对人的尊严的同等尊重。

（2）人权具有基础性。人权是对于人的发展来说最为基本和重要的一系列权利。人权是对于人的生存和发展的一种基础性标准，在一定意义上这种标准和条件是一种最低限度的生存标准。人权的基础性，体现了人权对于人的生存和发展的根本性，也说明了权利诉求的普遍性和权利主体的平等性。人权的基础性还意味着人权是神圣不可侵犯的。

（3）人权具有社会制约性。人权的社会制约性，决定了人权是一种有强烈历史性、时代性的主张。不能超出现实社会关系的具体要求而提出不切实际的权利诉求。

（4）人权具有意识形态性。人权在现实中往往代表着社会弱势者的要求，即人权作为一种抗议性的理想，往往是弱者的意识形态。弱势者通过人权符号来提高自己主张的正当性和合法性，来对抗来自强势者的压迫力量。

2.（1）近代西方人权观中，基于对集权或者极权国家的深深恐惧，而将人权视为个人对抗国家的权利。但是也要看到，那种主张完全摆脱公共权力的无政府主义也会导致对人权的伤害。

（2）人权的实现需要借助国家的保护和努力。人权本身在个人与国家的这个治理结构中有依附于国家权力的侧面，但是这种依附并不能直接导致将人权置于国家之下，将主权对人权的支持直接延伸为主权高于人权。因而，应当辩证地看待人权与主权的关系，不能过于机械地说其中一个高于另一个。

（3）在当代，关于人权和主权的关系中的一个重要问题是，必须警惕人权高于主权理论以及人道主义干涉的消极后果。

3.（1）基本自由权。基本自由权大致就是公民权和政治权利方面的基本人权。这种自由权是最早被作为人权规定下来的。在国际人权法的文件中也被称为公民权和政治权利。主要包括：1）身心自由权，它是以人的生命、思想和行动自由为中心展开的权利，包括人格尊严权、生命权、精神自由权、人身自由权利、迁徙自由、公平受审权等。2）私生活自由权。3）公共生活自由权。4）经济生活自由权。

（2）经济、社会、文化权利。主要包括：1）工作权。工作权是最基本的经济权利。2）享受适当生活水准的权利。该权利被认为是社会权利的核心，它有时也被称为社会保障权利或社会福利权利。3）受教育权。受教育权包括：接受教育的请求权利、接受教育的选择权、教育权的相关权利。

（3）特殊受益人的人权。特殊受益人的人权主要有：1）少数者的权利。2）妇女的人权。3）儿童的权利。

（4）集体人权。它是指由个人所组成的群体或者团体所享有的人权。它是一种作为有机整体的“人民的权利”。关于集体权利是不是人权有很多的争论。它主要包括的具体人权有：自决权、环境权、发展权、和平权以及对自然资源和财富的权利等。

4.（1）人权是基于人的人格尊严而为所有人享有的，对于人的生存和发展具有重要意义的基本权利。人权是权利的一种特殊形态，也是最为重要的权利。人权的理念和制度是人类政治、法律文明成果的结晶。

（2）人权是一种人的权利，权利是指人能做某种行为，但是能做某种行为要成为权利还需要由一定的社会观念确认为正当。

（3）人权不等于法律上的权利，要成为法律上的权利，还需要经过法定的程序，获得广大人民的观念上的承认。

（4）国内法规定的权利是人权的基本的、最重要的部分，也是最有保护的人权部分。

（5）人权也具有国际性，因为人的需要和观念具有国际性；但是，人权更有地方性，各国的历史传统和经济发展水平不同，对人权的保护和发展就不能遵循一个模式。

（6）对人权的保护主要是国内法的问题，虽然也不排除进行国际合作，但是不能以人权为借口干涉他国内政。

5.（1）人权是一种超越法律的权利。从根本上讲，人权的正当性的根据首先在于它是一种道德性的权利。但是人权的先法律性或者先国家性，并不意味着人权的实现仅仅借助道德来保障。应当充分认识以法律来保障人权的重要意义，认识人权从道德权利、政治诉求转换为法律权利的必要性。必须以法律确认和保障人权，从而，人权理念或者道德权利可以具体化，可以获得确定性，可以获得更具实体性也更有力的保障。

（2）人权的国内法保护。主要包括人权的宪法保护、建立专门的人权保护机构以及人权的部门法保护。

（3）人权的国际法保护。目前，保障人权已经成为国际社会的一个主导性意识形态，人权的国际化的基本标志就是国际人权条约得到全球认同。人权的国际法保护主要包括国际条约、国际人权保护机构等。

（4）尊重和保障人权有重要的法律意义。人权需要借助于法治而充分展开和顺利推进，同样，现代法治也必须借助人权而健康发展。1）尊重和保障人权，奠定法治的合法性基础。2）尊重和保障人权，激发法治发展的推动力。3）尊重和保障人权，指引着法治的社会主义方向。4）尊重和保障人权，引导着法治促进社会的顺利转型。

6.（1）人权的相对性与人权的绝对性相对应，是基于人的生活的特殊性、具体性和地方性而产生的特征。（2）人权的相对性强调国家和民族的历史传统，强调国情、民情的特殊性。具体而言，人权的相对性包括主体的相对性、发展的相对性、价值的相对性、利益的相对性以及文化的相对性。（3）人权的相对性可以用来反对人权帝国主义，对于拒斥西方的人权话语霸权，对抗人权外交策略、人权的国际干涉等具有理论及现实意义。（4）主张人权相对性，并不意味着要陷入相对主义，不能以人权的相对性来彻底否定人权的普遍性标准和绝对性追求。

材料分析题

第二次世界大战后，鉴于纳粹法西斯政权和日本军国主义政权侵害各国人民人权的暴行，国际社会加强了对人权的普遍关注、保护和救济。一个以《世界人权宣言》为基础、由八十多种人权法律文件构成的国际人权法律体系已经形成，并在不断完善。国际人权法大体包括以下四类：第一，人权宪章类，如《世界人权宣言》《经济、社会和文化权利国际公约》；第二，防止和反对种族歧视类，如《防止并惩治灭绝种族罪公约》《消除一切形式种族歧视国际公约》；第三，特殊主体（社会弱者）人权保护类，其中包括对妇女权利、儿童权利、难民和无国籍人员的国际保护；第四，战时国际人道主义保护类，如《关于战俘待遇的日内瓦公约》。

建立在国际法基础上的国际人权保护和救济制度，就现在的状况来说，具有以下两个方面的内容：一是国家加入国际人权公约和遵守公认的国际法原则就意味着承担了保护人权（既包括本国人权主体的人权，也包括非本国人权主体的人权）的国际义务，二是有关人权保护的国际机构担负起调查、监督人权问题及其解决情况的职责。

在尊重国家主权的基础上实行人权的国际法保护是必要的。对于粗暴侵犯人权的严重犯罪行为，以及种族隔离、种族歧视、种族灭绝、贩卖奴隶、国际恐怖组织侵犯人权的严重事件，国际社会都应进行干预与制止，实行人权的国际法保护。

必须指出，人权的国际法保护同国家主权原则、不干涉他国内政原则是一致的，在正确认识与处理两者的关系时，一方面，要抵制和反对“人权无国界论”，维护《联合国宪章》的宗旨与原则，维护国家主权，坚持不干涉他国内政原则，“不得认为授权联合国干涉在本质上属于任何国家国内管辖之事件”；另一方面，也应实行人权的国际法保护，对于危害人类和严重侵犯基本人权与自由、已构成国际罪行的行为，国际社会应进行干预与制止。同时，对于人权公约缔约国来说，也应按其所缔结的人权公约的规定，履行保护人权的国际义务。

我们要把握问题的实质，从有利于人类进步与世界和平的高度去正确认识与处理，从有利于当前反对恐怖主义、霸权主义、民族分裂主义的大局去认识。

论述题与深度思考题

1.（1）人权的普遍性，是指人权的理念、制度、标准、实现方式等都应当是普遍统一的，是超越特定文化背景的，应当为所有人都遵循的。人权的普遍性说明的是人作为人应当在人性的某些方面、在生活的某些领域有共同的特点，有其相同的要求。人权的普遍性首先表现在人权的主体是普遍的。人权概念本身就是一种追寻普遍性的努力，其权利主体即是一般的人，是希望超越人的某些特殊特征，比如人的性别、民族、种族、肤色、语言、宗教、信仰、国籍、财产状况、教育状况、社会身份状况等，而追求作为类的人的一般性的权利，即全人类都应该享有的权利。当然，历史上人权的主体有一个发展过程，比如在很长的一段时期，人权的主体中并不包括妇女、有色人种或者奴隶等。但是人权概念本身在其发展进程中实际上是在不断突破这样的限制，而寻求最一般的人的权利。

（2）人权的特殊性或相对性则强调各个国家和民族适合自己的国情民情，在人权的理念、制度和实现等方面具有自己的独立性、自主性，并没有也不可能预设一个普遍统一的标准，更不能用一个预设的标准来规划人权生活。大致说来，作为人权普遍性的对立面的人权的相对性、特殊性所强调的是人权主体的相对性（比如人的阶级性、民族性）、历史的相对性（如认为各种人权在人类历史中并不是一直都存在的，也不是每个民族都有的）、地域的相对性、福利的相对性（如以更多数人的更大的幸福来限制人权，以长远利益、整体利益、根本利益来限制人权）、文化的相对性，等等。

（3）人权的普遍性这个主张经常被用来为一个国家输出某种价值观、社会政治制度，甚至干涉别国内政服务。人权已经成为西方发达国家评价其他国家的社会状况、干涉其他国家内部事务、对其他国家的问题指手画脚而经常使用的手段之一。西方的人权理论和制度有其适合其本国国情的鲜明的西方特色，也体现了人类进步的一般性成就。这种所谓的西方本土性和文明一般性的混合，说明了西方人权理论和制度所具有的普遍性一面，但是也说明其局限性，即西方人权的保护制度也不过是人类在人权领域的可能的成就之一，而不是人权发展的唯一可能的路径，而且其人权理论也不能完全解释和说明其他国家的人权发展进程，更不能简单地来规划其他国家的人权进程。

（4）一些国家强调人权的特殊性或者相对性，是对西方国家所谓主流人权理论意识形态霸权的一种反抗，也是希望建立自己的人权理论、探索自己人权发展道路的一种努力。人权的特殊性基于人权和一个国家的民族特殊历史传统、特殊国情、特殊历史发展阶段的必然联系，而认为人权必然是具体的、人权标准必然是相对的、人权的发展道路也是各具特色的。非西方国家的人权理论强调人权的特殊性、相对性及权利的地方性，这其实是一种反对人权帝国主义的方式，对于拒斥人权话语霸权，对抗现实中的人权外交攻势、人权的国际干涉等有其积极的理论和现实意义。

（5）要在主张人权普遍性的同时警惕普遍性中的霸权成分，也要在主张人权的相对性的同时警惕陷入相对主义。不能以人权与具体特定生活场景的内在关联来彻底否定人权的普遍性标准。承认相对性但是不能由此堕入相对主义，相对主义可能最终抹杀人权理论作为一种推动社会变革的理论的积极意义。应当致力于寻求能够与多样性共容的普遍性，寻求并不泯灭地方性、特殊性而又跨越特殊性、超越地方性的普遍人权价值观念。

2. 人权就是人的权利或是人类的权利，是人作为人应该有的权利。它有应然的层面、法律层面以及实然的层面，在实然的层面，人权就是实际上得到实现的人的权利。

（1）应然的权利。应然人权是人的权利的理想状态，是一定的物质生活条件下，人们认为是应当实现的，但是在当前条件下还没有落实到法律之中的权利。既然人们已经认为是应当的，就说明这种权利是符合一定的生产力条件的，是由一定的经济基础所决定的，是有合理性的。所谓有合理性，有两个含义：其一，它是人们在一定条件下可以做的，也是能够做到的；其二，这种行为在观念上是可以被人们接受的，在普遍的范围内被认为是正当的。

应然的权利对法律上的权利是有影响力的，虽然它不是法律适用的依据，但是，可以渗透到法律适用人员的法律意识之中，从而对法律实践活动产生影响。但是，它要想发挥更大的作用，就最终要反映到法律之中。

（2）法律上的权利。法律上的权利是人权的重要组成部分，是有国家强制力保障的人权。人权只有落实到法律中，才是实际的人权。尽管法律的实施会遇到一定的障碍，但是，法律对这种人权的实现还是可以产生很有力的作用的。

（3）实然的人权。实然的人权是人权的实现状态。它是一个国家人权状态的基本标志。法律上规定的人权种类固然能在很大程度上证明该国的人权保护状况，但是，还不等于实际上的人权状况。

（4）实际上的人权与法律上的人权的不完全一致性。有时候，法律没有规定那么多的人权，也不等于该国的人民完全没有该种人权。比如我国没有规定迁徙自由的权利，不等于人民就没有迁徙的权利。

（5）人权问题从根本上说是社会问题，是社会制度问题，社会主义制度为人权保护开辟了更加广阔的空间。当然，只有一个制度不能解决所有的问题，还需要细致的法律制度的设计。

（6）我国的法律确认并保护最广大的人民群众的人权。我国的法律确认了一切权利属于人民，确认了公民的广泛的自由和权利；确认了国家基本的经济制度，有利于生产力的发展和人民生活水平的提高。通过不断发展经济、发展社会主义文化和民主政治，给人民提供了越来越多的实际权利。

(7) 我国的法律不但使人民获得了广泛的法律上的权利，更重要的是不断为人民提供着越来越多的实现这些权利的物质生活条件。

(8) 关于人权的国际法上的保护。人权不但需要国内法的保护，也需要国际法上的保护。当然，在不同的国家，人们对某项权利的需求程度是不同的，这是由该国的民族文化传统和当前的生产力水平决定的。因此，人权以及人权的法律化没有固定的模式，无法找到同一时间内全世界都适用的人权类型及人权保护模式。人权保护始终主要是国内法上的问题，当然也要融入世界的人权保护体系，有选择地吸收先进的人权保护思想和保护手段，不断促进我国的人权保护。但是，我们坚决反对借口人权问题干涉他国内政。

3. 人权与国内法有着密切的联系。尽管人权首先表现为道德意义上的权利，但离开法律谈人权就会使人权成为“空中楼阁”。第一，人权是法律权利。其实，就人权的实质而言，它是道德权利与法律权利的统一，我们既不应否定前者，也不要否定后者。人权应该且必须得到国内法的确认和保障，才有可能实现。当然，法律因其阶级原因与历史条件的限制，不可能在一定时期内将人权的具体内容都予以确认，但不能因此而认为那些没有被法律确认的人权就不是人权。人权与国内法的关系可以这样概括：保护人权是法的主要内容和立法的基本原则之一；法是确认与保障人权实现的有力工具。

第二，人权是法的重要内容。这是人类发展和社会进步的必然产物。不同历史类型的法对人权的确认是有选择的，而且程度也不同。严格地讲，人权作为法的重要内容是近代才有的事，是资产阶级革命带来的结果。市场经济的发展必然引起人们对人权的重视，自由、平等、博爱这类既体现资产阶级政治要求又反映人权内容的权利便逐步发展为法律文献的重要条款。人权作为法的重要内容生动地体现在宪法之中，特别是体现在宪法关于公民基本权利与义务的规定中。一般地讲，公民的基本权利与义务大都属于人权范围，有的宪法明确写上了人权条款，有的则把有关人权的重要文献直接作为宪法的序言。人权与宪法的结合，是近代政治的显著特征。

第三，人权是宪法的出发点和归宿，宪法是人权实现的最高法律根据与保障。列宁曾说：“宪法是一张写着人民权利的纸。”通俗地讲，宪法就是人权的宣言书，是民主的制度化、法律化的体现。离开人权讲宪法，宪法就会失去活力；一般地讲，离开宪法讲人权，人权就没有意义。当然，人权作为法的重要内容，也具体体现在其他部门法之中，如民法对名誉权、健康权、姓名权等人身权利的保护，刑法对生命权、健康权、人格权以及妇女权利的特殊保护，特别是司法过程中程序法对当事人人权的保护更为详细、具体，甚至可以说，没有一个部门法不涉及人权。尽管因阶级本质不同或其他种种原因，不同国家的法律以人权为内容的程度、范围是有区别的，但在形式上，现代各国法都是以人权为重要内容的。

第四，保护人权作为立法的基本原则。这是人权作为法的重要内容的必然延伸。立法如果不贯彻人权原则或轻视这个原则，所制定的法律必然遭到人民的反对。第二次世界大战后，某些西方国家颁布的镇压进步活动的法律之所以遭到人民反对，就是因为它违背了人权原则。

人权原则首先要求立法以保护人民权利为其首要任务，确认“一切权利属于人民”为国家制度的根本准则和核心内容。人权原则要求立法尊重人的尊严、维护人的人格、保护人身权利，特别是对生存权、发展权更要高度重视。因为人身权利是其他权利的基础，离开了生存权、发展权，其他权利就无从谈起。人权原则还要求立法必须服务于经济建设这个中心，确认和保障公民的经济权利。因为任何权利都要受到本国社会经济条件的制约，经济不发展，人权就不可能得到充分实现。

总之，人权原则要求国家的立法确认和保障国家的独立权、民族的发展权和人民的生存权，确认和保障公民的人身权利、政治权利、经济和文化权利。

法是确认和保障人权实现的有力工具。第一，人权在本质上属于国家内部管辖问题，如果得不到法律的确认与保障，人权便无法实现。只有通过一国法律的确认或保障，人权的内容才能在该国具体化；特别是在人权受到侵犯的时候，才能依法受到保护，才能依法对侵犯人权的行为予以制裁。第二，人权只有得到法律的确认与保障，才能有明确地实现人权的程序与方法。因为人权的实现不是抽象说教，而是活生生的现实，必然有一个过程，必然要有一定的程序与方法。在请求保护人权时更是如此，对这个问题的解决，只有依靠法律。第三，人权的实现必然要求建立保障人权的体制，必然要求有一个实现人权的运行机制，而这种体制与机制，只有依靠法律的确认与保障，才能建立。第四，人权的实现是复杂的，对公民来讲，有一个了解与习惯的过程；对政府来讲，有一个试验与实践的过程。因此需要通过法律对人权的确认与保障，使人权家喻户晓，并促使政府提高保障人权的自觉性，也引导公民自觉运用法律武器保障人权。

4.（1）人权的内涵：人权是权利的一种特殊形态，也是最为重要的权利。人权的理念和制度是人类政治法律文明成果的结晶。人权是基于人的人格尊严而为所有人享有的，对于人的生存和发展具有重要意义的基本权利。人权具有如下特点：1）权利主体的普遍性。人权突出强调人的尊严和价值的普遍性。2）权利内容的根本性。A. 人权是对人的发展来说最基本、重要的、最根本的那些权利和利益；B. 人权的根本性还表现为，权利诉求具有普遍性，权利主体具有普遍性；C. 人权的根本性还意味着人权是神圣不可侵犯的。3）权利实现的社会受制约性。人权似乎是非历史的、非政治的，但是人权主张提出和实现的过程，总是清晰的体现着人权的受制约性。4）人权的意识形态性。人权在现实中往往代表着社会弱势者的社会要求，即人权作为一种抗议性的理想，往往是弱者的意识形态。

（2）人权在我国宪法的体现：1）通过宪法来确认和保障基本人权，是现代民主国家的通行做法。人权的宪法保护，要求将尊重和保障人权确认为宪法的基本原则。人权的宪法保护，通过宪法确认公民的基本权利。人权的宪法保护，也要求建立专门的护宪机制。2）我国宪法规定“国家尊重和保障人权”，确立了基本人权原则；宪法列举了公民的基本权利，为公民基本权利保护提供了规范基础；“公民的基本权利和义务”一章是基本人权原则的集中体现和具体展开，明确了保障公民基本权利是国家权力设置和行使的目标。我国《宪法》规定的公民基本权利有平等权，选举权与被选举权，言论自由，出版自由，集会，游行，示威自由，结社自由，宗教信仰自由，人身自由，财产权，劳动权，休息权，社会保障权，文化教育权，批评、建议权，检举，控告权，申诉权，国家赔偿请求权等。这些基本权利的规定都体现了宪法对人权的保障。

第十四章 法与现代化

知识逻辑图

- 法与现代化
  - 现代化和法制现代化
    - 现代化的特征
      - 前现代到现代、农业到工业社会
      - 整体性变迁
      - 渐进性
    - 传统法制的特点：压制、从属、混合、伦理化
    - 法制现代化的特征
      - 以变革传统法制为对象
      - 发生原因、推进过程等
  - 中国法制现代化
    - 中国现代化的进程和特点
    - 中国法制现代化的进程
    - 中国法制现代化的特征

名词解释与概念比较

1. 法制现代化（考研）
2. 内生型现代化、应激型现代化和混合型现代化
3. 压制型法、自治型法和回应型法

选择题

（一）单项选择题

1. 关于内生型现代化，下列哪种表述是正确的？（　　）

A. 内生型现代化是一个国家主要依靠自身内部不断生长出有利于现代化的因素而发生的现代化

B. 内生型现代化社会中，传统特性与现代要求兼容性较弱

C. 英国、美国和日本等都是内生型现代化的典型代表国家

D. 中国的现代化也属于内生型现代化类型

2. 下列关于法的现代化的表述，哪一选项是错误的？（　　）

A. 所谓法的现代化，是指法与现代化需要相适应的过程，因此，法的现代化完全是为了满足现代化的要求才成为一种迫切的需要

B. 从中国法治现代化的进程看，法律制度的变革与法律观念的更新出现了不同步的现象

C. 对于中国法治现代化而言，外来法律资源与本土法律文化的关系是关键问题

D. 法治的现代化主要是指法律制度的西方化

3. 下列哪一事件标志着中国社会的现代化改革已经进入国家和社会制度层面？（　　）

A. 洋务运动　　B. 戊戌变法

C. 清末变法修律　　D. 辛亥革命

4. 关于法律文化的现代化，下列表述正确的是（　　）。

A. 中国传统法律文化存在着不利于法治发展的因素，因此我们要将其摒弃

B. 由于地域和制度的差异，西方法律文化对我国的影响不大

C. 苏联法律文化现在很不合时宜，其在历史上也没有对中国起到积极作用

D. 对传统法律文化要做历史分析，不能一概而论，要取其精华、去其糟粕

5. 西欧社会是现代化的发源地，其现代化进程在初始阶段就伴随着（　　）这一重大历史事件，它促成了西欧各国的法律统一，以及崭新的“法学世界观”

的形成。

A. 罗马法复兴　　B. 宗教改革

C. 文艺复兴　　D. 法典编纂

（二）多项选择题

1. 美国学者诺内特和塞尔兹尼克运用一种社会科学的策略，通过10个方面变量的设定和组合，将法制发展概括为哪几种理论形态？（　）

A. 演进型法　　B. 压制型法

C. 自治型法　　D. 回应型法

2. 中国的现代化进程漫长而曲折，大致呈现出以下哪些特点？（　）

A. 兼有内生型和应激型现代化的特征，属于混合型现代化模式

B. 激进的革命式和渐进的改良式并存

C. 属于政府推动型现代化，用政府推动来克服传统性和现代性兼容力较弱的问题

D. 属于早发型现代化模式

3. 清末变法修律是中国近代法制现代化过程中的重要事件。关于清末变法修律的表述，下列正确的是（　）。

A. 在法律编纂形式上改变了中国传统“诸法合体”“民刑不分”的状况

B. 首次在中国构建了近代法律体系

C. 引入了各种新的原理和原则，如君主立宪、司法独立、律师辩护、罪刑法定等

D. 中国传统法制的解体、现代法制的生成由此全面展开

4. 中国的法制现代化是一个由传统法制向现代法制转变的过程。中国法制现代化的特点主要表现在哪些方面？（　）

A. 中国法制现代化的特征首先表现在它以变革和发展中国传统法制为对象

B. 在发生的原因上兼有自然演变和外来刺激的因素

C. 在推进的过程上表现出特别的曲折和反复，不仅有现代对传统的批判和否定，而且有不同现代形态法制模式之间的博弈，甚至同一种政权形态下的自我批判和重起炉灶

D. 在组织方式上表现为政府自上而下的动员和推动、系统的立法和部署的“变法改制”的形态

5. 关于法律发展、法律传统、法律现代化，下列哪些选项可以成立？（　）（司考）

A. 中国法律的现代化的启动形式是立法主导型

B. 进入20世纪以后，各国、各民族法律的特殊性逐渐受到普遍关注，民族历史传统可能构成现实法律制度的组成部分

C. 在当今经济全球化的背景下，对各国法律进行法系划分已失去了意义

D. 法的继承体现时间上的先后关系，法的移植反映一个国家对同时代其他国家法律制度的吸收和借鉴

6. 关于法制现代化的特征，下列表述正确的有哪些？（　）

A. 法制现代化是社会现代化的有机组成部分

B. 法制现代化是指一个国家的法制从传统型向现代型的转变过程

C. 法制现代化是一个法制转型过程，不涉及法制系统的运作程序、观念价值等方面

D. 法制现代化的目的在于适应社会经济、政治和文化等领域的现代化发展需要，并与现代市场经济、民主政治和理性文化相呼应，构建现代法治秩序

7. 美国学者布莱克认为：“现代化的过程是一个传统性不断削弱和现代性不断增强的过程。每个社会的传统性内部都有发展出现代性的可能，因此，现代化是传统的制度和价值观念在功能上对现代性的要求不断适应的过程。”对此理解错误的是（　）。

A. 布莱克提出一种以强调传统和现代互动为特征的现代化定义

B. 布莱克认为传统性和现代性两极对立，现代性必然取代传统性

C. 这是一种以西方世界为中心的现代化概念

D. 布莱克仍然以“传统社会—现代社会”的两分框架作为考察和分析现代化问题的视角

8. 作为中国古代社会制度文明的写照，中国传统法制蕴含了中华民族独特的法律认知和法律实践，具有自己的鲜明特点。对于中国传统法制的特点，下列理解正确的有哪些？（　）

A. 从形式意义上看，表现为“诸法合体”的法律分化程度较低的法律结构体系

B. 从实体价值上看，表现为以宗法为本位的熔法律与道德于一炉的伦理法律价值体系

C. 法律的伦理化是中国传统法律在内在价值取向方面的最大特色

D. 强调应然法和实然法的二元划分

9. 下列关于中国古代法制思想和法律制度的说法，哪些是正确的？（　）（司考）

A. “礼法结合”为中国古代法制的基本特征

B. 夏商时代的法律制度明显受到神权观念的影响

C. 西周的“以德配天，明德慎罚”思想到汉代中期以后被儒家发挥成为“德主刑辅，礼刑并用”的策略

D. 清末修律使中华法系“依伦理而轻重其刑”的特点没有受到冲击

10. 孟子的弟子问孟子，舜为天子时，若舜的父亲犯法，舜该如何处理？孟子认为，舜既不能以天子之权要求有司枉法，也不能罔顾亲情坐视父亲受刑，正确的处理方式应是放弃天子之位，与父亲一起隐居到偏远之地。对此，下列说法正确的是（　）。

A. 情与法的冲突总能找到两全其美的解决方案

B. 中华传统文化重视伦理和亲情，对当代法治建设具有借鉴意义

C. 孟子的方案虽然保全了亲情，但完全未顾及法律

D. 不同法律传统对情与法的矛盾可能有不同的处理方式

简答题

1. 简述法制现代化的特征。
2. 现代化有哪几种类型？
3. 中国的现代化进程呈现出哪些特点？
4. 简要分析中国法制现代化的特点。

论述题与深度思考题

试分析法制现代化与社会现代化的关系。

参考答案

名词解释与概念比较

1. 法制现代化是社会现代化的有机组成部分，是社会经济、政治和文化等各个领域现代化的深刻体现。法制现代化是一个国家伴随着其社会现代化而出现的由传统法制向现代法制转变的过程，这种转变意味着全方位、多层次的法制变革和发展，涉及法律的组织构造、制度规范、运作程序以及深层次的法律观念等各个方面。

2. 基于现代性和传统性的互动关系，可以把不同社会的现代化分为内生型现代化、应激型现代化和混合型现代化。内生型现代化是指一个国家主要依靠自身内部不断生长出有利于现代化的因素而发生的现代化，在这类社会中，传统特性与现代要求往往具有较强的兼容性，如英国、美国和法国等。应激型现代化是指一个国家在一些现代化进程已经展开的国家的刺激或压力下所开始的现代化，这类社会内部的传统性与现代性的兼容性往往较弱，因而其自身无法生长出推动现代化的强大因素，如德国、日本、俄国等。混合型现代化则是指一些国家的现代化进程兼有内生和外发的因素，在内部已经生发出一些有利于现代化的因素的情况下遭遇外部刺激和压力才开始的现代化进程，如中国的现代化大致可以归入这种形态。

3. 美国学者诺内特和塞尔兹尼克运用一种社会科学的策略，通过10个方面变量的设定和组合，将法制发展概括为三种理论形态，即压制型法、自治型法和回应型法。压制型法在总体上表现为法律是压制性权力工具，法律的目的仅仅在于维护社会的秩序。自治型法则是法律能够控制压制权力并维护自己的完整性的法律秩序。回应型法则是在反思自治型法的基础上逐步形成的法律秩序形态，在这里，法律在总体上尤为注重对一个多元社会各种需要和愿望的呼应，并据此构筑自己的正当性基础。按照这两位学者的观点，传统的法律秩序比较接近于压制型法，现代的法律秩序则比较接近于自治型法，而回应型法则大致是后现代法律秩序的写照。

选择题

（一）单项选择题

1. 答案：A

解析：基于现代性和传统性的互动关系可以把不同社会的现代化分为内生型现代化、应激型现代化和混合型现代化。内生型现代化是指一个国家主要依靠自身内部不断生长出有利于现代化的因素而发生的现代化。故A项正确。在内生型现代化社会中，传统特性与现代要求往往具有较强的兼容性。故B项错误。

内生型现代化的典型代表国家是英国、美国和法国等，而日本属于应激型现代化。中国属于混合型现代化。故C、D项表述错误。

2. 答案：D

解析：法的现代化实际是为了满足社会现代化的需要而提出的要求，所以A项正确。从中国法制现代化进程看，法律制度的变革比法律观念的更新要快，所以B项正确。中国是后进的法治现代化国家，如何处理外来法律文化和本土法律文化的关系是关键问题，所以C项正确。法治现代化绝非西方化，而是正确处理西方化和本土化的关系，所以D项错误。

3. 答案：B

解析：1895年“甲午海战”中国失败后发生的由光绪皇帝、康有为、梁启超等领导的“戊戌变法”，意图通过政治体制的变革走君主立宪之路，标志着中国社会的现代化改革已经进入国家和社会制度层面；而现代化改革聚焦于法律制度方面，则是在20世纪初的“清末修律”之时。故B项当选。

4. 答案：D

解析：本题考查的是法律文化的现代化。当代我国社会的法律文化主要受到这样几种法律文化的影响，即中国传统法律文化、西方法律文化、苏联法律文化和新中国成立以来我国社会主义建设过程中所形成的法律文化。这些法律文化既有精华又有糟粕，对其不能一概而论，要作历史分析，取其精华为我国法律文化的现代化服务。故本题选D。

5. 答案：A

解析：西欧社会是现代化的发源地，其现代化进程在初始阶段就伴随着罗马法复兴运动这一重大历史事件。罗马法复兴运动促成了西欧各国的法律统一，以及崭新的“法学世界观”的形成，而这不仅回应也促进了近现代市场经济发展以及强大而统一的民族国家的建立，满足了近现代社会生活整体建构的要求。故选项A正确。罗马法复兴、宗教改革和文艺复兴是欧洲中世纪末发生的著名的“三R运动”，它们使理性、人文和人本现代精神启蒙于世，社会风气为之一新。

（二）多项选择题

1. 答案：BCD

解析：美国学者诺内特和塞尔兹尼克运用一种社会科学的策略，通过10个方面变量的设定和组合，将法制发展概括为三种理论形态。这10个方面的变量依次为法律的目的、正当性标准、法律规则、法律推理、自由裁量权、强制手段、道德、政治权力、对服从的期望和法律参与，按照在这些方面的不同特征，不同时空下存在的法律秩序大致可以区分为三种类型，即压制型法、自治型法和回应型法。故B、C、D项正确。

2. 答案：ABC

解析：从理论上看，中国的现代化进程大致呈现出以下特点：第一，中国现代化进程兼有内生型和应激型现代化的特征，属于混合型现代化模式。第二，激进的革命式和渐进的改良式并存。第三，政府推动型现代化，用政府推动来克服传统性和现代性兼容力较弱的问题。故A、B、C项均正确。中国的现代化属于后发式现代化模式，与其他后发现代化国家一样，中国的现代化也明显表现出政府推动的特征。故D项错误。

3. 答案：ABCD

解析：清末的变法和由沈家本主持的修律活动，不仅在法律编纂形式上改变了中国传统“诸法合体”“民刑不分”的状况，并效法西方现代化国家区分公法和私法、实体法与程序法的做法，分别制定和颁布了宪法、刑法、民法、商法、诉讼制度、法院组织等方面的法典或法规，从而首次在中国构建了近代法律体系；而且在法律的实体价值方面引入了各种新的原理和原则，如君主立宪、司法独立、律师辩护、罪行法定等。尽管由于清朝统治的覆灭使清末修律的成果没有可能付诸实践，但是中国传统法制的解体、现代法制的生成由此全面展开。故A、B、C、D项均正确。

4. 答案：ABCD

解析：中国法制现代化的特征首先表现在它以变革和发展中国传统法制为对象。中国法制现代化的特点还表现在以下方面：在发生的原因上兼有自然演变和外来刺激的因素；在推进的过程上表现出特别的曲折和反复，不仅有现代对传统的批判和否定，而且有不同现代形态法制模式之间的博弈，甚至同一种政权形态下的自我批判和重起炉灶；在组织方式上表现为政府自上而下的动员和推动、系统的立法和部署的“变法改制”的形态。此外，与中国地域广阔、民族众多、经济和社会发展不平衡相对应，中国法制现代化的实际状况在不同的区域和民族之间也存在差异。故A、B、C、D项均正确。

5. 答案：ABD

解析：法的现代化有内发型和外源型两种，中国法律的现代化属于后者，并且其启动形式是立法主导型，是自上而下的。进入20世纪以后，各国、各民族法律的特殊性逐渐受到普遍关注，因此，民族历史传统可能构成现实法律制度的组成部分。法的继承体现时间上的先后关系，法的移植反映一个国家对同时代其他国家法律制度的吸收和借鉴。在当今经济全球化的背景下，各国法律之间的移植变得频繁，各国法律呈现趋同的趋势，但是，差异依然存在并且非常重要，所以对各国法律进行法系划分依然具有重要意义。因此，正确选项为A、B、D。

6. 答案：ABD

解析：法制现代化的特征主要表现为：第一，从背景看，法制现代化伴随着社会现代化而发生，是社会现代化的有机组成部分。故选项A正确。第二，从过程看，法制现代化是指一个国家的法制从传统型向现代型的转变过程，因而必然表现在法制领域的一系列变革和创新。故选项B正确。第三，从内容看，法制现代化是一个全方位多层次的法制发展过程，涉及法制系统从组织构造、运作程序到观念价值等各个方面。故选项C错误。第四，从目标看，法制现代化的目的在于适应社会经济、政治和文化等领域的现代化发展需要，并与现代市场经济、民主政治和理性文化相呼应，构建现代法治秩序。故选项D正确。

7. 答案：BC

解析：关于现代化，一种颇为经典的定义是“全盘西化”意义上的现代化，即现代化是产生于西方的制度和价值观念向世界其他地区的传播过程。这种以西方世界为中心的现代化概念的特点是将传统性和现代性两极对立，只注重现代化过程中的共性，认为现代化就是不发达国家通过社会变革取得发达的现代工业国家的特征。与此不同，美国学者布莱克提出了一种以强调传统和现代互动为特征的现代化定义，认为：“现代化的过程是一个传统性不断削弱和现代性不断增强的过程。每个社会的传统性内部都有发展出现代性的可能，因此，现代化是传统的制度和价值观念在功能上对现代性的要求不断适应的过程。”布莱克仍然以“传统社会—现代社会”的两分框架作为考察和分析现代化问题的基本视角，但是他不强调传统性和现代性两极对立，而是强调传统和现代互动。综上，选项B、C错误，当选。

8. 答案：ABC

解析：中国传统法制的基本特点可以从形式意义和实体价值两个方面加以把握。从形式意义上看，它表现为诸法合体的法律分化程度较低的法律结构体系，从实体价值上看，它表现为以宗法为本位的熔法律与道德于一炉的伦理法律价值体系。法律的伦理化是中国传统法律在内在价值取向方面的最大特色，这种以宗法伦理理性为核心的法律系统，体现了儒家伦理精神对法律生活的深刻影响，它以“天人合一”的观念系统为基本原理，以“内圣外王”为操作方式，具体包含了礼治、德治和人治这样三个相互联系的独特品格。故选项A、B、C正确。强调应然法和实然法的二元划分是西方传统法制的特点，不当选。

9. 答案：ABC

解析：中国古代法制的基本特征是“礼法结合”。在西周时期，产生了“以德配天，明德慎罚”的思想；汉代中期这一思想被发展为“德主刑辅，礼刑并用”的基本策略；唐代承袭和发展了以往礼法并用的方法，使法律“一准乎礼”，真正实现了礼与法的统一。以后各朝各代承袭之，故A、C项正确。在夏商两代，神权至上，上天主宰着一切，统治者的一切行为都是借着天的名义。在商代时期，更是将神权至上绝对化，从内容到形式都以神为中心，是典型的神权法时代。为谋求长治久安，周初统治者也继承了夏商以来的神权政治学说，所以B项正确。清末修律在客观上产生了显著的影响：（1）清末修律标志着延续几千年的中华法系开始解体；（2）清末修律为中国法律的近代化奠定了初步的基础；（3）清末修律在一定程度上引进和传播了西方近现代的法律学说和法律制度；（4）清末修律在客观上有助于推动中国资本主义经济的发展和教育制度的近代化。所以D项是错误的。

10. 答案：BD

解析：A项的表述过于绝对。情与法的冲突，并非总能找到两全其美的解决方法，往往需要进行综合考量，寻求二者的结合点；但在有些情况下，二者会出现紧张关系，此时法律具有初始的优先性。A项错误。

B项，道德是法律的基础，中华传统道德文化对于法律的制定、执行、适用和遵守，都产生了重大的影响，有借鉴意义。B项正确。

C项，在孟子的思考过程中表述“舜既不能以天子之权要求有司枉法，也不能罔顾亲情坐视父亲受刑”，孟子最终的决策是在法与情之间的折中，放弃了天子之位，与父亲一起归隐。由此可见，并非“完全未顾及法律”，C项错误。

D项，法律传统不同，对于法与道德的处理就不同——西方的法治中心主义传统中，会强调法律的优先甚至是唯一优先地位；在儒家文化传统中，更加强调教化的作用，D项正确。

简答题

1.（1）从背景看，法制现代化伴随着社会现代化而发生，是社会现代化的有机组成部分。没有社会经济、政治和文化等领域的现代化就没有法制现代化，社会现代化是法制现代化的质的规定性，法制现代化则在制度规范和秩序重建的意义上为社会现代化提供了确认和保障。

（2）从过程看，法制现代化是指一个国家的法制从传统型向现代型的转变过程，因而必然表现在法制领域的一系列变革和创新。

（3）从内容看，法制现代化是一个全方位、多层次的法制发展过程，涉及法制系统从组织构造、运作程序到观念价值等各个方面。

（4）从目标看，法制现代化的目的在于适应社会经济、政治和文化等领域的现代化发展需要，并与现代市场经济、民主政治和理性文化相呼应，构建现代法治秩序。

2. 基于现代性和传统性的互动关系，可以把不同社会的现代化分为内生型现代化、应激型现代化和混合型现代化。

（1）内生型现代化是指一个国家主要依靠自身内部不断生长出有利于现代化的因素而发生的现代化。在这类社会中，传统特性与现代要求往往具有较强的兼容性，如英国、美国和法国等。

（2）应激型现代化是指一个国家在一些现代化进程已经展开的国家的刺激或压力下所开始的现代化。这类社会内部的传统性与现代性的兼容性往往较弱，因而其自身无法生长出推动现代化的强大因素，如德国、日本、俄国等。

（3）混合型现代化则是指一些国家的现代化进程兼有内生和外发的因素，在内部已经生发出一些有利于现代化的因素的情况下遭遇外部刺激和压力才开始的现代化进程，如中国的现代化大致可以归入这种形态。

3.（1）中国现代化进程兼有内生型和应激型现代化的特征，属于混合型现代化模式。中国社会自身就孕育着社会现代化的动力，只是在西方列强入侵之后，中国社会才真正开始了曾经是极为被动的现代化进程。

（2）激进的革命式和渐进的改良式并存。由于专制传统和保守势力根深蒂固，变革之路曲折多舛，为了推进现代化的进程，中国曾几次通过暴力革命和战争来解放生产力。在和平的建设时期，则是通过渐进的改革来解放和发展生产力，推进现代化进程。

（3）政府推动型现代化，用政府推动来克服传统性和现代性兼容力较弱的问题。中国的现代化属于后发式现代化模式，与其他后发现代化国家一样，中国的现代化也明显表现出政府推动的特征。

4.（1）表现为针对中国传统法制而进行的一系列改革的过程，诸如变“诸法合体”为公法私法相区分、民刑分立，变“礼法结合”“德主刑辅”为强调法律自治和独立的品质，变君王之法、法律对政治权力的趋从为信奉法律的至上权威并以法律保障民权和制约公权，等等；实现从混合法到分类法、从伦理法到理性法、从王法到约法的转变。

（2）中国法制现代化的特点还表现在其他许多方面。在发生的原因上兼有自然演变和外来刺激的因素；在推进的过程上表现出特别的曲折和反复；在组织方式上表现为政府自上而下的动员和推动、系统的立法和部署的“变法改制”的形态。此外，与中国地域广阔、民族众多、经济和社会发展不平衡相对应，中国法制现代化的实际状况在不同的区域和民族之间也存在差异。

论述题与深度思考题

（1）法制现代化与社会现代化之间的关系是一种互动关系。

一方面，社会现代化是法制现代化的前提和基础，法制现代化体现了社会现代化的要求；另一方面，法制现代化所包含的各种法制改革也推动了整个社会的现代化进程，并在确认社会现代化成就的意义上成为社会现代化的基本标志。

(2) 社会现代化是法制现代化的前提和基础。

社会现代化是法制现代化的前提，法制现代化是社会现代化的有机组成部分，实现法治是社会现代化的一个重要目标。现代化涉及社会生活的经济、政治、文化等不同领域，法制现代化以社会现代化为前提，是社会现代化的体现。

经济基础决定上层建筑，人类经济生活领域的现代化发展是其他领域包括法律生活领域现代化的基础。现代社会的经济形态是市场经济，其整个经济运行方式和资源配置方式皆以市场为基础。现代市场经济发达国家的实践经验表明，市场经济生长、发育和成熟的过程，也是法律在社会经济生活中作用不断扩大、法治化程度愈益提高的过程。从这个意义上说，现代市场经济就是法治经济。

现代民主政治是与市场经济相伴而来的一种立宪政治形态。它是一种主权在民、民意至上的政治，是一种以人的权利和自由的实现为依归的政治，是一种以发达的程序设置为实现形式的政治。民主政治与法治具有天然的联系，因为，民意只有上升为国家的宪法和法律，并且使宪法和法律具有至上权威的情况下，才能实现其在国家和社会生活中的主宰地位；民权只有用宪法和法律加以确认、界定和保障，才能从一种应然的形态转变为一种实然的形态；民主程序只有以宪法和法律程序的形式表现出来，才不至于因为可能被人们认为束手束脚而随意加以逾越或废止。因此，现代民主政治只能是一种高度倚重宪法和法律作用发挥的法治政治。

现代文化是理性、人文、人本的文化。随着现代经济和政治生活因素在传统社会的生成和引入，现代生活意识也得以萌发和传播。现代文化孕育出现代法律意识和法治精神，并在法律结构和功能的理性建构和伦理追求方面得以具体体现。没有现代文化就不会有现代法律意识和法治精神，而现代文化的要求也正是借助于现代法制的框架，才得以汇聚成现代社会的主导意识形态。

(3) 法制改革推动了社会现代化。

现代化是一种从传统社会到现代社会的整体性变迁，从各国现代化的历史实践看，现代化都表现为一种“变法改制”的过程。

西欧社会是现代化的发源地，其现代化进程在初始阶段就伴随着罗马法复兴运动这一重大历史事件。罗马法复兴运动促成了西欧各国的法律统一以及崭新的“法学世界观”的形成，而这不仅回应了，还促进了近现代市场经济发展以及强大而统一的民族国家的建立，满足了近现代社会生活整体建构的要求。顺着“法学世界观”的指引，各个国家在经济、政治等社会生活各领域的现代化发展都表现出高度重视法律作用的特点，充分运用法律手段，确认和推进现代变革。在社会的政制建构方面，就更是表现出立宪政治或法治政治的浓重色彩。从一些后发现代化国家的情况看，无论是日本还是中国，同样表现出“变法改制”的特点。制定宪法，确立国家和社会的基本架构，编纂新法，规范国家和社会生活的各种关系，都成为现代化运动的推动者的基本思路和主要活动内容。

第十五章　法与全球化

知识逻辑图

- 法与全球化
  - 全球化的形式
    - 国内法的国际化
    - 国际法的国内化
  - 全球化的理论
    - 马克思主义
    - 当代西方理论
      - 新自由主义
      - 依附理论
      - 社会民主主义
  - 全球治理和法治
    - 主体多层次：世界性、区域性、国家、非政府组织
    - 方法多样性
      - 公共性：公权力、公私混合到私权利
      - 独立性：国家间、混合到超国家组织
      - 规范性：个别调整、混合到规范调整
      - 国际标准的法律性质
  - 世界贸易组织与中国回应
    - 世界贸易组织基本法律原则
    - 全球化条件下中国法律变革
    - 中国法制的全方位回应
      - 开放性回应
      - 防范性回应
      - 保护性回应

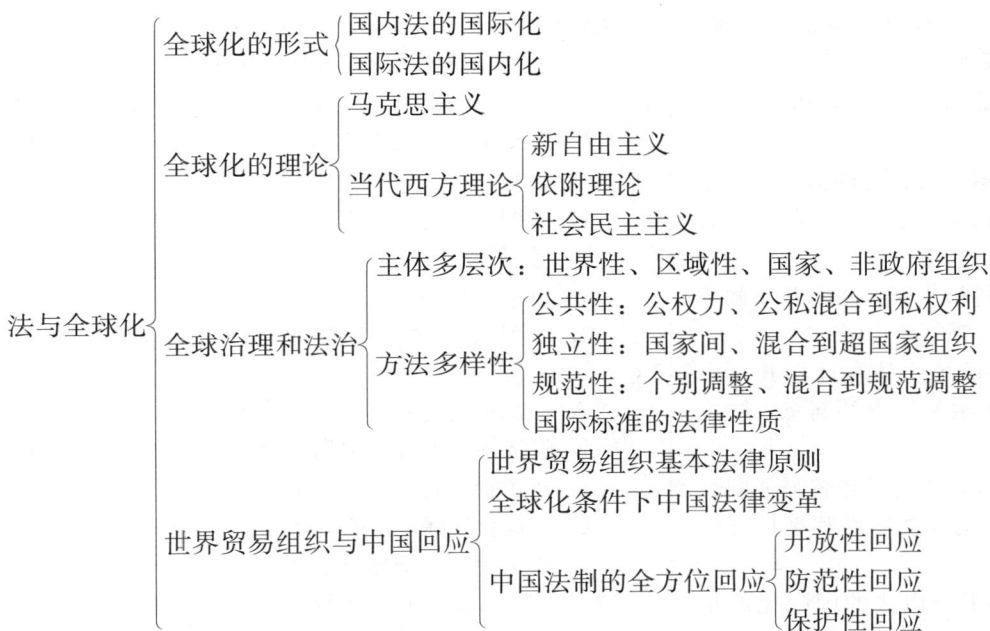

名词解释与概念比较

1. 经济全球化与法律全球化（考研）
2. 国际法的国内化与国内法的国际化

选择题

（一）单项选择题

1. 下列关于法的全球化与地方性的说法中，正确的是（　　）。

A. 对国际通行规则的移植不必考虑本国的国情

B. 对国际通行规则我们全部不予采纳以维护国家在法律上的自主性

C. 在法的全球化进程中我们应该放弃民族利益以融入全球一体化的进程

D. 对国际通行规则的吸收、借鉴应考虑本国的社会土壤

2. “我们生活在一个资本主义变得非常极端的时代，在这个时代，资本主义越来越多地把自己描述成为一种天然力量，这种天然力量就要求采取这样一种极端态度。大部分属于资本主义幕后统治集团的辩护者都把全球化——自我调控的市场扩展到地球的每个角落——描述为这样一种无所不在、同时进行的发展进程，它既没有一个中心，也没有一个基本权力机构。例如2001年7月7日出版的《纽约时报》并非毫无偏见地声称，今天，全球现实就是到处都出现了‘一种不断流动的、无限扩展的和高度组织化的体系，它把所有的世界居民全都包括在内——在这个体系里，既没有特权地位，也没有权力的容身之处’。”对于上面

这段表述，分析错误的是（　　）。

A. 大部分资本主义幕后统治集团的辩护者把全球化描述为没有权力干预的市场本身不断扩展的过程

B.《纽约时报》认为全球化体系将是一个平等、自由、没有特权干预的体系

C. 上述这段话的作者实际上反对新自由主义的全球化理论

D. 上述这段话的作者强调了全球化的反动本质，指出了反全球化的必要性

3. 下列关于全球治理的各表述中，错误的是（　　）。

A. 全球治理主体，既有运用公权力的国家、国家间的区域性国际性组织，也有运用私权利的组织

B. 在全球治理中，私权利和公权力之间并非截然分开，有时彼此结合、互补地运用

C. 全球治理中除国家外的各主体在运用其权力（权利）时，都有赖于主权国家的同意，缺少独立性

D. 全球治理中运用的规范，既有具备较强强制性和确切性的“硬法”，也有强制性和确切性较弱的“软法”

4. 下列法律活动中不属于国内法的国际化的是（　　）。

A. 日本、韩国等地民法对德国民法典的学习、借鉴

B. 日本、阿根廷、巴西、印度、澳大利亚、加拿大等国对美国违宪审查制度的移植

C. 世界各国纷纷根据世界贸易组织反补贴协议的要求修改国内立法和相关外贸政策

D. 美国侵权法的无过错责任原则被世界各国广泛地接受

5. 下列关于中国法制在全球化进程中所作回应的各项表述中，错误的是（　　）。

A. 中国法制对世界贸易组织的回应是全方位的，既有向全球开放市场的内容，也有加强国内相关产业保护的部分

B. 中国法制对世界贸易组织所作的各项回应，在一定程度上对中国原有的各经济部门构成的冲击

C. 中国法制对世界贸易组织的各项回应，体现了对外开放和经济体制改革的双重需要

D. 中国法制对全球化的回应都是经济贸易层面的，在其他领域由于社会制度的根本差别，所以不存在法律变革的问题

6. 法律全球化是指法律的各种要素如法律原则、法律理念、法律价值、法律制度等在全球范围内的趋同，以及在全球范围内形成一个法治的标准。对此，下列说法正确的是（　　）。（考研）

A. 法律全球化要求实现所有国家法律的一体化

B. 法律全球化的目标是形成超主权的法律体系

C. 人类文明的多样性最终会导致法律全球化的衰亡

D. 各国法律的交流借鉴是实现法律全球化的有效途径

（二）多项选择题

1. 下列关于法与全球化的表述中，正确的有（　　）。

A. 全球化首先并突出地表现为经济的深入一体化

B. 经济领域内的一体化要求在国家政策和法律制度方面进行相应的变革

C. 全球化实际上指的就是经济的全球化

D. 作为对经济全球化的回应，法律制度变革的最终目标就是整个法律在全球范围内的统一

2. 经济全球化对我国社会主义法制发展的重要影响表现在（　　）。

A. 要求我国积极加入多边或地区性的国际经济贸易条约和相关的国际组织，为向世界开放市场和进入国际市场提供法律机制

B. 要求我国自觉处理好国内法和所参加的国际经济条约、国际惯例的协调与衔接

C. 要求处理好促进贸易投资自由化与捍卫国家主权的关系

D. 要求我国全面接受国际通行的法律规则及其背后的法律文化

3. 下列关于经济全球化对法律的影响的说法中，正确的是（　　）。

A. 经济全球化是法律全球化的基础

B. 作为对经济全球化的回应，法律在全球化过程中应该尽量遵循国际标准，排除“本土资源”的干扰

C. 法律层面的变革既是对经济全球化的回应，又为经济全球化的进一步发展提供了外部制度环境

D. 由于经济的全球化既有积极性又有消极性，因此法律不能单纯依照所谓的“世界通行规则”进行变革

4. 关于法律移植与法律全球化，下列各种表述中，正确的有（　　）。

A. 法律移植是法律全球化进程中最重要和最富成效的发展手段之一

B. 在全球化时代，法律移植变得更为必要和紧迫

C. 在全球化进程中，我们在法律移植中的鉴别、选择变得更为重要

D. 法律全球化和法律移植实际上是一回事

5. 关于国内法的国际化，下列说法中正确的有（　　）。

A. 在国内法的国际化过程中，法律的“输出国”往往在政治、经济或文化上占有一定的主导地位

B. 对于接受国而言，对他国法律既可能是基于本国的认同、服膺而主动地纳入，也可能是迫于形势而被动地接受

C. 国内法的国际化在最初形态上表现为一国对他国法律的移植

D. 由于各国在政治制度、意识形态等方面各有不同，国内法的国际化只发生在私法领域

6. 关于国际法的国内化，下列说法中错误的有（　　）。

A. 国际法的国内化，既包括调整经济贸易的国际条约、规章，也包括政治、文化领域内的某些国际条约、规章

B. 国际法的国内化，既包括全球性国际组织的条约、规章，也包括区域性组织的条约、规章

C. 国际法的国内化，内国对国际条约、规章只能无条件地接受

D. 国际法的国内化，某一规则在内国的生效都需要通过相应的批准程序

7. 下列关于全球治理的说法中，正确的有（　　）。

A. 全球治理是针对单纯依靠国家治理的不足而提出的

B. 全球治理的主体包括国际性组织、区域性组织、国家和非政府组织

C. 全球治理事实上消解了原有国家的权力，使之成为较为次要的治理主体

D. 全球治理中各国家间的协调、不同治理主体之间的分工协作依然是个很大的问题

8. 下列关于全球化的表述中，正确的有（　　）。

A. 马克思和恩格斯在其经典著作中对“全球化”的概念和理论进行过鲜明、深刻的论述

B. 马克思和恩格斯把“全球化”视为资本和资本主义生产方式不断向外扩张的过程

C. 列宁关于帝国主义的表述和当代依附理论中中心—边缘的观点存在着某种契合

D. 中国共产党和中国政府将全球化视为一种利弊共存的过程，对中国而言既是一种机遇，又是一种挑战

9. 有学者认为：“全球化涉及人类生活的各个方面，它不可避免地带来法律的全球化。事实上，法律全球化不但是经济、生态、政治、文化全球化的产物，也是全球化的重要组成部分，它本身又推进全球化向深度和广度发展。法律全球化是全球分散法律体系向全球法律一体化的运动或全球范围内的法律整合为一个法律体系的过程。这个统一法律体系当然并不意味着全球适用完全同一的法律，而是在基本的共同法律原则的基础上，将全球法律统合为一个规范等级体系。当然我们今天还只是在初始阶段。这个运动的结果将产生真正的全球法或世界法。”对于这段表述，下面各分析项中，正确的有（　　）。

A. 该学者认为全球化包括经济、生态、政治、文化的全球化，也包括法律本身的全球化

B. 该学者认为法律全球化是对其他各方面全球化的回应，同时又推动了其他各方面全球化的进一步发展

C. 该学者的法律全球化理论可以说是过去“世界法”理论的一种变体

D. 该学者否定了法律的地方性

简答题

1. 简述全球化对法律的影响。

2. 简述法律全球化的两种方式。

3. 简述新自由主义对全球化的看法。
4. 简述依附理论对全球化的看法。
5. 简述我国政府在全球化问题上的基本立场。
6. 简述全球治理的特点。
7. 简述国际标准的法律性质。
8. 简述法律全球化的主要表现。（考研）

材料分析题

1. 材料一：

你会发现共有三个伟大的全球化时代。第一个始于1492年一直到1800年左右。我把这段时期叫做全球化1.0。它把世界由大号变成中号……在这个时代，首要的问题是：全球竞争和机会中适合我的国家的位置在哪里？我如何通过与他国合作变得全球化？

第二个伟大的时代，全球化2.0，大约从1800年到2000年……这个时代把地球由中号变成小号。在全球化2.0中，变化的重要媒介是跨国公司，这些跨国公司因为市场和劳动力走向全球……正是在这个时代，我们目睹了全球经济的诞生和成熟，无数的商品和信息从一个大陆移向另一个大陆，全球市场化……而这个时代的重大问题则是：在全球经济一体化过程中，适合我公司的位置在哪里？如何借机获利？我怎样变得全球化，通过我的公司与他人合作？

全球化3.0则把世界从小号变成特小号，与此同时又拓平了竞争场地。全球化1.0的动力是国家全球化，全球化2.0的动力是公司全球化，而全球化3.0则拥有独一无二的特性——新发现的力量是个人在全球范围的合作与竞争……现在，个体必须，也是能够问：在全球竞争和机会中适合我的位置在哪里？我如何才能依凭自己与世界上的其他人合作？

全球化3.0与其他两个时代的区别不仅在于它如何缩小且铲平了世界，并赋予个体力量；还在于全球化2.0和1.0主要是由欧洲和美国驱动的。但是随着不断深入，这变得越来越不真实。全球化3.0变得越来越不仅仅由个人驱动，而且由来自不同的——非西方人，非白人的——个人的团体驱动，那些来自世界每个角落的并且被赋予力量的个人。

——［美］托马斯·弗里德曼：《世界是平的》

材料二：

资本主义的发展始终是朝向全球扩张的，或者说总是以全球扩张为目标的……不仅如此，我要说的是，资本主义500年的扩张史从一开始就是帝国主义性质的，帝国主义不是资本主义的一个阶段（不论是最后的或不是最后的），而是不变的特性，是资本主义扩张的持续状态。我的意思是，资本主义的扩张从一开始就造成两极分化，也就是加深它的中心与外围之间的不平等。如果落后是指外围可以赶上并且变得与中心一模一样，那么两极分化就不是因为有些国家处于落后状态的产物，两极化一直是发达的中心国家同时运用经济与政治手段造成的，发达与落后是一体的两面，两者无法分割。所以从资本主义向全球扩张之日始，从重商主义时期大西洋欧洲把美洲设置为其外围，到19世纪亚洲和非洲沦为殖民地，亚非被塑造为欧洲资本主义中心的外围，帝国主义都是资本主义持续不变的特性。

但同时，“帝国主义”的特性始终是“多数的结合”。也就是说，不是“帝国主义”而是“帝国主义各中心国家”在不断发生冲突，在某些时刻冲突还极其暴烈。不断的冲突并非为了霸权，而是为了分配与再分配全球体系的利益。

今天中心国家的资本主义是什么状况？它在质上已和50年前不同。这种质上的差异，大部分的文章都强调技术革命及其应用，等等，但从根本上发生变化的其实与劳动的组合形式、资本的形式、劳动的形式密切相关……资本亦然，资本的集中程度已不同以往了……资本的高度集中使管治全球化成为跨国资本的共同利益，使它们滋生了利害与共之感。这就是在经济上用新自由主义模式，而在政治上用军事联盟模式来管治全球化的基础所在。

——［埃］萨米尔·阿明：《反全球化运动的过去、现在与未来》

材料三：

在各个民族过去所拥有的某些权力（包括支撑凯恩斯主义经济管理的那些权力）已经削弱的意义上讲，全球化正是从民族—国家中“脱离”出来的。不过，全球化也在“向下渗透”，它创造了新的需求，也创造了重建地方认同的新的可能性……在政府、经济以及文化事务方面，各个国家仍然保留（并且在可以预见的未来将继续保留）相当大的对其国内公民和在对外事务上所享有的权利。

第三条道路政治的总目标，应当是帮助公民在我们这个时代的重大变革中找到自己的方向，这些变革是：全球化、个人生活的转变，以及我们与自然的关系……第三条道路的政治，在明确承认它所关注的问题范围比旧的左—右分野架构下更加广泛的同时，保留社会正义问题仍然是核心的关注点。平等和个人自由也许会发生冲突，但是立足平等的各项措施也常常会扩大那些向个人敞开的自由的范围……在置老式的集体主义于一边的同时，第三条道路政治正在寻找个人与社会之间的一种新型关系，寻找一种对于权利和义务的重新定义。

正在形成的世界秩序不可能仅仅作为一个“纯粹的市场”来维系自身的存在。市场在整合为一体的同时也分化为碎片……作为一种稳定性的力量，作为对不断碎片化的过程的抗衡，重申民族—国家的作用是非常重要的。

——［英］吉登斯：《第三条道路》

问题：试归纳材料一、二、三对全球化的基本看法。

2. 材料一：

黄文艺在《法律国际化和法律全球化辨析》一文中认为，“法律国际化与法律全球化是一对容易被混淆的概念，需要加以精确的界定和区分。法律国际化表征的是各个国家在法律上相互联系、彼此影响的程度。法律国际化的基本标志和内容包括：国家法（国内法）之间的相互影响，国家间法律（国际法）的形成，国际法与国内法的互动。法律全球化表征的是全球社会法律发展的趋势和规律。法律全球化的基本标志和内容包括：世界法律的多元化，世界法律的一体化，全球治理的法治化”。

李双元、李赞在《全球化进程中的法律发展理论评析》一文中认为，“当今时代，全球化进程迅速推进，‘法律全球化’和‘法律趋同化’理论是法学界提出的关于法律发展趋势的两种代表性理论。‘法律趋同化’理论恰好可以对‘法律全球化’理论进行修正和补遗，并且能调和关于法律全球化正反双方的观点。因此，‘法律趋同化’理论更具科学性和历史必然性”。

江平在《全球化、现代化与本土化》一文中提出，“趋同化也就是一体化，一体化也就是全球化。只不过全球化这一名词使一些人或是基于意识形态原因，或是基于其他原因，更难接受罢了”。

材料二：

沈宗灵认为，“经济全球化是当今世界经济发展的重要趋势，是不以人们意志为转移的客观现实，但‘法律全球化’却基本上是西方国家一些法学家不切实际的幻想。倡导这种理论的人忽视了当今世界不仅存在经济全球化趋势，还同时存在政治多极化趋势……‘法律全球化’否认世界政治多极化趋势，企图建立清一色的‘法律王国’”。

周永坤在《全球化与法学思维方式的革命》一文中提道，“全球化涉及人类生活的各个方面，它不可避免地带来法律的全球化。事实上，法律全球化不但是经济、生态、政治、文化全球化的产物，也是全球化的重要组成部分，它本身又推进全球化向深度和广度发展。法律全球化是全球分散法律体系向全球法律一体化的运动或全球范围内的法律整合为一个法律体系的过程。这个统一法律体系当然并不意味着全球适用完全同一的法律，而是在基本的共同法律原则的基础上，将全球法律统合为一个规范等级体系。当然我们今天还只是在初始阶段。这个运动的结果将产生真正的全球法或世界法”。

朱景文在《关于法律与全球化的几个问题》一文中谈道，“就法律领域而言，经济的全球化必然伴随着全面的法律改革。那种面对全球经济的发展，坚持闭关自守的狭隘民族主义、地方主义，拒绝吸收外国的先进方法，不改革开放，只能把自己排除在世界经济的进程之外，扩大与世界先进水平的差距。但是，法律的全球化绝不意味着世界各国都接受同一的法律模式或在统一的世界法下面生活。世界各国法律体系的丰富性在于，对同一问题，不同国家往往有不同的解决办法……各有长处，也各有局限。面对全球经济的挑战，各国也完全有不同的处理方法。认为全世界只能遵循一个法律模式，只能沿着一条路走，是法律帝国主义的表现，是注定要碰壁的。把外国的法律模式生吞活剥地拿过来，不顾运作的环境和人民是否易于接受，在国外再好的东西，在国内最多不过是一张纸。问题在于寻找一条全球化的民族化途径”。

问题：

（1）试比较材料一中各观点的异同。

（2）试比较材料二中各观点的异同。

（3）结合问题（1）和（2），谈谈上述材料反映的问题。

论述题与深度思考题

1. 试述全球化对国家主权的影响。
2. 试述全球化对中国法治建设的影响。
3. 试述全球化背景下法理学观念的革新。

参考答案

名词解释与概念比较

1. 经济全球化是指各国的经济相互影响、相互协调，全球经济一体化的发展趋势。它包括生产、金融和科技等多个方面的全球化，它的基本特点是经济的深入一体化和经济的非国家化。法律全球化是指某些全球性法律规则逐渐被地方国家接受，以及某些地方国家的法律规则逐渐成为全球性通行规则的法律发展趋势。

经济全球化是法律全球化的基础，经济因素的变动常常会影响到法律乃至政治因素。随着资本、技术的跨国流动，随着全球经济一体化趋势的加深，法律规则会呈现出全球普遍化的趋势。

2. 国际法的国内化，又称为"地方化的全球主义"(localized globalism)，是一种较强意义上的法律全球化，即国际组织的条约、规章为内国所接受，转变为对内国具有法律拘束力的规则。由于越来越多的国家加入某一国际组织中，该组织的规则成为全球性的规则。

国内法的国际化，又称为"全球化的地方主义"(globalized localism)，是一种较弱意义上的法律全球化，即在一国或一个地区范围内通行的法律制度由于某种原因而在更广泛的领域、在全球流行。

选择题

（一）单项选择题

1. 答案：D

解析：全球化与地方化是辩证统一的，我们一方面应融入全球化的进程，另一方面也注意维护本民族的利益。目前的国际秩序和相应的国际规则并不完全合理，我们也有自己的传统和国情，因此我们在借鉴国际通行的法律规则时一定要考虑本国的社会环境是否适合这些规则的发展，不能全盘吸收。故D项正确。

2. 答案：D

解析：资本主义幕后统治集团的辩护者和《纽约时报》把资本主义和全球化描述为天然的、市场自发的、无权力干预的、无中心的、不断流动的和无限扩展的。这段话的作者认为这些表述是极端的，但这段话只能表明作者反对的是新自由主义的全球化观，我们并不能看出作者对任何意义上的全球化都反对。故D项当选。

3. 答案：C

解析：全球治理有别于传统的治理方式，既有运用公权力的国家、国家间的区域性国际性组织，也有运用私权利的组织；包括公权力和私权利混合运用的情况；运用的规范有的是具有强制性的"硬法"，有的是只具有劝导性、建议性的"软法"。所以A、B、D项正确。C项的错误在于在全球治理中，非国家的其他组织具有一定的独立性，除了独立性较差的纯粹的国家间的组织，还包括国家间组织和超国家组织之间的不同程度的结合与超国家组织。

4. 答案：C

解析：国内法的国际化，指一国或一个地区范围内通行的法律制度由于某种原因而在更广泛的领域，甚至在全球流行。它与国际法的国内化的一个重要区别在于全球化的这个"法"究竟是某国的法律制度还是国际性的条约、规章。显然，世界贸易组织的反补贴协议是一项国际性规则，世界各国据此修改国内规定属于国际法的国内化。

5. 答案：D

解析：全球化是全方位的，不是只包括经济的全球化；中国法制对全球化的回应是全方位的。在经济层面，对于世界贸易组织规则，我们既有开放性回应，也有防范性回应和保护性回应；在其他领域，我们一方面要根据自身实际注意防范和区别对待，另一方面我们也不能简单地以国情为由拒斥代表世界文明成果的其他内容，所以D项错误。

6. 答案：D

解析：法律全球化是指法律跨越国家的疆界，在世界范围内传播、流动。各国法律的交流借鉴是法律全球化的有效途径，D项正确。

（二）多项选择题

1. 答案：AB

解析：全球化是从经济领域开始的，而经济全球化主要表现在经济的深入一体化，故A项正确。经济一体化不单纯是经济的，它必然推动了国家政策与法律的变革，故B项正确。但全球化不仅仅指经济的全球化，也包括科学技术、政治、文化等各个领域，它是一个整体性的变革，故C项错误。全球化并不否认，也不能替代各个地方的多元特性，统一中包含多元是全球化的重要特征；同时，法律制度并非经济的简单再现，它必须尊重各不同地区的国情和传统，因此全球化进程中法律制度的变革并非为了实现整个法律在全球范围内的统一，最多那也只是新自由主义全球化一厢情愿的幻想罢了。

2. 答案：ABC

解析：在全球化的进程中，我们应充分借鉴国际通行的先进规则，以融入全球化进程，但是也要考虑我国的社会环境是否适合这些规则发展，不可盲目西化。故选A、B、C项。

3. 答案：ACD

解析：经济全球化是法律全球化的基础，它必然相应引起国家在政策与法律方面的变革；同时，各国的制度变革又进一步增加了法的可预测性、可计算性和透明度，推进了经济全球化的进一步发展。故A、C项正确。经济全球化对我们来讲既是挑战又是机遇，既有积极性又可能带来消极因素，故D项正确。各国间经济法律规则的趋同、国际标准的广泛运用是全球化的重要表现，但全球化并不否定地方性，不排斥“本土资源”的合理利用，两者是统一的，故B项错误。

4. 答案：ABC

解析：某一法律规则、法律制度，如果世界上各个国家或地区纷纷通过法律移植的方式从“输入国”引进过来，最终使该法律在全球范围内通行有效，从目前的实践来看，这是发展法律全球化的重要的有效的途径，故A项正确。由于全球化进程的日益加快，相应地对先进法律制度的移植也变得更为必要和紧迫；同时，全球化本身是一把“双刃剑”，又常常带有“普遍趋势”“国际标准”这样的面具，因此，在进行法律移植时进行鉴别就变得更为重要，故B、C项正确。法律移植只是反映国家、地区之间法律的相互借鉴、吸收，而法律全球化反映的是全球范围内的一种趋势，二者在概念、内涵、方法论等方面都存在不小的差异，故D项错误。

5. 答案：ABC

解析：国内法的国际化是通过某一国或某些国家的法律被广泛移植而实现的，一般而言，法律输出国具有一定的优势，而输入国或基于本国法律发展的需要主动借鉴、吸收，或迫于形势被动采纳。国内法的国际化在私、公法领域都有发生，前者如从欧洲开始扩展到世界的仿照法国民法典和德国民法典的编纂法典运动，后者如建立宪法法院或宪法委员会和司法审查制度在世界的流行。故D项错误。

6. 答案：CD

解析：至少在目前，国际条约、规章的效力主要来自各主权国家的承认，也常常存在主权国家基于自身考虑对条约作适当保留的情况，故C项错误。国际法在内国的生效，存在不同的情况，比如在欧盟，欧盟法对成员国具有直接效力，不需要成员国特殊的批准程序，故D项错误。

7. 答案：ABD

解析：随着全球化的发展，出现了诸多仅靠主权国家无法解决的国际问题，需要国际性组织、区域性组织、国家和非政府组织共同参与、实行全球治理，但这并不能否定国家主权，改变国家在全球治理中最重要的作用，故C项错误。

8. 答案：BCD

解析：马克思和恩格斯从当时的社会条件出发，对资本主义在全球范围的扩张的现象和本质进行了分析，但他们并没有提出“全球化”的概念，故A项错误。列宁认为“资本主义已成为极少数‘先进’国对世界上绝大多数居民实行殖民压迫和金融扼杀的世界体系”，这与依附理论是有契合之处的，故C项正确。

9. 答案：ABC

解析：“世界法”理论认为，各国的法律和各种法律会最后趋于统一，变成一种适用于全世界的法，它由世界政府来实施。这段话的作者认为全球化的结果将产生真正的全球法或世界法，故C项正确。文章作者提到“这个统一法律体系当然并不意味着全球适用完全同一的法律”，可见其并未否认法的地方性，故D项错误。

简答题

1. 全球化首先并突出地表现为经济的全球化，由贸易投资领域逐步扩展到科学技术、金融、公司治理领域，由经济领域扩展到政治、文化、生态领域。经济一体化必然以国家政策与法律的变革为先导，同时又进一步推动了国家政策与法律的变革。通过法律制度层面的变革，增加了法的可预测性、可计算性和透明度，保证了资本的跨国界的自由流动，保证世界范围内的贸易自由。而各领域诸多全球问题的出现，需要所有国家在法律层面进行协调、合作，在全球范围内进行规范性的治理。其他各领域的全球化必然引起法律领域的全球化问题，法律全球化是其他领域全球化的制度化表现。

2. 法律全球化主要有两种方式：一种是国内法的国际化，另一种是国际法的国内化。国内法的国际化指在一国或一个地区范围内通行的法律制度由于某种原因而在全球流行；国际法的国内化指国际组织的条约、规章为内国所接受，转变为对内国具有法律拘束力的规则，由于越来越多的国家加入某一国际组织中，该组织的规则成为全球性的规则。国际法的国内化，是一种较强意义上的法律全球化，即有关国家具有统一的规则，它凌驾于主权国家的法律之上，主权国家的国内法必须根据它的标准加以调整；国内法的国际化，是一种较弱意义上的法律全球化，并不一定有统一的国际规则、全球性的法律或世界法的出现，只不过表现为一种世界性的法律潮流。这两种意义上的法律全球化又是相互联系和相互转化的：国际组织的规则体现了某些国家在世界经济与政治秩序中的主导地位，而这些规则的来源往往又是这些国家或国家之间的有关规则。

3. 新自由主义充分相信资产的自发作用，将全球化视为一个消除目前权力干预，使市场机制充分发挥作用，最终在全球范围内实现经济发展和社会公正的过程。他们认为，经济边境的取消和国家干预的削弱，标志着贸易自由与效益原则的永久性胜利。因而，全球经济一体化及法律改革的进程越深入越好。只要主权国家政府不从中干预，市场本身会提供所需要的一切社会保障。无论是对发展中国家还是对发达国家而言，全球化都是一个福音，它将导致资本、生产资料、技术设备、商品在全球范围内有效率地生产和分配。

4. 依附理论将全球视为一个不平等的世界体系，存在中心和边缘，全球化对于处于中心和边缘的不同国家而言，其效果存在巨大的差异。不能孤立地考察每个国家的经济和社会发展，因为不发达国家的发展总是和发达国家的统治者、国际垄断集团的决定直接相关。面对全球化的挑战，第三世界国家发生的市场导向的法律改革的根本目的，只是改变法律环境，争取发达国家更多的投资，使自己获得发展。但从世界体系的角度，这种发展最终使中心获得最大的利益。而且这种改革代价高昂，已经给这些国家带来了沉重的外债负担，从而进一步加重了它们对跨国资本的依赖。

5. 我国政府将全球化视为一把“双刃剑”，它对我国而言既是一种机遇，也是一种挑战。一方面，经济全球化是随同社会生产力发展而产生的一种客观趋势，它使各国的经济联系更加紧密，给全球经济、政治和社会生活等诸多方面带来深刻影响。中国可以利用劳动力等方面的优势参与国际分工，利用国外的资本、先进的科学技术和管理经验，利用后发优势，促进自身发展。另一方面，经济全球化是西方发达国家主导的，它们经济、科技实力雄厚，掌握着国际经贸组织以及国际经济规则的主导权，在经济全球化中获益最大，而广大发展中国家总体上处于不利的地位。我们需要的是世界各国平等、互惠、共赢、共存的经济全球化，应通过国际社会的共同努力，在各国充分参与和民主协商的基础上制定行之有效的国际规则，使全球化的进程朝着相互尊重、相互包容、共同发展的方向发展。

6. 全球治理，是指对某一全球性的问题通过不同的层次的共同努力，通过多种不同的方法所进行的综合治理。它的主要特点是治理主体的多层次性和治理方法的多样性。全球治理主体，既有国家这样传统的治理主体，也包括国家间的世界性和区域性国际组织，还包括非政府组织甚至个人。在治理方法上，其运用的既有公权力，也有私权利；既有纯粹的无规则的个别性调整，也有规范性调整；治理规范的强制性与确切性有的较强，有的偏弱。这些方面都与原有的单纯依靠国家强制性法律规范的治理模式存在很大差异。

7. 国际领域的规则、国际标准是否都属于“软法”，是否具有法律约束力，情况差别很大，不能一概而论。第一，许多由国际组织所颁布的国际标准采取推荐、指南、示范法、行为准则等形式，为国家或公司、个人自愿接受，是没有法律约束力的规范，是“软法”。第二，有些国际标准采取国际条约或国家立法所确立的有约束力的法律规则的形式，在这些场合是硬法，它们主要集中在刑法领域。第三，有些国际标准在开始时采取没有法律约束力的形式，后来随着一些问题的重要性程度的加大，采取了国际公约的形式，但是后来这些国际标准通过具体的法律条款得到具体化，从而转化为具有法律约束力的国际法规范。第四，还有一些国际标准，具有较强的确切性但较弱的强制性，就具体化程度和可操作性而言，兼有“软法”和“硬法”双重特点。

8.（1）法律的“非国家化”。越来越多的法律由各种经济联合体、知识产权组织、环境保护组新闻媒介联合体等“非国家”的机构制定。

（2）法律的“标本化”或“标准化”。由联合国、国际组织、经济联合体制定法律范本，提供给各个国家作为立法的参照。

（3）法律的“趋同化”。这是指调整相同类型社会关系的法律规范和法律制度趋向一致。

（4）法律的“世界化”。所谓法律世界化，是指全球范围内法律规范的相互联结，国际法与国内法之间的界限正在变得模糊不清，国际法高于国内法的信念已得到普遍确认。法律世界化还意味着某些“全球性法”“世界性法”的出现。

材料分析题

1. 材料一认为全球化是从 1492 年哥伦布发现新大陆就已开始的伟大的历史进程，这是一个空间不断压缩的过程，共有三个不同的阶段，分别以国家、跨国公司和个人为中心。进入 21 世纪后的全球化由平等的个人或个人的团体驱动，世界各国、各公司和人与人之间的差距随着全球化的进程被不断铲平。

材料二认为全球化是资本主义向外不断扩张的过程，资本主义的扩张从一开始就造成两极分化并不断加深它的中心与外围之间的不平等。随着资本的高度集中，各中心国家之间的分歧开始缩小，新自由主义模式的全球化治理维护成为跨国资本的共同利益的需要。

材料三认为全球化导致民族国家中某些方面权力的弱化，同时，全球化也带来了新的对国家认同的可能性。世界秩序不可能完全由市场机制来决定，由于维护自由、平等和社会正义的需要，各个国家仍然需要保留相当大的权力，发挥其作用。

上述三个材料分别反映了新自由主义、依附理论和社会民主主义的全球化观，它们都把全球化视为一个过程，但是对于全球化的本质和发展趋势，对于全球化与民族国家之间的关系，观点存在很大的差别甚至根本性的冲突。作为我们来讲，全球化是一个过程，它既反映了社会生产力发展的规律，也是一个能动的过程，民族国家、社会、个人的参与程度在很大程度上影响着全球化的未来发展。我们应积极参与全球化的进程，促进公平、合理的全球秩序的建立。同时，作为后发国家，面对全球化的冲击，国家应该在维护自由、平等和社会正义上发挥积极作用。

2.（1）材料一中的各个观点都认为在全球化进程中法律的发展也表现出一定的新的特点，但对于如何描述这一法律发展进程，各个学者的观点各有不同。第一种观点认为这一进程应用法律全球化来概括，包含了法的多元化和一体化以及法治的全球化；第二种观点认为用“法律趋同化”来描述更为科学、合理；第三种观点认为法律的全球化和法律的趋同化、法律的一体化是一回事。

（2）材料二中的各个观点都承认随着经济全球化的发展，法律也必然有所变化以体现这一发展趋势的要求。但对于这是否导致法律全球化，各个学者的观点各有不同。第一种观点认为，“法律全球化”基本上是西方国家一些法学家不切实际的幻想；第二种观点认为全球化涉及人类生活的各个方面，它不可避免地带来法律的全球化；第三种观点认为经济的全球化必然伴随着全面的法律改革，但法律的全球化绝不意味着世界各国都接受同一的法律模式或在统一的世界法下面生活，问题在于寻找一条全球化的民族化途径。

（3）题中两个材料反映国内学者都承认经济全球化这一社会事实和必然趋势，但对于由此引起的“法律全球化”问题，大家无论在概念上还是在内涵、意义上均存在较大的差异。实际上，全球化作为一个过程，包含着很多的不确定性；作为一个新兴的问题，还需要深入地分析、讨论，不同学者的观点存在差异是可以理解的。

论述题与深度思考题

1. 全球化是当前社会发展的一个重要趋势。全球化的发展对传统的主权理论带来冲击，主权弱化论、主权让渡论、人权高于主权等各种思潮此起彼伏。但我们认为，传统意义上的国家主权虽然在某些方面有所削弱，但这并不能否认国家主权，全球化的发展与坚持国家主权并不矛盾。

经济的非国家化是全球化的一个重要特征。所谓“非国家化”，主要指减少国家在国际资本、金融、商品、产业流动中的干预，反对贸易保护主义，废除一切对外国资本的歧视措施，降低乃至取消关税。用有些西方学者的话来说，全球化即建立“无经济边境世界”的新的乌托邦。经济全球化、非国家化以跨国资本雄厚的经济实力为基础，如果主权国家为了保护自己的民族经济，采取高关税等贸易保护措施，跨国集团会撤销投资，把资本转移到较少贸易障碍，适于其获取更大利润的地区。相应地，随着争夺市场和投资的国际竞争的加剧，主权国家也往往通过法制变革和行政改革，减少权力对经济的干预，以保证资本的跨国界的自由流动，保证世界范围内的贸易自由。从这个层面来讲，全球化确实在一定程度上削弱了国家主权。不仅在经济领域，从整体而言，全球化表现为当代人类社会的活动空间正日益超越民族国家主权版图的界限，在世界范围内展现出全方位的沟通、联系、交流与互动的客观历史进程及趋势；不同的政治观念在全球范围内传播和竞争，不同文化间彼此交流和冲击，全球性问题和整个人类的困境日益凸显。在此情况下，任何一个国家都不能以主权作为其“合法性”的最终来源和唯一来源，各国都将一部分传统上属于主权内部的事项让渡出去或者对主权进行自我限制，以适应全球化发展的需要。

此外，全球化的发展也对加强国家主权提出了要求。至少在目前阶段，全球化是由美国等西方发达国家主导的，它们经济、科技实力雄厚，掌握着国际经贸组织以及国际经济规则的主导权，在经济全球化中获益最大，而广大发展中国家总体上处于不利的地位。在政治、文化领域，它们掌握着更大的“话语权”，往往以“理性”“普遍规律”“必然趋势”等话语影响我们作出正确的选择。新自由主义提出的削弱甚至取消国家主权的观点实际上最终满足了西方大国的利益需要。由于市场自发作用存在很大缺陷，全球化的不均衡发展可能导致更多的自由、平等和全球分配不公的问题，在此情况下，需要发挥国家主权的作用，通过相关政策、法律制度来减少社会不公的可能性，促进全球化向公平、合理的方向发展，保证人民在全球化进程中受益。这也是主权国家“合法性”在全球时代的最终来源。需要指出的是，全球化作为一种趋势在各个领域的表现和发展程度是不一样的，即使在经济领域，也表现出不同的特点。在跨境的贸易和生产领域，全球化的趋势很明显，但是许多产品并不进入国际贸易领域，只供本国乃至当地消费，很难说受到全球规则的影响。这些问题，就完全是一个主权国家内部处理的事情了。

国家主权对内是最高的，对外是独立的。即使在全球化时代，维护国家主权仍然是国际关系最基本的准则。要坚决反对那种借口全球化，甚至以一个国家的国内法为标准，干涉其他国家的内政、侵犯别国主权的霸权主义。但是，主权的概念也是历史的、发展的，它建立在一定的经济基础之上，随经济基础的变化而变化。闭关自守时代的国家主权概念不同于开放时代的国家主权概念，我们应调整确立符合历史发展的主权观。

［参见朱景文：《关于法律与全球化的几个问题》，载《法学》，1998（3）。］

2. 全球化是个综合的全方位的概念，表征的是人类活动范围、空间范围和组织形式的扩大，从地方到国家再到世界范围的发展趋势。全球化对我国的法治建设来说具有双重效应：既是机遇，也是挑战。

一方面，在全球化的推动下，特别是以中国加入WTO为契机，中国法制正在发生着重大而深刻的变革。全球化有利于中国法律体系的重构，锻造“现代政府”，推进人权保障和司法公正。加入世界贸易组织是我国参与全球化的重要表现，世界贸易组织的国民待遇原则、透明度原则等要求我们在政策、立法和政府等方面进行变革，对法律依照市场经济的要求立、废、改，增加法的可预测性、可计算性和透明度，即实现法治。世界贸易组织倡导“穷尽当地救济途径”，鼓励各成员尽可能通过自身的司法机制妥善处理与其他成员的纠纷。但这并非绝对。当一个成员的司法机关不能公正司法、偏袒一方当事人利益时，另一方当事人可以通过本国政府，将纠纷直接提交到世界贸易组织的争端解决机构予以处理。因此，各国必须打造一个独立与权威的司法体制和审判机制。世界贸易组织的透明度规则要求政府依法行政，而不是按“内部文件”“上级指示”办事，特别是世界贸易组织的司法审查原则，把政府的抽象行政行为和具体行政行为都纳入司法审查的范围，这将大大改变传统政府“人治”的形象。在公共和人权事务领域中，虽然各国国家的界定和表述有所差别，但民主、法治和人权保障已成为全球范围内的共识。产生于20世纪60年代的《公民权利和政治权利国际公约》和《经济、社会和文化权利国际公约》，就是这一层面全球化的产物。与经济全球化相适应，体现市场经济要求的精神也必将被传播和接受，全球化推进了法的精神转换，推进了体现人类文明成果的自由、人权、民主、法治精神的传播。传统法的精神是自然经济或计划经济的产物，现代法的精神应当是与市场经济、民主政治、精神文明、生态文明相联结的，是与全球化的本质规律和发展趋势相适应的理性精神和价值原则。综上所述，全球化对中国的法治建设起着积极的推动作用。

另一方面，全球化对中国法治建设带来不利的影响。第一，由于各国的国情不同，各国在法律发展速度和发展模式必然有所差别，而全球化追求更多的是普适性、及时性。全球化容易使发展中国家的法治现代化变成“早产儿”，而这种“早产儿”容易发生夭折或畸形。第二，全球化并非一个完全公平、合理的过程。经济全球化目前是在美国等西方大国的主导下进行的，在政治和文化意识形态领域也存在力量上的不平等，在存在着所谓中心和边缘的全球秩序中，由全球化引导的法治建设确实具有复杂性和迷惑力。它在反对种族主义和西方中心论的同时，极力强调全球规则的重要性，主张发展中国家的法制改革应当同全球性市场规则体系的基本要求相一致。在这一情况下，倘若广大发展中国家不能有效地维护国家与民族利益，一味追求全球规则的普适性以及其对本国法律发展的引导作用，就有可能坠入新的依附发展的陷阱，全球化中的法治建设可能沦为霸权主义的牺牲品。因此，对于正在走进全球化时代的当代中国来说，捍卫民族国家的法律主权，谨防全球化名义下的新的法律殖民主义，确立在全球法律体系中的自主地位，防止和避免法律发展的边缘化趋势和依附性，走出一条符合本国国情和条件的自主型法制现代化的道路，依然是一项重要的任务。第三，全球化强调国家边界的消除、主权的弱化。但对中国来说，中国的法治建设更多的是一种政府主导和推动下的法治建设，市民社会和公民精神的培育也在很大程度上有赖于国家。在这样的情况下，全球化所引起的主权国家正当性的削弱可能对中国的法治建设构成一种障碍。

综上所述，全球化对中国法治建设的影响是双重的，我们要把握机遇、应对挑战，建立适合全球化发展要求和符合中国国情的法治。

[参见郝铁川、徐静：《经济全球化对法治是一把双刃剑》，载《政治与法律》，2004（6）；公丕祥：《全球化与中国法制现代化》，载《法学研究》，2000（6）。]

3. 全球化已成为世界经济、社会、文化发展的毋庸置疑的趋势。传统的法理学理论是以民族国家为时空背景的，是以民族国家的秩序为语境的。在全球化的视野中传统的法理学理论对许多法律现象无法提供合理的解说。以全球为时空背景、以世界秩序为语境，构建、抽象新的法理学理论显然具有重要意义。

第一，在法的本体问题上，近代以来占主导地位的一直是国家中心的法律本体论，这种法律本体论认为，法律与国家之间存在着内在的、必然的联系，法律是由国家确立并维护的行为规则。这种国家中心的法律本体论是民族国家时代的社会现实的理论写照。在民族国家时代，民族国家是整个世界的统治者，整个世界被划分为一个个领土范围明确的民族国家，整个世界不过是这些民族国家相加的总和，国家是世界上最高的政治权威，只有国家确立的规则才最有资格称作“法律”。如果说国家中心的时代必然产生国家中心的法律本体论，那么随着国家中心的世界格局逐渐为全球化历史进程所动摇和改变，国家中心的法律本体论必然为反映全球化时代特征的法律本体论所取代。在全球化时代，世界不再是民族国家主宰一切的世界，各种次国家层次和超国家层次的力量在世界舞台上迅速崛起，成为同民族国家分享世界治理权的行为主体。我们必须面对全球化的新形势和新格局，承认世界法律多元的社会现实，抛弃传统的国家中心的法律本体论，构造一种非国家中心的多元主义的法律本体论。这要求我们重新回答法律是什么的问题。我们对法律本体论的解释的立足点应当从创立和实施法律的权力主体，转向法所普遍具有的形式属性、过程属性和效力属性。只有这样，我们的法律本体论理论才能成为具有开放性和包容性的理论，才能显示出与时俱进、弥久常新的活力。

第二，在法的价值问题上，全球化进程对传统的法律价值观产生了巨大的冲击，一些新的法律价值观念如可持续发展、代际正义观念正在生成并走向成熟，大批体现这些新观念的法律开始在国际法和国内法领域涌现。从法理学的层面分析，全球化将带来法律价值观的三个根本性变化。首先，从国家视野的法律价值观转变为全球视野的法律价值观。这种法律价值观的法律价值主体不仅包括国内社会的各种主体，还包括超国家或跨国家的各种主体，如国际组织、跨国公司、全人类；这种价值观的客体不仅包括国家法，而且包括在国家之上或国家之下存在的、在政治学意义上或社会学意义上有效的各类规则；法律所要维护的秩序将不再限于国内社会秩序，而是更大范围的全球社会秩序；法律所要保护的自由将不再限于主权国家范围内的自由，而是更高层次的全球范围内的自由。其次，从即时性的法律价值观转变为历时性的价值观。传统的法律价值观也是一种即时性的、非历史的价值观，它仅仅从一代人的需要和利益出发思考法律价值问题，仅仅考虑同一代人之间存在的利益与价值冲突，而未考虑不同代人之间的利益与价值冲突。历时性的法律价值观要求人们在事物运动变化的时间之链中思考法律价值问题，将时间因素纳入法律价值的整体分析框架之中。最后，从人类中心主义的法律价值观转变为生态主义的法律价值观。传统的法律价值观还是一种人类中心主义的价值观，这种价值观仅仅从人类的需要和利益出发思考法律价值问题，而未顾及人以外的其他生命物种的需要和利益；认为人是法律价值的唯一主体，法律只考虑人的需要和利益。生态主义的价值观，明确承认其他生命物种的价值主体地位，肯定和保护其他生命物种的生存权利。

第三，在法律人格观上，近现代人格观最大的缺陷就是否认个人在国际舞台上的法律人格。这是由民族国家时代人的生产方式、生活方式和生存状况所决定的。在民族国家时代，人们的生产和生活主要在本国的范围内进行，个人对国家事实上形成了一种依赖关系。全球化对人的生产方式、生活方式和生存状况的一个最根本的改变是，使人从乡民、市民和国民变为地球人，从地域性的存在者成为全球性的存在者。个人与国内非政府组织、政府从属组织、国家、政府间国际组织、非政府间国际组织等实体一样，是全球市民社会的行为主体，广泛参与各种跨国的社会关系。这要求国际法赋予个人独立的法律人格，确认个人在世界舞台上的法律主体地位。

第四，在法律发展观上，传统的法律发展观都把法律的发展理解为一种跨时间的历史发展。这一历史发展观认为，各个民族的法律主要是由本民族独立创造的；法律的发展是一个由简单向复杂、由低级向高级、由野蛮向文明进化的历史过程。各个民族的法律发展遵循相同的历史发展规律。在全球化时代，法律移植越来越成为各个民族法律发展的主要方式，其重要性甚至已经超过各个民族独立的法律创新。法律移植成为法律发展的主导方式，将给人类法律发展带来一种新的景观，即全球法律文明的旋涡式流动。各个民族都将无可选择地置身于这股强大的旋涡中，不断地从其他民族那里吸收对本民族有用的法律文明和智慧，同时又不断地向其他民族输出具有普遍意义的法律文明和智慧。

第五，在法治观上，法治在今天被公认为治理国家的基本模式和文明国度的根本标志。这种将法治仅仅理解为治国模式的法治观念，反映了全球性交往极少或较少的时代的特征。但是，当人们之间的社会交往超出一国的范围而发展为跨国性、全球性交往时，特别当这些跨国性、全球性的社会交往大量地、频繁地发生时，就需要大量规制此类社会交往的跨国性、全球性的法律规则，更需要确保这些法律规则合理制定并有效实施的国际性、全球性的法治机制。

[详细的分析参见黄文艺：《全球化与法理学的变革和更新》，载《法制与社会发展》，2002（5）。]

第十六章　法的制定

知识逻辑图

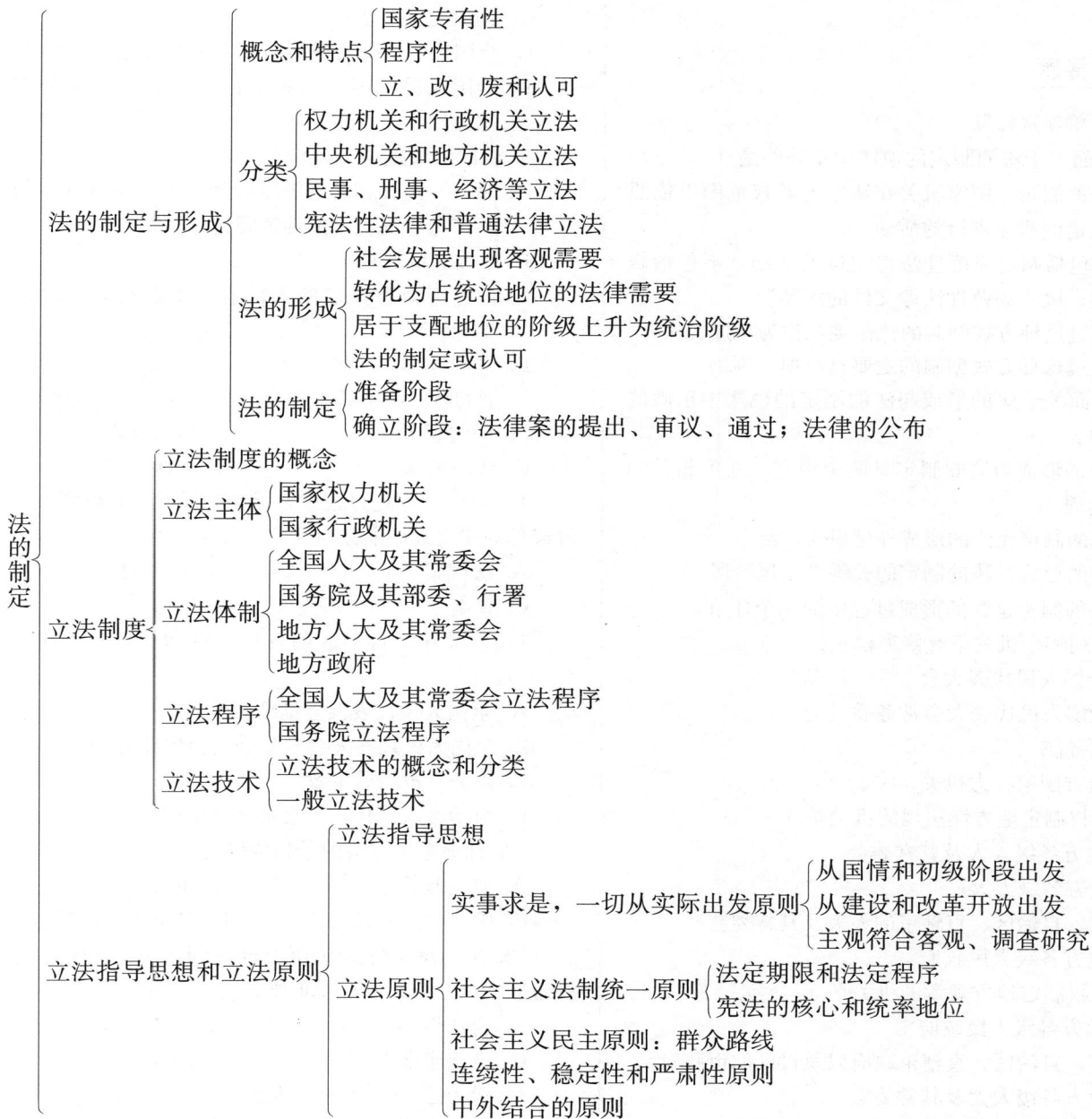

- 法的制定
  - 法的制定与形成
    - 概念和特点
      - 国家专有性
      - 程序性
      - 立、改、废和认可
    - 分类
      - 权力机关和行政机关立法
      - 中央机关和地方机关立法
      - 民事、刑事、经济等立法
      - 宪法性法律和普通法律立法
    - 法的形成
      - 社会发展出现客观需要
      - 转化为占统治地位的法律需要
      - 居于支配地位的阶级上升为统治阶级
      - 法的制定或认可
    - 法的制定
      - 准备阶段
      - 确立阶段：法律案的提出、审议、通过；法律的公布
  - 立法制度
    - 立法制度的概念
    - 立法主体
      - 国家权力机关
      - 国家行政机关
    - 立法体制
      - 全国人大及其常委会
      - 国务院及其部委、行署
      - 地方人大及其常委会
      - 地方政府
    - 立法程序
      - 全国人大及其常委会立法程序
      - 国务院立法程序
    - 立法技术
      - 立法技术的概念和分类
      - 一般立法技术
  - 立法指导思想和立法原则
    - 立法指导思想
    - 立法原则
      - 实事求是，一切从实际出发原则
        - 从国情和初级阶段出发
        - 从建设和改革开放出发
        - 主观符合客观、调查研究
      - 社会主义法制统一原则
        - 法定期限和法定程序
        - 宪法的核心和统率地位
      - 社会主义民主原则：群众路线
      - 连续性、稳定性和严肃性原则
      - 中外结合的原则

名词解释与概念比较

1. 法的制定与法的形成
2. 立法制度
3. 立法程序（考研）
4. 立法技术
5. 立法主体（考研）

选择题

（一）单项选择题

1. 下面关于法的制定的说法中正确的是（　　）。
A. 法的制定是国家机关在法定的职权范围内依照法定的程序进行的活动
B. 仅包括制定规范性法律文件的活动，不包括修改、废止规范性法律文件的活动
C. 通过这种方式创制的法律规范称为不成文法
D. 通过这种方式创制的主要是习惯、判例

2. 下面关于法的形成与法的制定的说法中正确的是（　　）。
A. 法的形成与法的制定是两个独立、互不相关的过程
B. 法的制定比法的形成外延更为广泛
C. 法的形成是法的制定的关键性结尾阶段
D. 法的制定是法的形成过程中的一个环节

3. 下列哪个机关享有修宪权？（　　）
A. 全国人民代表大会
B. 全国人民代表大会常务委员会
C. 国务院
D. 地方国家权力机关

4. 有权制定地方性法规的机关是（　　）。
A. 地方各级人大及其常委会
B. 地方各级人大
C. 省、自治区、直辖市的人大及其常委会
D. 地方各级人民政府

5. 有权制定地方规章的机关是（　　）。
A. 地方各级人民政府
B. 省、自治区、直辖市政府以及设区的市政府
C. 地方各级人大及其常委会
D. 省、自治区、直辖市的人大及其常委会

6. 有权制定行政法规的机关是（　　）。
A. 国务院
B. 国务院各部委
C. 地方各级人民政府
D. 省级人民政府

7. 下面关于法律的公布的说法正确的是（　　）。
A. 中华人民共和国国家主席决定并公布法律
B. 中华人民共和国主席根据全国人大及其常委会的决定公布法律
C. 全国人大常委会根据国家主席的决定公布法律
D. 全国人民代表大会根据国家主席的决定公布法律

8. 法的形成是（　　）。
A. 是以一定社会的经济基础为中介，由该社会的生产力状况决定的纯客观过程
B. 主权者的命令
C. 由经济因素决定的人们有目的的自觉活动的结果
D. 文明进化的产物

9. 下列哪一项不属于立法活动？（　　）（考研）
A. 法的制定　　B. 法的修改
C. 法的废除　　D. 法律汇编

10. 在法的制定过程中，提交会议讨论而被列入会议议程的建议或提案称为（　　）。
A. 法律案　　B. 法律草稿
C. 议案　　D. 法律

11. 在我国，自治区的自治条例和单行条例应经（　　）。
A. 全国人民代表大会批准后生效
B. 全国人民代表大会常务委员会批准后生效
C. 国务院批准后生效
D. 自治区人民代表大会批准后生效

12. 社会主义立法的最高依据是（　　）。
A. 党的政策　　B. 宪法
C. 中共中央决议　　D. 社会主义道德

13. 坚持民主与集中相结合的民主集中制原则，是保证立法（　　）的一项重要原则。
A. 合法性　　B. 正确科学
C. 稳定连续　　D. 严肃性

14. 有权公布法律的主体是（　　）。
A. 国家主席

B. 全国人大常委会委员长
C. 全国人大主席团主席
D. 国务院总理
15. 关于法的形成的说法错误的是（　　）。
A. 法的形成是一个自发的、自然而然的过程
B. 法的形成是人们有目的的自觉活动的过程和结果
C. 社会发展的客观需要是法的形成的最深层次的原因
D. 法的制定是法形成的关键性的结尾阶段
16. 按照宪法和法律的规定而划分国家机关立法权限的制度是（　　）。
A. 立法过程　　B. 立法程序
C. 立法体制　　D. 立法技术
17. 最高人民法院《关于案例指导工作的规定》第7条规定："最高人民法院发布的指导性案例，各级人民法院审判类似案例时应当参照。"下列对于该规定的理解，正确的是（　　）。（考研）
A. 人民法院参照指导性案例审理类似案件体现了"同案同判"的要求
B. 最高人民法院发布的指导性案例具有普遍的法律约束力
C. 最高人民法院发布指导性案例属于立法活动
D. 指导性案例是当代中国的判例法
18. 在我国，下列规范性法律文件系统化的活动中，不具有立法性质的是（　　）。（考研）
A. 法律编纂　　B. 法律清理
C. 法律汇编　　D. 法典编纂
19. 下列关于立法的表述，正确的是（　　）。（考研）
A. 立法包括法律的创制、认可、修改和解释，不包括法律的废止
B. 邓析制"竹刑"，说明立法主体不仅限于特定的国家机关
C. 现代国家权力体系中，立法权是最重要、最核心的权力
D. 国家结构形式对一国立法体制形成的影响不大
（二）多项选择题
1. 下面关于法的制定的表述中，正确的有（　　）。
A. 法的制定是国家的专有活动
B. 法的制定是国家机关依照法定程序进行的活动
C. 法的制定不包括认可法律规范的活动
D. 法的制定不包括废止法律规范的活动
2. 下列关于立法体制的表述，哪些不正确？（　　）（考研）
A. 立法体制的核心是立法解释
B. 联邦制和单一制国家的立法体制完全相同
C. 中国的全国人大及其常委会行使国家立法权
D. 在中国立法体制中，地方权力机关处于无权地位
3. 下列关于法的认可的表述中正确的有（　　）。
A. 法的认可是指国家承认并赋予某些行为规范以法律上效力的活动
B. 国家在事实上承认并赋予某些行为规范以法律上的效力
C. 国家在法律文件中明确认可某些行为规范具有法律上的效力
D. 通过这种方式创制的法律规范，称为成文法
4. 下列关于法的形成的表述中正确的有（　　）。
A. 法的形成就是国家机关创制法的活动
B. 法的形成从根本上讲是由一定历史阶段的物质生活条件决定的
C. 法的形成是一个有主观因素发挥作用的过程
D. 法的制定就是法的形成
5. 下列关于立法制度的表述中正确的有（　　）。
A. 一个国家的立法制度归根结底受该国的经济状况制约
B. 立法制度仅指一个国家或地区立法权限的划分
C. 政权的本质决定了法的制定权属于哪个阶级
D. 政府的管理形式决定了法的制定权属于哪个机关
6. 有权向全国人大提出属于全国人大职权范围内的法律案的主体有（　　）。
A. 全国人大主席团　　B. 省级人大常委会
C. 国务院　　D. 中央军委
7. 有权向全国人大提出宪法修正案的主体有（　　）。
A. 全国人大常委会
B. 五分之一以上的全国人大代表
C. 全国人大各专门委员会
D. 国务院
8. 立法技术中的合法性是指（　　）。
A. 法律草案不得与宪法相抵触

B. 法律草案不得和更高效力等级的其他规范性法律文件相抵触
C. 法律草案不应与现行的其他规范性法律文件相抵触
D. 法律草案本身要前后一致

9. 立法技术中的有限度性是指（　　）。
A. 将调整同一内容的法律数量减少到最低限度
B. 将规定同一问题的规范性法律文件的数量减少到最小限度
C. 法典的条文量越少越好
D. 法律草案本身要前后一致

10. 下列关于法的制定的表述中正确的有（　　）。
A. 法只能对现存的社会关系予以确认和保护
B. 法有时可以创建新的社会关系
C. 法有时规定的是一种奋斗目标
D. 法律规定只能是以往经验的总结

11. 下列关于总结我国经验与借鉴外国经验相结合的立法原则的表述中正确的有（　　）。
A. 总结我国经验与借鉴外国经验是辩证统一的
B. 法律移植是实现我国法制现代化的一个重要途径
C. 西方先进的法律制度都适合我国，我们应大胆地吸收和借鉴
D. 我国古代的法律文化都是封建糟粕，对我国的法制现代化意义不大

12. 下列关于坚持群众路线、实行领导与群众相结合的立法原则的表述中正确的有（　　）。
A. 法的制定过程，实际上也是发扬社会主义民主的过程
B. 要坚持群众路线，实行群众立法
C. 坚持群众路线有利于立法的科学化
D. 法的制定必须由有关国家机关按照法定程序进行

13. 需要报请上一级立法机关批准才能生效的立法是（　　）。
A. 国务院各部委的部门规章
B. 自治州、自治县的自治条例和单行条例
C. 自治区的自治条例和单行条例
D. 设区的市的地方性法规

14. 我国社会主义法的"实事求是、从实际出发"的制定原则是指（　　）。
A. 必须从我国社会主义初级阶段的政治、经济、文化、思想的实际出发
B. 从我国幅员辽阔、人口众多的实际出发
C. 从建设和改革的需要与可能出发
D. 从我国历史和革命传统的实际出发

15. 耀亚公司未经依法批准经营危险化学品，2003年7月14日被区工商分局依据《危险化学品安全管理条例》罚款40万元。耀亚公司以处罚违法为由诉至法院。法院查明，《安全生产法》规定对该种行为的罚款不得超过10万元。关于该案，下列哪些说法是正确的？（　　）（司考）
A.《危险化学品安全管理条例》与《安全生产法》的效力位阶相同
B.《安全生产法》中有关行政处罚的法律规范属于公法
C. 应适用《安全生产法》判断行政处罚的合法性
D. 法院可在判决中撤销《危险化学品安全管理条例》中与上位法相抵触的条款

16. 下列选项中，属于立法活动的有（　　）。（考研）
A. 1987年全国人民代表大会常务委员会废除111件法律
B. 2004年国务院颁布《道路交通安全法实施条例》
C. 2005年某高校民法典研究所公布《绿色民法典》
D. 2006年某出版单位出版《物权法立法意见》

17. 在环境保护法修改过程中，全国人大常委会依照有关法律，向社会公众、环保组织、专家学者征集对该法的修改意见。此举体现的立法原则有（　　）。（考研）
A. 民主性原则　　B. 科学性原则
C. 便民性原则　　D. 平等性原则

简答题

1. 简述法的制定的概念和特点。
2. 简述法的制定与法的认可的区别。
3. 简述立法制度的概念和我国立法权限的划分。（考研）
4. 简述起草规范性法律文件应注意的立法技术。
5. 简述我国法的制定工作的基本原则。（考研）

材料分析题

材料：萨维尼认为法既不是理性的产物，也不是人的意志的产物，法同民族语言一样，有自己产生和发展的历史。法律是民族意识的有机产物，是自然而然逐渐形成的。萨维尼指出，在每个民族中，逐渐形成了一些传统和习惯，而通过不断适用这些传统和习惯，它们便逐渐形成了法律规则。

哈耶克指出：进化理性主义认为个人的理性是十分有限的和不完全的，理性在人类事务中起着相当小的作用。文明是经过许多人的才智、经过数代人的努力不断试错而逐渐积累形成的，各种实在的制度，如道德、语言、法律等，并不是人类的智慧预先设计的产物，而是以一种累积的方式逐渐发展起来的，是由模仿、学习、传播的选择性进化的结果。在哈耶克那里，法律常被表述为“普遍的正当行为规则”“一般性的抽象行为规则”“严格意义上的法律”等，意指那些服务于自发秩序的形成、独立于目的的规则。

马克思曾深刻地指出：只有毫无历史知识的人才不知道，君主们在任何时候都不得不服从经济条件，并且从来不能向经济条件发号施令。无论是政治的立法还是市民的立法，都只是表明和记载经济关系的要求而已。从马克思主义的观点看来，说到底，法的形成，就是以一定社会的经济基础为中介，最终由该社会的生产力状况决定的，在各种社会因素的相互交错、制约、影响和作用中，人们有目的的自觉活动的过程和结果。

问题：结合上述材料分析法的形成过程。

论述题与深度思考题

1. 试结合《立法法》的有关规定论述法的位阶问题。

2. 试论我国立法的民主性原则与科学性原则的相互关系。（考研）

3. “法律是治国之重器，良法是善治之前提。”请论述良法的标准，并结合实际，谈谈如何打造良法。（考研）

4. 联系我国法治现状，论述立法民主原则的内容、要求及意义。（考研）

参考答案

名词解释与概念比较

1. 法的制定是指有关国家机关在其法定的职权范围内，依照法定的程序，制定、修改和废止规范性法律文件以及认可法律规范的活动。法的形成是指新的法律规范逐步产生、发展，直至最后被纳入一个国家的法律体系的过程。从本质上看，法的形成就是统治阶级在其物质生活条件的决定下，在政治、经济、文化等各种活动中，将自己的利益和意志转化为法律上的要求，并且通过国家的创制法的活动，上升为法律规范和国家意志的过程。法的形成和法的制定既有联系又有区别：在法的形成过程中，包含了法的制定活动；法的制定是法形成的结尾阶段的创造性活动。所以，法的形成是比法的制定外延更为广泛的概念。

2. 立法制度，是一国、一地区政治、法律制度的重要组成部分，它包括立法的宗旨、基本原则、立法权限的划分、不同形式的立法及立法程序、不同的立法位阶和立法技术等内容。

3. 立法程序，是指由宪法和法律规定的享有法的制定权的国家机关或个人，在制定、修改或废止规范性法律文件过程中的工作方法、步骤、手续和次序。狭义的立法程序，专指国家最高权力机关（或议会）制定、修改或废止法律的程序。

4. 立法技术从狭义上讲，一般专指如何表达规范性法律文件的规定的知识、经验、规则、方法和技巧等，包括法律文件的内部结构、外部形式、概念、术语、语言、文体，以及立法预测、立法规划等方面的技术。

5. 立法主体是指根据宪法和有关法律规定，有权制定、修改、补充和废止各种规范性文件以及认可法律规范的国家机关、社会组织、团体和个人。

选择题

（一）单项选择题

1. 答案：A

解析：法的制定主要指一定的国家机关依照法定的程序，制定、修改、废止规范性法律文件的活动。通过这种方式创制的法律规范，称为成文法。故应选 A。

2. 答案：D

解析：法的形成和法的制定既有联系又有区别。在法的形成过程中，包含了法的制定活动；法的制定是法形成的结尾阶段的创造性活动。所以，法的形成是比法的制定外延更为广泛的概念。故选 D。

3. 答案：A

解析：根据我国宪法的规定，全国人民代表大会是享有修宪权的唯一机关。故应选 A。

4. 答案：C

解析：根据我国相关法律的规定，省、自治区、直辖市的人大及其常委会，在不同宪法、法律、行政法规相抵触的前提下，可以制定地方性法规，报全国人大常委会备案。故选 C。

5. 答案：B

解析：根据我国相关法律的规定，省、自治区、直辖市以及设区的市的人民政府，可以根据法律和行政法规，制定规章。故应选 B。

6. 答案：A

解析：最高国家行政机关及其下属机关的权限是：国务院根据宪法和法律，规定行政措施，制定行政法规，发布决定和命令。国务院各部、委根据法律和国务院的行政法规、决定、命令，在本部门发布命令、指示和规章。故应选 A。

7. 答案：B

解析：根据宪法的规定，中华人民共和国主席根据全国人民代表大会和全国人民代表大会常务委员会的决定，公布法律。故应选 B。

8. 答案：C

解析：根据马克思主义的观点，法的形成，就是以一定社会的经济基础为中介，最终由社会的生产力状况决定的，人们有目的的自觉活动的过程和结果。故选 C。

9. 答案：D

解析：法的制定，是指有关国家机关在其法定的职权范围内，依照法定程序制定、修改、补充和废止规范性文件的活动，即广义的立法活动；法的修改与废除都是法的制定的形式，当然也属于立法活动。故选项 A、B、C 都是正确的。法律汇编又称法规汇编，是指在不改变内容的前提下，将现行规范性法律文件按照一定标准（如制定时间顺序、涉及问题性质等）加以系统排列，汇编成册。法律汇编不改变原有规范性法律文件的内容，也不制定新的规范，因此它本身并不是创制法的活动，但它往往是法典编纂的必要前提。而且根据法律汇编的主体，法律汇编可以分为官方的和非官方的两种。非官方汇编通常由有关国家机关、教学科研机构、社会团体或企事业单位根据工作、学习或教学科研的需要而编辑。因此，法律汇编不属于立法活动，D 项为应选项。

10. 答案：A

解析：法的制定过程中，提交会议讨论而被列入会议议程的建议或提案称为法律案，A 项为应选项。提出法律案不等于草拟法律草案。只有享有立法提案权的机关和人员才能提出法律案，并有可能被列入议程，但没有立法提案权的机关和人员，却可以参与起草法律案，故选项 B 是错误的。法律案是议案的一种，除法律案外，议案还有其他许多种类，如预算案、决算案、质询案、罢免案，等等，故选项 C 是错误的。法律是法律制定的结果，如果法律案还在审议过程中，则不可以称之为法律，故选项 D 是错误的。

11. 答案：B

解析：根据《立法法》第 75 条的规定，自治区的自治条例和单行条例，报全国人民代表大会常务委员会批准后生效；自治州、自治县的自治条例和单行条例，报省、自治区、直辖市的人民代表大会常务委员会批准后生效。故正确答案为 B。

12. 答案：B

解析：社会主义法的最高立法依据是宪法。宪法是根本法、母法，是一般法律的立法依据。故应选 B。

13. 答案：B

解析：一般的理论认为，坚持民主与集中相结合的民主集中制原则的主要目的是保证立法正确、科学，故选 B。

14. 答案：A

解析：《宪法》第 80 条规定，中华人民共和国主席根据全国人民代表大会的决定和全国人民代表大会常务委员会的决定，公布法律。《立法法》第 25 条规定，全国人民代表大会通过的法律由国家主席签署主席令予以公布。《立法法》第 44 条规定，全国人民代表大会常务委员会通过的法律由国家主席签署主席令予以公布。故选 A。

15. 答案：A

解析：法的形成不是自发的、直接的过程，而是长期、复杂的发展过程。法的形成是人们有目的的自觉活动的过程和结果。法的形成有其客观的历史性和必然性，社会发展的客观需要是法的形成的最深层次的原因。法的形成和法的制定既有联系又有区别。在法的形成过程中，包含了法的制定活动；法的制定是法形成的结尾阶段的创造性活动。故A项的说法是错误的，B、C、D项正确，答案为A。

16. 答案：C

解析：立法体制是关于法的制定权限即立法权限划分的制度，是一个国家立法制度的重要组成部分；立法程序，是指由宪法和法律规定的享有法的制定权的国家机关或个人在制定、修改、补充或废止规范性法律文件过程中的工作方法、步骤、手续和次序；广义的立法技术泛指在法的制定过程中所形成的一切知识、经验、规则、方法和技巧等的总和，狭义的立法技术专指如何表达规范性法律文件的规定的知识、经验、规则、方法和技巧等；立法过程是对立法活动的一个概括性概念。由此可知答案为C。

17. 答案：A

解析：立法活动是指有立法权的国家机关或者经授权的国家机关，依照法定的职权和程序，创制、认可、修改或废止法律和其他规范性法律文件的专门性活动，是掌握国家政权的阶级把自己的意志上升为国家意志的活动。我国不是判例法国家，最高人民法院发布的指导性案例不是判例，不具有普遍的法律约束力，因此也不是立法活动，B、C、D项均错误。指导性案例方便人民法院审理类似案件时参照，体现了“同案同判”的要求，A项正确。

18. 答案：C

解析：立法是指有立法权的国家机关或经授权的国家机关，依照法定的职权和程序，创制、认可、修改或废止法律和其他规范性法律文件的专门性活动，是掌握国家政权的阶级把自己的意志上升为国家意志的活动。法律编纂又称法典编纂，是指国家最高立法机关对某一部门法或某类法律的全部规范性法律文件加以整理、修改、补充，删除其矛盾、冲突、重叠的部分，增加适宜的内容，从而产生出一部新的、完整的法律。法律清理亦称法规清理，是指有权立法的国家机关对一定时期制定的或一定范围内的规范性法律文件予以审查、整理，并确认其法的效力的活动。法律汇编是指将规范性法律文件按照一定的标准进行排列并汇辑成册的活动。它是对正在生效的法律的汇编，不能改变规范性法律文件的内容，因此不是立法活动，仅是一项技术性整理和归类活动。综上，本题选C。

19. 答案：C

解析：立法包括法律的创制、认可、修改和解释，也包括法律的废止，故A项错误。法律制定的主体是特定的国家机关，邓析制“竹刑”，是个人的行为而不属于立法行为，故B项错误。一个国家立法体制的形成，主要是由这个国家的国家性质、国家结构形式和文化传统等因素决定的，故D项错误。现代国家权力体系中，立法权是最重要、最核心的权力，故C项正确。

（二）多项选择题

1. 答案：AB

解析：法的制定主要指一定的国家机关依照法定的程序，制定、认可、修改、废止规范性法律文件的活动。故选A、B。

2. 答案：ABD

解析：立法体制的核心是创制规范性法律文件，而不是立法解释。一般地讲，单一制国家的立法体制是一元的，联邦制国家的立法体制是二元的，存在差别。在中国的立法体制中，地方权力机关也有一定的立法权限。故选A、B、D。

3. 答案：ABC

解析：法的认可，是指国家承认并赋予某些行为规范以法律上的效力的活动。通过这种方式创制的法律规范，称为不成文法。法的认可又可以分为两种情况：一是国家在事实上承认并赋予某些行为规范以法律上的效力，二是国家在法律文件中明确认可某些行为规范具有法律上的效力。故选A、B、C。

4. 答案：BC

解析：法的制定是指有关国家机关在其法定的职权范围内，依照法定的程序，制定、修改和废止规范性法律文件以及认可法律规范的活动。法的形成是指新的法律规范逐步产生、发展，直至最后被纳入一个国家的法律体系的过程。从本质上看，法的形成就是统治阶级在其物质生活条件的决定下，在政治、经济、文化等各种活动中，将自己的利益和意志转化为法律上的要求，并且通过国家的创制法的活动，上升为法律规范和国家意志的过程。法的形成和法的制定既有联系又有区别。在法的形成过程中，包含了法的制定活动；法的制定是法形成的结尾阶段的创造性活动。所以，法的形成是比法的制定外延更为广泛的概念。根据马克思主义的观点，法的形成，就是以一定社会的经济基础为中介，最终由社会的生产力状况决定的人们有目的的自觉活动的过程和结果。故应选 B、C。

5. 答案：ACD

解析：立法制度，是一国、一地区政治、法律制度的重要组成部分，它包括立法的宗旨、基本原则、立法权限的划分、不同形式的立法及立法程序、不同的立法位阶和立法技术等内容。政权的本质在实质上决定了法的制定权属于哪个阶级；政府管理形式则直接决定了法的制定权属于政府机构体系中的哪些机关。故选 A、C、D。

6. 答案：ACD

解析：有权向全国人大提出属于全国人大职权范围内的法律案的机关和人员有：全国人大主席团；全国人大常委会；全国人大各专门委员会；一个代表团或 30 个以上全国人大代表；国务院；中央军委；最高人民法院；最高人民检察院。故应选 A、C、D。

7. 答案：AB

解析：根据我国《宪法》规定，有权提出宪法修正案的主体包括：全国人大常委会、1/5 以上全国人大代表。

8. 答案：AB

解析：立法技术中的合法性是指法律草案不得与宪法和更高效力等级的其他规范性法律文件相抵触。故选 A、B。

9. 答案：AB

解析：立法技术中的有限度性是指把调整同一内容、规定同一问题的规范性法律文件的数量减少到最小限度。故应选 A、B。

10. 答案：BC

解析：法具有创建性，不仅是对现存的事实关系的确认和保护，而且可以创建新的法律关系，形成新的行为模式和规则。故应选 B、C。

11. 答案：AB

解析：我国的法的制定工作既要认真总结、充分体现本国历史上和现实中的立法经验，也要重视借鉴、合理吸收外国历史上和现实中的立法经验，但对外国的立法经验应批判地吸收。故选 A、B。

12. 答案：ACD

解析：法的制定过程，实际上是发扬社会主义民主，民主讨论，民主决策的过程。在我国，法律、法规的制定、修改和废止，都必须坚持群众路线，认真听取群众意见。但这不等于实行“群众立法”，法的制定是国家机关的专有活动。故选 A、C、D。

13. 答案：BCD

解析：民族自治地方的人民代表大会有权根据当地民族的政治、经济和文化的特点，制定自治条例和单行条例。自治区人民代表大会制定的自治条例和单行条例，报全国人民代表大会常务委员会批准后生效；自治州、县人民代表大会制定的自治条例和单行条例，报自治区人民代表大会常务委员会批准后生效。故选项 B、C 正确。设区的市的人民代表大会及其常务委员会，可以制定地方性法规，经省、自治区的人民代表大会常务委员会批准后施行，并由省、自治区人民代表大会常委会报全国人大常委会和国务院备案。故选项 D 正确。答案为 B、C、D。

14. 答案：ABCD

解析：实事求是，一切从实际出发的原则要求：第一，立法必须从我国国情出发，从我国社会主义初级阶段的实际出发。第二，立法工作必须从建设和改革开放的需要和可能出发。第三，立法工作必须主观符合客观，加强调查研究。故 A、B、C、D 都是应选项。

15. 答案：BC

解析：A、C、D 项考查法的效力位阶及处理的程序。需要明确以下结论：（1）宪法的效力高于法律，法律的效力高于法规。题目中《安全生产法》属于全国人大常委会制定的“法律”，《危险化学品安全管理条例》属于国务院制定的“行政法规”，其效力低于《安全生产法》，故 A 项错误。技巧提示：只有全国人大及其常委会制定的法律在命名上方可使用“……法”，国务院的行政法规在命名上一般使用“……条例”“……办法”等。（2）判断应该适用何种法律文件时，一般情况下，首先使用“上位法优于下位法”原则，对于同一机关制定的法律文件，则适用“特别法优先”“新法优先”等原则。本题中法官应该优先适用《安全生产法》，故 C 项正确。（3）法院虽然有权选择适用何种法律文件，但无权处理相冲突的法律文件的效力，即“司法部门不得行使立法权限”。本题中，法官无权在判决中撤销与上位法相抵触的条款，故 D 项错误。

需要补充的是，行政法规（也适用于地方性法规、自治条例、单行条例）与宪法、法律抵触后如何处理？根据《立法法》第 99 条和第 100 条的规定：（1）区分审查要求、审查建议与主动审查。1）审查要求。国务院、中央军事委员会、最高人民法院、最高人民检察院和各省、自治区、直辖市的人民代表大会常务委员会，有权向全国人民代表大会常务委员会书面提出进行审查的“要求”，由常务委员会工作机构分送有关的专门委员会进行审查、提出意见。2）审查建议。其他国家机关和社会团体、企业事业组织以及公民，有权向全国人民代表大会常务委员会书面提出进行审查的“建议”，由常务委员会工作机构进行研究，必要时，送有关的专门委员会进行审查、提出意见。3）主动审查。有关的专门委员会和常务委员会工作机构可以对备案的法律文件进行主动审查。（2）各专门委员会无权直接撤销相关法律文件。其正确的程序是：全国人民代表大会法律委员会、其他有关的专门委员会、常务委员会工作机构经审查认为行政法规、地方性法规、自治条例和单行条例同宪法或者法律相抵触而制定机关不予修改的，应当向委员长会议提出予以撤销的议案、建议，由委员长会议决定提请常务委员会会议审议决定。

B 项考查法律部门中的公法与私法的分类。公法一般是指主要规定公权力的法律部门，私法一般是指主要规定私权利的法律部门。“行政处罚”属于行政权力，因此此类规定应划归到公法法律部门，故 B 项正确。

16. 答案：AB

解析：广义的立法泛指有关国家机关按照法定的职权和程序，制定具有法律效力的各种规范性文件的活动。狭义的立法仅指国家最高权力机关及其常设机关依照法定的权限和程序制定规范性法律文件的活动。立法包括废除法律，故 A 选项正确。国务院颁布《道路交通安全法实施条例》属于广义的立法，故 B 项正确。高校和出版单位并不是国家机关，没有立法权，故 C、D 选项错误。

17. 答案：AB

解析：法律制定的过程中需要遵守合宪性和法制统一原则、民主原则、科学原则。立法的民主原则要求立法体现人民意志；坚持立法公开，保障公众参与立法。立法科学原则要求必须从实际出发，尊重客观规律，科学划定权利与义务、权力和责任，法律规范明确具体，具有针对性及可行性。本题中，在环境保护法修改过程中，全国人大常委会依照法律向社会公众、专家学者征集意见，使立法活动与人民群众参与相结合，体现了民主性原则，同时人民群众参与立法能够使立法适应经济社会发展和全面深化改革的要求，使法律制定考虑权利义务的平衡进而实现科学立法，所以应选 A、B 项。

简答题

1. 法的制定，是指有关国家机关在其法定的职权范围内，依照法定的程序，制定、修改和废止规范性法律文件以及认可法律规范的活动。法的制定作为一种国家的活动，具有如下特点：（1）法的制定是国家的专有活动，是国家机关进行活动的法律形式之一。首先，它是由国家机关进行的活动。其次，它是享有法的制定权限的国家机关的专有活动。最后，它不是国家机关的唯一活动。（2）法的制定是国家机关依照法定程序进行的活动。首先，任何国家法的制定活动不是随意的，必须遵循一定的程序。其次，法的制定活动本身也必须法律化、程序化、制度化。最后，法的制定程序不仅包括对创制活动本身的规定，也包括对某些立法技术的规定。（3）法的制定是制定、修改、废止以及认可法律规范的活动。首先，法的制定活动的直接目的是产生具有普遍约束力的法律规范。其次，法的制定是一种综合性的活动，它不仅包括产生新的法律规范的活动，也包括对已有的行为规范从法律上加以认可。

2. 法的制定与法的认可是根据法的制定方式与表现形式的不同对法的制定形式所作的分类。法的制定，是指国家机关在法定的职权范围内依照法定程序，制定、认可、修改、废止规范性法律文件的活动。通过这种方式创制的法律规范，称为成文法。法的认可，是指国家承认并赋予某些行为规范以法律上的效力的活动。通过这种方式创制的法律规范，称为不成文法。一般地讲，法的认可又分为两种情况：一是国家在事实上承认并赋予某些行为规范以法律上的效力，例如，对习惯、判例、法理、政策等的认可。二是国家在法律文件中明确认可某些行为规范具有法律上的效力。

3. 立法制度，是一国、一地区政治、法律制度的重要组成部分，包括立法的宗旨、基本原则、立法权限的划分、不同形式的立法及立法程序、不同立法的位阶和立法技术等内容。

根据宪法、有关国家机关组织法和立法法的规定，我国各级各类国家机关的立法权限划分如下：第一，最高国家权力机关及其常设机关的权限是：全国人大修改宪法，制定和修改刑事、民事、国家机构和其他的基本法律。全国人大常委会制定和修改除应当由全国人大制定的法律以外的其他法律；在全国人大闭会期间，对全国人大制定的法律进行部分修改，但不得同该法律的基本原则相抵触。第二，最高国家行政机关及其所属机关的权限是：国务院根据宪法和法律，规定行政措施，制定行政法规，发布决定和命令。国务院各部委根据法律和国务院的行政法规、决定、命令，在本部门权限内发布命令、指示、规章。第三，地方各级国家权力机关及其常设机关的权限是：地方各级人民代表大会在本行政区域内，有权依照法律规定的权限通过和发布决议。省、自治区、直辖市的人大及其常委会，在不同宪法、法律、行政法规相抵触的前提下，可以制定地方性法规，报全国人大常委会备案。设区的市的人大及常委会制定地方性法规，报省级人大常委会批准，并报全国人大常委会和国务院备案。民族自治地方的人民代表大会有权依照当地民族的政治、经济、文化的特点，制定自治条例和单行条例。自治区的自治条例和单行条例，报全国人大常委会备案。第四，地方各级国家行政机关及其所属机关的权限是：地方各级人民政府在本行政区域内，有权依照法律规定的权限发布决定和命令。省、自治区、直辖市和设区的市的人民政府，可以根据法律和行政法规，制定规章。县以上人民政府的下属部门可以发布命令和指示。

4. 起草规范性法律文件必须准确、清楚、连贯、简洁地表述立法者的意图，所以，起草规范性法律文件是一件复杂的工作，应当注意技术问题，其一般要求是：第一，确定性，即法律草案所规定的问题、情况、范围、规则等要确定，既不能太抽象、原则，也不能过分具体、烦琐。第二，合法性，即法律草案不得与宪法和更高效力等级的其他规范性法律文件相抵触。第三，无矛盾性，即法律草案不应与现行的其他法律文件相矛盾，必要时可对原有的法律文件进行修改、废止，以保证整个法律体系的协调一致。第四，联系性，即法律草案要考虑到与现行的其他规范性法律文件相配套、协调，以相互配合，发挥作用。第五，逻辑性，即法律草案本身要前后一致、连贯。第六，有限度性，即把调整同一内容、规定同一问题的规范性法律文件的数量减少到最小限度，这样不仅便于规范性法律文件的系统化，也可以避免法律文件过度膨胀和庞杂。第七，简明性，即法律草案中的规定、语言、概念、术语等应当简单、明了、准确、通俗易懂。

5. 根据多年经验，将我国法的制定工作的基本原则总结如下：第一，实事求是，一切从实际出发的原则。这一原则要求：A. 法的制定必须从我国国情出发，从我国社会主义初级阶段的实际出发。B. 法的制定工作必须从建设和改革开放的需要和可能出发。C. 法的制定工作必须主观符合客观，加强调查研究。第二，原则性与灵活性正确结合的原则。坚持原则性，就是要坚持以中国特色社会主义理论为指导，坚持党的基本路线以及各项重大方针、政策，绝不能有所偏离。坚持灵活性，就要结合实际情况，找到实现原则所必需的各种具体形式、方法和措施。第三，维护法律的严肃性、稳定性和连续性的原则。法律的严肃性，是指法律必须有权威，不因领导人的改变而改变，不因领导人的看法和注意力的改变而改变。法律的稳定性，是指法律、法规一经制定和实施，就应当在一定时期内保持相对不变，绝不能朝令夕改。法的连续性是指制定、修改、补充法律、法规时，应当保持与原有的法律、法规在内容和效力等方面的衔接；在新的法律、法规未生效之前不能随意终止原有法律、法规的效力。第四，有创建性、纲领性原则。法的创建性，是指法不仅是对现存的事实关系的确认和保护，而且可以根据已经认识到的客观规律和社会发展的客观需要，借鉴历史的或别国的经验，有预见、有计划地创建新的法律关系，形成新的行为模式和规则。法的纲领性是指法不仅是对以往经验的总结，而且应当提出一种现实的奋斗目标，即法应当反映并规定现实生活中正在发生的变化。第五，坚持群众路线，实行领导与群众相结合的原则。法的制定的过程，实际上也是发扬社会主义民主、民主讨论、民主决策的过程。我国国家机关的法的制定活动，实质上是代表人民行使法的制定权力的活动。所以，任何法律、法规的制定、修改和废止，都必须坚持群众路线，认真听取群众意见。第六，总结我国经验与借鉴外国经验相结合的原则。

我国法的制定工作应该正确处理好总结本国经验与吸收、借鉴外国经验的关系问题。既要认真总结、充分体现本国历史上和现实中的立法经验，也要重视借鉴、合理吸收外国历史上和现实中的立法经验。

材料分析题

法的形成，是指新的法律规范逐步产生、发展，直至最后被纳入一个国家的法律体系的过程。按照马克思主义法学的观点，法是由一定的物质生活条件决定的被奉为法律的统治阶级意志的体现。因此，从本质上看，法的形成就是统治阶级在其物质生活条件的决定下，在经济、政治、文化等各种活动中，将自己的利益和意志转化为法律意识和法律上的要求，并且通过国家创制法的活动，上升为法律规范和国家意志的过程。

规则和制度的形成过程，到底是自发的还是自觉的，不同的人有不同的回答。萨维尼认为法律是民族精神逐步进化的结果，从而法律的形成就是自发的，所以，萨维尼极力推崇习惯法。哈耶克也比较重视自生自发的秩序，强调进化理性主义的规则制度构建。马克思主义认为历史进程是一个自然历史进程，但同时又强调人的主观能动性，所以，法律的形成过程，就是一个自发与自觉相互交织的过程：或者是自下而上的自然而然的过程；或者是自上而下的人为设计的结果，是人的理性和意志拿捏、塑造、揉搓而成。这两种路径各有利弊：前者利于避免不适当的人为干预，注意来自生活的需要和智慧；后者则能发挥人的主观能动性，易收快捷、统一之效。在该问题上，也许庞德的论述是比较公允的，他认为理性和经验相互为用，不可偏废。

论述题与深度思考题

1. 法的位阶，是指由立法体制决定的，不同国家机关制定的规范性法律文件在法律渊源体系中所处的效力位置和等级。上位法，是指相对于其他规范性法律文件，在法的位阶中处于更高效力位置和等级的那些规范性法律文件。下位法，是指相对于其他规范性法律文件，在法的位阶中处于更低效力位置和等级的那些规范性法律文件。同位法，是指在法的位阶中处于同一效力位置和等级的那些规范性法律文件。

我国《立法法》突出的特点之一，就是根据法的效力原理规定了法的效力位阶问题，即详细规定了属于不同位阶的上位法与下位法和属于同一位阶的法律规范之间的效力关系，即下位法不得与上位法的规定相抵触；同位法之间具有同等效力，在各自的权限范围内施行。

《立法法》第 87～89 条规定：宪法具有最高的法律效力，一切法律、行政法规、地方性法规、自治条例和单行条例、规章都不得同宪法相抵触；法律的效力高于行政法规、地方性法规、规章；行政法规的效力高于地方性法规、规章；地方性法规的效力高于本级和下级地方政府规章；省、自治区的人民政府制定的规章的效力高于本行政区域内的设区的市、自治州的人民政府制定的规章。这些法律渊源之间属于上位法与下位法的关系。

2.（1）科学性原则。立法首先应体现科学性原则。科学是人类实践经验的理性总结，是人类逻辑思维、理性思维的最高结晶，也是人类对相对真理结论的高度概括。法律作为国家意志的体现，它要为国家、社会以及普通公民确立一种合理的组织结构、一种规范的行为模式、一种正确的价值选择，这就决定了法律必须建立在科学的基础之上。立法的科学性原则，首先表现在它的理性化方面。法律本身是人类理性化的产物，理性化是立法的基础性和根本性要素，是科学性原则的具体体现。其次表现为合理化。合理化更进一步地体现了科学性原则。科学性原则的第三个体现，就是主观符合客观。

（2）民主性原则。在法律制定过程中，贯彻民主性原则具有非常广泛和深刻的意义。它除了维护民主本身的价值，还为其他的一些法的价值诸如平等、自愿、自立、自由、契约乃至法治等提供了一个基础性的条件和保证。

第一，只有在一个民主的法律体制内，才能为全体公民提供一个平等地享受权利和履行义务的权利机制，保证公民在立法上和司法上享有一律平等的法律地位，实现其平等权利。

第二，民主可以为公民提供自愿表达愿望和意志的机会，使其自愿地从事在法律规定和允许的范围内作为和不作为的事项，免受外力的强迫去干自己所不愿干的事情。

第三，一个体现民主原则的立法体制可以最大限度地发挥公民以及法人的自主性。

第四，民主机制本身便意味着将为公民行使自由权利提供保证。

第五，对于法治，民主就显得更为重要。法治作为一种社会形态、一种治国方略、一种价值选择，其本身就是民主的产物。没有民主，就谈不上法治。

（3）就双方的关系而言，科学性是立法追求的重要目标之一，而只有充分体现民主，才能制定出科学的法律。同时，科学的立法也是实现民主的重要保障和手段。

3．“法律是治国之重器，良法是善治之前提。”前一句话是形式法治的思想，后一句话是实质法治的思想。所谓“良法”，应当符合以下标准：（1）反映人民的意志和根本利益；（2）反映公平正义等价值追求；（3）符合社会发展规律；（4）反映国情、社情、民情；（5）具备科学合理的体系，形式合理，并且立法、执法和司法符合法定程序，具有程序正当性。良法善治理论超越了工具主义法治和形式主义法治的局限，是现代法治理论的重大创新。

要想实现良法的标准，须在法律制定过程中坚持：（1）以经济建设为中心。立法是要为社会主义现代化建设服务的，一切立法工作都要围绕经济建设这个中心，为这个重点服务，否则，不但经济建设搞不好，最终法制建设本身也不能发展。（2）坚持四项基本原则。实现四个现代化和进行改革开放必须坚持四项基本原则，即坚持社会主义道路，坚持人民民主专政，坚持中国共产党的领导，坚持马列主义和毛泽东思想。四项基本原则是立国之本，是实现现代化的政治保证。（3）坚持改革开放的立法指导思想。坚持改革开放也是中国共产党在社会主义初级阶段基本路线的两个基本点之一。改革和开放是社会主义制度的自我完善，是在坚持社会主义制度的前提下，改革生产关系和上层建筑中不适应生产力发展的一系列环节和方面。

要想实现良法的标准，须在法律制定过程中坚持：（1）以党领导立法。加强党对立法工作的领导，完善党对立法工作中重大问题决策的程序。凡立法涉及重大体制和重大政策调整的，必须报党中央讨论决定。（2）严格贯彻合宪和法制统一原则/依法立法原则。民主原则和科学性原则。首先，坚持合宪性和法制统一原则。合宪性原则要求立法机关在创制法律的过程中，应当以宪法为依据，符合宪法的理念和要求，遵循宪法的基本原则，实现立法主体的合宪性、立法内容的合宪性和程序合宪性。法制统一原则要求立法机关所创设的法律应内部和谐统一，做到整个法律体系内各项法律、法规之间相互衔接且相互一致、相互协调。以合宪性和法制统一原则为前提才可以打造具备科学合理的法律体系。（3）坚持民主性原则。贯彻民主立法要求做到：1）扩大公众参与，加强调查研究，真正发现社会中的法律需要，把握最大多数人的最根本利益；2）加强立法公开，立法规划、法律草案以及相关立法资料应按照《立法法》的要求公开；3）充分发挥人大代表的作用。真正使法律法律反映人民的意志和根本利益以及反映公平正义等价值追求。（4）坚持科学性原则。立法首先要从现实的国情出发，适应经济社会发展和全面深化改革的要求，并且还要尊重和反映客观规律。立法者在立法的过程中科学划定权利、义务和责任，使法律符合社会发展规律、反映国情、社情和民情。

4．民主立法的核心在于为了人民、依靠人民。立法要坚持人民主体原则，以人民为中心，完善立法工作机制，通过座谈、听证、评估、公布法律草案等扩大公民有序参与立法途径，健全法律法规规章草案公开征求意见和公众意见采纳情况反馈机制，广泛凝聚社会共识。健全立法机关和社会公众沟通机制，开展立法协商。探索建立有关国家机关、社会团体、专家学者等对立法中涉及的重大利益调整论证咨询机制。发挥立法凝聚共识、统一意志、引领公众、推进发展的作用。要努力使每一项立法都符合宪法精神、反映人民意志、得到人民拥护。

充分表达人民的共同意志和利益诉求，是我国社会主义立法的本质特征，也是我国立法必须坚持的基本原则。我国是人民当家做主的社会主义国家。人民当家做主的一个重要方面，就是人民通过各种途径参与国家立法活动。人民群众参与国家立法活动，主要是通过以下两个方面来实现的：一方面，人民群众民主选举各级人大代表，由人大代表在参与国家权力机关的立法工作中，反映人民的意见和要求。另一方面，人民群众通过多种途径参与立法活动，直接表达自己的意愿。因此，有关国家机关在立法活动中，要保障人民群众的积极参与，采取各种有效措施，广泛听取人民群众的意见，保证各类法律规范真正体现人民的共同意志、反映人民的根本利益。

立法要表达人民的共同意志和利益诉求：第一，必须坚持全心全意为人民服务的宗旨，始终把维护最广大人民的根本利益作为出发点和落脚点；第二，必须坚持以人民为中心，关注民生，注重社会公平，妥善处理好不同利益群体之间的关系，认真解决涉及群众切身利益的矛盾和问题；第三，必须正确处理公共权力与公民权利的关系，切实维护和保障公民、法人和非法人组织的正当权益，同时保证公共权力的有效运行；第四，必须坚持走群众路线，充分发扬民主，积极主动地逐步扩大公民的有序参与，通过座谈会、论证会、听证会、公布法律法规草案等多种形式，广泛听取社会各方面尤其是基层群众的意见，使制定的法律法规充分体现人民群众的共同意愿，切实维护最大多数人的利益。

第十七章　法的渊源

知识逻辑图

- 法的渊源
  - 法的渊源的概念
    - 法的渊源的多种含义
    - 法的渊源的专门含义
  - 法的渊源的种类
    - 制定法
    - 判例法
    - 习惯法
    - 学说、法理
  - 中国社会主义法的渊源
    - 一般特点
      - 以宪法为核心，以制定法为主体
      - 制定机关和规范性文件多样性
      - “一国两制”与特别行政区法源
    - 具体渊源
      - 宪法
      - 法律：基本法律和基本法律以外的法律
      - 行政法规和部门规章
      - 地方性法规和地方政府规章
      - 自治条例和单行条例
      - 特别行政区法源
      - 国际条约
  - 规范性法律文件系统化
    - 概念和意义
    - 方法
      - 法律汇编
      - 法典编纂
      - 法规清理
  - 中国判例
    - 判例和判例法的概念
    - 中国封建社会的判例
    - 当代中国的案例
    - 中国不宜实行判例法：政治、文化、实践以及判例法固有缺陷

名词解释与概念比较

1. 法的渊源
2. 规范性法律文件
3. 法规清理（考研）
4. 制定法和习惯法
5. 判例和判例法
6. 法律汇编和法典编纂（考研）
7. 判例法（考研）

选择题

（一）单项选择题

1. 法的渊源作为法学术语，其含义是指法的（　　）。

A. 形式渊源　　　　B. 效力来源

C. 历史渊源　　D. 理论渊源

2. 法的渊源一般是指形式渊源，关于形式渊源的观点正确的是（　　）。

A. 它是指法律规范效力的最终来源
B. 它是指法律规范效力在形式上的来源
C. 它是指法律规范的外部表现形式
D. 它是指法律规范的各种表现形式

3. 在我国，法律渊源体系中不包括（　　）。

A. 法律　　B. 司法解释
C. 判例法　　D. 国际条约

4. 法律渊源实质上是按照一定的标准对法进行的分类，根据法律渊源的含义，我们可以把法律分为下列哪种类型？（　　）

A. 宪法、民法、刑法、诉讼法等
B. 宪法、法律、行政法规、地方性法规等
C. 宪法、民法、刑法、商法等
D. 宪法、法律、行政法、条例等

5. 下列选项中哪项不是我国社会主义法的渊源的组成部分？（　　）

A.《联合国国际货物销售合同公约》
B.《中华人民共和国治安管理处罚法》
C.《中华人民共和国刑法修正案》
D.《最高人民法院关于审理行政赔偿案件若干问题的规定》

6. 下列选项中属于规范性法律文件的是哪一个？（　　）

A.《刑事判决书》
B.《中国公民收养子女登记办法》
C.《关于法官王长明等的任免决定》
D.《精神文明建设纲要》

7. 关于我国法律渊源中的宪法，下列说法正确的是（　　）。

A. 与法律体系中宪法含义相同
B. 全国人大常委会可以修改宪法
C. 由全国人大常委会提议可以进行修改
D. 需要全国人大参会代表的 2/3 以上多数才能通过

8. 关于全国人大及其常委会发布的决议和决定，下列说法正确的是（　　）。

A. 目的通常是对已经颁布的规范性法律文件进行修改或补充
B. 是一种法律渊源
C. 法律效力比被修改或补充的规范性法律文件稍低
D. 是一种立法解释

9. 关于自治区人大制定的自治条例和单行条例的生效，下列说法中正确的是（　　）。

A. 直接生效
B. 经过一定时间后直接生效
C. 经全国人大批准生效
D. 经全国人大常委会批准生效

10. 下列关于法律汇编的准确表述是（　　）。

A. 对原有规范性文件的内容加以适当变动
B. 一种立法活动
C. 在不改变内容的前提下，将规范性文件按涉及问题的性质或按发布的时间顺序汇编成册
D. 将某一部门的法律规范进行加工整理

11. 下列关于法律汇编和法律编纂的区别的主要表现的表述中错误的是（　　）。

A. 法律汇编不改变规范性法律文件的内容，不制定新的法律规范；法律编纂可以改变法律规范的内容，并可以增加新内容
B. 法律汇编的目的是便于人们查阅各种法律法规、便于法的遵守和适用；法律编纂的目的则是确保法律的稳定性，对正在施行的法典予以修改、完善
C. 法律汇编可以由官方、非官方进行，法律编纂只能由国家立法机关进行
D. 法律编纂对立法技术的要求远比法律汇编高

12. 规范性法律文件系统化的各种方式中可以改变法律规范内容的是（　　）。

A. 法律汇编　　B. 法典编纂
C. 法规清理　　D. 制定法律大全

13. 某设区的市的政府出台《规范操办酒席行为实施办法》，该办法规定："除婚嫁酒、丧葬酒外的其他酒席一律视为违规酒席；复婚不准操办酒席。"同时规定："群众操办婚嫁酒须填写申报表，并报区政府备案。"对此，下列说法正确的是（　　）。（考研）

A. 该办法不属于规范性法律文件
B. 该办法规定群众办婚嫁酒须申报，不适当地增加了公民义务
C. 该办法有关"复婚不准操办酒席"的规定，符

合公序良俗原则

D. 该办法对于“违规酒席”的界定，体现了社会主义法律文化的要求

（二）多项选择题

1. 法的渊源的研究通常包括两个方面的问题，它们是（　　）。

A. 法律规范的内容来源

B. 法律规范的创制机关和创制权限

C. 法律规范的形式来源

D. 法律规范的具体表现形式

2. 在不同国家，法律渊源的种类往往不同，一般的分类包括（　　）。

A. 成文法　　B. 判例

C. 习惯法　　D. 学说和法理

3. 下列各项中属于我国社会主义法律渊源的有（　　）。

A. 普通法与衡平法

B. 民族自治地方的自治条例

C. 法院判例

D. 我国同外国缔结或加入的国际公约

4. 下列有关“法的渊源”的表述，正确的有（　　）。

A. 我国法律渊源体系中所包含的法律是指狭义的法律

B. 在我国，宪法、法律、行政法规、地方性法规等主要是根据其所调整的社会关系而作出的分类

C. 根据“条约必须遵守”的原则，一切国际条约和国际惯例均构成当代我国法的渊源之一

D. 我国法律渊源体系的基本渊源是宪法

5. 甲对当代中国判例的下列观点中，正确的有哪些？（　　）

A. 我国不采用判例法制度

B. 在我国案例不具有拘束力

C. 判例是司法判决

D. 我国应当重视案例的作用

6. 关于我国法的渊源的说法错误的是哪些？（　　）

A. 中国最早的法的渊源是成文法

B. 中国封建王朝的法的渊源主要是成文法

C. 判例是中国古代的法律渊源

D. 中国现今法的渊源不包括习惯法

7. 下列关于法律汇编和法律编纂及其联系的观点，正确的是（　　）。

A. 法律汇编是一种立法活动

B. 法律汇编往往是法律编纂的必要前提

C. 法律编纂的目的是修改不符合客观实际的法律规定，制定新法典

D. 法律汇编是规范性法律文件系统化中最常见的形式

8. 关于法典编纂，下列说法正确的有（　　）。

A. 也叫法律编纂

B. 其结果一般是产生某一法律部门的法典

C. 是系统性最高的规范性法律文件系统化方式

D. 在一定程度上体现一国立法技术的发达水平

9. 关于我国最高人民法院发布的案例，下列说法正确的有（　　）。

A. 一般是最高人民法院的判决

B. 其中有的案例属于规范性司法解释的一种

C. 是我国法律渊源之一

D. 从功能上看它是一种解释例，而不是造法例

10. 关于我国不适合判例法制度的原因，下列说法正确的是（　　）。

A. 与我国人民代表大会制度不符合

B. 中国没有任何判例法传统

C. 我国法官素质不高

D. 判例法本身有自己的不足

11. 某人民法院在审理一起疑难案件时，参考了某法学家的学说后作出判决。对此，下列说法正确的有（　　）。（考研）

A. 该法学家的学说属于法的非正式渊源

B. 该法学家的学说为疑难案件的解决提供了指引

C. 参考法学家的学说作出判决有悖于审判独立原则

D. 该法学家的学说与法律规定不一致时不应援引

简答题

1. 简述当代中国法律渊源的特点。

2. 简述规范性法律文件的系统化。（考研）

3. 简述规范性法律文件系统化的必要性。

4. 简述法律汇编与法典编纂的关系。

5. 简述法规清理的特点和意义。（考研）

材料分析题

2003年5月，某省甲种子公司与乙种子公司签订合同，约定由甲公司为乙公司代为培育玉米种子。因玉米种子的市场价格上涨，甲公司不愿按原合同价履约。2004年年初，乙公司将甲公司诉至A市中级人民法院。

在诉讼过程中，两公司因赔偿价格的标准及依据问题争执不下。一方主张适用该省人大1989年制定的《农作物种子管理条例》（以下简称《条例》），该条例规定有关价格的争议应当适用政府指导价。另一方主张适用全国人大常委会2000年制定的《中华人民共和国种子法》（以下简称《种子法》），该法律规定有关价格的争议应当适用市场价。

请根据上述材料，运用相关法理学知识，回答下列问题（考研）：

（1）A市中级人民法院应以《条例》还是《种子法》作为判决依据？为什么？

（2）根据演绎法律推理，说明A市中级人民法院可能进行的法律推理的基本逻辑。

（3）如果全国人大常委会1997年制定的《中华人民共和国价格法》规定，种子价格的争议应适用政府指导价，则该案又应适用哪部法律？为什么？

论述题与深度思考题

1. 试论我国规范性法律文件系统化的方法。

2. 判例制度具有较多优点，我国对先例判决制度借鉴的实验也早已进行，并引起学术界的纷纷争论和改革预期。

问题：我国是否适合引入判例制度。

参考答案

名词解释与概念比较

1. 法的渊源可以分为历史渊源、理论渊源和政治渊源等，但在法学研究特别是立法学研究中，有特定含义，它是指法的效力来源，包括法的创制方式和法律规范的外部表现形式。它在于说明一个行为规则只有通过什么方式产生、具有何种外部表现形式才被认为是法律规范，才具有法的效力，并成为国家机关审理案件、处理问题的规范性依据。这个意义上的法的渊源又被称为法的“形式渊源”。

2. 规范性法律文件是由国家机关或国家机关授权的组织制定、发布，体现国家意志的，含有一定的行为规则，通常表现为条文形式的文件。它具有普遍约束力，是国家机关适用法律的依据。与规范性法律文件相对应的是非规范性法律文件。

3. 法规清理又称法律整理，是指有关国家机关按一定程序，对一定时期和范围的规范性法律文件进行审查，并重新确定其法律效力的活动。法规清理的主体一般是制定法律、法规的主体。法规清理不产生新的法律规范，但是可以确定原有法律规范的有效与失效，因此，法规清理属于立法活动，具有法律效力。

4. 制定法又称成文法，系指由国家机关依照一定程序制定、颁布的，通常以条文形式表现出来的规范性法律文件。从广义上说，制定法既包括国家立法机关制定的法律，又包括国家中央行政机关和地方国家权力机关与行政机关在职权范围内制定、发布的规范性法律文件。

习惯法指经有权的国家机关以一定方式认可，被赋予法律规范效力的习惯和惯例。有权认可的机关包括立法机关、行政机关和司法机关。在当今，习惯法的作用范围显著缩小，成为制定法的补充形式。

二者的共同点在于都代表国家意志，都必须经过国家有权机关的法律创制活动；区别在于二者的形成过程、创制方式和表现形式不同。

5. 判例在狭义上是指能够作为先例据以判定后来案件的法院判决，或者法院在审理案件时候作为依据而遵守的先前判决；在广义上，可以泛指对于法院审判类似案件具有一定影响力的先前判决。

判例和判例法这两个概念严格说来不完全相同。判例是指司法审判中可供遵循的先例本身，是一个案件的先前判决；而判例法是指作为个案的先例中所包含的一般性的法律原则或规则，它是判例中包含的某种普遍原则，而判例只是这种原则的载体。

6. 法律汇编又称法规汇编，是指在不改变内容的前提下，将现行规范性法律文件按一定标准加以系统排列，汇编成册。它往往是法典编纂的必要准备。

法典编纂，又称法律编纂，是指在对某一部门法全部现行法规范进行审查、整理、补充、修改的基础上，制定新的系统化的规范性法律文件——部门法典的活动。

二者的共同点在于都需要编排、整理，区别在于法律汇编是以法律文件为单位加以整理排序，并且不改变法律规范的内容；而法典编纂则以法律规范为单位加以整理排序，并且必然会修改、补充或删减某些法律规范。

7. 判例法是指由有约束力的判例中所包含的法律规则或原则形成的法。它是相对制定法而言的，不等于判例；在英美法系国家是法的主要渊源。

选择题

（一）单项选择题

1. 答案：B

解析：法的渊源在法学上一般是指形式渊源，而形式渊源的内容是效力来源，也就是说，法的渊源的概念一般就是指形式渊源，并非法的渊源的含义是形式渊源，所以 A 项错误、B 项正确。历史渊源和理论渊源都不是法学中通常意义的法的渊源，所以 C、D 项错误。

2. 答案：B

解析：形式渊源是指法律规范的效力来源的一种，即形式上的来源，而不是内容、价值等最终意义的来源，所以 A 项错误、B 项正确。形式渊源可以说明法律规范的外部表现形式，但并不等同于外部表现形式，所以 C 项错误。形式渊源仅仅与外部表现形式相关，并非与内部表现形式相关，例如与法律规范的逻辑结构形式等不相关，所以 D 项错误。

3. 答案：B

解析：我国法律渊源体系包括宪法、法律、行政法规、部门规章、地方性法规、地方政府规章等，所以 A 项包括在法律渊源中，不选。司法解释虽然也十分酷似法律渊源，并具有普遍法律效力，但是它的法律渊源地位并不明确，起码从教材来看还没有被纳入法律渊源体系，所以应选 B 项。判例法虽然不是中国内地的法源，但普通法与衡平法是香港特别行政区的法源，因此也是我国整体法律渊源体系的成员，C 项不选。我国参加的国际条约也是我国的法律渊源，所以 D 项不选。

4. 答案：B

解析：根据法律渊源可以对所有的法律文件进行分类，也就是根据法律的制定机关进行分类，分类结果包括宪法、法律、行政法规、地方性法规、地方政府规章等。民法、刑法、诉讼法等是根据法律的调整对象所作的分类，所以 A 项错、B 项对、C 项错。行政法不同于行政法规：前者是根据调整对象分类的结果，后者是根据制定机关分类的结果，所以 D 项错。

5. 答案：D

解析：A 项属于我国参加的国际条约，是我国法律渊源；B 项属于行政法规，也是我国法律渊源；C 项属于基本法律，也是我国法律渊源，都不应选。D 项属于司法解释，目前还没有被学术界公认为法律渊源，不应选。

6. 答案：B

解析：规范性法律文件是我国法律渊源的主要形式，即制定法或成文法，它必须是以条文形式存在的、具有规范性内容、可以反复适用、具有普遍法律效力的法律文件。A、C 项都是一次性有效的，不符合；D 项不具有法律上的强制力，不是法律文件，不应选；B 项是可以反复适用的法律文件，所以应选。

7. 答案：C

解析：法律体系中的法律渊源是指宪法部门，除宪法典以外还包括其他宪法性文件，例如选举法等，所以 A 项错。宪法的制定权和修改权都在全国人大，不是全国人大常委会，所以 B 项错。全国人大常委会等可以提议修改宪法，所以 C 项对。宪法需要全国人大所有代表的 2/3 以上才可通过，不是参会代表的 2/3 以上，所以 D 项错。

8. 答案：A

解析：这种决议和决定的目的是对既有法律的补充或修改，所以 A 项对。这种决定或决议并非都是反复适用并有规范性内容的，例如授予荣誉称号的决定就是一次性的，只有具有规范性内容的才是法律渊源，所以 B 项错。其法律效力等同于被修改或解释的法律渊源，所以 C 项错。它不是立法解释，立法解释一般是以解释命名的，所以 D 项错。

9. 答案：D

解析：自治条例可以对全国性法律、法规的内容进行部分修改，因此不应直接生效，所以 A 项错、B 项也错。全国人大不可能经常召开会议，因此不适宜作为批准机关，所以C项错、D项对。

10. 答案：C

解析：法律汇编所整理的是法律渊源，即规范性法律文件，而不是法律规范，是对法律表现形式的整理，而主要不是对内容的整理。故A、B项错，C项对。法律汇编也可能以某一法律部门作为汇编对象，但也不针对法律规范进行整理，故D项错。

11. 答案：B

解析：法律汇编和法律编纂的区别主要表现在：（1）目的不同。法律汇编的目的是便于人们查阅各种法律、法规，便于法的遵守和适用；法律编纂的目的是修改不符合客观实际的法律规定，制定新法典。所以B项错，应选。（2）性质不同。法律汇编仅是一项技术意义上的工作，不是国家的立法活动，不改变汇编的规范性法律文件的内容，不制定新的法律规范。法律编纂则是国家的重要立法活动，可以改变原来法律规范的内容，并可以增加新内容。所以A项对，不选。（3）实施主体不同。法律汇编可以由官方、非官方进行，法律编纂只能由国家立法机关进行。所以C项对，不选。（4）要求不同。法律编纂在立法技术上的要求远较法律汇编高。所以D项对，不选。

12. 答案：B

解析：法律汇编改变的是法律文件的组合，不是法律规范的内容，所以A项错。法典编纂可以增加、减少或修改法律规范的内容，所以B项对。法规清理针对的是法律文件，要解决的是法律文件是否继续有法律效力，所以C项错。制定法律大全与法律汇编类似，所以D项错。

13. 答案：B

解析：该办法要求办婚嫁酒进行申报，不适当地增加了公民义务。根据中国传统办酒席，是公民的权利，法无禁止即自由，政府不能够过多干涉，故B项正确。本题的《规范操办酒席行为实施办法》是政府规章，属于规范性法律文件，故A项错误。该办法规定复婚不准操办酒席，违反了公序良俗原则，故C项错误。对“违规酒席”的规定也没有体现社会主义法律文化的要求，故D项错误。

（二）多项选择题

1. 答案：BD

解析：法的渊源一般是指法的形式渊源，而不是内容来源，所以A项错误。形式渊源是指效力来源，也就是通过何种机关创制、具备何种表现形式才具有法的效力，因此B、D项正确。法的渊源的含义是效力来源，但不是形式来源，所以C项错误。

2. 答案：ACD

解析：必须注意的是，这里的法律渊源不是针对我国，而是世界各国，所以法律渊源分类包括制定法、判例法、习惯法和学说与法理。制定法也叫成文法，所以A项正确。判例必须区别于判例法，它是判例法的载体，所以B项错误。习惯法是一种次要法律渊源，所以C项正确。学说和法理在过去是非常重要的法律渊源之一，即使在现在，在某些国家，例如瑞士等，它也是一种补充性渊源，所以D项正确。

3. 答案：ABD

解析：我国的法律渊源包括香港特别行政区的法律渊源，而香港特别行政区的法律渊源包括5项：普通法、衡平法、条例、附属立法和习惯法，所以A项正确。民族自治地方的自治条例和单行条例属于我国法律渊源，所以B项正确。判例区别于判例法，所以C项错误。我国缔结或加入的国际条约对我国有法律效力，所以D项正确。

4. 答案：AD

解析：我国法律渊源体系中所说的法律特指全国人大及其常委会制定的法律，是狭义的法律；在我国，宪法、法律、行政法规、地方性法规等主要是根据法的制定机关不同而作出的分类，所以A项对、B项错。虽然条约必须遵守，但这是针对主权国家自愿接受的条约，所以C项错。宪法具有最高的法律效力，是基本法律渊源，所以D项对。

5. 答案：ABD

解析：一般所说的判例是严格意义的判例，即具有法律拘束力的法院判决。我国不采用判例法，所以A项对。我国的案例包括最高人民法院发布的案例都不具有拘束力，只具有参考价值和说服力，所以B项对。我国的司法判决不是判例，所以C项错。我国应重视案例的作用，尤其是典型的、存在法律疑难的案例的作用，所以D项对。

6. 答案：AD

解析：中国最早的法律渊源是习惯法，A项的说法错，应选。中国古代和现代法律渊源都以成文法为主，B项的说法对，不选。判例或者类似判例的廷行事、比等是中国古代的法律渊源，C项的说法对，不选。中国现今法的渊源也包括习惯法，D项的说法错，应选。

7. 答案：BCD

解析：法律汇编不改变法律规范的内容，也不改变其效力，不是立法活动，所以A项错。法律汇编可以发现法律文件之间的冲突与重合等弊端，可能作为法律编纂的前提，所以B项对。法律编纂的目的是更新法律规范，并增强其系统性，所以C项对。法律汇编难度较小，应用性最强，是最常见的系统化方式，所以D项对。

8. 答案：ABCD

解析：法典编纂也就是对法律规范的编纂，所以A项对。法律编纂的结果是产生某个法律部门的综合法典，例如刑法典，或其子部门的法典，例如合同法，所以B项对。法律编纂的系统性和技术性比法律汇编的高得多，而法规清理没有明显的系统性和技术性，所以C、D项对。

9. 答案：BD

解析：最高人民法院发布的案例需要经过最高人民法院审判委员会的批准，但一般是下级人民法院的判决，所以A项错。有少量案例属于规范性司法解释，具有普遍的效力，所以B项对。但是案例，无论是作为规范性司法解释的案例还是不作为这种解释的案例，当前都没有被公认为法律渊源，所以C项错。功能上它是解释例，不是造法例，这是因为最高人民法院以及整个法院系统的地位是审判而不是立法，所以D项对。

10. 答案：AD

解析：我国不实行判例法最大的原因是政治方面的考虑，也就是我国的人民代表大会制度，它才是立法机关，这是宪法的规定。所以A项对。中国也有自己的某些判例法传统，但不是英美法系的判例法，所以B项错。我国法官缺乏判例法的区别技术，但这不等于素质不高，所以C项错。判例法有自己的缺点，成文法有自己的优点，我国不实行判例法就是要避免它的缺点，所以D项对。

11. 答案：ABD

解析：法的正式渊源通常包括制定法、习惯法、判例法和国际条约等。间接渊源又称为非正式意义上的渊源或非法定渊源，如习惯、判例、宗教规则、法律学说、道德原则等。该法学家的学说属于法的非正式渊源，可以为疑难案件的解决提供指引，但并不影响法院独立审判案件。故A、B、D选项正确，C选项错误。

简答题

1.（1）以宪法为核心的制定法是我国法律渊源的主要成分。第一，以宪法为核心，是因为宪法具有最高的法律效力，宪法典是根本大法。第二，以制定法为主要成分，是因为制定法的内容更明确，更集中地反映了我国的国体和政体，另外，我国历史上就已经形成了制定法为主体的传统，没有真正意义的判例法，习惯法的影响力也比较有限。

（2）制定法表现为各种规范性法律文件，它的特点包括：第一，只能由国家机关或它授权的组织制定和发布，体现国家意志；第二，必须含有一定的行为规则，通常表现为条文形式；第三，具有普遍约束力，是国家机关适用法律的根据。

规范性法律文件是法律的渊源，而非规范性法律文件则是一次有效的适用法律的文件，不是法律的渊源。

（3）立法机关和法律渊源具有多样性、多层次性。从中央到地方，从权力机关到行政机关，都有一定的立法权，民族自治地方还可以制定自治条例和单行条例。

（4）在“一国两制”情况下，特别行政区法律渊源具有自己的特色，在特定区域内将长期存在。

2.（1）概念：规范性法律文件的系统化是指将不同国家机关制定、颁布的各种规范性法律文件按照一定要求进行分类、整理或加工，使之统一、完整、明确和有序。

（2）系统化的方法如下。

第一，法律汇编，又称法规汇编，是指在不改变内容的前提下，将现行规范性法律文件按一定标准加以系统排列，汇编成册。其特点是不改变法律规范的内容，具有一定的系统性。法律汇编的目的是便于查阅，汇编成果不具有法律效力，不是立法性活动。

第二，法典编纂，又称法律编纂，是指在对某一部门法全部现行法规范进行审查、整理、补充、修改的基础上，制定新的系统化的规范性法律文件——部门法典的活动。其目的是改变不适当的法律规范，增强法律的系统性。法典编纂可以增减法律规范内容，编纂成果具有法律效力，是重要的立法活动。

第三，法规清理，又称法规整理，是指有关国家机关按一定程序，对一定时期和范围的规范性法律文件进行审查，并重新确定其法律效力的活动。清理结果具有法律效力，必须由立法机关依法进行。

第四，除了上面三种方法，还可以制定法律全书，或者叫做法律大全。

3.（1）概念：规范性法律文件的系统化是指将不同国家机关制定颁布的各种规范性文件按照一定要求进行分类、整理或加工，使之统一、完整、明确和有序。

（2）必要性：第一，立法是发展的，同一部门的规范可能存在于不同的文件中，缺乏系统性。第二，立法者首先考虑的是现实生活的迫切需要，而不是法的体系的统一。一个法律文件中经常规定若干不同部门法的规范，导致查阅的不方便。第三，有时不同国家机关或不同时期制定的规范性法律文件的内容还可能会有重叠或冲突的部分。

（3）意义。规范性法律文件的系统化具有重要意义。

首先，便于查阅规范性法律文件，便于人们迅速判明和确定现行法规范的有效范围，有利于法的遵守和适用。

其次，有助于实现社会主义法制的统一，建立与法的体系和谐一致的规范性法律文件体系。

最后，规范性法律文件的系统化在立法工作中也具有重要意义。对已有的现行规范性法律文件进行分类整理，可以发现立法上的缺陷和空白，为进一步立法提供依据；某些特定形式的规范性法律文件系统化的过程，同时也就是消除不同规范性法律文件之间的相互重叠或矛盾的过程，因而，规范性法律文件的系统化不仅是立法的必要准备，有时还是立法的重要环节。

4.（1）概念（略）。

（2）联系：1）二者都是规范性法律文件系统化的方法，具有类似的目的，使具有类似功能的法律文件或规范集中起来，便于法律的查阅和遵守。2）二者都有一定的系统性，在一定程度上消除了法律文件的分散性。3）法律汇编可以发现某个法律部门中法律文件的空白，往往是法典编纂的必要前提。

（3）区别：1）法律汇编并不是创制法的活动，仅仅对法律渊源进行形式上的整理，不涉及内容；而法典编纂是法的创制的形式之一。2）法律汇编并不改变原有规范的内容，而法典编纂对原有规范进行了补充或修改。3）法律汇编的结果不具有法律效力，仅仅供人们参考；法典编纂的结果具有法律效力，可以直接作为判决和援引依据。4）法律汇编虽然具有一定的系统性，但法典编纂具有更强的系统性和科学性，二者程度不同。

5. 法规清理又称法规整理，是指有关国家机关按照一定程序，对一定时期和范围的规范性法律文件进行审查，并重新确定其法律效力的活动。法规清理具有如下特点。

（1）法规清理的对象是已经颁布、生效的规范性法律文件，尽管有的规范性法律文件可能在实践中已经不再援用，但只要未明令废止，均应作为法规清理的对象。国家机关在适用法律的过程中发布的非规范性法律文件则不属于法规清理的范围。

（2）法规清理是法律、法规创制机关的专有活动。我国法规清理权能归属的一般原则是“谁制定，谁清理”，即由各级各类规范创制机关分别负责清理自己制定、颁布的规范性法律文件，如法律由全国人大及其常委会负责清理，行政法规由国务院负责清理，部门规章由国务院下属部委清理，余者皆依此类推。

（3）法规清理活动不制定新的法律规范，也不修改原有规范的内容，而是依据一定标准对现行法律规范进行审查，以便重新确定其法律效力。审查的标准主要是已生效的规范性法律文件是否与宪法和高层次的法律、法规相抵触，是否符合国家现阶段的基本政策和已经变化了的客观情况，是否切实可行，等等。

法规清理的结果具有法律意义：法规清理要依照一定程序进行，通常是由法律规范的创制机关授权其工作机构进行审查清理工作。审查结束后，负责审查的工作机构应提出审查意见，报法律规范创制机关研究审议。创制机关的审议可能产生如下几种结果：对于经审查确认为应予废止的法律、法规、条例、规章，明令废止；对于确认为需要修改的，责成有关机构起草修改草案并列入立法规划；对确认为应继续有效的，以默示方式重新确定其法律效力；对于生效期已经届满而仍应继续发挥作用的，明令延长其时间效力。

材料分析题

（1）A市中级人民法院应适用《种子法》。理由：下位法不得与上位法相抵触，否则无效。一般而言，制定主体的地位越高，其制定的法律法规的效力就越高，这就是上位法优于下位法原则。

（2）A市中级人民法院进行法律推理的基本逻辑如下：

大前提（《种子法》规定）：有关价格的争议应适用市场价；

小前提（本案事实）：有关种子价格的争议属于价格争议；

结论（判决）：种子价格应当依据市场价确定。

（3）该案应适用《种子法》。因为特别法优于一般法，新法优于旧法。

论述题与深度思考题

1.（1）规范性法律文件系统化的概念。

规范性法律文件系统化是指将不同国家机关制定、颁布的各种规范性法律文件按照一定要求进行分类、整理或加工，使之统一、完整、明确和有序。

（2）规范性法律文件系统化的方法。

1）法律汇编。

法律汇编又称法规汇编，是指在不改变内容的前提下，将现行规范性法律文件按照一定标准（如制定时间顺序、涉及问题性质等）加以系统排列，汇编成册。

法律汇编的主要特点是：第一，法律汇编具有一定的系统性。根据不同目的，汇编都可以采用不同的分类排列方法，如按部门法、文件制定机关等，通常是将各种方法结合起来使用。第二，法律汇编不改变原有规范性法律文件的内容，也不制定新的规范，因此它本身并不是创制法的活动，但它往往是法典编纂的必要前提。第三，根据法律汇编的主体，法律汇编可以分为官方的和非官方的两种。

2）法典编纂。

法典编纂亦称法律编纂，是指在对某一部门法全部现行法规范进行审查、整理、补充、修改的基础上，制定新的系统化的规范性法律文件——部门法典的活动。

法典编纂的基本特点是：第一，法典编纂是法的创制的形式之一，它不仅是对某一部门法律规范的集中或整理，还必须对原有规范进行加工和变动，废止和修改某些规范以消除相互矛盾、冲突的部分，补充新的规范以填补空白，并协调规范间的相互关系。第二，法典编纂具有较强的系统性和科学性，必须讲求高度的立法技术。除使用的语言必须准确、精练以外，法典通常有自己特定的结构形式。而法典编纂技术在一定程度上体现着一国立法技术的发达水平。

3）法规清理。

法规清理又称法规整理，是指有关国家机关按照一定程序，对一定时期和范围的规范性法律文件进行审查，并重新确定其法律效力的活动。

法规清理具有如下特点：第一，法规清理的对象是已经颁布、生效的规范性法律文件，尽管有的规范性法律文件可能在实践中已经不再援用，但只要未明令废止，均应作为法规清理的对象。第二，法规清理是法律、法规创制机关的专有活动。我国法规清理权能归属的一般原则是“谁制定，谁清理”。第三，法规清理活动不制定新的法律规范，也不修改原有规范的内容，而是依据一定标准对现行法律规范进行审查，以便重新确定其法律效力。第四，法规清理的结果具有法律意义。对于经审查确认为应予废止的法律、法规、条例、规章，由其创制机关明令废止；对于确认为需要修改的，责成有关机构起草修改草案并列入立法规划；对于确认为应继续有效的，以默示方式重新确定其法律效力；对于生效期已经届满而仍应继续发挥作用的，则明令延长其时间效力。

规范性法律文件的系统化除上述三种基本形式以外，还包括制定法律全书。法律全书又称法律大全。最理想的法律全书是在所有部门法都编纂为法典之后，再将全部法典编纂为一个整体，但编纂这种“完善”的法律全书实际上是不可能的。

2.（1）主张积极引进判例制度的意见认为：鉴于两大法系之间的相互借鉴和我国的传统以及现在的制度建设需要，应该引进判例制度。具体有以下几种理由。

第一，成文法与判例法各有优缺，引进判例制度可以弥补成文法的不足。有些学者认为，成文法的优点是简明扼要、引用方便，缺点是不能包揽无余，不能随机应变，法条的含义失之笼统、宽泛。判例法的优点是审判与立法融为一体，可以随机应变；判例是疏通立法和司法的特殊桥梁，是促进法制机器运行的推动力，且其内容比较具体，可弥补成文法的空白、提高法律条文的可比度。

第二，中国历史上始终保持着判例法的传统，我们不应当割断，而应加以改造并发扬光大。

第三，现在在西方两大法系之间出现了日渐靠拢的新趋势，大陆法系也在一定程度上采用了判例法制度，判例法的价值比以往更突出。成文法与判例法各有自己的长处和短处，它们日益接近，互相结合，取长补短，是为了更准确地适用法律，实现法律的平等性、公正性。中国目前的法律一般比较原则、抽象、笼统，运用判例法可以补充成文法的不足。

第四，从法制建设的状况和要求来看，引进判例制度是必要的和可行的。适当采用判例，可以在一定程度上解决无法可依的困难，以弥补成文法的不足。

(2) 我国的大多数学者认为中国不宜实行判例法制度，主要理由如下。

首先，判例法的原则与中国现行政治制度不符。判例法制度在实际上是承认法官造法的，因此它与“三权分立”制度密切相关。而中国的基本政治制度是人民代表大会制度，国家的行政机关和司法机关都由人民代表大会产生，对人民代表大会负责并接受其监督。

其次，从法律文化的角度来看，中国并没有普通法意义上的判例法传统。中国封建社会的例或条例等虽然来源于司法的判决，但是只有经过皇帝或中央国家机关的筛选和批准才能具有普遍效力。其之所以成为法的组成部分，并不因为它是司法判决而被自动遵循，而是因为它被具有立法权的国家机关认可。

再次，从法律实践的角度，我国也不宜实行判例法制度。判例法不仅是一种制度，也是一种方法：法官必须从浩如烟海的判例汇编中找出最适合于当前案例的先例，必须运用区别技术对不同案件事实以及判决理由和附带意见等因素进行分析，还必须把归纳和演绎结合起来，从先例中抽象出法律原则，再适用于当前的案件。这一套复杂的方法是在普通法发展的长期过程中逐渐形成并发展起来的，而我国的法律工作者并未接受过这种判例法方法的训练。

最后，判例法制度本身既有长处也有不足之处。判例法的民主性与一般普遍性、效率并非如普通法系的一些学者所主张的那样高，另外还有法溯及既往的嫌疑。

综合以上两方面不同的意见，应当看到，判例法和制定法并非完全不相容，当代大陆法系国家在采用立法性法律体系的同时也在借鉴判例法制度的长处。针对我国目前立法尚不完善、规范性法律文件的可操作性不够强、法官自由裁量余地较大等现象，我们也应当有意识地借鉴判例法制度中的某些合理因素，以补充现行制定法的不足。例如已经建立的指导性案例制度首先是要承认判例作为法的渊源。不过，承认判例作为法的渊源并不意味着建立了判例法。虽然我国不可能完全采纳英美法系的遵循先例的原则，但使某些判例具有一定的拘束力，可以起到指导法官判案的作用。司法解释判例化，才能为法官直接提供解决问题的具体方法，充分发挥司法解释在指导审判工作方面的作用。

第十八章　法律规范

知识逻辑图

- 法律规范
  - 法的要素与法律规范
    - 构成要素
      - 法律概念
        - 定义和作用
        - 分类
      - 法律原则
      - 法律技术
      - 法律规范
    - 法律规范
      - 概念：国家性、周延性、普遍性、规范性、权利义务性
      - 特征
        - 一般的行为规则
        - 规定了行为模式
        - 国家制定和认可
        - 以权利、义务为内容
        - 明确、肯定，有特殊构成要素
  - 法律规范的结构
    - 逻辑结构
      - 假定（条件）
      - 处理
      - 制裁
    - 法律规范的表现形式
      - 调整型规则：假定＋处理
      - 保护型规则：假定＋制裁
  - 法律规则的分类
    - 调整性规则和保护性规则
    - 授权性规则、义务性规则和禁止性规则
    - 绝对确定性规则和相对确定性规则
    - 强行性规则和任意性规则
    - 确认性规则和构成性规则
    - 确定性规则、委任性规则和准用性规则
  - 法律规范的效力
    - 法的效力
      - 效力等级
      - 效力范围
    - 效力等级
      - 首先看制定机关的地位
      - 同一主体：看制定程序
      - 同一主体、同一程序、同一领域：后法优于前法
      - 同一主体、同一程序、同一领域：特别法优于一般法
      - 授权立法等同于授权机关立法，但授权制定实施细则的除外
      - 一般地，成文法高于不成文法
    - 空间效力
    - 时间效力
      - 生效时间
      - 失效时间
      - 法的溯及力
    - 对象效力：属地为主、属人＋保护

名词解释与概念比较

1. 法律原则
2. 法律技术（考研）
3. 任意性规则
4. 法的溯及力（考研）
5. 调整性规则与保护性规则（考研）
6. 法律规范与法律条文

选择题

（一）单项选择题

1. 下列不属于法的构成要素的是（　　）。

A. 命令　　B. 权利义务

C. 制裁　　D. 假定

2. 我国刑法规定："为了使国家公共利益、本人或者他人的人身、财产和其他权利免受正在进行的不法侵害，而采取的制止不法侵害的行为，对不法侵害人造成损害的，属于正当防卫，不负刑事责任。"该条款的内容属于哪种规则？（　　）

A. 授权性规则　　B. 义务性规则

C. 命令性规则　　D. 禁止性规则

3. 1979 年《中华人民共和国刑法》第 158 条规定："聚众扰乱社会秩序，情节严重，致使工作、生产、营业和教学、科研无法进行，造成严重损失的……对其他积极参加的，处三年以下有期徒刑、拘役、管制或者剥夺政治权利。"从结构上看，这一法律规范缺少什么？（　　）

A. 假定　　B. 处理

C. 制裁　　D. 行为模式

4. 关于法律原则的观点，下列说法正确的是（　　）。

A. 法律原则是法律的最基本要素

B. 法律原则类似政策，不如法律规范稳定

C. 法律原则不具有适用性

D. 法律原则也具有规范性

5.《中华人民共和国全国人民代表大会和地方各级人民代表大会选举法》（2020 年）第 60 条规定："省、自治区、直辖市的人民代表大会及其常务委员会根据本法可以制定选举实施细则，报全国人民代表大会常务委员会备案。"这一规则属于（　　）。

A. 确定性规则　　B. 义务性规则

C. 非确定性规则　　D. 准用性规则

6. 将法律概念划分为涉人概念、涉事概念和涉物概念的分类依据是（　　）。

A. 法律概念所涉及的社会关系不同

B. 法律概念的普遍性不同

C. 法律概念涉及的法律事实不同

D. 法律概念涉及的主体不同

7.《中华人民共和国公司法》第 2 条规定："本法所称公司是指依照本法在中国境内设立的有限责任公司和股份有限公司。"该规定属于（　　）。

A. 法律原则　　B. 法律规范

C. 法律概念　　D. 法律技术

8. 我国《立法法》第 103 条第 4 款规定："军事法规、军事规章的制定、修改和废止办法，由中央军事委员会依照本法规定的原则规定。"对于这一条文的正确表述是哪一选项？（　　）

A. 授权性规则　　B. 准用性规则

C. 委任性规则　　D. 确定性规则

9. 关于法律要素，下列哪一说法是错误的？（　　）（司考）

A.《反垄断法》第 37 条："行政机关不得滥用行政权力，制定含有排除、限制竞争内容的规定。"这属于义务性规则

B.《行政处罚法》第 37 条第 3 款："执法人员与当事人有直接利害关系的，应当回避。"这既不属于法律原则，也不属于法律规则

C.《政府信息公开条例》第 37 条："教育、医疗卫生、计划生育、供水、供电、供气、供热、环保、公共交通等与人民群众利益密切相关的公共企事业单位在提供社会公共服务过程中制作、获取的信息的公开，参照本条例执行，具体办法由国务院有关主管部门或者机构制定。"这属于委任性规则

D.《婚姻法》第 22 条："子女可以随父姓，可以随母姓。"这属于确定性规则

10. 我国刑事诉讼法规定：在审判过程中，被告人可以拒绝辩护人继续为他辩护，也可以另请辩护人辩护。这一规定属于何种法律规范？（　　）

A. 义务性规范　　B. 准用性规范

C. 绝对确定性规范　　D. 确定性规范

11. 把法律规则分为授权性、命令性和禁止性规则的根据是（　）。

A. 行为模式的不同

B. 保护的权益的不同

C. 法律效力的大小不同

D. 法律规则的内容是否确定

12. 某大学法学院即将毕业的大学生张小聪在以《试论法律规范》为题的论文答辩中的下列论点，哪个是错误的？（　）

A. 法律规范由国家制定或认可

B. 法律规范反映了统治阶级的意志

C. 法律规范由国家强制力保证实施

D. 法律规范与法律规则同义

13. 关于法的效力的观点，下列说法错误的是（　）。

A. 法的效力即法律规范的效力，也叫法律效力

B. 法律规范的效力包括两个方面的内容，效力等级和效力范围

C. 法的效力等级主要取决于制定机关的地位

D. 成文法的效力一般高于习惯法

14. 法律原则可以分为社会原则和专门法律原则，其划分依据是（　）。

A. 法律的调整对象

B. 法律原则涉及的内容

C. 法律原则的稳定性

D. 权利、义务涉及的领域

15. 根据是否允许自主调整，对法律规则所作的分类是（　）。

A. 确定性规则与非确定性规则

B. 绝对确定性规则与相对确定性规则

C. 强行性规则与任意性规则

D. 调整性规则与保护性规则

16. 有法谚云："法律为未来作规定，法官为过去作判决"。关于该法谚，下列哪一说法是正确的？（　）（司考）

A. 法律的内容规定总是超前的，法官的判决根据总是滞后的

B. 法官只考虑已经发生的事实，故判案时一律选择适用旧法

C. 法律绝对禁止溯及既往

D. 即使案件事实发生在过去，但"为未来作规定"的法律仍然可以作为其认定的根据

17. 我国《民法典》第185条规定："侵害英雄烈士等的姓名、肖像、名誉、荣誉，损害社会公共利益的，应当承担民事责任。"从法律规则的逻辑结构看，该规则中的行为模式是（　）。（考研）

A. 可为　　B. 应为

C. 勿为　　D. 当为

18. 我国《消费者权益保护法》第49条："经营者提供商品或者服务，造成消费者或者其他受害人人身伤害的，应当赔偿医疗费、护理费、交通费等为治疗和康复支出的合理费用，以及因误工减少的收入……"该规则不属于（　）。（考研）

A. 义务性规则　　B. 确定性规则

C. 构成性规则　　D. 强行性规则

（二）多项选择题

1. 关于法律原则的说法，下列观点正确的是（　）。

A. 法律原则也具有法律规范所必需的结构要素

B. 罪刑法定原则既可以是基本原则，也可以是具体原则

C. 法的社会原则是纯粹的法律原则

D. 政策性原则可以转化为公理性原则

2. 下列何种表述不属于法律规则？（　）

A. 公民的权利能力一律平等

B. 民事活动应当自愿、公平、等价有偿、诚实信用

C. 合同的当事人应当按照合同的约定，全部履行自己的义务

D. 党必须在宪法和法律范围内活动

3. 以下关于法律规则的分类，说法正确的是（　）。

A. 按照法律规则的内容，法律规则可以分为授权性规则、命令性规则和禁止性规则

B. 按照规则对人们行为规定或限定的范围或程度（或者说效力强弱），规则可分为强行性规则和任意性规则

C. 授权性规则和任意性规则虽然属于不同的分类，但是其实质内容是相同的

D. 法的规则按照内容的确定性程度的不同，可以分为委任性规则、确定性规则、准用性规则

4. 下列关于法律条文和法律规范的关系的论述正确的为（　　）。

A. 法律条文和法律规范之间是形式与内容的关系

B. 法律条文是法律规范的唯一表现形式

C. 法律条文与法律规范不一定一一对应

D. 一个法律规范一般由一个规范性法律文件来表述

5. 我国《商标法》第 7 条第 2 款中规定："商标使用人应当对其使用商标的商品质量负责。"该法律规则属于（　　）。

A. 授权性规则　　B. 义务性规则

C. 强行性规则　　D. 确定性规则

6. 下列哪些选项属于法律原则和法律规则的联系与区别？（　　）

A. 法律原则是法律规则的基础

B. 法官在适用法律原则时具有一定自由裁量权，而法律规则的目的在于限制自由裁量权

C. 法律原则的适用范围比法律规则的更为广泛

D. 在不同个案中，不同法律原则的强度关系可能有所改变，而法律规则是以"非此即彼"方式应用于个案

7. 法律条文是法律规范的外在形式，它表述法律规范的情形可以是（　　）。

A. 一个法律规范由同一个规范性法律文件的不同法律条文来表述

B. 一个法律规范由不同规范性法律文件的不同法律条文来表述

C. 一个法律条文表述若干法律规范的相同内容

D. 一个法律条文仅规定一个法律规范的某个或若干要素

8. 我国《民法典》第 532 条规定："合同生效后，当事人不得因姓名、名称的变更或者法定代表人、负责人、承办人的变动而不履行合同义务。"该法律规则属于（　　）。

A. 绝对确定性规则　　B. 命令性规则

C. 禁止性规则　　D. 强行性规则

9. 特别法优先原则是解决同位阶的法的渊源冲突时所依凭的一项原则。关于该原则，下列哪些选项是正确的？（　　）（司考）

A. 同一机关制定的特别规定相对于同时施行或在前施行的一般规定优先适用

B. 同一法律内部的规则规定相对于原则规定优先适用

C. 同一法律内部的分则规定相对于总则规定优先适用

D. 同一法律内部的具体规定相对于一般规定优先适用

10. 某区质监局以甲公司未依《食品安全法》取得许可从事食品生产为由，对其处以行政处罚。甲公司认为，依特别法优先于一般法原则，应适用国务院《工业产品生产许可证管理条例》（以下简称《条例》）而非《食品安全法》，遂提起行政诉讼。对此，下列哪些说法是正确的？（　　）（司考）

A.《条例》不是《食品安全法》的特别法，甲公司说法不成立

B.《食品安全法》中规定食品生产经营许可的法律规范属于公法

C. 若《条例》与《食品安全法》抵触，法院有权直接撤销

D.《条例》与《食品安全法》都属于当代中国法的正式渊源中的"法律"

11. 我国《民法典》第 1061 条规定："夫妻有相互继承遗产的权利。"该条内容属于（　　）。（考研）

A. 授权性规则　　B. 委任性规则

C. 确定性规则　　D. 强行性规则

12.《水污染防治法》第 33 条第 1 款规定："禁止向水体排放油类、酸液、碱液或者剧毒废液。"该条文表达的法律规则属于（　　）。（考研改编）

A. 义务性规则　　B. 构成性规则

C. 确定性规则　　D. 强行性规则

13. 下列关于法律规则与法律条文关系的表述，能够成立的有（　　）。（考研）

A. 法律规则是法律条文的表现形式

B. 一个法律条文可以表达多个法律规则

C. 有些法律条文不表达法律规则

D. 一个法律规则可以体现于一个法律条文中

简答题

1. 法的基本要素有哪些？

2. 简述法律规范的基本特征。

3. 简述法律原则与法律规范的关系。

4. 简述法律规范的效力等级。

5. 简述法律规则的逻辑结构。（考研）（教材上使用的是“法律规范的逻辑结构”）

材料分析题

材料：某高校新生小张在自学法理学知识后，对我国《民法典》进行了分析，并写了如下四点学习体会：

(1)《民法典》是由全国人大制定的法律文件，从法律渊源角度分析，该法应属于我国的根本法。

(2)《民法典》所调整的对象是平等主体的财产关系，因此物权法属于民商法部门。

(3)《民法典》第 210 条规定：“国家对不动产实行统一登记制度。统一登记的范围、登记机构和登记办法，由法律、行政法规规定。”从法律规则的角度理解，该条规定属于准用性法律规则（规范）。

(4) 建设部制定和出台的《房屋登记办法》是行政法规。

问题：请指出小张观点中的不正确之处，并运用法理学知识和原理阐述理由，对不正确的观点进行改正。(考研)

论述题与深度思考题

试论法的时间效力。

参考答案

名词解释与概念比较

1. 法律原则是指在一定法的体系中作为法律规范的指导思想、基础或本原的综合的、稳定的原理和准则。它是法的要素之一，比法律规则更抽象，也更稳定。

2. 法律技术是法律的要素之一，一般是指创制和适用法律规范时必须应用的专门技术知识和方法，包括表达法律规范的技术、整理规范性法律文件的方法、解释法律的方法等。

3. 任意性规则是指在规定主体权利、义务的同时，也允许当事人在法律许可的范围内通过协商自行决定彼此的权利与义务，只有在当事人没有协议的情况下，才适用法律规则的规定。民法的规范多属于任意性规范，对应于强制性规范。它主要针对一般公民来说，而不是针对国家机关工作人员的执法行为。

4. 法的溯及力又称法的溯及既往的效力，是指新法律可否适用于其生效前发生的事件和行为的问题，如可以适用就有溯及力，如不可以适用就没有溯及力。一般而言法没有溯及力，但是特殊情况下实行有利追溯原则：在民法中表现为对原、被告都有利才可以追溯；在刑法中表现为从旧兼从轻原则，一般是对被告人有利的可以追溯。

5. 这是按照法律规则在法律调整中的作用不同进行的分类。调整性规则对应于保护性规则，是指直接体现法对社会关系调整职能的规则，包括授权性规则、义务性规则和禁止性规则。调整性规则对应的法律关系是调整性法律关系，它体现了对社会关系的积极确认和引导，是主要的法律规则。

保护性规则体现着法对社会关系的保护职能，它规定的是违法行为所应承担的法律责任和法律制裁措施（包括保护权利的措施）。例如刑法和治安管理处罚法中的绝大部分规则都是规定这类措施的，其他部门法，如民法、行政法、经济法等在规定主体权利、义务的同时，也包含了有关法律责任的规定。

它们分别发挥法的调整职能和保护职能，二者既相互独立又密切配合，不可或缺。违反了调整性规则必须适用保护性规则。

6. 法律规范是由国家制定或认可的、逻辑上周全的、具有普遍约束力的行为规则。它规定了社会关系参加者在法律上的权利和义务，并以国家强制力作为实施的保障。它是法的最基本要素，在逻辑上包括三个要素：假定、处理和制裁。

法律条文是指法律规范的文字表述形式，是规范性法律文件的基本构成因素。法律规范是法律条文的内容，而法律条文则是法律规范的表现形式。

法律条文和法律规范的区别在于：法律条文不是法律规范的唯一表现形式；法律条文中除了法律规范，还包括构成法的其他要素，如法律原则。法律规范与法律条文不一定是一一对应的：一项法律规范的内容可以体现在多个法律条文甚至不同的法律文件中，反过来，一项法律条文也可以包含若干个法律规范中的同一个内容。

选择题

（一）单项选择题

1. 答案：A

解析：关于法的构成要素，有的教材认为包括行为模式和法律后果，我们认为应该是三个要素，即假定、处理（权利义务）和制裁，但是不包括命令。命令作为法律要素是分析法学派的观点。所以A项不是法的要素，应选。权利和义务也是处理的内容，故B项属于法的要素，不选。

2. 答案：A

解析：授权性规则是指法律关系主体可以作出或要求别人作出一定行为的规则，当事人有行为选择的自由。命令性规则是要求法律关系主体应当从事一定行为的规则。禁止性规则是规定法律关系主体不应当从事一定行为即必须不从事一定行为的规则。禁止性规则与命令性规则均属于规定法律关系主体一定义务的义务性规则。关于正当防卫，刑法规定，只要符合一定条件，当事人可以实施制止不法侵害的行为而不是必须去实施此行为，并对此行为造成危害不负刑事责任。因此应属于授权性规则，是赋予法律关系主体正当防卫权利的规则，而不是设定义务的规则，故B、C、D项均不正确。

3. 答案：A

解析：本题考查的是法律规范的逻辑结构。法律规范依“三要素说”，由假定、处理、制裁三要素构成。假定指法律规范适用的条件和范围，处理是指法律规范要求的作为和不作为，制裁则指违反法的规则所必须承担的法的责任。题干中的法律规范具备了处理和制裁两要素，缺乏的是假定。所以选A项。

4. 答案：D

解析：法律原则是法律的指导性要素，但不是最基本的要素，法律最基本的要素是法律规范，故A项错。法律原则与政策有很大不同，它比法律规范更稳定，故B项错。法律原则也可以适用于案件，特别是当法律规范缺失或严重不公正的时候，故C项错。法律原则也有一定的规范性，也就是对当事人反复引导、含有某种行为取向的特点，当法律规范不完备时，法律概念与法律原则结合起来，可以直接规范主体的行为，所以D项对。

5. 答案：C

解析：本题考查的是法律规则的分类。按法律规则内容的确定性程度的不同，法律规则分为：委托性规则、确定性规则和准用性规则。本题也基本符合授权性规则，但它的权利、义务是不明确的，是非确定性规则，故A项错、C项对。本题授予省级人大及其常委会制定实施细则的权力，属于授权性规则而非义务性规则，故B项错误。准用性规则是通过该规则指引向另一个业已存在的法律规则，故D项错。

6. 答案：C

解析：法律概念根据涉及的社会关系不同，可以分为不同法律部门的法律概念，例如宪法概念、民法概念等，故A项错。根据普遍性不同，法律概念分为一般概念和具体概念，故B项错。人、物、事件这些都属于法律事实（现象），故C项正确。事情和物体不是法律主体，法律主体不是划分法律概念的依据，故D项错。

7. 答案：C

解析：本题考查的是法的要素，它包括法律规范、法律原则、法律概念和法律技术。法律概念是指在法律上对各种事实进行抽象，概括出它们的共同特征而形成的权威性范畴。本题就是如此，故选C项。

8. 答案：C

解析：授权性规则包括对立法机关的授权和对其他主体的授权，其中对立法机关的授权应该是概括的授权，如果授权内容十分具体，应该是委任性规则。故A项错。准用性规则指向业已存在的法律规则，故B项错。本题是将十分具体的事项委托给某立法机关，是委任性规则，故C项对。本题所涉及的权利、义务并不具体、明确，不属于确定性规则，故D项错。

9. 答案：B

解析：A项：“行政机关不得滥用行政权力，制定含有排除、限制竞争内容的规定”，使用了“不得”这样的词汇，设定的是不作为的义务，属于义务性规则中的禁止性规则。故A项正确。

B项：“执法人员与当事人有直接利害关系的，应当回避”，使用了“应当”这样的词汇，设定的是作为的义务，属于命令性规则。故B项错误。

C项：“……信息的公开，参照本条例执行，具体办法由国务院有关主管部门或者机构制定”，其典型特征是“委托其他机关立法”，属于委任性规则。故C项正确。

D项："子女可以随父姓，可以随母姓"，其典型特征是"无须引用、无须委托"，属于确定性规则。故D项正确。

另外，《反垄断法》于2022年修正。《行政处罚法》于2021年修订。《政府信息公开条例》于2019年修订。《婚姻法》现已失效。

10. 答案：D

解析：本题是授权性的内容，不是义务性规范，故A项错。本题没有指向某业已存在的其他法律规范，不属于准用性规范，故B项错。本题权利内容明确，属于确定性规范，与非确定性规范（准用性规范和委任性规范）相对。绝对确定性规范和相对确定性规范是针对国家机关执法人员是否可以自由裁量而言的，本题不涉及国家机关的执法问题，所以C项错。故选D项。

11. 答案：A

解析：本题涉及法律规则的分类。授权性规则是指示人们可以作出或要求别人作出一定行为的规则；命令性规则是规定人们必须作出某种行为的规则；禁止性规则是禁止或严禁作出某种行为的规则。这些规定是根据人们应当如何行为作出的分类。故答案为A项。

12. 答案：D

解析：法律规范的特征包括国家制定或认可并有国家强制力保证实施，其本质包括统治阶级意志，所以A、B、C项的说法正确，不选。法律规范是逻辑上的概括，包括假定、处理、制裁三要素，但是实际上的法律条文一般不能包含这三个要素，而是其中的两个要素，被称为命令性法律规则，即法律规则。所以D项的说法错误，应选。

13. 答案：A

解析：法的效力也就是法律规范的效力，也是法律渊源的效力，但是法的效力不是法律效力，法律效力包括个别性法律文件的效力，例如判决书的效力，所以法律效力比法的效力含义更广，既包括法律渊源的效力，也包括执行性法律文件的效力。所以选A项。

14. 答案：B

解析：根据调整对象，法律原则分为不同法律部门的原则，例如民法原则、刑法原则，所以A项错。法律原则涉及的内容包括一般社会性内容，以及法律调整的独特规律性的内容，所以B项正确。根据法律原则的稳定性，其可以分为公理性原则与政策性原则，所以C项错。根据权利、义务的领域，法律原则分为实体性原则和政策性原则，所以D项错。

15. 答案：C

解析：确定性规则与非确定性规则的分类依据是法律规则是否包含了具体的行为规则；绝对确定性规则与相对确定性规则针对的是国家机关的执法人员，分类依据是国家机关执法人员是否可以自由裁量；调整性规则与保护性规则的分类根据的是法律规则的功能，因此A、B、D项错，C项对。

16. 答案：D

解析：A项考查的是对题干的理解。（1）"法律为未来作规定"，是指法律对人们将来的行为有指引、预测等作用，因此一般不能溯及既往。题干并没有说"法律的内容总是超前"。（2）"法官为过去作判决"，是指法官的判决一般要根据已经发生的法律事实和已经制定出来的法律文件作出。题干并没有说"法官的判决根据总是滞后"。A项错误。

B、C、D项考查法的溯及力。（1）一般情况下，法律不溯及既往，即一般不得用新法判旧案；（2）为了更好地保护公民权利，特定情况下也允许法律有溯及力，即可以用新法判旧案，如刑法中的"从旧兼从轻"。因此，B项错误，"一律"用旧法的说法太绝对；C项错误，"绝对"禁止溯及既往的说法太绝对；D项正确，因为特定情况下新法可以用来判旧案。

17. 答案：C

解析：题干引述条文表达的法律规则包括行为模式和法律后果两部分。其中，行为模式是勿为模式，即不得侵害英雄烈士等的姓名、肖像、名誉、荣誉、损害社会公共利益，法律后果是否定性后果，即承担民事责任。C项正确。

18. 答案：C

解析：构成性规则是组织人们按照规则规定的行为去活动的规则，规则所指定的行为在逻辑上依赖于规则本身。本题中的规则不是组织人们按照规则规定的行为活动的规则，而是行为发生之后，应当如何赔偿的问题。构成性规则是规则先于行为，本题是行为先于规则，所以不是构成性规则。故C项当选。

（二）多项选择题

1. 答案：BD

解析：法律原则是法律规范的指导思想，具有抽象性，不具有法律规范所必需的结构要素，即假定、处理和制裁。法的社会原则是与意识形态紧密联系的法律原则，不是纯粹的法律原则，纯粹的法律原则是专门法律原则，所以A、C项错。罪刑法定原则相对于刑法部门是基本原则，相对于法治原则属于具体原则。政策性原则如果包含了某种社会关系的普遍要求，为大多数国家所认可，就成为公理性原则。所以B、D项对。

2. 答案：ABD

解析：法律规则，又称法的规则，是采取一定的结构形式具体规定人们的法律权利、法律义务以及相应的法律后果的行为规范。法律原则是为法律规则提供某种基础或本原的综合性的、指导性的价值准则或规范，是法律诉讼、法律程序和法律裁决的确认规范。权利和义务是一切法律规范、法律部门（部门法）甚至整个法律体系的核心内容。选项A、B、D均属于法律原则，不属于法律规则，因此应选。

3. 答案：ABD

解析：按照法律规则的内容，法律规则可以分为授权性规则、命令性规则和禁止性规则。授权性规则是指示法律关系主体可以作出或要求别人作出一定行为的规则，是关于主体权利的规定，特点是具有任意性；命令性规则和禁止性规则都是义务性规则。按规则对人们行为规定或限定的范围或程度来划分可分为强行性规则与任意性规则。根据规则内容的确定性程度，法律规则还可分为确定性规则和非确定性规则。依上可知A、B、D项为正确答案。

4. 答案：AC

解析：本题考查的是法律条文和法律规则的关系。法律条文是法律规范的表现形式，法律规范是法律条文的具体内容，二者是形式与内容的关系，故A项论述正确。法律条文是法律规范的重要表现形式，但不是唯一表现形式，法律规范可以表现为成文法或者不成文法，故B项论述错误。法律条文与法律规范不一定是一一对应的，一个法律规范并不一定由一个规范性法律文件来表述，故C项论述正确，D项论述错误。

5. 答案：BCD

解析：本题没有赋予主体权利，所以A项错。义务性规则，是指在内容上规定人们的法律义务，即有关人们应当作出或不作出某种行为的规范，所以B项对。强行性规则是主体不可以自由选择的行为模式，所以C项对。确定性规则是指内容本已明确、肯定，无须再援引或参照其他规则来确定其内容的法律规则，所以D项对。

6. 答案：ABCD

解析：二者存在以下区别：（1）在作用方面，法律原则是法律规则的根源和基础，可以协调不同法律规则之间的矛盾、弥补法律规则的不足。（2）在内容方面，法律原则的要求较原则，不预先规定明确、具体的假定条件和法律后果，只对行为或者裁判设定概括性要求，在具体适用时，法官具有一定自由裁量权。法律规则的要求则明确、具体，其目的在于限制自由裁量权。（3）在适用范围方面，法律原则具有宏观指导性，适用范围比法律规则的更为广泛。而法律规则只适用于某一类型的行为。（4）在适用方式方面，不同的法律原则具有不同的强度，当两个法律原则在具体个案中发生冲突时，法官必须从实际出发，在不同强度的原则间作出权衡。在不同个案中，不同原则的强度关系可能有所改变。而法律规则是以“非此即彼”方式应用于个案。综上所述，A、B、C、D项论述均正确。

7. 答案：ABCD

解析：法律条文与法律规范是形式与内容的关系，二者不一定是一一对应的。法律条文表述法律规范的情形有以下几种：（1）一个法律规范由同一个规范性法律文件的不同法律条文来表述。（2）一个法律规范分别由不同规范性法律文件的不同法律条文来表述。（3）一个法律条文表述不同法律规范的相同要素。（4）一个法律条文仅规定一个法律规范的某个或若干要素。故全选。

8. 答案：CD

解析：《民法典》第532条规定了当事人的消极义务（应当不作为），具有强制性质，不允许人们随意改变，也无须援用其他规则来确定、说明其内容，故属于禁止性规则、强行性规则和确定性规则，但不属于绝对确定性规则，因为那是针对国家机关执法人员的裁量余地来说的，所以需要区别绝对确定性规则与强行性规则。也要区别命令性规则与禁止性规则，命令性规则一般是指法律规则本身。所以C、D项正确。

9. 答案：ABCD

解析：特别法优先原则，又称特别法优于一般法原则，其基本含义是（我国《立法法》第92条作了规定）："同一机关制定的法律、行政法规、地方性法规、自治条例和单行条例、规章，特别规定与一般规定不一致的，适用特别规定"。其引申的含义包括：（1）同一机关制定的特别规定优先于一般规定。（2）在同一法律内部，规则优先于原则、分则优先于总则（如行贿罪中关于特别自首的规定）、特别条款优先于一般条款（如盗窃枪支、弹药罪与盗窃罪的法条竞合关系）。据此，A、B、C、D说法均正确。

10. 答案：AB

解析：A项涉及"特别法"的定义。简而言之，特别法是指同一机关针对同类事项作出的更为具体的规定。本题中，《条例》是国务院制定的行政法规，《食品安全法》是全国人大常委会制定的"法律"，不属于"同一机关制定"，因此，《条例》不是《食品安全法》的特别法，故A项正确。

B项涉及公法的定义。公法和私法属于法律部门的两种分类，其中公法大体是指调整公权力管理关系的法律，例如行政处罚法、行政许可法、刑事诉讼法等，都属于公法的规定，本题中规定食品生产经营许可的法律规范，属于"公法"，故B项正确。

C项涉及立法监督的内容。"行政法规"与"法律"冲突时，由全国人大常委会予以撤销，故C项错误。即便不知道由全国人大常委会撤销，也应知道C项错误，原因：法院没有立法审查权。

D项涉及法的正式渊源的分类。法律专指由全国人大及其常委会制定的规范性法律文件，其中，全国人大制定的此类文件又称"基本法律"，本题中《食品安全法》属于"法律"；行政法规专指由国务院制定的规范性法律文件，本题中《条例》属于"行政法规"。故D项错误。

11. 答案：AC

解析：授权性规则是指规定人们有权做一定行为或不做一定行为的规则，即规定人们的"可为模式"的规则。夫妻有相互继承遗产的权利，A选项正确。确定性规则是指内容已明确肯定，无须再援引或参照其他规则来确定其内容的法律规则。法律条文中绝大多数法律规则都属于此种规则。夫妻有相互继承遗产的权利，内容已明确肯定，无须再援引或参照其他规则来确定其内容，C选项正确。

12. 答案：ACD

解析：根据法律规则规定的内容不同，法律规则可分为授权性规则、义务性规则和权义复合性规则；根据法律规则对人们行为规定和限定的范围或程度不同，法律规则可分为强行性规则和任意性规则；根据法律规则内容的确定性程度不同，法律规则可分为确定性规则、准用性规则、委任性规则；根据法律规则所包含的社会关系不同，法律规则可分为调整性规则和构成性规则。本题4个选项分别对应了4种分类标准。题干中的条文为人们设定了法律义务，属于义务性规则，故A项正确。构成性规则是组织人们按照规则规定的行为去活动的规则，规则所指定的行为在逻辑上依赖于规则本身，故B项错误。确定性规则是指内容已明确肯定，无须再援引或参照其他规则来确定其内容的法律规则，故C项正确。强行性规则是指人们必须按照法律规则规定的内容来行为，不允许人们按照自己的意志不适用或改变法律规则的内容而行为，故D项正确。

13. 答案：BCD

解析：法律条文是法律规则的表现形式，故A项错误。并不是所有的法律条文都直接规定法律规则，也不是每一个条文都完整地表述一个规则或只表述一个法律规则。所以B、C、D项正确。

简答题

1. 一般来说，法的基本要素可以大体分为4种：概念、原则、规范和技术。

（1）法律概念，是指在法律上对各种事实进行抽象，概括出它们的共同特征而形成的权威性范畴。它在法律文件中具有重要作用，可以将各种法律现象加以整理、归类，为规范和原则的构成提供前提与基础，具有认知、构成等功能。

（2）法律原则，是指在一定法的体系中作为法律规范的指导思想、基础或者本原的，总和的、稳定的原理和准则。它是法律制度内部协调、统一的保障，是整个法律制度的指导思想和核心；此外，它也可以为法律解释和法律推理提供基本出发点和价值导向，避免法律解释和推理的任意、无序；当出现法律空白或漏洞的时候，法律原则往往可以直接作为适用法的根据。

（3）法律规范，是由国家制定或者认可的、逻辑上周全的、具有普遍拘束力的行为规范。规定了社会关系参加者在法律上的权利和义务，并以国家强制力作为实施的保障。它规定了社会关系参加者在法律上的权利和义务以及违反这些规范要求时的法律责任和制裁措施，是一种高度发达的社会行为规则。

（4）法律技术，是指创制和适用法律规范时必须应用的专门技术知识和方法，如表达法律规范的方法、整理规范性法律文件的方法、解释法律内容的方法以及进行法律推理的方法，等等。离开了这些专门的法律技术因素，原则、规范和概念都无法发挥作用。

综上所述，法的各种要素在法的系统中都具有各自的特点和功能，都是法的整体中不可或缺的有机组成部分，各自都有其重要性。

2.（1）概念：法律规范是由国家制定或认可的、逻辑上周全的、具有普遍约束力的行为规则。它规定了社会关系参加者在法律上的权利和义务，并以国家强制力作为实施的保障。它是法的最基本要素，在逻辑上包括三个要素：假定、处理和制裁。

（2）特征：法律规范不同于其他社会规范，也不同于国家机关发布的个别性命令。

第一，法律规范是一种一般的行为规则，它适用同一的标准，对任何处于其效力范围内的主体行为进行指导。这使法律规范区别于执行性法律文件。

第二，法律规范规定了一定的行为模式，这使它区别于不包含确定行为方案的口号或建议。

第三，法律规范是由国家制定或认可的行为规范，具有国家意志的属性，它的贯彻实施有国家强制力的保证。这是法律规范区别于其他社会规范最基本的特征。

第四，法律规范规定了社会关系参加者在法律上的权利和义务以及违反规范要求时的法律责任和制裁措施。

第五，法律规范有明确的、肯定的行为模式，有特殊的构成要素和结构，是一种高度发达的社会行为规则。

上述所有这些特点，使法律规范具有其他调整措施所不具备的品质，成为对社会关系进行法律调整的权威性根据。

3.（1）联系。

第一，法律原则是法律规范的指导思想，法律原则与法律规范的关系是抽象与具体的关系。

第二，法律规范是法律原则的具体化，将法律原则的精神体现在具体规定中，保障法律原则的具体落实。

第三，二者都是法的要素，法的要素包括法律概念、法律规范、法律原则、法律技术。

第四，当法律规范缺位或不清楚时，就需要参考法律原则进行判决，但是单独依靠法律原则一般不能进行判决。

（2）区别。

第一，法律原则具有兼容性，不具有排他性，对某件事情适用的同时不排除其他原则的适用。而法律规范具有排他性，具有全有或全无的性质，即对于某件事情或者适用，或者不适用，并排除其他规则的适用。

第二，矛盾的法律原则可以存在于同一部法律中，而法律规范不可以这样。

第三，法律原则可以适用于多个事件，而法律规范不具有这样的广泛适用性。

第四，法律原则对于所适用的案件不能彻底解决，还需要法律规范的介入；而法律规范则可以提供彻底解决方案。

第五，法律原则比法律规范更抽象，也更稳定。

4. 法律规范的效力等级也叫法律规范的效力位阶，是一国法的体系中不同法律形式的法律规范在效力方面的等级差别。

（1）法律规范的效力等级首先取决于其制定机关在国家机关体系中的地位，除特别授权的场合以外，一般来说，制定机关的地位越高，法律规范的效力等级也越高。

（2）在同一主体制定或修改的法律规范中，按照特定的、更为严格的程序制定和修改的法律规范，其效力等级高于按照普通程序制定或修改的法律规范。

（3）当同一制定机关按照相同的程序先后就同一领域的问题制定了两个以上的法律规范时，后来制定的法律规范在效力上高于先前制定的规范，即所谓“后法优于前法”。

（4）当同一主体在某一领域既有一般性立法，又有不同于一般性立法的特殊立法时，特殊立法的效力通常优于一般性立法，也即所谓“特殊优于一般”。

（5）当某一国家机关授权下级国家机关制定属于自己立法职能范围内的法律、法规时，被授权的机关在授权范围内制定的该项法律、法规在效力上通常等同于授权机关自己制定的法律或法规，但仅授权制定实施细则者除外。

(6) 如果一国法律渊源体系中包括不成文法，如习惯法、判例法等，则由立法机关制定的成文法的效力一般均高于不成文法，仅在特殊情况下（如司法机关享有司法审查权时）才可能有例外。

5. 我们认为，法律规范是一种特殊的、在逻辑上周全的规范，一个完整的法律规范在结构上由三个要素组成，即假定、处理和制裁。假定是指法律规范中规定适用该规范的条件的部分，它把规范的作用与一定事实状态联系起来，指出在发生何种情况或具备何种条件时法律规范中规定的行为模式便生效。处理是指法律规范中为主体规定的具体行为模式，即权利和义务，它指明人们可以做什么、应该做什么、不能做什么，以此指导和衡量主体的行为。制裁是法律规范中规定主体违反法律规定时应当承担何种法律责任或国家强制措施的部分。法律规范的三个要素是具有内在联系的统一整体，任何一个完整的法律规范都必须具备上述这三个要素。三个要素之间存在逻辑上的必然因果联系，这种联系可以表述为“如果……则……否则”，即如果发生了规范的“假定”部分规定的事实状态，则主体之间就会产生“处理”部分所规定的权利和义务关系，而如果义务主体不履行义务或者侵犯了权利主体的权利，“制裁”部分的规定就会发生作用，违法者承担法律责任以保护主体权利、恢复受到破坏的社会关系。各要素之间在逻辑上具有的这种因果性联系是法律能够切实有效地发挥社会整合作用的重要保证。

材料分析题

小张的观点（1）（3）（4）不正确。

观点（1）认为“《民法典》属于我国的根本法”是不正确的。《民法典》是我国全国人民代表大会制定的基本法律，其法律地位和效力都低于宪法。根本法即宪法，在我国享有最高法律地位和最高法律效力。该观点应当改为“《民法典》属于我国的基本法律”。观点（3）认为《民法典》第210条的规定属于“准用性法律规则”是不正确的。准用性法律规则是指内容本身没有规定人们具体的行为模式，而是可以援引或参照其他相应内容规定的规则。而委任性规则是指内容尚未确定，只规定某种概括性指示，由相应国家机关通过相应途径或程序加以确定的法律规则。该观点应当改为“《民法典》第210条的规定属于委任性法律规则”。观点（4）认为《房屋登记办法》是“行政法规”是不正确的。行政法规是指国家最高行政机关即国务院制定的规范性法律文件。建设部为国务院下属部委，而国务院下属部委制定的规范性法律文件属于“部门规章”。该观点应当改为“《房屋登记办法》是部门规章”。

另外，《房屋登记办法》现已失效。

论述题与深度思考题

法的时间效力指法律规范的有效期间，包括何时开始生效、何时终止生效和有无溯及力的问题。

（1）法律规范的生效。法律规范开始生效的时间通常有以下两种情况：1）自法律颁布之日起生效。2）法律通过并颁布后经过一段时间再开始生效。规定法律开始生效时间的具体形式包括以下几种：第一，法律条文中自行规定生效时间；第二，由法律的制定机关另行发布专门文件规定开始生效的时间；第三，在没有明文规定生效时间时，按照惯例自法律公布之日起生效。随着法律调整的日益严格，法律制定后无论是否立即开始生效，都应由其制定机关以法定的文字形式公告周知。

（2）法律规范终止生效。引起法律规范终止生效的实质原因主要有：1）法律规定的有效期限届满；2）原有的法律规定与新的法律规定之间发生冲突；3）法律已经完成其历史使命，被调整的社会关系已经不复存在。发生上述情况时，原有法律规范应当终止生效。

在我国，法律终止生效的形式可以分为明示废止和默示废止两种。

明示废止的具体形式包括：1）法律中自行规定了有效期间，当有效期届满，立法机关又未作出延长其法律效力的决定时，该法律自动失效。2）规范性法律文件中规定某法律仅适用于特定情况，当这种情况不复存在时，该法律自动失效。3）新法律明确规定当本法开始生效时，旧有的同类法律即行失效。4）有关立法机关发布专门文件，宣布某一规范性法律文件终止生效。

默示废止的形式主要指已生效的新法律与原有法律的规定在某些方面有冲突时，尽管新法律或立法机关并未明确废止旧法律，但按照“新法优于旧法”的原则，原有法律中与新法律冲突的部分自然废止。

（3）法的溯及力问题。法的溯及力又称法律溯及既往的效力，是指新法律可否适用于其生效以前发生的事件和行为的问题。如果可以适用，该法律就有溯及力；如果不能适用，则没有溯及力。

关于法律的溯及力问题，现代国家一般通行的原则有两个。

第一，“法律不溯及既往”原则，即国家不能用现在制定的法律指导人们过去的行为，更不能由于人们过去从事了某种当时是合法而现在看来是违法的行为而依照现在的法律处罚他们。

第二，作为“法律不溯及既往”原则的补充，许多国家同时认为法律规范的效力可以有条件地适用于既往行为，即所谓“有利追溯”的原则。法律是否溯及既往，有一个最基本的价值标准，那就是对人权保护是否有利、对最广大人民的利益是否有利、对社会秩序安定是否有利。无论是不溯及既往还是根据有利原则溯及既往，都必须符合现代法的精神：抑制国家权力的扩张性，尊重人民的意志。

第十九章　法律体系

知识逻辑图

- 法律体系
  - 法律体系概述
    - 概念：内在结构
    - 与立法体系、法学体系、法律系统、法的历史类型、法系的区别
    - 内在统一性与变动性
  - 法律体系的结构
    - 法律部门的概念
    - 划分标准
      - 法律调整对象
      - 法律调整方法
    - 构建原则
      - 协调和统一
      - 符合客观规律
      - 本国和国际协调
      - 以部门法原则构建
  - 当代中国法律体系
    - 当代中国法律部门的层次
    - 当代中国法律部门简介
  - 公法、私法的划分
    - 划分理论
    - 我国公、私法划分
    - 公法私法化与私法公法化
    - 公、私法划分的意义

名词解释与概念比较

1. 法律体系与立法体系（考研）
2. 法律体系与法学体系
3. 法律体系与法的历史类型
4. 法系（考研）
5. 法的部门
6. 当代中国法的部门的划分
7. 公法与私法（考研）

选择题

（一）单项选择题

1. 根据公法和私法划分的标准，判断下列哪一选项不属于或不完全属于公法？（　　）（考研）

A. 民事诉讼法和刑事诉讼法

B. 宪法和组织法

C. 行政法和行政诉讼法

D. 侵权法与公司法

2. 下列选项有关法系的概念与分类的表述中，哪一个是不正确的？（　　）（考研）

A. 凡具有某些共同特点和历史传统的法，称为一个法系

B. 法系被马克思主义法学家称为“法的历史类型”

C. 法系的概念是西方法学家提出的

D. 法系不等同于法律体系

3. 下列哪一个选项属于“私法”范畴？（　　）（考研）

A. 行政法　　　　B. 组织法

C. 婚姻家庭法　　　　D. 刑法、程序法

4. 法律体系是一个重要的法学概念，人们可以从不同的角度、不同的侧面来理解、解释和适用这一概念，但必须准确地把握这一概念的基本特征。下列关于法律体系的表述中哪种说法未能准确地把握这一概念的基本特征？（　　）（司考）

A. 研究我国的法律体系必须以我国现行国内法为依据

B. 在我国，近代意义的法律体系的出现是在清末沈家本修订法律后

C. 尽管香港地区的法律制度与内地的法律制度有较大差异，但中国的法律体系是统一的

D. 我国古代法律是“诸法合体”，没有部门法的划分，不存在法律体系

5. 根据一定标准和原则划分的同类法律规范的总和称为（　　）。

A. 法规体系　　　　B. 立法体系

C. 法律部门　　　　D. 法律体系

6. 在法学上，一般认为，划分部门法的主要依据是（　　）。

A. 法律调整的效率

B. 法律调整的对象和方法

C. 法律规范的数量

D. 法律调整的后果

7. 作为划分部门法的标准之一的法律调整方法，其内容主要有（　　）。

A. 辩证唯物主义和历史唯物主义

B. 常用的法学研究方法

C. 最新的科学方法论如控制论、信息论、系统论

D. 确定社会关系主体及其权利、义务和确定对违法行为进行制裁的方法

8. 下列诸项中正确的说法是（　　）。

A. 法律体系指一国现行法律规范分类、组合为不同部门法而形成有机联系的统一整体

B. 部门法是指一国根据一定原则和标准划分的各国同类法律规范的总称

C. 部门法所指同类法律规范，不包括国际法，仅指国内法

D. 部门法所指同类法律规范，不仅包括已经失效的法，而且包括现行法

9. 下列诸项中正确的说法是（　　）。

A. 法律调整社会关系的规模是划分部门法的首要标准

B. 划分部门法仅利用一个标准是不够的

C. 自沈家本修订法律以来，中国在法的渊源方面是以普通法法系国家为模式的

D. 我国古代法基本上采用了诸法合体和民刑分立的法律体系

10. 下列诸项中正确的说法是（　　）。

A. 宪法是我国法律体系的基础性和主导性的部门法

B. 特别行政法是指对特别的主体加以调整的法律规范的总称

C. 行政法和行政法规是法律体系中两个不同的部门法

D. 民法是指调整平等主体之间的人身关系的法律规范的总称

11. 下列诸项中正确的说法是（　　）。

A. 婚姻家庭法是指调整婚姻和家庭关系的法律规范性文件的总称

B. 在民法法系国家，商法一般不构成一个独立的部门法，仅是一个概括性的名称

C. 我国实行的是“民商分立”的方式

D. 经济法就是指调整经济关系的部门法

12. 下列诸项中正确的说法是（　　）。

A. 社会保障法是指调整关于社会保险和社会福利关系的法律规范的总称

B. 环境法是关于各种自然资源的规划、开发、利用、治理的法律规范的总称

C. 新刑法进一步明确了罪刑法定原则、刑罚人道原则和罪刑相适应原则

D. 法律部门的划分是恒定的

13. 民法法系国家的民商分立传统源于（　　）。

A. 1804 年制定的《法国民法典》

B. 1807 年制定的《法国商法典》

C. 1881 年制定的《日本商法典》

D. 1900 年制定的《德国民法典》

14. 部门法发展的历史表明，劳动法是（　　）。

A. 从商法中分离出来的

B. 从民法中分离出来的

C. 从行政法中分离出来的

D. 从经济法中分离出来的

15. 下列诸项中正确的说法是（　）。
A. 法学体系为健全和发展法律体系指出方向、目标和任务，法律体系为法学体系提供条件和对象
B. 从版权法和专利法的主导因素看，将它们列入行政法部门比列入民法部门更合适
C. 作为部门法的行政法，是指国务院以及地方行政机关所制定的规范性文件的总称
D. 作为一个部门法的经济法，是指调整经济生活领域的一切法律规范的总称

16. 下列有关公法与私法的表述，哪项是不正确的？（　）（司考）
A. 公法与私法的划分，最早是由古罗马法学家提出来的
B. 按照乌尔比安的解释，公法是以保护国家（公共）利益为目的的法律，私法是以保护私人利益为目的的法律
C. 通常认为，宪法、刑法、行政法属于公法，而诉讼法、民法、商法属于私法
D. “我们不承认任何‘私法’，在我们看来，经济领域中的一切都属于公法范围，而不属于私法范围。”这一段话是由列宁讲的

17. 一个国家全部法律部门所构成的有机联系的整体是（　）。（考研）
A. 立法体系　　B. 法律体系
C. 法学体系　　D. 法系

18. 下列关于法律部门的表述，正确的是（　）。（考研）
A. 行政法部门是由国务院制定的行政法规构成的
B. 划分法律部门的主要标准是法律所调整的社会关系
C. 部门法的名称总是与某一规范性法律文件的名称相对应
D. 法律部门的划分以客观因素为基础，不受主观因素的影响

（二）多项选择题

1. 一个国家的法律体系（　）。
A. 不包括国内法在内
B. 不包括国际法在内
C. 不包括已失效的国内法在内
D. 不包括已失效的国际法在内

2. 划分部门法的标准有（　）。
A. 法律的调整范围
B. 法律调整的社会关系的种类
C. 法律调整的社会关系的机制
D. 法律的制定时间

3. 比较法学家达维德在《当代主要法律体系》中，把世界主要法律体系分为（　）。
A. 民法法系　　B. 普通法法系
C. 罗马日耳曼法系　　D. 社会主义各国法系

4. 下列诸项中正确的说法是（　）。
A. 部门法就是规范性法律文件
B. 部门法往往是由许多个规范性法律文件构成的
C. 规范性法律文件的名称与部门法的名称是一致的
D. 在许多情况下，部门法没有相同名称的规范性法律文件与之对应

5. 下列诸项中正确的说法是（　）。
A. 法律体系是关于法学研究的范围和分科
B. 一定意义上可以说，没有法律体系，就不会有立法体系；没有一定系统的立法，也就不会有什么法律体系
C. 法律体系是一个国家中统一、协调的各个部门法构成的有机联系的整体，而每个部门法又是由相对独立、各具特征的法所构成的
D. 划分部门法的目的是方便人们了解和掌握本国历史上和现行的法

6. 下列诸项中正确的说法是（　）。
A. 划分部门法时，要注意法律调整社会关系的广泛程度和法的数量情况
B. 虽然法是变化的，但法律体系和部门法不会发生变化
C. 划分部门法时要注意各个法律部门之间保持适当平衡
D. 部门法的划分是绝对的，各国存在适合于一切时代和国家的、永不可变的部门法划分的模式

7. 下列诸项中正确的说法是（　）。
A. 法所调整的社会关系的种类是划分部门法的首要标准
B. 作为部门法的宪法是规定国家和社会生活中一系列社会关系的法律规范的总称
C. 社会主义法律体系是产生于社会主义经济基础

并为其服务的上层建筑之一

D. 行政法是调整行政关系的法律规范的总称，行政法规是全国人大和国务院制定的一种法的形式

8. 下列诸项中正确的说法是（　　）。

A. 劳动法是指调整关于劳动关系以及由劳动关系产生的其他关系的法律规范的总称

B. 环境保护法是对保护环境、防治污染和其他公害方面实施调整的法律规范的总称

C. 中国特色社会主义法律体系的概念，来源于中国特色社会主义的论断

D. 划分部门法的目的是方便人们了解和掌握本国的现行法律和法规

9. 下列诸项中正确的说法是（　　）。

A. 划分部门法时要注意各个部门法之间保持适当平衡

B. 社会关系法律调整的机制是划分部门法的第二位标准

C. 自沈家本修订法律以来，中国在法的渊源方面是以民法法系国家为模式的

D. 行政法指的是一个法律部门，是规范和调整行政关系的法律规范的总称

10. 下列诸项中正确的说法是（　　）。

A. 法律体系中的各部门法是由同类法律规范构成的

B. 法律调整对象和法律调整方法都是划分部门法的客观标准

C. 一个部门法包括很多法律规范和具体的法律制度，一个具体的法律制度往往也可以涉及几个部门法

D. 环境保护法是保护自然环境的，因此它所调整的对象是自然现象而不是社会关系

11. 下列诸项中正确的说法是（　　）。

A. 经济法事实上主要是从民法和行政法中分离出来的

B. 部门法的同类法律规范是指属于同一部门法的规范，而具体法律制度的同类法律规范既可以属于同一部门法，也可以分属于几个部门法

C. 我们通常所说的法律调整的对象，就是指一定的社会关系的领域

D. 划分部门法时，应以全部现行法为基础，不应考虑正在或即将制定的法律

12. 下列哪些选项属于英美法系关于法律的基本分类？（　　）（考研）

A. 公法和私法　　B. 联邦法和联邦成员法

C. 制定法和判例法　　D. 普通法和衡平法

13. 下列哪些选项不属于大陆法系的别称？（　　）（考研）

A. 法典法系　　B. 罗马法系

C. 判例法法系　　D. 普通法法系

14. 我国的基本法律部门包括下述哪些？（　　）（司考）

A. 宪法、法律、行政法规、地方性法规

B. 宪法、民法、刑法、诉讼法、行政法

C. 婚姻法、仲裁法、律师法、商法

D. 经济法、劳动法与社会保障法、环境法

15. 下述部门法中体现着公、私法混合性质的部门法有（　　）。

A. 经济法　　B. 环境法

C. 劳动法　　D. 社会保障法

16. 根据公法和私法的划分标准，下列属于公法的是（　　）。

A. 宪法　　B. 行政法

C. 民事诉讼法　　D. 经济法

17. 关于法律部门与法律体系的关系，下列表述正确的有（　　）。（考研）

A. 法律体系是法律部门的基础

B. 法律体系包括多个法律部门

C. 法律部门是法律体系的构成要素

D. 不同法律部门的有机结合构成一国的法律体系

简答题

1. 法律体系中的部门法具有什么特征？

2. 如何理解部门法与法律制度的关系？

3. 如何理解法律体系和立法体系的关系？

4. 简述法律体系和法学体系的联系与区别。

5. 简述中国社会主义法律体系的主要特色。（考研）

6. 简述中国特色社会主义法律体系的基本框架。（考研）

7. 简述公、私法划分的理论对于建设中国特色社会主义法律体系的重要意义。

8. 什么是法律调整的方法？它包括哪些内容？（考研）

论述题与深度思考题

1. 试述划分部门法的原则。
2. 试述划分部门法的标准。
3. 如何理解公、私法划分的危机问题？（考研）

参考答案

名词解释与概念比较

1. 法律体系是指按照一定的原则和标准划分的同类法律规范组成法律部门而形成一个有机联系的整体，即部门法体系。立法体系主要指与一国立法体制相关联的各有权机关依法定权限和程序制定的各种规范性法律文件所构成的整体。

2. 法律体系是指按照一定的原则和标准划分的同类法律规范组成法律部门而形成一个有机联系的整体，即部门法体系。法律体系是法学体系赖以建立和存在的前提与基础。一国现行法律体系是该国法学研究的主要内容，并且制约着法学体系的形成和大部分法学分科的内容与范围。

3. 法律体系是指按照一定的原则和标准划分的同类法律规范组成法律部门而形成一个有机联系的整体，即部门法体系。法的历史类型是根据法所反映的经济基础和阶级本质对法所作的分类，是对处于同一社会形态、具有相同阶级本质的法的总称。

4. 法系由不同国家或地区的若干个在结构上、外部形式上具有相同特征的法组成，是根据法的形式上的特点和历史传统上的联系对各国的法进行基本分类的概念。

5. 法律体系可以划分为不同的相对独立的部门，这就是法的部门。法的部门是调整因其本身性质而要求有同类调整方法的社会关系的法律规范的总和。每个法的部门都因它调整的社会关系及调整方法的不同而与其他部门既相互区别又相互联系，协调统一。

6. 我国法的部门可以划分为几个层次：第一层次，宪法部门。这是我国法律体系的主导部门，是法律体系赖以建立的基础。第二层次，基本部门，包括行政法、民法、经济法、劳动法、刑法、婚姻法、诉讼法等部门。基本部门的价值表现在它们所采用的调整方法和手段可以作为建立子部门或者建立法律制度的基础。第三层次，包括各基本部门的子部门。第四层次，包括第三层次各个部门的子部门。

7. 公法与私法的划分，最早是由古罗马法学家乌尔比安提出来的：“公法是关于罗马国家的法律，私法是关于个人利益的法律。”依照此标准，私法遵循当事人意思自治原则，确立财产所有权，保障对自身利益的追求，如民法、商法等。公法是利用国家权力，宏观调整社会财富分配，调整国家与公民的关系的法律，如行政法、刑法、诉讼法等。

选择题

（一）单项选择题

1. 答案：D

解析：公法一般指那些与国家组织、国家的管理活动相联系的法，反映了社会生活中要求有必要的集中、纪律、上下从属关系的一面。公法主要包括宪法、刑法、行政法、诉讼法等。私法反映了非集中的、单个主体自由的原则。私法主要包括民法、商法、婚姻家庭法等。

2. 答案：B

解析：法系由不同国家或地区的若干个在结构上、外部形式上具有相同特征的法组成，是根据法的形式上的特点和历史传统上的联系对各国的法进行基本分类的概念。法的历史类型是根据法所反映的经济基础和阶级本质对法所作的分类，是对处于同一社会形态、具有相同阶级本质的法的总称。

3. 答案：C

解析：参见本章“单项选择题”第1题解析。

4. 答案：D

解析：法律体系是一国现行法构成的体系，反映了一国法律的现实情况，它不包括历史上废止的已经不再有效的法律，一般也不包括尚待制定还没有生效的法律，也不包括完整意义上的国际法即国际公法，因此，A选项的说法是正确的。

法律体系，也称部门法体系，是指法律规范形成法律部门以后，由法律部门构成的体系。但是这种部门法体系意义上的法律体系概念是近代以后的概念，因为只有近代以后才有严格的法律部门划分。因此，B选项的说法是正确的。

我国对香港地区、澳门地区、台湾地区的政治构想采取的是“一国两制”原则，虽然制度方面有差异，但不影响我国法律体系的统一。因而，选项C说法正确。

D选项的说法是不正确的，属于应选项。这个选项其实是与B选项相联系的。对于近代以后的“法律体系”概念是在部门法体系的基础上理解的，但近代以前并没有严格的部门法划分，像属于中华法系的中国更是“诸法合体、民刑不分”，但这并不意味着古代中国没有“法律体系”。这时，我们必须从更广泛的意义上理解“法律体系”，即法律规范通过一定的结构形成的体系，这种结构当然不是近代以后的部门法结构。

5. 答案：C

解析：法律部门是根据一定标准和原则所划定的调整同一类社会关系的法律规范的总称。

6. 答案：B

解析：一般认为划分法律部门的首要标准是法律所调整的不同社会关系，即法律调整的对象；其次是法律调整方法。

7. 答案：D

解析：法律调整方法是作用于一定社会关系的特殊的法律手段和方法的总和，主要包括确定权利、义务的方法、方式。

8. 答案：A

解析：法律体系是指一国的全部现行法律规范，按照一定的标准和原则，划分为不同的法律部门而形成的内部和谐一致、有机联系的整体。法律体系是一国国内法构成的体系，不包括完整意义上的国际法即国际公法。法律体系是一国现行法构成的体系，反映一国法律的现实状况，它不包括历史上废止的已经不再有效的法律，一般也不包括尚待制定还没有生效的法律。

9. 答案：B

解析：一般认为划分法律部门的首要标准是法律所调整的不同社会关系，即法律调整的对象；其次是法律调整方法。在划分法律部门时仅依靠调整对象和调整方法这两个客观标准是不够的，还应考虑一些原则，如粗细恰当、多寡合适、主题定类、逻辑与实用兼顾等。

10. 答案：A

解析：由于宪法的根本大法地位，宪法部门在当代中国的法律体系中具有特殊的地位，是整个法律体系的基础。

11. 答案：A

解析：婚姻家庭法是调整婚姻家庭关系的法律规范的总和。商法是一个法律部门，但民法规定的有关民事关系的很多概念、规则和原则也通用于商法。我国实行的是“民商合一”的原则。D项错误，民商法也调整经济关系，即仅根据调整对象并不一定能界定法律部门。

12. 答案：A

解析：社会保障法是调整有关社会保障、社会福利的法律规范的总称。环境保护法是保护环境、防治污染和其他公害的法律规范的总称。D项错误，社会关系的变动导致法律部门的划分也处于变动中。

13. 答案：B

解析：略。

14. 答案：B

解析：劳动法是调整劳动关系以及与劳动关系紧密联系的其他关系的法律规范的总和。劳动法以前不是一个独立的法律部门，依附于民法。随着劳动关系的不断复杂化和特殊化，劳动法逐渐成为一个独立的法律部门。

15. 答案：A

解析：法律体系是法学体系赖以建立和存在的前提与基础。一国现行法律体系是该国法学研究的主要内容，并且制约着法学体系的形成和大部分法学学科的内容和范围。

16. 答案：C

解析：公法与私法的划分，最早是由古罗马法学家乌尔比安提出来的，在大陆法系国家被普遍采用。一般认为，保护国家利益，调整国家与公民之间、国家机关之间关系的法律为公法；保护个人利益，调整公民之间关系的法律为私法。公法一般包括宪法、刑法、行政法、诉讼法等，私法一般包括民法、商法等。故C项符合要求，当选。

17. 答案：B

解析：法律体系，是指一国的部门法体系。它是将一国现行的全部法律规范根据一定的标准和原则划分成不同的法律部门，并由这些法律部门所构成的具有内在联系的统一整体。法律体系是指由一国现行法律规范构成的体系，既不包括具有完整意义的国际法范畴，也不包括已经宣布废止的法律和尚未制定或者虽然制定颁布，但还尚未生效的法律。据此，B选项正确。

18. 答案：B

解析：行政法与行政法规并非一一对应关系，行政法的内容有可能是由行政法规规定的，也有可能是由其他法的渊源规定的；而行政法规所规定的内容既有可能是行政法的内容，也有可能是其他部门法的内容。故A项错误。划分法律部门的主要标准是法律所调整的社会关系，故B项正确。法律部门与规范性法律文件是不同的概念，在许多情况下，部门法的名称与规范性法律文件的名称并不对应，故C项错误。法律部门是主客观相结合的产物，一方面，法律部门的划分离不开客观的社会关系，它有客观的基础；另一方面，法律是立法者主观活动的产物，法律部门的划分带有主观的因素，所以，对于法律部门的划分，虽然有着客观的基础，但最终还是人们主观活动的产物，故D项错误。

（二）多项选择题

1. 答案：BCD

解析：参见本章“单项选择题”第8题解析。

2. 答案：BC

解析：参见本章“单项选择题”第6题解析。

3. 答案：BCD

解析：（略）

4. 答案：BD

解析：（略）

5. 答案：BC

解析：（略）

6. 答案：AC

解析：（略）

7. 答案：AC

解析：（略）

8. 答案：ABCD

解析：（略）

9. 答案：ABCD

解析：（略）

10. 答案：ABC

解析：法律体系是指一国的全部现行法律规范，按照一定的标准和原则，划分为不同的法律部门而形成的内部和谐一致、有机联系的整体。环境保护法是保护自然环境的，但调整的是社会关系。

11. 答案：ABC

解析：（略）

12. 答案：CD

解析：公法和私法是大陆法系的基本分类。邦法和联邦成员法与法系没有关系，是因为国家结构而形成的。

13. 答案：CD

解析：大陆法系又称民法法系、法典法系、罗马法系，等等。

14. 答案：BD

解析：法律部门也称部门法，是根据一定标准和原则所划定的调整同一类社会关系的法律规范的总称。当代中国的基本法律部门包括：宪法、行政法、民法、商法、经济法、刑法、诉讼法、劳动法与社会保障法、环境法。

A项中行政法规、地方性法规属于法的渊源，是法的表现形式，不同于法律部门。根据行政法规、地方性法规调整的社会关系的类型，可以把它们归属于不同的法律部门。

C项中婚姻法属于民法，仲裁法属于诉讼法，均为低一个层次的子部门，而不是基本法律部门。

15. 答案：ABCD

解析：随着西方国家对经济生活领域控制的加强和法律社会职能的凸显，一些学者指出，当代大陆法系传统的公、私法分类已经出现了危机，主要表现在“公法的私法化”“私法的公法化”、新的“混合”性法（也称社会法）的出现三个方面。新的混合性质的部门法这一既不是调整公法关系也不是调整私法关系的法已经产生和完善起来，如经济法、劳动法、土地法和社会保障法、环境法等。故A、B、C、D项都是应选项。

16. 答案：ABC

解析：公法指那些与国家组织、国家的管理活动相联系的法，说明“公法”的概念反映了社会生活中要求有必要的集中、纪律、上下从属关系的一面，例如宪法、行政法。私法则反映了非集中的、单个主体自由的原则。在私法领域，各种生活状况下的决定，可以由社会关系参加者根据生活的需要，独立、自主地从自身利益出发（主要是通过契约）作出。而诉讼法关系是当事人与法院之间的公法关系，故民事诉讼法也属于公法。

17. 答案：BCD

解析：法律体系，是指一国的部门法体系。它是将一国现行的全部法律规范根据一定的标准和原则划分成不同的法律部门，并由这些法律部门所构成的具有内在联系的统一整体。法律部门又称部门法，是指一个国家根据一定原则和标准划分的本国同类法律规范的总称，故B、C、D项正确。法律部门是法律体系的基础，故A项错误。

简答题

1. (1) 一个法律体系的所有部门法是统一的，各个部门法之间是协调的，每个部门法都是统一于整个国家的宪法基础之上的。(2) 各个部门法又是相对独立的，它们之间的内容是相异的、自成一体的。(3) 各个法律部门的结构和内容基本上是确定的，但又是相对的和变动的。(4) 部门法的形成既有客观基础也有主观因素，是主、客观结合的产物。

2. 一种法律制度，可以分属于几个部门法，如财产所有权制度，它涉及宪法、民法、经济法、刑法和诉讼法等部门法；如知识产权制度，它涉及宪法、民法、行政法、劳动法、刑法和诉讼法等部门法。反之亦然，一个部门法，可以包括许多个法律制度，例如，作为部门法的刑法就包括刑罚制度、死刑制度、上诉申诉制度、辩护制度等。虽然两者都是由同类法律规范构成的，但一般来说，部门法的范围比具体法律制度的范围要广。

3. (1) 两者的主要联系在于：立法体系的构成应当考虑法律体系建设的需要，法律体系的建设和发展离不开立法体系为其提供具体的法的渊源或规范性法律文件。一定意义上可以说，没有法律体系，就不会有立法体系；没有一定系统的立法，也就不会有什么法律体系。(2) 两者的区别主要在于：法律体系建设的着重点是建设相对完备的部门法，立法体系建设的着重点是创建相对完备的法的渊源和具体的规范性法律文件；法律体系以现行宪法为基础构成，立法体系建设则注意应当创制哪些规范性法律文件。

4. (1) 法学体系与法律体系的联系主要在于：任何国家的法学总是要研究本国现行法即该国的法律体系。(2) 两者的区别主要在于：一国的法学不仅要研究本国现行的各部门法，也要研究法学理论、法制史、外国法、比较法和国际法等。

5. 中国社会主义法律体系的最大特色，就是根源于我国社会主义初级阶段的实际国情所产生的特征，为此，必须注意处理好以下几个方面的关系：其一，必须深刻理解和正确处理传统与创新的关系。其二，必须认真对待和正确处理学习、借鉴外国经验与立足本国的关系。其三，必须全面分析和从整体上考虑法律体系现状和未来发展的关系。

6. 中国特色社会主义法律体系的基本框架或基本结构以宪法为核心和基础，包括行政法、民法、商法、经济法、劳动法和社会保障法、军事法、环境法、刑法以及诉讼程序法。

7. 由于现代国家法律规定众多而且复杂，因此必须以一定的根据对整个法律体系进行分类，并在此基础上进行立法、法典编纂等。公、私法正是一个最基本的划分，其意义表现在：第一，公、私法划分反映了法的内在结构，而与法的内在结构相吻合的国家立法是提高法律调整效果的方向标，有助于建立科学的立法体系。第二，有助于帮助立法者选择适合社会生活需要的法律调整方法。第三，有助于法律体系的条理化，减少法律制度之间的矛盾与冲突，降低法律运行的成本。建设中国特色社会主义法律体系既需要私法制度的健全，也需要公法制度的完善，更需要在深入研究法的内在结构的基础上，推陈出新，创造出新的不违背社会和法律发展基本规律的法律调整方法、制度甚至部门。

8. 法律调整的方法是作用于一定社会关系的特殊的法律手段和方法的总和。法律调整对象解决的是某一法律部门的规范调整什么社会关系的问题，而法律调整的方法就是指明这种关系是怎样被调整的。法律调整的方法大体包括这样一些内容：(1) 确定权利、义务的方式、方法，如权利和义务是由双方协商而定还是根据国家法律或国家指令而定。(2) 权利和义务的确定性程度与权利主体的自主性程度，如是绝对确定的规范还是相对确定的规范，是强行性规范还是任意性规范。(3) 法律事实的选择，如是根据人的行为决定适用某种规范还是根据事件决定依照某种规范；何种事实用何种方法处理。(4) 法律关系主体的地位和性质，如双方是处于平等的法律地位还是处于管理与被管理的地位。（5）保障权利的手段和途径，如对违反法律规范要求的行为所采取的行使国家权力的措施即制裁的种类以及适用这种措施的程序。

有的学者把法律调整的方法归结为两大类：一类叫作集中的方法（他律的方法），另一类叫作非集中的方法（自治的方法）。用我们通俗的语言讲就是“管”和“放”的方法。集中的方法就是“管”的方法，如行政法、刑法的方法；非集中的方法就是“放”的方法，如民法的方法。但这两种方法也互有交叉，“放”中有“管”，“管”中有“放”。根据社会关系的不同，集中的方法与非集中的方法以不同的比例相结合，就构成了各个法律部门的调整方法的特色。

论述题与深度思考题

1. 划分部门法仅靠调整对象和调整方法这两个客观标准是不够的，还应考虑以下原则：（1）目的性原则。划分部门法的主要目的是帮助人们了解和掌握本国的全部现行法。无论怎样划分部门法或划分多少部门法，都要考虑这一目的。（2）从实际出发的原则。在划分部门法时应考虑到不同社会关系的广泛程度以及法律、法规的多寡。社会关系的领域极为广泛，并非调整任何一种社会关系的法都应作为一个部门法。例如，选举法虽调整国家政治生活中的一个重要环节即选举活动中的各种社会关系，但由于我国选举法方面的规范性法律文件还很少，因而选举法不宜成为一个独立的部门法。又如，涉及经济社会关系的规范性法律文件很多，但很难设想凡涉及经济社会关系的都只能纳入作为独立部门法的经济法。（3）适当平衡原则。划分部门法时应注意使各部门法不宜过宽，也不宜过细，在它们之间要保持适当的平衡。过宽是指划分为很少几个部门法，过细则是指划分为很多部门法。平衡是指划分部门法时要避免出现有的部门法范围过广、有的部门法范围过窄的状态。（4）相对稳定原则。划分部门法应以全部现行法为基础，也要适当考虑正在或即将制定的规范性法律文件。要考虑法的稳定性，不可能总是改变部门法的内容和结构。（5）重点论原则。具体的社会关系和法律规范的情况是极为复杂的，有些规范性法律文件从不同角度出发，可以将它列入不同的部门法，在这种情况下，应考虑它的主导因素而定其归属。（6）辩证发展原则。部门法的划分不可能是绝对的，只能是相对的。要注意随着立法的发展和人们认识水平的提高，适时地修正或发展对部门法的划分。

2. 划分法律规范属于哪个法律部门，不是由主观的、形式上的因素决定，而应该由客观实际情况决定，这种客观实际情况就是法律调整的对象和法律调整的方法。（1）法所调整的对象即社会关系是划分部门法的重要标准。法所调整的社会关系是广泛的，包括经济、政治、文化、宗教、民族、家庭等众多的社会关系。所有的法都是调整一定的社会关系的。法所调整的社会关系的不同，使法分别属于不同的部门法。有所不同的是，有的法如刑法、民法明显地表明它们是调整一定的社会关系的，另一些法如自然资源法似乎不是调整社会关系的，但实际上它们仍然是以围绕这些自然现象的社会关系为调整对象的。（2）法律在调整社会关系时用以影响社会关系的调整机制，即调整方法，也是划分部门法的重要标准。例如，刑法之所以成为一个独立的部门法，一个重要原因就在于它是以刑罚为手段或方法来实现它调整社会关系的任务。有的学者把法律调整的方法分为两大类：集中的方法和非集中的方法，也就是“管”和“放”的方法。集中的方法就是“管”的方法，如行政法、刑法的方法，非集中的方法就是“放”的方法，如民法的方法。但这两种方法互有交叉，“放”中有“管”，“管”中有“放”。根据社会关系的不同，集中的方法与非集中的方法以不同的比例相结合，从而就构成了各个法的部门的调整方法的特点。（3）划分法律部门仅依靠法律调整的对象和法律调整的方法这两个客观标准还是不够的，还应考虑一些原则，主要有：粗细恰当、多寡合适、主题定类、逻辑与实用兼顾等。

3.（1）在19世纪末、20世纪初，国家干预的加强成为资本主义法律发展一个非常重要的特点，这直接影响到公法和私法的划分及其理论基础。一些学者认为，当代大陆法系传统的公、私法划分已经出现危机，这种危机主要表现在：第一，“公法的私法化”。由于政府职能的扩大，传统的私法调整方式被部分地或间接地引入了公法领域，私法关系向公法领域延伸。尤其是随着社会与公共服务事业的扩大，要求公共机构根据私法准则执行公共职能。第二，“私法的公法化”，指公法对私人活动控制的增强，从而限制了私法原则的效力，如为了公共利益而对私人财产的使用加以限制，对当事人契约自由的限制等。第三，新的“混合”性的法（也称社会法）的出现。既不调整公法关系也不调整私法关系的法已经产生和完善起来，如经济法、劳动法、土地法和社会保障法等。（2）问题的出现并不能否认公、私法的划分。从以法律调整方法区分公、私法角度看，所谓“私法公法化”实际上是在“放”的方法中加入了“管”的因素，而“公法私法化”是在“管”的方法中加入了“放”的因素，“混合法”实际上是“管”“放”的高度结合。公法的私法化与私法的公法化实际上是法律调整的两种基本方法，即集中的方法和非集中的方法，在不同领域以不同方式和比例的结合，但这种结合是以公法原则和私法原则各自的相对独立为前提的，并不彻底地否认公、私法的划分。至于“混合法”或“社会法”的出现，也不意味着公、私法划分的危机，只是表明法律调整的这两种方法在一些领域已经达到了高度的融合，然而高度融合并不意味着各自独立性的消失。只有在公法与私法各自独立的前提下，才能谈两者的“融合”。因此，“社会法”的出现也不能作为否定公、私法划分的理由。

第二十章　法的实施

知识逻辑图

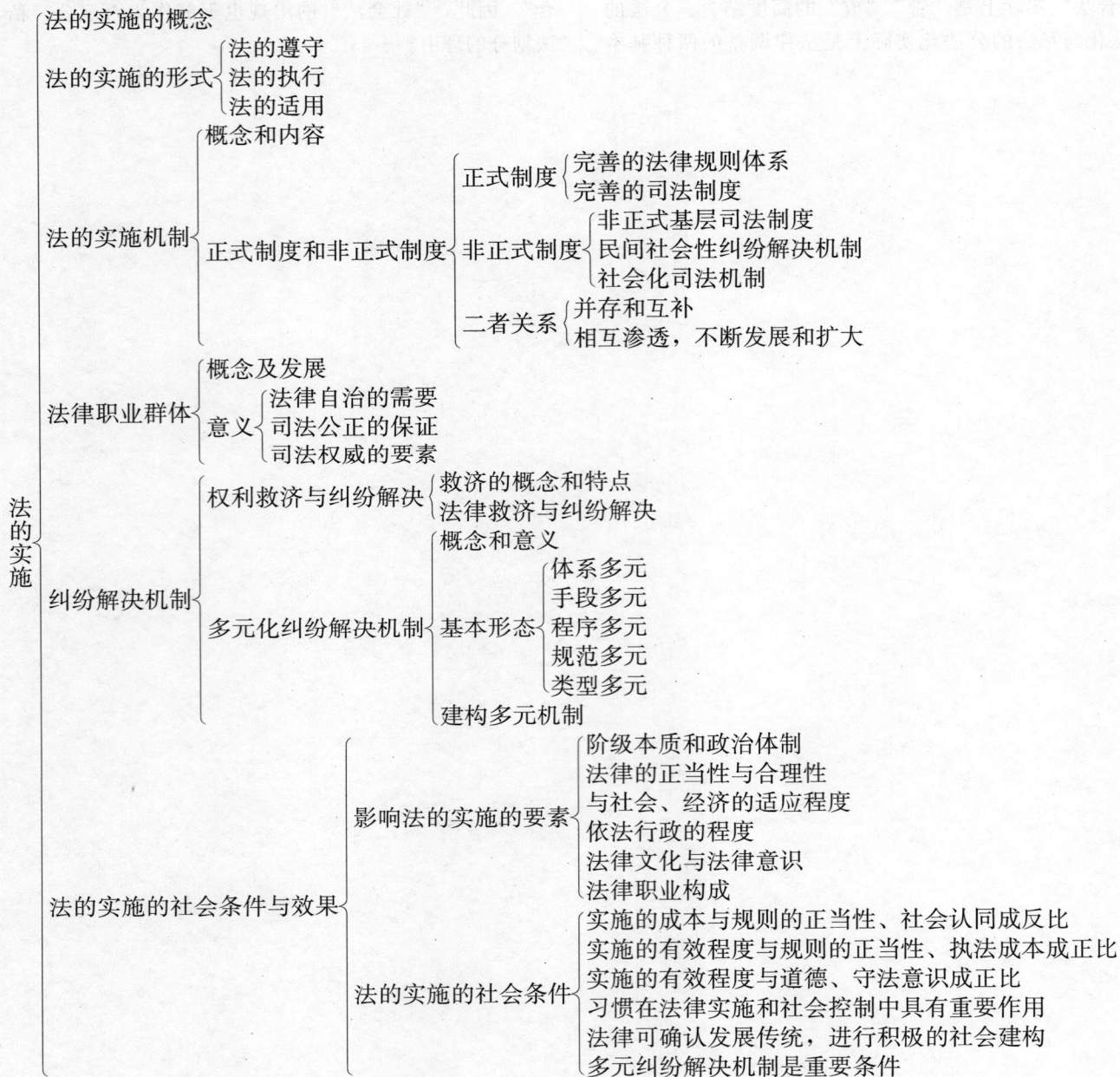

- 法的实施
  - 法的实施的概念
  - 法的实施的形式
    - 法的遵守
    - 法的执行
    - 法的适用
  - 法的实施机制
    - 概念和内容
    - 正式制度和非正式制度
      - 正式制度
        - 完善的法律规则体系
        - 完善的司法制度
      - 非正式制度
        - 非正式基层司法制度
        - 民间社会性纠纷解决机制
        - 社会化司法机制
      - 二者关系
        - 并存和互补
        - 相互渗透，不断发展和扩大
  - 法律职业群体
    - 概念及发展
    - 意义
      - 法律自治的需要
      - 司法公正的保证
      - 司法权威的要素
  - 纠纷解决机制
    - 权利救济与纠纷解决
      - 救济的概念和特点
      - 法律救济与纠纷解决
    - 多元化纠纷解决机制
      - 概念和意义
      - 基本形态
        - 体系多元
        - 手段多元
        - 程序多元
        - 规范多元
        - 类型多元
      - 建构多元机制
  - 法的实施的社会条件与效果
    - 影响法的实施的要素
      - 阶级本质和政治体制
      - 法律的正当性与合理性
      - 与社会、经济的适应程度
      - 依法行政的程度
      - 法律文化与法律意识
      - 法律职业构成
    - 法的实施的社会条件
      - 实施的成本与规则的正当性、社会认同成反比
      - 实施的有效程度与规则的正当性、执法成本成正比
      - 实施的有效程度与道德、守法意识成正比
      - 习惯在法律实施和社会控制中具有重要作用
      - 法律可确认发展传统，进行积极的社会建构
      - 多元纠纷解决机制是重要条件

- 法的实施
  - 法的实施的社会条件与效果
    - 法的实施的效果
      - 法律实效：法律效果
      - 法的实施的社会效果
      - 法的实施的效益
      - 影响法的实施的效果的评价标准
    - 法的实施与和谐社会
      - 法治与和谐社会
      - 法的实施与和谐社会
        - 发扬民主
        - 平等协商
        - 多元解决

名词解释与概念比较

1. 法的实施
2. 法的遵守
3. 法的执行
4. 法的适用
5. 权利救济

选择题

（一）单项选择题

1. 在我国，狭义的法的执行主要由下面哪个机构进行？（　　）

A. 法院　　B. 全国人大
C. 行政机关　　D. 公安机关

2. 下列关于法的生成的概念表述错误的是哪个？（　　）

A. 它是指特定国家的法和法制制度在特定环境和条件下的产生与形成
B. 它揭示了法的制定与法的形成之间的关系
C. 它意味着旧秩序总是新法律出台的土壤
D. 它表明了国家立法与原有秩序的内在联系

3. 下列关于法的实现的说法正确的是（　　）。

A. 当事人完全履行合同就是法被实现了
B. 甲死亡这个事实不可能是法实现的某个过程
C. 当事人获得了公平的法律判决就是法被实现了
D. 国家出台了一个新的法律就是法被实现了

4. 下列不属于一般法学意义上的法律效益的用法的是（　　）。

A. 将法律效益与法的效果相等同
B. 从较为宏观的角度出发，运用经济分析方法探讨法的基本理论问题
C. 从具体的个别的法律和法律问题出发，分析投入与收益的关系
D. 法律效益侧重于法的实际结果

5. 下列有关法的社会性的表述错误的有（　　）。

A. 成文法更多地表现为国家意志的产物
B. 制定法只有在符合并满足一定社会需要时才能有效地发挥作用
C. 法的新秩序是由立法者创造出来的
D. 社会自身有一种调节立法的机制

6. 甲、乙、丙、丁四人在一起讨论法律制定问题，他们各自的观点中，正确的是（　　）。

A. 甲说："法律的制定又称法的创立或立法，从根本上讲，就是掌握国家政权的阶级把自己的意志上升为国家意识的活动"
B. 乙说："甲的观点是错误的，我国法律的制定是指中共中央和国家最高权力机关依照法定的权限和程序制定规范性法律文件的活动"
C. 丙说："我基本上同意甲的观点，法律制定的目标主要在于将统治阶级的意志上升为国家意志，但是在现代社会，某些不产生国家意志的活动也属于法律制定活动"
D. 丁说："我认为你们三人的观点都不正确，从本质上讲，法律制定实际上就是特定国家机关运用专门技术的活动，立法技术运用的高低直接关系到立法效果的好坏"

7. 我国宪法规定的解释宪法的机关是（　　）。（考研）

A. 全国人大　　B. 全国人大常委会
C. 国务院　　D. 最高人民法院

8. 下列关于法律实施的表述，正确的是（　　）。（考研）

A. 法律实施就意味着法律的实现

B. 法律实施是法律实现的过程性与实效性的结合

C. 法律实施是使法从应然状态向实然状态转变的过程

D. 法律实施包括立法、执法、司法、守法和法律监督诸环节

（二）多项选择题

1. 法的实现的评价标准具有复杂性。下列社会事态中，哪些可以作为法的实现的评价标准？（　　）（司考）

A. 刑事案件的发案率

B. 普通公民对法律的了解程度

C. 社会大众对社会生活中安全、秩序、自由等法的价值的切身感受

D. 有关法律活动的成本与收益的比率

2. 甲因乙不能偿还欠款将其告上法庭，并称有关证据被公安机关办理其他案件时予以扣押，故不能提供证据。法官负责任地到公安机关调查，并复制了相关证据材料。此举使甲最终胜诉。从法理学角度看，对该案的下列说法，哪些可以成立？（　　）（司考）

A. 本案的承办法官对“以事实为根据，以法律为准绳”原则有着正确的理解

B. 法官在审理此案时，违背了法官中立原则

C. 本案的承办法官对司法公正的认识有误，法律职业素养有待提高

D. 本案的审理比较好地体现了通过审判保障公民权利的司法功能

3. 下列有关执法与守法区别的说法哪些是不正确的？（　　）（司考）

A. 执法的主体不仅包括国家机关，也包括所有的法人；守法的主体不仅包括国家机关，也包括所有的法人和自然人

B. 行政机关的执法具有主动性，公民的守法具有被动性

C. 执法是执法主体将法律实施于其他机关、团体或个人的活动，守法是一切机关、团体或个人实施法律的活动

D. 执法须遵循程序性要求，守法无须遵循程序性要求

4. 关于司法的表述，下列哪些选项可以成立？（　　）（司考）

A. 司法的依据主要是正式的法律渊源，而当代中国司法原则“以法律为准绳”中的“法律”需要作广义的理解

B. 司法是司法机关以国家名义对社会进行全面管理的活动

C. 司法权不是一种决策权、执行权，而是一种判断权

D. 当代中国司法追求法律效果与社会效果的统一

5. 下列属于法的实施的基本形式的有（　　）。

A. 法的遵守　　B. 法的实现

C. 法的执行　　D. 法的适用

6. 法的执行的特点包括（　　）。

A. 本质是行政机关以国家的名义运用法律对社会进行管理

B. 主体是国家行政机关及其公职人员

C. 行政执法具有国家强制性

D. 行政执法具有主动性和单方性

7. 下列有关法的实效的说法错误的是（　　）。

A. 它是指法的约束力

B. 它侧重于法的实际效果

C. 它也侧重于评价法对社会的实际影响

D. 它强调法实施的效果合于立法意图

8. 法的实效的产生条件是（　　）。

A. 法的内容有效性

B. 法律制度的整体有效性

C. 人们对法律的信仰

D. 国家的权威

9. 下列可以被视为法的实现中的一个阶段的是（　　）。

A. 法律规范被废止

B. 乘车买票

C. 拒不履行生效判决

D. 让渡不动产所有权

10. 下列关于法律与道德关系的表述，正确的有（　　）。（考研）

A. 法律与道德并无必然的内在联系

B. 道德是法律运作的社会基础

C. 法律必须合乎所有社会成员的道德要求

D. 法律是保障道德实施的有效手段

11. 下列选项中属于法的实施的是（ ）。（考研）

A. 交通警察对违反道路交通安全法的机动车驾驶员给予罚款处罚

B. 公民依法纳税

C. 男女双方依法进行结婚登记

D. 人民法院在民事案件审理中依法进行调解

12. 世界各国宪法实施保障的体制主要有（ ）。（考研）

A. 立法机关负责保障实施的体制

B. 司法机关负责保障实施的体制

C. 执政党负责保障实施的体制

D. 专门机构负责保障实施的体制

13. 下列关于法律实施的表述，正确的有（ ）。（考研）

A. 法律实施是使法律从书本上的法律变成行动中的法律

B. 公安机关对涉嫌嫖娼的黄某采取强制措施属于法的执行

C. 某省人大常委会对该省地方性法规进行解释属于法律监督

D. 某出租车司机向公安机关举报宁某吸毒的行为属于法的适用

简答题

1. 法的实施机制主要包括哪些要素？
2. 怎样理解法律职业在法的实施中的作用？
3. 影响法的实施的主要因素有哪些？
4. 怎样检验法的实施的社会效果？
5. 如何理解法的实施的效益？
6. 简述执法的基本原则。（考研）

材料分析题

1. 材料：金融危机给全球经济造成了深刻影响，面对法院执行中被执行人履行能力下降、信用降低、执行和解难度增大等新情况、新问题，最高人民法院在《关于应对国际金融危机做好当前执行工作的若干意见》中指出：“在金融危机冲击下，为企业和市场提供司法服务，积极应对宏观经济环境变化引发的新情况、新问题，为保增长、保民生、保稳定‘三保’方针的贯彻落实提供司法保障，是当前和今后一段时期人民法院工作的重中之重。”

材料一：某年8月，同升市人民法院判决张某偿还同升市外经贸有限公司（以下称“外贸公司”）2亿元人民币。近一年时间，张某未按时履行义务，且下落不明。外贸公司遂向同升市人民法院申请执行。

同升市人民法院执行法官李某调查发现，被执行人张某除了一些变现难度大且价值不高的财产外，尚持有上市股票ZX科技3 000万股，遂进行了查封。当时股票的市值每股仅3元多，如抛售可得九千余万元。李法官综合分析市场大势，认为ZX科技不仅近期会有送股，而且有上涨可能，主张股票升值后择机出售。李法官的这一想法得到了同升市人民法院及其上级法院的一致支持，也取得了外贸公司的同意。

此后1年多时间，ZX科技先后2次送股，被查封的股票数量达到了四千多万股，股值上涨到7元多。李法官请示法院领导后，速与证券公司营业部交涉以当时市场价格强制卖出股票，所得钱款足以支付被执行人张某所欠本金及利息。

材料二：某年6月，中都市人民法院陆续受理了湘妃科技发展有限公司（以下称“湘妃公司”）等单位申请执行太平洋娱乐有限公司（以下称“太平洋公司”）十余起欠款纠纷案，标的约2 000万元。执行法官张某查明，太平洋公司主业是水族馆，因经营不善已歇业，除剩有4年期的水族馆经营使用权外，已无其他可供执行的财产。

张法官经过对水族馆项目的前景谨慎评估后，经请示法院领导，决定在经营使用权上想办法，敦促被执行人寻找新的投资合作人，盘活资产。张法官主动找到最大债权人湘妃公司，经细致工作，使其接受水族馆资产及其经营使用权，以抵偿该公司的1 500余万元债权。同时，湘妃公司另行支付部分款项给法院，由法院分配给其他债权人。经张法官努力，还为太平洋公司找到一家私营企业注入资金，使太平洋公司重新焕发了生机。

此外，一些地方法院在执行中还采取了“债权入股”或“债转股”等灵活执行措施，社会上形象地将此表述为“放水养鱼让鱼活”。但对于执行法官涉入股市、推动企业运作等做法，网上时有质疑，法院内部也不无疑虑。

问题（司考改编）：

（1）从正确把握案件执行的法律效果与社会效果有效统一的角度，评价法院（法官）在案件执行中的上述做法。

（2）结合法理学和民法、商法、民事诉讼法的相关原则，对案件执行中的上述做法进行分析。

2. 某市公交公司驾驶员李某驾驶公交车正常行驶。途中，乘客刘某错过下车站点，要求立即下车，李某按照规定未予停车。刘某遂抢夺方向盘并殴打李某，二人在车辆行进中持续互殴，其他乘客对此未予制止。后公交车失控坠入江中。

根据上述材料，运用法理学相关知识，回答以下问题（考研）：

（1）从守法内容的角度，评价李某和刘某的行为。

（2）阐述实现全民守法的主要方式。

3. 某地市场监管局对一家食品公司作出了责令停产停业的处罚。该公司不服，以处罚前没有告知有权要求举行听证为由，将市场监管局告上法院。依据2017年修正的《行政处罚法》第42条“行政机关作出责令停产停业、吊销许可证或者执照、较大数额罚款等行政处罚决定之前，应当告知当事人有要求举行听证的权利；当事人要求听证的，行政机关应当组织听证”的规定和有关事实，法院判决撤销市场监管局的处罚决定。

根据上述材料，运用法理学相关知识，回答以下问题（考研改编）：

（1）该市场监管局的处罚违反了执法的哪些原则，为什么？

（2）法院对市场监管局的监督属于何种性质的法律监督，其法治意义何在？

论述题与深度思考题

1. 怎样理解在法的实施中正式制度与非正式制度的关系？（考研）

2. 如何理解法的实施与和谐社会的建构的关系？

3. 如何正确认识多元化纠纷解决机制？（考研）

4. 联系我国实际，论述法律的权威性与法律实施的关系。（考研）

5. 请结合实际，论述影响法律实现的主要因素。（考研）

参考答案

名词解释与概念比较

1. 法的实施，是使法律规范的要求在社会生活中获得实现的活动。法的实施是一个动态的过程，即将法律规范的要求转化为社会主体的行为，将法律规范中的国家意志转化为现实关系，使法律规范的抽象规定具体化，由可能性转变为现实性的过程。

2. 法的遵守，简称守法，是指通过社会主体的自主性与积极性，以及法律机制的促进作用，自觉地按照法律的要求行为，从而使法律得以实施的活动。法的遵守一般不需要通过国家权力机关的介入和强制力，既包括被动的守法，即不违法，也包括根据授权性或任意性规范积极行使权利。权利的享用、义务的履行、禁令的遵守都是守法的具体形式。守法是法律实施最符合效益的途径。守法程度越高，则法律实施的程度和效果越好。

3. 法的执行，简称执法，是指国家机关根据法定权限和程序执行或适用法律的活动。广义的执法，是指所有国家行政机关、司法机关及其公职人员依照法定职权和程序实施法律的活动，包括行政执法（及行政适用）和司法活动（及司法适用）。狭义的执法，则特指国家行政机关（或授权的社会组织机构）及其公职人员依法行使管理职权、履行职责、实施法律的活动，即行政执法活动。狭义的执法，即行政执法，包括一般行政执法和依法行政（行政管理和行政决策）以及行政适用。

4. 法的适用，也称法律适用或法律规范的适用，是指国家机关和国家授权的组织机构按照法律的规定运用国家权力，将法律规范运用于具体的对象，用以处理具体问题（事件）的专门活动。法律适用属于法的实施的特殊形式，当法律通过守法和一般执法活动可以正常实现的情况下，就无须启动法律适用程序。法律适用也是一种法律事实，可以产生、变更、消灭主体之间的权利义务关系，或者对一定的主体实行法律制裁。法律适用包括行政适用和司法适用，其中司法适用是法律适用的典型形式，即狭义的法律适用。

5. 救济意味着纠正或补救，救济与纠纷解决有非常密切的关联。救济是英美法或普通法的固有概念，相当于大陆法系的“承担责任的方式”。在法律体系中救济属于责任分配和承担责任的方式，其典型形式是侵权法。救济的概念包含以下基本内容：（1）救济是对实体权利的一种补救措施，其本身也是一种权利或构成完整权利的组成部分。（2）救济是在（第一位的）权利受到侵害、无法正常实现或纠纷发生时启动的事后的补偿性及程序性措施。（3）权利救济的方式是多元化的，法律救济或司法救济仅仅是救济形式和方式中的一种，诉讼并不是唯一或首要的救济方式。

选择题

（一）单项选择题

1. 答案：C

解析：狭义的法的执行即为执法，是指国家行政机关根据宪法和法律的规定，通过制定、实施行政法规、规章等规范性文件，将法律的一般规定适用于相对人或事件的活动。

2. 答案：D

解析：在法的生成过程中，必然会形成法定秩序与原有秩序的对立和冲突。在冲突中，原有秩序的精华被保留和发扬，不合理部分被剔除。所以，原有秩序往往会以“法定”的形式或实际的影响得以延续，而法定程序也会因此而转化、深化为新的自然秩序。A、B、C项的说法都正确地表明了法的生成的含义。

3. 答案：A

解析：法的实现是指法的要求在社会生活中被转化为现实。法的实现不同于法的实施和法的实效，是将法的实施过程性与法的实效结果性相结合的一个概念。A项说明的是合同的要求转化为当事人的行为，法被实现，所以是正确的。当事人死亡是一个法律事实，故B项错误。C项是法的实效问题，D项是立法的问题。

4. 答案：D

解析：法的效益有两种用法：一是将法律效益与法的效果等同，认为法律效益就是法的实施是否给人们或社会带来某种有效的利益和好处。二是从实证分析的角度：从宏观角度看，运用经济分析方法探讨法的基本理论问题；从具体问题看，分析该法律所设定或所设计的制度在实践中的具体成本投入与实际收益产出的关系。A、B、C项均属于法律效益一般意义上的用法。

5. 答案：C

解析：一定的社会物质生活条件最终决定法的内容，法所体现的国家意志归根结底是由社会所决定的。法是由社会所决定的，法应当反映社会需求，立法者在制定法律时要充分考虑社会发展的具体情况，反映社会发展的客观规律。立法者不能随心所欲地制定法律。法不是被创造出来的，而是由一定生产力发展水平决定的。经济和社会秩序，由一定历史传统衍生的民间秩序，不仅不会随着制定法的改变而轻易改变，而且可能改变、丰富制定法。

6. 答案：A

解析：本题考查的知识点是法律的阶级本质。

法的阶级本质是指：在阶级对立的社会，法所体现的国家意志实际上是统治阶级的意志。法所体现的国家意志，从表面上看，具有一定的公共性和中立性。这种意志由于形成于与社会相脱离的国家，因而具有统摄全体社会成员的“公共性”优势，任何个人或组织的意志一旦获得国家意志的表现形式，就具有由公共权力保证的全体社会成员一体遵守的效力。但是这种表面上的公共意志实际上是统治阶级的意志，国家意志就是法律化的统治阶级的意志。并且，通过国家意志表现出来的统治阶级的意志也具有高度的统一性和权威性。

7. 答案：B

解析：《宪法》第67条规定，全国人大常委会解释宪法，监督宪法的实施。第62条规定，全国人大修改宪法，监督宪法的实施。所以只有B项是正确的。监督宪法实施的主体有两个：全国人大和全国人大常委会。解释宪法的机关只有一个：全国人大常委会。修改宪法的主体只有一个：全国人大。

8. 答案：C

解析：法律实施是使法从应然状态到实然状态的过程和活动，法的实现是法律实施的直接目的，故A项错误，C项正确。法律实现是法律实施过程性和实效性的结合，故B项错误。法律实施包括执法、司法、守法等方式，立法不属于法律实施。故D项错误。

（二）多项选择题

1. 答案：ABCD

解析：法的实现是法律在现实生活中从抽象的行为模式变成人们的具体行为，从应然状态到实然状态的过程。法律实现的评价标准具有复杂性，包括以下几个方面：（1）人们按照法律规定的行为模式行为的程度，即是否能够按照授权性规范行使权利、按照义务性规范履行义务；是否能够根据法律设定的法律后果追究违法者的法律责任。（2）刑事案件的发案率、案件种类、破案率及对犯罪分子的制裁情况。（3）各类合同的履约率与违约率，各种民事或经济纠纷的发案率及结案率，行政诉讼的立案数及其审结情况。对有关这一标准的统计数字，要具体问题具体分析，不能轻易作出结论。（4）普通公民和国家公职人员对法律的了解程度，他们的法律意识及法治观念的提高或提高的程度。（5）与其他国家或地区的法律实施情况进行可比性研究。（6）社会大众对社会生活中安全、秩序、自由、公正、公共福利等法的价值的切身感受。（7）法律的社会功能和社会目的是否有效实现及其程度。（8）有关法律活动的成本与收益的比率。

2. 答案：AD

解析：本题涉及司法的原则。根据最高人民法院《关于民事诉讼证据的若干规定》第 2 条的规定，当事人因客观原因不能自行收集的证据，可以申请人民法院调查收集。这不违背法官中立原则，也不妨碍司法公正，故 B、C 不是应选项。

3. 答案：ABD

解析：A 项错在执法的主体仅包括国家行政机关即执法机关，而不包括所有的法人；B 项错在公民的守法既包括积极的守法也包括消极的守法。C 项是正确的表述。D 项错在积极的守法也要遵循程序性要求。守法就是遵守法律所规定的行为规范，将抽象的行为模式转化为在具体的法律关系中行使权利、履行义务的行为。这是守法的实质要求。有一点必须注意，那就是行使权利并不意味着为所欲为。

4. 答案：ACD

解析：司法的依据主要是正式的法律渊源，在我国，正式的法的渊源包括宪法、法律、行政法规、地方性法规、经济特区的规范性文件、特别行政区的法律法规、规章、国际条约、国际惯例等。“以法律为准绳”不能狭义地理解成正式的法律渊源中的法律，而是应当包括所有的正式的法的渊源。执法是国家机关及其公职人员以国家的名义对社会进行全面管理的活动，而司法是国家司法机关根据法定职权和法定程序具体应用法律处理案件的专门活动。执法权是一种决策权和执行权，而司法权是一种判断权。司法要有可预测性，即强调司法的法律效果；同时，司法也要有可接受性，即强调司法的社会效果。所以 A、C、D 选项的表述正确。

5. 答案：ACD

解析：法的实施的具体形式和方式是多样的，可以依据不同的标准或角度对其进行分类。例如，可以按照法作用于社会关系的具体化程度，分为通过具体法律关系和不通过具体法律关系的法的实施；按照法律调整方式的不同，将法的实施的形式分为权利的享有、义务的履行、禁令的遵守。而法的遵守、法的执行、法的适用是法的实施的基本形式。

6. 答案：ABCD

解析：法的执行，是指国家机关根据法定权限和程序执行或适用法律的活动。广义的执法，是指所有国家行政机关、司法机关及其公职人员依照法定职权和程序实施法律的活动，包括行政执法（及行政适用）和司法活动（及司法适用）。狭义的执法，则特指国家行政机关（或授权的社会组织机构）及其公职人员依法行使管理职权、履行职责、实施法律的活动，即行政执法活动。本章研究的主要是狭义的执法，即行政执法，包括一般行政执法和依法行政（行政管理和行政决策）以及行政适用。

7. 答案：ACD

解析：法律效力是指法律的约束力，法的实效是指具有法律约束力的制定法的实际实施结果，故 A 项表述错误。法的实效侧重于法的实际效果；法的效果侧重评价法对社会的实际影响。法在社会生活中实际得到实施，都会产生实效，都会对社会生活产生或积极或消极的影响，但却不一定会产生法的效果。故 B 项表述正确，C、D 两项表述错误。

8. 答案：ABCD

解析：法的实效产生的条件包括：法的内容的有效性、法律制度的整体有效性。同时，法的实效还依赖于其他社会因素，如国家的基本制度、管理体制和运行机制，以及人的思想观念，特别依赖于国家的权威性。

9. 答案：BD

解析：法的实现的基本过程是法律规范的确定、法律事实的出现、法律关系的形成、法定权利义务的实现 4 个阶段。B 项属于法律事实的出现阶段，D 项属于权利、义务的实现阶段。A、C 项不是法的实现的阶段。

10. 答案：BD

解析：道德是一种社会现象，是由经济关系最终决定，按照善恶标准来评价，依靠社会舆论、内心信念和传统习惯加以维持的规范、原则和意识的总称。法律和道德之间密切关联、互相影响、互相渗透、相互作用。但是作为社会上层建筑的不同部分，道德和法律又有显著的区别：法律和道德的适用范围有所交叉，但亦有分工。道德不仅仅约束人的行为，还干预人的内心世界，有些道德问题是法律不宜涉及的，且两者的范围不同。道德和法律的外部约束力不同。对于道德约束力的不足，常常需要以法律的方式保证实施。而道德作为社会关系的重要调整手段，对法的实施运作起着积极的促进作用。

11. 答案：ABCD

解析：法的实施是指通过执法、司法和守法等途径，把法律规范具体运用于社会生活，使法作用于社会关系的活动。法的实施包括两大方面的内容：一是执法、司法，即国家机关及其公职人员严格执行法律、适用法律的活动；二是守法，即要求全体公民严格遵守法律规范的活动。

12. 答案：ABD

解析：理论上的通说认为，在美国是司法机关保障宪法的实施；在英国是立法机关保障宪法的实施；在德国是由专门机构即宪法法院保障宪法的实施。没有由政党来保障宪法实施的体制，所以只有 C 项是错误的。

13. 答案：AB

解析：法的实施就是使法律从书本上的法律变成行动中的法律，使它从抽象的行为模式变成人们的具体行为，从应然状态进入到实然状态，故 A 项正确。公安机关对涉嫌嫖娼的黄某采取强制措施属于行政机关依照法定职权和程序行使行政管理职权、履行职责、实施法律的活动，是执法，故 B 项正确。C 项属于法律解释。D 项出租车司机向公安机关举报宁某吸毒的行为属于法律监督。本题选 A、B。

简答题

1. 人类社会自形成之时就具有一定社会化程度，随着人类社会不断从低级形态向高级形态发展，社会调整的程度和技术不断完善，社会调整的适应性、有效性亦不断提高，直至形成现代化的社会控制系统。在现代统一民族国家形成之后，社会调整权限高度向国家集中，法律成为社会调整的主要手段。

法律调整已成为现代社会的主要控制手段，主要是通过法的创制及实施来实现其调控功能和目标，法的实施就是法律对社会进行调整或控制的过程。徒法不足以自行，法的实施不仅是一个动态的过程，也是一个依靠多种制度、机制和程序运行的系统工程。法的实施机制主要包括：法律制度及程序、非正式制度、法律职业群体、法律意识、法律实践活动、多元化纠纷解决机制以及社会自治、公民个人的参与等。

另外，法律无法单独实现对社会的控制，必须依赖一种综合性的社会控制系统和各种手段方式的有机整合。因此，法的实施必须充分重视道德、伦理、风俗习惯、宗教、共同体规范等调整机制的作用，使国家权力和法律调整与民间自治性社会调整机制相互协调。法的实施机制本身是一个法律与社会机制、国家权力与民间社会力量互动的过程和系统。

2. 法律职业是指专门从事司法及其他法律活动，具有国家授予的特定专业资格的职业法律工作者。狭义的法律职业，特指从事法律实务工作的专职人员，包括法官、检察官和律师。广义的法律职业，还包括其他法律职业（如仲裁员、调解员、公证员等）以及法学家和职业立法者。法律职业与国家、法律和司法活动几乎同时产生。在西方法律传统中，法律职业的形成，一方面是法律自治的需要，另一方面是法律适用活动的专业化和复杂性的客观要求。在现代法律体系中，受过专门的职业培训或教育、具有特殊的法律职业思维和技能的法律职业，被视为司法活动的主体要素或司法系统的软件，与法律规范本身具有同等的重要性。司法活动的独立性、专属性和技术性使法律职业逐步成为一个与其他行业有明显区别的专门职业。

法律职业在法的实施中的重要性和意义主要体现在：

（1）法律职业是法律自治的需要。法律职业问题的重要性首先是由法律机制自身的特点和运作规律所决定的。现代法治的一个基本要求就是法律的独立与自治，这种要求除需要在权力配置方面最大限度地保障立法的民主与科学，维护法律规范在社会调整中的普遍性与至上性，在执法与法律适用中保障程序的正当性等条件之外，还应当保证由一个专门的职业集团负责法律的运作。他们的理念、法律意识、技能和职业道德是保证法律的独立性、统一性与连续性的基本条件。

（2）高素质的法律职业是司法公正的保证。法律职业的素质决定着法律适用乃至法制运作的质量和效率。实际上，对一个社会法治状况的评价往往是通过法律家的行为及权威反映出来的。

（3）法律职业是发挥司法功能、建立司法权威的主体要素。法律职业是连接法律规范与社会生活的纽带和桥梁，影响着法在社会生活中的权威和作用。法律职业群体的行为直接决定着司法效果，是法制发展和改革的主观条件与动力，也是法制发展和改革的重要内容。

3. 法的实施需要在特定的社会环境中运行，因此各种社会因素都会对法的实施和实现产生影响，其中重要的因素包括：（1）国家的阶级本质及政治体制；（2）法律规范的正当性与合理性，与统治阶级及民众的利益、价值观和社会公共道德的适应程度；（3）法律与社会生活、经济发展的适应程度；（4）国家机关在其职权活动中贯彻法治原则的程度；（5）社会成员的法律意识水平，特别是对现行法律制度的认同程度；（6）法律文化传统，法律与习惯及其他社会规范的关系，以及法律与其他社会控制机制的关系；（7）法律职业的构成及作用。

4. 法的实施的社会效果，是指法律实施对社会产生的影响、作用，以及公众对法律效果的社会评价。执法机关在依法履行职责的同时，必须充分重视执法的社会效果，通过增加司法的民主性、公众和当事人的参与，以及协商、调解，克服法律的局限性，增加与社会的协调互动。考察法的实施的社会效果的基本指标包括：公众对法律适用（司法裁判）结果公正性的评价，司法公信力，裁判与主流价值的符合程度，当事人的满意程度，纠纷解决的彻底性，执法和司法活动的成本与效益，实质公正性与程序的合理性，犯罪率及诉讼率，社会主体法律意识与道德水准，社会自治及民主化程度，等等。法的实施对于社会和谐、稳定的作用，也是其中最重要的指标。

5. 效益强调的是成本与产出的效果或收益之比。法律是需要付出一定成本和代价的，而法律资源并不是免费和无限的，只有通过创制合理的法律规则及制度、降低执法成本，将有限的法律资源加以合理的利用，充分发挥各种社会资源的作用，才能使法律调整产生巨大的效益；而某些法律或制度如果施行成本过高，则说明其缺乏现实的实施条件或可行性，应考虑缓行或暂时放弃。考察法的实施的效益不能仅仅关注法律的经济效益，更需要关注其政治效益、社会效益和道德效益以及各种效益之间的关系，追求各种效益之间的平衡和统一。其具体意义和作用在于：（1）通过对法律效益的分析，发现影响法的实施及其效益的各个因素，包括常量和变量及对应关系，以便通过控制和调整这些因素，改善或修正法律规范、制度或实施中的具体环节。（2）通过对法律规范、制度或其中的个别要素的成本—收益分析，进行改革完善，实现法律效益的最大化，避免社会资源的浪费或滥用。

6. 执法是法的执行的简称。人们通常在广义和狭义两种含义上使用执法这个概念。其中，狭义的执法专指国家行政机关和法律法规授权、行政主体委托的组织及其公职人员依照法定职权和程序行使行政管理职权、履行职责、实施法律的活动。执法的基本原则包括：

（1）依法行政原则。这是指行政机关必须依照法定的权限、法定程序和法治精神进行管理，越权无效。具体要求是：第一，执法的主体合法；第二，执法的内容合法；第三，执法的程序必须合法。

（2）合理性原则。这是指执法主体在执法活动中，特别是在行使自由裁量权进行行政管理时，必须做到适当、合理、公正，即符合法律的基本精神和目的，具有客观、充分的事实根据和法律依据，与社会生活常理相一致。

（3）讲求效率原则。这是指行政机关应当在依法行政的前提下，讲求效率，主动有效地行使其权能，以尽可能低的成本取得最大的行政执法效益。效率原则是建立在行政合法性原则基础之上的。

（4）严格执法原则。要求执法者应当严谨、严肃、严明、公正地执法，应当在准确理解法律精神的基础上，严格规范地遵循法律，依法裁量当事人的行为，准确判断其是否符合法律的规定，是否需要依法惩处。

（5）正当程序原则。这是指执法机关在实施行政执法行为的过程中，必须遵循法定的步骤、方式、形式、顺序和时限，目的是使执法行为公平、公开、民主，保障公民、法人和其他组织的合法权益，促进行政权行使的合法性和合理性，提高行政效率。

在执法活动中还要坚持其他原则，比如比例原则、诚实守信原则、权责统一原则。

材料分析题

1.（1）法律效果是法治的首要目标，是指案件裁判结果要符合法律的规定和法律精神，努力实现基本的公平正义。社会效果是法治的最终目标，是指案件结果要能够让人民满意，案件结果要符合社会主流价值观和常情、常理、常识，提高人民群众对于结果的可接受性。建设社会主义法治国家，需要追求法律效果与社会效果的统一。

上述材料的做法，体现了对法律效果和社会效果统一的追求。具体体现在以下几点：1）材料一中，法官采用“帮助债务人炒股”的方式，既使债权人的正当权益得到保障，也从根本上解决了债权纠纷，实现了法律效果和社会效果的统一。2）材料二中，法官采用“债权入股”“债转股”的执行方式，既保障了债权的正当实现，又挽救了濒临破产的企业，有利于实现法律效果与社会效果的统一。

总之，案件执行的过程，是平衡法律裁决可预测性与可接受性的过程，作为职业法律人，应当努力追求二者的统一，实现法律效果与社会效果的统一，从而实现形式法治与实质法治的统一。

（2）首先，从法理学角度，案件执行必须坚持合法性原则。合法性原则是指权利的行使主体、范围、方式以及内容等，必须符合法律规定。合法性是合理性的前提，合法性指向可预测性，实现的是法治的确定性价值。从材料来看，无论是“炒股还债”还是“债转股”，法律虽然尚没有明文规定，但这些做法并没有违反法律的禁止性规定，而且这些做法取得了很好的法律效果与社会效果，值得提倡。

其次，从商法角度，案件执行必须坚持效益原则。所谓效益原则，是指应妥善选择案件执行方式，以最小的成本获取最大的收益。效益原则既是民事执行的基本原则，也是法律的基本原则，在法律实践中需要严格遵守。从材料来看，上述法官在案件执行中采用的具体措施，遵循了效益原则，符合“收益最大化”原则。

最后，从民事诉讼法角度看，案件执行中应注意区分司法服务与司法被动性。所谓司法被动性，是指案件的启动需要借助当事人的起诉，裁判的范围依赖的是当事人的诉讼请求，即所谓“不告不理”。从材料看，上述法官在案件执行中的具体做法，属于司法服务的范畴，并没有违反司法被动性原理。

2.（1）守法内容包括履行法律义务和行使法律权利。履行法律义务包括：1）履行消极的法律义务。这是指人们遵守法律规范中的禁止性规范，不作出一定的行为。2）履行积极的法律义务。这是指人们遵守法律规范中的命令性规范，作出一定的行为。行使法律权利是指人们通过自己作出一定的行为或者要求他人作出或不作出一定的行为来保证自己的合法权利得以实现，只有依法行使权利才是守法。

李某：1）“按照规定未停车”属于履行消极的法律义务；2）“在车辆行进中持续互殴”不属于“依法行使法律权利”。

刘某：1）“错过下车站点，要求立即下车”不属于“依法行使法律权利”；2）“抢夺方向盘”“互殴”不属于“依法行使法律权利”。

（2）全民守法是指全体社会成员和一切国家机关、政党、社会团体、企事业组织，都必须尊重宪法、法律权威，都必须在宪法、法律范围内活动，都必须依照宪法、法律行使权力或权利、履行职责或义务，都不得有超越宪法、法律的特权。实现全民守法，需要做到以下几点：1）开展法治宣传教育，弘扬社会主义法治精神，建设社会主义法治文化，增强全社会厉行法治的积极性和主动性。2）依法抑恶扬善、严格执法司法，形成守法光荣、违法可耻的社会氛围。3）必须发挥法治建设的强大效能，引导人民群众按照法律的规定和程序，依法表达利益诉求、依法维护自身权益。4）完善国家工作人员学法用法制度，坚持把领导干部带头学法、模范守法作为树立法治意识的关键，充分发挥领导干部率先垂范的带动效应，使全体人民都成为社会主义法治的忠实崇尚者、自觉遵守者、坚定捍卫者。

3.（1）违反了依法行政原则和正当程序原则，市场监管局没有告知行政相对人有要求举行听证的权利，违反了行政处罚法的相关规定在程序上剥夺了相对人申辩的机会。

（2）属于国家监督中的国家司法机关的监督，该监督有助于督促政府依法行使权力，提升管理和服务水平，切实保护公民、法人的合法权益。

论述题与深度思考题

1. 现代法治是一种通过法律调整而形成的社会秩序，这种秩序是以完善、良好的法律规则体系和正常运作的司法制度及实践为保证的。正式的法律制度、组织机构、程序和规则，尤其是以司法权独立行使为基本原则的现代司法制度，是法的实施中不可或缺的基础和保障。

非正式制度是作为正式法律制度的补充和辅助而存在的，同时又是法的实施中必不可少的社会机制。正式制度不仅需要大量的公共资源支持，而且往往因成本过高而无法有效运行；同时，国家权力对社会的全面干预也可能会破坏社会自治能力和共同体的积极作用，不利于社会的健康发展。现代社会为了调动社会和民间自治的力量参与法的实施过程，降低执法成本，提高法律控制的有效性，就需要通过非正式机制加以补充。

非正式制度无须过多耗用国家权力的严密控制，却更具有适应性和灵活性，能有效地维持基层社会的运行，是社会调整和治理中不可或缺的组成部分。

非正式制度在法的实施中的形式及作用主要包括：

（1）非正式基层司法制度或程序。一些国家在行政与政治中心以及中心城市建立正式司法体制和组织的同时，为了满足基层社会的需要，还在基层社区设立了各种非正式司法制度。

（2）民间社会性纠纷解决机制。现代社会自始就允许一些传统的民间社会性纠纷解决机制。20世纪中期以后，各国在司法改革中都在努力通过政策和法律扩大这些非诉讼机制的应用范围，并鼓励民众积极利用这些机制，在法律的框架下自主解决纠纷。我国的人民调解组织作为基层群众自治组织的组成部分，在实现基层自治和纠纷解决中发挥了重要的作用。

（3）随着当代社会纠纷解决的需求和司法功能的变化，原来由国家司法机关高度垄断的司法活动开始出现社会化的趋势。一些机构尽管不属于司法机关、不拥有司法权，但实际上却分流或承担了以往由司法机关承担的部分职能。

随着现代社会多元价值观和司法社会化的继续发展，非正式制度越来越受到法制社会的重视，不仅传统的非正式制度得以重振，新的机制和形式也在不断出现，其作用范围在不断扩大，社会对其认同和评价也日益提高。

一个公正、高效的社会控制机制通常应是一个由正式制度与非正式制度共同构成并相辅相成的系统，二者首先是并存与互补的关系。现代社会的社会调整和法的实施均不能仅仅依赖正式的法律制度和诉讼等机制，而必须同时鼓励和利用非正式制度；同时，国家也努力通过有效的法律制约和规范克服其弊端并防止其被滥用。非正式制度的合理、有效运行，不仅可以补充正式司法制度的不足、减轻其压力、降低其成本，同时还能沟通法律与社会的联系，缩短二者的差距，改善法律实施的效果。

在当代社会，正式制度与非正式制度之间的相互渗透不断发展、扩大，不仅非正式制度离不开法律的制约与监督，而且正式制度中也越来越多地引进社会力量，以克服司法制度与程序的局限，增加其民主化和常识化色彩，改善纠纷解决的质量和效果。

2. 法治的目标就是通过民主、科学的法律创制，良好的执法与司法系统，以及多元化的社会治理和纠纷解决机制，不断适应社会需求，保持社会的协调和发展。法治在其发展的任何阶段都需要强调和谐的价值，同时必须借助各种基本制度和机制，努力实现建立在公平、公正基础上的和谐，即确立良法、公正执法和纠纷预防以及纠纷解决必须同时并重。

（1）在建构和谐社会中必须充分注意民主的作用。一方面，在创建规则和制度时，需要充分考虑社会公平问题，通过民主程序协调“民意”和利益、建立“良法”；在资源分配方面应尽可能达到兼顾公平与效率。我国社会转型时期纠纷多发的情况，根源首先在于立法和制度上存在很多缺陷，比如社会保障制度还不够健全，贫富收入差距过大，“三农”问题尚未妥善解决，城市化过程中弱势群体的利益没有得到充分保证，国家对公共资源的投入不足，环境与发展的关系没有很好解决，许多社会转型中的政策没有调整好，等等，只有解决好这些前提性问题，才有助于从根本上改善纠纷发生及其解决的状况。也就是说，法律在建构社会和谐中的作用，首先是建立基本的法律秩序，维护人权，确立权利、义务。如果创制的法律规则是良法，就能够受到社会公众的欢迎，自觉守法的程度就可能相应提高，执法过程中出现的矛盾、纠纷、障碍就会相对减少。

（2）在某些社会争议及纠纷隐患初现端倪，尚未真正形成冲突之际，应尽快通过开放性的民主机制进行协调，例如通过立法听证、行政听证及民主参与，尽早作出公平的处理，使纠纷消解于萌芽状态，不致酿成激烈和大规模的冲突。毫无疑问，对于和谐社会的建构而言，实现社会的公平与效率，以科学的社会治理机制预防纠纷和早期介入，比纠纷解决更为重要。

（3）建立合理的多元化纠纷解决机制应对社会纠纷解决需求。纠纷是一种客观存在，它是对秩序的破坏，但其本身亦具有一定的积极意义。在社会正常发展的情况下，纠纷通常表现为具体的利益冲突或权利实现中的障碍，是对正常秩序的破坏或局部权利义务关系的重组。纠纷解决的目的，是通过一系列规则、行为和程序，消解纠纷，恢复或建立秩序。

3.（1）多元化纠纷解决机制是指由各种性质、功能、程序和形式不同的纠纷解决机制共同构成的整体系统。在这个系统中，各种制度或程序既有独立的运行空间，又能形成功能互补，以满足社会和当事人的多元化需求和选择自由。（2）多元化纠纷解决机制有多种形态：1）由公力救济、社会救济和私力救济构成多元化体系；2）由协商、调解和裁决构成多元化纠纷解决的方式；3）制度及程序呈现多元化；4）地域性、行业性以及自治共同体等多元化格局。（3）多元化纠纷解决机制的意义在于：适应了多元化的社会需要，赋予纠纷主体选择自由，符合社会生活的基本规律，从而最终能推动法治的进程。（4）建构多元化纠纷解决机制时需要注意的是：既要借助传统资源，也要进行现代化改造，并注重不同国家、文化之间的借鉴。

4.（1）法的实施，是使法律规范的要求在社会生活中获得实现的活动。法的实施是一个动态的过程，即将法律规范的要求转化为社会主体的行为，将法律规范中的国家意志转化为现实关系，使法律规范的抽象规定具体化、由可能性转变为现实性的过程。

（2）法律由国家制定或认可，意味着法律具有统一性和权威性。法的权威性不仅表现为人们必须遵守或服从它，还表现为当它与道德、宗教、政策等发生冲突时，它作为国家意志的体现具有更大的权威性。

（3）法律的权威性是法律实施的根本保障和动力。法律的权威性是指在国家生活中法律应当有至上的效力和尊严，宪法和法律拥有足够的力量规范权力运行、制约权力任性，维护宪法法律秩序，维护国家制度安全。法律权威的重要标志和基本保障在于法律由国家强制力保证实施。公正有效的法律实施会提升法律的权威性，促进权利得到充分实现，使权力受到有效制约，义务得到普遍履行。

5.（1）法的实施的目的是法的实现，而检验法的实施及社会调整的效果，一般可以采用法律效果和社会效果两个指标。1）法律实效。法律实效（efficacy of law），是指法律实施的法律效果，即人们按照法律规定的行为模式行为，法律得到实际遵守、执行或适用。法律实效是检验法的实施状况或程度的指标，能够反映出法律在社会生活中的作用，以及具体法律规范或制度的有效性。2）法的实施的社会效果。法的实施的社会效果，是指法律实施对社会产生的影响、作用，以及公众对法律效果的社会评价。

（2）法的实施需要在特定的社会环境中运行，因此，各种社会因素都会对法的实施和实现产生影响，其中重要的因素包括：1）国家的阶级本质及政治体制；2）法律规范的正当性与合理性，与统治阶级及民众的利益、价值观和社会公共道德的适应程度；3）法律与社会生活、经济发展的适应程度；4）国家机关及公职人员在其职权活动中贯彻法治原则的程度；5）社会成员的法律意识水平，特别是对现行法律制度的认同程度；6）法律文化传统，法律与习惯及其他社会规范的关系，以及法律与其他社会控制机制的关系；7）法律职业的构成及作用。

（3）法的正常实施依赖于各种制度条件和社会条件，一般而言，其中较重的包括：1）法律实施的成本与规则或制度的正当性及社会认同成反比。2）法律实施的有效程度与规则或制度的正当性（合法性）及执法成本成正比。3）法律实施的有效程度与社会主体（包括执法者和公民）的道德和守法意识成正比。4）习惯在法律实施和社会控制中具有重要作用。5）法律不仅可以确认发展传统，也可以进行积极的社会建构。6）法的实施不仅需要完善的执法和司法机制，还需要依靠社会力量和多元化纠纷解决机制。7）如果上述要素缺乏，则需要相应增加其他环节的力量。例如，社会主体守法意识差，就需要相应增加执法成本；再如，如果缺少足够的公共资源投入，就需要增加非正式制度的设计作为补充；又如，如果所有的环节或要素均严重缺失，那么该法律规则和制度就不具备创立和实施的基本条件。

第二十一章 法的适用

知识逻辑图

- 法的适用
  - 法的适用概述
    - 法的适用的概念
    - 法的适用的过程
      - 确认事实
      - 选择规范
      - 作出决定
      - 送达或公布
      - 执行
    - 法的适用的要求：正确、合法、及时
    - 法的适用的原则
      - 事实+法律
      - 法律面前一律平等
      - 司法机关依法独立行使职权
  - 司法适用
    - 概念和特征
      - 主体特定和专属性
      - 内容是将法律规范适用于具体案件和对象
      - 合法性和程序公正
      - 创造性的司法活动
    - 功能
      - 纠纷解决
      - 法律适用和规则确认
      - 维护政治秩序和权力的合法性
    - 构成要素
      - 司法体制
      - 司法组织
      - 法律规范体系与司法程序
      - 司法官与法律职业
      - 司法环境
      - 司法理念
  - 现代司法体制与司法公正
    - 现代司法体制的特征
      - 建立在宪法与民主基础上
      - 内部实行以法院为核心的分工
      - 法律家职业化
      - 司法监督与司法民主
    - 司法公正与程序正义
      - 司法公正的分类
      - 程序正义的意义
      - 司法公正的标准
      - 公正与效率、效益

- 法的适用
  - 行政适用
    - 概念和特征
      - 主体特定
      - 内容法定
      - 主动性
    - 基本方式与制度

名词解释与概念比较

1. 法的适用
2. 司法适用（考研）
3. 行政适用
4. 司法体制

选择题

（一）单项选择题

1. 法律格言说：“紧急时无法律。”关于这句格言含义的阐释，下列哪一选项是正确的？（　　）（司考）

A. 在紧急状态下是不存在法律的

B. 人们在紧急状态下采取紧急避险行为可以不受法律处罚

C. 有法律，就不会有紧急状态

D. 任何时候，法律都以紧急状态作为产生和发展的根本条件

2. 下列关于法的适用的国家强制性说法错误的是（　　）。

A. 任何法的适用行为都是代表国家作出的

B. 任何法的适用都具有一定的国家强制性

C. 法的适用的强制性在不同情况下并无差异

D. 法的适用的强制性是法的适用有效性的保证

3. 关于法律语言、法律适用、法律条文和法律渊源，下列哪一选项不成立？（　　）（司考）

A. 法律语言具有开放性，因此法律没有确定性

B. 法律适用并不是适用法律条文自身的语词，而是适用法律条文所表达的意义

C. 法律适用的过程并不是纯粹的逻辑推理过程，而有法律适用者的价值判断

D. 社会风俗习惯作为非正式的法律渊源，可以支持对法律所作的解释

4. 丹山县张庄电缆受到破坏，大面积停电 5 小时，后经调查得知为张某偷割电缆所致。张某被控犯“危害公共安全罪”，处以 5 年有期徒刑。张某不服，遂向上级法院提起上诉，称自己偷割电缆变卖仅得 50 元钱，顶多是“小偷小摸”行为。二审法官依照最高人民法院《关于审理破坏公用电信设施刑事案件具体应用法律若干问题的解释》维持原判。对此，下列哪一种理解是错误的？（　　）

A. 法官根据最高人民法院的解释对张某行为所作出的判断是一种事实判断

B.《关于审理破坏公用电信设施刑事案件具体应用法律若干问题的解释》是司法解释

C. 在这个案件中，法官主要运用了“演绎推理”

D. 张某对自己行为的辩解是对法律的认识错误

5. 下列属于规范性法律文件的是哪一种？（　　）

A.《治安管理处罚法》

B. 行政委任令

C. 公安机关的逮捕证

D. 人民法院的判决书

6. 关于法律原则的适用，下列哪一选项是正确的？（　　）

A. 案件审判中，先适用法律原则，后适用法律规则

B. 案件审判中，法律原则都必须无条件地适用

C. 法律原则的适用可以弥补法律规则的漏洞

D. 法律原则的适用采取“全有或全无”的方式

7. 全兆公司利用提供互联网接入服务的便利，在搜索引擎讯集公司网站的搜索结果页面上强行增加广告，被讯集公司诉至法院。法院认为，全兆公司行为违反诚实信用原则和公认的商业道德，构成不正当竞争。关于该案，下列哪一说法是正确的？（　　）（司考）

A. 诚实信用原则一般不通过“法律语句”的语句形式表达出来

B. 与法律规则相比，法律原则能最大限度实现法的确定性和可预测性

C. 法律原则的着眼点不仅限于行为及条件的共性，而且关注它们的个别性和特殊性

D. 法律原则是以“全有或全无”的方式适用于个

案当中

8. 在我国，对法的适用的表述错误的是（　　）。

A. 对案件事实的认定正确、案件定性准确、案件处理的结果正确

B. 法律适用不仅必须符合实体法的具体原则和规范，而且在程序以及方法和手段方面，也必须符合法律规定和要求

C. 执法机关在法律适用中应注重效率，在保证办案质量的前提下，必须在法定期限内尽快及时结案，不得拖延。效率与公正是相互统一的

D. 注重公平，效率居次

9. 下列有关法的适用的表述，正确的有（　　）。

A. 法的适用是行政机关的执法活动

B. 法的适用仅实施程序法的规定

C. 法的适用过程中不存在法律监督

D. 法的适用应做到既公正又有效率

10. 下列不属于执法的原则是（　　）。

A. 依法行政原则　　B. 公平合理原则

C. 注重效能原则　　D. 被动原则

11. 下列选项不符合“司法机关依法独立行使职权”原则的有（　　）。

A. 司法权由专门机关行使

B. 司法机关既要独立行使职权，又不得滥用自由裁量权

C. 任何机关、团体和个人不得以任何形式干预司法活动

D. 司法机关及其工作人员依法独立行使职权

12.“依法行政”属于（　　）。

A. 立法原则　　B. 法律修订的原则

C. 遵守法律的原则　　D. 法律适用的原则

13. 市民张某在城市街道上无照销售食品，在被城市综合管理执法人员查处过程中暴力抗法，导致一名城市综合管理执法人员受伤。经媒体报道，人们议论纷纷。关于此事，下列哪一说法是错误的？（　　）（司考）

A. 王某指出，城市综合管理执法人员的活动属于执法行为，具有权威性

B. 刘某认为，城市综合管理机构执法，不仅要合法，还要强调公平合理，其执法方式应让一般社会公众能够接受

C. 赵某认为，如果老百姓认为执法不公，就有奋起反抗的权利

D. 陈某说，守法是公民的义务，如果认为城市综合管理机构执法不当，可以采用行政复议、行政诉讼的方式寻求救济，暴力抗法显然是不对的

14. 下列有关司法平等原则的表述，正确的是（　　）。

A. 只有具备行为能力的公民在适用法律上才同等对待

B. 在同样违法的情况下，不满 18 周岁的公民和年满 18 周岁的公民受到同样的处罚

C. 执法机关、社会团体和公民个人在法律关系中的地位平等

D. 任何人在司法程序中都有保持人格平等的权利

15.“以事实为依据，以法律为准绳”要求我们在适用法律时（　　）。

A. 偶尔以政策为指导

B. 可以参考政策

C. 无条件服从政策

D. 只能作为法的适用机关和工作人员理解立法原意的依据

16. 原告与被告系亲兄弟，父母退休后与被告共同居住并由其赡养。父亲去世时被告独自料理后事，未通知原告参加。原告以被告侵犯其悼念权为由诉至法院。法院认为，按照我国民间习惯，原告有权对死者进行悼念，但现行法律对此没有规定，该诉讼请求于法无据，判决原告败诉。关于此案，下列哪一说法是错误的？（　　）（司考）

A. 本案中的被告侵犯了原告的经济、社会、文化权利

B. 习惯在我国是一种非正式的法的渊源

C. 法院之所以未支持原告诉讼请求，理由在于被告侵犯的权利并非法定权利

D. 在本案中法官对判决进行了法律证成

17. 某法院公布失信被执行人名单，以督促其履行义务。不少失信人在得知姓名被公布后迫于“面子”和舆论压力，找到法院配合执行。对此，下列表述正确的是（　　）。（考研）

A. 法院公布失信被执行人名单属于司法裁判活动

B. 公布失信人名单有助于形成尊重法律权威的社会氛围

C. 法院未经被执行人同意就公布其姓名信息侵犯了当事人的隐私权

D. 失信人迫于“面子”和舆论压力配合执行不属于守法行为

18. 下列行为中，属于狭义上的“法的适用”的是（　　）。（考研）

A. 检察机关以涉嫌贪污为由批准对某犯罪嫌疑人实施逮捕

B. 税务机关以涉嫌偷税为由对某企业的纳税情况进行检查

C. 婚姻登记机关以男女双方未到法定结婚年龄为由拒绝颁发结婚证书

D. 法官张某周末在家休息时主动为邻居调解纠纷

（二）多项选择题

1. 关于法的适用与法律论证，下列哪些说法是正确的？（　　）

A. 法的适用所处理的问题，既包括法律事实问题也包括法律规范问题，还包括法律语言问题

B. 法的适用通常采用逻辑中的三段论推理

C. 法的适用只要有外部证成即可，无须内部证成

D. 法律论证是一个独立的过程，与法律推理、法律解释没有关系

2. 刘某丧偶，有一子一女。在刘某晚年，其女对其照顾有加，其孝行在方圆几十里传为美谈。刘某去世之后留有祖传玉镯 4 对、官窑笔洗 1 只，女儿想分得其中部分器物，但刘某儿子认为按照族规女儿无继承权，其妹不能继承。也有村民指责刘某的女儿无理取闹。对此，下列哪些说法可以成立？（　　）

A. 在农村地区，应该允许风俗习惯优先于法律规定

B. 法与习俗的正当性之间存在一定的紧张关系

C. 中国法的现代化需要处理好国家的制定法与“民间法”之间的关系

D. 中国现行法律与中国人的传统观念有一定的冲突

3. 2011 年，李某购买了刘某一套房屋，准备入住前从他处得知该房内两年前曾发生一起凶杀案。李某诉至法院要求撤销合同。法官认为，根据我国民俗习惯，多数人对发生凶杀案的房屋比较忌讳，被告故意隐瞒相关信息，违背了诚实信用原则，已构成欺诈，遂判决撤销合同。关于此案，下列哪些说法是正确的？（　　）（司考）

A. 不违背法律的民俗习惯可以作为裁判依据

B. 只有在民事案件中才可适用诚实信用原则

C. 在司法判决中，诚实信用原则以全有或全无的方式加以适用

D. 诚实信用原则可以为相关的法律规则提供正当化基础

4. 法律适用的结果即作出法律决定，并通过特定的载体或形式——适用法的文件——加以发布。适用法的文件通常需要以法定的书面形式作出，具有正式性，其特点有（　　）。

A. 适用法的文件是针对具体对象或事件作出的，即把法律规范适用于具体和个别情况

B. 适用法的文件是一次有效的，只对被适用的具体案件有效，而不能成为以后适用该法律规范的依据

C. 适用法的文件能成为法律事实，可以引起法律关系的产生、变更或消灭；或者确定法律关系的存在、证明某种事实的法律意义等

D. 适用法的文件具有特定的法律效力

5. 甲公司派员工伪装成客户，设法取得乙公司盗版销售其所开发软件的证据并诉至法院。审理中，被告认为原告的“陷阱取证”方式违法。法院认为，虽然非法取得的证据不能采信，但法律未对非法取证行为穷尽式列举，特殊情形仍需依据法律原则具体判断。原告取证目的并无不当，也未损害社会公共利益和他人合法权益，且该取证方式有利于遏制侵权行为，应认定合法。对此，下列哪些说法是正确的？（　　）（司考）

A. 采用穷尽式列举有助于提高法的可预测性

B. 法官判断原告取证是否违法时作了利益衡量

C. 违法取得的证据不得采信，这说明法官认定的裁判事实可能同客观事实不一致

D. 与法律规则相比，法律原则应优先适用

6. 司法适用，即司法机关依法行使职权，按照法定程序处理案件，将法律规范适用于具体案件或对象的活动。法官依法办案，是司法适用的典型形式。司法适用的特征是（　　）。

A. 司法适用主体具有特定性和专属性，人民法院和人民检察院是专门的司法机关

B. 将法律规范适用于具体案件和对象（人或组

织），对违法犯罪行为施加法律制裁，解决纠纷或进行法律救济

C. 司法机关在法律适用中从权限、主管、管辖、活动方式到法律适用对象和结果都必须严格依法办事，包括严格遵循实体法和程序法

D. 司法适用是一种具有很强创造性的司法活动，不仅要求司法人员具有很高的法律专业素质和职业道德，而且要求其娴熟地掌握特定的法律思维和法律解释、推理等技术和方法

7. 下列关于执法与守法的概念及关系的理解有哪些是正确的？（　　）

A. 执法与守法的主体、客体完全相同

B. 执法的主体应守法，守法的主体也执法

C. 执法与守法都包含行使权利（或权力）、履行义务两个方面

D. 执法与守法均通过行为表现出来

8. 下列哪些活动不属于执法？（　　）

A. 某法院与一公司签订审判庭的装修协议

B. 海关工作人员认为某人有走私嫌疑而查办该案件

C. 监察委根据群众检举对某人的受贿行为进行调查

D. 某审判员办案途中发现两个人发生口角对其进行劝解

9. “公民在法律面前人人平等”的原则要求（　　）。（考研）

A. 所有的公民都应无差别地享有相同的法律权利

B. 任何合法权利受到侵犯的公民都应一律平等地受到法律的保护

C. 所有的公民都应毫无例外地履行相同的法律义务

D. 对任何公民的违法犯罪行为都必须依法追究其法律责任

简答题

1. 简述现代司法体制的特征。
2. 简述司法民主原则的要求。
3. 简述司法公正的标准。
4. 简述我国司法机关依法独立行使职权原则的内涵。（考研）

材料分析题

1. 材料：党的十八届三中全会决议针对司法体制改革作出了以下部署：

（1）确保依法独立、公正行使审判权、检察权。改革司法管理体制，推动省以下地方法院、检察院人、财、物统一管理，探索建立与行政区划适当分离的司法管辖制度，保证国家法律统一、正确实施。

（2）建立符合职业特点的司法人员管理制度，健全法官、检察官、人民警察统一招录、有序交流、逐级遴选机制，完善司法人员分类管理制度，健全法官、检察官、人民警察职业保障制度。

（3）健全司法权力运行机制。优化司法职权配置，健全司法权力分工负责、互相配合、互相制约机制，加强和规范对司法活动的法律监督和社会监督。

（4）改革审判委员会制度，完善主审法官、合议庭办案责任制，让审理者裁判、由裁判者负责。明确各级法院职能定位，规范上下级法院审级监督关系。

（5）推进审判公开、检务公开，录制并保留全程庭审资料。增强法律文书说理性，推动法院生效裁判文书公开。严格规范减刑、假释、保外就医程序，强化监督制度。广泛实行人民陪审员、人民监督员制度，拓宽人民群众有序参与司法的渠道。

问题：

（1）上述材料中第（1）（3）（4）项涉及哪一项司法原则？其含义是什么？

（2）上述材料第（2）项措施有何意义？

（3）上述材料第（5）项涉及司法的哪些特征？其意义是什么？

2. 2019 年 9 月，某基金公司总经理李某涉嫌内幕交易罪，Y 省 S 市人民检察院依照《刑事诉讼法》第 176 条提起公诉，S 市中级人民法院依照《刑事诉讼法》第 24 条的规定对该案进行了审理。法院认为：李某犯内幕交易罪，涉案金额 2 亿元，非法所得 1 832 万元，情节严重；依照《刑法》第 180 条的规定，应处 5 年以下有期徒刑或拘役；李某案发后，主动到公安机关投案，如实交代自己的罪行，有自首情节，可以从轻处罚。S 市中级人民法院判处李某有期徒刑 3 年，缓期 5 年执行。S 市人民检察院认为：李某涉案金额特别巨大，犯罪情节特别严重，依照《刑法》第 180 条的规定应处 5 年以上 10 年以下有期徒刑；一审法院适用

法律不当、量刑过轻。S市人民检察院依照《刑事诉讼法》第228条提出抗诉。Y省高级人民法院依照《刑事诉讼法》第234条的规定启动二审程序，最终对一审判决予以改判。

运用法理学的相关知识，回答下列问题（考研改编）：

（1）上述材料中，哪些司法活动体现了对于程序公正的追求？

（2）上述材料中，哪些司法活动体现了对于实体公正的追求？

（3）结合材料，分析司法活动中为何要兼顾实体公正和程序公正。

3. 杨某在电梯内对老人段某的吸烟行为加以劝阻，段某不听劝阻，还情绪激动，杨某随即离开。二十分钟后，段某在小区内倒地身亡。段某的妻子将杨某诉至法院，要求其赔偿40万元。一审法院认为杨某并无过错，但基于公平原则判决杨某向段妻补偿1.5万元。该判决一经媒体报道，受到广泛关注，社会舆论普遍认为杨某不应补偿。

结合材料，运用法理学相关知识，回答以下问题（考研）：

（1）法律原则有什么特点，是否可以成为法院裁判的依据？

（2）司法审判应如何实现法律效果与社会效果相统一？

4. 材料1：人民法院依照法律规定独立行使审判权，不受行政机关、社会团体和个人的干涉。人民检察院依照法律规定独立行使检察权，不受行政机关、社会团体和个人的干涉。一切国家机关和国家工作人员必须依靠人民的支持，经常保持同人民的密切联系，倾听人民的意见和建议，接受人民的监督，努力为人民服务。

——摘自《中华人民共和国宪法》

材料2：最高人民法院对全国人民代表大会及其常务委员会负责并报告工作。地方各级人民法院对本级人民代表大会及其常务委员会负责并报告工作……上级人民法院监督下级人民法院的审判工作。

——摘自《中华人民共和国人民法院组织法》

材料3：最高人民检察院对全国人民代表大会及其常务委员会负责并报告工作。地方各级人民检察院对本级人民代表大会及其常务委员会负责并报告工作。最高人民检察院领导地方各级人民检察院和专门人民检察院的工作，上级人民检察院领导下级人民检察院的工作。

——摘自《中华人民共和国人民检察院组织法》

请阅读上述材料，运用法理学知识和原理回答下列问题（考研改编）：

（1）材料反映了我国法的适用中的哪一项基本原则？

（2）该基本原则的内容和要求是什么？

（3）结合材料分析如何正确适用这一原则？

论述题与深度思考题

1. 请分析法律适用的基本原则。

2. 普通法系国家实行判例法制度，法官在判决过程中会非常重视先前法官对类似案件的判决，并受“严格遵循先例”原则约束。在我国，法院审理案件主要依据成文法律及司法解释，同时最高人民法院也在《最高人民法院公报》上或以其他方式公布典型案例来指导审判实践。请针对上述司法实践谈谈你的看法。

3. 运用法理学的知识，并适当结合我国现行宪法和古代法律制度的有关规定，论述当代中国公民在法律适用上一律平等原则。（考研）

参考答案

名词解释与概念比较

1. 法的适用，也称法律适用或法律规范的适用，指国家机关和国家授权的机构组织按照法律的规定运用国家权力，将法律规范运用于具体的对象，用以处理具体问题（事件）的专门活动。法律适用包括行政适用和司法适用，其中司法适用是法律适用的典型形式，即狭义的法律适用。

2. 司法适用，是司法机关依法行使职权，按照法定程序处理案件，将法律规范适用于具体案件或对象的活动。法官依法办案，是司法适用的典型形式。司法适用的特征有：（1）司法适用的主体具有特定性和专属性，只有国家司法机关拥有这种权力。（2）司法适用活动的内容是将法律规范适用于具体案件和对象。（3）司法适用要求严格遵守合法性和程序公正原则。（4）司法适用依靠司法人员对法律的理解和解释，是一种具有很强的创造性的司法活动。

3. 行政适用，是指国家行政机关及其公职人员，依照法定职权及程序，将法律规范适用于特定的行政相对人或事，调整行政关系的活动。行政适用的特征是：（1）行政适用的主体主要是国家行政机关，此外还包括国家授权的单位。除此之外的其他组织机构不得行使国家行政权力。（2）行政适用是行政机关将法律、法规适用于具体行政相对人或事的活动。（3）行政适用是行政执法机关在其职权范围内依法行使国家行政权力、实施法律法规的活动，具有主动性。

4. 司法体制，是指一个国家有关司法机关的设置、各司法机关之间的职权划分和相互关系的体系、制度、形式和活动原则的总称。司法体制涉及司法机关在国家权力体系中的地位、构成方式等问题，集中体现为宪法规定的司法组织体系及其与立法、行政及其他权力之间的关系。司法体制中涉及的另一个重要问题是审判权与其他司法权之间的关系，如与公诉权、侦查权和司法行政权之间的关系等。

选择题

（一）单项选择题

1. 答案：B

解析：选项A错误：任何时候都存在法律。选项B正确：紧急避险行为是法定的免责事由。选项C错误：紧急状态的存在是由法律明确规定的。选项D错误：法律不是以紧急状态而是以社会生产力和生产关系的社会条件作为产生和发展的根本条件的。

2. 答案：C

解析：法的适用具有一定的国家强制性。任何法的适用的行为都是以国家的代表的身份代表国家作出的。法的适用的强制性因不同类别的适用而有所差异，也是法的适用有效性的保证。法的遵守本身虽然不直接具有国家强制力执行的性质，但是可以通过必要的法律程序获得国家强制力的保护。

3. 答案：A

解析：法律的主要形式是成文法，它是通过语言表达出来的，语言具有开放性，在不同语境下可能会表示不同的含义，但不能因此就得出法律没有确定性的结论，因为法律语言是非常精确的，结合法律的上下文人们一般可以得出明确的结论。确定性、明确性是现代法律的突出特点和优点。法律适用并不是适用法律条文自身的语词，而是适用法律条文所表达的意义，法律解释的目的就是寻找和确定法律条文的意义。由于法律解释、法律推理是法律工作者的思维活动，所以法律适用的过程并不是纯粹的逻辑推理过程，而且体现着法律适用者的价值取向、价值判断，尤其是在疑难案件中表现得更为突出。另外，社会风俗习惯作为非正式的法律渊源，可以支持对法律所作的解释，对法的正式渊源起到积极的作用。因此A项错误，当选。

4. 答案：A

解析：法官根据最高人民法院的解释对张某行为所作出的判断是一种价值判断，而非事实判断。因此，选项A错误。选项B、C、D明显正确，不赘述。

5. 答案：A

解析：本题考查规范性法律文件和非规范性法律文件的区别。规范性法律文件，是指有权制定法律规范的国家机关所发布的、具有普遍约束力的法律文件，属于法律的正式渊源；非规范性法律文件，是指国家机关在适用法的过程中发布的个别性文件，如判决、裁定、行政决定等。《治安管理处罚法》作为全国人大制定的法律，是一种具有普遍约束力的法律文件，属于规范性法律文件；而行政委任令（行政决定）、逮捕证（司法决定）、判决书都属于个别性文件，仅适用于特定的当事人，属于非规范性法律文件。故选A。

6. 答案：C

解析：现代法理学一般都认为法律原则可以克服法律规则的僵硬性缺陷，弥补法律漏洞，保证个案正义，在一定程度上缓解规范与事实之间的缝隙，从而能够使法律更好地与社会相协调一致。但由于法律原则内涵高度抽象、外延宽泛，不像法律规则那样对假定条件和行为模式有具体、明确的规定，所以当法律原则直接作为裁判案件的标准发挥作用时，会赋予法官较大的自由裁量权，从而不能完全保证法律的确定性和可预测性。为了将法律原则的不确定性减小到一定程度之内，需要对法律原则的适用设定严格的条件：

（1）穷尽法律规则，方得适用法律原则。只有出现无法律规则可以适用的情形，法律原则才可以作为弥补“规则漏洞”的手段发挥作用。

（2）除非为了实现个案正义，否则不得舍弃法律规则而直接适用法律原则。这个条件要求，如果某个法律规则适用于某个具体案件，没有产生极端的不可容忍的不正义的裁判结果，法官就不得轻易舍弃法律规则而直接适用法律原则。

（3）没有更强理由，不得径行适用法律原则。在判断何种规则在何时及何种情况下极端违背正义时，其实难度很大，法律原则必须为适用第二个条件规则提出比适用原法律规则更强的理由，否则上面第二个条件规则就难以成立。

根据上述表述，A、B 项是错误的，C 项是正确的。D项中，“全有或全无”是法律规则的适用方式，而非法律原则的适用方式，因此，D项错误。

7. 答案：C

解析：A项考查法律语句。法律语句就是指表达法律规范（一般而言，法律规范包括法律规则和法律原则）的语句，法律语句具体又包括规范语句和陈述语句。题干中提到的“诚实信用原则”属于民法基本原则之一，将其表述出来的语句当然属于法律语句。故A项错误。

B、C、D三项考查法律规则与法律原则的区别。关于二者的区别见下图。

区别	法律规则	法律原则
目标不同	实现法的确定性、可预测性	实现法的正当性、可接受性
着眼点不同	着眼于特定类型行为的共性	着眼于共性，更关注个性
适用方式不同	全有或全无的形式	不是全有或全无的形式
对自由裁量的限制不同	限制较大	限制较小

B项认为“与法律规则相比，法律原则能最大限度实现法的确定性和可预测性”，这种说法正好说反了。故B项错误。C项说法正确。法律原则关注行为的共性，但更关注行为的个别性（或特殊性），原因如下：法律原则过于抽象，往往需要结合具体的个案才能确定该原则在个案中的含义。D项错误，法律原则的适用不是“全有或全无”的形式，原因如下：同一个案件中可以适用多个原则；甚至相互冲突的原则都可能存在于同一个法律文件中。

8. 答案：D

解析：法的适用的基本要求是正确、合法、及时，所以A、B、C项表述均正确。执法机关在法律适用中应注重效率，在保证办案质量的前提下，必须在法定期限内尽快及时结案，不得拖延。效率与公正是相互统一的。所以D项的表述是不正确的。

9. 答案：D

解析：本题考查法的适用。狭义的法的适用即司法，是指国家司法机关依据法定职权和程序，具体应用法律处理案件的专门活动。它不同于法的执行，即执法，故A项错误。法的适用的对象既包括实体法，也包括程序法，故B项错误。法律监督的内容是指法律监督对象行为的合法性问题，其中主要是指国家机关及其公职人员职务活动的合法性，也包括法的适用过程的合法性，故C项错误。本题应选D项。

10. 答案：D

解析：本题考查行政执法的原则。行政执法的原则有：合法性原则、合理性原则、效率原则。故选择D。

11. 答案：C

解析：“司法机关依法独立行使职权”有三重含义：司法权具有专属性；行使职权具有独立性；行使职权的合法性。所以A、B、D项的表述均无不当。C项的表述过于绝对，司法机关独立行使职权不受行政机关、社会团体和个人的非法干预，但要受党的领导，也要接受群众监督。

12. 答案：D

解析：法律适用的原则包括：以事实为依据，以法律为准绳；公民在法律适用上一律平等；依法行政与依法独立行使职权原则。所以，D项的表述正确。

13. 答案：C

解析：在日常生活中，人们通常在广义与狭义两种含义上使用执法这个概念。广义的执法，或法的执行，是指所有国家行政机关、司法机关及其公职人员依照法定职权和程序实施法律的活动。狭义的执法，或法的执行，则专指国家行政机关及其公职人员依法行使管理职权、履行职责、实施法律的活动。人们把行政机关称为执法机关，就是在狭义上使用执法的。执法的特点之一是以国家的名义对社会进行全面管理，具有国家权威性。因此，A项正确。

执法的基本原则是：（1）依法行政的原则。这是指行政机关必须根据法定权限、法定程序和法治精神进行管理，越权无效。这是现代法治国家行政活动的一条最基本的原则。(2) 讲求效能的原则。这是指行政机关应当在依法行政的前提下，讲究效率，主动有效地行使其权能，以取得最大的行政执法效益。(3) 公平合理的原则。这是指行政机关在执法时应当权衡多方面的利益因素和情境因素，在严格执行规则的前提下做到公平、公正、合理、适度，避免由于滥用自由裁量权而形成执法轻重不一、标准失范的结果。因此，执法不仅要合法，还要强调公平合理，故B项正确。

执法具有国家强制性，如果行政当事人对行政机关的执法行为不服，可以根据法律的规定进行复议或提起诉讼来维护自己的合法权益，而不能采取极端的暴力措施进行奋起反抗。因此，C项说法错误，D项说法正确。

14. 答案：D

解析：无论当事人是否具备行为能力，在适用法律上都应同等对待，故A项表述错误。不满18周岁的公民和年满18周岁的公民在责任能力上有差异，应受到不同的处罚，故B项表述错误。执法机关、社会团体和公民个人在法律关系中的地位有可能是不平等的，故C项表述错误。“任何人在司法程序中都有保持人格平等的权利”表述正确，符合司法平等的含义。

15. 答案：D

解析：“以事实为依据，以法律为准绳”，反对以政策为准绳。政策只应当对立法产生一定程度的影响，在法的适用中只能作为法的适用机关和工作人员理解立法原意的依据，不能作为法的适用的准绳。

16. 答案：A

解析：A项和C项考查权利与法定权利的区分。法定权利仅仅是指被法律化的那部分权利，由此可见，是否被法律明文规定或明确保护，是区分法定权利与权利的主要标准。本题中，悼念权并没有明文的法律规定，因此，悼念权只是属于普通的“权利”，而不是“法定权利”，法院也恰因此而判决原告败诉。C项正确。同理，A项中提到的“经济、社会、文化权利”是宪法专有概念，主要内容是：经济权利主要包括财产权、劳动权、休息权、物质帮助权；文化权利主要包括受教育权，科学文化权利；社会权利主要包括社会保障权、退休权以及婚姻、家庭、母亲、儿童等权利。悼念权不属于“法定权利”，更谈不上“经济、社会、文化权利”。故A项错误。

B项考查我国法的渊源。我国法的渊源包括正式渊源与非正式渊源，其中，非正式渊源主要包括：党的政策、习惯、道德，等等。故B项正确。

D项考查法律证成。本题中，法官认为“现行法律对此没有规定，该诉讼请求于法无据”，从而得出“原告败诉”的结论，这正是采用了法律证成（主要是内部证成）的方法。故D项正确。

17. 答案：B

解析：法院公布失信被执行人名单属于司法执行活动，不是司法裁判活动，故A项错误。公布失信人名单有助于督促失信人及时履行自己的法律义务，形成尊重法律权威的社会氛围，失信人配合执行属于守法行为，故B项正确，D项错误。公民依法享有隐私权及名誉权，但为了保障当事人的合法权益，我国对于这些权利的保护又进行了相关限制，最高人民法院《关于修改〈最高人民法院关于公布失信被执行人名单信息的若干规定〉的决定》赋予了人民法院公开失信被执行人名单的权力，故C项错误。

18. 答案：A

解析：法的适用分为广义上的法的适用和狭义上的法的适用。狭义上的法的适用就是司法，通常指国家司法机关依照法定职权和程序，具体适用法律处理各种案件的专门活动。我国司法的司法机关仅指人民法院、人民检察院。B、C两项主体不符，不当选。D选项中虽然行为主体是法官，但其行为属于个人行为，因此也不属于司法。本题选A。

（二）多项选择题

1. 答案：AB

解析：本题考查法的适用的一般原理。

选项A、B说法正确：整体上来说，法律人适用有效的法律规范解决具体个案纠纷的过程在形式上是逻辑中的三段论推理过程即大前提、小前提和结论。具体来说，法律人适用法律解决个案纠纷的过程，首先要查明和确认案件事实，作为小前提；其次要选择和确定与上述案件事实相符合的法律规范，作为大前提；最后以整个法律体系的目的为标准，从两个前提中推导出法律决定或法律裁决。这个过程实质上也是法律人在其业务操作中的思维或推理过程。

选项C说法错误：在法律适用中，内部证成和外部证成是相互关联的。

选项D说法错误：法律推理不能完全独立于法律解释。法律推理是为了得出法律判决的结论，找出确定的答案是法律推理的主要目的，而法律解释的目的是进一步明确法律的意义。法律解释只是为法律论证提供了命题，命题本身的正确与否不是靠解释来完成的，它只能通过法律论证的方法来加以解决。法律推理也不能完全独立于法律论证。通过法律论证，法官们可以进行比较与鉴别，从各种解释结果中找出最好的答案。

2. 答案：BCD

解析：法与习惯都是调整人们行为的规范，都在社会生活中调整着人们的行为。二者既相互补充又相互冲突。我国没有承认习惯作为正式的法律渊源，在习惯与法律规定冲突时就要按照法律的规定行事。在法律现代化的过程中，我们要处理好法律与习惯的关系，使二者和谐共存。故本题中只有选项A的表述不正确。所以，本题答案为B、C、D。

3. 答案：AD

解析：民俗习惯属于“非正式法律渊源”，具有说服力和参照力。在司法实践中，一般要优先适用法律，特殊情况下也可适用民俗习惯，尤其是在民商事案件中，如果遇到法律缺位或个案不正义的情形，可直接用民俗习惯来裁判。故A项正确。

诚实信用原则既是民法基本原则，也是行政法基本原则，行政案件中也可适用该原则。故B项错误。

需要注意的是，刑法调整的主要是“罪”与“罚”的问题，并没有直接将“诚实信用”作为基本原则。

法律原则不是以“全有或全无”的方式适用的；法律规则才是以“全有或全无”的方式适用。故C项错误。

法律原则是法律规则的指导性规定，是法律规则的基础和本源，可以为法律规则提供正当化的基础或根据。故D项正确。

4. 答案：ABCD

解析：本题考查的是适用法的文件的特点。其特点是：(1) 适用法的文件是针对具体对象或事件作出的，即把法律规范适用于具体和个别情况。(2) 适用法的文件是一次有效的，只对被适用的具体案件有效，而不能成为以后使用该法律规范的依据。(3) 适用法的文件能成为法律事实，可以引起法律关系的产生、变更或消灭；或者确定法律关系的存在、证明某种事实的法律意义等。(4) 适用法的文件具有特定的法律效力。其中司法裁判能够产生既判力，对案件当事人、作出裁判的法院和其他法院都具有约束力，不得拒不执行，非经特定的法律程序不得加以变更、撤销。同时，在法的适用最终结果生效之前，还可以通过特定的复议、上诉等程序，保证法律适用的准确性、正当性和权威性。故答案为A、B、C、D。

5. 答案：ABC

解析：A项考查法律适用的目标。目标是可预测性与可接受性结合。其中，可预测性是指严格遵守法律规定，严格依法办事。如果立法时采用“穷尽式列举”(当然现实中很难做到)，就会为人们提供事无巨细的、毫无漏洞的行为根据，人们仅需严格按照法律的规定来行为即可，这有利于提升法的可预测性。故A项正确。

B项考查事实判断和价值判断。事实判断与价值判断只能作出“相对区分”，二者不是截然对立的。现实往往是：法官对事实进行认定或者取舍时，往往要进行价值上的衡量（利益衡量）；反过来，法官进行价值衡量时也不能完全脱离案件事实。本题中，法官在判断原告取证是否违法时，对公共利益和他人利益进行了衡量，故B项正确。

C项涉及客观事实和法律事实。法律适用中采用的是“法律事实”而不是“客观事实”，二者的根本差别在于：法律事实仅限由法律根据的事实，即具有合法性。因此，非法证据获得的事实，虽然属于客观事实，但不具有合法性，因此不能作为法律事实，也就是说，法律事实可能与客观事实不一致。故C项正确。

D项涉及法律规则与法律原则的区别。法律规则明确具体，侧重实现的是法律的可预测性，一般情况下要优先适用。故D项错误。

6. 答案：ABCD

解析：A项正确：司法适用的主体具有特定性和专属性，只有国家司法机关拥有这种权力。在我国，人民法院和人民检察院是专门的司法机关。人民法院依法审判，将法律规范适用于具体案件的活动是典型的司法适用活动，也是法律适用研究的重点。狭义的司法适用或法律适用特指法院的司法裁判活动。

B项正确：司法适用活动的内容是将法律规范适用于具体案件和对象（人或组织），包括确认、变更或解除特定的权利义务关系，对违法犯罪行为施加法律制裁，解决纠纷或进行法律救济，其目的是保证法律规范的实施和法的实现。司法适用以国家强制力为后盾，是法的实施的最具权威性和终局性的手段，在出现纠纷或障碍，既定的权利、义务无法实现时，司法适用可以提供最后的救济。

C项正确：司法适用要求严格遵守合法性和程序公正原则。司法机关在法律适用中从权限、主管、管辖、活动方式到法律适用对象和结果都必须严格依法办事，包括严格遵循实体法和程序法。除了检察机关和公安机关对刑事犯罪的追究和提起公诉等司法活动，以审判机关为基点的司法适用活动具有中立性、消极性和被动性特征，即以“不告不理”和事后救济为基本特征。

D项正确：司法适用依靠司法人员对于法律的理解和解释，是一种具有很强创造性的司法活动。为此，不仅要求司法人员具有很高的法律专业素质和职业道德，而且要求其娴熟地掌握特定的法律思维和法律解释、推理等技术和方法。

7. 答案：CD

解析：本题考查执法与守法的概念及比较。所谓“执法”，包括广义和狭义二种，狭义上的执法是指享有行政管理职权的国家机关及其公职人员依法行使管理职权、履行职责、实施法律的活动，称为“行政执法”。所谓“守法”，是指国家机关、社会组织和公民依照法律规定，正确行使权利、切实履行义务的活动。(1) 从主体上看，执法的主体仅包括国家行政机关及其公职人员，而守法的主体（在现代国家）包括一切国家机关、组织和个人，后者比前者宽泛，因此A、B项错误。(2) 从客体看，严格地说，执法的客体也要比守法的客体范围小。一般来说，守法的主体要遵守在一国范围内所有有效的规范性法律文件（法律）和非规范性法律文件（如判决），而执法的客体则主要涉及行政类规范性法律文件，故A项错误。(3) 从内容看，执法包括行政机关及其公职人员依照法律，行使公权力进行日常管理，并履行法定义务的行为；守法包括人们依法通过自己的行为行使法律权利、履行法律义务。而这些都通过行为（作为/不作为）表现出来，因此C、D项正确。

8. 答案：AD

解析：本题考查对执法含义的理解。执法包括广义和狭义二种，狭义上的执法是指行使行政管理职能的国家机关及其公职人员依法行使管理职权，履行职责、实施法律的活动。查办有走私嫌疑的案件是海关的行政职责与职权所在，属于执法活动，故B项正确，不选。监察委根据群众检举对某人的受贿行为进行调查不属于执法活动，故C项正确，不选。至于法院与公司签订装修协议属于合法的民事活动，是一种守法行为；而某审判员办案途中发现两个人发生口角对其进行劝解是一种自发或自觉的社会行为（不属于职务行为），故A、D项错误，应选。

9. 答案：BD

解析：在法的适用领域，公民在法律面前一律平等的基本含义是：第一，在我国，法律对于全体公民，不分民族、种族、性别、职业、社会出身、宗教信仰、财产状况等，都是统一适用的，所有公民依法享有同等的权利并承担同等的义务。第二，任何权利受到侵犯的公民一律平等地受到法律的保护，不能歧视任何公民。第三，在民事诉讼和行政诉讼中，要保证诉讼当事人享有平等的诉讼权利，不能偏袒任何一方当事人；在刑事诉讼中，要切实保障诉讼参与人依法享有的诉讼权利。第四，对任何公民的违法犯罪行为，都必须追究法律责任，依法给予相应的法律制裁，不允许有不受法律约束或凌驾于法律之上的特殊公民，任何超出法律之外的特殊待遇都是违法的。

考生应当注意，所有公民都应同等地享有权利、同等地履行义务，但同等不等于相同，事实上人们无法实现绝对的平等，因此法律平等也承认合理差别。故本题选B、D。

简答题

1. (1) 建立在宪法与民主制度之上。

(2) 司法体制内部实现以法院为核心的权限与职能的分工。通常体现为：1) 法院独立行使审判权，通过建立法院组织体系和审级制度在各法院之间明确划分管辖权；2) 检察机关独立行使公诉权和监督权；3) 侦查机关行使侦查权；4) 司法行政机关承担法律教育、法律职业管理、司法官提名任命以及司法机关的财政管理等多方面的司法行政职能；5) 部分司法职能向社会团体和组织扩展，司法与民间社会机构之间在纠纷解决方面的合作不断扩大。

(3) 法律家的职业化。司法活动的专门化、技术化需要由专门的法律家进行操作，独立的法律职业集团成为现代司法运作的基本条件。

（4）建立司法监督与司法民主的制约机制。现代司法权独立行使并不意味着司法权不受限制，司法权独立行使是建立在对人民主权的依存基础上的。

2.（1）在司法权的归属上，明确司法权来源于人民。

（2）在司法权的功能上，强调设立司法机关的目的，是维护人民的权利，制约国家权力对公民权利的侵害，维护社会主体在法律上的平等。

（3）从司法权限上，要求司法机关尊重国家权力机关之间的权限划分，尊重立法及行政机关的权限及其行使。

（4）在审判权的启动上，应严格遵守“不告不理”的原则，只有在接到起诉人、公诉人等提出的诉讼请求时，才可以受理案件；只有在自己的主管和管辖范围内，才能对案件依法作出裁判。

（5）在司法官的选任和罢免上，应通过民主程序和公开的方式，以保证司法官选任的公正、身份的独立、行为的正当。

（6）民众有权参与和监督司法，以保证司法与社会和民众的交流与互动。

3.（1）在司法制度方面，强调以司法的公开性、平等性、当事人的参与性、审级之间的制约性等保证司法的公正。

（2）在司法官行为方面，要求司法官保证中立性、廉洁、独立，具有准确适用法律的能力、良知与经验。

（3）在司法程序方面，要求严格遵循正当程序原则，保证当事人的各种程序权利，平衡法院职权与当事人权利之间的关系。

（4）在司法活动的结果方面，要求认定事实准确，正确适用法律。

与此同时，现代司法也注意以实体公正对程序公正的一些固有局限性进行衡平和修正，例如，通过增加法官的自由裁量权在个案中追求实现实质正义。通过法官的释明权，减少某些当事人由于诉讼能力较低而可能出现的重大不利结果，以及强调诉讼中各当事人的诚实信用等。

4.（1）司法权的专属性。国家的司法权只能由国家各级审判机关和检察机关依法行使，其他任何机关、团体和个人无权行使此项权力。

（2）行使职权的独立性。人民法院、人民检察院依照法律独立行使自己的职权，不受行政机关、社会团体和个人的干涉。

（3）行使职权的合法性。司法机关审理案件必须严格依照法律规定，正确适用法律，不得滥用职权，枉法裁判。

材料分析题

1.（1）涉及的司法原则是“司法机关依法独立行使职权”原则。该原则的含义包括：首先，国家司法权只能由司法机关统一行使，其他任何组织和个人都无权行使司法权。其次，司法机关依法独立行使职权，不受其他行政机关、团体和个人的干涉。最后，司法机关处理案件，必须按照国家的法律规定，准确地适用法律。材料中提到的措施，既能保障司法与行政的相对独立，又能保障司法机关之间的权限划分，还能保障司法人员的相对独立，具有重要意义。

（2）该措施旨在加强法律职业素养建设。意义在于：1）有利于提高法律实施的法律效果和社会效果；2）有利于发挥司法在纠纷解决机制中的正面作用；3）有利于推动法治进程的展开。

（3）该措施涉及司法公开和司法民主两个特征。司法公开的意义在于：1）破除司法神秘主义；2）有利于法律监督的顺利进行；3）提升司法的公正性和权威性。司法民主的意义在于：1）取得更多民众的支持；2）提升司法的社会效果；3）对民众进行法制教育。

2.（1）程序公正体现在：S市人民检察院依法对犯罪嫌疑人提起公诉；S市中级人民法院依法审理该案；S市人民检察院依法提出抗诉；Y省高级人民法院依法启动二审程序。

（2）实体公正体现在：S市中级人民法院根据李某的犯罪情节和法律规定作出判决；S市人民检察院以一审法院适用法律不当、量刑过轻为由，提起抗诉；Y省高级人民法院对一审判决予以改判。

（3）程序公正是实体公正的前提和保障，没有程序公正，实体公正就无法实现。有程序公正也未必就有实体公正，实体公正是程序公正的目标和追求。S市人民检察院如果没有依法提出抗诉，高级人民法院如果没有启动二审程序，李某就会被一审法院适用法律不当，量刑过轻，实体公正就无法实现。但是S市人民检察院提起抗诉，不意味着二审必然改判。如果高级人民法院没有改判，而是维持原判，那么实体公正就没有实现。

3.（1）1）在内容上，法律原则不预先设定明确的、具体的假定条件，更没有设定明确的法律后果，其要求比较笼统、模糊。2）在适用范围上，法律原则具有宏观的指导性，其适用范围比法律规则宽。3）在适用方式上，法律原则不是以“全有或全无的方式”应用于个案当中的，当两个原则在具体的个案中冲突时，法官必须根据案件的具体情况及有关背景在不同强度的原则间作出权衡。4）在功能上，法律原则是法律规则的本源和基础，它们可以协调法律体系中规则之间的矛盾，弥补法律规则的不足与局限，它们甚至可以直接作为法官裁判的法律依据。

（2）法律效果要求司法审判严格依法进行，保证判决在法律上具有合法性；社会效果要求司法审判应考虑社会利益和社会影响，确保判决不与主流价值产生较大冲突。司法过程既要严格遵照法律规定调处纠纷，又要把社会需求、社会价值和公共利益等因素纳入其中加以衡量，注重情、理、法的有效融合，使裁判结果符合社会主流价值取向。司法机关应贯彻实施人民陪审员制度，加强裁判文书释法说理，加强与社会公众的沟通，增进交流和理解。

4.（1）材料反映的是我国法的适用中的司法权独立行使原则。

（2）该原则的内容和要求是：首先，司法权的专属性，即国家的司法权只能由司法机关统一行使，其他任何机关、团体和个人都无权行使；其次，行使职权的独立性，即人民法院和人民检察院依照法律独立行使自己的职权，不受行政机关、社会团体和个人的非法干涉；最后，行使职权的合法性，即司法机关审理案件必须严格依照法律规定和法律程序办事，正确适用法律，不得滥用法律，枉法裁判。

（3）材料表明，司法机关在贯彻这一原则时，并不意味其可以不受任何监督和约束，司法权和其他任何权力一样，都要受到监督和制约，主要有以下几方面：第一，司法权要接受党的领导和监督，这是司法权正确行使的政治保证；第二，司法权要接受国家权力机关的监督，司法权由国家权力机关产生，并对国家权力机关负责；第三，司法机关的上下级和同级之间也存在监督和约束，这种监督和约束是通过司法制度中的一系列制度来实现的；第四，司法权要接受行政机关、企事业单位、社会团体、民主党派人士和人民群众的监督，还要接受舆论的监督。

论述题与深度思考题

1. 当代法治国家在法律适用方面奉行一些带有普遍性的基本原则，例如，公平、公正和公开，法律面前人人平等，合法性与合理性，正当程序，人权保障等；但也存在一些差异。

我国最重要的法律适用原则包括：

（1）以事实为根据，以法律为准绳。其基本含义是：以事实为根据，要求司法机关处理案件必须以案件事实为根据，重证据、不轻信口供，实事求是，以发现客观事实作为办案目标和法律适用的基础。以法律为准绳，要求执法机关在法律适用中严格依法办事，包括实体规范和正当程序，如“无罪推定”“疑罪从无”等原则，从定性、量刑到民事、行政审判，均以法律为基本依据。

（2）公民在法律面前一律平等。首先，对于全体公民，不分民族、种族、性别、职业、社会出身、宗教信仰、财产状况、居住期限等，一律平等适用法律，不能因人而异。其次，对任何公民的合法权利均平等地予以保护，而任何人都必须履行其法定义务。再次，对任何人的违法犯罪行为都必须平等地追究法律责任，任何人都不得凌驾于法律之上，不允许存在法外特权。最后，对于诉讼当事人的诉讼权利给予平等的保护；在刑事诉讼中被告人有权获得辩护；符合法定条件的当事人有权获得法律援助。

（3）司法机关依法独立行使职权。首先，国家司法权只能由司法机关统一行使，其他任何组织和个人都无权行使司法权。其次，司法机关依法独立行使职权，不受其他行政机关、团体和个人的干涉。最后，司法机关处理案件，必须按照国家的法律规定，准确地适用法律。

2. 判例是指对以后的审判具有普遍约束力的法院判决，具有造法功能，是英美法系国家重要的法律渊源。英美法系国家的判决在结构上由两部分构成：一部分是法官的判决根据，称为“判决理由”，另一部分是法官们陈述的意见，称为“附带意见”，其中只有判决理由可以作为今后遵循的法律规则。法官们在审理案件时，首先要寻找与该案事实相近似的先例，然后运用“区别技术”将法律规则从先例中提炼出来应用到审理的案件上。因此，每一个判决都包含了一定的法律规则，但是具体包含什么样的法律规则以及如何应用这些法律规则，都由以后的法官来确认和认可，也就是说判例法是在一个一个的判决中延续和发展的。

我国法院判决主要包括“经审理查明”和“法院认为”两大部分，而法院认为部分的依据是现有的法律、法规、规章以及司法解释，判决本身只是适用法律的过程，没有创设出新的法律规则，所以不具有造法功能。虽然案例在我国的审判实践中确实起到了相当重要的作用，对同一类案件的审判提供了参考，力图最大限度地避免“同案异判”情况的发生，但是案例与英美法系的判例是不同的。它不是审判案件的法律依据，对以后的审判只具有借鉴和指导作用，并且这种作用也不是判决本身所具有的，而是有权司法机关即最高人民法院赋予它的。

司法解释是指司法机关在法律适用过程中对有关法律问题所作出的解释，其中只有最高人民法院和最高人民检察院的司法解释具有普遍的约束力，是规范性解释。司法解释是对法律规范作出的权威、统一、准确的说明，是弥补法律漏洞的重要手段，但它本身没有创设法律，并不是立法活动。然而，司法解释却是法院审判的重要依据，因为它是从属于法律的规范性文件，是法律的补充形式。

针对我国法律存在的相对滞后性和过于原则性的缺陷，理论界和司法实务界产生了呼吁我国实施判例法制度或有限判例法制度的呼声，甚至有的地方法院已经开始试行“先例判决”制度。暂且不论我国历史传统和政治体制与英美法系国家的差异，仅从上述对判例概念的分析来看，我国就不具有实行判例法制度的基础，法官审理案件的思维方式、法律适用技术、判决的结构和内容以及判决的效力和功能与英美法系国家的完全不同，这些都决定了我国法院的判决不可能成为以后审理案件的依据，法官在审理案件时也不会从先例判决中寻找依据。既然没有判例法制度生存的土壤，那么目前中国实施的司法解释加案例指导应该是解决这个问题的一个行之有效的方法，司法解释解决了我国法律规定过于原则、抽象的问题，而最高人民法院发布的案例以具体、感官的形式阐明了如何适用法律，解决了“同案异判”的问题。

3. 我国宪法、三大诉讼法、法院/检察院组织法都规定了这一原则。其基本含义是：首先，对于全体公民，不分民族、种族、性别、职业、社会出身、宗教信仰、财产状况、居住期限等，一律平等适用法律，不能因人而异。其次，对任何公民的合法权利均平等地予以保护，而任何人都必须履行其法定义务。再次，对任何人的违法、犯罪行为都必须平等地追究法律责任，任何人都不得凌驾于法律之上，不允许存在法外特权。最后，对诉讼当事人的诉讼权利给予平等的保护，如在刑事诉讼中被告人有权获得辩护，符合法定条件的当事人有权获得法律援助。

公民在法律适用上一律平等是我国司法的基本原则。其基本含义是：首先，在我国，法律对于全体公民，不分民族、种族、性别、职业、社会出身、宗教信仰、财产状况等，都是统一适用的，所有公民依法享有同等的权利并承担同等的义务。其次，任何权利受到侵犯的公民一律平等地受到法律的保护，不能歧视任何公民。再次，在民事诉讼和行政诉讼中，要保证诉讼当事人享有平等的诉讼权利，不能偏袒任何一方当事人；在刑事诉讼中，要切实保障诉讼参与人依法享有的诉讼权利。最后，对任何公民的违法犯罪行为，都必须追究法律责任，依法给予相应的法律制裁，不允许有不受法律约束或者凌驾于法律之上的特殊公民，任何超出法律之外的特殊待遇都是违法的。我国《宪法》第 33 条明确规定：中华人民共和国公民在法律面前一律平等。这是我国宪法的一项基本原则。《宪法》还规定：任何组织或者个人都不得有超越宪法和法律的特权。这是对中国古代法律制度的超越。中国古代法律制度是以维护统治阶级的利益为基础的，从来没有真正的民主，在法律适用上也并不平等。例如，“礼不下庶人，刑不上大夫”“八议”“官当”等制度，都体现了因为身份的不同，在适用法律上也不同，体现了人人不平等的法律适用原则。而在当代社会，要求不得因身份地位的不同而受到不同的对待，同等犯罪，同等惩罚。身份不能成为逃避法律制裁的依据。这是对古代法律适用不平等原则的彻底否定。实行公民在法律适用上一律平等原则的重要意义在于：这是发展社会主义市场经济的必然要求，是建设社会主义民主政治的重要保证，是社会主义精神文明建设的必要条件，也是建设社会主义法治国家的题中应有之义。

第二十二章　法律关系

知识逻辑图

- 法律关系
  - 法律关系的概念
    - 特殊的社会关系
      - 相互性
      - 意志性
      - 客观性
    - 依法律规范建立
    - 主体间的权利义务关系
  - 法律关系的种类
    - 一般法律关系和具体法律关系
    - 绝对法律关系和相对法律关系
    - 调整性法律关系和保护性法律关系
    - 平权型法律关系和隶属型法律关系
  - 法律关系的主体
    - 概念及特点
      - 法律性
      - 社会性
    - 能力问题
      - 权利能力
      - 行为能力
      - 责任能力
    - 主体的种类：自然人、集体主体、国家以及其他社会单位
  - 法律关系的内容
    - 概念
      - 法律上的权利义务关系
      - 权利、义务背后的社会内容
      - 法律权利（义务）的概念和特点
    - 不同法律关系的权利
    - 权利、义务的一致性
      - 权利依赖义务；权利、义务表现在同一行为上
      - 不能一方只享受权利而不承担义务，反之亦然
  - 法律关系的客体
    - 概念和特点
    - 不同法律关系
      - 绝对法律关系：权利人积极行为指向的物质和非物质财富
      - 相对法律关系：义务人积极行为指向的物质和非物质财富
      - 保护法律关系：违法者在法定范围内承担责任的行为结果
      - 一般法律关系：现存的物质和非物质财富
    - 客体的种类：物、非物质财富、行为结果
  - 法律关系的变动
    - 变动的条件
      - 法律规范
      - 权利主体
      - 法律事实
    - 法律事实的分类
      - 行为和事件
        - 行为：合法行为、不合法行为
        - 事件：绝对事件、相对事件
      - 肯定的法律事实和否定的法律事实
      - 一次性作用的法律事实和状态
      - 单一的法律事实和事实构成

名词解释与概念比较

1. 法律关系
2. 调整性法律关系和保护性法律关系（考研）
3. 法律权利和道德权利
4. 法律规范中的权利、义务和法律关系中的权利、义务
5. 法律事实

选择题

（一）单项选择题

1. 法律关系与其他社会关系的根本区别在于（　　）。

A. 法律关系是不以人的意志为转移的物质关系
B. 强制性
C. 合法性
D. 物质制约性

2. 下列有哪一项不属于法律关系或不能构成法律关系？（　　）（考研改编）

A. 甲、乙根据《民法典》建立合同关系
B. 甲年满8岁时向乙租赁房屋
C. 甲经乙（精神病人）父母同意而收养乙
D. 甲、乙约定选择法院管辖

3. 根据法律关系的主体是单方具体化还是双方具体化，具体法律关系可以分为（　　）。

A. 单方法律关系和双方法律关系
B. 绝对法律关系和相对法律关系
C. 调整性法律关系和保护性法律关系
D. 平权型法律关系和隶属型法律关系

4. 下列关于法律关系的表述，正确的是（　　）。

A. 法律规范是产生法律关系的前提
B. 法律关系是一切以权利和义务为内容的社会关系
C. 法律关系只能由人的合法行为引起
D. 法律关系就是法律规范调整或保护的社会关系本身

5. 下列关于责任能力的表述，错误的是（　　）。

A. 完全行为能力人肯定具有完全责任能力
B. 限制行为能力人的责任能力是不完全的
C. 行为能力与责任能力并不是完全的一一对应
D. 责任能力是承担法律责任的前提

6. 我国《民法典》规定，结婚年龄，男不得早于22周岁，女不得早于20周岁。这表明法律关系主体所特有的性质是（　　）。

A. 广泛性　　B. 社会性
C. 主观能动性　　D. 法律性

7. 下列关于权利能力的认识，正确的是（　　）。

A. 反映的是权利主体取得享有权利和承担义务的资格
B. 有权利能力一定有行为能力
C. 公民的权利能力始于出生
D. 企业宣告破产后进入破产清算程序，其权利能力消灭，但在清算期内还有行为能力

8. 下列关于行为能力的认识，错误的是（　　）。

A. 自然人的行为能力一般通过自身行为加以实现
B. 各国对自然人的行为能力主要从年龄和健康两方面进行限制
C. 法人的权利能力和行为能力相伴而生
D. 无行为能力人实施的行为在法律上一律归于无效

9. 法律事实可分为事件和行为，下列关于行为的表述，错误的是（　　）。

A. 合法行为专指行为人以产生某种法律后果为目的的行为
B. 行为可以分为合法行为和不合法行为
C. 合法行为是指以权利主体的意志为转移、能够引起法律后果的法律事实
D. 不合法行为不能产生调整性法律关系

10. 某建筑队与某政府签订合同，规定由该建筑队承建该政府的办公大楼，后来该建筑队却没有按合同约定承建该大楼，遂被诉至法院。关于该建筑队和该政府之间的法律关系，叙述正确的是（　　）。

A. 平权型法律关系，因为双方签订的是“合同”
B. 隶属型法律关系，因为双方存在隶属关系
C. 不形成法律关系，因为建筑队没有按照合同约定履行义务
D. 保护性法律关系，因为建筑队没有按照合同履行义务，应该受法律制裁

11. 下列关于法律关系的表述，错误的是（　　）。

A. 法律关系的形成以法律规则（规范）和法律事

实为前提

B. 一切法律关系的主体为自然人和财团法人

C. 法律关系的概念不是和法律概念同时产生的

D. 法律关系中的权利与义务具有统一性

12. 郝某的父亲死后，其母季某将郝家住宅独自占用。郝某对此深为不满，拒绝向季某提供生活费。季某将郝某告上法庭。法官审理后判决郝某每月向季某提供生活费 300 元。对此事件，表述正确的是（　　）。（司考）

A. 该事件表明，子女对父母只承担法律义务，不享有法律权利

B. 法官作出判决本身是一个法律事实

C. 法官的判决在原、被告之间不形成法律权利与法律义务关系

D. 子女赡养父母主要是道德问题，法官判决缺乏依据

13. 甲公司与乙公司签订了一份购销合同，后乙公司违约。甲公司向法院提起诉讼，法院判决乙公司承担违约责任，乙公司不执行判决，由法院强制执行。关于此案的法律关系，表述正确的是（　　）。

A. 法院对乙公司强制执行的法律关系是调整性法律关系

B. 法院与甲、乙公司在诉讼中的法律关系是平权型法律关系

C. 甲、乙公司分别作为诉讼的原、被告，二者之间是纵向法律关系

D. 甲、乙公司的合同关系是调整性法律关系

14. 张某到某市公交公司办理公交卡退卡手续时，被告知：根据本公司公布施行的《某市公交卡使用须知》，退卡时应将卡内 200 元余额用完，否则不能退卡，张某遂提起诉讼。法院认为，公交公司依据《某市公交卡使用须知》拒绝张某要求，侵犯了张某自主选择服务方式的权利，该条款应属无效，遂判决公交公司退还卡中余额。关于此案，下列哪一说法是正确的？（　　）（司考）

A. 张某、公交公司之间的服务合同法律关系属于纵向法律关系

B. 该案中的诉讼法律关系是主法律关系

C. 公交公司的权利能力和行为能力是同时产生和同时消灭的

D.《某市公交卡使用须知》属于地方规章

15. 张某和王某订有买卖协议，由张某长期供应王某假酒。后王某欠款过多，双方发生纠纷。下列说法正确的是（　　）。

A. 张某和王某之间是买卖法律关系

B. 双方的关系客体是假酒以及货款

C. 张某和王某购销假酒的行为虽然违法，但买卖行为在法律上是有效的

D. 双方的协议违反法律，不能成立法律关系，二者的协议不受法律保护

16. 下列选项属于法律关系的是（　　）。

A. 党组织对某党员给予记过的处分

B. 张某和王某之间形成的恋爱关系

C. 未成年人李某的母亲替李某买保险的行为

D. 公民张某睡觉打鼾，影响了同宿舍人的休息

17. 法律上的权利和义务的根本区别在于（　　）。（考研）

A. 一般情况下，权利可以放弃，义务必须履行

B. 权利是与生俱来的，义务则是法律规定的

C. 权利对于一切人都是平等的，义务则因人而异

D. 权利应当享有，义务可以放弃

18. 法律关系主体之间权利和义务所指向的对象被称为（　　）。

A. 法律关系的内容　　B. 法律关系的对象

C. 法律关系的客体　　D. 法律关系的目的

19. 能被称为法律关系客体的是（　　）。（考研）

A. 物　　B. 原告

C. 被告　　D. 未成年人

20. “中华人民共和国公民有受教育的权利和义务”，根据这一规定建立的法律关系是（　　）。

A. 一般法律关系

B. 绝对法律关系

C. 平权型法律关系

D. 保护性法律关系

21. 李某与王某系邻居，但二者有过节。一日李某指使其所喂养的八哥骂王某“王某真讨厌”，王某觉得受到了伤害，遂诉至法院。李某所侵犯的法律关系的客体是（　　）。

A. 物　　B. 王某的身体

C. 非物质财富　　D. 行为结果

22. 张某出差途中被刘某撞成重伤，因抢救无效死亡，导致张某和原所在单位的劳动法律关系终止。下

列叙述正确的是（　　）。

A. 就张某的劳动法律关系终止而言，张某之死属于相对事件

B. 就张某的劳动法律关系终止而言，张某之死属于行为

C. 张某之死与人的意志无关

D. 张某之死属于绝对事件

23. 我国《刑事诉讼法》第 30 条第 1 款规定："审判人员、检察人员、侦查人员不得接受当事人及其委托的人的请客送礼，不得违反规定会见当事人及其委托的人。"对于该规定中的法律事实的性质，表述正确的是（　　）。

A. 单一的法律事实

B. 肯定的法律事实

C. 连续性作用的法律事实

D. 否定的法律事实

24. 甲的父亲在一次车祸中丧生，甲依法律继承了其父的遗产。引起遗产继承这一法律关系发生的法律事实是（　　）。

A. 车祸

B. 甲的父亲死亡

C. 甲与其父亲之间存在合法的父子关系

D. 甲未声明放弃继承权

25. 法律事件与法律行为的划分标准是（　　）。（考研）

A. 是否以人的主观意志为转移

B. 是否能引起法律关系的产生、变更或消灭

C. 是否由法律规范予以调整

D. 是否与当事人的意志有关

26. 调整纵向与横向结合的社会关系的法是（　　）。

A. 产品质量法　　B. 破产法

C. 物权法　　D. 治安处罚法

27. 公民从出生起到死亡止依法享有民事权利、承担民事义务的能力被称为（　　）。

A. 行为能力　　B. 权利能力

C. 法律事实　　D. 法律责任

28. 下列有关公民权利能力的表述，有哪一项是错误的？（　　）。（司考）

A. 权利能力是公民构成法律关系主体的一种资格

B. 所有公民的权利能力都是相同的

C. 公民具有权利能力，并不必须具有行为能力

D. 权利能力也包括公民承担义务的能力或资格

29. 下列属于法律事件的法律事实是（　　）。

A. 人的死亡

B. 甲违章驾驶撞死一人

C. 甲抢劫银行

D. 甲与乙签订借款合同

30. 王甲经法定程序将名字改为与知名作家相同的"王乙"，并在其创作的小说上署名"王乙"以增加销量。作家王乙将王甲诉至法院。法院认为，公民虽享有姓名权，但被告署名的方式误导了读者，侵害了原告的合法权益，违背诚实信用原则。关于该案，下列哪一选项是正确的？（　　）（司考）

A. 姓名权属于应然权利，而非法定权利

B. 诚实信用原则可以填补规则漏洞

C. 姓名权是相对权

D. 若法院判决王甲承担赔偿责任，则体现了确定法与道德界限的"冒犯原则"

31. 甲工作时不慎将手指切断，同事将其送往医院。医院拟为其行断指再植术，手术前发现断指已丢失。对此，下列分析正确的是（　　）。（考研）

A. 甲与医院之间的医疗合同法律关系的客体是人身

B. 按照法律关系客体的相关理论，该断指属于物的范畴

C. 甲的女友因其手指缺失而与其分手，这属于法律事实中的法律行为

D. 由于切断手指是甲个人疏忽所致，其工作单位不必承担任何法律责任

32. 下列关于法律关系的表述，正确的是（　　）。（考研）

A. 夫妻之间相互扶养的关系是平权型法律关系

B. 父母与子女之间相互继承的关系是保护性法律关系

C. 出租人与承租人之间的租赁合同关系是绝对法律关系

D. 侵权人与被侵权人之间的赔偿关系是隶属型法律关系

33. 赵某与钱某约定，赵某以 1 000 元的价格购买钱某的耕牛。当夜，耕牛被孙某盗走，致使合同因无法履行而终止，钱某返还赵某价款。该事例中，导致

合同解除的法律事实是（　　）。（考研）

A. 孙某盗窃耕牛的行为

B. 耕牛被盗事件

C. 合同无法履行的事实

D. 钱某返还价款的行为

（二）多项选择题

1. 能够引起法律关系发生、变更或消灭的有（　　）。

A. 法律行为　　B. 法律事件

C. 权利主体　　D. 法律规范

2. 下列有关法律关系的表述，正确的有（　　）。（考研）

A. 法律关系是人们有意识、有目的建立的社会关系

B. 法律关系是一种事实社会关系

C. 法律关系形成的前提有法律规范和法律事实

D. 法律关系是在法律适用过程中产生的

3. 法律关系的内容是法律关系主体之间的法律权利和法律义务，二者之间具有紧密的联系。下列有关法律权利和法律义务相互关系的表述中，正确的有（　　）。（司考）

A. 权利和义务在法律关系中的地位有主、次之分

B. 享有权利是为了更好地履行义务

C. 权利和义务的存在、发展都必须以另一方的存在和发展为条件

D. 义务的设定是为了保障权利的实现

4. 甲京剧团与乙剧院签订合同演出某传统剧目一场，合同约定京剧团主要演员曾某、廖某、潘某出演剧中主要角色，剧院支付人民币 1 万元。演出当日，曾某在异地演出未能及时赶回，潘某生病在家而没有参加当天的演出，致使大部分观众退票，剧院实际损失 1.5 万元。后剧院向法院起诉京剧团，要求赔偿损失。针对此案，下列意见错误的有（　　）。（司考）

A. 在这一事例中，法律关系主体仅为甲京剧团与乙剧院

B. 京剧团与剧院的法律关系为保护性法律关系

C. 京剧团与剧院的法律权利和法律义务都不是绝对的

D. 在这一事例中，法律权利和法律义务针对的主体是不特定的

5. 下列各项，不属于法律关系客体中的物的有（　　）。

A. 张某的现金

B. 因特网上发表的小说

C. 货物运输合同中的货物

D. 被移植的人的器官

6. 根据我国法律规定，下列能成为法律关系主体的有（　　）。

A. 中华人民共和国

B. 未出生的胎儿

C. 中华人民共和国境内的各民族

D. 中国人民大学聘请的外籍教师

7. 某百货公司于 2020 年 10 月 8 日在市场监督管理部门注册登记成立，具有法人资格，12 月 18 日正式营业，2022 年 3 月 1 日被撤销。关于该公司的权利能力和行为能力，表述正确的是（　　）。

A. 该公司的行为能力始于 2020 年 12 月 18 日

B. 该公司的权利能力始于 2020 年 10 月 8 日

C. 该公司被撤销后，行为能力消灭，但权利能力仍在一段时间内存在

D. 该公司的权利能力自 2022 年 3 月 1 日消灭

8. 下列各项包含法律事件的有（　　）。

A. 某国发生政变，导致我外贸公司向该国的出口受阻

B. 甲公司和乙公司签订有运输合同，由于“非典”的发生，乙公司无法完成运输任务

C. 王某突发心脏病，因抢救无效死亡，导致其与配偶的婚姻关系消灭

D. 某律师事务所与甲约定，只要甲通过国家统一法律职业资格考试，就聘他到该所工作，结果甲由于被汽车撞伤住院治疗而未能参加考试

9. 北京某大学本科生田某因考试携带记有公式的字条被监考老师发现并上报到学校，学校作出了责令退学的处理决定，但当时并未执行。后在临近毕业时，学校以田某已被退学为由，不发给其毕业证、学位证及派遣证。田某不服，诉至法院，请求法院判令学校履行发放毕业证、学位证以及派遣证的法定职责。关于本案所涉及的法律关系，叙述正确的是（　　）。

A. 田某与学校的法律关系是保护性法律关系

B. 田某与学校的法律关系是调整性法律关系

C. 田某与学校的法律关系是隶属型法律关系

D. 学校与法院的法律关系是保护性法律关系

10. 按照法律关系的定义，下列哪些关系本身不属于法律关系？（　　）

A. 甲将租来的房子出卖，与乙签订售房合同而形成关系

B. 张某收养李某而形成抚养关系

C. 在奴隶制社会，奴隶主对奴隶的关系

D. 在原始社会，不同氏族成员之间产生货物买卖关系

11. 社会主义法律不能在下列哪些领域中发挥作用？（　　）

A. 恋爱关系　　B. 债权债务关系

C. 婚姻家庭关系　　D. 师生关系

12. 作为法律关系客体的物必须具备以下哪些条件？（　　）

A. 应得到法律的认可

B. 能够为人类所认识和控制

C. 能够给人类带来某种物质利益，具有经济价值

D. 具有独立性

13. 法律关系的产生、变更和消灭需要具备一定的条件，其中最主要的条件有（　　）。

A. 法律权利　　B. 法律规范

C. 法律事实　　D. 法律原则

14. 在行为能力方面，世界各国一般均把本国公民划分为以下哪几种？（　　）

A. 完全行为能力人　　B. 一般行为能力人

C. 限制行为能力人　　D. 无行为能力人

15. 我国社会主义法律关系的主体有（　　）。

A. 公民（自然人）　　B. 各种国家机关

C. 法人　　D. 国家

16. 下列属于法律关系的内容的有（　　）。

A. 权利人可以自主决定作出一定行为的权利

B. 权利人要求他人履行一定法定义务的权利

C. 法律义务

D. 权利人在自己的权利受到侵犯时，请求国家机关予以保护的权利

17. 下列关于权利能力的说法正确的是（　　）。

A. 权利能力以权利主体的存在为前提

B. 以行为能力为前提

C. 权利能力实际上也是一种权利

D. 公民的权利能力始于出生

18. 汪某和范某是邻居，某天，双方因生活琐事发生争吵，范某怒而挥刀砍向汪某，致汪某死亡。事后，范某与汪某的妻子在中间人的主持下，达成“私了”。后汪某父母得知儿子身亡，坚决不同意“私了”，遂向当地公安部门告发。公安部门立案侦查之后，移送检察院。最后，法院判处范某无期徒刑，同时判决范某向汪某的家属承担民事责任。就本案而言，下列哪些说法是不正确的？（　　）（司考）

A. 该案件形成多种法律关系

B. 引起范某与司法机关之间的法律关系的法律事实属于法律事件

C. 该案件中，范某与检察院之间不存在法律关系

D. 范某与汪某的家属之间不形成实体法律关系

19. 甲用分期付款的方式购买了一套价值 34 万元人民币的商品房，银行每月从甲的工资存折上扣划 1 300 元，用于偿还银行的贷款，甲和银行之间的这种法律关系属于（　　）。（考研）

A. 基本法律关系　　B. 隶属型法律关系

C. 相对法律关系　　D. 普通法律关系

简答题

1. 为什么说法律关系是一种思想社会关系？

2. 简述不同法律关系中客体的特点。

3. 简述法律关系的产生、变更和消灭的条件及其相互关系。

4. 简述权利与义务的关系。

5. 简述法律事实的概念与主要分类。（考研）

6. 简述法律事实的含义和特征。（考研）

材料分析题

1. 材料：德国人施密特今年某日持所购京剧票去北京某剧院观看京剧“空城计”，不料因该剧几位主要演员在外地演出未能返京，该剧院被迫安排了一场交响乐。施密特以该剧院违约为由向北京某区法院提起诉讼。

问题（考研改编）：

（1）施密特与该剧院有几种法律关系？

（2）施密特因购京剧票与该剧院形成的法律关系的客体是什么？

（3）该剧院与法院是什么法律关系？

（4）形成（2）中的法律关系基于何种法律事实？

2. 材料一：

马某与赵某系生意上的朋友。2021 年 7 月 8 日，两人在饭店喝酒，马某说起现在生意难做，不讲信义的人越来越多。赵某随声附和。一向爱开玩笑的马某说："老兄，凭咱们的关系，我就给你张借条玩玩都放心。"马某随即写了"今借赵某人民币 6 000 元"的字条，签署自己的姓名后放在饭桌上。不料，几日后，马某收到法院送达的起诉状，方知赵某竟以该借条为据将他起诉到了法院，要求他偿还借款 6 000 元。法院审理后认为，马某向赵某出具了借据，又没有证据证明自己非出于真实意思表示，故双方债权债务关系成立，遂支持赵某的诉讼请求。

材料二：

我国《民事诉讼法》第 7 条规定：人民法院审理民事案件，必须以事实为根据，以法律为准绳。第 67 条第 1 款规定：当事人对自己提出的主张，有责任提供证据。第 3 款规定：人民法院应当按照法定程序，全面地、客观地审查核实证据。

问题：司法的原则之一即"以事实为根据，以法律为准绳"，根据材料一，该案中法院审判所依据的事实是法律事实还是客观事实？二者有何关系？（根据考研试题改编）

3. 材料一：

我国《民法典》第 500 条第 1 项、第 2 项规定："当事人在订立合同过程中有下列情形之一，造成对方损失的，应当承担赔偿责任：（一）假借订立合同，恶意进行磋商；（二）故意隐瞒与订立合同有关的重要事实或者提供虚假情况"。

材料二：

我国《民法典》第 148 条规定："一方以欺诈手段，使对方在违背真实意思的情况下实施的民事法律行为，受欺诈方有权请求人民法院或者仲裁机构予以撤销。"

材料三：

黑格尔说，法的基地一般说来是精神的东西，它的确定的地位和出发点是意志，意志是自由的，所以，自由就构成法的实体和规定性。黑格尔进而总结了契约法的三个特点，其中前两个特点为：当事人的意志是自由的；双方当事人通过契约达到共同意志。

问题：

（1）上述材料一、材料二和材料三表述的共同问题是什么？

（2）试结合法律关系的特性谈谈对黑格尔这句话的理解。

4. 孙某乘坐高铁时，未按照车票规定的座位乘车，霸占他人座位，经铁路公司工作人员多次劝说，孙某仍不将座位让出。事后，铁路公安机关依照《治安管理处罚法》，给予孙某治安罚款 200 元的处罚。铁路客运部门则将孙某的有关信息记录在铁路征信体系中，禁止其在 180 天内乘坐火车。

请结合上述材料，运用法理学相关知识，回答下列问题（考研）：

（1）该事件主要涉及哪些法律关系？

（2）该事件体现了何种法律价值冲突？

5. 甲驾车闯红灯，将正常过马路的孕妇乙蹭倒，被公安机关交通管理部门罚款 200 元。乙虽未受伤，但因受惊吓，在送往医院途中，产下一子丙。

请结合上述材料，运用法理学中法律关系的理论回答下列问题（考研）：

（1）上述事件中，甲与公安机关交通管理部门之间、乙与丙之间分别产生了何种性质的法律关系？从主体地位的角度看，这两种法律关系有何区别？

（2）导致甲与公安机关交通管理部门之间、乙和丙之间的法律关系产生的法律事实各是什么？这两种法律事实有何不同？

论述题与深度思考题

1. 试论述权利能力、行为能力、责任能力、法律责任之间的逻辑关系。

2. 联系人体器官的属性，论述法律关系客体中的"物"的特性。

3. 结合有关法的理论与实际，论述法律权利与法律义务之间的关系。（考研）

参考答案

名词解释与概念比较

1. （1）法律关系是根据法律规范产生、以主体之间的权利与义务关系的形式表现出来的特殊的社会关系。（2）法律关系属于社会关系，是一种特殊的社会关系，是根据法律规范建立的关系，是主体之间的法律上的权利与义务关系。(3) 分类：一般法律关系和具体法律关系；绝对法律关系与相对法律关系；调整性法律关系和保护性法律关系；平权型的法律关系与隶属型的法律关系。

2. 依照法律关系的产生是否使用法律制裁，法律关系可以划分为调整性法律关系和保护性法律关系。

调整性法律关系是不需要使用法律制裁，主体权利就能够正常实现的法律关系。这是法的实现的正常形式，以主体的合法行为为前提，现实中大量的合法行为体现的都是调整性法律关系。

保护性法律关系是在主体的权利与义务不能正常实现的情况下通过法律制裁形成的法律关系，是法的实现的非正常形式，以违法行为为前提。保护性法律关系的主体具有限定性——一方是国家、另一方是违法者。保护性法律关系体现了法律的保护性职能。典型的保护性法律关系是刑事法律关系。

3. 权利有着不同的含义，例如既有法律意义上的权利又有道德意义上的权利。二者既有区别又有联系。

法律权利是指法律所允许的、权利人为满足自己的利益而采取的一种法律手段，这种法律手段有义务人的义务作保证。这个定义表明，任何法律上的权利必须是法律规范规定，或者以其他方式（如判决）得到国家认可和保证的权利。这是权利的法律性。

道德权利则不必然与法律相联系，而是为当时社会流行的道德观、伦理观所认可的，道德主体为了某种利益而采取的道德上的手段。这个定义表明，与道德权利直接相关的是道德规范。保证道德权利得以实现的同样是道德规范。这是法律权利和道德权利的主要区别。

当然，二者也有联系，主要表现在：首先，法律权利与道德权利都具有社会性，表现为受物质生活条件的最终制约，这种同质性使二者在适当条件下可以相互转化，立法时，道德权利可以转化为法律权利，在法律规范中固定下来；司法时，道德权利可能影响法官的法律解释，甚至成为法官的判案依据（例如，堕胎、“二奶”是否可以继承遗产等）。其次，法律权利与道德权利虽然属于不同的领域，但二者之间需要有适度的张力：法律权利不能离道德权利太远以至于法律权利无法实现，也不能太近以至于法律权利不恰当地吞噬道德权利。西方有法学家提出“法律是最低限度的道德”表达的就是这种张力。就法律权利与道德权利而言，可以这么说，法律权利是最低限度的道德权利。

4. 法律关系是根据法律规范所建立的社会关系。法律规范是通过设定主体的权利、义务来实现其对社会关系的规范职能的；同时主体的权利、义务也是法律关系的内容。法律规范中的权利、义务是法律关系中的权利、义务的前提，但二者有不同：(1) 法律规范中，主体的权利、义务只是一种可能性，并不是现实的行为，是通过法律规范的逻辑结构，假定某种情况发生后，主体应该有什么权利、义务；但是在法律关系中，主体的权利、义务是现实的，法律规范的“假定”部分已经出现，主体之间产生了实际的权利、义务，也就是说，法律关系中的权利、义务的产生、变更和消灭除了需要法律规范中的权利、义务这个前提，还要有“法律事实”“权利主体”两个条件。(2) 在法律规范中，主体的权利、义务针对同一类人、同一类行为，凡是出现法律规范所假定的事实、具有法律规范所规定的主体的资格，都享有同一类权利并承担同一类义务；在法律关系中，法律所规定的事实情况、主体、权利与义务所指向的对象都是具体的。法律关系是使法律规范的规定具体化和现实化的环节。

5. (1) 法律事实是法律规范所规定的、能够引起法律后果即法律关系产生、变更和消灭的现象。

(2) 一方面，法律事实必须是法律所规定的，只有那些具有法律意义的事实才能引起法律后果。另一方面，法律事实的概念又反映了法律调整受到具体社会生活情况和社会事实的制约。

(3) 法律事实可以根据不同标准进行分类。法律事实依据它是否以权利主体的意志为转移可以分为行为和事件。按照产生法律后果是否要求某些现象存在，法律事实可分为肯定的法律事实和否定的法律事实。按照作用时间的长短，法律事实可分为一次性作用的法律事实和连续性作用的法律事实——状态。按照产生法律后果所需要法律事实的数量，法律事实可分为单一的法律事实和由足够法律事实所组成的系统，即事实构成。

选择题

(一) 单项选择题

1. 答案：C

解析：法律关系指的是根据法律规范产生，以主体之间的权利与义务关系表现出来的特殊的社会关系。

之所以说法律关系是一种特殊的社会关系，就在于其与法律规范的联系，即通常所说的合法性。另外，和法律规范的联系使法律关系是受到国家强制力保证的社会关系，B项所说的强制性太笼统。事实上，任何社会关系都有其强制性。A项把法律关系视为物质关系，这是一种错误的说法：法律关系是一种社会关系而不是什么物质关系。鉴于此，我们认识法律关系的时候，既要看到其背后的物质关系，还要看到法律关系的意志形式。D项虽然指出了法律关系的物质制约性，但是，和法律关系一样，其他任何社会关系都有物质制约性，这恰恰是马克思唯物主义的核心观点。

2. 答案：B

解析：法律关系是根据法律规范产生、以主体之间的权利与义务关系的形式表现出来的特殊的社会关系。法律关系属于社会关系，是根据法律规范建立的关系。选项A、C、D都能构成法律关系，而B项不符合法律关系要求的主体条件，不能构成法律关系。法律关系主体，又称权利主体，即法律关系的参加者，是法律关系中权利的享受者和义务的承担者，法律关系的主体具有法律性和社会性。法律关系主体的法律性是指，法律关系主体是由法律规范所规定的，与法律规范的联系构成了法律关系主体与其他形式的社会关系主体的区别。不在法律规定的范围内，不得任意参加法律关系，成为法律关系的主体。甲仅有8岁，属于民法上的限制民事行为能力人。《民法典》第19条规定：8周岁以上的未成年人是限制民事行为能力人，实施民事法律行为由其法定代理人代理或者经其法定代理人同意、追认；但是，可以独立实施纯获利益的民事法律行为或者与其年龄、智力相适应的民事法律行为。租赁房屋与甲的年龄、智力不相适应，必须由他的法定代理人办理。

3. 答案：B

解析：依据不同的标准，法律关系可以有不同分类，其中依据法律关系的主体是单方具体化还是双方具体化，具体法律关系可以分为绝对法律关系和相对法律关系。至于A项所谓的单方法律关系和双方法律关系有一定的迷惑性。学过合同法的读者知道，合同有双务合同和单务合同的分类，但是值得注意的是，合同法上的这种分类仅是相对法律关系的又一次划分。

4. 答案：A

解析：法律关系是由法派生出来的现象，一般来讲，法律规范是法律关系产生的前提：如果没有相应的法律规范的存在，就不可能产生法律关系。故选项A正确。权利与义务并非法律上的专有概念，既有法律意义上的权利与义务，也有道德意义、社会学意义上的权利与义务，等等。法律意义上的权利与义务有自己特定的含义，这就是它们和法律规范的联系和法律上的权利与义务之间的联系。故B项说法是不正确的。法律关系可以由行为与事件引起，事件与人的意志行为没有关系，即使是行为引起的法律关系也包括合法行为与不合法行为，例如杀人是典型的违法行为，但却能引起刑事法律关系。法律关系分类之一——调整型法律关系与保护型法律关系的划分也可以说明这一点。故选项C是错误的。学者们在使用法律关系的概念时有两种不同的含义，其一指的是社会关系的法律形式，即人们在法律上的权利与义务关系。在这种意义上，法律关系仅指主体的权利与义务关系本身。其二指的是披上法律上的权利与义务关系外衣的社会关系，它不仅包括权利与义务关系这一法律形式，而且包括制约着这一形式的物质内容。在这种意义上，法律关系既包括法律上的权利义务关系，也包括在权利与义务形式下的实质的社会内容。所以D项的说法也是错误的。

5. 答案：B

解析：责任能力是一个人承担法律责任的前提。一般而言，一个人具有行为能力也就具有责任能力。但是值得注意的是，责任能力在刑法中具有特殊意义。在刑法中，完全行为能力人肯定具有完全责任能力；限制行为能力人的责任能力不一定是不完全的，这是因为，已满14周岁、不满16周岁的限制行为能力人，实施刑法所规定的8种特定犯罪行为的，同样要承担刑事责任；而间歇性精神病人在正常时犯罪的，同样应当负刑事责任。至于法律所规定的从轻、减轻等情节，只不过是法律在责任承担方式上对这些类型的主体所做的照顾而已。

6. 答案：D

解析：法律关系的主体有两个性质：法律性和社会性。法律关系主体的法律性是指法律关系主体是由法律规范所规定的，不在法律规范规定的范围内，不得成为法律关系的主体。法律关系主体的社会性是指，法律规范并不是任意地规定法律关系主体的，而是受一定物质生活条件的决定。之所以在奴隶社会中，奴隶不是法律关系的主体而是客体，归根结底是由于奴隶不占有任何生产资料。事实上，任何社会关系的主体都有社会性即物质制约性。本题之所以不选 B 项，原因就在于此。也就是说，法律关系的社会性并不是法律关系主体所“特有”的性质。

7. 答案：A

解析：权利能力是人们享有权利和承担义务的资格。各种权利的产生必须以主体的权利能力为前提；行为能力也要以权利能力为前提，没有权利能力根本谈不上法律意义上的行为能力。但是需要注意的是，对于自然人来讲，有权利能力不一定有行为能力，这是因为，自然人的行为能力要受到年龄和健康的双重限制。C项“公民权利能力始于出生”的说法太笼统，因为不同的法律关系会需要不同的权利能力，在一般法律关系中，公民的权利能力始于出生，然而，在具体的法律关系中则不一定仅仅由于出生而有权利能力，例如结婚。对于D项所说的进入破产清算程序的企业，其权利能力和行为能力已归于消灭，其对外的经济交易，法律一般认为是无效的。

8. 答案：D

解析：各国法律之所以都规定了自然人的行为能力，原因就在于，法律是把法律关系参加者作为理性的主体来对待的。所谓理性的主体，简单来说就是能清楚地认识自己行为的性质、能独立行为并能对自己行为负责的主体。因此，自然人的行为能力一般通过自身行为加以实现（无行为能力人除外）；也因此，各国对于自然人的行为能力从年龄、健康两方面进行了限制以维护交往中的理性。在这个意义上，无行为能力人实施的行为一般归于无效，以防止无行为能力人对自己的权利不当处分而使自身权利受到伤害。但是，无行为能力人所实施的民事法律行为无效，当然，事实行为不一定无效。对于法人而言，由于其没有“年龄”和“健康”方面的问题，所以，一般法人的权利能力与行为能力是相伴而生的。

9. 答案：A

解析：严格来说，合法行为指的是与法律规范的要求相一致的行为。在实践中，合法行为包括两种情况：一种是以产生某种法律后果为目的的行为，如订立合同；另一种是不以产生某种法律后果为目的的行为，如见义勇为。这两种不同的合法行为有不同的构成要件，其中主要的不同在于，前一种合法行为对主体的行为能力要求比较严格；后一种行为对主体的行为能力要求比较宽松，如在一定条件下，未成年人可以作为赠与合同中的受赠者。B、C 选项表述正确，理由不再赘述。值得一提的是 D 项。如前所述，法律关系的主要特征在于“合法性”——根据法律规范所建立的关系，那么不合法行为（与法律规范的要求不一致的行为）能不能产生法律关系呢？答案是肯定的。例如妓女和嫖客之间没有法律关系，但是他们的不合法行为，导致他们共同向国家承担责任，这样，在国家（表现为追诉机关）与妓女、嫖客之间形成一种法律关系，我们称之为保护性法律关系。事实上，正因为妓女和嫖客之间的关系不是法律关系，所以他们双方不能基于约定而成立合同，不能受合同法调整。

10. 答案：A

解析：建筑队与政府签订的是“民事合同”，属于平权型法律关系。故 A 项正确，B 项错误。建筑队没有履行合同，导致原关系被破坏，但不能说二者没有法律关系，故 C 项错误。至于建筑队应该受到法律制裁，则是基于建筑队与国家之间的保护性法律关系而产生的。

11. 答案：B

解析：法律关系的主体除了自然人和财团法人，还有国家机关、国家等。C 项涉及区分法律关系的概念和法律概念——后者是法的构成要素之一。法律关系是基于法律规范产生的，以权利、义务表现出来的权利义务关系；而法律概念是指在法律上对各种事实进行抽象，概括出它们的共同特征而形成的权威性范畴。二者不是一个层面上的概念。

12. 答案：B

解析：该事件并不表明：子女对父母只承担法律义务，不享有法律权利。首先，根据婚姻法，父母子女关系是双向的，子女对父母承担义务，但同时享有权利。其次，季某独自占用郝家住宅，可能侵犯了郝某的继承权，应当对郝某承担相应的法律责任，但这不影响郝某对季某赡养义务的履行。据此，选项 A 错误。法律关系，是指在法律规范调整社会关系的过程中所形成的权利和义务关系。法律关系是具体而现实的，而非抽象的。法律事实，是指能够引起法律关系产生、变更或消灭的各种事实的总称。法官的判决将原、被告间的赡养关系在法律上确认下来，在原、被告之间形成法律权利与法律义务关系，属于法律事实。因此，选项B正确，选项C错误。关于子女赡养父母，我国《宪法》第49条第3款、《民法典》有明确规定，并不仅仅是道德问题，已经上升为法律问题。因此，选项D错误。

13. 答案：D

解析：本题考查的是法律关系分类的实际运用。甲、乙公司签订的合同成立以及有效，二者之间形成的法律关系是调整性法律关系，所谓调整性法律关系是不需要使用法律制裁主体权利就能够正常实现的法律关系；后乙公司违约，导致二者之间的调整性法律关系破裂，此后法院对乙公司的强制执行，体现了国家的保护职能，法院与乙公司之间是保护性法律关系。甲、乙公司与法院所形成的诉讼法律关系是隶属型法律关系，法院依法行使国家的司法权，对属于其管辖范围内的案件行使管辖权，甲、乙公司与法院之间具有隶属关系，所以是隶属型法律关系；当然，对于甲、乙作为原告、被告来说，二者之间又是平权型法律关系，这正是诉讼法所讲的“诉讼当事人地位平等”的法理依据。

14. 答案：C

解析：按照法律关系主体在法律关系中的地位不同，可以分为纵向（隶属）的法律关系和横向（平权）的法律关系。张某与公交公司之间的服务合同法律关系属于民事法律关系，是横向法律关系。A项错误。按照相关的法律关系作用和地位的不同，可以分为第一性法律关系（主法律关系）和第二性法律关系（从法律关系）。本题中的诉讼法律关系是由张某与公交公司之间的服务合同法律关系（主法律关系）产生的，居于从属地位，是从法律关系。B项错误。法人的行为能力和权利能力是同时产生和同时消灭的。法人一经依法成立，就同时具有权利能力和行为能力，法人一经依法撤销，其权利能力和行为能力也就同时消灭。公交公司属于法人。C项正确。行政规章包括两大类：部门规章和地方规章。某市公交公司没有地方规章制定权，《某市公交卡使用须知》不属于地方规章。D项错误。

15. 答案：D

解析：参见本章“单项选择题”第9题的解析。之所以说双方的协议违反法律，主要是从二者协议的“标的物”来说的。国家为了更好地保障交易自由和社会安全，往往会通过立法设定一些禁止流通物，如本题中的“假酒”。如果当事人以禁止流通物交易，本身就是违法行为，因此所谓的买卖法律关系是不存在的。

16. 答案：C

解析：本题考查的是法律关系特征中的“法律关系是依据法律规范建立的社会关系”知识点。党组织对党员的处分属于社会团体内部的纪律处分，并不是法律制裁，更谈不上法律关系了；对于B项，通过学习“法律调整”章节的内容，我们知道，恋爱关系并不是法律调整的对象，因此恋爱关系不是法律关系；对于D项，公民张某的行为不属于“受意志支配的行为”，同样不是法律的调整对象，公民张某与同宿舍人的关系也不是法律关系；对于C项，我国法律规定，未成年人最主要的监护人是父母，李某的母亲为其买保险的行为是其行使监护权的表现。

17. 答案：A

解析：一般而言，权利和义务的区别主要在于，权利既可以享有也可以放弃，而义务必须履行。当然，也有个别情况，例如，权利中的公权利（国家权力），还有一些权利同时也有义务的属性，例如受教育权、劳动权，等等。B项所谓的权利与生俱来是错误的。事实上，即便是承认天赋人权的古典自然法学派也只不过承认诸如生命、健康、自由等权利是与生俱来的（所谓的天赋人权），而其他权利则是法律规定的。当然，值得说明的是，马克思主义法理学并不承认人权的天赋性，而是认为，任何权利都受一定的物质生活条件制约，是历史的产物。C项所谓的“权利对于一切人都是平等的，义务因人而异”，这种说法也是错误的。不可否认，有一些人类所共有的权利（例如人权）是平等的，而根据权利、义务相统一原理，相对人的义务也是平等的，举例说明：生命权对于人类是平等的（对于剥夺生命权的死刑来说，是另一个涉及正当剥夺权利的问题，在此不赘述），由此尊重人类的生命的义务对于任何人都是一样的。但是其他的一些权利（义务），则不一定是平等的，例如某些经济权利、政治权利等，各国有其自身发展的特殊性，不可能有诸如此类的平等权利，《经济、社会和文化权利国际公约》在批准时所遭遇的规避就可以说明这一问题。

18. 答案：C

解析：法律关系主体之间的权利和义务所指向的对象被称为法律关系的客体。本题中比较容易混淆的是法律关系的对象。事实上，法律关系的对象并不是严格的法理学概念。

19. 答案：A

解析：法律关系的客体包括国家、社会和个人的基本经济、政治和精神文化财富、物、非物质财富以及行为结果。人的身体并不能成为法律关系的客体。在资产阶级法律之后，自然人成了法律关系的主体而不是法律关系的客体，所以B、C、D三项是错误的选项。

20. 答案：A

解析：该题考查的是对法律关系分类的具体应用问题。所谓一般法律关系，简单来说就是指根据宪法形成的社会联系。判断一般法律关系的最明显的标准在于，一般法律关系不是根据具体的法律事实而产生，而是由某种事实状态所引起。在法律规范的表述上，常常会出现“中华人民共和国公民……”等字眼。B、C、D三项所讲的都是具体法律关系的分类，其中，与绝对法律关系相对应的是相对法律关系，与平权型法律关系相对的是隶属型法律关系，与保护性法律关系相对的是调整性法律关系。

21. 答案：C

解析：该题考查的是法律关系客体分类的具体应用。八哥骂人，致使王某受到的损害是“精神损害”，从民法上说，侵犯的是王某的人格权，属于非物质财富。值得注意的是，非物质财富包括两种情况：一是创作活动的产品，二是与人身相联系的非财产性财富。

22. 答案：A

解析：法律事实，根据是否以权利主体的意志为转移可分为行为和事件。事件是指不把法律后果与人的意志相联系的法律事实。这里的“相联系”主要指的是一种“直接因果”关系。同时，事件，根据是不是由人们的行为引起可划分为绝对事件和相对事件。绝对事件指的是由某种自然原因引起的事件，而相对事件指的是由人们行为引起的事件。本案中，张某的劳动法律关系终止的原因是张某死亡；张某之死非自然死亡而是被人撞成重伤因抢救无效而死亡，因此，C项的说法就是错误的。那么张某之死到底属于事件还是行为？是绝对事件还是相对事件？比较明显的是，张某之死不可能是绝对事件，因为绝对事件由自然原因引起。关键是确定“相对事件”和“行为”。相对事件和行为之间的划分具有相对性，到底属于相对事件还是行为取决于前提条件。在本案中，刘某致张某死亡，由此引起保护性法律关系，在这个意义上，张某之死是由“行为”引起的，刘某需要承担法律责任。但是，从另一个角度看，张某之死导致了其和原单位劳动法律关系终止，这个法律关系的消灭的原因就是相对事件——由人（肇事者）的行为引起，同时，该法律后果并不考虑肇事者的主观意志。

23. 答案：D

解析：根据不同的标准，法律事实有不同的分类。按照产生法律后果所需要法律事实的数量，法律事实可以分为单一的法律事实和事实构成，其中，违法的构成要件属于典型的事实构成，所以A项不正确。按照产生法律后果是否要求某些现象存在，法律事实可分为肯定的法律事实和否定的法律事实，题目涉及的刑事诉讼法的规定属于否定的法律事实，即在审判中产生隶属型法律关系，“审判人员、检察人员和侦查人员不得……不得……”否则，就不能基于审判、侦查行为等产生隶属型法律关系，所以D项正确。

24. 答案：B

解析：法律事实是法律规范所规定的、能够引起法律后果即法律关系产生、变更和消灭的现象。题中车祸引起了甲的父亲的死亡而不是遗产继承关系的产生，所以A项不应选；甲与其父在车祸发生之前即持续地存在合法父子关系这一状态，它并非引起遗产继承的法律事实，所以C项不应选；甲是否放弃继承权是遗产继承这一法律关系发生之后的行为，所以D项也非应选项。答案选B。

25. 答案：D

解析：法律事实依据它是否以权利主体的意志为转移可以分为行为和事件：行为是以权利主体的意志为转移、能够引起法律后果的法律事实。行为按其与法律规范的要求是否一致可以分为合法行为和不合法行为。事件是不以权利主体的意志为转移的法律事实。所以答案选D。

26. 答案：A

解析：社会关系有纵向与横向之分，法律关系按照主体之间的相互地位也可以划分为平权型的法律关系和隶属型的法律关系。平权型法律关系，即法律关系主体之间地位是平等的，相互间没有隶属关系。民事法律关系是最典型的平权型法律关系。隶属型的法律关系，即法律关系主体之间存在隶属关系，一方服从于另一方。行政法律关系是最典型的隶属型法律关系。物权法、破产法属于民商事法律，调整横向的社会关系；治安处罚法属于行政法，调整纵向社会关系；只有产品质量法属于经济法部门，既有纵向的社会关系又有横向的社会关系。答案选A。

27. 答案：B

解析：本题考查的是权利能力的概念，权利能力是权利主体享有权利和承担义务的能力，它反映了权利主体取得享有权利和承担义务的资格。各种具体权利的产生必须以主体的权利能力为前提。产生这种“基本”权利即权利能力的法律事实往往只与国籍相联系，凡是某一国家的公民都是这种“基本”权利和义务的承担者。所以答案选B。行为能力是指权利主体能够通过自己的行为取得权利和承担义务的能力。行为能力必须以权利能力为前提，无权利能力就谈不上行为能力。法律事实是法律规范所规定的、能够引起法律后果即法律关系产生、变更和消灭的现象。法律责任，是指由于违背了相关法律义务或基于特定的法律联系，有责主体应受谴责而必须承受的法律上的不利负担。

28. 答案：B

解析：权利能力是权利主体享有权利和承担义务的能力，是法律关系主体实际取得权利、承担义务的前提条件。A项和D项符合权利能力的定义，因而是正确的。因公民的权利能力仅是一种法律资格，所以权利主体要想实际享有权利和承担义务还必须具有行为能力；没有权利能力一般无行为能力，但有权利能力不一定有行为能力，所以C项是正确的。不是“所有公民的权利能力都是相同的”，而是“所有公民的权利能力都是平等的”。根据享有权利能力的主体范围不同，有一般权利能力和特殊权利能力之分：前者是一国所有公民均具有的权利能力，它是任何人取得公民法律资格的基本条件，不能被任意剥夺或解除。后者是公民在特定条件下具有的法律资格，这种资格并不是所有公民都可以享有的，只授予某些特定的法律主体，如男年满22周岁才可以结婚，国家机关及其工作人员行使职权的资格。因此，B项错误，为应选项。

29. 答案：A

解析：法律事实依据它是否以权利主体的意志为转移可以分为行为和事件。(1) 行为是以权利主体的意志为转移、能够引起法律后果的法律事实。行为按其与法律规范的要求是否一致可以分为合法行为和不合法行为。违章驾驶、抢劫银行及签订合同都是人的意志行为，属于法律事实中的行为。(2) 事件是不以权利主体的意志为转移的法律事实。事件分为绝对事件和相对事件。绝对事件不是由人们的行为而是由某种自然原因而引起的事件，例如人的自然死亡和出生、时间的流逝等自发性质的现象。答案选A。

30. 答案：B

解析：A项涉及应然权利与法定权利的区别。“姓名权”已经被规定到法律中，属于“法定权利”，也属于“实然权利”，不再属于应然权利。故A项错误。

所谓应然权利，是指应当被法律保护但尚未规定到法律中的权利；实然权利是指已经被法律实际保护的权利。

B项涉及法律原则的功能。法律原则可以填补规则漏洞，并有助于实现个案正义。故B项说法正确。

C项涉及绝对权和相对权的分类。人身权、所有权等都属于绝对权。姓名权属于人身权的一部分，也属于绝对权。故C项错误。

D项涉及法律在限制自由（权利）时需遵循的三原则：(1) 伤害原则；(2) 道德原则（冒犯原则）；(3) 家长原则。其中，伤害原则是指伤害到他人的合法权利时才需要被限制；冒犯原则是指危害或冒犯到公共道德或公共秩序时才需要被限制。本题中，甲承担赔偿责任的原因并不直接是因为冒犯到公共道德，而是伤害到其他人，因此属于伤害原则。故D项错误。

31. 答案：B

解析：法律关系的客体是指法律关系主体之间权利和义务所指向的对象。甲与医院之间的医疗合同法律关系的客体是行为（医院为甲行断指再植术），而不是人身，A选项错误。法律关系的客体包括物、行为、精神产品（非物质财富）、人身利益，物是指法律关系主体支配的、在生产和生活上所需要的客观实体。当人身之部分自然地从身体中分离，已成为与身体相脱离的外界之物时，可视为法律上的“物”，故B选项正确。法律行为是指能够引起法律关系产生、变更或消灭的各种事实的总称。甲的女友与甲分手，不产生法律关系，因而不属于法律行为，故C选项错误。甲在工作中受伤，甲的工作单位应当承担损害赔偿责任，故D选项错误。

32. 答案：A

解析：(1) 根据法律关系主体的法律地位是否平等，法律关系分为平权型法律关系与隶属型法律关系。平权型法律关系是存在于法律地位平等的当事人之间的法律关系，以民事法律关系最为典型。隶属型法律关系是一方当事人可依据职权而直接要求他方当事人为或不为一定行为的法律关系。故 A 项正确，D 项错误。(2) 根据法律关系产生的依据、作用和实现规范的内容不同，法律关系分为调整性法律关系与保护性法律关系。调整性法律关系是基于人们的合法行为产生的、发挥法的调整作用的法律关系。保护性法律关系是由于违法行为而产生的、旨在恢复破坏的权利和秩序的法律关系。故 B 项错误。(3) 按法律关系主体是否完全特定化，法律关系分为绝对法律关系与相对法律关系。绝对法律关系指的是权利主体特定而义务主体不特定的法律关系。相对法律关系是存在于特定的权利主体和特定的义务主体之间的法律关系。C 项租赁合同关系中权利主体和义务主体均特定，属于相对法律关系。故 C 项错误。

33. 答案：B

解析：法律事实，即法律规范规定的、能够引起法律后果即法律关系产生、变更、消灭的各种事实的总称。按照法律事实是否与当事人的意志有关，可以把法律事实分为法律事件和法律行为。法律事件，是指法律规范规定的、与当事人意志无关的，且能够引起法律关系产生、变更或消灭的客观事实。法律行为，是指与当事人意志有关的，能够引起法律关系产生、变更或消灭的作为和不作为。本题中导致合同解除的法律事实是耕牛被盗导致无法交付标的物，合同无法履行只能解除，耕牛被盗与该耕牛买卖合同的当事人赵某和钱某的意志无关，所以属于事件，故选 B。

（二）多项选择题

1. 答案：ABCD

解析：法律关系产生、变更和消灭的条件包括法律事实、权利主体和法律规范，其中法律事实包括法律行为和法律事件。

2. 答案：ABC

解析：之所以说法律关系是人们有意识、有目的建立的社会关系，首先是因为，法律关系产生的前提之一——法律规范——就是国家意志的反映；其次还因为，很多法律关系的产生都需要人的意志，即便有些法律关系的产生不需要人的意志，但是，它的实现却仍需要人的意志。故 A、C 项正确。B 项所谓的“法律关系是一种事实社会关系”，是基于法律关系中所规定的人与人之间的规范性的社会关系而言的。法律调整的第一阶段——法律规范的产生——把某些社会关系纳入法律调整的范围，但这并不意味着此时的社会关系已经转换为事实的社会关系；到了法律调整的第二阶段——法律关系的产生阶段，法律规范中规定的社会关系转化为现实的社会关系。正是基于这两种社会关系的不同规定性，学术界有人提出“书面上的法”和“行动中的法”的划分。D 项的说法是错误的，法律关系与法律适用有很大关系，主要表现在两个方面：首先，某些法律关系的实现需要法律适用（如，不动产变动登记）；其次，在法律关系不能正常实现时，需要法律适用（例如审判）。除了这两种情况，法律关系的产生并不需要法律适用（例如，合同双方当事人依照合同约定和相关法律规定履行合同）。

3. 答案：ACD

解析：A、B、D 项都是有关权利、义务主次关系问题的。从价值上看，权利、义务代表了不同的法律精神，它们在历史上受到重视的程度有所不同，因而两者在不同国家的法律体系中的地位是有主、次之分的。在民主法治社会，法律制度较为重视对个人权利的保护。此时，权利是第一性的，义务是第二性的，义务的设定是为了保障权利的实现。因此，A、D 项的说法是正确的，而选项 B 的“享有权利是为了更好地履行义务”，颠倒了权利、义务的主次关系，不符合现代法治国家精神，因此，这种说法是错误的。C 选项正确地阐述了权利、义务的关系，权利人享受权利必须依赖于义务人承担义务，二者是统一的。

4. 答案：ABD

解析：A 项考查的是法律关系主体的具体运用。法律关系主体是法律关系的参加者，即在法律关系中一定权利的享有者和一定义务的承担者。本题中，法律关系的主体不限于甲剧团和乙剧院，演员曾某、潘某、廖某因与本案有法律上的利害关系，所以也是法律关系主体。故 A 项错误。至于 B 项，按照法律关系产生的依据、执行的职能和实现规范的内容不同，法律关系可以分为调整性法律关系和保护性法律关系。调整性法律关系是基于人们的合法行为而产生的法律关系。它所实现的是法律规范（规则）的行为规则（指示）的内容。调整性法律关系不需要适用法律制裁，法律主体之间即能够依法行使权利、履行义务，如各种依法建立的民事法律关系、行政合同关系，等等。保护性法律关系是由于违法行为而产生的旨在恢复被破坏的权利和秩序的法律关系。它执行着法的保护职能，所实现的是法律规范（规则）的保护规则（否定性法律后果）的内容，是法的实现的非正常形式。它的典型特征是一方主体（国家）适用法律制裁，另一方主体（通常是违法者）必须接受这种制裁，如刑事法律关系。因此B项错误。C项考查的是不同法律关系中的权利、义务，题目中所涉及的法律关系有合同关系、审判关系等，在这种相对法律关系中，权利（与义务）属于相对权。D项考查的是不同法律关系中法律关系主体的表现形式。在相对法律关系中，法律权利主体与法律义务主体都是确定的、具体的，因而D项错误。

5. 答案：BC

解析：A项张某的现金属于“物”，物既包括自然物，也包括人造物，还包括公民的个人财产。B项属于非物质财富，又称智力成果。C项货物运输合同的双方当事人之间属于相对法律关系，相对法律关系中，法律关系客体表现为义务人积极行为所指向的物质和物质财富——行为所要达到的结果。需要注意的是，有些相对法律关系中，义务人的行为有一定的物质承担者，例如题目中所涉及的“货物”，但这个“物质承担者”严格来讲应称为“标的物”而非“客体”。D项考查的是“人的器官”的两重性质：当“人的器官”依附于人体，并不属于法律关系客体中的“物”，但一旦离开人体，就可以作为法律关系客体中的“物”了。需要注意的是，鉴于人的器官的特殊性，在相应的法律关系中，法律一般都规定了严格的程序以及种种限制。

6. 答案：ACD

解析：国家作为一个整体，既可以作为国家所有权关系、刑法关系等的主体，又可以作为国际法关系的主体，故A项正确。一些社会构成单位也可以成为某些法律关系主体，例如，我国宪法规定，中华人民共和国各民族一律平等，这种平等关系的主体就是各民族，故C项正确。居住在我国境内的外国人、无国籍人也可以成为某些法律关系的主体，例如所有权、合同关系，等等，故D项正确，当然，有一些法律关系，非我国公民不得参加，例如，选举法律关系。B项中的“未出生的胎儿”则不能成为法律关系主体。成为法律关系主体需要权利能力和行为能力，其中权利能力是行为能力的前提。根据我国法律规定，公民的权利能力始于出生。因此没有出生的胎儿不能作为法律关系的主体。至于继承法中所涉及的遗产继承中的“特留份”则属于法律的特例。

7. 答案：BD

解析：法人的权利能力从法人成立时产生，同时，其行为能力伴随着权利能力产生。法人的成立以注册登记成立为准，因此，B项正确。法人终止时，它的权利能力、行为能力都消灭，因此D项正确。

8. 答案：ABCD

解析：A项中的政变是导致我国出口合同无法正常履行的原因，这种大型的社会运动属于相对事件；B项中的“非典”属于自然原因，系绝对事件；C项中王某突发心脏病系绝对事件；D项中，相对于其不能参加司法考试、无法履行约定等关系来说，甲被人撞伤系相对事件。

9. 答案：BCD

解析：该案涉及法律关系分类的具体运用。田某与学校的关系比较复杂：根据我国相关法律规定，学校的授予学位、发放毕业证等行为得到了国务院相关部门的授权，因此，就授予学位、发放毕业证而言，田某与学校的法律关系是隶属型法律关系，由此产生的诉讼是行政诉讼而不是民事诉讼，C项正确，同时，在正常状态下，二者还是调整性法律关系，B项正确。后来由于学校的违法行为（行政行为），导致二者之间的调整性法律关系不能正常实现，法院介入以恢复和保护原有的调整性法律关系。法院介入导致保护性法律关系的产生，所以，就学校和法院而言，二者之间是保护性法律关系，D项正确。学校虽然作出了“退学”“不发给毕业证、学位证”等处理决定，但是，学校并不能代表“国家”，没有行使“制裁”（法律意义上）的权力，不能形成保护性法律关系，故A项错误。

10. 答案：CD

解析：法律关系是根据法律规范产生、以主体之间的权利与义务关系的形式表现出来的特殊的社会关系。题中A项甲与乙间的购房合同关系，B项张某收养李某而形成的抚养关系都属于法律关系。法律关系主体即法律关系的参加者，是法律关系中权利的享受者和义务的承担者。法律关系的主体具有法律性和社会性。法律关系主体的社会性，是指法律规范规定什么人和社会组织能够成为法律关系主体不是任意的，而是由一定物质生活条件决定的。比如，在奴隶制国家的法律中，只有自由民才是法律关系的主体，奴隶像物一样，是奴隶主的权利与义务所指向的对象，不是法律关系的主体。因此，C项不属于法律关系。而在原始社会根本不存在法律，因此不同氏族成员之间产生货物买卖关系也不属于法律关系。因此，D项不属于法律关系。

11. 答案：AD

解析：法律关系是根据法律规范产生、以主体之间的权利与义务关系的形式表现出来的特殊的社会关系。恋爱关系与师生关系不由法律来调整，恋人之间、师生之间也没有法律上的权利、义务，因此社会主义法律不能在这些领域中发挥作用。答案选择A、D。

12. 答案：ABCD

解析：法律关系客体，又称权利客体，是权利主体的权利与义务所指向的对象。在法学上，法律关系的客体，一方面具有哲学意义上的客体一般属性，不以主体的意志为转移，具有客观性，是独立于人的意志之外并能为人的意志所感知、为人的行为所支配的客观世界中各种各样的现象；另一方面又具有自己的特殊性，它能够满足主体的物质利益和精神需要，是满足权利人利益的各种各样的物质和非物质的财富，它得到法律规范的确认和保护。作为法律关系客体的物当然也必须具备以上属性，A、B、C、D都是应选项。

13. 答案：BC

解析：法律关系是根据法律规范产生的、在主体之间形成的权利与义务关系。法律关系的产生、变更和消灭的条件包括：(1) 法律规范，即法律关系产生、变更和消灭的法律依据；(2) 权利主体，即权利与义务的承担者；(3) 法律事实，即出现法律规范所假定出现的那种情况。其中，法律规范和权利主体是法律关系产生的抽象的、一般的条件，而法律事实则是法律关系产生的具体条件。法律关系只有在一般与具体的条件都具备的情况下才能产生。答案选B、C。

14. 答案：ACD

解析：行为能力是指权利主体能够通过自己的行为取得权利和承担义务的能力。行为能力必须以权利能力为前提，无权利能力就谈不上行为能力。但是，对自然人来讲，有权利能力不一定有行为能力。作为权利主体必须有意志自由，这不仅意味着主体能够以自己的名义独立地参加到法律关系中，而且意味着主体能够理解自己的行为，并通过自己有意识的行为独立实现主体权利和法律义务。在各国的法律中对自然人的行为能力都有年龄方面和健康状况方面的限制，因此分为完全行为能力人、限制行为能力人和无行为能力人三种。答案选A、C、D。

15. 答案：ABCD

解析：我国法律关系的主体主要包括以下几类：

(1) 自然人。公民是自然人中最基本的权利主体。另外，按照我国《民法典》的规定，个体工商户、农村承包经营户也包括在个人主体（自然人）的范围内。

(2) 集体主体。它包括两类：一类是国家机关，包括国家的权力机关、行政机关、审判机关和检察机关等；另一类是社会组织，如政党、社会团体、企事业单位等。

(3) 国家。国家作为一个整体，是某些重要法律关系的参加者，既可作为国家所有权关系、刑法关系等的主体，又可以成为国际法关系的主体。

其他一些社会构成单位，如人民团体、民族、集体、行政区域单位等，在某些法律关系中也是权利主体。

综上，本题答案为A、B、C、D。

16. 答案：ABCD

解析：学者们在使用法律关系的概念时有两种不同的含义，其一指的是社会关系的法律形式，即人们在法律上的权利与义务关系；其二指的是披上法律上的权利与义务关系外衣的社会关系。对前一种意义上的法律关系，法律关系的内容是指权利与义务；而后一种意义上的法律关系，其内容则是指以权利与义务的形式表现出来的人们的实际行为，而权利与义务只是这种实际行为的法律形式。

在绝对法律关系中，权利与义务以权利人为了满足自己利益而自己从事某种积极行为的权利和义务人的消极的不作为的义务表现出来。在相对法律关系中，权利与义务以权利人请求义务人完成某种行为的权利和义务人根据权利人的请求完成某种积极行为的义务表现出来。在保护性法律关系中，权利与义务以国家要求违法者接受法律制裁的权利和违法者对违法行为承担法律责任的义务表现出来。本题答案为A、B、C、D。

17. 答案：AC

解析：权利能力是权利主体享有权利和承担义务的能力，它反映了权利主体取得享有权利和承担义务的资格。权利能力当然以权利主体的存在为前提，故选项A正确。行为能力是指权利主体能够通过自己的行为取得权利和承担义务的能力。行为能力必须以权利能力为前提，无权利能力就谈不上行为能力。B项混淆了权利能力与行为能力的关系，错误。各种具体权利的产生必须以主体的权利能力为前提。权利能力实际上也是一种权利，是能够引起各种具体权利产生的最一般的、最基本的权利。产生这种“基本”权利即权利能力的法律事实往往只与国籍相联系，公民一出生即具有。但同样存在在特定条件下具有的法律资格，例如男年满22周岁才可以结婚，故D项错误。本题答案为A、C。

18. 答案：BCD

解析：法律关系是根据法律规范产生、以主体之间的权利与义务关系的形式表现出来的特殊的社会关系。在本案中存在范某杀害或者伤害汪某的刑事法律关系、范某与汪某的家属之间的民事法律关系、范某与公安部门之间的诉讼法律关系、范某与检察院之间的诉讼法律关系、范某与法院之间的诉讼法律关系等多种法律关系。题中的“范某怒而挥刀砍向汪某”是一个关键的法律事实，为范某受自己思想支配而表现在外部的活动，由此行为引起了多种法律关系的产生，导致检察院对范某的起诉，致使范某与汪某的家属之间形成侵权赔偿的实体法律关系。因此A项“该案件形成多种法律关系”成立。B项“引起范某与司法机关之间的法律关系的法律事实属于法律事件”有误。C项“该案件中，范某与检察院之间不存在法律关系”不能成立。D项“范某与汪某的家属之间不形成实体法律关系”不正确。故B、C、D项符合题目要求，当选。

19. 答案：CD

解析：甲和银行之间的这种法律关系是合同关系，是民事法律关系，因而属于普通法律关系，而非基本法律关系，故A项错误，D项正确。甲和银行是平等主体，甲是借款人，银行是贷款人，因而是平权型法律关系，故B项错误。甲和银行之间的这种法律关系是存在于特定的权利主体和特定的义务主体之间的法律关系，因而属于相对法律关系，故C项正确。

简答题

1. (1) 法律关系是根据法律规范所结成的权利义务关系。法律关系之所以是思想社会关系而不是物质关系就在于它的形成和实现，都要通过人们的意志行为。

(2) 任何法律关系，都是根据法律的规定，由法律规范确认和调整某种社会关系而形成的。如果没有相应的法律规定，就不能产生某种具体的法律关系。而法律是掌握国家政权的统治阶级的意志的体现，那么任何一种法律关系就必然体现这种意志。所以法律关系和国家意志是分不开的，是国家意志的一种具体表现形式。

(3) 每一种法律关系，通常总是通过参加者的意思表示而产生，例如购销、借贷、赠与、遗嘱等，都必须有行为人的意思表示，才能产生具体的法律关系。虽然有些法律关系的产生并不通过参加者的意思表示，但是法律关系的实现却要通过参加者的意志，例如诉讼。因此，一切法律关系，无论其形成时是否通过其参与者的意思表示，其在实现时都要通过法律关系参加者相应的意思表示。

(4) 在具体的法律关系中，当事人的意志要受法律制约。如果法律关系参加者违背法律规定，那么这种关系不仅不具有法律效力，而且其可能导致因违法行为而产生的法律后果。因此，当事人的意志必须符合国家意志，才能产生合法行为。

2. (1) 在绝对法律关系中，权利人通过自己的行为满足自己的利益，义务人承担的是消极的不作为义务。因此，法律关系的客体表现为权利人积极行为指向的物质和非物质财富，例如，所有权法律关系中的“物”，智力成果法律关系中的“著作权、发明权”等。其特点为：首先，客体往往是现存的物质和非物质财富；其次，其客体往往独立存在于权利人满足自己利益的行为之外。

(2) 在相对法律关系中，权利人的利益是通过义务人的积极行为来实现的，因此，法律关系客体表现为义务人积极行为所指向的物质财富和非物质财富。其特点为，首先，客体不表现为现存的物质财富和非物质财富，而是表现在义务人积极行为所要达到的结果上。其次，义务人行为的结果往往和行为本身难以分开。例如，债权法律关系中，客体表现为债务人按照债权人的要求所完成的一定的行为结果。最后，义务人的行为有时有一定的物质承担者，但这种“物质承担者”严格来讲并不是法律关系的客体。

(3) 保护性法律关系的客体是违法者在法律规定的范围内向国家承担法律责任的行为结果，表现为违法者遭受一定的物质或非物质财富损失。

(4) 一般法律关系是对现存的经济与政治制度、公民的社会与政治自由的确认，因此该法律关系的客体是现存的物质与非物质财富，如所有制、安全、平等、公民的人格、言论自由等。

3. (1) 条件包括法律规范、法律事实和权利主体。

(2) 法律规范和权利主体是法律关系产生的抽象的、一般的条件，而法律事实则是法律关系产生的具体条件。法律关系只有在一般与具体条件都具备的情况下才能产生。

(3) 法律事实具有将法律规范转化为现实关系的作用。这句话有两个含义：一是只有法律规范不能产生法律关系，法律规范只不过规定了一个可能性的领域；二是只有权利主体也不能产生法律关系，例如，年满 22 周岁的男性都可能成为婚姻法律关系的主体，但是，只有男女双方依法登记这一法律事实出现时，才可能产生婚姻法律关系。

4. 从宏观上讲，可以将二者的关系概括为：历史进程中曾有的离合关系；逻辑结构上的对立统一关系；总体数量上的等值关系；价值功能上的互补关系；运行中的制约关系；价值趋向上的主从关系。

(1) 从人类不同的发展阶段看，二者有过离合关系，例如，原始社会权利、义务完全结合在一起，无所谓权利、义务的区分；在存在特权阶级的社会，一部分人只享有权利而不履行义务，而无权阶级只履行义务却无法享受权利。

(2) 从逻辑结构上看，二者是对立统一的关系。权利意味着获得，而义务意味着付出；一个是主动的，另一个是被动的。但二者还是相互依存、相互贯通的，表现在权利、义务不可能孤立存在和发展，“没有无权利的义务，也没有无义务的权利”。有时权利、义务还可以互相转化，有的行为则既是权利又是义务，例如，受教育的权利和义务；又如，国家机关工作人员的权利（职权）不可放弃。

(3) 数量上的等值关系。就整个社会而言，只有权利与义务在总量上处于等额状态，社会生活才不至于出现混乱。在特权社会，在一定意义上，就是由于权利总量和义务总量失衡而导致混乱。

(4) 价值功能上二者具有互补关系。单纯的权利并不能导致利益的实现，必须通过设定义务来进行保障。

(5) 从法律运行的角度上看，权利与义务具有制约关系。在社会互动过程中，权利与权利、权利与义务之间存在互相制约关系。一方面，个人权利对国家职权的制约导致国家的义务和责任，国家职权对个人权利的制约导致个人的义务；另一方面，个人之间、国家机关之间的权利、义务也是相互制约关系，例如，国务院的行政管理权受全国人民代表大会所赋予它的职责和义务的制约。

(6) 在法律调整的价值趋向上，权利、义务有主从关系。权利是目的，义务是手段，义务的设定应该以保障权利的实现为出发点。

5. 法律事实是法律规范所规定的，能够引起法律后果即法律关系产生、变更和消灭的现象。一方面，法律事实必须是法律所规定的，只有那些具有法律意义的事实才能引起法律后果。另一方面，法律事实的概念又反映出法律调整受到具体社会生活情况和社会事实的制约。

法律事实可以根据不同标准进行分类。(1) 法律事实依据它是否以权利主体的意志为转移可以分为行为和事件。(2) 按照产生法律后果是否要求某些现象存在，法律事实可分为肯定的法律事实和否定的法律事实。(3) 按照作用时间的长短，法律事实可分为一次性作用的法律事实和连续性作用的法律事实状态。(4) 按照产生法律后果所需要法律事实的数量，法律事实可分为单一的法律事实和由足够法律事实所组成的系统，即事实构成。

6. 法律事实是法律规范所规定的，能够引起法律后果即法律关系产生、变更和消灭的现象。一方面，法律事实必须是法律所规定的，只有那些具有法律意义的事实才能引起法律后果。另一方面，法律事实的概念又反映出法律调整受到具体社会生活情况和社会事实的制约。

法律事实与一般意义上的事实有明显的区别：(1) 法律事实是一种规范事实，没有法律规范就不会有法律事实。(2) 法律事实是一种能用证据证明的事实，这意味着法律事实不仅是客观事实，而且还能用证据予以证明。(3) 法律事实是一种具有法律意义的事实，是对法律关系产生了影响的事实。

材料分析题

1. (1) 形成的主要法律关系有：具体法律关系、调整型法律关系、平权型法律关系、相对法律关系。

(2) 二者形成相对法律关系，而相对法律关系的客体是行为结果，因此该案中法律关系的客体是该剧院按照权利人的要求放映京剧的行为（结果）。

(3) 保护性法律关系。

(4) 基于施密特买京剧票的法律行为。

2. (1) 是法律事实。

(2) 所谓法律事实，简而言之就是法律所规定的、能得到合法证据证明的事实。所谓客观事实，就是指客观存在的事实。由于法律是对社会生活的抽象和概括，并且法律本身还蕴涵了一些价值（例如非法证据不能作为证据），所以实践中，在法律事实对客观事实重现的过程中产生了一些脱节。西方有学者提出一个极端的说法——在历史面前我一无所知，描述的就是这种重现历史过程中的“遗漏”“裁剪”现象。但是就理想状态而言，法律事实应该通过完善的证据规则、审判规则以尽可能地反映客观事实。

3. (1) 表达的共同问题是法律关系的意志性，即法律关系是一种思想社会关系。

(2) 首先，黑格尔这句话正确地指出了法律关系的意志性。(具体参见本章“简答题”第 1 题的答案)

其次，黑格尔夸大了法律关系中的意志因素，把法单纯作为绝对的“精神”。法律关系除了意志性，还有社会性的特征。法律关系的社会性指的是隐藏在意志性背后的“物质社会关系”，是不以人的意志为转移的客观规律。

4. (1) 孙某乘坐高铁，购买火车票，孙某与铁路公司之间存在运输合同关系，该合同关系属于民事法律关系。铁路公安机关依照《治安管理处罚法》给予孙某治安罚款，在铁路公安机关与孙某之间存在行政处罚关系，该处罚关系属于行政法律关系。

(2) 该事件体现了自由价值和秩序价值之间的冲突。本题中，孙某购买了车票，有乘车的自由，但是孙某没有按车票规定的座位乘车，霸占他人座位，影响了列车运行的正常秩序，孙某的乘车自由与铁路运行的正常公共秩序发生了冲突。孙某在行使其乘车自由的同时，不应该侵犯或损害他人的合法权益，扰乱正常的公共秩序。

5. (1) 甲与公安机关交通管理部门之间产生了行政法律关系；乙和丙之间产生了民事法律关系。从主体地位的角度看，两者的区别在于行政法律关系是隶属型法律关系，民事法律关系是平权型法律关系。隶属型法律关系是一方当事人可依据职权而直接要求他方当事人为或不为一定行为的法律关系。平权型法律关系是存在于法律地位平等的当事人之间的法律关系，当事人之间没有隶属关系。

(2) 导致甲与公安机关交通管理部门之间法律关系产生的法律事实，是甲闯红灯的违法行为。导致乙和丙之间法律关系产生的法律事实，是丙出生的法律事件。法律行为和法律事件是两种不同的法律事实。两者的区别在于：法律行为以当事人意志为转移，法律事件与当事人意志无关。

论述题与深度思考题

1. (1) 权利能力是行为能力的前提。有权利能力不一定有行为能力，但没有权利能力就一定没有行为能力。

(2) 责任能力是行为能力在保护性法律关系中的表现形式。一般来讲，有行为能力就有责任能力。但是在刑事法律关系中，刑事责任能力具有独立意义。按照刑法规定，已满 16 周岁的人犯罪应当负刑事责任；已满 14 周岁、不满 16 周岁的，以及已满 12 周岁、不满 14 周岁的，对一些特殊的犯罪行为，也要负刑事责任。另外，对于刑事责任能力还有健康方面的限制。

(3) 责任能力是承担法律责任的前提，但是有责任能力不一定意味着实际承担法律责任，例如刑法关于减轻、免除刑事责任的规定。

(4) 还有一种特殊情况，即行为人虽然没有行为能力，也没有责任能力，但是其带来的损害却要由相应的人来承担法律责任，例如，监护人的法律责任。

2. (1) 法律意义上的物是指法律关系主体支配的、在生产和生活上所需要的客观实体。它可以是天然物，也可以是生产物；可以是活动物，也可以是不活动物。作为法律关系客体的物，与物理意义上的物既有联系又有不同，它不仅具有物理属性，而且应具有法律属性。物理意义上的物要成为法律关系客体，须具备以下条件：第一，应得到法律认可。第二，应为人类所认识和控制。不可认识和控制的物，如地球以外的天体，不能成为法律的关系客体。第三，能够给人们带来某种物质利益，具有经济价值。第四，须具有独立性。不可分离物，如道路上的沥青、桥梁的构造物、房屋的门窗，一般不能脱离主物，故不能单独作为法律关系的客体存在。至于哪些物可以作为法律关系的客体或可以作为哪些法律关系的客体，应由法律予以具体规定。在我国，大部分天然物和生产物可以成为法律关系的客体，但有以下几种物不得进入国内商品流通领域、成为私人法律关系的客体：1）人类公共之物或国家专有之物，如海洋、山川、水流、空气；2）文物；3）军事设施、武器，如枪支、弹药等；4）危害人类之物，如毒品、假药、淫秽书籍等。

（2）活人的（整个）身体不得被视为法律上之物，不能作为物权、债权和继承权的客体，禁止任何人包括本人将整个身体作为“物”参与有偿的经济活动，不得转让或买卖，诸如贩卖或拐卖人口、买卖婚姻等行为，都是法律所禁止的违法或者犯罪行为，应受法律的制裁。在奴隶社会，奴隶主视奴隶为物的法律关系，已经为现代社会所摒弃。关于人身（体）部分如血液、器官、皮肤等的法律性质，是一个较为复杂的问题。这些部分既属于人身，还属于法律上的“物”，不能一概而论，应从三方面分析：当人身之部分尚未脱离人的整体时，即属于人身本身；当人体之部分自然地从身体中分离，已成为与身体相脱离的外界之物时，亦可视为法律上之“物”；当该部分已被植入他人身体时，即为他人人身的组成部分。例如，有女孩为自己受人损害的处女膜索赔 20 万元，事实上，这种主张不符合法律关系客体的一般理论：处女膜属于人体的器官，当其依附于人体时，不能成为买卖法律关系的客体，故其索赔缺少法律上的依据。这样的损害要有效地获得救济，必须具备完善的精神损害赔偿制度。

3. 权利与义务是相对而言的，正像马克思所说：一个人有责任不仅为自己本人，而且为每一个履行自己义务的人要求人权和公民权。没有无义务的权利，也没有无权利的义务。

权利与义务的一致性包括多种含义。

（1）在任何一种法律关系中，权利人享受权利依赖于义务人承担义务，如果义务人不承担义务，则权利人不可能享受权利。权利与义务表现的是同一行为，对一方当事人来讲是权利，对另一方当事人来讲则是义务。如买方购买货物时付款，对买方是义务，对卖方则是权利；主管机关发布行政管理命令，对主管机关是权利，而对接受命令的人来讲则是义务。因此，就权利与义务的实质内容行为来讲，二者是统一的；权利与义务所指向的对象客体也是同一的。如国家对其领土范围内的矿藏享有所有权，矿藏是国家所有权关系的客体，也是其他任何主体承担不可侵犯的义务的客体。

（2）不能一方只享受权利、不承担义务，另一方只承担义务、不享受权利。如上所述，任何权利都意味着权利人在法律所允许的范围内能为一定的行为，使自己的行为不超出这个范围是权利人的义务；而任何义务也都意味着义务人在法律要求的范围内应为一定的行为，超过这个范围的则属于义务人的自由，即义务人的权利。因此，权利人在行使自己权利的时候必须承担一定的义务，而义务人在履行自己义务的同时也享受一定的权利。即使在隶属型的法律关系和保护性法律关系中，权利人与义务人处于不平等的地位，但权利与义务也都是有一定界限的。比如，主管部门行使管理权必须在法律规定的范围内进行，不得超越其管理权限，侵犯公民的基本权利，这是主管部门行使管理权时应承担的义务。同时，被管理人在服从主管部门命令时，也有反对主管部门超越管理权限、侵犯自己合法权益的行为的权利。又比如在刑法关系中，国家有权力对违法者实行制裁，同时又有义务使这种制裁在法律范围内实行；违法者有义务承担法律责任，同时也有权利要求国家对他的制裁不得超出法律规定的范围，对司法机关的判决有提起上诉或申请再审的权利。

（3）权利的行使有一定的界限，不能滥用权利。在绝对法律关系中，如所有权、人身权等，都是一种排他性的权利，这种权利可以对抗所有其他人，其他人承担不作为的义务。但是权利人权利的行使也不是绝对的，不得滥用权利。所谓权利滥用，是指权利人行使权利的目的、限度、方式或后果有违法律设置权利的本意和精神，或者违反了公共利益、社会利益、公序良俗，妨碍了法律的社会功能和价值的实现。我国《民法典》第 8 条规定：民事主体从事民事活动，不得违反法律，不得违背公序良俗。《民法典》第 288、289 条规定：不动产的相邻权利人应当按照有利生产、方便生活、团结互助、公平合理的原则，正确处理相邻关系。法律、法规对处理相邻关系有规定的，依照其规定；法律、法规没有规定的，可以按照当地习惯。我国《宪法》第 51 条规定：中华人民共和国公民在行使自由和权利的时候，不得损害国家的、社会的、集体的利益和其他公民的合法的自由和权利。这就要求公民在行使权利和享受自由的同时，必须履行自己所应尽的义务，不得滥用这些权利和自由，否则，公民的权利不可能得到真正的保障。

第二十三章　法律解释、推理与论证

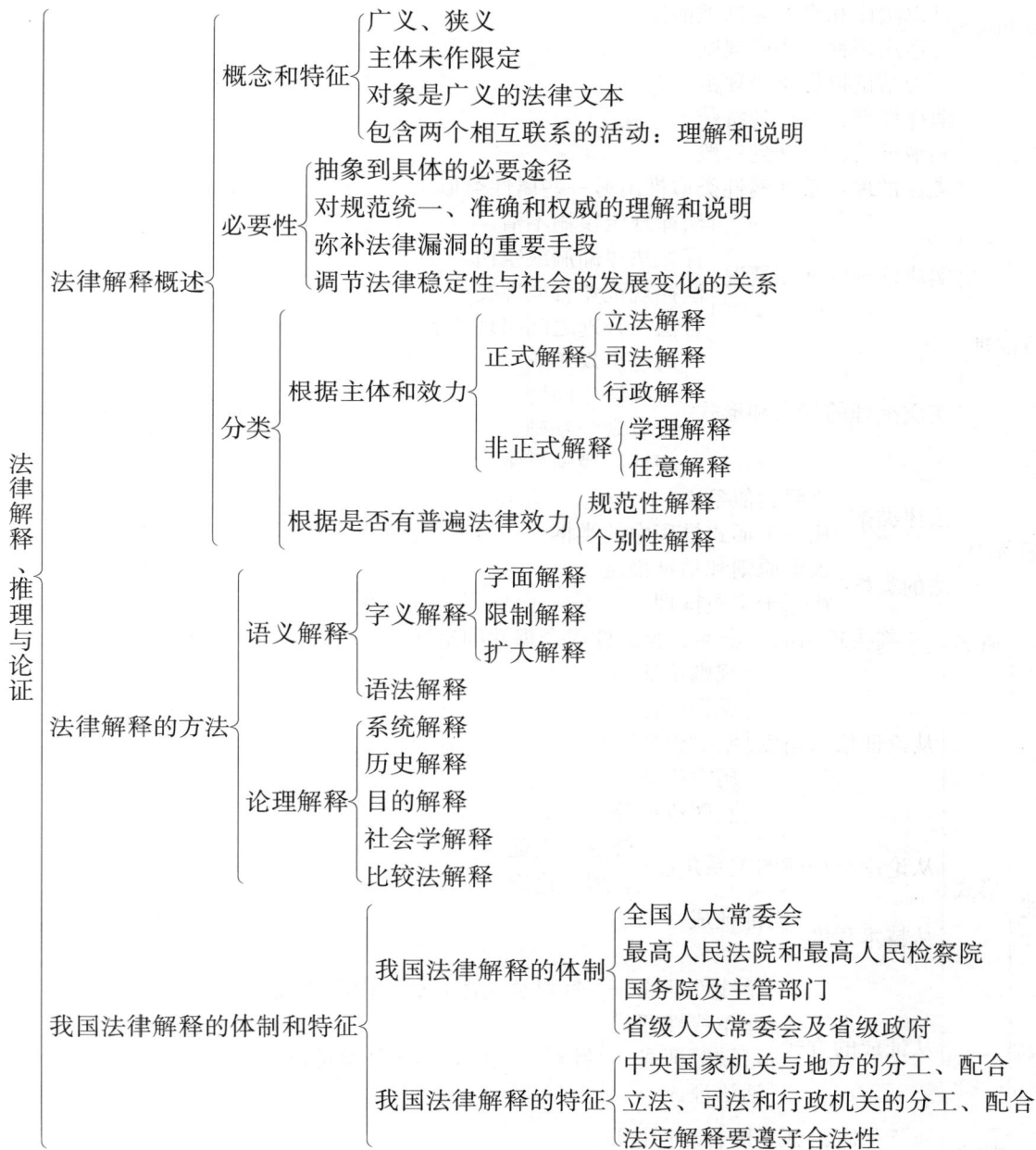

知识逻辑图

- 法律解释、推理与论证
  - 法律解释概述
    - 概念和特征
      - 广义、狭义
      - 主体未作限定
      - 对象是广义的法律文本
      - 包含两个相互联系的活动：理解和说明
    - 必要性
      - 抽象到具体的必要途径
      - 对规范统一、准确和权威的理解和说明
      - 弥补法律漏洞的重要手段
      - 调节法律稳定性与社会的发展变化的关系
    - 分类
      - 根据主体和效力
        - 正式解释
          - 立法解释
          - 司法解释
          - 行政解释
        - 非正式解释
          - 学理解释
          - 任意解释
      - 根据是否有普遍法律效力
        - 规范性解释
        - 个别性解释
  - 法律解释的方法
    - 语义解释
      - 字义解释
        - 字面解释
        - 限制解释
        - 扩大解释
      - 语法解释
    - 论理解释
      - 系统解释
      - 历史解释
      - 目的解释
      - 社会学解释
      - 比较法解释
  - 我国法律解释的体制和特征
    - 我国法律解释的体制
      - 全国人大常委会
      - 最高人民法院和最高人民检察院
      - 国务院及主管部门
      - 省级人大常委会及省级政府
    - 我国法律解释的特征
      - 中央国家机关与地方的分工、配合
      - 立法、司法和行政机关的分工、配合
      - 法定解释要遵守合法性

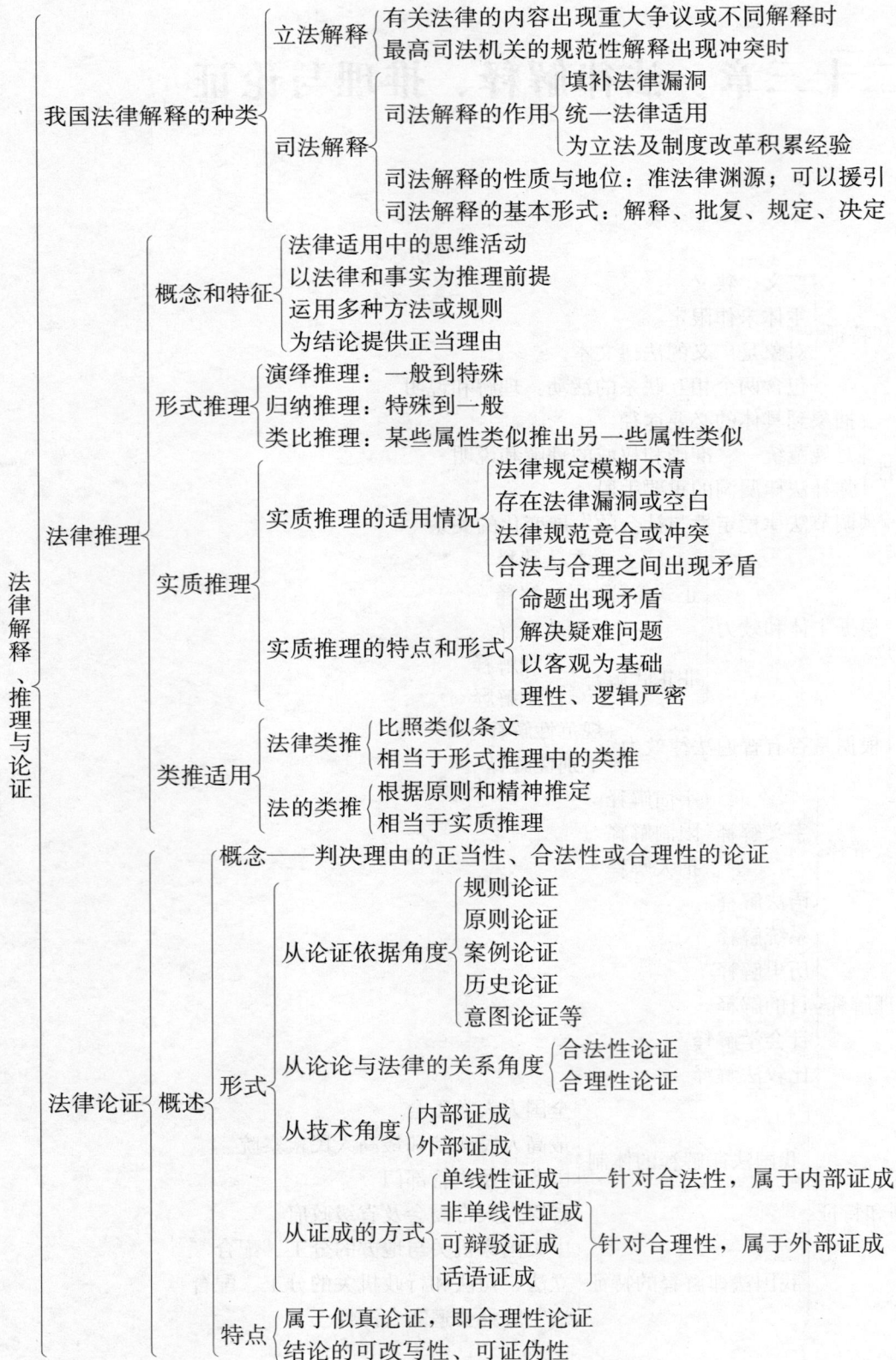

- 法律解释、推理与论证
  - 我国法律解释的种类
    - 立法解释
      - 有关法律的内容出现重大争议或不同解释时
      - 最高司法机关的规范性解释出现冲突时
    - 司法解释
      - 司法解释的作用
        - 填补法律漏洞
        - 统一法律适用
        - 为立法及制度改革积累经验
      - 司法解释的性质与地位：准法律渊源；可以援引
      - 司法解释的基本形式：解释、批复、规定、决定
  - 法律推理
    - 概念和特征
      - 法律适用中的思维活动
      - 以法律和事实为推理前提
      - 运用多种方法或规则
      - 为结论提供正当理由
    - 形式推理
      - 演绎推理：一般到特殊
      - 归纳推理：特殊到一般
      - 类比推理：某些属性类似推出另一些属性类似
    - 实质推理
      - 实质推理的适用情况
        - 法律规定模糊不清
        - 存在法律漏洞或空白
        - 法律规范竞合或冲突
        - 合法与合理之间出现矛盾
      - 实质推理的特点和形式
        - 命题出现矛盾
        - 解决疑难问题
        - 以客观为基础
        - 理性、逻辑严密
    - 类推适用
      - 法律类推
        - 比照类似条文
        - 相当于形式推理中的类推
      - 法的类推
        - 根据原则和精神推定
        - 相当于实质推理
  - 法律论证
    - 概述
      - 概念——判决理由的正当性、合法性或合理性的论证
      - 形式
        - 从论证依据角度
          - 规则论证
          - 原则论证
          - 案例论证
          - 历史论证
          - 意图论证等
        - 从论论与法律的关系角度
          - 合法性论证
          - 合理性论证
        - 从技术角度
          - 内部证成
          - 外部证成
        - 从证成的方式
          - 单线性证成——针对合法性，属于内部证成
          - 非单线性证成、可辩驳证成、话语证成——针对合理性，属于外部证成
      - 特点
        - 属于似真论证，即合理性论证
        - 结论的可改写性、可证伪性

- 法律解释、推理与论证
  - 法律论证
    - 外部证成
      - 目的——法律上的前提与结论在社会系统中的正当性
      - 适用场景
        - 大前提不明确或缺失
        - 大前提或结论多样化
        - 借助公理和价值观念
      - 形式
        - 话语式证成
        - 可辩驳证成
        - 辩证式证成
        - 跳跃式证成
    - 正当性标准
      - 结论的融贯性
      - 程序的合理性
      - 依据的客观性
      - 逻辑的有效性
      - 结论的可接受性

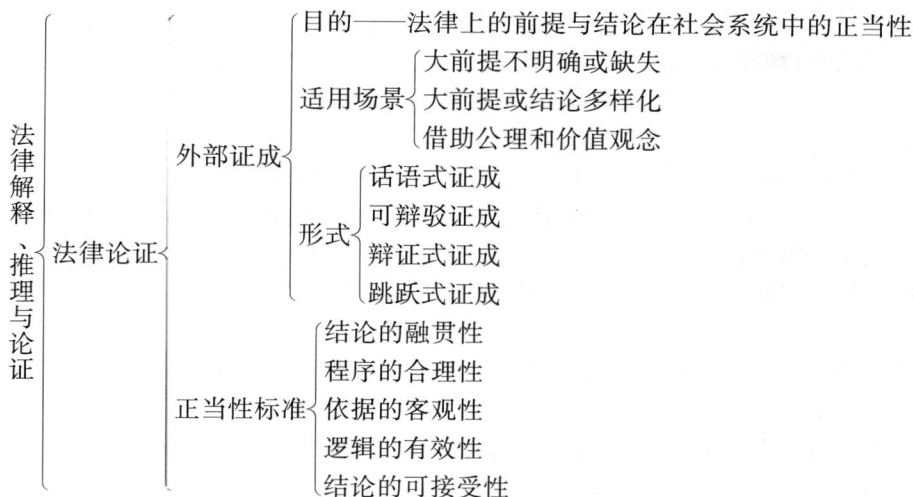

名词解释与概念比较

1. 法律解释
2. 系统解释（考研）
3. 目的解释（考研）
4. 法律推理
5. 规范性解释与个别性解释（考研）
6. 法定解释与学理解释（考研）
7. 形式推理与实质推理
8. 法律类推与法的类推

选择题

（一）单项选择题

1. 关于法律解释，下列说法正确的是（　　）。

A. 法律解释就是对法律规范、法律概念、立法目的等的说明

B. 狭义法律解释是法律解释的科学概念之一

C. 法律解释的主体是国家机关及其工作人员

D. 法律解释的对象与客体是不同的

2. 有的公园规定："禁止攀枝摘花"。此规定从法学的角度看，也可以解释为：不允许无故毁损整株花木。这一解释属于下列哪一项？（　　）（司考）

A. 扩大解释　　B. 文法解释

C. 目的解释　　D. 历史解释

3. 关于立法解释，下列观点错误的是（　　）。

A. 是一种正式解释、官方解释或有权解释

B. 是指立法机关对自己及下位机关立法的解释

C. 严格意义的立法解释是一种效力最高的法律解释

D. 包括地方性的立法解释

4. 在很多车站码头都有"禁止随地吐痰"的规定，从法学的角度看，此规定可以解释为：在公共场所，不准在专门设施以外的地方吐痰。这一解释属于下列哪一项？（　　）

A. 目的解释　　B. 系统解释

C. 文法解释　　D. 限制解释

5. 将法律解释分为规范性解释和非规范性解释，其分类的依据是（　　）。

A. 解释主体和法律效力的有无

B. 法律解释方式和效力范围

C. 法律解释的方法

D. 法律解释的尺度和结果

6. 2001 年全国人大常委会作出解释：《刑法》第 410 条规定的"非法批准征用、占用土地"，是指非法批准征用、占用耕地、林地等农用地以及其他土地。对该法律解释，下列哪一种理解是错误的？（　　）（司考）

A. 该解释属于立法解释

B. 该解释的效力与所解释的刑法条文的效力相同

C. 该解释与司法解释的效力相同

D. 该解释的效力具有普遍性

7. 关于规范性法律解释，下列说法错误的是

（　　）。

A. 对实施法律规范的一切场合、情况和对象都有普遍约束力

B. 不应增加新的法律原则和规范

C. 可能包括立法解释、行政解释和司法解释

D. 属于法律的创制活动之一

8. 侧重对法律规定和案件事实的实质内容进行价值评估或在相互冲突的利益间进行选择的推理是下列哪种推理？（　　）

A. 演绎推理　　B. 归纳推理

C. 辩证推理　　D. 形式推理

9. 如何理解最高人民法院对于在审判过程中关于如何具体应用法律、法规所作的解释的效力？（　　）

A. 对下级法院具有普遍约束力

B. 没有普遍的约束力

C. 对下级法院没有约束力

D. 有普遍的约束力

10. 律师在进行辩护时，对法律所作的解释属于（　　）。

A. 有权解释　　B. 无权解释

C. 学理解释　　D. 规范性解释

11. “大前提—小前提—结论”，这种推理方式属于（　　）。

A. 演绎推理　　B. 归纳推理

C. 辩证推理　　D. 类比推理

12.《宪法》第33条第4款规定：“任何公民享有宪法和法律规定的权利，同时必须履行宪法和法律规定的义务。”对此处的“宪法”和“法律”应作何种解释？（　　）

A. 限制解释　　B. 扩充解释

C. 字面解释　　D. 学理解释

13. 最高人民法院、最高人民检察院《关于办理赌博刑事案件具体应用法律若干问题的解释》第2条规定：“以营利为目的，在计算机网络上建立赌博网站，或者为赌博网站担任代理，接受投注的，属于刑法第三百零三条规定的‘开设赌场’”。关于该解释，下列哪一说法是不正确的？（　　）（司考）

A. 属于法定解释

B. 对刑法条文做了扩大解释

C. 应当自公布之日起30日内报全国人大常委会备案

D. 运用了历史解释方法

14. 我国某省人大常委会制定了该省的《食品卫生条例》，关于该地方性法规，下列哪一选项是不正确的？（　　）（司考）

A. 该法规所规定的内容主要属于行政法部门

B. 该法规属于我国法律的正式渊源，法院审理相关案件时可直接适用

C. 该法规的具体应用问题，应由该省人大常委会进行解释

D. 该法规虽仅在该省范围适用，但从效力上看具有普遍性

15. 下列关于法律解释的表述，正确的是（　　）。（考研）

A. 国家机关对法律所做的解释均为有权解释

B. 我国法律解释体系包括立法解释和司法解释两种形式

C. 历史解释方法既可用于正式解释，也可用于非正式解释

D. 按解释尺度的不同可以将法律解释分为文义解释与体系解释

（二）多项选择题

1. 法官在法律适用活动中对法律规范的解释，是何种法律解释？（　　）

A. 学理解释

B. 正式解释

C. 规范性解释

D. 个别性解释

2. 法律解释可以分为立法解释、司法解释和行政解释。根据我国《立法法》的规定，下列哪些情况属于全国人大常委会法律解释的权限范围？（　　）（司考）

A. 法律的规定需要进一步明确具体含义的

B. 法律规定业已修正，需要重新定义其相关内容的

C. 法律制定后出现新的情况，需要明确适用法律依据的

D. 法律之间发生冲突，需要裁决其效力优先性的

3. 按照我国宪法和1981年全国人大常委会《关于加强法律解释工作的决议》，下列选项中哪些不属于有权法律解释？（　　）（司考）

A. 司法机关对宪法和法律的解释

B. 国务院对宪法和法律的解释

C. 全国人民代表大会常务委员会对宪法和法律的解释

D. 法律专家对宪法和法律的解释

4. 根据法律解释的方法，可以将其分出的类别包括（　　）。

A. 非正式解释　　B. 目的解释

C. 任意解释　　D. 字义解释

5. 下列法律解释，属于论理解释方法的是（　　）。

A. 学理解释　　B. 语法解释

C. 比较法解释　　D. 历史解释

6. 关于我国法律解释体制的观点，下列说法正确的有（　　）。

A. 立法解释由全国人大及其常委会进行

B. 中央和地方国家机关都拥有法律解释权

C. 审判解释和检察解释发生分歧时报国务院决定

D. 三种国家机关分工配合，但解释权不是并行的

7. 关于立法解释的下列观点，其中错误的有（　　）。

A. 立法解释具有最高法律地位，并且数量最多

B. 立法解释一般用于对法律内容的理解出现重大分歧

C. 立法解释可以解决不同的规范性解释之间的冲突

D. 立法解释的作用将随着立法的发展不断加强

8. 通常所说的司法解释一般是指规范性司法解释，它包括的几种形式中错误的是（　　）。

A. 对具体应用某一法律，或对某类案件如何应用法律的解释，用“解释”的形式

B. 根据立法精神，对审判工作需要制定的规范、意见等解释，采用“决定”的形式

C. 对有关法律问题的请示制定的司法解释，采用“批复”的形式

D. 对修改、废止旧的司法解释，采用“命令”的形式

9. 法律推理的基本方法包括演绎推理的方法、归纳推理的方法和辩证推理的方法。在下列何种情况下需要采用辩证推理的方法？（　　）（司考）

A. 法律规定本身的意义模糊

B. 出现法律空隙或法律漏洞

C. 同一位阶的法律规定之间存在抵触

D. 某些法律规定明显落后于社会发展

10. 下列表述哪些可以成立？（　　）（司考）

A. 司机白某在驾车途中因突发心脏病，把车停在了标有“此处禁止停车，违者罚款100元”处，但白某最终没有受到处罚。此为运用辩证推理的结果

B. 在法的适用中，需要对“父母有抚养教育子女的义务，子女有赡养扶助父母的义务”这一规定进行限制解释

C. 林某因他杀死亡，其与妻子的婚姻法律关系因此而终结。引起该婚姻关系终结的死亡事件属于法律事件

D. 已加入甲国国籍的原福建人沈某在乙国印制人民币假钞20万元，其行为是否适用中国法律，属于法的空间效力问题

11. 新郎经过紧张筹备准备迎娶新娘。婚礼当天迎亲车队到达时，新娘却已飞往国外，由其家人转告将另嫁他人，离婚手续随后办理。此事对新郎造成严重伤害。法院认为，新娘违背诚实信用和公序良俗原则，侮辱了新郎人格尊严，判决新娘赔偿新郎财产损失和精神抚慰金。关于本案，下列哪些说法可以成立？（　　）（司考）

A. 由于缺乏可供适用的法律规则，法官可依民法基本原则裁判案件

B. 本案法官运用了演绎推理

C. 确认案件事实是法官进行推理的前提条件

D. 只有依据法律原则裁判的情形，法官才需提供裁判理由

12. 马某为某大学法律系教授、兼职律师，其在某知识产权案件中作为被告代理人，运用法学理论中的侵权行为构成要件理论为被代理人辩护，其意见被法院采纳。其意见属于下列何种性质？（　　）

A. 司法解释　　B. 学理解释

C. 非正式解释　　D. 正式解释

13. 我国《刑法》第97条规定：“本法所称首要分子，是指在犯罪集团或者聚众犯罪中起组织、策划、指挥作用的犯罪分子。”这条规定属于何种解释？（　　）

A. 立法解释　　B. 有权解释

C. 字面解释　　D. 限制解释

14. 1983年3月1日，全国人大常委会通过的《商标法》生效；2002年9月15日，国务院制定的《商标

法实施条例》生效；2002 年 10 月 16 日，最高人民法院制定的《关于审理商标民事纠纷案件适用法律若干问题的解释》施行。对此，下列哪些说法是正确的？（ ）（司考）

A.《商标法实施条例》是部门规章

B.《关于审理商标民事纠纷案件适用法律若干问题的解释》是司法解释

C.《商标法实施条例》的效力要低于《商标法》

D.《商标法实施条例》是《关于审理商标民事纠纷案件适用法律若干问题的解释》的母法

15. 某法院在审理一起合同纠纷案时，参照最高人民法院发布的第 15 号指导性案例所确定的“法人人格混同”标准作出了判决。对此，下列哪些说法是错误的？（ ）（司考）

A. 在我国，指导性案例是正式的法的渊源

B. 判决是规范性法律文件

C. 法官在该案中运用了类比推理

D. 在我国，最高人民法院和各级人民法院均可发布指导性案例

16.“当法律人在选择法律规范时，他必须以该国的整个法律体系为基础，也就是说，他必须对该国的法律有一个整体的理解和掌握，更为重要的是他要选择一个与他确定的案件事实相切合的法律规范，他不仅要理解和掌握法律的字面含义，还要了解和掌握法律背后的意义。”关于该表述，下列哪些理解是正确的？（ ）（司考）

A. 适用法律必须面对规范与事实问题

B. 当法律的字面含义不清晰时，可透过法律体系理解其含义

C. 法律体系由一国现行法和历史上曾经有效的法构成

D. 法律的字面含义有时与法律背后的意义不一致

17. 法律格言云：“不确定性在法律中受到非难，但极度的确定性反而有损确定性”。对此，下列哪些说法是正确的？（ ）（司考・考研・考博）

A. 在法律中允许有内容本身不确定，而是可以援引其他相关内容规定的规范

B. 借助法律推理和法律解释，可提高法律的确定性

C. 通过法律原则、概括条款，可增强法律的适应性

D. 凡规定义务的，即属于极度确定的；凡规定权利的，即属于不确定的

18. 依《刑法》第 180 条第 4 款之规定，证券从业人员利用未公开信息从事相关交易活动，情节严重的，依照第 1 款的规定处罚；该条第 1 款规定了“情节严重”和“情节特别严重”两个量刑档次。在审理史某利用未公开信息交易一案时，法院认为，尽管第 4 款中只有“情节严重”的表述，但仍应将其理解为包含“情节严重”和“情节特别严重”两个量刑档次，并认为史某的行为属“情节特别严重”。其理由是《刑法》其他条款中仅有“情节严重”的规定时，相关司法解释仍规定按照“情节严重”“情节特别严重”两档量刑。对此，下列哪些说法是正确的？（ ）（司考）

A. 第 4 款中表达的是准用性规则

B. 法院运用了体系解释方法

C. 第 4 款的规定可以避免法条重复表述

D. 法院的解释将焦点集中在语言上，并未考虑解释的结果是否公正

19. 关于类推适用，下列说法正确的有（ ）。

A. 适用的方法是类推的方法

B. 可以比照最相似的有关法律规定来处理

C. 可以按照法的基本原则、精神进行处理

D. 类推适用普遍存在于各个法律部门中

20. 下列关于法律推理的表述，正确的有（ ）。（考研）

A. 只有在执法和司法活动中，才存在法律推理

B. 辩证推理是解决司法疑难案件重要的推理方式

C. 英美法系国家司法活动中既会运用到归纳推理，也会运用到演绎推理

D. 在一起案件中，主审法官在法无明文规定时依据当地习惯审理了该案，则他运用的是类比推理

简答题

1. 简述法律解释的必要性。（考研）
2. 中国现行法律解释体制及其特征。（考研）
3. 简述司法解释的功能。（考研）
4. 简述法律推理的特征。（考研）
5. 简述法律论证的正当性标准。（考研）

材料分析题

1. 材料一：

全国人大常委会《关于〈中华人民共和国刑法〉第三百一十三条的解释》（2002年8月29日第九届全国人民代表大会常务委员会第二十九次会议通过）规定：全国人民代表大会常务委员会讨论了《刑法》第313条规定的“对人民法院的判决、裁定有能力执行而拒不执行，情节严重”的含义问题，解释如下：

《刑法》第313条规定的“人民法院的判决、裁定”，是指人民法院依法作出的具有执行内容并已发生法律效力的判决、裁定。人民法院为依法执行支付令、生效的调解书、仲裁裁决、公证债权文书等所作的裁定属于该条规定的裁定。

下列情形属于《刑法》第313条规定的“有能力执行而拒不执行，情节严重”的情形：

（1）被执行人隐藏、转移、故意毁损财产或者无偿转让财产、以明显不合理的低价转让财产，致使判决、裁定无法执行的；

（2）担保人或者被执行人隐藏、转移、故意毁损或者转让已向人民法院提供担保的财产，致使判决、裁定无法执行的；

（3）协助执行义务人接到人民法院协助执行通知书后，拒不协助执行，致使判决、裁定无法执行的；

（4）被执行人、担保人、协助执行义务人与国家机关工作人员通谋，利用国家机关工作人员的职权妨害执行，致使判决、裁定无法执行的；

（5）其他有能力执行而拒不执行，情节严重的情形。

国家机关工作人员有上述第四项行为的，以拒不执行判决、裁定罪的共犯追究刑事责任。国家机关工作人员收受贿赂或者滥用职权，有上述第四项行为的，同时又构成《刑法》第385条、第397条规定之罪的，依照处罚较重的规定定罪处罚。

材料二：

2008年4月1日，修改后的《民事案件案由规定》（2011年、2020年再次修改）正式实施，统一了民事案件案由的确定标准，物权类纠纷被列为一级民事案件案由，规定对普通民事案件采用了依据当事人主张的民事法律关系的性质确定案由的原则，以保证案由的高度概括和简洁明了。今后，绝大部分民商事案件将由基层法院和中级法院审理，这对于基层法院司法能力和水平既是一个考验，也是一个促进。

2008年9月1日，最高人民法院《关于审理民事案件适用诉讼时效制度若干问题的规定》（2020年修正）开始施行。这是我国第一个有关诉讼时效制度的专门的司法解释。这个司法解释分别从诉讼时效总则、起算、中断、中止、效力、附则等方面进行了较为系统、全面的规定。它全面梳理了现有关于审理民事案件诉讼时效司法解释的规定，并进行科学的修正、整合和完善，更符合诉讼时效制度的立法目的，更有利于保护权利人的权益。

2008年12月1日，最高人民法院《关于适用〈中华人民共和国民事诉讼法〉审判监督程序若干问题的解释》（2020年修正）开始施行。这个司法解释以第十届全国人大常委会审议通过的《关于修改〈中华人民共和国民事诉讼法〉的决定》为基本依据，对于人民法院在审判监督程序中如何正确适用修改后的民事诉讼法的申请再审的受理、再审事由的审查、再审审理等内容作了较为系统、全面的解释和规定。

2008年11月3日，最高人民法院《关于适用〈中华人民共和国民事诉讼法〉执行程序若干问题的解释》（2020年修正）公布，于2009年1月1日起施行。该司法解释共40条，以修订后的民事诉讼法为基本依据，对强制措施、执行管辖、执行救济、执行机构、申请执行期间、执行通知、被执行人财产报告、执行威慑机制等多项制度，作了较为系统、全面的解释和思考。

问题：结合法律解释原理分析我国的法律解释的特点，以及立法解释与司法解释的关系。

2. 2014年，在外地打工的王某接到家中求助电话，遂到ATM机取款，遇机器故障，乘机多取走9万元，后案发。法院经审理认为，王某的行为构成盗窃罪，但可对王某从轻处罚。该案数万字的判决书在网上公开，判决书的主要论证理由有：被告人主观恶性较轻；非法获取钱财的方式较平和；其行为的社会危害性较小；被告人家庭生活困苦；案发自首后，能及时归还全部所盗款项。王某对社会管理秩序心存畏惧，其案发后的行为说明他仍心存良知。因此，法院依法对王某判处有期徒刑3年，缓刑3年。大部分网友认为该判决书辨法析理，判决结果合情、合理、合法。

问题：运用法理学有关理论，分析本案的法律论

证是否具有正当性，为什么？（考研）

3. 一男子驾车闯红灯被警察拦住，警察查明驾车人因要将其突发疾病的邻居送往医院抢救而闯红灯。对此行为的性质和法律责任，两警察持不同意见，警察甲认为在任何情况下违反交通规则均应受到法律的制裁，而警察乙则认为驾车人为抢救病人，违反规则是出于不得已，因而不应受到处罚。

问题：请对两警察在法律推理方式上的区别作出分析。（考研）

论述题与深度思考题

1. 试论立法解释在我国存在的合理性和必要性。

2. 在我国法律解释体制框架内，论述司法解释的内涵与主要作用。（考研）

3. 联系我国法治建设的需要，论述法律解释的必要性。（考研）

4. 2018年，最高人民法院印发《关于加强和规范裁判文书释法说理的指导意见》。联系我国的司法实践，结合法律论证原理，论述释法说理的内涵及目的。（考研）

参考答案

名词解释与概念比较

1. 法律解释就是指对法律条文所表述的法律规范的内容、含义以及所使用的概念、术语等的理解和说明。它包括正式解释和非正式解释。

2. 系统解释又称体系解释，是通过分析某一法律规范与其他法律规范的联系，以及它所属的法律制度、法律部门和体系及地位和作用，来系统地理解和阐述法律规范的含义，确定法律规范的效力等级和法律规范之间的逻辑联系。它能保证法律体系的统一性。

3. 目的解释是指从制定某一法律规范的目的出发来解释法律。这里的目的包含立法者在制定该规范时所要达到的目的，以及该规范在当前社会条件下所要达到的目的。

4. 法律推理特指以法律和事实两个已知的判断为前提，运用科学的方法和规则为法律适用提供正当理由的一种逻辑思维活动。

5.

规范性解释	个别性解释
对于实施法律的一切场合、情况和对象都具有普遍约束力的解释	根据具体情况、对象和场合对有关法律规范进行的，虽有法律效力但无普遍约束力的解释

6.

	法定解释	学理解释
主体	被授权的国家机关或社会组织在其授权范围内	未经授权的国家机关、社会组织或公民
效力	有法律约束力	无法律约束力

7.

形式推理	实质推理
仅针对思维形式的推理：(1) 演绎推理：从一般到特殊；(2) 归纳推理：从特殊到一般；(3) 类比推理：根据两个或两类对象某些属性相同而推出它们另一些属性方面也可能存在相同点	当作为推理的前提包括两个或两个以上相互矛盾的命题，借助于辩证思维从中选择最佳的命题以解决法律问题的推理，适用于以下情况：(1) 法律本身意义模糊不清；(2) 出现法律漏洞或法律空白；(3) 法条竞合或矛盾；(4) 法与理冲突

8.

法律类推	法的类推
在法律上没有直接规定的问题或案件，比照最相类似的法律条文进行推定处理	在既没有直接的法律规定，也没有最相类似的法律条文可以比照的情况下，根据现行法的基本原则和精神对有关问题或案件进行推定处理

选择题

（一）单项选择题

1. 答案：D

解析：法律解释，就是对法律规范的概念、术语、内容、含义和目的的理解和说明，必须包括理解环节，所以A项错。狭义法律解释也就是法定解释，人们对这一概念容易发生误解，误以为狭义法律解释是真正的法律解释，轻视了非法定解释，是不科学的，所以B

项错。法律解释的主体是国家机关、社会团体和个人，所以C项错。法律解释的对象是法律文本，而客体是文本的内容、立法意图等，所以D项是正确的。

2. 答案：C

解析：法律解释可以根据不同的标准分为不同的种类：根据解释尺度的不同，可以分为字面解释、限制解释与扩充解释。扩充解释也叫扩大解释，是指当法律条文的字面含义显然比立法原意窄时，作出比字面含义广的解释。法律解释的方法一般包括文义解释、历史解释、体系解释、目的解释等几种。文义解释也称文法解释、语法解释、文理解释，是指从法律条文的语言学意义上说明法律规范的含义。本题的规定可以解释为不许无故毁损整株花木，此种解释是从立法目的出发而作出的，因为制定该项规定的目的是保护花木，攀枝摘花尚在禁止之列，无故毁损整株花木更不允许。A项具有较强的干扰性，扩大解释是指当法律条文的字面含义比立法原意窄时，作出比字面含义广的解释。“禁止攀枝摘花”的立法原意隐含了“禁止损毁花木”的意义，但其字面规定显然比立法原意窄，因此本题若说是扩大解释似乎也说得通。但本题是单选题，所以最佳答案应是C。

3. 答案：B

解析：立法解释是法定解释、有权解释、正式解释，严格意义的立法解释就是指全国人大常委会所进行的法律解释，在法律解释体系中具有最高的法律效力，但广义上的立法解释也包括地方人大常委会所进行的解释，所以A、C、D项的说法不错，不应选。B项的说法错误，立法解释不能对下位立法进行，应选B。

4. 答案：C

解析：题中是对“随地”这一词汇作了恰当的解释，是文法解释。文法解释即从法律条文的语言学意义上说明法律规范的含义，即依照文法规则分析法律的语法结构、文字排列和标点符号等，以便准确理解法律条文的基本含义。这种解释是要防止脱离法律的精神实质而断章取义或陷于形式主义。所以选C。

5. 答案：B

解析：法律解释大致有四种分类，如题目选项所列。根据解释主体和法律效力的有无，分为正式解释和非正式解释；根据解释方法分为文法解释和论理解释；根据法律尺度和结果分为限制解释、扩充解释和字面解释，故A、C、D项错。根据解释方式和效力范围分为规范性解释和非规范性解释，规范性解释的效力范围是普遍的，非规范性解释的效力范围是针对个案。故选B。

6. 答案：C

解析：全国人大常委会是我国的立法机关，其对法律所作的解释属于立法解释，《立法法》第50条规定：“全国人民代表大会常务委员会的法律解释同法律具有同等效力。”所以A、B项正确，不选。全国人民代表大会制定的法律如没有特别说明，在全国范围内具有同等的约束力，所以D项正确，不选。而司法解释的效力低于法律的效力，所以C项错误，当选。

7. 答案：D

解析：规范性解释，是指对于实施法律规范的一切场合、情况和对象都具有普遍约束力的解释。立法解释和行政解释一般都是规范性解释，具有普遍法律效力，属于法律渊源。不过司法解释既包括规范性的，即最高司法机关所作的“解释、批复和规定”等解释，也包括个别性解释，即地方各级法院所作的解释，故A、B、C项对。虽然立法解释等规范性法律解释也难免有所创造，对原有法律规范有所扩展，但目前还不被认可为法的创制活动，故D项的说法错误，应选。

8. 答案：C

解析：演绎推理、归纳推理都属于形式推理，与D项属同类答案，而题干所述揭示了一种法律与事实的矛盾、各种利益之间的冲突，无法用形式推理解决，而必须采用辩证推理。所以A、B、D项错，C项正确。

9. 答案：A

解析：最高人民法院所作的解释是司法解释，它是一种规范性解释，接近于法律渊源，但在理论界对此尚有争议。它仅仅对司法系统，并且主要对下级法院具有普遍约束力，而不是对所有国家机关具有拘束力。故A项正确，B、C、D项错误。

10. 答案：B

解析：律师的辩护需要解释法律，但这不是有权解释，而是无权解释，因为有权解释是指经过法律特别授权，能产生法律效力的解释。律师的解释属于任意解释，与学理解释一样，都是无权解释。这也表明律师的解释并不是学理解释。规范性解释是有权解释的一种，因此A、C、D项错误，本题应选B项。

11. 答案：A

解析：演绎推理就是一种从某前提出发推出结论

的过程；而归纳推理则相反；辩证推理属于实质推理，用于解决法律规定与事实的冲突；类比推理需要类似案件的比较。因此B、C、D项错误，选A项。

12. 答案：A

解析：这里的“宪法”不是指作为宪法部门的宪法，而是指作为法律渊源的宪法典，是狭义的。“法律”也是狭义的法律，仅指全国人民代表大会及其常务委员会制定的法律，因此属于限制解释，即实际含义比字面涵摄的最大含义要窄。因此选A项。

13. 答案：D

解析：A项考查法律解释的分类。根据是否有普遍的法律约束力，法律解释分为正式解释和非正式解释。其中，正式解释又称有权解释、法定解释，是指由特定的主体作出的有普遍法律约束力的解释。本题中，最高人民法院与最高人民检察院针对“开设赌场”作出了具有普遍法律约束力的解释，属于法定解释，故A项正确。

B项考查法律解释的第二种分类。根据解释的尺度不同，法律解释分为字面解释、限制解释和扩大解释。其中，扩大解释是指对法律条文进行的广于其字面含义的解释。本题中，最高人民法院、最高人民检察院将“在计算机网络上建立赌博网站”以及“为赌博网站担任代理，接受投注”都解释为“开设赌场”，实际上扩大了“开设赌场”的含义，属于扩大解释。故B项正确。需要提醒的是，这种解释分类属于超纲的考点，但既然已经考到，考生也应加以了解。

C项考查法律监督。《各级人民代表大会常务委员会监督法》第31条规定：“最高人民法院、最高人民检察院作出的属于审判、检察工作中具体应用法律的解释，应当自公布之日起三十日内报全国人民代表大会常务委员会备案。”故C项正确。

D项考查法律解释的方法。法律解释的方法包括：(1) 文义解释：直接下定义的解释方法。(2) 体系解释：参照上下文进行解释的方法。(3) 主观目的解释：参照立法者意图进行解释的方法。(4) 历史解释：参照历史事实进行解释的方法。(5) 比较解释：参照外国法进行解释的方法。(6) 客观目的解释：参照伦理道德、参照法律本身目的的方法进行解释。本题中，最高人民法院、最高人民检察院直接对“开设赌场”进行了解释，并没有参照历史事实，因此属于文义解释，而不属于历史解释。D项错误。

14. 答案：C

解析：A项考查法律部门。法律部门也称部门法，是根据调整对象和调整方法所划定的调整同一类社会关系的法律规范的总称。所谓行政法法律部门是指调整行政管理法律关系、以行政指令为主要调整方法的那些法律规定。《食品安全条例》的主体内容是行政机关对食品安全的管理，属于行政法部门。故A项正确。

B项考查当代中国法的正式渊源。当代中国法的正式渊源包括宪法、法律、行政法规、地方性法规等。其中，地方性法规是指由省、自治区、直辖市的人大及常委会，设区的市的人大及其常委会制定。本题中，省人大常委会制定的《食品卫生条例》属于地方性法规，法院审理案件可直接适用。故B项正确。

C项考查法律解释体制。《关于加强法律解释工作的决议》规定，凡关于法律条文本身需要进一步明确界限或作补充规定的，由全国人大常委会进行解释；凡属于地方性法规条文本身需要进一步明确界限或作补充规定的，由制定法规的省、自治区、直辖市的人大常委会进行解释或作出规定。关于法规的应用解释问题，该决议规定：“凡属于地方性法规如何具体应用的问题，由省、自治区、直辖市人民政府主管部门进行解释。”故C项“由该省人大常委会进行解释”说法错误。

D项考查法的普遍性。法的普遍性包括“效力普遍性、法律平等性以及趋势一致性”。其中，法的普遍性是指，法律文件的效力范围与制定机关的管辖范围具有一致性。本题中，该法规在该省范围内适用，符合法律的普遍性原理。故D项正确。

15. 答案：C

解析：法律解释是指一定的人或组织对法律规定含义的说明。不是所有的国家机关对法律所做的解释都是有权解释，只有立法解释、司法解释、行政解释才是有权解释，A项错误。法律解释分为立法解释、司法解释和行政解释三种形式，B项错误。历史解释是一种解释方法，是指通过对法律文件制定的时间、地点、条件等历史背景材料的研究，或者通过将这一法律与历史上同类法律规范进行比较研究来阐明法律规范的内容和含义。既可以用于正式解释，也可以用于非正式解释，C项正确。按照解释尺度的不同，法律解释可以分为限制解释、扩充解释与字面解释三种。法律解释的方法大体上可以概括为文义解释、历史解释、体系解释、目的解释等方法，D项错误。

（二）多项选择题

1. 答案：BD

解析：法官进行的解释当然是司法解释的一种，是其中的个别性解释，故C项错、D项正确。同时它也是发生法律效力的解释，属于正式解释，而不是非正式的学理解释，故A项错、B项对。关于法官的解释是否属于司法解释也许存在争议，但本练习题集还是认可其为司法解释的。

2. 答案：AC

解析：《立法法》第45条规定，法律解释权属于全国人民代表大会常务委员会。法律有以下情况之一的，由全国人民代表大会常务委员会解释：法律的规定需要进一步明确具体含义的；法律制定后出现新的情况，需要明确适用法律依据的。B、D项未列入《立法法》的规定，不符合题干要求。从学理上讲，法律解释是指一定的人或组织对法律规定含义的说明，其任务是通过研究法律文本探求它们所表现出来的法律意旨，而B、D项虽然也是全国人民代表大会常务委员会有权作出决定的事项，但均不属于法律解释的范围。

3. 答案：ABD

解析：法律解释可以分为有权解释（正式解释、法定解释）和无权解释（非正式解释、学理解释）。无权解释是指由学者或其他个人及组织对法律规定所作的不具有法律约束力的解释。1981年全国人大常委会《关于加强法律解释工作的决议》中提到了4种有权解释，这里的“有权”首先是主体适格；其次是主体在自己的权限范围内解释。本题中A、B项属于主体适格但权限不合法，只有全国人大常委会有权解释宪法，司法机关和国务院均无权解释；D项属于主体不适格，是一种无权解释或学理解释。

4. 答案：BD

解析：法律解释根据法律效力有无可以分为正式解释和非正式解释，所以A项错。在非正式解释中根据解释主体不同可以分为学理解释和任意解释，任意解释并非方法上的自由随意，所以C项错。目的解释是论理解释的一种，字义解释是语义解释的一种，二者都是根据解释方法分类的，所以B、D项正确。

5. 答案：CD

解析：论理解释与语义解释，都属于法律解释方法范畴，而学理解释属于法律解释是否具有效力的问题，故A项错。语法解释和字义解释都属于语义解释，不是论理解释，故B项错。论理解释具有理论性和系统性，包括系统解释、历史解释、目的解释、系统解释、社会学解释和比较法解释，故C、D项正确。

6. 答案：BD

解析：我国法律解释体制包括立法解释、行政解释和司法解释，立法解释由全国人大常委会负责，不是由全国人大负责，故A项错。审判解释和检察解释都属于司法解释，二者存在分歧的话，由立法解释主体裁判，即由全国人大常委会决定，而不是由国务院裁决，故C项错。中央和地方国家机关都有法律解释权，尤其是立法解释和行政解释，司法解释例外（对于正式解释来说）。这三种解释不是并行的，立法解释是主导，故B、D项正确。

7. 答案：AD

解析：立法解释即全国人大常委会的法律解释，不包括国务院的法律解释（也有学者认为国务院也是立法机关，也可以进行立法解释，这也是有道理的）。立法解释地位最高，但数量最少，所以A项错，应选。立法解释并非必须存在，但也不能说就一定会消失。随着法制发展、立法完善，立法解释的作用应该减弱，所以D项错，应选。B、C项不错，不选。

8. 答案：BD

解析：对某部法律的整体解释，或对某类问题的集中解释采用“解释”的形式，故A项对，不选。对请示采用“批复”的形式，故C项对，不选。对审判工作制定规范采用的是“规定”的形式，不是“决定”，故B项错误，应选。修改、废止司法解释采用的是“决定”的形式，不是“命令”的形式，D项错，应选。

9. 答案：ABCD

解析：辩证推理即侧重于对法律规定和案件事实的实质内容进行价值评估或在相互冲突的利益间进行选择的推理。相对于演绎、归纳等形式推理，辩证推理是实质推理，其适用主要有4种情形，即题目中所列的四项，故都应选。

10. 答案：ABC

解析：A项，辩证推理的特点在于：不能以一个从前提到结论的单一锁链的思维过程和证明模式得出结论。据此，A项表述正确。B项，该规定的立法原意为“父母有抚养教育未成年子女的义务，成年子女有赡养扶助父母的义务”，显然，该条文规定的字面含义要比立法原意宽，在适用中应作限制解释。C项，法律事件是法律规范规定的，不以当事人的意志为转移而引起法律关系形成、变更或消灭的客观事实。该选项中婚姻法律关系的终结与当事人的意志无关，因此林某死亡属法律事件。D项错在其行为是否适用中国法律属于法对人的效力，而不是空间效力问题。

11. 答案：ABC

解析：A项考查法律原则的适用。基本内容是：(1) 为了实现法律的确定性和可预测性，一般情况下优先适用法律规则；(2) 为了实现个案正义，或者出现了法律规则缺位的情况，在民商事领域，可以直接适用法律原则裁判，本案即属此种情况。故A项正确。

B项考查法律推理的分类。基本种类是：(1) 演绎推理：依照法律规定作出裁判。(2) 类比推理：通过比较两个对象的异同点来作出裁判。(3) 归纳推理：通过归纳几个案件的共性从而得出一般规律。(4) 设证推理：先假设若干个结论再逐个排除。本案中，法官直接依据法律规定中的法律原则作出裁判，属于演绎推理。故B项正确。

C项考查法律推理的结构。法律推理的结构是：小前提（案件事实）＋大前提（法律规定）＝结论，因此案件事实与法律规定均是法律推理的前提条件，其中案件事实是小前提，法律规定是大前提。故C项正确。

D项考查法律推理的特征：(1) 依据法律渊源进行推理；(2) 是一种正当性的推理。即法律推理的目标并不局限于“探求案件事实”，而是对结论的“正当性”进行说明，此时，无论依据何种法律渊源进行裁判均需说明理由。只不过在使用法律原则进行裁判时，要求更高程度的论证。故D项错误。

12. 答案：BC

解析：法律解释由于解释主体和效力不同而可以分为正式解释与非正式解释两种。正式解释又称法定解释、有权解释，它包括立法解释、司法解释和行政解释，它是指由特定的国家机关、官员或其他有解释权的人对法律作出的具有法律上约束力的解释。非正式解释也称学理解释，一般是指由学者或其他个人及组织对法律规定作出的学术性和常识性的解释，这种解释不具有法律约束力。马某的解释肯定是非正式解释，但到底是学理解释还是任意解释呢？这里应充分考虑他的教授身份，认定为学理解释。故选B、C项。

13. 答案：ABC

解析：正式解释，又称有权解释、官方解释，是指由特定国家机关或者有解释权的组织或个人在其职权范围内，对法律作出的具有法律效力的解释。本题就是有权解释，并且是其中的立法解释。根据法律解释尺度的不同，法律解释分为限制解释、扩充解释与字面解释三种。字面解释，是指严格按照法律条文的字面含义所进行的解释，既不缩小，也不扩大。本题就是字面解释。故排除D项，其他都对。

14. 答案：BC

解析：行政法规是指国家最高行政机关（国务院）制定的规范性法律文件，其地位和效力仅次于宪法和法律。部门规章是指国务院各部委根据法律和国务院的行政法规制定的规章。《商标法实施条例》是国务院制定的，属于行政法规，而非部门规章。故A项错误。

司法解释是指最高司法机关（最高人民检察院或最高人民法院）对法律的具体应用问题所作的说明。最高人民法院制定的《关于审理商标民事纠纷案件适用法律若干问题的解释》属于司法解释。故B项正确。

在当代中国法的渊源中，“法律”由全国人大及其常委会制定，地位和效力仅低于宪法；行政法规由国务院制定，地位和效力要低于宪法和法律。《商标法》是全国人大常委会制定的“法律”，《商标法实施条例》是国务院制定的行政法规，《商标法实施条例》的效力要低于《商标法》。故C项正确。

“母法”仅指“宪法”，D项错误。

15. 答案：BCD

解析：关于指导性案例的相关考点，总结如下：(1) 属于非正式法的渊源。(2) 属于非正式的法律解释，但各级法院审理类似案件“应当参照”。(3) 属于非规范性法律文件。(4) 参照“指导性案例”进行裁判，必然要使用类比推理。

根据以上理论，A项错误，不属于法的正式渊源；B项错误，判决属于非规范性法律文件；C项正确，参照指导性案例进行审理，必然要比较两个案件的异同点；D项错误，只有最高人民法院、最高人民检察院才可发布指导性案例。

16. 答案：ABD

解析：法律推理在理论上的步骤是：小前提（案件事实）＋大前提（法律规定）＝法律结论，因此，法律适用必须要面对事实（小前提）与规范（大前提）的问题；有时甚至还需要解决事实与规范不对应的难题。故A项正确。

法律解释的方法有多种：文义解释、体系解释、目的解释、历史解释以及比较解释等。当字面含义有争议时，无法直接使用文义解释，就需要借助其他解释方法，因此，“可以透过法律体系理解其含义”，即可以运用体系解释的方法。故B项正确。但如果说“只能透过法律体系理解其含义”则是错误的。

C项涉及法律体系的定义。法律体系专指一国现行有效的法律构成的体系，其范围仅限国内法和现在生效的法。故C项错误。

D项涉及法律解释的方法。既然法律解释时不单单用文义解释，还可能使用比较解释、历史解释、目的解释、体系解释等多种方法，那解释的结果当然不限于“一般的”“字面的”含义。另外，从解释的尺度看，除了平意解释，还有扩大解释、缩小解释等，因此，法律的字面含义与法律背后的意义并不一定一致。故D项正确。

17. 答案：ABC

解析：本题综合性很强，曾经是中国人民大学法学院博士入学考试题目（主观题），几乎涵盖了法理学各个章节的内容，是一个非常好的题目。

题干法律格言的含义是“法律需要确定性，但是无法实现绝对的确定性”：(1) 之所以需要确定性，原因在于：法律是人们的行为规范，要给人们行为提供明确指引，追求可预测性，因此需要确定性。(2) 之所以无法实现绝对的确定性，原因在于：法律要给人们的自由裁量留出空间，从而实现可接受性；并且，语言具有一定的模糊性，这会导致法律在一定程度上也存在模糊性，需要用“法律解释、法律推理、法律论证”等方法来降低这种模糊性。(3) 法律规则分类中，本身就有确定性规则、委任性规则和准用性规则之分，而委任性规则、准用性规则的内容是不确定的。(4) 法的要素中，除法律规则之外，还有法律原则等，法律原则与规则相比，其确定性要弱。

根据以上原理，以下逐项进行解析。

A项涉及确定性规则、委任性规则和准用性规则，其中后两种规则是指内容不确定、需要借助其他机关或其他规则来确定其内容的法律规则，故A项正确。

B项，通过法律推理和法律解释，可以在一定程度上消弭语言的模糊性，提高法律的确定性，故B项正确。

C项，与法律规则相比，法律原则具有抽象性，赋予人们更大的自由裁量权，使法律能更好地适应社会的复杂情况；与列举式立法相比，概括立法（常见的是部门法中的“兜底条款”）也赋予了更大的自由裁量权，能够更好地适应社会复杂情况，故C项正确。

D项，无论是权利性规定，还是义务性规定，都有确定性，同时可能有一定的不确定性（例如，语言模糊导致的不确定性）；另外，从法的指引作用来看，权利性规定一般是不确定指引，义务性规定一般是确定的指引，但也不可绝对化，例如，赋予国家机关“权利（权力）”的规定，有可能是确定的指引，故D项错误。

18. 答案：ABC

解析：本题有一定的综合性，相关原理不再赘述，仅解析本题。

A项，题干中的第4款规定“……依照第1款的规定处罚”，这表明，第4款规定并不确定，需要借助第1款才能确定其内容，属于典型的“准用性规则”，故A项正确。

B项，法院在解释第4款时，参照的是“刑法其他条款”，属于体系解释，故B项正确。

C项，第4款的规定属于准用性规则，即出现特定的假定条件时，按照“第1款”处理，这样就避免了重复表述第1款的内容，故C项正确。

法院的解释对象是“语言”，虽然没有直接探讨“法律的精神或价值”，但任何的解释都不能违背法律的基本价值，不能违背法律的精神（公正、自由等），故D项错误。

19. 答案：ABC

解析：类推适用是一种法律适用活动，其名称的由来就是因为所适用的法律推理方法是形式推理中的类推方法，所以A项对。类推方法包括法律类推和法的类推，分别对应有关法律规定和法的原则，根据它们进行推理，故B、C项对。类推适用主要适用于民法部门，对刑法部门在当今根本不能适用，故D项错。

20. 答案：BC

解析：法律推理的应用范围特别广泛，不只在执法和司法活动中使用，立法、法律监督乃至公民的法律意识中都有法律推理的活动，故A选项错误。辩证推理指当作为推理前提是两个或两个以上的相互矛盾的法律命题时，借助于辩证思维，从中选择最佳命题，以解决法律问题。辩证推理的作用主要是为了解决由法律规定的复杂性而引起的疑难问题，故B选项正确。演绎推理是从一般到特殊的推理形式，在成文法国家，演绎推理是主要的推理方式。归纳推理是从特殊到一般的推理，在判例法国家，归纳推理是主要的推理方式，但这不意味着司法活动只使用一种推理方式，故C选项正确。类比推理是从个别到个别的推理，它是根据两类对象的某些属性的相似性推出它们在另一些属性方面也具有相似性的推理活动，是或然推理。法官在无明文规定时适用习惯，使用的是演绎推理，只是推理的大前提不是法律规则，而是习惯，但是推理方式是演绎推理，不是类比推理，故D选项错误。

简答题

1.（1）法律解释就是对法律条文所表述的法律规范的内容、含义所适用的概念、术语等的理解和说明，其目的在于提示法律文本的含义，即法律规范中法律语言所表现的立法者的意志。

（2）法律解释的必要性主要体现在以下几个方面。

第一，法律解释是将抽象的法律规范适用于具体的法律事实的必要途径。法律规范是抽象的行为规则，对适用条件、行为模式和法律后果作了类型化规定。要把这种类型化的规定适用于每一个具体的行为、事件和社会关系，必须对法律作出解释。

第二，法律解释是寻求对法律规范的统一、准确和权威的理解和说明的需要。法律规范是以专门的法律概念、术语表述出来的，不易为人们所理解。由于社会主体的社会地位、生活环境和文化水平等特定原因，对同一法律规范往往会产生不同的理解。权威性的法律解释，有助于统一人们的理解，保证法的实施的统一性。

第三，法律解释是弥补法律漏洞的重要手段。法律体系不可避免地存在该规定的未作规定、规定不够准确清晰或界限不明等诸如此类的法律漏洞，为了使法律规范得以实施、有效进行法律调整，法律解释是必不可少的手段。

第四，法律解释是调节法律的稳定性与社会的发展变化之关系的媒介。要把相对稳定的法律规定适用于不断变化的社会实际，必须对法律规范作必要的解释，适时根据法律的基本原则、精神和规定，对新情况、新问题作出符合实际的处理。

2.（1）1981年6月10日第五届全国人民代表大会常务委员会第十九次会议通过了《关于加强法律解释工作的决议》，对法律解释工作的体制和权限作出了明确规定，确立了以全国人大常委会为主体的各机关分工配合的法律解释体制，即：

1）凡关于法律、法令条文本身需要进一步明确界限或作出补充规定的，由全国人民代表大会常务委员会进行解释或用法令加以规定。

2）凡属于法院审判工作中具体应用法律、法令的问题，由最高人民法院进行解释。凡属于检察院检察工作中具体应用法律、法令的问题，由最高人民检察院进行解释。最高人民法院和最高人民检察院的解释如有原则性分歧，报请全国人民代表大会常务委员会解释或决定。

3）不属于审判和检察工作中的其他法律、法令如何具体应用的问题，由国务院及主管部门进行解释。

4）凡属于地方性法规条文本身需要进一步明确界限或作出补充规定的，由制定法规的省、自治区、直辖市人大常委会进行解释或作出规定。凡属于地方性如何具体应用的问题，由省、自治区、直辖市人民政府主管部门进行解释。

（2）由此可以看出，我国法律解释体制的特征包括：

1）中央国家机关与地方国家机关之间的分工配合。中央国家机关的解释指全国人大常委会、最高人民法院、最高人民检察院、国务院及其主管部门的解释。地方国家机关的解释指制定地方性法规的省、自治区、直辖市人大常委会以及相应人民政府主管部门的解释。

2）立法解释、司法解释与行政解释之间分工配合。这三种权限并不是并行的，而是以立法机关的解释为主体的。在最高人民法院与最高人民检察院的司法解释出现原则性分歧时，应由全国人大常委会进行解释或决定。

3）法定解释应遵循合法性原则，体现为：首先，解释权限必须合法；其次，解释内容必须合法，不得与宪法和法律相抵触。

3. 司法解释包括规范性司法解释和个别性司法解

释，影响最大的是最高司法机关特别是最高人民法院所作的规范性司法解释。这种司法解释较之立法解释和行政解释，对于解决司法实践中遇到的问题更直接、更有效。

（1）填补法律漏洞。我国制定法体系尚不够完善，不仅存在大量的规则缺失，而且已制定的法律有些也存在过于原则、难以操作等情况。针对现行立法体系，通过司法解释填补法律缺失、弥补程序缺漏、对已明显过时的法律规则进行重新解释或适当修正，也是规范性司法解释的重要功能。

（2）统一法律适用。在审判实践中遇到无法可依或法律规定不明确的情况，如果完全依靠法官的个别性解释或自由裁量权，往往会出现法律适用结果严重不统一；而由于我国某些法官的素质和能力尚存在明显不足，这种状况有可能影响到司法权威。由最高人民法院统一进行司法解释，有利于保证法律适用的统一性，减少法律适用中的随意性和不确定性。

（3）为立法积累经验及制度改革创新。当新的社会纠纷需要解决时，往往有一个探索和经验积累的过程，规范性司法解释在得到立法机关授权的前提下，可以进行一定的规则创制或对现行制度加以改革，既包括实体规则也包括程序规则，这些司法解释事实上能够为此后的立法活动提供重要的依据和经验。

4.（1）法律推理，特指以法律和事实两个已知的判断为前提，运用科学的方法和规则为法律适用提供正当理由的一种逻辑思维活动。

（2）法律推理的特征包括：

第一，法律推理是法律适用中的一种思维活动。它不仅需要对抽象的法律规范进行理解和选择，而且还需要将这种抽象的法律规范应用于具体案件之中，它是一系列复杂的法律推理和论证活动的总和。它不同于根据证据所进行的事实推理。

第二，法律推理以法律和事实两个已知的判断作为推理的前提。在法律规范和已判明的法律事实之间建立合理的联系，推出法律适用的结果，也就是“以事实为根据，以法律为准绳”。

第三，法律推理是运用多种科学的方法和规则进行的。其中除最基本的逻辑推理方法（包括形式逻辑方法和辩证逻辑方法）外，还需要应用一些非逻辑的分析和论证，如价值分析判断等。

第四，法律推理的目的是为法律适用结论提供正当理由。法律推理与法律适用结果的理由相关，法律推理为适用结论提供正当理由，故具有“说理”的成分。

5.（1）内容的融贯性。法律论证需要与法律体系内部的规则形成一致，同时也要符合社会的评价。

（2）程序的合理性。法律论证的过程应当符合合理的程序，以消解论证的开放性和灵活性所带来的缺陷。

（3）依据的客观性和逻辑有效性。法律论证不是完全主观和随意的主张，而是必须依据基本的法律和社会规范以及合理的逻辑规则达成。

（4）结论的可接受性。法律论证的结果是否正当、合理，取决于其说服力，即能否被决策者和公众认同和接受。

（5）效果最优性。当代中国法律论证，要跳出形式主义、教条主义的窠臼，充分考量方案所产生的社会效果，努力实现法律效果、政治效果相统一。

材料分析题

1.（1）我国法律解释体制的特点是：

第一，中央国家机关与地方国家机关之间的分工配合。中央国家机关的解释是指全国人大常委会、最高人民法院、最高人民检察院、国务院及其主管部门的解释。地方国家机关的解释是指制定地方性法规的省、自治区、直辖市人大常委会以及相应人民政府主管部门的解释。

第二，立法机关、司法机关与行政机关的分工配合，即立法解释、司法解释与行政解释之间的分工配合。但这三种权限并不是并行的，而是以立法机关的解释为主体的。在最高人民法院、最高人民检察院（以下简称“两高”）的司法解释出现原则性分歧时，应由全国人大常委会进行解释或决定。

第三，法定解释应遵循合法性原则，体现为：首先，解释权限必须合法；其次，解释内容必须合法，不得与宪法和法律相抵触。

（2）立法解释与司法解释的界限是：

第一，凡关于法律、法令条文本身需要进一步明确界限或作补充规定的，由全国人民代表大会常务委员会进行解释或用法令加以规定。

第二，凡属于法院审判工作中具体应用法律、法令的问题，由最高人民法院进行解释。凡属于检察院检察工作中具体应用法律、法令的问题，由最高人民检察院进行解释。“两高”的解释如果有原则性的分歧，报请全国人民代表大会常务委员会解释或决定。

第三，这种抽象的划分并不是明确的，二者之间存在模糊地带。也就是说，什么才算“法律、法令条文本身需要进一步明确界限或作补充规定”。实际上，大量司法解释所进行的也是这样的工作，不对法律条文进一步明确界限，司法解释也无法进行下去。反过来，审判工作中具体应用法律的问题，也并非与立法解释无关，之前所进行的立法解释也实际上涉及法官审判工作中对法律的具体应用问题。

第四，在二者之间的划分是抽象的、一般性的、原则性的划分，这种划分也有一定的指导意义。但实际上，规范性法律解释应该以立法解释为主导，但必须以司法解释为主体，只要不是明显地侵入了立法解释的范围，司法解释具有极其广泛的解释权。

（3）二者的关系是：

第一，在性质上，全国人大常委会的法律解释属于立法解释，即对制定的法律进行进一步阐述；“两高”对法律的解释属于司法解释，即根据司法工作的需要，对法律进行明晰。

第二，在形式上，全国人大常委会的法律解释表现为规范解释。所谓规范解释，是指对法律条文采用释义的方式进行解释，解释所形成的条文成为一种新的规范，这种规范往往与法律具有同样的效力；而“两高”的司法解释多为案例解释和规范解释相结合，案例解释即用具体个案、裁判文书的分析说明方式对法律进行解释，但也有规范解释。

第三，全国人大常委会立法解释的效力优于“两高”司法解释的效力。尽管法律没有明文规定立法解释与司法解释的效力问题，但是从当“两高”的司法解释发生冲突时，由全国人大常委会解决的规定来看，全国人大常委会对法律的解释要优于“两高”的解释，也是“两高”司法解释纠纷的裁决者。

2. 本案的判决理由具有正当性。判定案件论证是否具有正当性，可从以下四个方面进行：

（1）论证说理内容具有融贯性。本案法官论证的盗窃罪的法律条文与案件事实相一致，量刑的结果与犯罪人的主观恶性和社会危害性相一致，体现了内容的融贯性。

（2）法律论证过程具有合理性。司法程序已公开作为公正的基本标准，司法程序注重严格性和对抗性，本案中数万字的判决书在网上予以公开，体现了司法公开公正的原则。

（3）法律论证依据的客观性和逻辑有效性。法律论证必须依据基本的法律和社会规范以及合理的逻辑规则达成。法院判定王某犯有盗窃罪是根据刑法关于盗窃罪的法律规定，同时判处刑罚较轻是根据客观上王某的主观恶性较轻、社会危害性较轻、家庭情况困苦、存在自首情节等，符合因果关系的客观性。

（4）法律论证结论具有可接受性。法律论证的结果是否正当合理，取决于其说服力，即能否被决策者和公众认同与接受。

3. 法律推理是指以法律与事实两个已知的判断为前提，运用科学的方法和规则，为法律适用提供正当理由的一种逻辑思维活动。法律推理的方法主要有两大类，即形式推理和辩证推理。前者是指解决法律问题时所运用的演绎方法、归纳方法和类推方法；后者是指当作为推理的前提为两个或两个以上的互相矛盾的法律命题时，借助于辩证思维从中选择出最佳的命题以解决法律问题，它的作用主要是为了解决因法律规定的复杂性而引起的疑难问题。从案例提供的情况可以看出，甲使用的推理方式是演绎推理，即是一般到特殊的推理，根据一般性的知识推出关于特殊性的知识。他的推理方式是：违反交通规则应当受到法律的制裁；驾车人闯了红灯，违反了交通规则；所以驾车人应当受到法律的制裁。乙使用的辩证推理的方法，它是面临两个相互矛盾的命题所进行的选择过程，即违反交通规则应受到法律的制裁，驾车人违反了交通规则；驾车人违反交通规则是为了抢救病人，属于特殊情况。对这两个相互矛盾的命题，乙作出的选择是：驾车人的行为不应受处罚。

论述题与深度思考题

1.（1）立法解释，是指立法机关对其制定的法律规范所进行的解释。

当前在关于立法解释的讨论中，有一个倾向，即强调法律解释的概念应该是特指在法律适用中对法律的理解和说明，由此产生的结论必然是：除了对宪法的解释可以由专门的权力机关进行，其他法律解释应该或只能由司法机关作出，并且应该是在适用过程中针对个案作出的。这种认识一方面是受英美法的传统概念影响；另一方面则是由于过多地拘泥于“法律解释”的概念，而忽视了对其功能的深究。

（2）立法解释的正当性理由。

检验一个制度的合理性的标准主要就是它对于社会需求的现实适应性；制度的合理性尽管会受到应然规律性的影响，但其判断标准却是相对的：如果现行社会条件需要这种制度，其存在又满足了社会的特定需求，那么它就是合理的；而当社会条件变化导致需求变化时，这种合理性也会随之消失。因此，否定一个制度的理由只能是对其社会效果方面的实证考察结果。基于我国社会和司法实践的现实，可以看到，立法解释显然具有存在的合理性。

第一，关于立法解释的正当性问题，就普适性的意义说，应是肯定的。对立法者原意的理解和阐释曾经是法律解释的基本目的，现在也仍然是其重要目标之一。在西方大陆法系国家刚刚完成其基本法典时，都曾经期待通过明确的法律规则减少判例的作用，并极其慎重地禁止或限制法官释法，将法律解释权集中在立法机关。在立法优先的国家，立法解释尤其受到重视，而我国正属于这样的体制。当司法机关在法律适用中对法律所作出的规范性解释出现冲突和矛盾时，立法机关的解释就具有更为权威性的意义。立法解释权的存在及应用，在我国政治权力配置的体制中具有举足轻重的意义。

第二，立法解释的存在，不可能剥夺或影响法律适用中的司法解释和行政解释的作用。不仅为数不多的立法解释不可能代替大量的司法解释和行政解释，而且事实上，立法者还往往有意识地在立法中留下大量模糊不清的领域和操作性的问题，（明示或默示地）要求或听任司法机关在适用中进行解释。其中不仅包括法官在具体案件中个别性地适用解释，更重要的是借助最高司法机关制定的规范性司法解释，达到填补法律漏洞、发展法律规范、统一法律适用的目的，并使法律更具操作性。由此可见，立法解释与司法解释、行政解释在分工明确、主次分明的基础上共同构成了我国有权（法定）解释的有机整体。

第三，立法解释在我国法制发展进程中具有时代的合理性。法律解释权力的配置和法律解释方法的选择，只能取决于社会和法律实践的需要。我国的情况是：1）处于民主与法制初建阶段，立法机关的权威仍需要维护。根据宪法和我国政治体制，在出现重大的宪法和法律问题时，只能由立法机关作出最具权威性的解释，以此对各种权力加以协调和制约。2）许多基本法典迄今尚未建立健全，立法的总体风格仍然相对粗放。在法律空白过多的地方，法官的自由裁量与解释容易导致法律适用的不统一和不确定性；而在立法者有意识地将法律条文的细则化、具体化作业授权于司法机关和行政机关的同时，也容易出现规则间的冲突和体系的混乱。立法机关有必要保留最高解释权，以便在各种解释出现矛盾冲突和不统一之时，由立法解释结束法律适用中的混乱。通过立法解释，还可以将实践和实施过程中的问题反馈给立法机关，对于此后的立法和法律体系之间的协调不失为一种积极因素。3）当前，我国司法机关的权威和能力尚不足以承担过高的社会使命。立法者必须保留对司法解释的控制和纠正权，立法解释即是其中一种可行的方式。近年来，最高司法机关特别是最高人民法院在制定规范性司法解释时，实际上经常对现行法进行突破或革新，其中多数属于一种积极的试行，也得到了社会的认可。但是，由于司法机关自身在主观认识、利益和程序上的局限性，故不能排除不少司法解释不同程度地存在一些问题或争议。为此，立法解释权提供了一种可能性：一旦立法机关对最高司法机关所作的规范性司法解释持否定态度，则可以对其进行纠正或废止。尤其是，当司法机关通过司法解释扩充其权限，得不到社会或立法机关认可时，立法解释也保留了一种最便捷的救济途径。

综上所述，无论从政治权力配置还是从法律运作和技术角度分析，我国立法解释的存在都具有相当的正当性和合理性；而无论从实践的结果还是从理论的逻辑上看，都无法证明立法解释确实存在致命的弊端。实际上，我国的法律解释制度及其功能是适应我国法制现代化进程中的特殊需要产生的，尽管被称为“法律解释”，但其实际作用远比传统意义上法官在法律适用中的法律解释的作用更大、功能更深刻；客观上，也是在这一特殊历史阶段，由立法不够完善、社会发展较快、司法统一的要求强烈、一些司法人员素质不高等特殊因素所造成的结果。我国法律解释制度因这些特殊需求而存在，尽管存在种种问题，也必然会随着时代的发展而发生改革、变革甚至消亡，然而对其评价应该是客观的，在当前一段时期内它的存在还是必要的，应该给予肯定。

2.（1）司法解释的内涵：司法解释是国家最高司法机关对司法工作中具体应用法律问题所作的解释，包括审判解释、检察解释和联合解释。

1）审判解释。这是指由最高人民法院对法院在审判过程中具体应用法律问题所作的解释。我国的审判解释权由最高人民法院统一行使，地方各级人民法院都没有对法律的审判解释权。

2）检察解释。这是指由最高人民检察院对人民检察机关在检察工作中具体应用法律问题所进行的解释。如果审判解释与检察解释有原则性分歧，则应报请全国人民代表大会常务委员会解释或决定。

3）联合解释。在司法实践中，审判机关和检察机关有时采用联合解释的形式，共同发布司法解释文件。

（2）司法解释包括规范性司法解释和个别性司法解释，影响最大的是最高司法机关特别是最高人民法院所作的规范性司法解释。这种司法解释较之立法解释和行政解释，对于解决司法实践中遇到的问题更直接、更有效。

1）填补法律漏洞。我国制定法体系尚不够完善，不仅存在大量的规则缺失，而且已制定的法律有些也存在过于原则、难以操作等情况。针对现行立法体系，通过司法解释填补法律缺失、弥补程序缺漏、对已明显过时的法律规则进行重新解释或适当修正，也是规范性司法解释的重要功能。

2）统一法律适用。在审判实践中遇到无法可依或法律规定不明确的情况，如果完全依靠法官的个别性解释或自由裁量权，往往会出现法律适用结果严重不统一；而由于我国某些法官的素质和能力尚存在明显不足，这种状况有可能影响到司法权威。由最高人民法院统一进行司法解释，有利于保证法律适用的统一性，减少法律适用中的随意性和不确定性。

3）为立法积累经验及制度改革创新。当新的社会纠纷需要解决时，往往有一个探索和经验积累的过程，规范性司法解释在得到立法机关授权的前提下，可以进行一定的规则创制或对现行制度加以改革，既包括实体规则也包括程序规则，这些司法解释事实上能够为此后的立法活动提供重要的依据和经验。

3. 法律解释是法律实施的前提条件，其必要性是由法律调整的特殊性及运作规律所决定的。

（1）法律解释是将抽象的法律规范适用于具体的法律事实的必要途径。法律规范是抽象的、概括的行为规则，只能规定一般的适用条件、行为模式和法律后果，而不可能也不应该对一切问题都作出详尽无遗的规定。在法的实施过程中，要把一般的法律规定适用于千差万别的具体情况，对各种具体的行为、事件和社会关系作出处理，就必须对法律作出必要的解释。

（2）法律解释是寻求对法律规范的统一、准确和权威的理解与说明的需要。法律规范是以严格的、专门的法律概念、术语表述出来的，有时会与实际生活用语的含义不同，不易为人们所理解。同时，社会主体由于社会地位、生活环境和文化水平等特定原因，对同一法律规范往往会产生不同的理解，这就需要有权威性的法律解释来保证法的实施的统一性。

（3）法律解释是弥补法律漏洞的重要手段。法律规范是由不同的国家机关创制的，分属于不同的法律部门。在现实的法律运作过程中，属于不同法律部门的各种法律规范之间，有时会发生矛盾或冲突，而且法律体系中不可避免地存在各种法律漏洞，这就需要通过法律解释加以调整、填充和弥补。

（4）法律解释是调节法律的稳定性与社会的发展、变化之关系的媒介。法律规范是相对稳定的规则，而社会生活却是不断发展、变化的，要把相对确定的法律规定适用于新情况、新问题，就需要在保证法律体系和基本原则稳定性的同时，根据社会发展的需要及法律的基本原则和精神，对法律规范作出符合实际的解释。

法律解释与法律活动本身，特别是与制定法，具有同样悠久的历史。在当代法治实践中，法律解释的意义和作用愈发重要。在不同法系、不同国家的法律制度中，法律解释的形式和方法有所不同，有关法律解释的理论、原则和规则亦存在相当大的差异，但其中仍有相当多的共性和普遍规律可循。在我国，由于社会转型期间法律问题的复杂性和法制尚不够健全，法律解释活动更具有特殊的重要性及自身特点。

4. 法律论证主要是指在司法过程中对判决理由的正当性、合法性或合理性进行论证，即在诉讼的过程中，诉讼主体运用证据确定案件事实，得出结论的思维过程。

裁判文书释法说理是法律论证在司法领域的具体应用。释法说理要阐明事理，说明裁判所认定的案件事实及其根据和理由；要释明法理，说明裁判所依据的法律规范以及适用法律规范的理由；要讲明情理，体现法理情相协调，符合社会主流价值观。

裁判文书释法说理的目的是通过阐明裁判结论的形成过程和正当性理由，提高裁判的可接受性，实现法律效果和社会效果的有机统一。裁判文书释法说理的主要价值体现在增强裁判行为公正度、透明度，规范审判权行使，提升司法公信力和司法权威，发挥裁判的定分止争和价值引领作用，弘扬社会主义核心价值观，努力让人民群众在每一个司法案件中感受到公平正义，切实维护诉讼当事人合法权益，促进社会和谐稳定。

第二十四章　法律责任

知识逻辑图

- 法律责任
  - 法律责任的概念和分类
    - 概念和特征
      - 以违反法律义务为前提
      - 表明侵害行为的应受谴责性
      - 法律责任必为性
      - 法律责任是不利负担
    - 分类
      - 违宪责任
      - 行政责任
      - 刑事责任
      - 民事责任
      - 程序责任
  - 法律责任的本质和功能
    - 法律责任的本质
      - 道义责任论
      - 社会责任论
      - 规范责任论
      - （道义责任论、社会责任论、规范责任论）→ 统一、多重二元性
    - 法律责任的功能
      - 报应功能
        - 惩罚
        - 补偿
      - 预防功能
        - 警示威慑
        - 主动守法
        - 被动守法
  - 法律责任的构成
    - 责任主体
    - 违反法律义务的行为
    - 损害结果
    - 因果关系
    - 过错
  - 法律责任的实现
    - 法律责任的归结原则
      - 法定原则
        - 程序法定
        - 实体法定
      - 适度原则
        - 责任对等
        - 归责具体化
        - 社会效益
      - 因果联系
      - 人道主义
      - 不可避免
    - 法律制裁
    - 免责

名词解释与概念比较

1. 违法行为
2. 法律责任和法律制裁（考研）
3. 法律责任的归结
4. 免责
5. 恢复权利性措施与惩罚性措施

选择题

（一）单项选择题

1. 下列哪一种或哪一项情形可能导致法律责任？（　　）（考研）

A. 大风吹倒甲自盖的新房
B. 甲与乙吵架，乙心脏病发作猝死
C. 甲与乙约定在饭店吃饭，乙未赴约，甲自杀
D. 在我国，8 岁以下的人致人伤害

2. 下列哪一项行为属于违法行为？（　　）（考研）

A. 法律中没有规定的行为
B. 警察处理经济纠纷
C. 公民权利的委托
D. 法院独立审判

3. 下列法律责任的哪个特点能作为联系违反义务的行为与不利负担的中介，是法律责任中的核心概念，它既是基于对义务的违反，又是确定不利负担的依据？（　　）

A. 法律责任的必为性
B. 法律责任的强制性
C. 侵害行为的应受谴责性
D. 侵害行为的主观恶性

4. 关于法律责任的种类，从所涉及的法律关系的不同特点来划分，下列说法不正确的是（　　）。

A. 诉讼程序责任　　B. 行政责任
C. 违宪责任　　D. 社会责任

5. 法律责任最基本的功能是（　　）。

A. 制裁　　B. 报应
C. 惩罚　　D. 预防

6. 法律责任有若干构成要件，其中对（　　）的重视是责任人道化、文明化的重要表现，也是责任在现代社会中能充分发挥其功能的必要条件。

A. 责任主体　　B. 因果关系
C. 过错　　D. 违法行为

7. 关于无过错责任，下列说法不正确的是（　　）。

A. 法律责任的构成不需要考量加害人或者受害人的主观过错，只要存在损害行为和损害后果以及二者之间的因果联系，就可以构成法律责任
B. 无过错责任的存在，在一定程度上改变了过错责任作为责任基本要素的现实
C. 在一定意义上也可以认为，无过错责任实际上并不是因为违反法律义务而承担的严格法律责任，而是基于一定法律事实而承担一种积极法律义务
D. 主要表现在一些特殊民事法律责任中，如产品责任、危险责任等

8. 《民法典》第 187 条规定："民事主体因同一行为应当承担民事责任、行政责任和刑事责任的，承担行政责任或者刑事责任不影响承担民事责任；民事主体的财产不足以支付的，优先用于承担民事责任。"关于该条文，下列哪一说法是正确的？（　　）（司考改编）

A. 表达的是委任性规则
B. 表达的是程序性原则
C. 表达的是强行性规则
D. 表达的是法律责任的竞合

9. 将法律制裁分为民事、行政、刑事及违宪制裁的标准是（　　）。

A. 根据违法者应承担法律责任的内容
B. 追究法律责任的程序
C. 违法者承担法律责任的方式
D. 违法者应承担法律责任的性质和实施法律制裁的主体

10. 对法律责任的理解哪一项是不正确的？（　　）

A. 法律责任与违法行为相联系，违法是承担法律责任的根据，不构成违法就不需要承担任何法律责任
B. 法律责任是一定的国家机关代表国家对违法行为实施制裁的根据
C. 法律责任只能由国家司法机关或国家授权的专门机关来追究，其他任何机关和个人都无此项权利
D. 法律责任意味着国家对违法行为的否定性反应和谴责

11. 下列说法中正确的是（　　）。
A. 有法律责任就必定会受到法律制裁
B. 违反道德的行为必定为违法行为
C. 中国共产党的监督属于国家监督
D. 法律责任的追究应遵循人道性原则
12. 罚款和没收财产（　　）。
A. 均属行政制裁
B. 均属刑事制裁
C. 前者属行政制裁，后者属刑事制裁
D. 前者属刑事制裁，后者属行政制裁
13. 下列属于法律制裁的是（　　）。
A. 甲、乙两公司签订有合作协议，后甲公司违约，经乙公司聘请的律师与之进行交涉，并以提起诉讼相威胁，甲公司被迫付给乙公司一笔违约金
B. 党员张某因违反党纪受党内严重警告处分
C. 学生李某因严重违反校纪被学校通报批评
D. 某省人大制定的地方性法规因与宪法相抵触被全国人大常委会撤销

14. 某市出租车司机甲为了将病重的高中生及时送往医院，连闯两个红灯。按照交通法规，对其闯红灯行为应予以扣分并罚款，但市公安交管部门认为，甲的做法系救人之举，决定免除对甲的处罚。对此，下列说法正确的是（　　）。（考研）
A. 甲为救人而闯红灯的行为并不违法
B. 甲不受法律制裁并不意味着他没有法律责任
C. 公安交管部门作出免除处罚的决定运用的是演绎推理
D. 公安交管部门作出免除处罚的决定违反了法律面前人人平等原则

（二）多项选择题

1. 关于法律责任的说法，下列观点正确的是（　　）。
A. 法律责任有时候也可以指法律义务
B. 法律责任以当事人主观过错为前提
C. 法律责任可以理解为一种特殊义务
D. 对每种法律义务都应设定法律责任
2. 关于法律责任本质的说法，下列观点正确的是（　　）。
A. 影响比较大的分类是意志责任论、社会责任论和规范责任论
B. 法律责任是国家的否定性评价
C. 法律责任是道义评价和法律评价的统一
D. 法律责任是自主选择性和社会制约性的统一
3. 下列哪些情况会导致法律责任？（　　）（司考）
A. 保安员曲某收 5 元自行车停车费，并不给收据
B. 姜某向报社写信揭露某纪录片造假，报社没有刊登
C. 冯某经公共汽车售票员提醒后仍不给抱小孩的乘客让座，小孩被挤受伤
D. 塑胶五金厂要求工人一天至少工作 15 小时，加班费为每小时 1.5 元

4. 赵某在行驶中的地铁车厢内站立，因只顾看手机而未抓扶手，在地铁紧急制动时摔倒受伤，遂诉至法院要求赔偿。法院认为，《民法典》规定，被侵权人对损害的发生有过错的，可以减轻经营者的责任。地铁公司在车厢内循环播放“站稳扶好”来提醒乘客，而赵某因看手机未抓扶手，故存在重大过失，应承担主要责任。综合各种因素，判决地铁公司按 40%的比例承担赔偿责任。对此，下列哪些说法是正确的？（　　）（司考）
A. 该案中赵某是否违反注意义务，是衡量法律责任轻重的重要标准
B. 该案的民事诉讼法律关系属第二性的法律关系
C. 若经法院调解后赵某放弃索赔，则构成协议免责
D. 法官对责任分摊比例的自由裁量不受任何限制

5. 法律责任是一种不利负担，其具体的表现包括（　　）。
A. 继续履行义务
B. 精神痛苦
C. 赔偿或补偿损失
D. 接受国家给予的人身惩罚

6. 法律责任与法律规范中权利与义务的关系是（　　）。
A. 法律责任规范着法律关系主体行使权利的界限，以否定的法律后果防止权利行使不当或滥用权利
B. 在权利受到妨害以及违反法定义务时，法律责任成为救济权利、强制履行义务或追加新的义务的根据
C. 法律责任通过否定的法律后果成为权利义务得

以顺利实现的保障

D. 法律责任与法律制裁体现着法律上的特殊的权利与义务，构成保护性法律关系

7. 张三把李四打成重伤，李四住院治疗花费了5万元人民币。张三应负哪些法律责任?（　　）

A. 行政法律责任

B. 刑事法律责任

C. 民事法律责任

D. 违宪法律责任

8. 关于法律责任和法律制裁之间关系的表述，下列说法正确的是（　　）。

A. 法律制裁以法律责任为前提

B. 法律制裁是主动承担法律责任的一种方式

C. 法律责任与法律制裁体现一种特殊的权利义务关系

D. 法律责任的实现方式即是法律制裁

9. 下列有关法律后果、法律责任、法律制裁和法律条文等问题的表述，哪些可以成立?（　　）（司考）

A. 任何法律责任的设定都必定是正义的实现

B. 法律后果不一定是法律制裁

C. 承担法律责任即意味着接受法律制裁

D. 不是每个法律条文都有法律责任的规定

10. 下列情形中属于法律制裁的是（　　）。

A. 某私企职员王某因侵占单位资金被单位开除

B. 林某因骑车不慎撞伤他人，被法庭判决赔偿300元

C. 常某因违约被仲裁机构裁定赔偿对方当事人损失10万元

D. 钟某因生活作风问题严重被开除党籍

11. 违宪制裁具有特殊的法治意义，下列属于违宪制裁的是（　　）。

A. 全国人民代表大会撤销全国人民代表大会常务委员会的不适当的决定

B. 罢免违宪的某国家机关领导人

C. 国务院改变省级人民政府制定的地方政府规章

D. 教育部对其下属的违法失职人员处以记过处分

12. 惩罚性制裁属于法律制裁的一种，它有哪些特点?（　　）

A. 以违法行为为前提

B. 对违法者追加承受不利后果的新义务

C. 针对行为人的过错行为

D. 旨在恢复被侵害的法律秩序，保证已有义务的履行

13. 免责是法律责任的免除，它包括若干情况，下列属于人道主义免责的是（　　）。

A. 张三的正当防卫伤人

B. 李四的精神失常抢劫

C. 王五家境窘迫，无力履行法律义务而违约

D. 孙六因不知法而犯法，法官酌情减轻一定责任

14. 下列选项中，可以成立的表述是（　　）。（考研）

A. 法律条文是表示法律规则的形式

B. 正当防卫不属于法律责任减轻与免除的条件

C. 罗马法学家乌尔比安第一次将法律划分为公法与私法

D. 法不溯及既往是为了更好地保障公民权利

简答题

1. 简述法律责任的概念和特征。

2. 简述法律责任的预防功能及其表现。

3. 简述法律中的因果关系及其特点。

4. 简述法律责任与法律制裁的联系和区别。

5. 简述法律责任意定免除的条件。（考研）

6. 简述法律责任的构成要件。（考研）

7. 简述我国法律责任的归责原则。（考研）

8. 简述法律义务与法律责任的区别和联系。（考研）

材料分析题

1. 某公务员甲因情感纠葛与同事乙发生争执，将乙打伤。事后，甲所在的国家机关对其作出开除公职的处分，并移交司法机关处理。法院认为，甲的行为构成犯罪，判处甲有期徒刑1年，并赔偿乙的医药费。甲在狱中接受媒体采访时表示，今后要痛改前非，重新做人，并且希望他人从中吸取教训，不要重蹈覆辙。

请运用法理学相关知识和理论，回答下列问题（考研）：

（1）上述材料涉及哪几类法律责任?

（2）上述材料涉及法律的哪些规范作用?

2. 运用法理学理论和知识分析下列材料，并回答

问题：

2005 年 11 月 7 日，中华人民共和国商务部发布了《酒类流通管理办法》，该办法第 19 条规定："酒类经营者不得向未成年人销售酒类商品，并应当在经营场所显著位置予以明示"；第 30 条规定："违反本办法第十九条规定的，由商务主管部门或会同有关部门予以警告，责令改正；情节严重的，处两千元以下罚款。"

问题（考研改编）：

（1）《酒类流通管理办法》属于我国哪一类法律渊源？

（2）运用法律规则的逻辑结构理论和知识，分析材料给定的法律规则的逻辑结构。

（3）从行为模式角度分析材料给定的法律规则的种类。

（4）材料给定的法律规则所确定的法律责任属于哪一种类？

3. 教师李某与银行职员刘某因争抢停车位发生冲突，刘某一怒之下将李某的汽车砸坏。李某报警后，县公安局对刘某作出行政拘留 5 日的处罚。处罚执行后，刘某为报复李某将其打成重伤。检察院以涉嫌故意伤害罪依法对刘某提起公诉。法院经审理认为，刘某将李某打成重伤，存在主观故意，构成故意伤害罪。法院根据我国《刑法》第 234 条及相关法律，判处刘某有期徒刑 5 年，赔偿李某人民币 7 万元整。

结合上述材料，运用法理学的相关理论，回答并分析下列问题：

（1）法院对刘某刑事责任的归结体现了哪些法律归责原则？

（2）本案中出现了哪几种法律制裁形式？

论述题与深度思考题

1. 论法律责任的承担原则。（考研）
2. 论法律责任的免责情形。

参考答案

名词解释与概念比较

1. 违法行为即违反法律义务的行为，也称违法，是指有社会危害性的、有过错的不合法行为。违反法律义务包括违反法定义务和违反约定义务；违反法律义务的行为包括作为和不作为两类行为。违法行为必须表现为人的外在活动，单纯的思想意识活动不是违法行为。

2.

区别	法律责任	法律制裁
概念不同	指违法者对自己实施的违法行为必须承担的某种带有强制性的法律上的不利负担	指国家司法机关和国家授权的专门机关对违法者依其所应当承担的法律责任而采取的惩罚性措施
主体不同	法律责任主体是违法者本人	法律制裁主体是国家机关和国家授权的专门机关
前提不同	以违法行为为前提	以法律责任为前提
性质不同	是一种国家的谴责性评价	是一种实际承担的不利后果

3. 法律责任的归结是指国家专门机关以及获得国家授权的其他社会组织根据宪法和法律的规定，依照法定程序将违法行为造成的损害归责于特定主体来承担的活动。它是关于责任判断和认定的专门活动，立法、行政机关都可以进行归责活动，但以司法机关的归责活动最为专门化。

4. 免责即法律责任的免除，它以实际存在、构成了法律责任为前提。它是指责任主体的侵害行为符合立法责任的构成要件，应当承担法律责任，但由于符合法律规定的其他规定而可以免除或部分免除其责任的制度。它以存在责任为前提，所以不同于无责任。例如正当防卫等都是无责任，而不是免责。

5. 恢复权利性制裁旨在消除非法行为造成的损害，恢复被侵犯的合法权利，保证已有义务的履行。这种强制继续履行已有义务有时不伴随一个新的义务，有时则产生一个新的义务。

惩罚性制裁旨在使违法者承担受惩罚的责任，即追加承受不利后果的新义务。这种新义务的落实就是国家的惩罚性措施，违法者有接受这种惩罚措施的新义务。

法律制裁作为国家保护和恢复法律秩序的强制性措施，包括恢复权利性措施和对构成违法、犯罪者实施的惩罚性措施。这两种制裁都是国家对违法行为的反应，但有很大不同：前者的侧重点在于保护和恢复已有的权利，保证已有义务的履行；后者的侧重点在于追究违法、犯罪者的责任，强调国家对担责主体的惩罚和强烈谴责。所以前者也可以被称为保护性制裁，主要承担补偿功能；后者也可以被称为责任性制裁，主要承担惩罚性功能。

选择题

（一）单项选择题

1. 答案：B

解析：法律责任的构成要件包括五点，可以归纳为主体合格、主观方面（存在过错）和客观方面（违法行为、因果关系、损害结果）。法律责任基于违法行为产生，A、C项中没有违法行为，因而没有法律责任。D项中8周岁以下的未成年人因为没有行为能力即没有责任能力，主体不合格，所以其行为无法律责任。只有B项中甲的行为有可能存在违法，乙心脏病发作是因为甲的吵架行为引起，二者之间存在因果关系，所以，有可能导致法律责任。

2. 答案：B

解析：根据我国《人民警察法》的规定，人民警察的任务是维护国家安全，维护社会治安秩序，保护公民的人身安全、人身自由和合法财产，保护公共财产，预防、制止和惩治违法犯罪活动。经济纠纷的处理不是人民警察的职责，经济纠纷应由其他机关比如法院或仲裁机构处理。也就是说，B项中警察的行为主体不合格，属于违法行为，其他选项的行为都合法。要注意法律中没有规定的行为未必是违法行为，根据法不禁止即许可推理，法律未规定的行为属于广义合法行为。

3. 答案：C

解析：法律责任的核心特性是它表明一种国家对违法行为的谴责，谴责的大小取决于违法行为的情况，而法律责任的大小又决定不利负担的大小。所以它居于三位一体的中间。故C项正确。必为性就是指不可逃避性，它不是核心，而是一种保证法律责任得以落实的原则，强制性的含义与必为性类似，而侵害行为的主观恶性只是应受谴责性的一个方面的原因，不能反映整体的应受谴责性，所以A、B、D项不正确。

4. 答案：D

解析：法律责任根据法律关系来划分包括五类，分别针对几大法律部门，即违宪责任、民事责任、行政责任、刑事责任、程序责任，其中最严厉的是刑事责任。社会责任涉及的是法律与法律外责任，所以D项不是独立的法律责任，应选。

5. 答案：B

解析：制裁是法律责任的一种承担方式，但制裁本身并非功能；惩罚与制裁类似，是制裁的一种；预防是法律责任的功能之一，它是法律责任最终的功能，但不是最基本的功能，基本的功能其实是一种表面的功能，而不是最终的。所以A、C、D项错误。B项正确：法律责任最基本的功能是报应，因为报应是受害人的一种心理需要和满足，是侵害行为在道义上的一种对价。

6. 答案：C

解析：过错作为一种心理态度，将其作为责任要素是现代法律体系公正性和人道性的表现。过去的法律责任是无过错责任，即有损害就有责任，仅仅以客观方面为依据，而不考虑主观方面是否有过错，这对于责任人是不人道、不公正的，对于预防类似事件尤其没有意义，所以现代法律体系考虑了主观过错。因此本题选C项，其他都不能直接说明题干。

7. 答案：B

解析：无过错责任存在于特殊有限的领域，在此责任形态中，不以过错为要件，但其他要件仍然需要，所以A、D项本身正确，不选。无过错责任与传统的责任含义并不相同，意义也不相同，它不含有谴责、惩罚等意图，主要是一种预防功能，主要基于社会功利的考虑，所以它类似于一种原始义务，即第一性义务。所以C项本身正确，不选。答案是B。

8. 答案：C

解析：A项和C项涉及法律规则的分类。

A项涉及委任性规则、准用性规则和确定性规则。其中，委任性规则专指“委托其他机关制定新规定”的规则。本题所述不涉及制定新规定，不属于委任性规则，A项错误。当然，本题所述也不属于准用性规则，而是确定性规则。

C项涉及强行性规则和任意性规则的分类。强行性规则的判断要点是：多是义务性规则，表达的是公民“义务”或国家机关“职责”；任意性规则的判断要点是：多是授权性规则，表达的是“权利”。另外，本选项前半句的“不影响”实际是“不得影响”的意思；后半句“优先用于”实际是“应当优先用于”的意思，也就是说，前半句省略了道义助动词“不得”，后半句省略了道义助动词“应当”；但无论省略那个，表达的都是“义务”，因此属于强行性规则。故C项正确

B项涉及规则与原则的区分。区分的要点是：法律规则“具体”规定了权利、义务的某个侧面——例如“行使方式”“特定的主体”“特定的顺序”，等等；法律原则较为“抽象”，一般不会规定具体的侧面。本题中，虽然没有规定民事责任、刑事责任以及行政责任的具体种类，但是具体地规定了三种责任的“承担顺序”，因此属于法律规则，不属于法律原则。故B项错误。

D项涉及法律责任的竞合。法律责任的竞合主要是指一个行为引起了两种以上的法律责任，而这些法律责任互相冲突，只能按照“全有全无的方式”选择其一。本题中，虽然是在几种责任的承担上进行顺序排列，但这不属于“一个行为引起了多个责任”，只是由于“财产不足”而引起的顺序不同而已，不属于法律责任的竞合。故D项错误。

另外，《民法总则》现已失效。

9. 答案：D

解析：题干中几种法律责任的划分标准是违法者应承担的法律责任的性质和实施法律制裁的主体不同。各种不同的责任的性质不同，实际上是因为其对应的违法行为所侵害的社会关系的性质不同，所以国家对其进行否定性评价的程度不同。选D项。

10. 答案：A

解析：法律责任虽然与违法行为相联系，但是，没有违法行为并非不承担任何责任，而是不承担惩罚性的责任，民法中的公平责任就是在责任人没有违法的情况下要求其承担的。所以A项是错误的，应选。其他几项都反映了法律责任的特征，不选。

11. 答案：D

解析：法律责任的追究既应当遵循合法性原则，也需要遵循人道性原则，二者并不矛盾，各自在一定范围内起作用。所以D项正确。有法律责任不一定必然导致法律制裁，因为存在法律责任需要追究时，有可能出现法律制裁的减免；违反道德的行为并不一定是违法行为，因为道德调整的社会关系的范围较法律调整的社会关系的范围要大；中国共产党的监督属于社会监督而非国家监督。

12. 答案：C

解析：罚款属于行政责任中的行政处罚。注意罚款与罚金是不同的，二者的惩罚性不同，所针对的行为的违法程度也不同。没收财产是刑罚中的附加刑，既包括合法的个人财产也包括非法得到的财产，而这要区别于行政处罚中的没收非法所得和没收非法财物，行政处罚所没收的仅仅是非法的财产，而刑法中的没收范围显然要广一些。所以C项正确。

13. 答案：D

解析：法律制裁是由国家司法机关或国家授权的专门机关来实施的，不是专门机关实施的处罚措施或未经专门机关介入而承担不利后果都不构成法律制裁，因此，甲公司被迫支付违约金、张某被党组织处分、李某被学校批评，这些处分主体都不是国家专门机关，所以A、B、C项错。D项对，因为全国人大常委会属于法律制裁的专门机关之一。

14. 答案：B

解析：甲救人闯红灯，在事实上违反了交通管理法规，行为属于违法行为，A选项错误。法律责任与法律制裁不是一一对应的关系，有法律责任不等于一定有法律制裁，B选项正确。当作为推理前提的是两个或两个以上的相互矛盾的法律命题时，需要借助辩证思维，选出最佳命题，解决法律问题。甲为了救人闯红灯，如果处罚甲则违背了人道主义精神，如果不处罚甲则违背了法治原则，所以两个相互矛盾的命题出现，需要我们运用辩证推理来寻求合理的解决办法，C选项错误。法律面前人人平等原则指法律确认和保护公民在享有权利和承担义务时处于平等的地位，不允许任何人有超越法律之上的特权。但平等是相对的，法的平等是一种价值判断，D项错误。

（二）多项选择题

1. 答案：ACD

解析：法律责任在广义上也叫做法律义务，泛指一切法律义务，而在狭义上是指特殊义务，即违反第一性义务导致的第二性义务，所以A、C项正确。法律责任以违反法律义务的行为为前提，而不是主观过错；义务要想得到国家强制力保证，必须被设定为法律义务，保持国家对其违反者进行否定评价的可能，即必须设定法律责任。所以B项错，D项正确。

2. 答案：BCD

解析：法律责任理论中影响较大的是道义责任论、社会责任论和规范责任论，它们都从某个方面体现了真理，但并不完全。所以A项错。法律责任体现的其

实是国家与违法者之间的关系，是国家的否定性评价；它含有道义评价，因为行为人是可以自由选择其是否违法的，自由意味着道义上的可谴责性，法律评价是法律规范所划定的义务界限，社会制约性是指统治阶级对法律责任设定与否及设定方式的选择受经济基础制约。所以B、C、D项正确。

3. 答案：AD

解析：产生法律责任的原因有三种：违法行为、违约行为、法律规定（包括法定之债和严格责任）。A项违反行政法，D项违反劳动法之规定，均可产生法律责任。B项写信揭露纪录片造假，有可能合法，也有可能侵权，但由于报纸未刊登，不会对相对人造成损害，故不可能产生法律责任。而C项不给抱小孩的乘客让座，纯粹是道德责任，与法律无关。

4. 答案：ABC

解析：A项涉及法律责任的构成要件。法律责任的构成要件包括"责任主体、违法行为、危害后果、因果关系以及主观过错"等五个方面。其中，"是否违反注意义务"属于"主观过错"的范畴，当然是衡量法律责任轻重的重要标准。故A项正确。

B项涉及法律关系的分类。常见的第二性法律关系包括诉讼法律关系、担保法律关系以及保护型法律关系。故B项正确。

C项涉及法律责任的免除，免责的情形包括时效免责、不诉免责、协议免责、自首立功免责以及人道主义免责，等等。其中协议免责包括两种：(1) 双方私了；(2) 权利人放弃索赔权利。本题中，债权人赵某放弃索赔的权利，构成协议免责。故C项正确。

需要注意：协议免责并不仅仅限于"双方达成协议"，还包括权利人放弃索赔权；但是，如果权利人放弃的是诉权，则属于不诉免责。

D项涉及法律与自由的关系。没有哪一种自由是不受任何限制的，无论是公权力，还是私权利，均是如此。故D项错误。

5. 答案：ACD

解析：法律责任是对违反法律义务者的一种不利负担，使其得到对等的报应。具体方式包括继续履行原有义务；赔偿或补偿物质损失和精神损失；对于造成严重后果、触犯刑法的要给予刑事处罚，包括人身的和财产的。所以A、C、D项正确。而精神痛苦不是法律责任所能直接体现的，所以B项不选。

6. 答案：ABCD

解析：法律责任一方面是法律规范中权利、义务得以顺利实现的保障，成为救济权利、强制履行义务或追加新的义务的根据；同时，法律责任也规范着法律关系主体行使权利的界限，防止权利行使不当或滥用权利，尤其对行政机关而言，法律责任通过否定的法律后果防止行政机关滥用职权。因此，A、B、C项都是正确的。法律责任和法律制裁基于违法行为产生，形成保护性法律关系，国家拥有实施法律制裁的权利（权力），而违法者承担由于实施违法行为所导致的接受法律上不利后果的义务，因此D项也正确。

7. 答案：BC

解析：首先，张三因侵权行为应承担民事赔偿责任，为李四支付医疗费等损失；其次，根据我国《刑法》第234条的规定，故意伤害他人身体致人重伤的，处3年以上10年以下有期徒刑，因此，张三应承担故意伤害罪的刑事责任。行政法律责任是对犯有轻微违法行为但尚不够刑事处罚的违法者所采取的惩罚措施，而张三的行为已经构成犯罪，因此不承担行政责任。以私人身份出现的个人只能违反法律而不可能违反宪法，因此，张三不需承担违宪责任。

8. 答案：AC

解析：法律制裁是国家司法机关或国家授权的专门机关对违法者依其所应承担的法律责任而采取的惩罚措施，法律制裁以法律责任为前提，而法律制裁又是法律责任的实现方式之一，但不能说法律责任的实现方式就是法律制裁。所以A项对，D项错。法律责任与法律制裁是国家和违法者之间的特殊权利和义务关系。所以，C项正确。法律制裁是国家强加给违法者的，是违法者被动承担法律责任的方式，因此B项错。

9. 答案：BD

解析：法律责任的设定如果在本质上不适应社会关系法律调整的需要，是无法实现正义的，因此并非任何法律责任的设定都必定是正义的实现，故A项错。法律后果可以是肯定的，比如受到法律的保护或受奖励，因此不一定是法律制裁，故B项对。法律条文除规定法律规则包括法律责任之外，还有其他规定，比如法律解释等技术性内容。承担法律责任的方式是多样化的，法律制裁仅是一种，故D项对。

10. 答案：BC

解析：这个题目的解答还是要从法律制裁所涉及的

权利义务关系主体来切入。法律制裁与法律责任不同，它涉及法律责任的追究主体：应该由国家司法机关或国家授权的专门机关对违法者采取惩罚措施，其他机关和个人都无权实施法律制裁。法院和仲裁机构属于国家授权的专门机关，因此，B、C项对，A、D项错。

11. 答案：ABC

解析：违宪制裁的方式有二：一是撤销不合宪的法律、法规、决定和命令，解散危险的组织。二是弹劾、罢免和制裁有违宪行为的国家机关公职人员等。因此A、B、C项对。教育部对其下属的违法失职人员处以记过处分是行政处分，属行政责任，故D项错。

12. 答案：ABC

解析：惩罚性制裁与恢复权利性制裁一样，以违法行为为前提，针对行为人的过错行为，并且使违法者承担受惩罚的责任，即追加承受不利后果的新的义务，所以A、B、C项对。D项的前半句是正确的，无论是恢复被侵害的权利还是进行惩罚，都可以恢复被侵害的法律关系和法律秩序，但是保证已有义务的履行是恢复权利性制裁，所以D项错。

13. 答案：CD

解析：对于免责，首先要明确它存在可谴责性，即业已构成法律责任为前提，而张三的正当防卫和李四的精神失常抢劫并不具有可谴责性，不产生法律责任，也不必免除，所以A、B项错误。无力承担法律义务或责任是法官判决法律制裁时经常考虑的情况，对此法官一般会适当从轻和减轻判罚，尤其对于民事责任部分。不知道法律不是法定免责事由，但属于酌定事由。必须明白的是，免责不等于全部免除责任，从轻、减轻和免除处罚都包含着免责的成分。

14. 答案：ABCD

解析：法律条文是法律规则的表现形式，故A项正确。法律责任减轻与免除又称免责，免责以法律责任存在为前提，而正当防卫是不负法律责任的，所以也就不存在减轻或免除法律责任的问题，故B项正确。罗马法学家乌尔比安首次提出了公法和私法的划分，故C项正确。从保护公民权利和自由出发，法不溯及既往已成为大多数国家所采用的原则，故D项正确。

简答题

1. (1) 法律责任的概念：广义的法律责任，与法律义务同义，如每个公民都有遵守法律的责任（义务），国家有责任尊重和保障人权，人民法院有责任（义务）保护当事人合法权利，等等。狭义的法律责任，是指由于违背了相关法律义务或基于特定的法律联系，有责主体应受谴责而必须承受的法律上不利负担。一般是在狭义上使用法律责任这一术语的。

(2) 法律责任的特征：法律责任是一种独立的责任形式，不同于其他的社会责任如政治责任、道义责任等。原因在于它的独有特征：

第一，法律责任以违反法律义务为前提。违反法律义务包括违反法定义务和约定义务，当然约定义务也是有法律意义的，也是广义上的法定义务。这些义务又包括作为义务和不作为义务。违反义务包括直接违反义务，也指不适当地履行义务、职责。由于违反义务的性质和危害不同，所以违法者所承担的法律责任也不同。法律责任是由于违反法定或者约定义务，即第一性义务而导致的第二性义务。

第二，法律责任表明侵害行为的应受谴责性。违法行为的应受谴责性是联系违反义务与不利负担的中介，行为的应受谴责性是责任中的核心概念，它既是基于对义务的违反，又是确定不利负担的最基本依据，三者有前后相继的连贯性。应受谴责性是对义务违反的反映，也是衡量过错的基本范畴。

第三，法律责任的必为性。法律责任是一种具有法律拘束力的责任，具有不可逃避性。这也说明法律责任是一种特殊的法律义务，追究法律责任是国家必须尽的法律义务。这种必为性是说应受责的行为人必须接受相应的不利负担以及某些行为必须接受法律的谴责。

第四，法律责任是一种不利负担。法律责任对于担责主体而言是一种不利负担，要使担责主体承担一定的损害或者损失。这种负担有时表现为必须继续履行已有的义务，有时表现为要对已经造成的损失予以赔偿或者补偿，有时则表现为接受来自国家的人身惩罚。

第五，法律责任的认定和实现需要借助国家机关的专门活动。法律责任从一个角度反映着国家和担责人之间的关联。

2. (1) 法律责任的预防功能是在其报应功能基础上发挥的。预防功能是达到社会功利的手段，预防集中体现了社会功利的要求，但这并不否认预防功能的道义基础及其本身的道义性。

(2) 预防功能可以表现在以下几个方面：

第一，责任规范和约定条款的设定引导人们主动避免责任所可能施加的痛苦和损失。预防功能在这一层次体现为警示、威慑。设定责任的法律条文生效后，虽然并没有具体的违法行为并引出责任的现实化，但这些规定可以告诉人们一旦违法会导致的相应不利后果。人们可以从中理性地算计到他不能从违法中获得利益，这样，他便会自觉地遵守法律，理性地对待自己的行为。同时，他还可理性地信赖他人与他一样守法，从而相信自己可以有效地实现自己的权利。

第二，法律责任的规定会进一步强化人们的道德责任意识，强化对于违法行为的道义非正当性的观念，从而使守法观念深入人心，使守法成为个人的良好生活习惯。法律规范要真正有效，必须伴随以合理的责任措施。没有责任措施的规定，人们看不到违法的具体后果，这会使法律失去相当的权威性，使法律后果的不可预测性大大增加。

第三，在法律责任的实现过程中，责任主体遭受不利负担，会使他自觉规范自己的行为，在以后的行为中谨慎地守法，同时责任追究过程本身就是对受责主体矫正、感化、教育的过程。人们的行为在社会受到什么样的待遇和评价，必然会影响其以后的行为。

第四，法律责任的实施对于一般社会成员也有积极的预防作用。合理的法律责任措施，会使社会公众的报应情感得到满足，他们从中也认识到法律责任的不可逃避性，并对违背义务心存戒心，从而便会自觉规范自己的行为。每一个理性人都会从别人的违法行为中再次确认和强化自己的责任意识，认识到社会对待一定行为的态度。

3. (1) 法律中的因果关系的概念：法律中的因果关系是要说明损害结果的出现是由于一定的加害行为所引起的。它是指在违反法律的侵害行为与损害结果之间的引起与被引起的因果关系，是能够通过法律来证明损害是由于侵害行为所引起的一种关系，即法律中的因果关系。

(2) 因果关系具有以下特点：

1) 因果关系具有客观性。对于这种客观存在的因果关系，人们可以认识和加以证明，但却不能改变。

2) 因果关系的内容具有法定性。法律对于法律事件中的因果关系是予以取舍的，法律只是在一定范围通过法律证据来确认和再现某些事实因果关系。法律因果关系实际上是对于事实因果关系的法律化、抽象化。

3) 因果关系具有相对性。因果关系在实践中并不是简单的一对一的关系，而是表现为因果链条。认定因果关系时应当采用简化和切断的方法，对某一现象从因果链条中抽象出来进行确定和研究。

4) 因果关系具有顺序性。因果关系是在一定的时空中展开的，原因必定在前，结果必定在后，不能倒因为果。

5) 因果关系具有复杂性。因果关系实际上表现为诸多因果的网络，一因一果只是少数，多数是一因多果、多因一果、多因多果。

6) 因果关系具有条件性。在查明因果关系时，一定要从实施危害行为的时间、地点、条件等具体情况出发作具体分析，不能脱离案件的各种具体条件，孤立地看行为本身，或者忽略若干必要条件来认定某原因对结果的影响力。

4. (1) 概念：法律责任就是行为主体因为违法行为，即没有履行法定义务或约定义务，或主体虽未违反法律义务，但仅仅因为法律规定而应承担的某种不利的法律后果。法律制裁是指国家专门机关和国家授权的特定机构对违法者依其所应当承担的法律责任而采取的惩治性措施。

(2) 联系：从宽泛的意义上看，法律责任包含着法律制裁，法律制裁是法律责任的落实，是现实法律责任的措施之一。法律制裁以法律责任的存在为前提。没有责任，就没有制裁。

(3) 区别：

第一，侧重的内容不同，一般而言，责任强调的重心是违法行为的应受惩罚性，以及在行为主体和损害之间的归责过程。而法律制裁首先强调的是国家对于担责主体侵害行为的矫正和惩罚。

第二，有法律责任并不必然伴随着国家制裁。有些情况下，责任并不需要借助制裁就可以得到实现了，例如责任的免除，仅仅进行有罪宣告但不判处刑罚等。

第三，法律责任与法律制裁并非一一对应，制裁要比责任更多考量案件的具体细节。在追究违法者的法律责任时，可视其违法情节、危害程度、主观方面等具体情况，依法减免或从重、加重制裁。

第四，二者的性质不同，法律制裁是由国家出面而认定和落实的，它是保障责任落实的措施，是国家追究法律责任的实际结果。而法律责任仅仅是一种否定性评价，是实施补偿或惩罚的可能性根据。

5. 法律责任意定免除的条件包括：

(1) 自愿协议。在法律允许的范围内，双方当事人可以协商同意，免除责任。

(2) 受害人放弃。受害人放弃起诉，责任人的责任也就被免除了。

(3) 有效补救。责任人实施违法行为造成损害后果，若在国家机关追究责任之前，主动采取有效的补救措施，则可以免责，但严格地说这是责任的主动实现。

6. 法律责任的构成要件是指承担法律责任必须具备的各种条件或必须符合的标准。其内容主要包括以下几点：

(1) 责任主体。责任主体是指承担法律责任的主体，责任主体必须具有法定责任能力。

(2) 违法行为。违法行为是指违反法律规定的义务。超越权利的界限行使权利以及侵权行为的总称。

(3) 损害结果。损害结果是指由于违法行为所导致的损失和伤害的事实。

(4) 因果关系。因果关系是指违法行为与损害结果之间的因果关系。

(5) 主观过错。主观过错是指承担法律责任的主体在主观上存在的故意或过失。

7. 法律责任的归结，即归责，是指国家专门机关以及获得国家授权的其他社会组织根据宪法和法律规定，依照法定程序，将违法行为造成的损害归结于特定担责主体的专门活动。

(1) 归责的法定性原则。责任法定是归责合理性、正当性的基本要求，也是贯彻现代法治原则的具体体现。(2) 归责的适度性原则。法律责任的大小、处罚的轻重应当与侵害行为的严重性程度、加害者的主观程度等相一致，不能畸重畸轻，要做到罪、责、罚相适应，侵害与处罚相一致，即罚当其罪，责罚相当。(3) 归责的因果关系原则。归责必须考虑行为与损害结果之间的因果关系问题。只有在因果关系的基础上进行归责，责任才有可能是正当、合理的。没有因果关系就没有责任。(4) 归责的人道性原则。法律责任的运用反映了一个社会的文明程度。在现代社会中，设定和认定法律责任，必须尊重人的尊严和价值。(5) 归责的不可逃避原则。法律责任的不可逃避性原则意味着没有任何违法行为能够逃避国家的否定性评价和社会的道义谴责。

8. 法律义务，是指作为法律关系主体，即义务主体或承担义务人，依法这样或不这样行为的限制和约束；法律责任，是指行为人由于违约行为、违法行为或者由于法律规定而应承担的某种不利的法律后果。

(1) 法律义务与法律责任存在明显的区别，主要体现在以下几点：在主体方面，法律关系的主体一般都应履行法律义务，但非所有法律主体都必然承担法律责任。法律义务可以通过义务主体自觉履行完成，而法律责任则需要由国家机关来追究。法律责任一定是与不利后果相关的，法律义务并不必然同不利后果相关，只有违反法律义务者才承担不利后果，而法律责任必是与不利后果相关的。

(2) 法律义务与法律责任两者又有密切联系：首先，违反法律义务是承担法律责任的前提，有时候追究法律责任是法律义务得以履行的手段和措施。其次，两者在价值指向上具有同一性，都是对法律主体的约束，均是为法律权利的实现而存在的。

材料分析题

1. (1) 上述材料中涉及行政责任、刑事责任和民事责任。甲身为公务员被开除公职属于行政责任；甲的行为被认定为犯罪，被判处有期徒刑 1 年，属于刑事责任；甲赔偿乙的医药费，承担财产上的损失，属于民事责任。

(2) 材料涉及法律的评价、强制、教育等作用。法院判定甲构成犯罪，体现了评价作用；甲被开除公职，被判处刑罚，同时承担乙的医药费，体现了强制作用；甲接受采访时表示要痛改前非并告诫他人吸取教训，体现了法的教育作用。

2. (1) 国务院各部委以及具有行政管理职能的直属机构在自己的职权范围内发布的规范性法律文件是行政规章中的部门规章。商务部是国务院部委，所以其发布的《酒类流通管理办法》应属于部门规章。

(2) 法律规则的要素由假定、行为模式和法律后果三方面组成。假定是法律规则中有关适用该规则的条件和范围部分；行为模式是指法律规则中规定人们如何具体行为的方式或范型的部分，即作为或不作为的具体行为模式；法律后果是指法律规则中对遵守规则或违反规则的行为给予肯定或否定评价的部分。本法条中规定的“酒类经营者”表明了主体的身份，是法律规则的适用条件，为法律规则中的“假定”；“不得向未成年人销售酒类商品，并应当在经营场所显著位置予以明示”规定了行为人不得进行某种行为的禁止性规定，属于行为模式的相关内容；“予以警告，责令改正”和“处两千元以下罚款”则规定了对于违反了法律规则的相关法律后果，属于法律规则中的“法律后果”。这三个方面组成了法律规则的基本结构。

（3）从行为模式的角度划分，“酒类经营者不得向未成年人销售酒类商品”是禁止性规则；“并应当在经营场所显著位置予以明示”是命令性规则。

（4）行政责任。行政责任是指因违反行政法规定或者因行政法规定而应承担的法律责任，承担行政责任的主体是行政主体和行政相对人，承担行政责任的方式比较多样化，对违反行政法规定的公民或社会组织，其处罚方式主要有：警告、罚款、没收财产、责令停产停业、吊销营业执照等。故材料中“违反本办法第十九条规定的，由商务主管部门或会同有关部门予以警告，责令改正；情节严重的，处两千元以下罚款”的规定，属于行政责任。

另外，《酒类流通管理办法》现已失效。

3.（1）第一，责任法定原则。刑事法律是追究刑事责任的唯一法律依据，法院依据刑法，判处刘某承担刑事责任是责任法定原则的体现。第二，因果关系原则。刘某的违法行为与李某受到的伤害之间、刘某的主观恶意与刘某的违法行为之间均有直接的因果关系。第三，责任相称原则。刘某将李某打成重伤且具有明显的主观故意，其所承担的刑事责任同其主观恶性与造成的损害相当，符合责任相称原则。第四，责任自负原则。刘某具有完全刑事责任能力，应为其违法行为所造成的后果承担法律责任。

（2）本案中出现了三种法律制裁形式：县公安局对刘某作出行政拘留 5 日的处罚，属于行政制裁；法院判处刘某有期徒刑 5 年，属于刑事制裁；法院判处刘某赔偿李某人民币 7 万元整，属于民事制裁。

论述题与深度思考题

1.（1）概念。法律责任的承担问题也是归责的问题。法律责任的归结，即归责，是指国家专门机关以及获得国家授权的其他社会组织根据宪法和法律规定，依照法定程序而将违法行为的损害归责于特定担责主体的专门活动。归责过程是一种行使国家权力的专门活动，是关于责任判断和责任认定的专门活动，也是一种法律程序的程序性活动。立法机关、行政机关和司法机关都有认定法律责任的归责活动。其中司法机关的归责活动最为专门化。

（2）归责原则。归责的基本原则是指导法律责任判断和归结的总体性要求。现代社会中，归责所应当遵循的基本原则大致包括如下方面：

1）归责的法定性原则。

归责的法定性原则要求对归责机关的责任认定权力予以法律限制，其宗旨是防范归责上的任意性，限制归责上的自由裁量权，保障归责过程的合法性。

第一，归责的法定性原则要求归责机关遵循关于法律责任的实体性规定，也就是要在法律规定的范围内确定责任。而且要注意各种法律责任之间的协调问题，如刑事责任与行政责任、民事侵权责任之间适当的衔接问题。

第二，归责的法定性原则也要求归责机关遵循法律责任的程序性规定。这要求遵循归责过程的公开性、参与性、交涉性、及时性等原则。

第三，归责的法定性原则也体现着归责的原则性与灵活性的结合与统一。原则性是指立法者应当对法律责任的性质、种类、幅度等界限作出明确具体的规定。而灵活性则表示立法者赋予执法者一定的、适度的自由裁量权。

2）归责的适度性原则。

第一，适度性原则的基础首先是责任的对等性原则。责任的适当性直接体现了正义所要求的对等性的“应得”。这种对等性原则也可以称为比例原则。如果比例失调，便会导致责任措施失去正当性，不利于达到良好的社会控制。

第二，归责的适度性原则要求充分考虑每个归责过程的具体特点和具体情节，力求做到在具体的归责过程中实现具体正义。

第三，责任的适度性蕴涵着对于责任的社会效益的考量。责任制度的运作和实现要考虑到责任实施的成本计算，责任的适度性在于以最小的责任运作成本来实现最大的社会效益。

3）因果关系原则。

归责的关键性前提之一就是在损害后果与加害人

的损害行为之间建立因果联系。只有在因果联系的基础上进行归责，责任才有可能是正当合理的。查明损害行为和后果之间的因果关系对于责任的成立和责任范围的确定都具有重要意义。

4）归责的人道性原则。

第一，设定和认定法律责任，必须尊重人的尊严和价值。归责的人道性原则要求贯彻轻刑罚化的法律价值取向，限制死刑的适用，反对一味的重刑主义的刑事政策，尊重担责者的人格尊严，反对酷刑和侮辱刑等。在责任措施的执行中，要尊重担责者的人格，要反对那种有损人格尊严的游街示众，死刑行刑也要尽量尊重受刑者的尊严。

第二，在归责的整个过程中，应当尽量节制更严厉法律责任的运用，要在可能和允许的范围内贯彻最不严厉的原则，反对对于法律责任尤其是惩罚性责任的迷信，必须破除对国家强制的迷信，充分注意滥用责任所可能带来的负面影响。

第三，归责的人道性还涉及责任主体的过错程度。过错是责任的构成要素，也是归责过程中的主要考虑因素之一。只有针对责任主体的主观过错程度进行惩罚和认定责任，才是正义的，也才能体现归责对于人格尊严的尊重。

5）责任的不可逃避性原则。

法律责任的不可逃避性意味着没有任何违法行为能够逃避国家的否定性评价和社会的道义谴责。责任的预防意义，主要不在于惩罚的轻重，而在于其必为性、不可逃避性。归责是执法和司法机关的职责所在，是行使国家权力的表现。责任的不可逃避性，为归责机关设定了认定法律责任的法律义务。

责任的不可逃避性与法定的责任减轻和免除的情形并不矛盾。该原则所强调的是国家在认定和归责上的积极义务或者职责，而责任的减轻或者免责是国家在归责过程中考虑各个归责情节而做的处理，它恰恰是归责不可避免性的一个表现。

2.（1）概念。法律责任的免责，是指责任主体的侵害行为符合法律责任的构成要件，应当承担法律责任，但是由于符合法律的特别规定而可以免除或者部分地免除其责任。免责以应当承担法律责任为前提，它不同于无责任。那些责任阻却行为所可能导致的虽有侵害而无责任的情形，例如正当防卫、紧急避险行为、精神失常以及不可抗力和意外事件等，都是无责任的，不存在免责问题。

（2）法律责任的免责主要有以下几种情形：

1）时效免责。

违法者在其违法行为终了以后经过一定期限便不再继续追究其法律责任。时效免责有利于一定的社会秩序和法律关系的稳定，督促法律关系主体及时行使权利。如在民事责任中，一个受侵害的主体如果不在法律规定的期间里提出权利主张，那么对方因为时效已过就得以免除责任，受侵害者或者法院都不能再强迫其履行义务。

2）不诉免责。

不诉免责针对那些告诉才处理的案件。在我国，大多数民事违法行为都是由当事人或者法定的利益相关人告诉才处理。有些轻微的刑事犯罪行为也是告诉才处理。如果当事人或者法定利益相关人不告诉，那么国家就不主动追究违法者的法律责任，违法者就被免除了法律责任。刑事犯罪中的自诉案件如虐待罪、暴力干涉他人婚姻自由罪、遗弃罪等，都属于告诉才处理，不诉则免责的案件。民法尊重当事人的意思自治，奉行不告不理原则。不告诉也就意味着受害人同意接受侵害，不愿意主动主张自己的合法权利。

3）补救免责。

补救免责是指在那些实施了违法行为并造成相应的侵害后果的情形中，如果侵害者在国家机关追究责任以前及时采取措施，消除侵害后果，那么就可以部分或者全面免除违法者的法律责任。比如在刑法中，对于犯罪中止就应当免除或者减轻处罚。

4）协议免责。

就是通常所说的“私了”，即基于违法者与受害人之间在法律允许范围内的自主协商，而由受害人免除侵害人的法律责任的情形。协议免责的一般原则是，私人协议不能对抗国家的强制性规则，只能在法律所允许的范围内议定责任补偿。协议免责主要发生在民事违法案件之中。在绝大多数的刑事案件和行政案件中，当事人私下的协议免责是没有法律效力的。

5）自助免责。

自助免责是指对于侵害人所实施的自救自助行为所引起的法律责任予以免责的情形。自助行为是指行为人在情势急迫而不能及时请求国家机关予以救助的情况下，为保护其自己的合法权利或利益，不得已对他人的财产予以扣押或者毁损，对自由予以限制或者对他人人身造成一定损害的情形。这些情形本身虽然具有违法性，但作为一种私力救济行为，它能够得到社会大众道德评价的认可。对于这种情形，可以部分或者全部免责。

6）坦白免责。

坦白免责是指那些违法犯罪后能够主动向国家有关机关坦白自己的违法犯罪行为或者有立功表现行为而获得免责的情形。刑法规定，自首立功可以从轻或者减轻刑罚。

7）人道主义免责。

人道主义免责是指出于人道和社会公正性的考虑，对于那些实在无力履行义务，或者对于行为的违法性确实并不了解而予以部分或者全部免责的情形。比如，一般而言，不知法并不是免责的理由，但是基于人道的考虑，归责机关可以将不知法作为一个可以减轻责任的考量因素，酌情减轻一定的责任。

第二十五章　法律监督

知识逻辑图

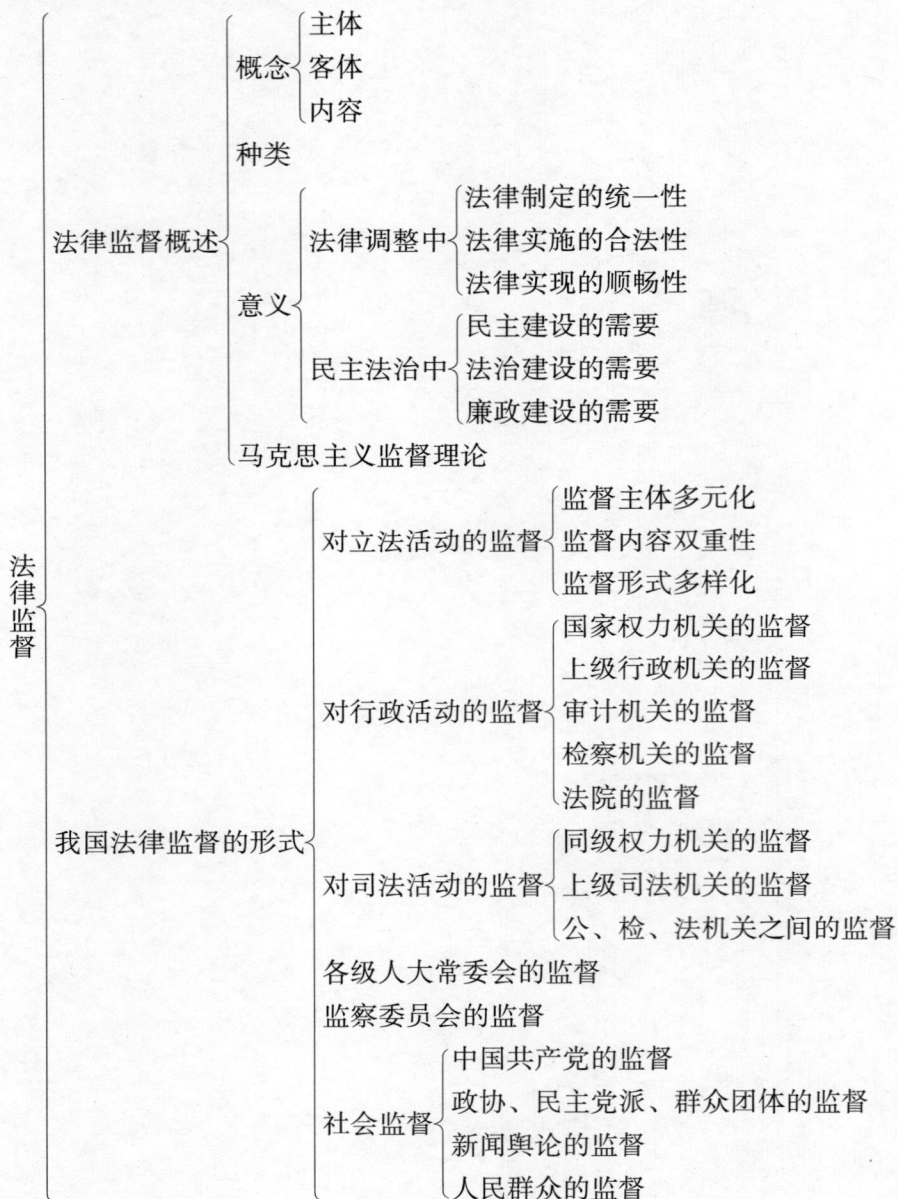

- 法律监督
  - 法律监督概述
    - 概念
      - 主体
      - 客体
      - 内容
    - 种类
    - 意义
      - 法律调整中
        - 法律制定的统一性
        - 法律实施的合法性
        - 法律实现的顺畅性
      - 民主法治中
        - 民主建设的需要
        - 法治建设的需要
        - 廉政建设的需要
    - 马克思主义监督理论
  - 我国法律监督的形式
    - 对立法活动的监督
      - 监督主体多元化
      - 监督内容双重性
      - 监督形式多样化
    - 对行政活动的监督
      - 国家权力机关的监督
      - 上级行政机关的监督
      - 审计机关的监督
      - 检察机关的监督
      - 法院的监督
    - 对司法活动的监督
      - 同级权力机关的监督
      - 上级司法机关的监督
      - 公、检、法机关之间的监督
    - 各级人大常委会的监督
    - 监察委员会的监督
    - 社会监督
      - 中国共产党的监督
      - 政协、民主党派、群众团体的监督
      - 新闻舆论的监督
      - 人民群众的监督

名词解释与概念比较

1. 法律监督
2. 立法监督
3. 行政监督
4. 司法监督
5. 国家监督和社会监督

选择题

（一）单项选择题

1. 法律监督的内容包括（　　）。

A. 国家机关等法律主体之行为合法与否

B. 各类国家机关

C. 企事业组织和公民个人

D. 各政党

2. 我国法律监督的主体非常众多，其中作为我国法律监督体系核心的监督是（　　）。

A. 各政党和社会团体的监督

B. 中国共产党的监督

C. 国家机关和武装力量的监督

D. 人民群众的监督

3. 下列哪种行为不属于我国法律实施的监督体系中的国家监督？（　　）

A. 人民代表大会及其常务委员会对检察院和法院的工作进行监督

B. 人民代表大会撤销其常委会不适当的决定

C. 法院对某检察员的犯罪行为进行审理

D. 检察院对某行政机关某局长的贪污犯罪行为起诉

4. 对国家机关的法律监督与对国家机关的工作监督的关系是（　　）。

A. 法律监督是工作监督的法律化

B. 工作监督不具有法律效力

C. 法律监督属于工作监督的一种

D. 法律监督的范围比工作监督的范围大

5. 在我国，有权监督宪法实施的国家机关是（　　）。

A. 全国人民代表大会

B. 全国人民代表大会常务委员会

C. 国务院

D. 全国人民代表大会及全国人民代表大会常务委员会

6. 下列哪个选项不属于我国的国家监督体系？（　　）（司考）

A. 中国人民政治协商会议对法律实施的合法性进行的监督

B. 国家审计机关对国家的财政金融机构和企业事业组织财务收支的监督

C. 全国人大对不符合宪法、法律的行政法规和地方性法规的撤销

D. 各级人民法院对行政机关的监督

7. 有权改变或撤销省级人大制定的地方性法规的机关是（　　）。

A. 全国人民代表大会

B. 国务院

C. 中央军委

D. 全国人大常委会

8. 我国专门的法律监督机关是（　　）。（考研）

A. 人民法院　　　　B. 人民检察院

C. 监察机关　　　　D. 审计机关

9. 下列哪种行为在我国法律的监督体系中，属于国家法律监督机关的监督？（　　）（司考）

A. 人民代表大会及其常委会对检察院和法院的工作进行监督

B. 纪检、监察部门对某法官的违纪行为进行审查

C. 法院对某检察员的犯罪行为进行审理

D. 检察院对某公司经理的贪污犯罪行为起诉后，向该公司提出司法建议

10. 根据法律监督的方法，法律监督可以分为（　　）。

A. 国家监督和社会监督

B. 对法律事实的监督和对法律文件的监督

C. 事前监督、事后监督和事前与事后结合的监督

D. 国家机关系统内的监督和国家机关之间的监督

11. 王某发现当地个别政府工作人员有违法行为，遂将收集的证据材料交给电视台。电视台报道后，引起广泛关注。当地政府为此组成调查组进行调查，认定报道反映的问题属实，依法对相关责任人进行了处理。该事件涉及的法律监督形式包括（　　）。（考研）

A. 社会舆论监督、政党监督和行政机关监督
B. 权力机关监督、人民群众监督和社会舆论监督
C. 人民群众监督、社会舆论监督和行政机关监督
D. 社会组织监督、社会舆论监督和人民群众监督

（二）多项选择题

1. 关于法律监督、法律监督的主体、客体和内容，下列说法正确的是（　　）。
A. 法律监督体系的核心是国家监督
B. 法律监督的核心是执政党的监督
C. 法律监督的主体是人民群众，客体是国家机关
D. 法律监督体系的基础是人民群众的监督

2. 法律监督体系包括对立法活动的监督，立法监督的内容主要包括（　　）。
A. 合法性监督　　B. 程序性监督
C. 适当性监督　　D. 合理性监督

3. 法律监督包括对行政机关的监督，具体包括（　　）。
A. 国家权力机关对同级行政机关的监督
B. 上级行政机关对下级行政机关的监督
C. 审计机关的监督
D. 监察机关的监督

4. 在我国法律监督方面，社会监督有着十分重要的作用，社会监督主要包括（　　）。
A. 中国共产党的监督
B. 人民政协的监督
C. 人民群众的监督
D. 新闻媒体、社会组织的监督

5. 下列哪些选项属于权力机关进行的国家监督？（　　）
A. 全国人民代表大会审议国务院总理的工作报告
B. 全国人民代表大会审议最高人民法院和最高人民检察院的工作报告
C. 人民代表大会对同级人民法院审理的案件进行个案监督
D. 县级人民代表大会撤销同级人民政府的不适当的决定或命令

6. 法律监督包括司法监督，即对司法活动的监督，我国的司法监督包括（　　）。
A. 最高国家权力机关对全国司法机关的监督
B. 上级司法机关对下级司法机关的监督
C. 行政机关对同级司法机关的监督
D. 司法机关之间的监督

7. 关于全国人大常委会的监督，下列说法中正确的有（　　）。
A. 是专门的法律监督机关
B. 是监督宪法实施的机关
C. 包括法律监督和工作监督
D. 可以对全国人大的立法活动进行监督

8. 我国在各级国家权力机关、行政机关、审判机关和检察机关中设立了处理人民来信、来访的机构，即信访机构，关于这种法律监督的说法正确的是（　　）。
A. 属于人民群众的间接监督
B. 属于人民群众的直接监督
C. 属于国家监督
D. 属于社会监督

9. 法律监督根据不同标准有多种分类，我国法律监督的分类不包括（　　）。
A. 国家监督和社会监督
B. 国家监督和人民监督
C. 对法律事实的监督和对法律文件的监督
D. 法律监督和工作监督

10. 关于社会的监督，下列观点正确的是（　　）。
A. 党的监督主要通过推荐干部、纪律检查等途径实现
B. 社会监督是国家监督的基础
C. 人民群众的直接监督是对公权力的最后控制
D. 人民群众的直接监督的渠道包括罢免人大代表、向人大常委会提出对其他机关的申诉、向各种国家机关提出信访等

11. 王某向市环保局提出信息公开申请，但未在法定期限内获得答复，遂诉至法院，法院判决环保局败诉。关于该案，下列哪些说法是正确的？（　　）（司考）
A. 王某申请信息公开属于守法行为
B. 判决环保局败诉体现了法的强制作用
C. 王某起诉环保局的行为属于社会监督
D. 王某的诉权属于绝对权利

12. 下列关于我国法律监督的表述，正确的有（　　）。（考研）
A. 全国人民代表大会及其常务委员会是我国的最高法律监督机关
B. 人民检察院和人民法院是我国专门的法律监督

的主体

C. 各级国家机关、社会组织和公民个人均可成为我国法律监督的主体

D. 法律监督可以分为有权监督与无权监督

简答题

1. 简述法律监督的种类。

2. 简述我国社会监督的主要形式。

3. 简述法律监督的主体、客体和内容。

材料分析题

1. 材料：党的十八届三中全会提出：坚持用制度管权管事管人，让人民监督权力，让权力在阳光下运行，是把权力关进制度笼子的根本之策。

问题：结合社会实际状况，从法律监督的角度谈一谈如何“把权力关进制度的笼子里”。

2. 近年来，国内发生佘祥林案、赵作海案等一系列冤案，在社会上引起广泛关注和热烈讨论。某法学院学生也自发组织了“冤案与法治”专题讨论。讨论中，学生甲认为，冤案的形成主要是由于科技不够发达，缺乏DNA鉴定等先进技术手段；学生乙认为，冤案的形成主要是因为办案人员素质偏低，缺乏人权意识，滥用权力，违反法律程序；学生丙认为，冤案形成的主要原因在于刑事诉讼制度不够完善，已有的法律制度未得到有效施行，司法权缺乏有效监督。结合上述材料，试指出并分析上述三种观点分别涉及的法理学知识和原理。（考研）

3. 赵某涉嫌杀人，一审法院以故意杀人罪判处其无期徒刑；赵某提起上诉，二审维持原判。多年后，真凶落网。此事经媒体跟踪报道，在社会上引起强烈反响。检察机关继而提起抗诉，经再审，赵某被宣告无罪。

请结合上述材料，运用法理学中法律监督的知识和原理，回答下列问题（考研）：

（1）从监督主体角度看，材料中涉及哪些法律监督？

（2）法律监督对我国社会主义法治有何意义？

论述题与深度思考题

1. 论法律监督的意义和作用。

2. 论我国法律监督中国家监督的主要形式。（考研）

3. 结合法理学和宪法学中的权力监督与制约原理，论述我国《监察法》制定的法治意义。（考研）

4. 结合实际，论述我国法律监督的现实意义。（考研）

参考答案

名词解释与概念比较

1. 对法律监督通常有广义和狭义两种理解。广义的法律监督泛指一切国家机关、社会团体和组织、公民对各种法律活动的合法性所进行的检查、监察、督促和指导以及由此而形成的法律制度。狭义的法律监督专指有关国家机关依照法定权限和程序，对法的创制和实施的合法性所进行的检查、监察、督促以及由此而形成的法律制度。

2. 立法监督是指对一切有权制定规范性文件的国家机关制定、修改、补充或废止法律、法规、规章等活动的合法性所进行的监督，即对立法活动的监督。各国关于对立法活动的监督的法律规定不同，形式也有所不同。有些国家设立了“调查员制度”，由国会的专门人员代表国会对国家机关的规范性文件的合法性实行监督；有些国家则把对规范性文件的合法性进行监督的职权赋予最高法院。根据宪法和有关法律的规定，我国对立法活动的监督主要包括合法性监督和适当性监督两方面的内容。

3. 行政监督是指对国家各级行政机关适用法的活动的合法性所进行的监督、对行政活动的监督。各国对行政活动的监督的法律规定不同，形式和特点也不相同。有些国家专门设立行政法院，处理行政机关及其工作人员在执行其职务的活动中的违法行为；有些国家则将此权限赋予检察机关。行政监督对于行政机关依法执政、促进法治建设意义尤其重大。

4. 司法监督是有关国家机关依法定职权对各级司法机关实施法律、法规的活动的合法性进行的检查、监察、督促活动，即对司法活动的监督。就其对象而

言，司法监督主要是对人民法院和人民检察院两大系统进行的监督。

5.

异同	国家监督	社会监督
监督对象相同	社会监督是国家监督的基础	
	立法和法律实施等活动的合法性与合理性	
监督主体不同	有关国家机关依照法定权限和程序，对法的创制和实施的合法性所进行的检查、监察、督促以及由此而形成的法律制度，包括权力机关、行政机关、司法机关和监察机关监督	非国家机关的监督，即各政党、社会团体、组织和人民群众所进行的监督
监督效力不同	具有法律效力	没有法律效力

选择题

（一）单项选择题

1. 答案：A

解析：法律监督的内容是各类主体行为或活动的合法性，各类国家机关、企事业组织和公民个人、各政党属于法律监督的主体和客体。必须将监督主体、客体与监督内容区别开来，监督内容是客体的活动是否合法。所以A项正确，B、C、D项错。

2. 答案：C

解析：选项覆盖了我国法律监督的所有主体，这些主体可以分为两大类，即国家监督的主体和社会监督的主体，只有国家监督才是我国法律监督体系的核心，因为这种监督具有法律上的强制力，可以依法执行，而社会监督都不能强制执行，至少不能直接地强制执行，所以答案为C项，A、B、D项都属于社会监督范畴，不当选。

3. 答案：B

解析：法律监督包括对立法活动的监督和对法律实施活动的监督，法律实施包括行政活动及司法活动，A、C、D项都是国家机关对法的实施活动的监督，不选。B项是人大对法的创制活动的监督，不是对法的实施活动的监督，应选。

4. 答案：C

解析：对国家机关的法律监督也必然是对国家机关工作活动的监督，所以工作监督包括法律监督，不过法律监督是其中具有法律效力的监督，因此工作监督的范围比法律监督大，故D项错、C项对。工作监督并非都没有法律效力，因为它也包括法律监督，故B项错。法律监督也不是工作监督的法律化，二者范围并不相同，故A项错。

5. 答案：D

解析：根据我国宪法规定，有权监督宪法实施的机关是全国人民代表大会及其常务委员会。不过二者监督宪法实施的范围不同：前者的监督范围主要是全国人大常委会违反宪法的立法活动，而后者的监督范围主要是国务院和地方人大的立法活动。而国务院的法律监督范围不包括直接违反宪法的立法活动，所以A、B、C项不正确，应选D项。

6. 答案：A

解析：国家监督即国家机关的监督，包括国家权力机关监督、国家行政机关监督、国家司法机关监督和国家监察机关监督。国家权力机关监督是指各级人民代表大会及其常务委员会，为全面保证国家法律的有效实施，通过法定程序，对由它产生的国家机关实施的法律监督。所以选项C不符合条件。国家行政机关监督包括一般行政监督和专门行政监督。一般行政监督是指行政隶属关系中，上级行政机关对下级行政机关所进行的行政监督。专门行政监督是指行政系统内部设立专门监督机关实施的法律监督，它包括：行政监察和审计监督。所以选项B不符合要求。司法机关监督包括检察机关监督和审判机关监督，所以选项D是不符合要求的。人民政协对法律实施的合法性所进行的监督属于社会监督，所以选项A符合要求。

7. 答案：D

解析：我国法律监督中的立法监督是上级机关监督直接的下级机关的立法活动，根据我国《宪法》及《立法法》的规定，全国人民代表大会常务委员会有权改变或撤销省、自治区、直辖市国家权力机关制定的同宪法、法律和行政法规相抵触的地方性法规和决议，其他国家机关均无此权力，即使全国人大也无此权力，全国人大的“直接下级”是它的常委会。所以A、B、C项不正确，应选D项。

8. 答案：B

解析：我国的法律监督机关很多，选项中所列的国家机关的职能都可以归属法律监督，似乎都是专门的法律监督机关，但是根据我国《宪法》第134条的规定，人民检察院是国家的法律监督机关。所以应选B项。

9. 答案：D

解析：我国法律监督体系中包括权力机关监督、国家法律监督机关的监督、审判机关监督、行政机关的监督、监察机关的监督以及社会监督，其中，国家法律监督机关的监督是指检察机关的监督。《宪法》第134条规定："中华人民共和国人民检察院是国家的法律监督机关。"国家法律监督机关的监督包括法纪监督、侦查监督、审判监督、监所监督和经济监督共五个方面。选项A为国家权力机关监督。选项B为社会监督中党的监督。选项C为法的适用。

10. 答案：B

解析：本题选项覆盖了大致所有法律监督分类，其中，选项A的分类依据是监督主体，选项C的分类依据是监督时间，选项D的分类依据也是监督主体。所以选项A、C、D错误。选项B的分类依据是监督方法，即以何种切入点进行监督，所以B项正确。

11. 答案：C

解析：若对我国的法律监督体系作广义理解，则其是指由所有的国家机关、社会组织和公民对各种法律活动的合法性所进行的监督，根据监督主体的不同可划分为国家监督和社会监督两大系统。国家监督包括国家权力机关的监督、国家司法机关的监督、国家行政机关的监督。国家权力机关的监督，是指各级人民代表大会及其常委会对由它产生的国家机关实施法律的监督。国家行政机关的监督是指以行政机关为监督主体进行的监督。社会监督，是指由各政党、各社会组织和人民群众依照宪法和有关法律，对各种法律活动的合法性进行的监督。根据社会监督主体的不同，可以分为政党监督、社会组织监督、社会舆论监督、人民群众监督。本题中王某将个别政府工作人员违法行为反映到电视台，是人民群众监督，电视台对此事进行报道，是社会舆论监督。当地政府依法对相关人员进行处理，是国家行政机关监督，本题选C项。

（二）多项选择题

1. 答案：AD

解析：法律监督作为一个体系，其核心是国家机关和武装力量的监督，因为这种监督是最富有法律效力的；法律监督体系的基础是人民群众的监督，因为这种监督的主体是最广泛的，最容易发现违法问题，所以A、D项正确。法律监督的核心不是执政党，因为它的监督属于社会监督。法律监督的主体和客体范围大致相同，都包括国家机关、社会团体、党派、社会组织和人民群众，也即人人都是监督主体，人人也是监督客体。所以B、C项错误。

2. 答案：AC

解析：法律监督的内容一般是国家和社会活动的合法性，但也不排除对这些活动适当性的监督，在对立法活动的监督中就包括了适当性监督。所以A、C项正确。程序性监督属于合法性监督，它本身不是独立类别，所以B项不正确。合理性的内容不如适当性具体、严谨，所以D项不正确。

3. 答案：ABCD

解析：对行政机关甚至任何其他国家机关的监督，都既包括来自系统内的监督，也包括来自系统外的监督。因此，有权对行政机关的活动进行监督的主体包括同级权力机关、上级行政机关、审计机关和监察机关。四个选项都正确。

4. 答案：ABCD

解析：在我国，社会监督形式主要包括中国共产党的监督，人民政协的监督，各民主党派的监督，各人民群众团体的监督，专业性、学术性团体的监督，新闻舆论的监督，人民群众的直接监督等，因此，四个选项都正确。

5. 答案：ABCD

解析：权力机关可以对下级权力机关、行政机关、司法机关及监督机关的活动进行监督，既包括对立法活动的监督，也包括对法律实施活动的监督，其中，对法律实施监督的形式包括审议工作报告，改变或撤销同级行政机关不适当的决定或命令，对司法机关进行个案监督等，因此，四个选项都是正确的。

6. 答案：BD

解析：司法监督主要包括系统内的监督和系统外的监督：系统内的监督主要包括同种司法机关上下级的监督；不同种司法机关之间的监督；系统外的监督主要是权力机关对同级司法机关的监督，但不是对任何司法机关的监督，所以A项错误，B、D项正确。行政机关对司法机关没有监督，所以C项错误。

7. 答案：BC

解析：全国人大常委会是立法机关，也是法律监督和工作监督的机关，所以C项正确。但它不是专门的法律监督机关，所以A项错误。作为立法机关，它也同时对国务院和地方人大的立法活动进行监督，属于立法监督的主体，监督内容是这些立法是否违背宪法，所以B项正确。但是立法监督的对象是下级立法机关，所以D项错误。

8. 答案：BD

解析：这种监督机构虽然设在国家三大机关内，看似国家监督，但其监督主体是人民群众，所以属于人民群众的监督，即属于社会监督。所以C项错误，D项正确。这种监督不是由国家机关代表人民进行的，而是由人民群众自己发起的，所以不是间接监督，而是直接监督。所以A项错误，B项正确。监督权最终是人民所有的一种主权权力，由人民群众自己行使就是直接监督，由国家机关代表就是间接监督。

9. 答案：BD

解析：我国法律监督包括四种分类，根据主体分为国家监督和社会监督，故A项说法对，不选，B项说法错，应选。根据客体分为对立法机关、行政机关和司法机关的监督。根据方法分为对法律事实的监督和对法律文件的监督，故C项说法对，不选。根据时间分为事前的监督、事后的监督和事前与事后相结合的监督。但是法律监督不包括工作监督，二者区别在于工作监督一般不涉及是否合法，而涉及是否称职等方面。故D项说法错，应选。

10. 答案：ABCD

解析：社会监督包括党的监督、政协的监督、社会团体、民主党派的监督、新闻监督和人民直接监督，其中，人民直接监督非常重要。人民群众的监督是直接监督，人民是主权的最终拥有者，但一般不是国家权力的直接使用者，人民将自己的权力委托给国家机关行使，但必须保留直接的监督权，这是最后的控制手段。人民群众可以向任何机关信访，并通过人大监督行政机关和司法机关，最后对人大代表本身通过选举和罢免权进行监督，从而达到对任何国家机关的监督。所以A、B、C、D项均正确。

11. 答案：ABC

解析：A项考查守法的分类。守法，简言之就是指遵守法律，具体而言包括两种：履行法定义务和依法行使权利。本题中王某申请信息公开，这是在依法行使权利。故A项正确。

B项考查法的规范作用的分类。法的规范作用主要包括指引、评价、预测、教育和强制等五类（此处不再重复讲解）。其中强制作用在于制裁或惩罚违法和犯罪行为，这种规范作用的对象是违法者的行为。本题中，法院判决环保局败诉，环保局因违法行为承担法律责任，体现出了法律的强制作用。故B项正确。需要说明的是，判决环保局败诉，还体现出了法的评价作用。

C项考查法律监督的分类。法律监督分为国家监督和社会监督。国家监督是指有关国家机关依照法定职权和程序，对立法、执法和司法活动进行的监督；社会监督是指由公民、法人或其他组织对法律活动所进行的监督。本题中，王某起诉环保局属于公民个人发起的法律监督，因此属于社会监督（同理，法院审理环保局则属于国家监督）。故C项正确。

需要说明的是，考试中区分国家监督和社会监督是很简单的：就看有没有直接的法律效力，有直接法律效力的，属于国家监督（如侦查、审查起诉、判决、监察委员会，等等）；没有直接法律效力的，属于社会监督（如党纪监督、舆论监督、公民监督，等等）。

D项考查法律权利的分类。法律权利分为相对权利和绝对权利（基本原理此处不再重复讲解）。考试中区分绝对权利和相对权利的技巧是：看能不能找到双方当事人，能找到的就属于相对权利，否则就属于绝对权利。例如，所有权属于绝对权，原因：一方的所有权不依赖于对方；债权属于相对权，原因：一方的债权需要依赖对方（债务人）。本题中，王某行使诉权需要存在特定的被告人，因此诉权属于相对权。故D项错误。

12. 答案：AC

解析：当代中国的法律监督分为国家监督与社会监督。国家监督包括国家权力机关的监督、国家司法机关的监督和国家行政机关的监督。国家权力机关的监督是指各级人民代表大会及其常务委员会为全面保证国家法律的有效实施，通过法定程序，对由它产生的国家机关实施法律的监督。这种监督在国家监督乃至全部法律监督中都处于核心和主导地位，A项正确。在我国，国家司法机关的监督包括检察机关的监督和审判机关的监督。检察机关的法律监督被称为检察监督，是一种专门监督，B项错误。国家监督的主体是国家机关，而社会监督是以国家机关以外的社会组织或公民为主体进行的监督，但社会监督并非无权监督。因而，各级国家机关、社会组织和人民群众均可成为我国法律监督的主体。故C项正确，D项错误。本题应选A、C。

简答题

1.（1）按照监督的主体，法律监督可以分为国家监督和社会监督。

国家监督即国家机关所进行的法律监督，又可以分为权力机关的监督、行政机关的监督、司法机关的监督和监察机关的监督等。这种监督不仅包括各类国家机关对自身和本系统国家机关的活动的监督，如最高国家权力机关对地方各级国家权力机关的监督，最高国家行政机关对地方各级国家行政机关的监督等；还包括各类国家机关对其他种类国家机关的活动的监督，如权力机关对行政机关、司法机关的监督，检察机关对审判机关的监督等。

社会监督即各政党、社会团体、组织和人民群众所进行的监督。

（2）按照监督的客体和内容，可以分为对执行公务的国家机关及其工作人员的监督和对各政党、社会团体、组织的监督，以及对普通公民的监督。其中，对执行公务的国家机关及其工作人员的监督又可以分为对法的制定活动的监督、对行政活动的监督、对司法活动的监督等。

（3）按照监督的方法，可以分为对法律事实的监督和对法律文件的监督。对法律事实的监督是对法律活动是否具有法律依据的监督，对法律文件的监督是针对国家机关所作出的法律文件是否有法律依据的监督。

（4）按照监督的时间，可以分为事前的监督、事后的监督和事前与事后相结合的监督。

2. 在我国，社会监督涉及的范围广、形式多，手段和途径也比较全，归纳起来主要有以下形式：

（1）中国共产党的监督。

中国共产党是我国社会主义建设事业的领导核心，是执政党，它的监督在整个法律监督体系中占有十分重要的地位。但党的监督，不是要以党代政，而是要通过党对国家的政治、思想、组织的领导以及对党组织、党员是否带头遵纪守法的监督来实现的。

（2）人民政协的监督。

中国人民政治协商会议是具有广泛代表性的统一战线组织，是在中国共产党的领导下，由共产党、各民主党派、无党派民主人士、人民团体、各少数民族和各界的代表及台港澳同胞和归国侨胞的代表以及特别邀请的人士组成的。人民政协通过政治协商和民主监督，成为我国社会监督的重要力量。

（3）各民主党派的监督。

我国的各民主党派是各自所联系的一部分社会主义劳动者和一部分拥护社会主义的爱国者的政治联盟，是接受中国共产党领导的，同中国共产党通力合作、共同致力于社会主义事业的亲密友党，是参政党。中国共产党领导的多党合作和政治协商制度，能够有效地发挥各民主党派的监督作用。在长期的革命和建设过程中，中国共产党对各民主党派实行“长期共存、互相监督”“肝胆相照、荣辱与共”的方针，各民主党派通过批评和建议的方式，对党和政府的工作进行监督。

（4）各人民群众团体的监督。

在我国，工会、青年团、妇联等群众性人民团体也是实行社会监督的重要力量。工会、青年团、妇联除了进行一般的社会监督，还特别对涉及职工、青年和妇女儿童的问题，发挥重要的监督作用。

（5）专业性、学术性团体的监督。

我国的各种群众性的专业团体、学术团体在社会监督中也发挥着专业性、职能性、学理性的监督作用。例如，环境保护组织可以对环境保护问题从专业的角度提出建议或批评。这种监督往往带有较强的科学性、专业性、技术性、权威性的成分。

（6）新闻舆论的监督。

新闻舆论的监督，主要是通过报刊、广播、电视、互联网等新闻传媒以揭露违法犯罪、批评存在的问题等方式，进行社会监督。新闻舆论的监督具有广泛性、及时性等特点，是现代社会进行法律监督的强有力手段。

（7）人民群众的直接监督。

我国《宪法》规定，一切国家机关和国家机关工作人员必须依靠人民的支持，经常保持同人民的密切联系，倾听人民的意见和建议，接受人民的监督。从根本上说，我国的一切权力都是属于人民的。所以，人民群众有权通过各种方式和途径，对国家机关及其工作人员的活动进行直接的监督。

3. 法律监督的主体、客体和内容即谁监督、监督谁和监督什么。

（1）法律监督的主体包括：

第一，国家机关，包括各级人民代表大会及其常务委员会、各级人民政府及其所属的行政主管部门、审判机关、检察机关和监察机关等。国家机关进行的法律监督是由《宪法》和有关法律明确规定其权限、范围和程序的，具有法律效力。这种法律监督构成我国法律监督体系的核心。

第二，各政党、社会团体和组织，包括中国共产党的各级组织、人民政协、各民主党派、群众团体以及企业事业组织。由于中国共产党具有领导地位，所以，党的监督在各类监督中，具有特别重要的作用。

第三，人民群众。在我国，人民群众是国家的主人，人民群众既通过自己的代表管理国家事务，又通过各种方式监督国家机关及其工作人员的活动。这种法律监督是我国法律监督体系的基础。也就是说，人人都可以进行监督。

（2）在我国，受法律监督的客体包括进行各种法律活动的所有国家机关和武装力量、各政党和各社会团体、各企业事业组织、全体公民。也就是说，人人都必须受监督。其中对国家机关的监督，具有特别重要的意义。这里所说的国家机关，包括各级权力机关、行政机关、审判机关和检察机关、监察机关。

（3）在我国，法律监督的内容相当广泛，包括对各种活动的合法性的监督，如对于国家机关和武装力量、各政党和社会团体、企业事业组织以及全体公民的各种活动是否符合宪法、法律的监督，对于是否严格依法办事，有无违法、失职、犯罪等行为的监督等，也就是说，是对人们行为的合法与不合法进行的监督。在法律监督的内容中，对于国家机关制定法律、法规的活动，行政机关的执法活动，司法机关的司法活动等是否合法的监督是重点。

材料分析题

1. 把权力关进制度的笼子里，需要从以下方面着手：

（1）完善党和国家领导体制，坚持民主集中制，充分发挥党的领导核心作用。

具体包括：1）规范各级党政主要领导干部职责权限，科学配置党政部门及内设机构的权力和职能，明确职责定位和工作任务。2）加强和改进对主要领导干部行使权力的制约和监督，加强行政监察和审计监督。3）推行地方各级政府及其工作部门权力清单制度，依法公开权力运行流程。完善党务、政务和各领域办事公开制度，推进决策公开、管理公开、服务公开、结果公开。4）改革党的纪律检查体制，健全反腐败领导体制和工作机制，改革和完善各级反腐败协调小组的职能。5）推动党的纪律检查工作双重领导体制具体化、程序化、制度化，强化上级纪委对下级纪委的领导。

（2）健全改进作风常态化制度。围绕反对形式主义、官僚主义、享乐主义和奢靡之风，加快体制机制改革和建设。

具体包括：1）健全领导干部带头改进作风、深入基层调查研究机制，完善直接联系和服务群众制度。改革会议公文制度，从中央做起带头减少会议、文件，着力改进会风、文风。2）健全严格的财务预算、核准和审计制度，着力控制“三公”经费支出和楼堂馆所建设。3）完善选人、用人专项检查和责任追究制度，着力纠正跑官、要官等不正之风。4）规范并严格执行领导干部工作、生活保障制度，探索实行官邸制。5）完善并严格执行领导干部亲属经商、担任公职和社会组织职务、出国定居等相关制度规定，防止领导干部利用公共权力或自身影响为亲属和其他特定关系人谋取私利，坚决反对特权思想和作风。

2.（1）甲的观点主要涉及科技发展对法的影响问题。如果说科学是基于实验基础上发现因果关系的一种系统努力，那么因科学发展而引发的对社会生活某一方面因果关系的认定、理解和把握就常常会对法律制度，并对通过这一制度完成的责任分配产生重大影响。

（2）乙的观点主要涉及法治和人权保障问题。法治和人权保障要求坚持宪法法律至上原则、权利保障原则、权力制约原则、程序正当原则。

（3）丙的观点主要涉及法律制定、法律实施和法律监督问题。建设法治国家需要建立完备而良善的法律体系、健全高效的法律运行体制、高素质的法律执业队伍以及人民群众较高的民主法治意识。

3.（1）第一，司法监督，在本案中体现为二审法院对一审法院的监督、检察院对法院的监督。第二，社会监督，在本案中体现为媒体的跟踪报道。

（2）法律监督是现代法治不可缺少的组成部分，它贯穿于法律运行的全过程，对社会生活和经济生活有着广泛的影响。法律监督是社会主义民主政治的保障和重要组成部分，法律监督是全面推进依法治国的重要保证，法律监督是建立和完善社会主义市场经济的需要。

首先，加强法律监督是发展社会主义民主政治的需要。公共权力具有两个特性：一是对公共资源进行支配和管理的强制性，二是同社会脱离的独立性。权力的特性决定了没有监督很容易产生掌权者滥用权力的现象，所以资产阶级启蒙思想家早就断言：要防止滥用权力，就必须以权力制约权力。我国是人民民主专政的社会主义国家，人民群众是国家的主人，享有管理国家和社会一切事务的权力。但是，人民管理国家的方式只能是通过民主选举自己的代表来行使这项权力，为了防止权力被滥用，就需要对权力的运行设立规则，如规定其行使的依据、标准、程序，把权力置于法律约束之下，并建立有效的法律监督机制以防止权力的运行脱离其预定轨道，以保证权力的行使者始终代表人民利益、为人民服务。

其次，加强法律监督是建设社会主义法治国家的需要。依法治国的基本目标就是使法律具有极大的权威并保证其在国家的经济、政治和社会生活各个方面得到贯彻和实现。只有法律规定而没有依法监督其实施，法律会变成一纸空文。因为，仅靠执法者、司法者和守法者的自觉性而无其他外部的监督力量，无法保证严格依法办事。监督机制的重要任务就是鉴定和评价立法、执法和司法环节的合法性，检验法律执行的实际效果与预定目的之间的偏差并进行反馈，通过一定方式和手段进行矫正，使法律得到有效贯彻、实施，真正树立起法律的权威，保障依法治国的目标顺利实现。

最后，加强法律监督是廉政建设的需要。腐败是权力的异化，其基本成因是权力未得到有效的监督。我国社会正处于现代化建设的转型期，改革中由于经济发展、体制变革，新情况、新问题不断出现，有关立法滞后，给腐败者提供了体制上、制度上的空间，加上不同利益群体的出现，导致权力“寻租”行为出现。只有加强和完善法律监督，建立权力制约机制，才能保障国家权力的行使不被滥用和腐蚀。

论述题与深度思考题

1.（1）法律监督在法律调整中的意义和作用。

1）在法的制定阶段，法律监督可以保证一国的法律具有高度的统一性，提高立法质量。每个国家的各种规范性法律文件都是由不同的国家机关创制的，我国的全国人民代表大会制定宪法和基本法律，全国人大常委会制定基本法律以外的法律，国务院制定行政法规，等等。这些规范性文件具有不同的法律地位和效力，组成了一个金字塔式的等级体系。法律监督在法的制定阶段的主要作用在于：第一，赋予全国人大及其常委会监督宪法的职权，确保其他任何法律、行政法规和地方性法规都不得与宪法相抵触，保证宪法的最高权威，使宪法在整个规范性文件体系中居于最高地位。第二，保证国家权力机关制定的规范性文件的效力高于同级行政机关制定的规范性文件的效力。第三，保证上级国家机关制定的规范性文件的效力高于下级国家机关制定的规范性文件的效力。

2）在法的实施阶段，法律监督保证各种法律关系的建立、各种法律问题的处理都合法，特别是监督国家机关及其工作人员适用法律的活动。通过法律监督，可以保证国家机关运用权力的个别性活动在法定范围内进行，使适用法律的个别性文件符合规范性文件。这样，既能够减少执法人员、司法人员的主观性、任意性，又能够保护广大公民的合法权益不受侵犯，使违法犯罪分子依法受到追究和制裁。

3）在法的实现阶段，法律监督保证法律关系主体的权利和义务能够得到实现。通过法律监督，可以使某些遇到阻碍而未能实现的法律关系得以实现。例如，审计监督对国家财经制度和活动的保障实现作用，物价监督对国家正常物价关系的保障实现作用，等等。

总之，法律监督在法律调整的整个过程中都起着保证依法办事的作用。如果一个国家没有严格有力的法律监督，也就没有法治。

（2）法律监督在社会主义民主和法治建设中的意义和作用。

1）加强法律监督是发展社会主义民主政治的需要。公共权力具有两个特性：一是具有对公共资源进行支配和管理的强制性，二是具有同社会脱离的独立性。这决定了没有监督很容易产生掌权者滥用权力的现象，要防止滥用权力，就必须以权力制约权力。我国人民管理国家的方式只能是通过民主选举自己的代表来行使权力，这也就出现了国家权力的所有者与权力的行使者在某种程度上的分离，为了防止权力被滥用，就需要对权力的运行设立规则，把权力置于法律约束之下，并建立有效的法律监督机制防止权力的运行脱离其预定轨道，以保证权力的行使者始终代表人民利益，为人民服务。*

2）加强法律监督是建设社会主义法治国家的需要。依法治国的基本目标就是使法律具有极大的权威并保证其在国家的经济、政治和社会生活各个方面得到贯彻和实现。只有法律规定而没有法律监督其实施，法律会变成一纸空文。因为，仅靠执法者、司法者和守法者的自觉性而无其他外部的监督力量，无法保证严格依法办事。监督机制的重要任务就是鉴定和评价立法、执法和司法环节的合法性，检验法律执行的实际效果与预定目的间的偏差并进行反馈，通过一定方式和手段进行矫正，使法律得到有效贯彻实施，真正树立起法律的权威，保障依法治国的目标顺利实现。

3）最后，加强法律监督是廉政建设的需要。从根本上说，腐败是权力的异化，其基本成因是权力未得到有效的监督。我国社会正处于现代化建设的转型期，由于经济发展、体制变革，改革中的新问题、新情况不断出现，有关立法滞后，给腐败者提供了体制上、制度上的空间，加上不同利益群体的出现、权力“寻租”行为，只有加强和完善法律监督，建立权力制约机制，才能保障国家权力不被滥用和腐蚀。

2. 法律监督可以分为国家监督和社会监督。国家监督即由国家机关进行的法律监督，又可以分为权力机关的监督、行政机关的监督、司法机关的监督和监察机关的监督。这种监督不仅包括各类国家机关对自身和本系统国家机关的活动的监督，也包括各类国家机关对其他种类国家机关的活动的监督等。

国家监督主要有以下方面：

（1）对法的创制活动的监督。

这种监督是指对一切有权制定规范性法律文件的国家机关制定、修改或废止法律、法规等活动的合法性所进行的监督。主要包括：

1）全国人民代表大会监督宪法的实施，有权改变或者撤销全国人大常委会不适当的决定。

2）全国人大常委会有权撤销国务院制定的同宪法、法律相抵触的规范性文件，有权撤销省、自治区、直辖市国家权力机关制定的同宪法、法律和行政法规相抵触的规范性文件。

3）国务院有权改变或者撤销各部、各委员会发布的不适当的命令、指示和规章，有权改变或者撤销地方各级国家行政机关的不适当的决定和命令。

4）县级以上地方各级人民代表大会有权改变或者撤销本级人大常委会不适当的决定。

5）县级以上地方各级人大常委会有权撤销本级人民政府的不适当的决定和命令，有权撤销下一级人民代表大会的不适当的决议。

6）县级以上地方各级人民政府有权改变或者撤销所属工作部门和下级人民政府的不适当的决定。

（2）对行政活动的监督。

这种监督是指对国家各级行政机关实施法的活动的合法性所进行的监督。主要包括：

1）国家权力机关对同级行政机关的活动的监督。第一，全国人大常委会有权撤销国务院制定的同宪法、法律相抵触的决定和命令。第二，县级以上的地方各级人大常委会有权撤销本级人民政府的不适当的决定和命令。

2）上级行政机关对下级行政机关的监督。第一，国务院有权改变或者撤销各部、各委员会发布的不适当的命令、指示，有权改变或者撤销地方各级国家行政机关的不适当的决定和命令。第二，县级以上的地方各级人民政府有权改变或者撤销下属各工作部门和下级人民政府的不适当的决定。

3）审计机关的监督。第一，审计机关对国务院各部门和地方各级政府的财政收支，对国家的财政金融机构和企业事业组织的财务收支，进行审计监督。第二，地方各级审计机关依照法律规定独立行使审计监督权，对本级人民政府和上一级审计机关负责。

（3）对司法活动的监督。

这种监督是指对国家各级司法机关适用法的活动所进行的监督。主要包括：

* 参见朱勤军：《完善监督机制是跨世纪中国民主政治建设的重要内容》，载许祖雄、朱言文主编：《民主法制与人大制度》，上海，复旦大学出版社，1999。

1）国家权力机关对同级司法机关的监督。第一，全国人大常委会监督最高人民法院、最高人民检察院的工作。第二，县级以上的地方各级人民代表大会常务委员会监督本级人民法院、人民检察院的工作。

2）上级司法机关对下级司法机关的监督。

3）不同种类司法机关之间的监督，即人民法院、人民检察院和公安机关在诉讼活动中的相互监督。

（4）对公职人员的监督。

根据2018年3月20日通过的《中华人民共和国监察法》规定，下列人员属于监察委员会的监察范围：

1）中国共产党机关、人民代表大会及其常务委员会机关、人民政府、监察委员会、人民法院、人民检察院、中国人民政治协商会议各级委员会机关、民主党派机关和工商业联合会机关的公务员，以及参照《中华人民共和国公务员法》管理的人员；

2）法律、法规授权或者受国家机关依法委托管理公共事务的组织中从事公务的人员；

3）国有企业管理人员；

4）公办的教育、科研、文化、医疗卫生、体育等单位中从事管理的人员；

5）基层群众性自治组织中从事管理的人员；

6）其他依法履行公职的人员。

3. 从法理学来看，法治内在地要求对国家权力进行合理的分工和有效的制约，这是法治国家权力结构的基本问题，法治的目的就在于运用法律防止国家权力的专横、恣意和腐败，保障公民的权利和自由。

从宪法学来看，权力制约与监督原则指国家权力机关的各部分之间相互监督、相互制约，以保障公民权利的原则，我国宪法在以下三个方面体现了权力制衡原则：

（1）人民对国家权力的监督制约。宪法规定，全国人大和地方各级人大都由民主选举产生，对人民负责，受人民监督。

（2）公民对国家权力的制约监督。我国宪法规定了公民的基本权利，这些基本权利意味着国家的不得干涉和予以保护的义务。此外，宪法还明确了公民对于任何国家机关和国家工作人员，有提出批评和建议的权利。

（3）国家机关内部自上而下的制约监督。我国宪法规定，监察机关办理职务违法和职务犯罪案件，应当与审判机关、检察机关、执法部门互相配合，互相制约。

制定监察法，是权力监督与制约的重要环节，对于法治具有重要意义。具体包括：

（1）制定监察法是深化国家监察体制改革决策部署的重大举措。制定《监察法》，贯彻落实党中央关于深化国家监察体制改革决策部署，使党的主张通过法定程序成为国家意志，对于创新和完善国家监察制度，实现立法与改革相衔接，以法治思维和法治方式开展反腐败工作，意义重大、影响深远。

（2）制定监察法是坚持和加强党对反腐工作的领导，构建集中统一、权威高效的国家监察体系的必然要求。《监察法》是反腐败工作国家立法成果，是一部对国家监察工作起统领性和基础性作用的法律。为整合反腐败资源力量，加强党对反腐败工作的集中统一领导，实现对所有行使公权力的公职人员监察全覆盖提供法律依据。

（3）制定监察法是坚持党内监督与国家监察有机统一，坚持走中国特色监察道路的创制之举。通过立法方式保证依规治党与依法治国、党内监督与国家监察有机统一，将党内监督同国家机关监督、民主监督、司法监督、群众监督、舆论监督贯通起来，不断提高党和国家的监督效能。

（4）制定监察法是加强宪法实施，丰富和发展人民代表大会制度，推进国家治理体系和治理能力现代化的战略举措。

4. 法律监督有狭义和广义之。狭义上的法律监督是指由特定的国家机关依照法定职权和程序，对立法、执法和司法活动的合法性进行的监督；广义上的法律监督是指由所有的国家机关、社会组织和公民对各种法律活动的合法性所进行的监督。在现代国家的法制中，法律监督是法制不可缺少的特殊组成部分，它贯穿于法律运行的全过程，对社会生活或经济生活有着广泛的影响。在我国，法律监督的意义主要体现在以下几个方面：

（1）法律监督是我国社会主义民主政治的保障和重要组成部分，法律监督将权力及其运行置于监督之下，从而保障民主政治的安全，法律监督的一个重点就是对于国家公权力的监督和制约，使国家机关及其工作人员依法谨慎地行使国家权力，不致发生国家权力的滥用从而威胁到公众利益，保证了社会公民的合法权利不受公权力的肆意侵害；同时，法律监督也是普通公民参与民主政治的重要途径和方式，广大公民通过参与法律监督，可以对国家机关及其工作人员的职务行为提出自己的意见和建议，公民可以通过选举人大代表作为自己利益的代言人来行使监督职能，参与民主议政，也可以通过行使言论自由的权利发表自己的意见和建议，这样才能促使国家机关及其工作人员纠正错误，改进工作，反过来更好地保障公民参与民主政治的权利。

（2）法律监督是依法治国，建设社会主义法治国家的保证。法律监督有利于维护国家法律体系的统一完整，保障法律在全国范围内的统一实施，确立和维护法律的权威。一国的法律体系内部各法律之间制定和实施过程的协调一致是一国法制完备的特点，有效的法律监督可以保证法律制定的合法和合理，不至于出现因为部门或者团体利益而导致某一部法律的制定破坏整体法律体系框架的情况，从而真正地实现法律体系的完备和和谐。同时，有效的法律监督可以保证法律在一国领域内的严格实施，实现执法必严，违法必究，使法律实效真正达到立法原意，不至于成为一纸废文，有利于维护法律的尊严。

（3）法律监督有利于我国社会主义市场经济的建立和完善。社会主义市场经济与法律有着密切的联系，社会主义市场经济实质上就是法治经济，而且相对于其他现代市场经济与法治的联系更为紧密：市场主体的行为需要有法律监督的规范；市场经济是契约经济，契约关系的遵守离不开合理的法律监督行为；市场经济是自由竞争的经济模式，有了法律监督，市场经济的竞争才能合法有序良性地进行；法律监督可以对违反市场经济秩序的行为予以惩罚，保障社会主义市场经济的繁荣发展。

第二十六章　法律文化

知识逻辑图

- 法律文化
  - 法律文化的概念和分类
    - 概念
      - 法律体系
      - 法律意识
      - 民族传统
    - 分类
    - 意义
      - 法律的历史发展和内在逻辑
      - 客观认识和解释法律现实
      - 不同法律体系进行比较
    - 法律多元
      - 概念和理论
      - 层次性
        - 作为规则的法
        - 作为制度的法
        - 作为文化的法
      - 法律发展
        - 法制本土化
        - 本土法制化
      - 局限性
        - 概念泛化
        - 去国家化
        - 地方化和普遍化的矛盾
  - 法律文化和法系
    - 法律文化的构成要素
    - 法律文化差异的原因
      - 经济和社会发展水平
      - 历史传统
      - 对传统的传承和改造
      - 理念及制度设计
    - 法系的划分及形式
      - 划分标准：多元化
      - 当代世界主要法系
  - 当代中国法律文化
    - 传统法律文化
      - 积极因素：教化、多元、完备、科层制
      - 消极因素：不平等、严刑、人治、法律职业地位低、轻程序、轻权利
    - 构成要素：主流、传统；苏联、西方
    - 特征：社会主义法系、发展中国家法系、大陆法系、混合法系等

名词解释与概念比较

1. 法律文化
2. 法律多元
3. 法的移植（考研）
4. 法系（考研）

选择题

（一）单项选择题

1. 2003年，加拿大渥太华大学的研究者公布了他们的研究成果——世界法律地图，将世界法律体系划分为不同的法系，以下不属于该分类的有（　　）。

A. 民法、普通法　　B. 习惯法
C. 大陆法　　D. 穆斯林法和混合法

2. 法系划分的根据是（　　）。

A. 法的阶级本质　　B. 法的经济基础
C. 法的地域分布　　D. 法的历史传统

3. 大陆法系是以（　　）为基础发展起来的法律的总称。

A. 罗马法　　B. 普通法
C. 衡平法　　D. 日耳曼法

4.《摩奴法典》是古印度的法典，该法典第五卷第158条规定："妇女要终生耐心、忍让、热心善业、贞操，淡泊如学生，遵守关于妇女从一而终的卓越规定。"第164条规定："不忠于丈夫的妇女生前遭诟辱，死后投生在豺狼腹内，或为象皮病和肺痨所苦。"第八卷第417条规定："婆罗门贫困时，可完全问心无愧地将其奴隶首陀罗的财产据为己有，而国王不应加以处罚。"第十一卷第81条规定："坚持苦行，纯洁如学生，凝神静思，凡十二年，可以偿赎杀害一个婆罗门的罪恶。"结合材料，判断下列哪一说法是错误的？（　　）（司考）

A.《摩奴法典》的规定表明，人类早期的法律和道德、宗教等其他规范是浑然一体的
B.《摩奴法典》规定苦修可以免于处罚，说明《摩奴法典》缺乏强制性
C.《摩奴法典》公开维护人和人之间的不平等
D.《摩奴法典》带有浓厚的神秘色彩，与现代法律精神不相符合

5. 关于法与宗教的关系，下列哪种说法是错误的？（　　）

A. 法与宗教在一定意义上都属于文化现象
B. 法与宗教都在一定程度上反映了特定人群的世界观和人生观
C. 法与宗教在历史上曾经是浑然一体的，但现代国家的法与宗教都是分离的
D. 法与宗教都是社会规范，都对人的行为进行约束，但宗教同时也控制人的精神

6. 法律体系是一个重要的法学概念，人们尽可以从不同的角度、不同的侧面来理解、解释和适用这一概念，但必须准确地把握这一概念的基本特征。下列关于法律体系的表述中哪种说法未能准确地把握这一概念的基本特征？（　　）

A. 研究我国的法律体系必须以我国现行国内法为依据
B. 在我国，近代意义的法律体系的出现是在清末沈家本修订法律后
C. 尽管香港地区的法律制度与内地的法律制度有较大差异，但中国的法律体系是统一的
D. 我国古代法律是"诸法合体"，没有部门法的划分，不存在法律体系

7. "法的继承体现时间上的先后关系，法的移植则反映一个国家对同时代其他国家法律制度的吸收和借鉴，法的移植的范围除了外国的法律外，还包括国际法律和惯例。"据此，下列哪种说法是错误的？（　　）（司考）

A. 1804年《法国民法典》是对罗马法制度、原则的继承
B. 国内法不可以继承国际法
C. 法的移植不反映时间关系，仅体现空间关系
D. 法的移植的范围除了制定法，还包括习惯法

8. 法的移植是一项十分复杂的工作，下列哪方面在法的移植过程中可以忽略？（　　）

A. 法律体系的系统性
B. 适当的超前性
C. 供体与受体之间存在共同性
D. 时间的先后性

9. "和为贵"是中国传统法律文化的重要内容之一。关于该观念的当代意义及价值，下列正确的是（　　）。（考研）

A. "和为贵"与自由、平等的法律观念无法兼容
B. "和为贵"对调解制度的实施可以起到积极作用
C. "和为贵"观念不利于维护社会公平和秩序
D. 信访制度是"和为贵"在当代法律制度中的重要体现

（二）多项选择题

1. 当代西方资本主义法律制度与自由资本主义时

期法律制度比较，出现了哪些变化？（ ）

A. 加强国家对社会生活的干预
B. 强调绝对私有权原则
C. 社会立法的出现
D. 授权立法的作用增大

2. 下列哪些选项属于大陆法系的别称？（ ）

A. 法典法系 B. 罗马法系
C. 判例法系 D. 普通法法系

3. 法系是法学上的一个重要概念。关于法系，下列哪些选项是正确的？（ ）

A. 法系是一个比较法学上的概念，是根据法的历史传统和外部特征的不同对法所作的分类
B. 历史上曾经存在很多个法系，但大多都已经消亡，目前世界上仅存的法系只有民法法系和普通法系
C. 民法法系有编纂成文法典的传统，因此，有成文法典的国家都属于民法法系
D. 法律移植是一国对外国法的借鉴、吸收和摄取，因此，法律移植是法系形成和发展的重要途径

4. 关于法律发展、法律传统、法律现代化，下列哪些选项可以成立？（ ）

A. 中国法律的现代化的启动形式是立法主导型
B. 进入20世纪以后，各国、各民族法律的特殊性逐渐受到普遍关注，民族历史传统可能构成现实法律制度的组成部分
C. 在当今经济全球化的背景下，对各国法律进行法系划分已失去了意义
D. 法的继承体现时间上的先后关系，法的移植反映一个国家对同时代其他国家法律制度的吸收和借鉴

5. 下列有关法与社会关系的表述何者为正确？（ ）（司考）

A. 中国固有的法律文化深受伦理的影响；而宗教对于西方社会法律信仰的形成具有重要的影响，为确立“法律至上”观念奠定了基础
B. “法的社会化”是西方现代市场经济发展中出现的现象，表明法律是市场经济的宏观调控手段
C. 凡属道德所调整的社会关系，必为法律调整；凡属法律所调整的社会关系，则不一定为道德所调整
D. 生命科学的发展、器官移植技术的成熟对法律具有积极影响

6. 下列有关成文法和不成文法的表述，哪些不正确？（ ）（司考）

A. 不成文法大多为习惯法
B. 判例法尽管以文字表述，但不能视为成文法
C. 不成文法从来就不构成国家的正式法源
D. 中国是实行成文法的国家，没有不成文法

7. 下列有关法源的说法哪些不正确？（ ）（司考）

A. 大陆法系的主要法源是制定法
B. 英美法系的法源中没有成文宪法
C. 不同国家的法源之间不能进行移植
D. 在法律适用过程中，一般先适用正式法源，然后适用非正式法源

8. 在讨论“法的起源、法的历史发展”这部分内容时，法学院同学甲、乙、丙各抒己见。甲认为：（1）马克思主义法学认为法产生的根本原因是私有制的出现和阶级的形成；（2）在古罗马学者西塞罗看来，人定法源于自然法。乙认为：（1）法的移植对象只能是本国或本民族以外的法律，法的继承对象则主要是本国或本民族的法律；（2）德国学者马克斯·韦伯将历史上存在的法分为形式不合理的法、实质不合理的法、实质合理的法、形式合理的法。丙认为：（1）与原始社会规范的适用相比较，法的适用范围主要是根据居民的血缘关系来确定的；（2）不同历史类型的法之间存在着继承关系。下列选项何者为正确？（ ）（司考）

A. 甲的观点（1）、乙的观点（1）和丙的观点（2）
B. 甲的观点（2）、乙的观点（2）和丙的观点（1）
C. 甲的观点（1）、乙的观点（1）和丙的观点（1）
D. 甲的观点（2）、乙的观点（2）和丙的观点（2）

简答题

1. 研究法律文化的意义是什么？
2. 法律多元理论的局限性是什么？
3. 法律文化的差异原因主要是什么？
4. 当代西方法律体系有哪些基本分类？

材料分析题

1. 材料一：中国古籍《幼学琼林》载："世人唯不平则鸣，圣人以无讼为贵。"《增广贤文》也载："好讼之子，多数终凶。"中国古代有"无讼以求""息讼止争"的法律传统。

材料二：1997 年 3 月 11 日，时任最高人民法院院长任建新在第八届全国人民代表大会第五次会议上作最高人民法院工作报告时指出，1996 年全国各级人民法院共审结各类案件 520 多万件，比上年上升约 16%。2007 年 3 月 13 日，时任最高人民法院院长肖扬在第十届全国人民代表大会第五次会议上作最高人民法院工作报告时指出，2006 年各级人民法院共办结各类案件 810 多万件。

问题：根据所提供的材料，请就从古代的"无讼""厌讼""耻讼"观念到当代的诉讼案件数量不断上升的变化，自选角度谈谈自己的看法。(司考)

2. 2013 年 7 月，W 市某区人民法院审理了一起父母诉请子女"常回家看看"的民事案件。该院判决：被告人应自判决生效之日起，每两个月至少到父母居住处看望、问候一次；法定节假日均须履行探望义务。这是新修订的《老年人权益保障法》施行后的全国首例判决。

对此，有人认为，该判决保护了老年人权益，维护了传统伦理道德；有人则认为，不应当将道德法律化，探望父母虽符合伦理道德，但不应成为法律上的强制义务。

请根据上述材料，运用相关法理学知识，回答下列问题（考研）：

(1) 如何看待上述两种不同的观点？

(2) 如何理解法律与道德的相互关系？

3. 近年来，有些人民法院在推进和谐司法过程中，推出了裁判文书中的"法官后语"，试图体现传统法律文化和现代司法理念的结合。下文是一起案件的案情、判决和法官后语：

黄某因意外死亡，黄某单位分别给予其父母和其妻周某补偿款 2 万元和 9 万元。黄父、黄母拿到 2 万元补偿款后，诉诸法院，要求儿媳周某另行返还部分补偿费用于养老。法院最终判决周某给付原告 1 万元，并在"法官后语"中写道："法律虽然可以公正地处理当事人之间的财产纠纷，但金钱毕竟无法替代感情。真诚以待、敬老爱幼、相互帮助、重修亲情，是本案当事人今后应深思的问题和共同努力的目标。"判决后周某主动将 1 万元给付黄父和黄母。

请根据上述材料回答下列问题（考研）：

(1) 什么是法律文化？该"法官后语"反映了哪一个层面的法律文化？

(2) 该法官后语是否体现出中国传统法律文化与当代社会主义法律文化的结合，为什么？

4. 2008 年 7 月，某省会城市人大常委会第 S 次会议审议了该市《城市公共交通条例（草案）》（以下简称草案）。该草案第 N 条规定，公交车乘客不主动给"老弱病残孕"让座的，驾驶员、售票员有权劝导其让座；对于拒不让座者，可以拒绝其乘坐，市政主管部门还可处以 50 元罚款。在草案讨论过程中，甲认为该规定具有合理性，其根据可以从法与道德的联系中找到；乙认为该规定不具有合理性，其根据可以从法与道德的区别中找到。

问题：请结合上述材料，从甲、乙观点中选择您较为认同的观点（只能选择其中一种观点），并依据法与道德关系的理论进行分析。(考研)

5. 陈某夫妇靠捡拾垃圾为生，几年中"捡回"5 名残疾弃婴，并筹钱为孩子们治病。当地民政部门认为，陈某夫妇不具备法定收养条件，且未依法办理收养手续，属非法收养。该事件经媒体报道后，在社会上引起强烈反响。很多人对相关法律规定表示无法理解，认为陈某夫妇的行为体现了中华民族的传统美德，法律应予充分肯定。

结合上述材料，回答下列问题（考研）：

(1) 请根据法与道德关系的原理，对陈某夫妇收养弃婴的行为进行分析。

(2) 针对人们的态度和观点，阐述道德是法律的评价标准。

论述题与深度思考题

1. 如何理解多种意义的法律文化概念？

2. 当代中国法律文化由几种因素构成？

3. 当代中国法律文化的基本特征是什么？

4. 运用法理学有关理论，谈谈你对"法律是最低限度的道德"这一观点的认识。(考研)

参考答案

名词解释与概念比较

1. 法律文化，可以在不同意义上使用，主要包括：(1) 一个国家、地区或民族全部法律活动的产物和结晶，既包括法律意识，也包括法律制度、法律实践，是法的制定、法的实施、法律教育和法学研究等活动所积累起来的经验、智慧和知识，是人们从事各种法律活动的行为模式、传统、习惯。(2) 一个国家或民族的社会成员对于法的态度，包括对法的性质、价值及法在社会生活中的作用的认识、利用程度等。(3) 一个国家或民族固有的、长久不变、始终延续的习惯、定式或历史传统，或特指法律意识中非意识形态的部分，这个意义上的法律文化是法社会学和法人类学特别重视的。

2. 法律多元是法人类学家提出的一种理论，将人类社会中的各种规范或社会控制系统都称为"法"，这些具有约束力和制裁力的行为规范和社会控制，并不必然与国家相联系。法律多元理论认为，一个社会，即使是现代社会中，在国家法的主导下，实际上可能同时存在一种多元化的规范体系和秩序，并强调法律的地方性和民族性。法律多元理论的范畴和视角脱离了传统法学的国家中心和法律中心的固有思路，对于认识和解释非西方发展中国家的法律文化具有特殊的方法论意义和说服力。

3. 法的移植是指在鉴别、认同、调适、整合的基础上，引进、吸收、采纳、摄取、同化外国法，使之成为本国法律体系的有机组成部分，为本国所用。法的移植有其必然性和必要性：(1) 社会发展和法的发展的不平衡性决定了法的移植的必然性，比较落后的国家为促进社会的发展，有必要移植先进国家的某些法律。(2) 市场经济的客观规律和根本特征决定了法的移植的必要性，市场经济要求冲破一切地域的限制，使国内市场与国际市场接轨，把国内市场变成国际市场的一部分，从而达到生产、贸易、物资、技术国际化。一个国家能否成为国际统一市场的一员在很大程度上取决于该国的法律环境，因而就要求借鉴和引进别国的法律，特别是世界各国通行的法律原则和规范。(3) 法治现代化既是社会现代化的基本内容，也是社会现代化的动力，而法的移植是法治现代化的一个过程和途径，因此法的移植是法治现代化和社会现代化的必然需要。(4) 法的移植是对外开放的应有内容。

4. 法系是比较法学使用的概念，即根据一定的标准对世界各国或地区的法律体系进行划分，将若干具有共性的法律体系归类为特定的群体。比较法学通常将法律文化不同要素之间的差别作为划分不同法律体系的标准。然而，由于法律体系和法律文化的复杂性和多样性，任何标准都不可能对世界各国法律体系作出绝对科学和准确的分类，因此，比较法的分类标准经历了一个从单一标准到多元化标准、从绝对标准到相对标准的转变过程。基于不同的标准，可以对世界各国的法律体系作出不同的划分。

选择题

(一) 单项选择题

1. 答案：C

解析：加拿大渥太华大学的研究者将全世界法律体系划分为：民法、普通法、习惯法、穆斯林法和混合法，但不包括大陆法。

2. 答案：D

解析：法系划分的主要根据是法的历史传统的不同。

3. 答案：A

解析：大陆法系是以罗马法为基础发展起来的法律的总称。

4. 答案：B

解析：本题考查法的特征。选项 B 错误：古印度法是印度奴隶制时期的法律制度，具有强制性。选项 A、C、D 正确：作为一种东方奴隶制法，古印度法具有东方法和奴隶制法的共性，比如维护君权、夫权、父权，维护奴隶主的特权，诸法合体，缺乏抽象概念和规则等。其又独树一帜，有自身的特点：与宗教密不可分；严格维护种姓制度；是法律、宗教、伦理等各种规范的混合体。

5. 答案：C

解析：法与宗教都是社会存在的反映，都是社会意识，属于上层建筑的范畴，并在一定程度上反映了特定人群的世界观和人生观，属于广义的文化现象的组成部分。在社会发展早期，法与宗教是浑然一体的，没有严格分离。但随着社会的发展和进步，法与宗教逐渐分离，二者的调整范围也分离开来。法只规范人的行为，退出了对人的精神领域的调整。而宗教却在规范人们行为的同时，还控制着人的精神。在当今社会，除政教合一的国家以外，其他国家的法与宗教都严格分离，只有政教合一的国家还把某些宗教教义作为本国法的渊源。根据上述关于法与宗教的关系的一般知识可知，选项 A、B、D 正确，C 项错误。故本题的答案为 C。

6. 答案：D

解析：法律体系也称部门法体系，是指一国全部现行国内法规范构成的体系，不包括完全意义的国际法即国际公法。它反映一国法律的现实情况，不包括历史上已经废止的、不再有效的法律，一般也不包括尚待制定、还没有生效的法律。近代意义的法律体系概念是部门法体系，清末沈家本修订法律是中国法制向近代转型的标志，在此之前近代部门法体系意义上的法律体系当然也无从存在。我国内地（大陆）和香港地区、澳门地区、台湾地区的法律制度分别属于不同的法系，由于“一国两制”的实行，出现了不同社会制度、不同基本性质和不同法系的法律并行的情况，但这并不意味着两个以上法律体系的并存。由于我国国家主权统一，特别行政区基本法根据宪法授权制定，而宪法是我国全部法律统一的中心和出发点，因此中国法律仍然可以被看作是一个统一的法律体系，法系背景的差异并不影响中国法律体系的统一。古代中国法律一直是诸法合体，但是这种法典编撰体例上的“诸法合体，民刑不分”并不能否定法律体系上的诸法并存。因此答案选 D。

7. 答案：C

解析：本题考查法的继承与法的移植。选项 A 表述正确，不当选：法的继承是不同历史类型的法律制度之间的延续和继受，一般表现为旧法对新法的影响和新法对旧法的承接与继受。法国资产阶级以奴隶制时代的罗马法为基础制定的《法国民法典》体现了法的继承性。

选项 B 表述正确，不当选：法的继承是旧的法律制度的延续，而国际法不存在法律制度延续的问题，另外，“历史类型”与“法律制度”也是从国内法的角度说的。因此，法的继承本身就不包含国内法对国际法的继承。

选项 C 表述错误，是正确选项：法的移植是指在鉴别、认同、调适、整合的基础上，引进、吸收、采纳、摄取、同化外国法，使之成为本国法律体系的有机组成部分，为本国所用，既体现了空间关系，也体现了时间关系。

选项 D 表述正确，不当选：法的移植的范围除了外国的法律，还包括国际法律和惯例。

8. 答案：D

解析：法的继承体现时间上的先后关系，法的移植则反映一个国家对同时代其他国家法律制度的吸收和借鉴。因此 D 项当选。法的移植以供体和受体之间存在共同性为前提，即二者受同一规律支配，互不排斥，可互相吸纳。法的移植应当考虑本国法与外国法之间的同构性和兼容性，注意法律体系的系统性，同时法的移植要有适当的超前性。

9. 答案：B

解析：和为贵出自《论语·学而》：“礼之用，和为贵”。就是说，礼的作用，贵在能够和顺。倡导人和人之间的各种关系都能够恰到好处，都能够调解适当，使彼此都能融洽；所以“和为贵”本身就强调自由、公平、平等的法律观念，故 A 项错；“和为贵”的法律文化有利于维护现代社会的公平和良好社会秩序，有利于推进调解制度的实施，故 B 项正确，C 项错误；信访制度，是指公民个人或群体以书信、电子邮件、走访等参与形式与国家的政党、政府、社团、人大等单位负责信访工作的机构或人员接触，以反映情况，表达自身意见，吁请解决问题，有关信访工作机构或人员采用一定的方式进行处理的一种制度，信访制度是解决矛盾的途径，但不是“和为贵”的体现，故 D 项错。

（二）多项选择题

1. 答案：ACD

解析：本题考查资本主义法律制度的历史发展。当代西方资本主义法与自由资本主义时期法相比有以下变化：（1）加强国家对社会生活的干预；（2）与国家的福利政策相联系；（3）加强法官的自由裁量权；（4）社会立法的出现，打破了公法与私法的界限；（5）授权立法、行政立法的作用日益增大；（6）建立违宪审查制度；（7）自由资本主义时期法的三大原则，即绝对所有权原则、契约自由原则、过错责任原则分别为对所有权行使的限制、标准化契约和严格责任原则所取代。故 A、C、D 项正确，B 项错误。

2. 答案：AB

解析：本题考查大陆法系的称谓。大陆法系，又可称为民法法系、罗马法系、法典法系、罗马—德意志法系，是以罗马法为基础发展起来的法律的总称。而判例法系和普通法系是英美法系的别称。故 A、B 项正确，而 C、D 项错误。

3. 答案：AD

解析：法系是比较法学上的基本概念，具体指根据法的历史传统和外部特征的不同，对法所作的分类。据此分类标准，凡属于同一传统的法律就构成一个法系。因此，A 项说法正确。

在历史上，世界各主要地区曾经存在过许多法系，诸如印度法系、中华法系、伊斯兰法系、民法法系和普通法系，等等。当今世界上最有影响的是民法法系和普通法系。因此，B 项说法错误。

民法法系，是指以古罗马法特别是 19 世纪初的《法国民法典》为传统产生和发展起来的法律的总称。由于该法系的影响范围主要是在欧洲大陆国家，特别是法国和德国，且主要法律的表现形式均为法典，所以又称为大陆法系、罗马—德意志法系、法典法系。但是，并非所有有成文法的国家都属于民法法系，因此，C 项说法错误。

法的移植的概念和必要性（这部分内容参见本章“名词解释和概念比较”第 3 题答案）。因此，D 项说法是正确的。

4. 答案：ABD

解析：法的现代化有内发型和外源型两种，中国法律的现代化属于后者，并且其启动形式是立法主导型，是自上而下的。进入 20 世纪以后，各国、各民族法律的特殊性逐渐受到普遍关注，因此，民族历史传统可能构成现实法律制度的组成部分。法的继承体现时间上的先后关系，法的移植反映一个国家对同时代其他国家法律制度的吸收和借鉴。在当今经济全球化的背景下，各国法律之间的移植变得频繁，各国法律呈现趋同的趋势，但是，差异依然存在并且非常重要，所以对各国法律进行法系划分依然具有重要意义。因此，正确选项为 A、B、D。

5. 答案：ABD

解析：B、C、D 三项很容易处理，本题难点在于 A 项的判断。乍一看，由于受我国文化传统的影响，考生很容易把 A 项后半句中的“宗教”与“法律至上”规定对立起来，从而排除 A 项，而司法考试最忌“想当然”。宗教作为一种重要的文化现象，在全世界范围内都对法律产生过重要的影响。宗教对法律的影响，既有积极方面，也有消极方面；既有观念层面，也有制度层面。较明显地体现在立法、司法、守法等各个环节上：首先，宗教可以推动立法。许多宗教教义实际上都表达了人类的一般价值追求。部分教义被法律吸收，成为立法的基本精神。《圣经》《古兰经》《摩奴法典》等宗教经典，分别对西方两大法系、伊斯兰法、古印度法产生了根本性的影响。其次，宗教影响司法程序。在西欧中世纪，教会独立行使司法权，世俗政权则负责执行教会的命令，如被开除教籍者在法律上就成为放逐法外之人。中世纪教会司法权不但及于教徒而且及于俗人，对教会执事提起的民事诉讼、执事向俗人提起之民事诉讼未获公正解决者，等等，均由宗教法庭管辖。在政教合一的伊斯兰国家，教会行使司法权，法官均为教会权威人士。从诉讼审判方式来看，宗教宣誓有助于简化审判程序。同时，宗教宣扬的公正观念、诚实观念、容忍、爱心等对司法也有影响；宗教容忍观有利于减少诉讼。又如，国家首脑即位、法官公正执法以及证人出庭作证，都必须首先进行宣誓。最后，宗教信仰有助于提高人们守法的自觉性。宗教提倡与人为善、容忍精神等，公民习惯于循规蹈矩，不为损害他人和社会的行为。宗教中超自然的崇拜、各种精神祭祀等，均使法律蒙上神秘的、超自然的色彩，增加了法律的威慑力。明白了以上内容，考生会毫不犹豫地确定 A 项的正确性。

6. 答案：CD

解析：成文法与不成文法的区分在于创制方式和表现形式。不成文法，是指由国家认可其法律效力，但又不具有成文（条文）形式的法，一般指习惯法，也包括判例法。因此，选项 A、B 正确。判例法可以成为国家的正式渊源，比如判例法在英美法系国家就属于正式渊源，而且是其主要渊源。据此，选项 C 错误。当代中国法的主要渊源是成文法，但也存在习惯法，在香港特别行政区存在判例法。据此，选项 D 错误。

7. 答案：BC

解析：大陆法系的主要法源是制定法，英美法系的主要渊源是判例法，因此选项 A 正确。英国没有成文宪法，而美国有成文宪法，因此选项 B 错误。法律移植，是指一国对同时代的其他国家、地区或民族法律的借鉴和吸收，据此，选项 C 错误。选项 D 明显正确，不赘述。

8. 答案：AD

解析：做这种类型的题目，考生最好使用排除法。比如本题中，丙的观点（1）是明显错误的，因为主要是根据居民的血缘关系来确定其适用范围的是原始社会规范，而不是法。有了这一正确的判断，即可轻易排除B、C项。至于A、D项，甲、乙的观点均是正确的，故均入选。

简答题

1.（1）考察法律的历史发展和内在逻辑。一方面，法律文化与现行法、法律实践、法律意识等法律现实有着密切的联系，并以法律现实为载体。另一方面，又不能简单地将法律文化等同于法律现实，法律文化并非各种法律现象的总和。法律文化是一种由历史发展而来、流传久远的行为方式或思想方式和文化传统，其中所包含的许多法律知识、智慧和经验并非一朝一夕或偶然形成的。因此，考察一个国家法律的历史或现状、制度或实践、理论或社会观念，以及立法或司法，都不能不重视法律文化的研究和历史考察。

（2）客观认识和解释法律现实，寻求法律发展与建构的合理途径和模式。法律文化是人们从事法律活动的行为模式和思维模式，这种模式并不是基于法律规定或由国家命令而产生的，而是人们从社会化过程、传统经验和思维方式中传承和继受的。只有认识到法律文化在法律调整中的作用，才能客观地认识和解释法律现实，以现实主义的态度不断进行调试，改革和完善法律规范和制度，发挥法律文化在现行法律制度运行中的积极作用。

（3）对不同的法律体系进行比较，发现和总结法治的普遍规律和特殊性，可以为制度借鉴、创新和改革提供依据、模式和可行途径。法律文化的不同因素的差别可以成为划分不同法律文化的标准，并可以通过比较，发现规律和值得借鉴的因素，用于法治与社会的改革和完善。在寻找符合人类社会共同需要的普遍规律的同时，也应充分重视个性和特殊性的价值与必然性；在追求共同的价值和理想的同时，保持和促进文化的多元化和多样性，这是当代比较法学的最高理想。

2. 在充分肯定法人类学和法律多元理论的价值和意义的同时，必须认识到这种理论本身的局限性：

（1）对“法”之概念的泛化使用，使法律的概念及功能过于模糊。例如，我国学者在研究中国问题时对“民间法”“习惯法”等概念的界定存在一定混乱，并且未与国家法作出明确的区分，乃至产生了一些歧义。

（2）对多元化社会调整系统中的国家法的作用和地位没有准确定位。一些研究仅仅停留在对历史或现实的多元化状态的描述上，使其理论和现实意义十分有限，很难对国家法与民间社会规范之间的关系提出具有建设性和可操作性的意见。在编纂民法典时，一些学者提出应调查或收集民间习惯，但由于习惯的形态、价值取向呈多元化状态，多不具有普遍性，难以在全国范围统一确认并适用，因此，这一提案实际上很难付诸实施。

（3）对法的“地方性”与普遍性（普适性）发展规律之间的关系还不能得出令人信服的结论。

由于法律与国家的联系是其定性的基础，因此，本练习题集一般不使用“民间法”“习惯法”这些意义不够清晰或容易引起歧义的概念，而采用“民间社会规范”、非正式规范等概念来对其进行说明，同时强调这些因素在法律文化中的重要作用和地位。

3. 各种法律文化之间的差异是非常明显的，而造成这种差异的主要原因包括：

（1）经济发展和社会发展水平。社会的生产方式和生活方式之间存在密切的关联，因此法律文化具有阶级性，并且会随着社会的发展产生实质和形式上的变化。同样，当代某些法律体系之间的差异有些也是由于发展程度的不同造成的，而随着社会的发展，一些传统的因素也会逐步消失。忽视经济和社会发展对法律文化的决定作用和法律文化的阶级性，简单地把一切差异均归结为民族性，可能会导致一些错误的判断或结论。

（2）历史传统。法律文化作为一种上层建筑，具有相对独立性。在历史发展的过程中，自然、地理、宗教、历史发展中的特殊因素以及法律职业的作用等因素，可能会产生许多影响法律体系的独特结果，使法律技术、观念、经验，以及法律对一个民族生活方式的影响形成明显的民族性、地方性和历史延续性。这样，即使在相同的经济发展程度和社会体制下，法律体系及其在社会生活中的地位和样式也会迥然不同。

（3）对法律文化传统的传承与改造。在现代化进程中，国家决策者或民众对特定的法律文化的态度和价值评价，对于法律文化的延续、转型及作用发挥具有重要的作用。

（4）理念及制度建构的不同设计。不仅传统法律文化会对制度建构产生重要的决定作用，而且，通过理念、价值观和利益平衡（博弈）建构而成的制度、程序和规则，也会形成一种特定的新的法律文化。

因此，在分析和认识各国法律文化时，既需要充分注重经济和社会发展对法律的决定作用，也需要客观认识传统法律文化的独立性；既要承认客观因素和现实条件的决定作用，也需要重视传统法律文化在建构现代法律制度方面的积极作用，以及理念和制度建构在塑造和发展法律文化中的作用。

4. 对当代世界主要法系进行划分和比较的意义，在于通过分析法律制度的优劣、特点，寻找解决问题的良好、有效方法和法的发展规律，为本国的法律制度、法律规则和实践提供参考。比较法学对法系的主要分类有：

法国比较法学家勒内·达维德将社会经济、政治和意识形态与法律技术因素综合考虑，将当代法律体系分为：西方（包括大陆法系和英美法系）法系、印度法系、伊斯兰法系、苏联社会主义法系、中国法系。

德国比较法学家茨威格特和克茨根据法律体系的样式的五个构成要素，即历史发展、法律思维方法、具有特殊性的法律制度、法律渊源及其解释、意识形态，将世界法律体系分为：罗马法系、日耳曼法系、北欧法系、普通法系、社会主义法系、远东法系、伊斯兰法系和印度法系。

加拿大渥太华大学的研究者公布了他们的研究成果，将世界法律体系划分为民法、普通法、习惯法、穆斯林法和混合法，并据此绘制了一幅世界法律地图。

当代世界法律体系，按照法律体系所依赖的社会形态和意识形态的差异，可以分为资本主义和社会主义两大基本体系，但是随着“冷战”的结束和苏联、东欧社会主义国家的解体，以及现有社会主义国家法律和经济体制与政治体制的改革，这种分类的意义已经开始减弱。

此外，还可以根据经济社会和法律的发展程度，将发展中国家的法律体系与发达国家所属的西方法律体系加以区别：这些法律传统或法律文化与西方现代法律文化之间的差异构成了南北冲突和差异。发达国家的法律体系主要包括大陆法系和普通法系；而发展中国家的法律一般属于一种混合法：一方面，可以根据其特点进一步划分为以宗教法（如伊斯兰法系、印度法系）为主、以习惯法（如非洲法系）为主，以及现代法占主导的法律体系（如一些拉丁美洲国家）等；另一方面，这些国家的法律体系内部本身是混合性的，具有明显的法律多元的特征，例如，在一些国家，殖民地时期宗主国法律或移植法与本国固有法或习惯法、现代法与传统法律文化、国家的正式司法权威与地方的民间自治，同时存在、相互补充。

材料分析题

1. 在法治建设进程中，我们应当鼓励“无讼以求、息讼止争”，还是鼓励人们进行诉讼，把法院作为解纷的唯一场所？这涉及法治建设的基本价值取向问题。我们认为，中国的法治建设，既要吸收传统法律文化的有益因素，又要建立现代法治制度，确立现代法治精神，寻求法律现代化与法律传统的融合。

首先，法治建设要吸收传统法律文化的有益因素。这是因为：（1）法律文化是民族传统的体现。历史法学派代表人物萨维尼说：“法律是民族精神的体现，它随着民族的产生而产生，随着民族的发展而发展”。（2）法律文化是法律传统的积淀，是“行动中的法”，如果法治建设脱离法律文化，势必导致法律传统与法律现代化之间出现紧张关系。从材料一来看，中国古代的“厌讼、无讼、耻讼”法律文化，为我们建立“多元化纠纷解决机制”提供了历史土壤。

其次，法治建设要借鉴现代法治经验，建立现代法律制度，确立现代维权意识。这是法制现代化的必由之路。从材料二可以看到，从1997年到2007年的10年间，案件数量出现较大规模的增长。这表明，人们的维权意识有所提升，同时这也表明，公民对司法权威的认可度有所提升。这并不意味着“一味地鼓励诉讼”，因为法律有局限性，我们要倡导纠纷的多元化解决机制，鼓励民众采用“调解”等多元化手段来解决纠纷，即达到“息讼”的目标。

总之，在法治建设过程中，我们一方面要强调法律观念的现代化改造，另一方面也必须对法律传统中的有益因素进行继承和吸收，既要重视诉讼在现代社会中的主导性地位，同时也要注意运用和解、调解等多元化的纠纷解决方式。

2.（1）第一，某些道德上的要求可以上升为法律，并以强制力保障执行。“常回家看看”是我国伦理道德的要求，本案通过立法将其上升为法律规范，并在司法中予以确认，不仅有助于老年人权益的保障，还有助于弘扬关爱老人这一伦理道德。第二，并非所有的道德都应上升为法律。有些道德在条件不成熟的情况下上升为法律，反而可能损害法律的权威。良好社会秩序的形成，需要法律调整与道德调整的相互协调。

（2）第一，道德是法律的基础和评价标准，道德是法律的理论基础，道德是法律的价值基础，道德是法律运行的社会基础；道德是法律的补充，可以弥补法律的漏洞。第二，法律是传播道德、保障道德实施的有效手段：法律通过立法，将社会中的道德理念、信念、基本原则和要求法律化、制度化、规范化，赋予社会的道德价值观念以法律的强制力；法律是道德的承载者；法律是形成新的道德风貌、新的精神文明的强大力量。

3.（1）法律文化是一种特殊的文化现象，是在一定的社会物质生活条件的作用下，掌握国家政权的统治阶级所创制的法律规范、法律制度或人们关于法律现象的态度、价值、信念等的复合有机体。法律文化由两个层面组成：其一是物质性的法律文化，诸如法律制度、法律规范等，即制度形态的法律文化；其二是精神性的法律文化，诸如法律学说、法律心理、法律习惯等，即观念形态的法律文化。该“法官后语”反映了法律文化的精神层面，即观念形态的法律文化。

（2）由于特殊的历史原因，我国的经济社会现代化和法制现代化经历了复杂、曲折的发展过程。中华人民共和国的法律体系，孕育于战争时期的革命根据地。在中华人民共和国成立前夕，党中央决定废除国民党政府的“六法全书”，以新民主主义的法律和政策取而代之。中华人民共和国成立后，人民司法机关取代了旧司法组织系统。现代中国法制的发展在 20 世纪 60 年代遭受严重挫折，20 世纪 80 年代以后，中国的法制发展与改革开放同时推进，法制现代化也被提上了日程，并提出了建设社会主义法治国的目标。中国特色的法治发展道路经过若干发展阶段，在不同的法律文化交互影响下，我国的法律文化具有多元化和复合型的特征。一般而言，当代中国法律文化主要来源于以下四种因素。

第一，由社会主义国家主导建立的主流和正式的法律文化。我国现代法律文化发源于解放区，特定的历史背景和社会基础，决定了中国现代法律制度在其发展初期不能在一个稳定的环境下通过全盘继受或民主程序理性地建构一个现代法律制度，而不得不在一个较长的时期内，通过各种利益和理念的斗争，在理想和现实的妥协中曲折前行。从中华人民共和国成立至今，其法律制度及法律文化始终处在一个建立、发展、改革的过程中，在这个过程中，国家政治体制、经济发展和改革以及意识形态因素与各种社会现实需求和利益博弈相互作用，并且与其他法律文化因素相互融合，形成了具有中国特色的现代法律制度。

第二，中国古代延续至今的传统法律文化。尽管我国现代法律及制度中很少明确吸收或继受传统法律文化，但是传统法律文化深刻地渗透在各种主体（包括法律职业和普通当事人）现实的法律意识和法律实践中，例如，社会公众对死刑的态度，家庭赡养传统，对实体公正的强调和对程序的轻视，等等。事实上影响甚至决定着许多制度的建构和运作。如何协调传统法律文化与现代法治的关系，赋予中华法治文明新的时代内涵，使其焕发出新的生命力，正是今天中国特色法治道路的重要课题。同时，实行民族区域自治制度，传承民族习惯、保持传统与现代法律制度的协调发展也是中华法治文明重要的组成部分。

第三，苏联社会主义国家的法律文化。我国的政治体制和基本经济制度以及意识形态属于社会主义体系，社会主义法律文化对我国当代法律文化的影响主要体现在政治体制和司法体制方面。20 世纪 50 年代，苏联社会主义国家的某些制度对我国当时的法制建设产生过直接的影响。然而，今天，这种法律文化的影响在微观的法律制度、程序和技术等方面已经相对较弱，并已经融入当代中国法律文化的整体之中。

第四，西方现代法律文化。从清末变法到当代中国的法治进程，西方法律文化，从法律概念和用语，到基本的技术、原理、原则、规则、制度、程序，通过法律现代化进程对中国发生着深刻的影响。如何在立法、制度建构和改革中适应中国国情和社会需要，选择合理可行的西方法律制度加以借鉴或移植，仍是当代中国法学研究的重要课题。

传统法律文化以伦理为核心，当代社会主义法律文化以法治为核心，二者存在一定的差异和冲突，但也有相契合的因素。本案“法官后语”吸纳了传统法律文化中的合理因素，并融入了现代法治理念，体现出两种文化的有机结合。“法官后语”中提到的“真诚以待、敬老爱幼、相互帮助、重修亲情”既是中国传统法律文化的重要内容，也是当代中国社会主义法律文化需要强调的基本方面，与法治精神不相违背。该“法官后语”反映了中国传统法律文化与当代社会主义法律文化的和谐统一。

4.（1）支持甲观点的参考答案，从法与道德的联系角度展开分析。

原理：法律和道德都是重要的社会调整手段；它们对社会关系的调整具有一定的关联性和一致性；道德是法律的基础和评价标准；法律是传播道德与保障道德的有效手段等。本题中，法律草案规定：不给“老弱病残孕”让座的，驾驶员、售票员可以拒绝其乘坐，市政主管部门也可以给予罚款50元，这种规定是合理的。这是将道德的要求上升为法律，用法律来保障道德的实现。这是由法律与道德的关联性与一致性所决定的。

（2）支持乙观点的参考答案，从法与道德的主要区别角度展开分析。

从原理上讲，法与道德的产生方式不同，法与道德的表现形式不同，法与道德的实现方式不同，法与道德的调整范围不同，法与道德的评价尺度不同，法与道德规定的权利义务不同。本题中，该草案规定，不给“老弱病残孕”让座的，驾驶员、售票员可以拒绝其乘坐，市政主管部门也可以给予罚款50元。这种规定是不合理的，因为法与道德虽有联系，但也有所区别。法律与道德调整的范围不同，法律的作用是有局限性的。是否给“老弱病残孕”让座，应该运用道德调整，而不应纳入法律调整的范围。

5.（1）法律与道德是社会关系调控的根本的规范，但是它们并不总是协调一致的，它们之间往往会有冲突，这主要表现为情理与法理的冲突，即合法不合理、合理不合法。在材料中，陈某夫妇收养多名弃婴的行为即属合理不合法。一方面，陈某夫妇的行为确实是一种符合道德的行为，应在道德上予以肯定；另一方面，他们的收养行为不符合收养法的相关规定，因此是违法的。出现这种情况主要是由于法律与道德之间的差异造成的。

（2）道德是法律的评价标准，是判断、评价法律的价值尺度，道德是衡量良法与恶法的标准，是引导人们进行法律制度、法律秩序建设的指针。材料中，人们之所以对法律不理解，对民政部门的做法持有异议，是因为法律与道德本身的差异所造成的，这也反映出我国的收养法律制度与我国的社会道德准则之间出现了脱节。陈某夫妇收养弃婴的行为是符合一般道德准则的，因此获得人们的好评，但是现行的收养制度没有遵从这一道德准则，所以使人们非议纷纷，对该制度不满。没有道德及价值观念作为基础，法律就缺乏内在支柱，它的合法性也将失去。在上述意义上，收养法的相关规定需要进一步修改和完善。

论述题与深度思考题

1.“法律文化”一词，也可以在不同意义上使用。主要包括：

（1）作为法律体系的法律文化。这个意义上的法律文化，泛指一定国家、地区或民族全部法律活动的产物和结晶，既包括法律意识，也包括法律制度、法律实践，是法的制定、法的实施、法律教育和法学研究等活动所积累起来的经验、智慧和知识，是人们从事各种法律活动的行为模式、传统、习惯。这个意义上的法律文化相当于法律体系，也称为法律传统，比较法研究对不同国家进行分类和比较时，主要就是根据这种法律传统和文化。不同的法律传统决定了不同的民族或国家在面对相同的社会问题时，可能会选择完全不同的方法加以解决，设计出不同的法律制度、程序；基于不同的价值观、不同的行为方式，法律在社会中的作用也会迥然不同。

（2）作为法律意识的法律文化。这个意义上的法律文化，指一个国家或民族的社会成员对于法的态度，包括对法的性质、价值及法在社会生活中的作用的认识、利用程度等。在这个意义上，法律文化的概念相当于法律意识，其中既包括法律意识形态、法律思想、法学理论学说，也包括普通民众对法律的感性认识；既包括法律职业的专业思维和意识，也包括决策者和一般执法者对法的态度。这种法律意识决定着一个国家或民族的法律制度的设计、运行、社会功能，也决定着法的创制和实施的合理性和效益。一旦社会发展、国家性质变更，这些法的理念、意识和文化也会随之变化，西方国家近现代史上的启蒙运动、我国当代开展的全民普法活动在一定意义上也就是一种建立或培养新法律文化的运动。在这个意义上，社会主义法治理念和法律文化具有与西方当代资本主义国家法律文化的本质区别，例如，中国共产党的领导、马克思主义有关国家与法的学说、社会主义制度，等等，但是在具体制度、程序、原理上又存在一些共性，如法律面前人人平等、司法公正、司法民主等等。

（3）作为民族习惯传统和法的社会基础的法律文化。这是最狭义的法律文化概念，指一个国家或民族固有的、长久不变、始终延续的习惯、定式或历史传统，或特指法律意识中非意识形态的部分。这个意义上的法律文化是法社会学和法人类学特别重视的。这部分法律文化是既有的、可以通过实证研究把握的，无论国家的阶级性质、现代化程度、法律制度本身如何发展，其作用仍然存留，并对现实的司法实践、社会主体的行为乃至整个社会生活和社会调整方式产生深刻或潜移默化的影响。

然而需要注意的是，如何认定传统文化因素的形态和作用，并准确判断它们对于一个国家法律制度及实践的实际影响程度，是十分困难的；而简单化的归类或推定也容易出现一些误解。例如，很多西方法学家认为包括中国在内的东亚国家有强烈的崇尚“和”文化、喜好调解及厌讼的倾向，但是，历史资料却证明，这种事实判断是相对的，如果不仅仅关注官方或主流意识形态的“非讼”主张和“无讼”理想，而根据史料考察民众的实际行为，则可以发现，中国民众在历史上也曾积极利用诉讼，甚至出现“滥讼”和“缠讼”的现象；而西方社会在历史上同样对诉讼持否定态度，对诉讼的推崇主要是部分法学家和法律职业的偏好。实际上，诉讼率及民众利用诉讼上的差别，也可以被视为传统社会与现代社会在纠纷解决方式选择方面的差别。现代法治国家通过扩大法律和司法的作用范围，减少或削弱了传统社会控制机制的作用及范围；而国家或社会对于某些价值或文化的强调和崇尚，也确实影响到许多现代法律制度的建构和运行。目前，我国对和谐和调解的重视和提倡，有可能克服法治的某些局限，更好地协调法与社会的关系，缓和现代移植法与本土传统法律文化的冲突，并与现代司法诉讼制度共同承担纠纷解决的功能。

上述三种意义上的法律文化均有其特定内涵和侧重点，故对于法学研究，以及法的创制与实施都具有重要的意义和价值；然而，各种概念所指的内容和目标存在明显的差异，导致其结论或落脚点迥然不同。因此，在研究中需要对概念作出明确界定。

2. 由于特殊的历史发展道路，我国的经济社会现代化和法制现代化经历了复杂曲折的道路。新中国的法律体系，孕育于战争时期的革命根据地，在新中国成立前夕，中共中央决定废除国民党政府的“六法全书”，以新民主主义的法律和政策取而代之；新中国成立后，人民司法机关取代了旧司法组织系统。现代中国法制的发展在20世纪60年代以后遭受严重挫折，20世纪80年代以后，中国的法制发展与改革开放同时推进，法制现代化也被提上了日程，并提出了建设社会主义法治国家的目标。经过各个发展阶段，不同的法律文化交互影响，使我国的法律文化具有多元化和复合型的特征。

一般而言，当代中国法律文化主要来源于四种因素。

第一，由社会主义国家主导建立的主流和正式的法律文化。我国现代法律文化发源于解放区，特定的历史背景和社会基础，决定了中国现代法律制度在其发展初期不能在一个稳定的环境下，通过全盘继受或民主程序理性地建构一个现代法律制度；（而不得不在一个较长的时期内，通过各种利益和理念的斗争，在理想和现实的妥协中曲折前行。）从新中国成立至今，中国的法律制度及法律文化始终处在一个建立、发展、改革的过程中，在这个过程中，国家政治体制、经济发展及改革以及意识形态因素与各种社会现实需求和利益博弈相互作用，并且与其他法律文化因素相互融合，形成了具有中国特色的现代法律制度。

第二，中国古代流传至今的传统法律文化。尽管我国现代法律及制度中很少明确吸收或继受传统法律文化，但是传统法律文化深刻地渗透在各种主体（包括法律职业和普通当事人）现实的法律意识和法律实践中，例如，社会公众对死刑的态度，中央集权的治理方式，家庭赡养传统，对实体公正的强调和对程序的轻视，等等。事实上影响甚至决定着许多制度的建构和运作，如何协调传统法律文化与现代法治的关系，正是今天我国需要积极面对的法制本土化课题，尤其是我国的民族区域自治问题，在传承少数民族习惯、保持传统与现代法律制度的协调发展方面，具有重要的作用。

第三，苏联社会主义国家的法律文化。我国的政治体制和基本经济制度以及意识形态属于社会主义体系，社会主义法律文化对我国当代法律文化的影响主要体现在政治体制和司法体制方面，20 世纪 50 年代，苏联社会主义国家的某些制度也对我国当时的法制建设产生过直接的影响。然而，今天这种法律文化的影响在微观的法律制度、程序和技术等方面已经相对较弱，并已经融入当代中国法律文化的整体之中。

第四，西方现代法律文化。从清末变法到当代中国的法治进程，西方法律文化通过法律现代化进程对中国发生着深刻的影响，从法律概念和用语，到基本的技术、原理、原则、规则、制度、程序，乃至法治理念和思想体系，无不体现着西方法律文化的影响。这种文化曾成为中国当代法学的主流。在这种背景下，在立法、制度建构和改革中，如何适合中国国情和需要，选择有现实可行性和效益的西方法律制度加以借鉴或移植，就成为法学研究的重要课题。

3. 当代中国法律文化具有典型的混合法特征。其中由社会主义国家主导建立的以马克思主义、毛泽东思想、邓小平理论、三个代表、科学发展观、习近平新时代中国特色社会主义思想为指导思想的主流法律文化，不仅体现在宪法和所有法律中，也是执法活动的基本准则。然而，在具体的制度建构和司法实践中，西方法律文化和传统法律文化的作用也不可低估。各种法律文化因素相互融合，形成我国现有的以成文法为中心的规范性法律文件体系，以简易、便利和效益为特征的司法模式，以及特有的法律职业群体和社会主义法治理念。

此外，目前我国的现代法律制度和法律文化本身仍然处在建构、改革和发展过程中，应该说，其最终的模式和形态尚未完全定型。

在法系的划分上，由于标准不同，法学界对我国当代法律体系的划分结果也各不相同，例如：(1) 根据政治体制、经济制度和意识形态，可以被划归社会主义法系；(2) 根据发展或现代化程度，可以被纳入发展中国家法律体系之列；(3) 根据法律的形式特征，比较接近于大陆成文法体系；(4) 就实际情况而言，我国法律体系兼容了大陆法与普通法制度要素，加上现代西方法律机制与本土化传统同时存在，而且，政治体制、经济体制、社会文化传统以及法律职业、法律环境等多方面的特殊因素综合作用，使我国的法律体系具有典型的混合法特征，一般称为“中国特色社会主义法系”。因此，在判断我国的法系归属时，各种共同性和特殊性的因素均应加以重视，而不宜简单地强调某一标准及划分结果。

4. 法律是立法机关制定或认可的具有强制约束力的社会规范，道德是在长期社会生活中形成的关于善恶美丑的判断标准和行为规范。在法学理论上，关于法律与道德的关系，自然法学派认为法与道德有密切关系，法律应当以道德为基础，而法律实证主义则认为法律与道德是分离的，两者之间并不存在必然联系。从规范内容的角度看，法律对人的要求相对较低，即人的行为不应伤害他人与社会；而道德的要求比较高，不仅要求人的行为无害于他人，更要追求对他人和社会有益，因此会有“法律是最低限度的道德”之说。

第二十七章　法律意识

知识逻辑图

- 法律意识
  - 法律意识概述
    - 概念和特征
      - 法律意识具备社会意识的一般特征
        - 第一，被社会决定并反作用于社会
        - 第二，与其他社会意识相互作用和影响
        - 第三，有历史继承性
        - 第四，某种程度上可以落后或超越社会存在
      - 法律意识有其特殊性
        - 客体是法律现象
        - 作用方式和范围有特殊性
        - 内容和结构方面有特殊性
    - 法律意识与法和法律制度的关系
      - 法律意识和法的关系
      - 法律意识和法律制度的关系
    - 分类
      - 占统治地位和不占统治地位
      - 法律心理和思想体系
      - 社会、群体和个人法律意识
      - 职业和群众法律意识
    - 中国特色社会主义法律意识的特点和培养方法
  - 法律意识的作用
    - 法律意识在法的形成中的作用
      - 认识客观需要
      - 转化法律规范
    - 法律意识在法的实施中的作用
      - 指导法的适用
      - 指导执法、守法
    - 法律意识的思想影响作用
    - 法治思维
      - 规则思维
      - 平等思维
      - 权力受制约思维
      - 程序思维
  - 中国特色社会主义法律意识的培养与教育
    - 宣传马克思主义法律观
    - 批判封建主义、资本主义
    - 专业法律教育
    - 全民普法

名词解释与概念比较

1. 法律意识和法律心理
2. 群体法律意识和个人法律意识
3. 职业法律意识

选择题

（一）单项选择题

1. 下列哪一个选项不属于法律意识的范畴？（　　）（考研）

A. 立法机关对法律所作出的修订

B. 法学家的理论

C. 小李对法律的感觉

D. “法盲”对法律的认识和评价

2. 下列哪项不是从意识的主体出发对法律意识进行的分类？(　　)

A. 个人法律意识　　B. 群体法律意识

C. 律师法律意识　　D. 社会法律意识

3. 下列有关法律意识的表述不正确的是（　　）。

A. 法律意识归根到底是由一定社会的物质生活条件决定的

B. 法律意识可能相对落后或超前于社会存在

C. 法律意识是统治阶级的政治意识

D. 法律意识是立法的思想和心理基础

4. 下列关于法律意识的表述，能够成立的是（　　）。

A. 占统治地位的法律意识必须通过法律制度和法律调整才能发挥作用

B. 法律意识是法律文化的重要组成部分，是一种特殊的社会意识

C. 根据专门化和职业化的不同，可以将法律意识分为职业法律意识和法律思想

D. 法律意识是社会主体对法律现象作出的客观价值判断

5. 依据人的认知阶段的不同，可以将法律意识分为（　　）。(考研)

A. 占统治地位的法律意识与不占统治地位的法律意识

B. 群体法律意识与社会法律意识

C. 法律心理与法律思想体系

D. 职业法律意识与非职业法律意识

(二) 多项选择题

1. 下列哪些属于法律意识的范畴？(　　)

A. 律师对法条的认识

B. 法学家的理论

C. 法官在判案时对法律的认识

D. 法律规定平等原则

2. 下列何种表述属于法律意识的范畴？（　　）(司考)

A. 郭某感觉到中国法官的腐败行为越来越少了

B. 贾某因卡式炉爆炸而毁容，向法院起诉，要求饭店支付50万元精神损害赔偿金

C. 梅某认为偷几本书不构成盗窃罪

D. 进城务工的农民周某拿不到用人单位报酬，自认倒霉

3. 下列关于法律意识的表述，能够成立的有（　　）。(考研)

A. 法律意识无法通过教育形成

B. 法律意识是法律文化的组成部分

C. 法律意识制约着法律实践活动

D. 法律意识的高级形态是法律心理

简答题

1. 从法律意识与法律职业的关系的角度，简述社会主义法治理念教育的重要性。(司考)

2. 联系我国实际，论法律意识的培养和提高对我国法治建设的影响。

3. 简单评述“一个人只有具备了一定的法律理论知识，才具有法律意识”。

4. 简述中国特色社会主义法律意识的特点。

5. 简述法律意识与法律制度的关系。

材料分析题

材料一：

龚某是一名犯罪嫌疑人，其胸前挂着70厘米长、50厘米宽的木牌，1斤多重，上面白底黑字写着“犯罪嫌疑人龚某”，其他被示众者亦如此。某日，在湖南某公司足球场上，武警荷枪实弹，约六千名娄底人正被组织围观一场特别的审判——公审公判。娄底市综治办主任说：“这里太复杂了，不这么搞，不能起到震慑作用。”与基层执政者对“公审公判”的热衷不同，不管是国家司法机关高层、法学界还是具体法律规定，都对这类“羞辱刑”一直持否定态度。

材料二：

“廉洁自律保健操”由《羊城晚报》2010年7月19日的一篇文章曝光。据介绍，“廉洁自律保健操”是由广东省委党校与惠州市纪委、龙门县委合作开发的廉政教育新方式，它以一些警示性问题提醒领导干部权衡得失，进行自我心灵对话。“面对10万元的贿款，你可能毫不犹豫地拒绝，那100万元甚至1 000万元

呢”；“面对牢狱的煎熬，你目前的身体状况能否抵挡得住”。广东省龙门县一千一百多名各级领导干部现场练习“廉洁自律保健操”，以自问自答的方式回答心灵的拷问，期待以此方式在思想源头上做好自我防腐的准备。一名龙门县官员接受采访时称，此举“对心灵还是有一定的触动”。

问题：运用法律意识相关知识评析材料中的行为。

论述题与深度思考题

1.“法律必须被信仰，否则它将形同虚设”。谈一谈对该法律名言的理解。

2. 近年来，全国每年发生交通事故 40 多万起，近 10 万人死亡。司机的酒驾、超载和超速驾驶，行人无视红绿灯的“中国式过马路”等行为都是导致交通事故发生的重要原因。

西方思想家曾言，最重要的法律，既不是刻在大理石上，也不是刻在铜表上，而是铭刻在公民的心中。

请根据上述材料，谈谈良好的法律意识对法治的意义以及培养法律意识的措施。(考研)

3. 联系我国实际，论法律意识的培养和提高对我国法治建设的影响。(考研)

参考答案

名词解释与概念比较

1. 法律意识是人们关于法律现象的思想、观点、知识和心理的总称，是社会意识的一种特殊形式，是法律现实的一个特殊组成部分。特点在于，它是人们关于法律现象的意识，它包括人们对法、法律现象的本质和作用的理论观点，对各种法律规范和行为从法律角度进行的理解、感觉、评价，以及人们的法律知识、愿望、情绪等。法律心理是人们对法律现象认识的感性阶段，它直接与人们日常的法律生活相联系，是人们对法律现象的表面的、直观的、自发的反映。

2. 群体法律意识是指家庭、集体、团体、阶级、阶层、民族、政党等不同的社会集合体对法律现象的意识。群体法律意识是群体内个人法律意识以及和其他群体法律意识相互作用的结果，个人法律意识总要受到他所从属的群体法律意识的影响，而群体法律意识也不可能脱离群体内的个人的法律意识，它的形成和发展总要从个人法律意识中吸取积极的、有益的成分。个人法律意识是指具体的自然人对法律现象的思想、看法和意见，它是个人独特的社会地位和社会经历的反映。个人有关法律问题的实践以及个人所接触的社会环境和对法律现象的看法，对个人法律意识的形成都有直接的作用。

3. 职业法律意识是法官、检察官、律师、法学研究与教学人员等专门法律工作者的法律意识。法律职业是在法律产生以后随着法律材料的积累以及法律工作的复杂化和专门化，随着社会分工的发展而出现的。法律职业是在法律工作的程序和知识已经相当复杂，普通人如果没有受过专门的法律训练已经不可能胜任法律工作，并且法律工作已经为一个专门从事这一工作的阶层——职业法律家——所垄断时才产生的。职业法律意识无论在量上还是在质上与普通人的法律意识（群众法律意识）相比都有许多不同，它积累了职业法律家的法律实践经验，包含着大量的从事法律工作的专门知识和技巧。

选择题

（一）单项选择题

1. 答案：A

解析：本题考查法律意识的要素。法律意识是人们关于整个法律现象的观点、感觉、态度、信念和思想的总称。它由五个要素组成：(1) 法律观点，即人们对于法律现象进行认识的主观看法、评价（故不选择 D 项)；(2) 法律感觉，即人们对法律现象基于感性认识而产生的知觉（故不选择 C 项)；(3) 法律态度，即人们对法律现象所持的心理倾向；(4) 法律信念，即人们对法律现象基于某种价值观而产生的较稳定持有的心理确信；(5) 法律思想，即人们对法律现象的理性认识（故不选择 B 项)。而立法机关对法律所作出的修订属于立法活动，不属于法律意识。

2. 答案：C

解析：根据意识主体的不同可以将法律意识划分为个人法律意识、群体法律意识和社会法律意识。律师法律意识是按照是否从事法律职业为依据而划分的。

3. 答案：C

解析：根据不同主体在社会政治生活中的地位不同，可以将法律意识分为占统治地位的法律意识和不占统治地位的法律意识。故C项表述错误。

4. 答案：B

解析：法律意识是人们关于整个法律现象的观点、感受、态度、信念和思想的总称，故D项表述错误。根据是否从事法律职业，可以分为职业法律意识和非职业法律意识，而法律意识在结构上可以分为法律心理和法律思想，所以职业法律意识和法律思想属于不同的范畴，C项表述错误。占统治地位的法律意识发挥作用的方式有多种，主要但不限于通过法律制度和法律调整的方式。

5. 答案：C

解析：法律意识是社会意识的一种特殊形式，泛指人们对法律，特别是对本国现行法律的思想、观点、心理或态度等的总称。法律意识是一个复合体，可以按照不同的标准进行分类。根据意识主体的不同分为个人法律意识、群体法律意识和社会法律意识；根据法律意识的专业化、职业化程度不同可分为职业法律意识和非职业法律意识；根据人的认识阶段不同可分为法律心理和法律思想体系；根据法律意识的社会政治属性不同可分为占统治地位的法律意识和不占统治地位的法律意识。故本题选C。

（二）多项选择题

1. 答案：ABC

解析：律师对法条的认识和法官对法律的认识（虽然判案时的认识会有外在的拘束力）属于法律观点，法学家的理论则属于法律思想。故选A、B、C。

2. 答案：ACD

解析：贾某因卡式炉爆炸而毁容，向法院起诉，要求饭店支付50万元精神损害赔偿金，已经不是法律意识层面的问题，而是法律实践层面的问题，故B项不应选。

3. 答案：BC

解析：法律意识是社会意识的一种特殊形式，泛指人们对法律，特别是对本国现行法律的思想、观念、心理或态度的总称。法律意识并非一成不变的，是可以通过教育形成的，故A项错误。法律意识是法律文化的重要组成部分，而且在法律文化观念中，法律意识居于主导地位，故B项正确。法律意识是社会主体在法律实践活动中所形成的主观体验和认识在意识中的反映，是对法律现象本身的价值所作出的主观判断。故法律意识在很大程度上制约和影响着法律实践活动，故C项正确。从认知阶段来看，法律意识可以分为低级阶段的法律心理和高级阶段的法律思想体系，故D项错误。

简答题

1. （1）法律意识是社会意识的一种特殊形式，在法律职业中起着重要的作用。法律职业者的法律意识水平的高低决定着他们对法律精神实质的理解程度，并直接关系到他们处理案件的正确、合理与否。法律职业者的法律意识水平的提高依赖于社会主义法律意识的培养。

（2）社会主义法治理念是符合广大人民群众利益和需要的法治理念，是先进的法治理念。对法律职业人员进行社会主义法治理念教育是加强法律职业人员思想政治建设的一项战略举措，意义重大而深远。开展社会主义法治理念教育是适应新时期司法、执法工作新形势、新任务的客观需要，是确保司法、执法工作社会主义方向的客观需要。

（3）社会主义法治理念教育可以培养和提升法律职业人员的社会主义法律意识，保证他们正确地、合理地处理法律问题。社会主义法治理念教育可以进一步端正司法、执法理念，进一步增强司法、执法能力，进一步规范司法、执法行为，进一步明确改革方向，进一步加强职业队伍建设。

（4）社会主义法治理念教育可以进一步提高人民群众对司法、执法工作和法律职业人员的满意度，推进社会主义和谐社会建设。

2. 法律意识是社会意识的一种特殊形式，泛指人们对法律特别是本国现行法律的思想、观点、心理、知识或态度的总称。法律意识的培养和提高对我国法治建设有重要的影响：

第一，就法律意识与法治的关系而言，培养和提高全民的法律意识是建设法治国家的必然要求。（就此论断进行正确论述）

第二，在法的制定中，法律意识起着认识社会发展的客观需要的作用。（联系我国立法实际进行正确论述）

第三，国家机关及其工作人员法律意识的培养和提高是执法、司法中正确适用法律的思想保证。（联系

我国执法实际进行正确论述；联系我国司法实际进行正确论述；联系我国法律监督实际进行正确论述）

第四，法律意识的培养和提高是全社会成员遵守法律的重要思想保证。（联系我国守法实际进行正确论述）

第五，法律意识是法律文化的基本构成要素，而社会成员的较高的法律文化素养是法治国家的条件之一。（对此论断进行正确论述）

3. 这句话的判断是不准确的。因为一个人即使不具备法律理论知识，也可能具有法律意识。所谓“法律意识”，是社会意识的一种特殊形式。它是人们关于法律现象的观点、思想、心理和知识的总称。它包括人们对法的本质和作用的看法，对法律现象的理解和态度，对社会成员的法律权利和义务的看法，以及对人们的行为是否合法的评价等；还包括人们法律知识的多少和法律水平的高低。而法律理论知识是对法律现象理性化、系统化的思想观点，需要经过专门的职业训练才能获得。可见，法律意识是一个外延比法律理论知识的外延大得多的概念，一个没有经过专业训练、不具备法律理论知识的普通公民完全可以拥有自己的法律意识。这一点也可以从对法律意识的层次划分看出。从人们对法律现象认识的阶段来看，法律意识可以分为法律心理和法律思想体系两部分。法律心理是法律意识中的感性阶段或低级阶段，是人们关于法律现象不系统的自发形成的感觉和情绪，不需要以法律理论知识为基础；法律思想体系是法律意识的理性阶段或高级阶段，是人们关于法律现象系统化、理论化的思想观点，必然需要在具备一定法律理论知识的基础上才能形成。

4. 第一，中国特色社会主义法律意识有自己的形成特点。它是中国共产党领导广大人民群众在把马克思主义原理运用于社会主义建设的过程中逐步形成的，是社会主义意识形态的重要组成部分。在剥削阶级社会，社会主义法律意识与占统治地位的剥削阶级的法律意识相对立，是无产阶级进行斗争的思想武器。社会主义政权建立后，社会主义法律意识成为占统治地位的法律意识，并且在社会主义初级阶段的法律及法律制度中得到充分反映。

第二，社会主义初级阶段经济制度决定了社会主义法律意识的特点。社会主义初级阶段经济制度是以生产资料公有制为主体，多种所有制共同发展的社会主义市场经济，在客观上要求有与之相适应的社会主义市场经济法律观。因此，中国特色社会主义法律意识也就必然具有维护社会主义市场经济秩序，鼓励合法经营、依法办事，反剥削、反特权、保障社会主义的公平正义等特点。

第三，中国特色社会主义政治制度也是社会主义法律意识赖以发展和完善的基础。中国特色社会主义政治制度具有真正的民主性质，在客观上要求将社会主义民主制度化、法律化，将民主建设纳入法治的轨道。因此，中国特色社会主义法律意识也就必然具有人民当家做主、依法治国、保障人民的民主权利和自由、主张法律面前人人平等、强调权利和义务相一致等特点。

第四，中国特色社会主义法律意识的特点还在于它的深刻的道义基础。人类历史上曾有许多思想家多年来一直谋求实现公平、正义、平等、法治等原则，但只有中国特色社会主义法律意识，才真正在马克思主义、列宁主义、毛泽东思想、邓小平理论、“三个代表”重要思想、科学发展观和习近平新时代中国特色社会主义思想的基础上，在建设社会主义和谐社会的实践中，将上述原则真正作为指导思想和价值标准。

第五，中国特色社会主义法律意识是衡量我国法律文化水平的重要标志。法律意识的状况决定着社会大众对法律的理解和了解程度，对严格执法和遵纪守法的要求程度，对发展法律和法制的必要性的理解程度。从这个意义上说，法律文化首先是法律意识，是同对法的理解、评价、信仰以及法律知识水平相联系的。群众法律意识、职业法律意识以及法律学说的水平、法律教育的程度和范围，都是衡量我国法律文化水平的重要标志。我们只有大力提高全体人民的法律文化素质，才能与社会主义现代化建设和社会主义民主法制建设进程相适应。

第六，中国特色社会主义法律意识的特点表现在它的科学发展观和进步性方面。社会主义法律意识的科学性和阶级性是一致的。中国特色社会主义法律意识是建立在对社会发展规律的科学认识基础之上的，它既能够适应社会发展的客观需要，也符合工人阶级和广大人民的共同利益。

第七，中国特色社会主义法律意识的特点还集中反映在社会主义法治理念中。我国社会主义法治理念的基本内涵可以概括为：依法治国、执法为民、公平正义、服务大局、党的领导五个方面。依法治国的核心就是要确立和实现以宪法和法律为治理国家的最具权威的价值取向；执法为民是社会主义法治的本质要求，是社会主义人民民主制度的体现；公平正义是社会主义法治的价值追求；服务大局是社会主义法治的重要使命和必然要求；党的领导是社会主义法治的根本保证。我国社会主义法治理念是先进的法治理念，是中国特色社会主义法律意识的集中反映，是真正符合广大人民群众利益和需要的法治理念。

5. 法律意识与构成一国政治上层建筑的法律制度存在密切的联系。

首先，法律制度和法律意识作为法律上层建筑的有机组成部分受到共同的经济基础的制约。经济基础的决定作用表现在经济基础决定着法律上层建筑的性质和发展变化；当根据法律意识建立的法律制度不符合社会经济基础的需要时，它就会成为社会发展的桎梏，或迟或早要被适合经济基础的法律制度代替。

其次，法律制度是根据法律意识建立的。法律意识的形成是法的形成的前提条件。而法律制度形成之后又对法律意识起着积极的作用。当然强调法律制度是根据法律意识建立的，并不否认法律制度归根到底依赖于经济基础，而是要表明包括法律制度在内的上层建筑现象区别于经济基础的重要特征，就在于它是根据人的意识建立的，而经济基础则是不以人的主观意识为转移的。因此，把这两类关系混淆起来，认为法律制度像经济基础一样都是不以人的意志为转移的，否认法律制度是根据法律意识建立的，或者因为法律制度是根据法律意识建立的而否定它们归根到底是由经济基础决定的，这两种观点都不正确。

最后，法律意识是一国法律制度的有机组成部分。法律制度是由现行法、法律实践和法律意识构成的。一个国家占统治地位的法律意识不仅仅属于独立于法律制度而存在的思想上层建筑领域，而且体现在现行法和渗透到法律调整中，在法的创制和法的实施过程中，都不可能离开法律意识的作用。所以，法律意识是法律制度的有机组成部分。

材料分析题

答案要点：

虽然有些地方的基层执政机关热衷或者纵容某些形式的“羞辱刑”的存在，但是国家司法机关高层、法学界以及我国法律具体规定，都对这类“羞辱刑”一直持否定态度。这些做法是对公民权利的漠视。早在1988年，最高人民法院、最高人民检察院和公安部就规定，司法机关对死刑罪犯、其他已决犯、未决犯、一切违法的人，一律不准游街示众，如再出现这类现象，必须坚决纠正并追究有关领导人员的责任。2003年，最高人民法院《关于推行十项制度切实防止产生新的超期羁押的通知》第7条规定：“人民法院依法作出判决后，应当按照法律规定及时公开宣判并送达执行通知书，不得为了营造声势而延期宣判和执行。”“羞辱刑”是对犯罪嫌疑人的人格权的侵犯，同时也违背了“未经法院判决不得先行定罪”的司法准则，更是法律意识缺失的表现。

“廉洁自律保健操”是对国家机关工作人员法律意识培养一种行之有效的方式。这项活动的持续开展将会逐步提高国家机关工作人员法律意识水平，形成良好的社会风气，对于正确执法和法治社会的构建起到积极的推动作用。

作为法律执行者的法官，其法律意识对其执法活动中所实施的行为起着调节的作用，使其在完善法律意识的过程中，忠实地执行法律，将自己的意志有机地同法律规范结合起来，同时视法律意志为最高意志。维护法律的尊严，既是维护公平、正义，也是法官职业上的道德要求。如果不考虑内容的公正，现今每一项法律都以其纯粹存在而实现着道德上的目的。在此目的中它给彼此冲突的法律观设置了一种结局，即制造了法律安全。法官应该看到这一点。法律秩序的存在较之于它的公正更为重要。公正是法律的双重重要使命，但首先是法律安全，即安宁。这种要求对于职业法官来说，可能与公众法律意识中所存的概念是不一样的。特别是在目前我国公众法律意识仍有提高空间的情况下，冲突可能避免不了，但同时可以肯定地说，这种要求是必要的、至关重要的。法官职业素质中，公平、正义是核心，而围绕这一核心，法官应该有正确的、符合实际情况要求的法律意识，也只有法律意识清楚、明确，才能实现判决的公正，也才能赢得公众的认同，最终达到法官职业活动的理想境界。

论述题与深度思考题

1. 信仰是指人类对某种事物的极度信任和崇拜，

并把该事物作为整个人类运转的最高指南。亦就是说，信仰的主体是人类，信仰是人类所特有的一种情感，且在人的心中，该种事物比生命还要重要，并认为只有该种事物才能实现人类的最终价值。法律信仰是根源于人类对人性和社会生活的科学分析和理性选择，进而所形成的对社会法的现象的信任感和依归感，以及对法的现象的神圣感情和愿意为法而献身的崇高境界。法律信仰就是指人类在科学、理性地分析、选择后，对法律产生了极度信任和崇拜，坚信只有法律才能保护和实现人类的最高价值，并把法律作为整个人类社会运转的最高指南。

在我国，导致法律不能被信仰的原因有：(1) 由于受到历史上陈旧思想的影响和传统文化的影响，因而公民法律意识存在缺失。(2) 法律自身局限的存在，也影响法律功能的发挥，导致法律不能被信仰。(3) 市场经济不完善导致法律信仰缺乏充分的社会环境。

因此，以下方面有待加强：

(1) 完善我国法律体系，体现法律之功能。人们只可能对一个足以保护自己的权利和能为人们心理所接受的良法产生信仰。所以法律自身的好坏对于公民是否会对法律产生这种信仰起到至关重要的作用。作为立法机关就应该使制定的法律具有公正性、权威性、稳定性。因此，完善法律体系，体现法律的各方面功能，是树立法律信仰的基础。

(2) 树立法律至上的地位，巩固法律信仰的生成。虽然宪法信仰并不同于宪法权威，但是两者却有着相辅相成、相互促进的关系。如果一个国家的法律获得了至上、权威的地位，那么就更容易激发生成法律信仰，反之，则很难培养法律信仰的观念。在法治社会中，法律应是整个社会运转的最终指南。法制化的过程就是法律被崇拜、信仰的过程，也是树立法律权威的过程。因此，法律若要被人们信仰，就必须具有权威性，否则，信仰只能是无水之源。美国法学家塞尔慈尼克认为：“强制不是法的内在组成部分，而只是法的外在支持条件之一；不应把强制作为法律现象的基准，法的概念的核心是权威。”

(3) 增强公民的法律意识，尤其是增强权利意识，充分发挥法律的价值作用。法律意识（特别是权利意识）与法律信仰之间存在一种相互作用的关系，法律意识的增强将促进人们对法的功能和价值的认同，有利于人们法律信仰的生成。如果缺乏这种法律意识，法律所规定的权利只能是纸上谈兵，不可能得以实现。经过多年的普法宣传、教育工作，公民的法律意识有明显的提高，但也存在不少问题，比如重点强调公民的懂法守法义务，却忽略了法律面前人人平等的权利观念，所以普法教育在促进公民法律意识的培养方面还需进一步努力。只有让社会公众实实在在地体会到法律的功能和价值，并加强权利本位的宣传，才能树立起公众对法律的普遍信仰。

(4) 加强执法机关和工作人员的守法观念。其身正，不令而行；其身不正，虽令不从。执法机关和其工作人员的守法程度直接关系着法律信仰生成的成败。一国公民对该国法律的认识不仅仅取决于法律的内容，更主要取决于该法律的运行状态和执法机关运用法律时的态度。换而言之，司法是否公正、执法机关和工作人员守法观念的程度决定了法律是否将被信仰。如果对于大多数公民来讲，法律只是字和纸的堆积物的话，试问谁又会去信仰这个没有实际意义的法律呢？一次不公正的裁判，其恶果甚至超过十次犯罪，因为犯罪虽是无视法律——好比污染了水流，而不公正的审判则破坏法律——好比污染了水源。毋庸讳言，如果执法机关及其工作人员没有守法观念，或者说守法观念薄弱，将导致公民对法律的不信任，乃至产生对法律的藐视，法律将不可能被信仰。

(5) 坚持长期的法制宣传、教育。要使公民对法律产生信仰，其前提条件是公民对法律有足够的认识。只有坚持长期的法制宣传、教育，才能加强公民对法律的认识。

(6) 完善社会主义市场经济的各项体制。法律信仰是法治社会发展的必然趋势，而法治社会是社会主义市场经济的产物。也就是说，社会主义市场经济的发展和稳定是法律信仰发展的基石。市场经济本来就是法治经济，因为市场经济所追求的就是一种合法的取利思想。市场经济的基本运行模式就是公平、自由的竞争，而只有法律的调控才能满足这一条件，才能促进市场经济的发展。只有法律发挥了这一功能，普通公众才会对法律产生一种新认知，即对法律产生高度的认可，认识到法律可以保护自己的基本生活，而不是妨碍到自己的生活，从而激发公众的法律信仰意识。

[参见曾瑜：《浅析公民的法律信仰与法律意识的培养》，载《人民论坛》，2010 (1)。]

2. 法律意识是人们关于法律现象的思想、观点、知识和心理的总称，是社会意识的一种特殊形式，是法律现实的一个特殊组成部分。法律意识的特点在于，它是人们关于法律现象的意识，它包括人们对法、法律现象的本质和作用的理论观点，对各种法律规范和人的行为从法律角度进行的理解、感觉、评价，以及人们的法律知识、愿望、情绪等。

法律意识对法治的作用：

（1）法律意识在法的形成中的作用。法律意识是法的创制的前提条件之一。在法的形成过程中，法律意识起着认识社会发展的客观需要的作用。一个国家的法的形成、法律制度的完善，归根到底取决于该国经济和社会发展的客观需要，任何立法者都不能不顾客观条件而任意创制法律规范，有正确的法律意识，是认识客观需要并使客观需要转化为法律规范的重要条件。（2）法律意识在法的实施中的作用。首先，法律意识对于正确适用社会主义法起着重要作用。法律意识在国家机关及其工作人员将法律规范运用到具体问题、具体案件的活动即法的适用中，起着重要作用。其次，法律意识在公民、社会组织遵守和执行法律规范的过程中也起着重要作用。并不是所有实施法律的行为都必须经过国家机关的参与，大量的法律行为是由社会主体自行实施的（如签订合同、履行合同、赡养老人、劳动保护等）。（3）法律意识独立的思想引领作用。一个阶级是社会上占统治地位的物质力量，同时也是社会上占统治地位的精神力量。支配着物质生产资料的阶级，同时也支配着精神生产的资料，因此，那些没有精神生产资料的人的思想，一般地是受统治阶级支配的产物。法律意识独立的思想影响作用表现在，能够培养全社会对法律需要的认识和守法观念，在促进全社会思想道德观念、价值观念向法律观念的转型过程中发挥重要的意识形态作用。（4）法治思维。法治思维是指按照法治的逻辑来观察、分析和解决社会问题的思维方式，它是将法律规定、法律知识、法治理念付诸实施的认识过程。只有有效整合各方利益、化解各种冲突，才能为社会和谐、稳定奠定坚实基础。因此，习近平总书记要求：凡属重大改革都要于法有据。在整个改革过程中，要高度重视运用法治思维和法治方式，发挥法治的引领和推动作用。

培养法律意识的措施：

（1）中国特色社会主义法律意识的培养。培养中国特色社会主义法律意识和法治观念在我国法治建设中是一个极其重要的内容，是成功建设社会主义法治国家的必不可少的重要条件之一。中国特色社会主义社会所要求的法律意识、法治理念，是不可能自发地形成和发展的，必须进行有意识的培养才能形成。（2）培养社会主义法律意识必须批判封建主义、资本主义的法律意识。法律意识的鲜明的意识形态性，要求在培养中国特色社会主义法律意识的同时，必须批判封建主义、资本主义的法律意识以及其他种种错误的法律观点。（3）专业法律教育。专业法律教育是指通过正规的法律院校培养法律专业人才（包括法官、检察官、律师、公证员等），建立全国统一的法律职业资格考试制度、专业法律人员职业资格证书制度和相应的教育培训制度。重视法学教育，开展法学研究，是培养社会主义法律意识的必要条件。（4）全面普法。普法和守法教育是指在广大干部和群众中普及法律常识，培养社会主义法律意识的教育培训制度。全民守法是法治社会的基础工程。如果说宣传马克思主义法律观、价值观是培养社会主义法律意识在质的方面的要求，那么，在广大干部和群众中普及法律常识则是培养社会主义法律意识在量的方面的要求。这两方面是紧密联系、不可分割的。法律知识是法律价值观的基础，法律价值观是法律意识中最核心的部分。

3. 法律意识是社会意识的一种特殊形式，泛指人们对法律，特别是对本国现行法律的思想、观点、心理、知识或态度的总称。法律意识是法律文化的重要组成部分，是人们关于法律思想、观念、知识、心理的总称，包括对法的本质作用的看法，对现行法律的评价和态度，以及对人们行为的法律评价等。法律意识的培养和提高对加快我国法治建设、贯彻依法治国方略具有重要的影响。

第一，就法律意识与法治的关系而言，培养和提高全民的法律意识是建设法治国家的必然要求。在我国，公民意识提高的过程也是实现法治国家的过程。第二，在法的制定中，法律意识起着认识社会发展的客观需要的作用。法治的前提和精义是良法之治，而良法的制定归根结底取决于包括立法者在内的社会群体拥有的理性的法律意识。第三，国家机关及其工作人员法律意识的培养和提高是执法和司法中正确适用法律的思想保证。现实生活中“权大于法”“以言代法”等现象仍存在，与执法人员和司法人员法律意识有待进一步提高有极为密切的关系。第四，法律意识的培养和提高是全社会成员遵守法律的重要思想保证。法律得到社会成员的普遍遵守是法治的基本精神。社会成员良好法律意识之下的自觉行动有助于守法状态的实现。第五，法律意识是法律文化的基本构成要素，而社会成员较高的法律文化素养是法治国家的条件之一。人们法律意识的提高，将促进传统的义务本位法律文化向新型的权利本位法律文化转型，加快建设社会主义法治国家的步伐。

第二十八章　中国古代法律思想

知识逻辑图

- 中国古代法律思想
  - 古代法律思想概述
    - 儒家
      - 礼治：礼具有根本制度、精神理念的地位
      - 德治：德主刑辅、仁政、明德慎罚
      - 人治：贤人政治
    - 法家
      - 对礼治：“不法古”、一断于法
      - 对德治：重刑、性恶论
      - 对人治：法、术、势相结合；君主专制
    - 道家
      - 道法自然：反对人定法，反对德、礼
      - 无为而治：还民以自由；反对有为政治
    - 墨家
      - 兼爱：利民、尚贤、非攻、节约等
      - 尚同：统一思想
  - 社会治理与古代法律思想
    - 礼治和法治：制度层面；强调人定法背后的礼、道、天志等
    - 德治和法治：德法地位；强调法律的道德性、平等、尚同等
    - 人治和法治：个人与制度；仁政、利民、君主守法等
    - 无为与有为：合理界定干预；合理评价法律限度；人与自然
    - 当代社会对上述思想要博采众长，为我所用

名词解释与概念比较

1. 礼治
2. 德治
3. 法治
4. 无为而治
5. 尚同
6. “春秋决狱”

选择题

（一）单项选择题

1. 中国古代的法律文化是以（　　）法律思想为核心的文化系统。

A. 儒家　　B. 法家

C. 墨家　　D. 道家

2. 下列说法不属于法家思想主张的是（　　）。

A. 不法古，不修今　　B. 法古无过，循礼无邪

C. 刑无等级　　D. 法不阿贵

3. 西汉初年，有甲、乙二人因琐事发生争斗，乙用棍棒打甲，甲之子丙慌忙投掷石块攻击乙，却误伤其父。有人认为丙以石头击打其父，属于儿子殴打父亲的情况，应当斩首。董仲舒引用《春秋》事例，主张“论心定罪”，认为丙“非律所谓殴父，不当坐”。关于此案的下列哪种评论是错误的？（　　）（司考）

A. “论心定罪”是儒家思想在刑事司法领域的运用

B. 以《春秋》经义决狱的主张旨在建立一种司法原则

C. “论心定罪”仅为一家之言，历史上不曾被采用

D. “论心定罪”有可能导致官吏审判案件的随意性

4. 荀子曰：“法不能独立，类不能自行，得其人则存，失其人则亡。”荀子的说法说明（　　）。

A. 文化等社会因素对法律的作用发挥着非常大的影响

B. 人的认识水平会限制法律作用的发挥

C. 法律不是调整社会关系的唯一手段

D. 法律涉及人的外部行为，不涉及人的思想

5. 下列针对我国唐朝法律的规定，表述不正确的是（　　）。

A. “诸断罪而无正条，其应出罪者，则举重以明轻；其应入罪者，则举轻以明重”是类推原则的适用

B. “诸化外人，同类相犯，各依本俗法；异类相犯，以法律论”是调整涉外法律关系的规定

C. “凡是家人之间互盗者，或监守自盗，加重罪处罚”是惩罚盗窃罪的“受所监临”制度

D. “手足殴伤人限十日，以他物殴伤人者二十日，以刃及汤火伤人者三十日，折跌肢体及破骨者五十日”是关于保辜制度的规定

6. 中国传统法律思想是社会主义法治理念的文化资源，其内涵十分丰富。以下思想不属于中国传统法律思想的是（　　）。

A. 公正执法　　B. 民为邦本

C. 法律至上　　D. 以法治国

（二）多项选择题

1.《吕氏春秋·慎势》载：“慎子曰：今一兔走，百人逐之，非一兔足为百人分也，由（分）未定。由（分）未定，尧且屈力，而况众人乎？积兔满市，行者不顾，非不欲兔也，分已定矣。分已定，人虽鄙，不争。故治天下及国，在乎定分而已。”下列哪些说法是正确的？（　　）

A. 这种观点认为，法律起源于定分止争

B. 这种观点侧重从法律的自由价值探讨问题

C. 这种观点看到了利益因素在法律起源中的巨大作用

D. 这种观点正确地指出了法律的阶级本质

2. 下列有关法律作用、法律观念等问题的表述哪些是正确的？（　　）（司考）

A. “法典是人民自由的圣经”，这说明法律是自由的保障

B. “恶法亦法”观点强调法律的权威来自法律自身，与法律之外的因素无关

C. “徒法不足以自行”，因此法律不是万能的

D. “有治人，无治法”，反映了中国古代“以法治国”的法治观

3. “在中国法的发展历史上，追求‘民族化’显然是一个主线，形成了‘尚古主义’取向的具有保守性格的中华法系。只是到了清末出现一批主张借鉴西方法律制度的学者和政治家如沈家本之后，法的民族化受到部分冲击。西方近代以后两大法系基本形成，两大法系的发达程度之高已被国际公认，其原因不得不归结为法的民族化与国际化的协调一致。”基于这段引文，下列表述正确的是（　　）。（司考）

A. 无论中华法系还是西方的两大法系都包含各自的法律文化

B. 中华法系具有保守性格，追求“民族化”，与其他法系的文化之间没有形成交流与融合

C. 西方的两大法系在历史发展的过程中逐渐实现了与国际化的协调一致，但与中华法系相比，却又失去了“民族化”特色

D. 沈家本是倾向于法律移植的法学家

4. 下列关于中国古代法制思想和法律制度的说法，哪些是正确的？（　　）（司考）

A. “礼法结合”为中国古代法制的基本特征

B. 夏商时代的法律制度明显受到神权观念的影响

C. 西周的“以德配天、明德慎罚”思想到汉代中期以后被儒家发挥成为“德主刑辅、礼刑并用”的策略

D. 清末修律使中华法系“依伦理而轻重其刑”的特点没有受到冲击

5. 关于中国法律制度发展和演进，下列哪些表述是正确的？（　　）（司考）

A. 商鞅“改法为律”扩充了法律内容，强调了法律规范的普遍性

B. 汉武帝顺应历史发展废除肉刑进行刑制改革，为建立封建刑罚制度奠定了重要基础

C. 三国两晋南北朝时期更广泛、更直接地把儒家的伦理规范上升为法律规范，使礼、法更大程度上实现融合

D. 清末变法修律基本上是仿效外国资本主义的法律形式，固守中国的封建法制传统

简答题

1. 如何认识中国古代法律思想的现代意义?
2. 简述“礼”与“刑”的关系。

论述题与深度思考题

试论述中国古代法律思想中的法治资源?

参考答案

名词解释与概念比较

1. 所谓“礼治”，就是君、臣、父、子各有名分，贵贱、上下、尊卑、亲疏都有严格的区别。“礼”在中国古代社会长期存在，是维护宗法血缘关系和宗法等级制度的一系列精神原则以及言行规范的总和。周礼经过不断充实、发展，内容非常庞杂，涉及政治、经济、军事、教育、行政、司法、宗教祭祀、婚姻家庭、伦理道德等各个方面。礼有两层含义：一是抽象的精神原则，可归纳为“亲亲”和“尊尊”两个方面；二是具体的礼仪形式，主要有吉、凶、军、宾、嘉五礼。礼所规定的不少规范，实质上具有法律甚至根本法的性质，是“定亲疏、决嫌疑、别同异、明是非”的依据；具有“经国家、定社稷、序民人、利后嗣”的重大作用。首先，礼完全具有法的基本特征，即规范性、国家意志性和强制性。其次，礼对社会生活的各个方面都有实际的调整作用。

2. 德治是人类社会用道德控制和评价社会成员行为的一种手段，是人治的理想模式。德治要求政府官员勤奋、敬业和具有高尚的人格魅力。周朝时提出“明德慎刑”“为政以德”的治国思想后，经过两汉魏晋南北朝的法律儒家化运动，礼法合流，至唐朝时的《唐律》确定了“德礼为政教之本，刑罚为政教之用”的德治方略，并为以后历代所尊崇。德治一是要求统治者集团以身作则，注意修身和勤政，充分发挥道德感化作用；二是重视对民众的道德教化，“为政以德”，德主刑辅。

3. 法家是产生于战国时期，代表新兴地主阶级利益，主张“以法治国”的学派，是我国古代先秦诸子中最重视法律及其强制作用的一个学派，这个学派主张“法治”、反对礼治，与儒家学派是根本对立的。法家主张用“严刑酷罚”来统治社会，是维护封建统治阶级专制统治的工具，其目的在于维护封建专制统治者的绝对权力。其“法治”主张与现代民主制度中的法治从内涵到外延均存在绝大差别。战国时期法家思想发展大致分为两个阶段：第一阶段从战国初期至战国中期，这一时期的法家可称为前期法家，主要代表人物有李悝、慎到、申不害、商鞅等。第二阶段是战国末期，这一时期的法家可称为后期法家，主要代表人物有韩非和李斯等。在学术上，前期法家代表人物各自主张的重心不同，分为“重势”派（如慎到）、“重术”派（如申不害）、“变法”派（如商鞅）等。后期法家则以韩非为代表，将法、术、势三者结合起来，集法家思想之大成，对后世影响较大。

4. 无为而治，是由老子提出来的，是道家的基本思想，也是其修行的基本方法。老子认为天地万物都是由道化生的，而且天地万物的运动变化也遵循道的规律。老子说：“人法地，地法天，天法道，道法自然。”道的最根本规律就是自然，即自然而然、本然。既然道以自然为本，那么对待事物就应该顺其自然、无为而治，让事物按照自身的必然性自由发展，使其处于符合道的自然状态，不对它横加干涉，不以有为去影响事物的自然进程。无为而治的“无为”，绝不是一无所为，不是什么都不做。无为而治的“无为”是不妄为，不随意而为，不违道而为。相反，对于那种符合道的事情，则必须以有为为之。但所为之为，都应是出自事物之自然，无为之为发自自然、顺乎自然；是自然而为，而不是人为而为。所以这种为不仅不会破坏事物的自然进程和自然秩序，而且有利于事物的自然发展和成长。主张“无为而治”的人士认为统治者的一切作为都会破坏自然秩序，扰乱天下，祸害百姓。作为一种治国策略，它要求统治者无所作为，效法自然，让百姓自由发展。“无为而治”的理论根据是“道”，现实依据是变“乱”为“治”；“无为而治”的主要内容是“为无为”和“无为而无不为”，具体措施是“劝统治者少干涉”和“使民众无知无欲”。

5. 尚同的意思是，上天“选择天下赞阅贤良圣智辩慧之人，立以为天子”，立以为三公、万国诸侯，以至左右将军、大夫和乡里之长，社会成员自下而上尚同于天子之“义”，并且“上有过，规谏之”。社会成员的意愿层层上达，天子及其以下的各级官吏按共同的“义”行事，从而实现“天下治”。并且，天子的行为是否合于天下之义，必须据其是否尚同于天。这就阻断了最高统治者自行又自断其政的可能性。“夫既尚同乎天子，而未尚同乎天者，则天灾将犹未止也。故当若天降寒热不节，雪霜雨露不时，五谷不熟，六畜不遂，疾灾戾疫，飘风苦雨，荐臻而至者，此天之降罚也，将以罚下之人之不尚同乎天者也。”尚同是与尚贤相辅而行的行政管理原则。墨子认为，政令不一，只能导致社会纷乱。尚同与尚贤一样，是“为政之本”。墨子的尚同思想是高度的集权主义，实施自上而下的控制与有效管理。它要求一切统一于上级，从组织系统的领导关系到思想意识，都要绝对地统一于上级，服从上级，绝对不许反其道而行之。墨子认为，上下级关系要贯彻最高层意志，用这样的组织关系，建立起自上而下的绝对领导与有效的逐级管理。人的行为受思想意识支配，没有思想的统一，便不能有行动的一致，墨子主张“一同天下之义”，把天下人的思想统一起来。墨子认为尚同是行政管理之根本，只要为政者对人民“疾爱而使之，致信而持之，富贵以导其前，明罚以率其后”，举措适宜，就一定能统一全国上下的思想，实现民富国治。

6.“春秋决狱”是用儒家的法律观来指导法律的实践。董仲舒是引儒家经义断案的第一人，把儒家经典中所体现的封建伦理运用于审判中，比较集中地概括了两汉的刑罚观点，体现了儒家的法律观，强调“原心定罪”，根据犯罪动机的善恶来定罪，而把行为、效果置于次要。“本其事，原其志”体现了西汉时期封建法制、法律思想的特点。将儒家经义置于法律之上并运用于司法实践之中，这一方面说明随着整个意识形态里独尊儒术，儒家的刑罚思想取得了正统地位；另一方面表现了西汉中期的封建法制不够成熟和完备，还没有将“三纲五常”所体现的封建宗法等级原则一一具体化为法律规范，所以在纲常原则和司法实践间还存在矛盾，必须要以经义决狱来加以调整。

选择题

（一）单项选择题

1. 答案：A

解析：中国古代的法律文化是以儒家法律思想为核心的文化系统。

2. 答案：B

解析：“法古无过，循礼无邪”是在商鞅主持秦国变法时，贵族保守势力所提出的反对变法的主张。为了反对秦国的贵族，商鞅提出了“不法古，不修今”的变法思想。故答案为B。

3. 答案：C

解析：汉代的“春秋决狱”是法律儒家化在司法领域的体现。其特点是根据儒家的经典《春秋》等著作中提倡的精神、原则审判案件，而不仅仅依据汉律审案。“春秋决狱”实行“论心定罪”原则，其要旨是必须根据案情事实，追究行为人的动机，如犯罪人主观动机符合“忠”“孝”精神，即使其行为构成社会危害，也可以减免刑事处罚。相反，犯罪人主观动机严重违背儒家倡导的精神的，即使没有造成严重危害后果，也要认定犯罪给予严惩。以《春秋》经义决狱为司法原则，对传统的司法和审判是一种积极的补充。但如果仅以主观动机的善、恶判断有罪、无罪或者罪行轻重，也会为司法官吏主观判断提供依据。综上可知，本题选C。

4. 答案：B

解析：“法不能独立，类不能自行，得其人则存，失其人则亡”，是说法律条文不会自动产生和实施，关键在于要有人来执行法律，否则，规定得再完美也是形同虚设。这句话说明法律只是规范，不是规律本身，法律是主观能动地参与客观的结果，它必然带有人的主观印迹，立法者、执法者的能力会影响到法的作用的发挥，所以B项正确。A、C、D项的表述与题干无关。D项本身表述是正确的：法律并不调整所有的社会关系，法律作用的范围是有限的，对于某些私领域就不宜采取法律手段加以调整。

5. 答案：C

解析：A、B、D项表述均正确。保辜制度是指伤害罪在伤情未定时，由犯罪人照顾被害人，使之及早康复，以减免犯罪人罪责的制度，实际上是解决刑事因果关系问题。“受所监临”是官员利用职权非法收受管辖内的百姓及下属的财物的行为。

6. 答案：C

解析：中国传统法律思想包括：民为邦本、公正执法、以法治国、礼法并用的思想。故A、B、D项均不应选。法律至上属于西方资本主义的法律思想。

（二）多项选择题

1. 答案：AC

解析：这种观点认为，法律“在乎定分而已”，法律起源于定分止争的需要；而之所以有“纷争”，主要还是在于人性本恶，人人有趋利之心。所以 A、C 项正确。

法律具有定分止争的作用，这侧重于从法律的秩序价值探讨问题，所以 B 项错误。

这种观点并没有指出法律的阶级本质，正确指出法律的阶级本质是马克思的贡献，所以 D 项错误。

2. 答案：ABC

解析：选项 A、C 明显正确，不赘述。“恶法亦法”观点认为，违反道德的法也是真正意义上的法，据此，选项 B 正确。“有治人，无治法”，强调治理国家靠人而不能靠法，反映的是人治观而非法治观。据此，选项 D 错误。

3. 答案：AD

解析：中华法系是世界五大法系之一，其他四个法系分别是：大陆法系、英美法系、伊斯兰法系和印度法系。其中，印度法系和中华法系都已经解体，现存的共三大法系。中华法系在历史上不但影响了中国古代社会，而且对古代日本、朝鲜和越南的法制也产生了重要影响。无论是中华法系还是西方的两大法系，都包含各自的法律文化。因此，A 项说法正确。选项 B 不对：清末法律改革，不能说中华法系与其他法系的文化之间没有形成交流与融合。选项 C 不对：本题只是说民族化受到冲击，并没有说失去“民族化”特色。选项 D 正确：沈家本主张借鉴西方法律制度，说明其观点中包含法律移植的意思。法律移植讲的就是引进、吸收、采纳、摄取、同化外国法，使之成为本国法律体系的有机组成部分，为本国所用。

4. 答案：ABC

解析：随着修律过程中一系列新的法典、法规的出现，中国封建法律制度的传统格局开始被打破，不仅传统的“诸法合体”形式被抛弃，而且中华法系“依伦理而轻重其刑”的特点也受到极大的冲击。所以选项 D 错误。选项 A、B、C 的表述均正确，不赘述。

5. 答案：ACD

解析：本题考查商鞅变法的历史意义、汉代废除肉刑、魏晋南北朝时期法典的发展变化、清末变法修律的主要特点。选项 A 正确：商鞅的“改法为律”强调法律规范的普遍性，具有“范天下不一而归于一”的功能。“改法为律”，是在法律观念上的又一进步。选项 B 错误：不是汉武帝而是汉文帝废除肉刑。选项 C 正确：三国两晋南北朝时期，随着社会政治经济关系的变化，法律内容也有所发展，主要表现在礼法结合的进一步发展。也就是说，在汉代中期以后的法律儒家化的基础上，更广泛、更直接地把儒家的伦理规范上升为法律规范，使礼、法在更大程度上实现融合，表现在：“八议”入律与“官当”制度确立、“重罪十条”的产生、刑法制度改革、“准五服制罪”的确立、死刑复奏制度。选项 D 正确：在立法指导思想上，清末修律自始至终贯穿着“仿效外国资本主义法律形式，固守中国封建法制传统”的方针。

简答题

1. 中国古代法律思想不仅表现为儒、墨、道、法之间各种治国方略的矛盾和对立，而且也表现为它们的融合和趋同。礼治、德治、人治、法治以及无为而治是相互结合的。

（1）儒、法。

1）儒家虽然强调礼治，但它不是不要法律；虽然强调德治，但并不否认刑罚的作用；虽然强调人治，但并没有忘记人治的核心是施仁政，制度在其中起着关键作用。

2）法家虽然强调法治，但它并不否定礼的作用，只不过它追求的是不同的礼；它并不忽视道德的力量，它提倡的“刑德二柄”“信赏必罚”就包括治理国家和实行法治的深刻的道德原则；它并不否定人的作用，它所主张的法、术、势相结合就是为了面对激烈的竞争环境，造就一个不因循守旧而因势利导、与时俱进、大权独揽的英明君主。

（2）儒家和墨家。

虽然都强调积极的有为而治，但“有为”的内容分别是仁政和利民；实际上和道家的“无为而治”并没有什么实质的区别，都属于“放松管制”的范围。

实际上，今天在我们建立市场经济的过程中，仍然可以运用中国古代思想家关于无为和有为的智慧，减少不必要的干预，但并不是采完全的放任主义。

2.（1）“出礼入刑”。西周时期“刑”多指刑法和刑罚。“礼”正面、积极地规范人们的言行，而“刑”

则对一切违背礼的行为进行处罚。二者共同构成西周法律的完整体系。

（2）“礼不下庶人，刑不上大夫”。“礼不下庶人”强调礼有等级差别，禁止任何越礼行为；“刑不上大夫”强调贵族官僚在适用刑罚方面有特权，而非不适用刑罚。

论述题与深度思考题

法治即亚里士多德主张的“法律得到普遍的服从，而大家服从的法律又是制定得良好的法律”。要在中国这样一个有着几千年人治传统的国家中建立起现代法治，必须注重将西方国家的现代法治思想与中国传统社会的秩序很好地结合起来。虽然我国古代社会不存在亚里士多德所说的法治，但是在中国古代社会仍然存在类似于西方法治的重规则的文化传统。

（1）强调规范的权威性和作用。

我国古代强调法律作用以及权威的思想，包含在各家学说之中。

1）儒家提倡依规则统治的思想。儒家思想是中国古代社会的正统思想。虽然在“君主制是人治”的意义上，儒家思想是人治的，但是在强调官员特别是最高统治者应当依规则（包括基本道德规范、礼、法）而治的意义上，儒家思想是倾向于“形式法治”的。

2）法家的缘法而治思想。《管子·法法》篇说：“规矩者，方圆之正也，虽有巧目利手，不如拙规矩之正方圆也……虽圣人所生法，不能废法而治国。故虽有明智高行，背法而治，是废规矩而正方圆也。”真可谓一语中的。类似强调法治（统治者以法治人），特别是强调治人者要守法的思想，在《管子》中不胜枚举。商鞅从“性恶论”出发而视民为役使的工具，并由此而走向重刑，但商鞅变法以图强的行为足以证明他看重法的作用。韩非主张：选拔、考核官吏要依法，强调官吏的行为要依法，强调依法考核官吏，依法赏罚臣下。

3）道家由“无为而治”转向强调帝王守法。老庄的无为而治理论通常被认为是反对法治的，其实，老庄的无为而治恰恰有要求统治者遵守习惯法（因老庄时制定法不发达，尤其是老子时代）的意蕴。到汉以后，随着制定法的发达，道家强调守法。

4）墨家一统天下之义。墨家的“义”是大经大法的意思。墨子认为，早期社会一人一义，因而相争。后来选君，君有一统天下之义的责任，此“一统天下之义”者，实为制定与遵守法律之谓也。

5）崇尚法的形式化和法的稳定。我国古代的法律，特别是刑法和官法形式化较早，且其程度也是相当高的。公元前 536 年郑子产铸刑鼎，比罗马法成文化还早近百年，至秦代，国家生活的各方面均有法式。唐律这一传世法典的形式化程度在全世界同时代的法典中没有比肩者。唐以后，除少数例外（例如元代前期），各朝各代的法律都是高度形式化的，比之西方法律形式化运动起码要早近千年。

（2）丰富的良法观念。

中国人对法的神圣追求自有其方法，其理论无非是两类：哲理的和经验的。重经验的论证依据又可分为三种：历史的、传统的和人本的。

1）高于实在法的超验实体——理、道、义。理是贯彻于中国古代哲学始终的最重要、最基本的范畴之一，理在中国不仅有本体意义，而且有规范意义，由本体意义而转化为具有本体和规范双重意义。首先，理是立法之源。法律是立法者“揆诸天理，准诸人情，一本于至公而归于至当”的结果。其次，法律又不完全是理，在历史发展过程中，理是决定法律存亡的决定力量。合乎理的就能长久，不合乎理的，人为的内容，就会被剔除。道是道家哲学的核心概念，然而不为道家所独享，它渗透到各家思想中，被接受为关于外部世界的规律、道理和人的行为规范的概念。墨家认为“一同天下之义”是统治者必须遵守的原则或价值导向，强调天志是高于统治者的大经大法。

2）以历史为评价标准。中国古代的思想几乎都是“向古看”的，在中国先民看来，古代是完美无缺的，他们描绘出一些完美的古人形象、完美的古代社会图景，以为今人效法之榜样，并用来批评、要求现时的为政者。最典型的要数儒家。儒家的共同点是“祖述尧舜、宪章文武”，孟子的“法先王”思想是明白无误的陈述。荀子虽曰法后王，但他反对“古今异情，其以治乱者异道”的说法，认为“古今一度”，只要“类不悖”，则“虽久同理”——古今治乱一个理。

3）以习惯为标准。习惯、传统是中国古代社会的重要行为规范，这固然有其保守的一面，但是，传统、习惯也成为牵制任意立法的重要力量。最典型的是道家的“道法自然”思想，以及无为而治思想。老子的道是自然而然，反对人为。道法自然之于规范领域并非不要规范，而是以习惯（自然产生）之规范为规范。无为而治并非“不为”，而是不可任意乱为，顺其自然（习惯）耳！在这个意义上，道家的治理理念与哈耶克的自生自发秩序崇拜非常相似。就儒家而言，儒家强调的礼治之“礼”，实在也是习惯规范。就礼对法的规范意义来说，重要的礼实为法的上位规范。儒家一方面用礼来规范立法者，另一方面又将以习惯形式出现的礼附会于“天理”，使礼具有超人的权威。

（3）良法的原则。

针对立法原则，中国古代有许多思想家作出了虽零星但却有益的探索。

1）以民为本。民本主义是中国古代自始至终存在的一股思潮。民本主义作为法律原则起码有两方面意义：一是君与民相较，民为本，君为民之用。这从墨家关于君主产生的假设中可以清楚地看出。二是君在立法时应当以民为本，不可以自身私利为本，不可虐民，而应爱民、护民，如管子的“道出自民心”说、孟子的“民贵君轻”说、慎到的“去私”等主张。

2）平等作为一项法律原则在我国古代主要属西方“矫正的正义”或处罚的正义范围，并无分配正义的含义。但是，它又不仅仅限于司法领域，亦及于立法领域：立法中的同罪同罚。

平等原则在我国古代各家思想中几乎都有体现，最突出的当然是法家。管子在《立政》篇中将“罚不避亲贵”作为立国之三本之一。商鞅则明确提倡“刑无等级”的思想。韩非子则提倡“刑无等级，绳不挠曲……刑过不避大夫，赏善不遗匹夫”的主张。墨家反对儒家的等级主义，主张“人无幼长，皆天之臣”的人类平等观，主张人应当“兼相爱，交相利”。

3）法律要公布。管子认为“法不隐，则下无怨心”，法律公布是百姓守法的前提。我国秦汉以后，除了少数例外，开国君主都会公布一部法典，以为国之常法。可见法律公布成为我国古代重要的制度。

4）法律要稳定、统一。我国古代没有法律安定的概念，但客观上都将法的安定作为重要的价值予以维护。《管子》中言，法如四时之不二，是明王治理天下的重要特色。韩非子也说：“治大国而数变法则民苦之，是以有道之君贵静，不重变法。”我国历代帝王大都重视法的稳定，即所谓“祖宗之法不可变”。

5）罪刑法定思想。据戴炎辉考证，早在周代已有罪刑法定主义与非法定主义之争。罪刑法定主义乃法家所主张。由于历史信息的流失，汉代的相关律文已不可考。晋代的刘颂说：“律法，断罪皆当以法律令正文；若无正文，依附名例断之。其正文、名例所不及，皆勿论。”唐代官令规定：“诸犯罪未发，及已发未断决，逢格改者，若格重，听依犯时格。若格轻，听从轻法。”这已有“从旧兼从轻”的含义。

（4）适用法律中的法的安定与正义的平衡。

执行法律过程中无法回避一个问题，即当严格适用法律会导致严重不公时，司法者是否当用公认价值观拒绝适用法律。若是，又会带来一个问题：法的安定、权威受到威胁。所以，一个成熟的法律制度常常在极端的法形式主义和极端的正义至上两者间维持平衡。在这方面，中国古代法律制度有出色表现。这主要表现为春秋决狱（或称以经决狱、经义决狱）制度和中庸这种指导法官在法律和个案公正间寻找最佳判决的行动理性。

（5）限制君权。

中国古代实行绝对君主制，在理论上，天下即君主之家，天下人、物皆为君主之财产。因此，限制君权对于法的实行、法的道德素质具有重要意义。中国古代绝对君主制能保持长时间稳定的重要原因之一在于有一套制约君权的理论与制度。

（6）法治视野中的中国古代类法治文化。

上述对中国古代各家类法治文化的粗略梳理可以使我们看到古代法文化光明的一面，但这些文化中的大部分本身是零星的、断裂的而不是系统的，更不是一以贯之的；其所依附的整体精神与制度建构是人治，主要是作为缓和人治的恶而产生的“补墙”式思维，而不是从根本上否认人治。

（7）中国古代类法治文化的现代价值。

中国古代类法治文化对当代中国的法治建设起码具有以下意义：

1）遵守法律的精神值得弘扬。遵守法律是法治社会的最低要求。首先，我国古代类法治文化中强调法律权威、法律统一、立法权唯一等，在这些方面均有丰富的资源可用。其次，要像法家那样对各种违法犯罪行为毫不留情，强调法律后果之“必然”，改变法严而网疏的情况，增加违法犯罪的风险成本。特别要学习古代社会“以民为本、重典治吏”的传统，同时，要借鉴古代“明职课责”之传统，将官员任命、撤换法律化，改变官位私相授受之恶习。

2）创制良法从人格平等始。走向法治当首先从立法上的权利平等开始。类法治文化中的平等观念，特别是墨家的无区别的人类之爱的精神，可以在构造新时代的平等精神中发挥作用。

［参见周永坤：《中国古代类法治文化及其现代意义》，载《法制现代化研究》，2003（5）。］

第二十九章　西方法律思想

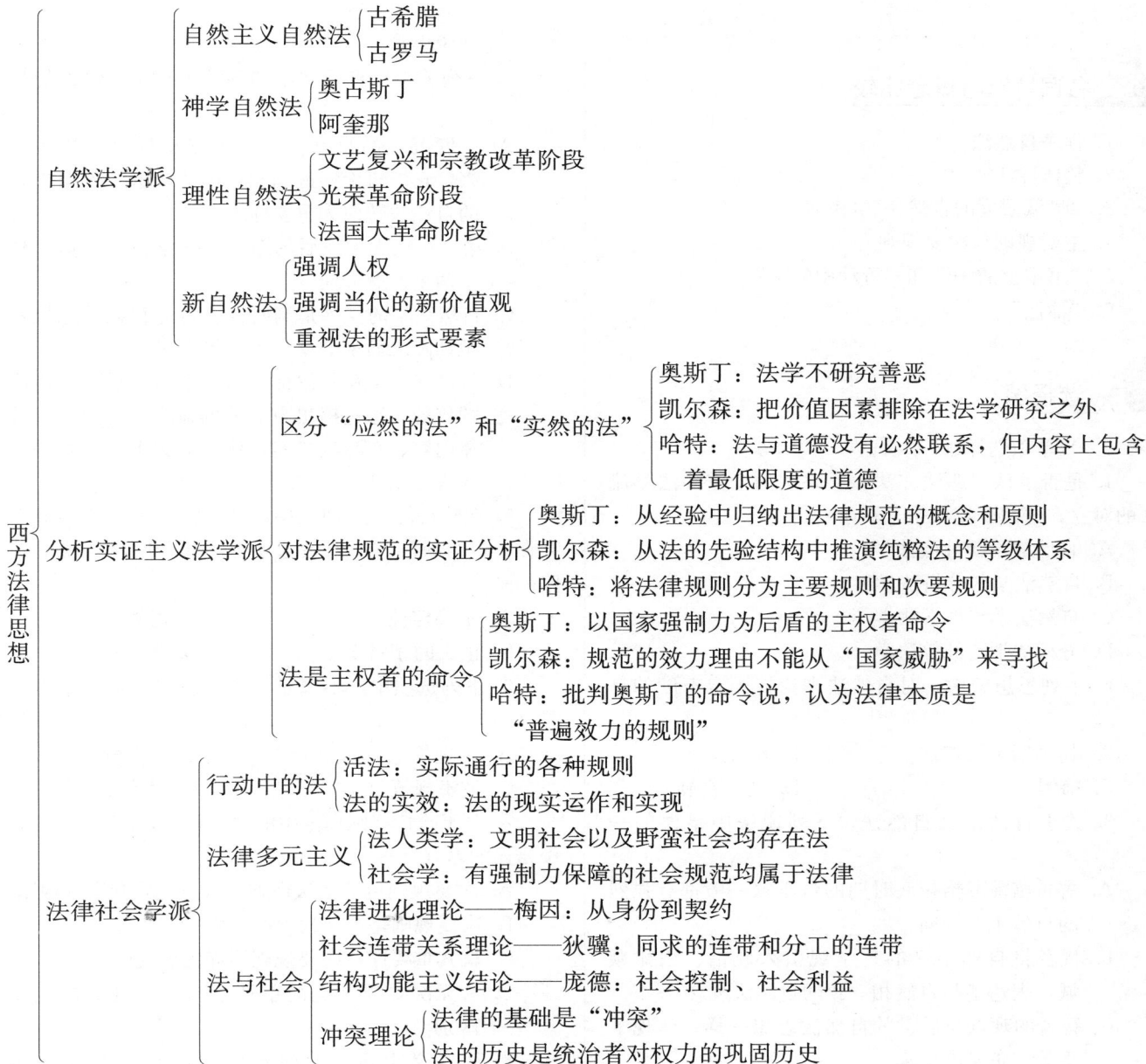

知识逻辑图

- 西方法律思想
  - 自然法学派
    - 自然主义自然法
      - 古希腊
      - 古罗马
    - 神学自然法
      - 奥古斯丁
      - 阿奎那
    - 理性自然法
      - 文艺复兴和宗教改革阶段
      - 光荣革命阶段
      - 法国大革命阶段
    - 新自然法
      - 强调人权
      - 强调当代的新价值观
      - 重视法的形式要素
  - 分析实证主义法学派
    - 区分“应然的法”和“实然的法”
      - 奥斯丁：法学不研究善恶
      - 凯尔森：把价值因素排除在法学研究之外
      - 哈特：法与道德没有必然联系，但内容上包含着最低限度的道德
    - 对法律规范的实证分析
      - 奥斯丁：从经验中归纳出法律规范的概念和原则
      - 凯尔森：从法的先验结构中推演纯粹法的等级体系
      - 哈特：将法律规则分为主要规则和次要规则
    - 法是主权者的命令
      - 奥斯丁：以国家强制力为后盾的主权者命令
      - 凯尔森：规范的效力理由不能从“国家威胁”来寻找
      - 哈特：批判奥斯丁的命令说，认为法律本质是“普遍效力的规则”
  - 法律社会学派
    - 行动中的法
      - 活法：实际通行的各种规则
      - 法的实效：法的现实运作和实现
    - 法律多元主义
      - 法人类学：文明社会以及野蛮社会均存在法
      - 社会学：有强制力保障的社会规范均属于法律
    - 法与社会
      - 法律进化理论——梅因：从身份到契约
      - 社会连带关系理论——狄骥：同求的连带和分工的连带
      - 结构功能主义结论——庞德：社会控制、社会利益
      - 冲突理论
        - 法律的基础是“冲突”
        - 法的历史是统治者对权力的巩固历史

- 西方法律思想
  - 法律社会学派
    - 法与社会
      - 批判法学
        - 法就是政治
        - 法没有确定性
        - 法是意识形态
      - 女权主义和反种族主义法学——法律将男女不平等、种族不平等合法化
      - 依附理论——法律要维护第三世界对中心世界的依附关系
  - 价值、规范与事实的统一
    - 自然法学派：重视价值，把法与正义、道德相联系
    - 分析法学派：重视法律规范本身，例如逻辑结构
    - 法律社会学派：重视法律在社会生活中的实际运行

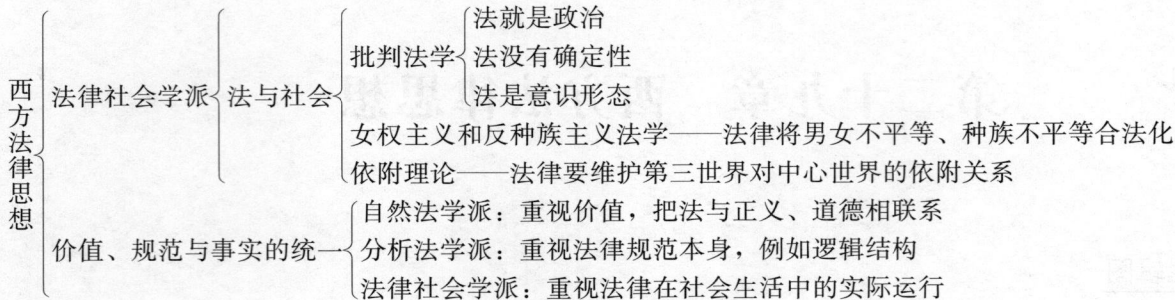

名词解释与概念比较

1. 程序自然法
2. 整体性法律
3. “最低限度的自然法”（考研）
4. 主要规则与次要规则
5. “书本上的法”和“行动中的法”
6. “活法”

选择题

（一）单项选择题

1. 是否承认“恶法亦法”反映了两个重要法学流派的对立，这两个流派是（　　）。

A. 自然法学与社会法学
B. 自然法学与分析法学
C. 自然法学与神学法学
D. 分析法学与纯粹法学

2. 下列思想家中，对自然法理论持否定态度的是（　　）。

A. 托马斯·阿奎那　　B. 洛克
C. 梅因　　D. 朗·富勒

3. 关于自然主义自然法，下列说法中错误的是（　　）。

A. 古希腊前苏格拉底时期的哲学家一般都有强烈的自然主义倾向
B. 智者将自然主义的哲学观引入政治、法律领域，表达了与自然相一致的自然法观念
C. 智者的观点与后世的自然法思想一样，体现了平等、正义的要求
D. 古罗马法学家将自然法的思想从城邦的局限中摆脱出来

4. 下列关于新自然法学的各项表述中，错误的是（　　）。

A. 一度沉寂的自然法学在第二次世界大战后复兴，它以纽伦堡审判和德国法学家拉德布鲁赫的自然法转向为重要标志
B. 第二次世界大战后的新自然法学包括世俗和神学两个发展方向
C. 自然法学的复兴是当时社会普遍存在的危机意识和随之而来的反省浪潮的反映
D. 新自然法学在其论证方法上继承了过去自然法的传统，通过提出自然法的概念、自然法的具体内容、自然法与实在法在效力上的关系等方式进行论证

5. 在哈特的规则理论中，原始社会下的主要规则存在一定的缺陷。下列各选项中不属于哈特所说的缺陷的是（　　）。

A. 不确定性　　B. 静态性
C. 正义的相对性　　D. 无效性

6. 下列选项中，不属于凯尔森法律规范体系中的是（　　）。

A. 个别规范　　B. 一般规范
C. 技术规范　　D. 基本规范

7. 对于哈特规则理论中的“次要规则”，下列说法中错误的是（　　）。

A. 次要规则包括承认规则、改正规则和审判规则
B. 次要规则是授予权力的规则
C. 就其重要性，次要规则不如主要规则
D. 有无次要规则是简单社会与复杂社会的重要区别

8. 从广义上讲，下列不属于法社会学派的是（　　）。

A. 狄骥的社会连带法学
B. 美国的法律现实主义
C. 规范法学
D. 批判法学

9. 下列关于美国现实主义法学的各项说法中，错误的有（　　）。

A. 美国现实主义法学认为法律反映的是占主导地位的人的意志，是一种“合法化”的暴力
B. 他们反对将法律视为一种规则，反对将法律的运行视为一种逻辑的过程
C. 他们重视法官和律师在实际处理案件时如何对待法，将法律视为一种“坏人”对法官如何判决的预测
D. 他们认为在法律实践中，众多的法律判决不是基于规则、原则或先例，而是根据法官的无意识的偏见作出的

10. 博登海默在《法理学》一书中提道，“法律是一个带有许多大厅、房间、凹角、拐角的大厦，在同一时间里想用一盏探照灯照亮每一间房间、凹角和拐角是极为困难的，尤其当技术知识和经验受到局限的情况下，照明系统不适当或至少不完备时，情形就更是如此了”。对这段话的理解，下列各选项中不正确的是（　　）。

A. 法律是一个丰富的多面体，包含着事实、价值、规范等多个层面
B. 对法律的认识受到社会环境和个人学识、经历等多方面的限制
C. 任何一个法学流派对法的认识都是有局限的
D. 只有走综合法学、多元法学的道路才是法理学发展的唯一的正确选择

11. “法学作为科学无力回答正义的标准问题，因而是不是法与是不是正义的法是两个必须分离的问题，道德上的善或正义不是法律存在并有效力的标准，法律规则不会因违反道德而丧失法的性质和效力，即使那些同道德严重对抗的法也依然是法。”关于这段话，下列说法正确的是（　　）（司考）

A. 这段话既反映了实证主义法学派的观点，也反映了自然法学派的基本立场
B. 根据社会法学派的看法，法的实施可以不考虑法律的社会实效
C. 根据分析实证主义法学派的观点，内容正确性并非法的概念的定义要素
D. 所有的法学学派均认为，法律与道德、正义等在内容上没有任何联系

（二）多项选择题

1. “自然法是自然教授给所有动物的法律。事实上，这一法律不是人类专有的，而是所有诞生在天空、陆地或海洋的动物的，由它产生了我们叫作婚姻的男女的结合，由它产生了生殖和养育子女。的确，我们看到其他动物也被评价为这种法的内行……然而，人们这样区分市民法和万民法：所有由法律和习俗统治的人民，部分地适用他们自己的法，部分地适用为所有的人共有的法。事实上，每个人民为自己制定的法，是他们城邦专有的，并被称作市民法，与他们自己城邦的法同义。但自然理性在所有的人中制定的法，它被完全一致地保留在所有的人民中，并被称作万民法，与自然法同义。因此，罗马人民也部分地适用他们特有的法；部分地适用由所有的人共有的法”。下列各项对这段话的分析中，正确的有（　　）。

A. 这里的自然法与现在所说的自然规律大体相当
B. 万民法不仅对罗马公民有效力，对非罗马公民也有效力
C. 这里所说的万民法是所有人共同理性的体现，而这里的自然法与理性无关
D. 罗马“城邦”公民既受市民法也受万民法和自然法的统治

2. 下列各选项表述中，体现了自然法思想的有（　　）。

A. “神让一切人自由，自然并没有使任何人成为奴隶”
B. “我们称之为自然法的东西不过是这样一些理性可理解的结论，即什么是该做的，什么是不该做的；而严格意义的法律就是由一个人通过正当的命令要求别人做或不做什么。因此，确切地说，自然法并不是法律”
C. “理性，教导着有意遵从理性的全人类：人们既然都是平等和独立的，任何人就不得侵害他人的生命、健康、自由或财产”
D. “法律规则最本质的意义就在于它反映了一个或一些目的……法律是使人类行为服从规则治理的事业”

3. 下列关于亚里士多德法律思想的各项表述中，

正确的有（　　）。

A. 亚里士多德是目前我们所知的最早系统表达了法治思想的人

B. 亚里士多德从人性论和认识论的角度对法治的必要性进行了分析

C. 亚里士多德提出了法治的两层基本内涵

D. 亚里士多德区分了正常政体和变态政体

4. “事实上有一种真正的法律——正确的理性——与自然相适应，它适用于所有的人而且是不变而永恒的。通过它的命令，这一法律号召人们履行自己的义务；通过它的禁令，它使人们下去做不正当的事情；它的命令和禁止永远在影响着善良的人们，但是对坏人们却不起作用；用人类的立法来抵消这一法律的做法在道义上绝不是正当的，限制这一法律的作用在任何时候都是不能允许的，而要想完全消灭它则是不可能的……它不会在罗马立一项规则，而在雅典立另一项规则，也不会今天是一种规则，而明天又是另一种规则。有的将是一种法律，永恒不变的法律，任何时候任何民族都必须遵守的法律。”对于上述这段话，下列各项分析中，正确的有（　　）。

A. 作者认为真正的法律是与自然即事物的本性相一致、反映了正确的理性的法

B. 作者认为真正的法律是永恒的，适用于一切国家、民族和一切时代

C. 作者认为真正的法律居于实在法及其制定者之上，是其无法改变的

D. 作者认为真正的法只对好人起作用，因而人类的立法才是真正实际有效的

5. 下列各项关于神学自然法的说法，正确的有（　　）。

A. 奥古斯丁、阿奎那与马里旦是中世纪神学自然法的代表人物

B. 阿奎那将法律分为永恒法、自然法、神法和人法四种类型

C. 奥古斯丁和阿奎那虽然将人法置于自然法之下，但他们都认为人法是理性的体现

D. 马里旦认为人权的哲学基础是自然法，人所享有的每项权利都来源于上帝的权力

6. 关于凯尔森的“基本规范”，下列各选项中理解正确的有（　　）。

A. 基本规范是一种逻辑上的先验假设

B. 基本规范是其他各级规范效力的最终来源

C. 基本规范实际就是各国法律体系中的宪法

D. 基本规范实际上就是自然法学派意义上的“自然法”

7. 下列关于哈特和德沃金的理论分歧的各种说法中，正确的有（　　）。

A. 哈特认为法律由规则构成，德沃金认为法律除了规则以外还有原则和政策

B. 哈特承认法律存在空缺不完善的地方，德沃金不承认这一点

C. 哈特承认法官的自由裁量权，德沃金不承认这一点

D. 德沃金认为法律中包含有基本的道德要求，哈特不承认这一点

8. 下列关于法社会学的各项表述中，正确的有（　　）。

A. 法社会学的产生与资本主义进入垄断阶段存在密切关联

B. 在古典自然法派的某些经典作家的作品里可以找到法社会学的思想渊源

C. 法社会学派认为实际运作的社会规则才是法，书面的法律条文不是法

D. 法社会学派采取一种法律多元主义的立场，认为法是社会进入国家阶段后的产物，是一种有强制力的、由特殊的机制所保证的行为规则，不仅国家的法律具有强制力，而且许多社会组织的行为规则也具有强制力

9. 关于批判法学，下列各项说法中正确的有（　　）。

A. 批判法学的社会基础是 20 世纪六七十年代的民权运动、反战运动和学生运动

B. 批判法学的思想渊源主要来自西方马克思主义和美国的现实主义法学

C. 女权主义法学和批判种族主义法学是批判法学的后续和发展

D. 批判法学从整体上否定了法律制度，这一思想对于我们的法治建设具有较大的危害性

简答题

1. 简述理性自然法的三个发展阶段。

2. 简述阿奎那对法律的分类。

3. 简述霍布斯、洛克和卢梭自然法思想的异同。
4. 简述罗尔斯的正义原则。
5. 简述哈特对奥斯丁法律观的发展。
6. 简述凯尔森规范等级秩序的理论。
7. 简述庞德关于法律是一项社会工程的思想。
8. 简述法社会学关于社会关系的两种观点。

材料分析题

材料一：

在研究我们这里提出的简明公理及其与法律和道德的联系时，重要的是注意到，在每一种情况下，被提到的事实都提供了一个理由：假定生存是一个目的，法律和道德应该包括一个具体的内容……没有这样一个内容，法律和道德就无法促进人们在互相结合中所抱有的最低限度的生存目的。

——［美］哈特：《法律的概念》

材料二：

就这项事业而言，有八条通向灾难的独特道路。第（1）种也是最明显的一种情况就是完全未能确立任何规则，以至于每一项问题都不得不以就事论事的方式来得到处理。其他的道路包括：（2）未能将规则公之于众，或者至少令受影响的当事人知道他们所应当遵循的规则；（3）滥用溯及既往性立法，这种立法不仅自身不能引导行动，而且还会破坏前瞻性立法的诚信，因为它使这些立法处在溯及既往式变更的威胁之下；（4）不能用便于理解的方式来表述规则；（5）制定相互矛盾的规则，或者（6）颁布要求相关当事人做超出他们能力之事的规则；（7）频繁地修改规则，以至于人们无法根据这些规则来调适自己的行为；以及最后一种（8）无法使公布的规则与它们的实际执行情况相吻合。

这八个方向中任何一个方向上的全面失败都不仅仅会导致一套糟糕的法律体系；它所导致的是一种不能被恰当地称为一套法律体系的东西。

——［美］富勒：《法律的道德性》

材料三：

法律是一种阐释性的概念。对我们来说，法律的一般理论就是对我们自己司法实践的一般阐释……法律不可能由任何原则或规则体系阐述得淋漓尽致，每种这样的体系都有自己控制的具体行为的领域。任何官员与其权力也不可支配我们的生活。法律的帝国并非由疆界、权力或程序界定，而是由态度界定。我们主要在上诉法院中研究过那种态度，这种态度在那里接受检验，然而如果它即使在法院也能很好地为我们服务，那么它在我们的日常生活中也肯定会行得通。

——［美］德沃金：《法律帝国》

问题：总结上述材料的主要论点，分析它们所反映的共同问题。

论述题与深度思考题

1. 试分析富勒、德沃金、罗尔斯法律思想的异同。

2. 结合 20 世纪西方法学思潮的发展特点，谈谈对法理学学习和研究的看法。

（说明："西方法律思想"作为法理学教材中的一章，仅对自然法学、分析实证主义法学和分析法学这三个主要的法学流派进行简要的介绍和分析，与独立学科意义上的"西方法律思想史"有一定的差别。作为与教材对应的习题集，本章考查的范围也集中于这三个法学流派，对一些重要的法学流派如历史法学、哲理法学等都没有或较少涉及，希望读者注意。）

参考答案

名词解释与概念比较

1. 这一概念由美国著名法学家、新自然法学派的主要代表之一富勒提出。程序自然法即法律的内在道德，包括法律的一般性、公开性、非溯及既往、法律的明确性、避免法律中的矛盾、法律不应要求不可能实现的事情、法律的稳定性、官方行为与法律的一致性等 8 条准则，也被称为八项法治原则。

富勒反对哈特的规则论，他认为：法不同于一般的技术规则或其他社会规则，在于它是一种"有目的的事业"，因而法有其道德性。法的道德性包括"外在道德"和"内在道德"。法的外在道德即"实体自然法"，指法的实质目的或理想；法的内在道德即"程序自然法"，是有关法律的制定、解释和适用等程序上的原则或法治原则，是使以规则管理人类行为成为可能的道德，缺少其中任何一项内容，并不单纯导致坏的法律制度，而是导致一个根本不宜称为法律制度的东西。

2. 美国学者德沃金反对实证主义法学把法的概念只局限于法律规则，提出所谓“作为整体性的法”的观点。他认为：法律的基本点不是要重复大家一致的意见，也不是为实现社会目标提供有效的手段，而是根据政治道德的要求，基于原则，以前后一致的方式对待社会中的所有成员。因此，法的概念不仅包括规则，而且应包括原则和政策。当法官和律师等人在争辩时，特别是在处理那些棘手的案件时，往往要适用规则以外的原则、政策或其他标准来解决案件。

3. 哈特坚持法律与道德在逻辑上的分离，但他在与新自然法学派的论战中提出了“最低限度的自然法”这一理论，表现出向自然法学靠拢的倾向。他认为：在任何社会中，人们生活在一起的目的是继续生存，都包含着一些共同的要素，如“人的脆弱性”“大体的平等”“有限的利他主义”“有限的资源”“有限的理解和意志力”，等等。基于人性和人类生存的目的，任何组织都必须有某些行为准则，它们是构成一切社会的法律和道德的共同因素，这些共同行为准则就是“最低限度的自然法”。

4. 哈特把法律规则分为两类：第一类是主要规则，又称为“第一性规则”，它设定义务，“涉及个人必须从事或不从事的行为”；第二类是次要规则，又称为“第二性规则”，它授予权力，即“关于主要规则的规则”。

在原始社会条件下，由于社会结构极其简单，因而只有主要规则就行了。但是它的缺点在于：不确定性，即没有形成社会统一的标准；静态性，即法自发地、缓慢地发展；无效性，即发生争端后自行解决，无统一的社会压力。

在一个大型的、复杂的社会中必须要有一种法律制度，以消除上述三个缺点。次要规则正是为了补救主要规则这三点缺陷而产生的。根据次要规则，人们可以引进新的主要规则，或修改、取消原有的主要规则，或决定主要规则的范围或控制其实施。次要规则包括承认规则、改正规则和审判规则。承认规则，即承认主要规则具有法律效力，克服其不确定性；改正规则，即授权个人或集团制定和实施新的主要规则、取消旧的规则，克服主要规则的静态性；审判规则，即授权个人或机关在一定情况下就是否已违反了某一主要规则以及应处以何种制裁作出权威性裁定，克服主要规则的无效性。因此，只有把主要规则与次要规则结合起来，才能形成完善的法律体系。

5. 法社会学派认为法律规则条文中的法和实际生活中的法是不同的，即区分“书本上的法”和“行动中的法”。前者指国家正式颁布的法律；后者则指法的实际运作，在现实中一切起着法的作用的东西。在法社会学派的著作中，行动中的法有两种不同的含义：一种是“活法”，即社会生活中实际通行的规则，它不依国家而存在，法律规则必须建立在它的基础上，否则不可能得到实现。另一种是现实中的各种法律行为，即法在现实生活中的运作和实现，用以区别于国家颁布的法律规则。

6. “活法”是欧洲法社会学派的一个重要概念，埃利希是“活法”理论的代表。所谓“活法”，就是指社会生活中实际通行的规则，支配生活本身的法律。它不依国家而存在，具有独立的价值，构成了人类社会法律秩序的基础，法律规则必须建立在它的基础上，否则不可能得到实现。埃利希提出：“法律发展的重心不在立法，不在法学，也不在司法判决，而在社会本身。”他把法分为两类：一类是国家制定的法律；另一类就是活法，即“支配生活本身的法，尽管这种法不曾被制定为法律条文”，“活法的科学意义，不限于对法律规范的内容发生影响，它还具有独立价值，它构成了人类社会的法律秩序的基础”。狄骥的著作中则把这种“活法”称作“客观法”，它们在成为实在法之前是作为客观法存在的。这些规则具有拘束力，它并不是抽象的或超验的，而是基于生活事实。

选择题

（一）单项选择题

1. 答案：B

解析：自然法学认为法与道德的关系密不可分，法必须具有道德基础，符合道德的基本要求是法的基本要件，也就是“恶法非法”；分析法学则持截然相反的观点，他们认为法与道德是没有联系的，法律只是主权者的命令，具有命令和服从的因素，只要是权威者发布的指令，即使不合理也应当遵守，这就是“恶法亦法”的观点；社会法学主要强调法的社会因素，考察法的社会目的和社会效果；神学法学实际上是自然法学的分支，他们认为法律不是来源于自然规律，而是直接来源于上帝和神，人们在神的指引下生活、建立国家、制定法律；纯粹法学是分析法学的分支，他们认为法律只是纯粹的规范体系，与道德无关。结合上述分析，我们可以看出，本题答案为B。

2. 答案：C

解析：本题主要考查自然法学派在各个历史时期的代表人物。自然法学源远流长，先后经历了古代自然主义自然法、中世纪神学自然法、近代理性（古典）自然法和当代新（复兴）自然法这几个阶段。托马斯·阿奎那是中世纪神学自然法的代表人物；洛克是古典自然法的代表人物；富勒是第二次世界大战后自然法的代表人物；梅因是英国历史法学派的代表人物，他在其名著《古代法》中对自然法理论进行了深刻的批判，指出这一理论不过是纯理论上的推测，"自然状态""自然法"这些说法都是"教条"和"幻想"。故选C。

3. 答案：C

解析：古希腊的哲学家一般都认为，哲学源于神话，而神话又是在与自然作斗争中产生的。古希腊的哲学是自然哲学，很多哲学家在对世界本原的讨论中充分表达了"规律""命定""与自然相一致的和谐生活"的思想，所以A项正确。智者学派将哲学思考从自然转向人，对城邦、法律、正义等政治法律内容进行了讨论，所以B项正确。但智者的自然法观点分歧很大：有人认为人人平等是自然的；有人认为"大鱼吃小鱼"、弱肉强食是自然的。所以C项错误。古希腊的自然法思想多局限于对城邦的讨论，古罗马法学家为适应罗马从城邦扩大为一个庞大帝国的形势，把法分成市民法、万民法和自然法，从城邦的局限中摆脱出来，所以D项正确。

4. 答案：D

解析：19世纪中叶以来，由于资产阶级革命进入到巩固政权阶段，加上实证科学的发展，古典自然法学一度衰落。但20世纪两次世界大战的暴行引起了人们的普遍反思。第二次世界大战结束后，对纳粹战犯的纽伦堡大审判在实践层面表达了"恶法非法"的思想，而著名法学家拉德布鲁赫的自然法转向在理论层面表明了自然法的复兴，所以A项正确。广义的新自然法学派包括天主教神学的新托马斯主义法学派和世俗的自然法学派，所以B项正确。20世纪60年代西方国家广大人民争取民主、保障人权、反对侵略战争的运动，又给新的自然法学强调价值的理论施以新的推动力，所以C项正确。在理论方法上，新自然法学不是简单重复自然法学关于自然状态、自然法、社会契约和自然权利的说教，而是保留旧形式、赋予新内容，或者干脆放弃一切虚构，直接强调法对道德原则的依赖性，所以D项错误。

5. 答案：C

解析：主要规则是设定义务的规则，"涉及个人必须从事或不从事的行为"。在原始社会条件下，由于社会结构极其简单，只有主要规则就行了。但是它的缺点在于：不确定性，即没有形成社会统一的标准；静态性，即法自发地、缓慢地发展；无效性，即发生争端自行解决，无统一的社会压力。哈特作为新分析法学的代表人物，坚持法的应然与实然的分离，所以不存在所谓"正义的相对性"问题，故C项错误。

6. 答案：C

解析：在凯尔森的纯粹法学中，法律规范体系是由基本规范、一般规范和个别规范组成的，不包括技术规范。

7. 答案：C

解析：关于"次要规则"的说明详见本章"名词解释和概念比较"第4题答案。哈特所说的主要规则和次要规则的含义与我们通常所说的含义有所不同，它并不是指次要规则的意义不如主要规则，而是就两者的关系上次要规则依附或辅助主要规则而言的。事实上，在大型、复杂的现代社会，次要规则是不能缺少的。故选C。

8. 答案：C

解析：法社会学派是将法律置于其社会背景之中，以研究法律现象与其他社会现象的相互关系为重心的一个学派。社会连带法学研究社会连带关系，认为它是所有行为规则的基础，是高于实在法的客观法，实在法必须以此为基础建立；法律现实主义运动讨论法官和律师在实际处理案件时对法律的看法；批判法学则揭示法律所隐藏、遮蔽的内在的社会结构或社会不平等。它们都属于广义上的法社会学派。而规范法学把研究严格限定于对实在法的结构分析，不讨论法律在实际生活中是如何的，所以C项是正确答案。

9. 答案：A

解析：A项中所体现的是批判法学的观点，虽然现实主义法学批判了法律推理过程中的确定性和逻辑性，认为"法非经合法程序不得任意违法和改变"不过是一个“神话”，但他们并未对现代法律给予根本性的批判和否定。B、C、D项都是美国现实主义法学的基本观点。

10. 答案：D

解析：博登海默是综合法理学的代表人物，他在这里表达了要求西方法学流派间互相补充、彼此结合的呼声，但他并未否认其他流派的贡献，也未说明综合法学是唯一的发展道路。事实上，虽然法学流派之间表现出融合的趋势，但各流派依然坚持立场并拓展、深化着自己一些基本的观念，这对于加深我们对法律的整体理解无疑是有价值的。

11. 答案：C

解析：A项：题干表述的是“法与道德没有本质、必然的联系，实在法与应然法没有必然联系，恶法也是法”，因此，反映的是实证主义法学派的基本观点。A项表述错误。

B项：社会法学派的核心观点是，“社会实效”是法律的首要要素，无论是法律的制定还是法律的实施，都要把“社会实效”作为首要要素。B项表述错误。

C项：分析实证主义法学派属于实证主义法学派的代表（另一个是社会法学派）；无论是分析法学派还是社会法学派，都认为道德（内容正确性）并不是法概念的必要要素，法与道德没有本质的、必然的联系（道德不是法的定义要素）。C项表述正确。

D项：法与道德（或正义）的联系可以从三个角度来观察：本质角度、内容角度和功能角度。（1）从本质角度看，法与道德的关系成为区分实证主义与非实证主义法学派的关键。其中，实证主义法学派认为，法与道德没有本质上的（又称必然的、概念上的）联系；非实证主义法学派则认为，法与道德有本质上的（必然的、概念上的）联系。（2）从内容角度看，绝大多数法学家都认为：法与道德有内容上的联系，法律是最低限度的道德。（3）从功能角度看，绝大多数法学家都认为，法治与德治应当结合起来。因此，D项所言“法与道德在内容上没有任何联系”的说法是错误的。D项表述错误。

（二）多项选择题

1. 答案：ABD

解析：本题所引文字来自查士丁尼的《法学阶梯》，反映了古罗马法学家对法的分类及他们的自然法观点。古罗马法学家把法分为三类：第一类是自然法，即笼罩全宇宙的正义，适用于包括人类在内的一切生灵；第二类是万民法，即各个民族共有的法律；第三类是市民法，即调整罗马公民之间关系的法律。对于自然法，这里虽未提到“理性”这个词，但并未否定自然法中的理性内涵，所以C项错误。

2. 答案：ACD

解析：A项是古希腊智者阿基马丹的观点，认为基于自然，人人应该平等，这显然属于自然主义自然法；C项是洛克的理性自然法的观点；D项是富勒的“法是有目的的事业”的观点。B项是霍布斯在《论公民》中的观点。虽然在一般意义上我们都把霍布斯视为自然法学的代表人物，但这段话里霍布斯认为自然法不是法，具有明显的实证的色彩，因此，这段话没有体现自然法思想。在他的名著《利维坦》中，也具有某些分析法学的原创意识，对此我们要注意鉴别。

3. 答案：BCD

解析：亚里士多德的老师柏拉图虽然在早期提出“哲学王”的统治，认为人治优于法治，但在其晚年，他的思想有了重大转变，认为在“哲学王”统治难以实现的情况下，现实的“第二好的统治”就是法治。他对法律和法治进行了系统的阐述。因此A项错误。B、C、D项都是亚里士多德的基本观点，具体内容可参见相关西方法律思想史教材。

4. 答案：ABC

解析：本题所引文字出自西塞罗《国家篇》。西塞罗是古罗马自然法学的代表，他认为真正的法是理性的体现，是与自然相一致，是必须遵守、永恒不变的。西塞罗认为自然法高于人类的立法，所以D项错误。

5. 答案：BD

解析：马里旦是当代新自然法神学派的代表人物，他把人权同上帝、永恒法联系起来，论证人权的不可侵害，因此A项错误、D项正确。奥古斯丁认为世俗国家和制定法是人类“堕落”以后的产物，因此C项错误。B项正确，不赘述。

6. 答案：AB

解析：在凯尔森的规范理论中，法律规范体系是由基本规范、一般规范和个别规范组成的，每个规范的效力来自一个比它更高的规范，而不能从一个更高的规范中得到自己的效力的规范称为基本规范。凯尔森的规范分析要求把法与经验事实相隔离，从法的先验结构中推演出纯粹的规范等级体系。因此基本规范并非实际生活中的宪法，与自然法学派的“自然法”也存在很大差异，它只是一种逻辑上的假定。

7. 答案：ABC

解析：这里主要考查哈特和德沃金理论的主要区别。在两人的论战中，哈特提出了法由主要规则和次要规则两部分组成，在规则之间存在“空缺结构”，而这需要法官依照自由裁量权去补足；德沃金提出，在规则之外，还有原则和政策的存在，法官裁判时不仅要遵守规则，还要受原则和政策的限制，所以不存在自由裁量的情况。所以 A、B、C 各项均正确。哈特虽然坚持分析法学的立场，但他也承认法包含“自然法最低限度的内容”，所以 D 项错误。

8. 答案：AB

解析：19 世纪末、20 世纪初，资本主义进入垄断阶段后，出现了很多新的情况，如行政权的扩张、法官造法、对社会利益保护的要求增强等，这是法社会学产生的社会基础。法社会学通过借鉴社会学的有关理论和方法，表达了法律应积极变革、适合社会发展需要的观念，所以 A 项正确。在古典自然法学中，以孟德斯鸠为代表的自然法理论，把法的精神蕴含于法与一切事物的联系之中，强调民族风俗、自然条件、政治制度、经济状况对法的制约作用，成为 19 世纪后期社会法学派的理论基础之一，所以 B 项正确。法社会学区分“书本上的法”和“行动中的法”，但并未认为“书本上的法”就不是法，所以 C 项错误。法社会学的法律多元主义包括两种含义：一种是指国家之外的有强制力的社会规则也是“法”，另一种认为国家产生以前不存在国家的社会中执行着的与法具有同样功能的行为规则也是法，所以 D 项是错误的。

9. 答案：ABC

解析：20 世纪六七十年代资本主义的各种社会危机是批判法学产生的社会基础，美国现实主义法学对法律确定性的批判和卢卡奇、葛兰西、法兰克福学派等的社会理论是批判法学的思想渊源。20 世纪 80 年代后期，批判法学走向低潮，但它并未消亡，其批判意识渗透到女权主义法学、批判种族主义法学中，所以 A、B、C 项正确。批判法学对西方“现代”法治进行了整体性批判，这对于我们在借鉴西方法治经验时保持必要的警惕和反思、结合中国实际建设法治是有帮助的。

简答题

1. 自然法学在近代以理性为根据，以自然状态、自然权利、自然法和社会契约为基本内容。

第一阶段，发生在文艺复兴和宗教改革之后，以荷兰的格劳秀斯、斯宾诺莎和英国的霍布斯等人为代表。他们拥护君主的绝对权力，主张人民的生命和自由只有在统一的中央集权下才能得到保证，而对君主的权力是不能限制的。

第二阶段，大约发生在英国资产阶级革命时期，以英国的洛克、法国的孟德斯鸠等人为代表。他们企图通过分权保证个人权利不受君主的侵犯，限制君主的权力。在自然状态下人们拥有生命、自由、财产等自然权利，订立契约时把一部分权利即执行自然法的权利交给专门设置的立法机关，而保留生命、自由、财产的权利，君主也是契约的参加者，必须保障人民的这些基本的自然权利。

第三阶段，以法国大革命为背景，资产阶级以彻底的反封建、反神权的面貌出现，法学上以卢梭为代表。其自然法思想的特点不在于限制君主的权力，而是主张人民就是君主、主权属于人民。这时期的理论具有强烈的自由民主色彩。

2. 阿奎那将法律分为四类，即永恒法、自然法、神法和人法。永恒法是神学的理性的体现，是上帝统治整个宇宙、支配宇宙的大法；各种法律都来源于永恒法，它是宇宙最高的法律。自然法是永恒法的合理化，也是永恒法与理性动物的关系；自然法是上帝用来统治人类的法律，是永恒法的一个部分。人法是根据自然法（最终是根据永恒法）制定的，反映人类理性的法律。人法有四个特点：源于自然法；以城市的公共福利为目标；由市民社会的统治者加以颁布；是支配人类行动的法则。神法也是主宰人类的法律，《圣经》就是神法的化身。

阿奎那对法律类型的这种划分是从其神学世界观出发的，适应着神权政治的需要。这四种法律构成一个整体，形成一个以永恒法为首的完整体系。在这一体系中，体现上帝意志的永恒法高居首位，在古希腊罗马时期享有崇高地位的自然法降为永恒法的从属者，人法的地位就更低了。在这个体系中，神法居于一种特殊地位，它来源于上帝的启示，补充自然法和人法的不足，能够解决超越人的能力、超越理性之外的难题，目的是引导人类获得完美的德行、达到永恒的幸福，所以它的地位显然比自然法和人法要优越得多。不难看出，阿奎那的法律分类是他的神权政治在法学中的反映。

3. 霍布斯、洛克和卢梭都是古典理性自然法的代表人物，他们的思想都表现出理性自然法的一般特点，他们都认为在建立国家之前人与人之间处于一种“自然状态”，拥有一定的自然权利，人们在自然状态的相处中又形成了一定的自然法，人们通过社会契约告别自然状态，产生了国家与法律；他们都认为自然法是理性的体现，通过理性自然法理论的构建，他们表达了发展资本主义的呼声。但是，由于他们所处的年代、个人的经历和思想传统等诸多因素的不同，他们的自然法理论也表现出很大的差异。

对于人性和自然状态，霍布斯认为：在人们建立国家之前处于“自然状态”。由于人性是自私的，自然状态是“战争状态”，是“狼与狼的关系”。洛克认为：人性不是自私的，人天然具有过社会生活的倾向。自然状态不是战争状态，但也存在一定的缺陷。卢梭则认为人性无所谓善恶，自然状态不是战争状态，而是人类的“黄金时代”。对于自然状态下人们拥有的自然权利和形成的自然法，霍布斯认为主要是和平、自由、平等和自我保全等；洛克认为主要是生命、财产和自由；卢梭则认为，在自然状态下，人们对一切都拥有自然权利，不存在私有财产，彼此都是自由和平等的。

对于订立的社会契约，霍布斯认为：由于自然状态是一种“战争状态”，人们生活在一种不安之中，为了自我保全，人们把自己的全部自然权利交给一个人或一些组成的会议，即统治者。而统治者由于不是缔约的一方，是不受契约限制的，拥有绝对的权力。如果人们反对统治者，只能意味着回到自然状态。洛克认为由于自然状态下没有确定的是非标准、没有公正的纠纷裁判者、裁断缺乏权威性等缺点，人们订立契约，把一部分权利即执行自然法的权利交给专门设置的立法机关，而保留生命、自由、财产的权利。君主也是契约的参加者，如果不服从契约，就与人民处于自然状态。立法权以公众福利为限，未经个人同意，不得取走任何人财产的任何部分。卢梭认为私有财产的产生是人类由自然状态进入社会状态、战争状态的标志。为了避免战争，人们订立契约，把自己的一切权利都交给社会，任何人从社会所获得的自由与他在自然状态中的自由一样多，没有人拥有超越契约之上的权利。法不是统治者个人的意志，也不是政府团体的意志，更不同于乌合之众意志的总和，而是人民意志的共同一致部分，即法是公意的体现。

4. 罗尔斯将古典自然法中的“三个自然”和社会契约的理论加以改造，提出当人们处在“原始地位”，不知道自己的社会地位和阶级身份，即处在“无知之幕”后面时，对社会的正义原则的选择。

他认为，正义原则应该包括两条：第一正义原则是平等的自由原则，是指每个人都具有这样一种平等权利，即和所有人的同样自由相并存的最广泛、平等的基本自由体系。第二正义原则是机会公平、平等原则和差别原则的结合，它是指对社会和经济不平等的安排应能使这种不平等对所有人都有利，特别是适合最少受惠者的最大利益，而且在机会平等的条件下职务和地位应对所有人开放。

罗尔斯认为：当两个原则相冲突时，应确定自由对平等的优先地位和正义对效率、福利的优先地位。另外，由于出身和天赋等原因的不平等是不合理的，社会应该对此加以纠正，其目的是纠正由于偶然因素造成的差异，使人更为平等。罗尔斯的正义原则实际上是在调和自由和平等的矛盾，但他坚持自由的优先性。

5. 哈特将以奥斯丁为代表的传统的分析法学的法律观概括为三个基本要点：“应该是这样的法”和“实际是这样的法”的区分；对基本法律规范进行纯粹法律研究；法就是主权者的命令。对于第一点，哈特认为是分析法学与自然法学的根本差别之一。他与奥斯丁同样坚持法与道德在逻辑上的分离，认为“非法亦法”，但他承认法中包含着某种“自然法的最低限度的内容”。对于第二点，奥斯丁以经验实证主义为指导思想，从经验的法律中发现概念结构上一致与类似的东西，如法、权利、义务、损害的行为、制裁、自然人、物、行为等；哈特则主要以逻辑实证主义的语言分析哲学为基础，提出了主要规则和次要规则相结合的理论。比较而言，哈特的规则理论在法律的实体内容之外还重点关注了法律的运作和发展。对于第三点，哈特对奥斯丁的“法律命令说”提出了强烈的批评，认为具有诸多缺点，如仅适用于刑法，不能说明授予权力的情况，等等。在批评的基础上，哈特提出了法律规则的“内在观点”和“外在观点”，认为人们对法律规则有两种观点，持内在观点的人从内心接受法律规则，并且以法律规则作为指导；持外在观点的人并不接受法律规则，他们只是观察偏离规则受到惩罚的可能性，并因害怕谴责和惩罚而遵守规则。

6. 凯尔森的规范分析要求把法与经验事实相隔离，从法的先验结构中推演出纯粹的规范等级体系。他认为，一个共同体的法律规范的总和就构成一个法律规范体系，或者叫法律秩序。法律规范体系是由基本规范、一般规范和个别规范组成。每个规范的效力来自一个比它更高的规范，而不能从一个更高的规范中得到自己的效力的规范称为基本规范。基本规范是一种假设，它可以使其他一切规范发生效力；一般规范是我们平常所说的法律规范，由发布它们的国家机关的权力等级决定而组成一个金字塔式的体系；个别规范指适用一般规范的文件，如契约、判决书等。在他看来，从基本规范（宪法）到一般规范到个别规范（适用法律文件）的整个体系不是某种现实关系的反映，相反，现实关系倒是“作为规范的法律的一种复制品”；这种规范的等级结构不是从现实的法律体系中抽象出来的，相反，法律体系却是由于这种先验的结构才井然有序，获得效力。

7. 庞德以实用主义为基础，强调以社会效果作为衡量法律的标准，提出法律是一种“社会工程”的主张，把法理学看作一门社会工程学。他认为：人们应当研究法律秩序，即研究为达到目的的各种活动的总和，而不是争论法律的本质；要考虑利益、主张和要求，而不是考虑权利；要考虑人们要做的事情能做到什么程度，而不仅仅考虑如何去做；要考虑一种体制如何运行，而不仅仅考虑它是否完美无缺、有条不紊；等等。正因为如此，对法律最合适的类比就是工程，法律如工程那样是一个过程、一种活动而非一堆知识或某个固定的工序。对立法者、法官和法学家，就要像对工程师一样，应根据他们完成工程质量的优劣来判断他的才能，而不是根据他的工作是否符合一个传统的理想形式来判断。庞德的这一观点反映了法律社会化的要求，适应了资本主义进入垄断阶段的需要。

8. 研究法与社会的关系，特别是社会关系对法的制约作用，是西方法社会学研究的中心。在西方法社会学中很早就形成了一种传统，根据社会关系性质的差别，论证不同的法之间的差别。但是对社会关系，特别是当代西方社会的社会关系的性质，却有两种不同的看法。

一种看法以法律进化理论、社会连带关系理论和结构功能主义理论为代表。他们认为社会是一个有机体，历史是一个线性的不断向前发展的过程，强调社会内部的有机联系、社会发展的连续性。如英国的梅因认为，随着人类社会从简单到复杂的发展，法律形式也有一个“从身份到契约”的运动。杜尔克姆和狄骥认为，社会各成员之间具有社会连带性，传统社会和现代社会的社会连带性不同，社会所要求的法律规范的性质也不同。现代社会建立在社会分工和相互合作基础之上，彼此的联系要求相应的法律制度。庞德从历史的角度发掘 20 世纪以来在西方法中所出现的“法律社会化”问题。进入 20 世纪后，法律不仅应强调保护个人利益，更应注意保护社会利益，因此强调个人权利与自由的法律就应被“社会化的法律”代替。

另外一种看法则以冲突理论、批判理论、依附理论、女性主义和反种族主义法学为代表。这种观点主要强调社会内部的分歧、冲突，历史发展的断裂等。如冲突理论认为，社会和法律都不是建立在结构功能主义法学所说的“共识”的基础上，而是建立在冲突的基础上；平衡不是社会的正常状态，冲突、斗争才是正常的，法的历史就是统治者追求对权力的巩固和控制的历史。美国 20 世纪七八十年代兴起的批判法学认为，法就是政治，是披着法律外衣的政治；法律推理是法官对不同法律原则的选择过程，没有确定性；法官对相互矛盾的法律原则的选择最终决定于当时占统治地位的意识形态。女性主义法学和种族批判法学则把其批判的锋芒指向当代西方社会对妇女和黑人的歧视上。依附理论则从世界资本主义体系形成的角度对法的作用加以分析。它把美、日等发达资本主义国家看作是这个体系的“中心”，而把第三世界不发达国家看作是这个体系的“外围”，认为世界资本主义体系的发展趋势是外围对中心的日益依附，与此相适应，法律的作用在于维护中心对外围的统治地位，确认和保护这种依附关系。

材料分析题

材料一认为，任何社会都存在生存的目的，因此任何社会中的法律和道德都应包含维护最低限度的生存目的的内容。材料二认为就法律这项事业而言，必须在形式和程序上遵守一定的要求，缺乏这些要素的法不能称之为法。材料三认为，法律是一项阐释性的概念，法律帝国的界限并非由疆界、权力或程序界定，而是由态度特别是法官的态度决定。

这三个材料实际上共同反映了当代法学流派相互融合的大趋势。哈特作为分析法学的代表人物，在讨论法律的概念时也承认法律应该包含最低限度的自然法的内容，表现出向自然法学的妥协。富勒在强调法律的道德性时关注了传统意义上分析法学所看重的形式、程序方面的内容，认为这是判断法是否成为法的重要指标，这反映了自然法学者对分析法学的合理成分的吸收。而德沃金，虽然他并不太情愿称自己是一个自然法学者，但他在《法律帝国》中的思想同其在早期著作《认真对待权利》中的思想相比，有了很大的差别。他从原来强调原则的重要性、强调原则所体现的道德和权利追求，转变为强调法官对法律的诠释、法官对法律的态度的重要性，这里面实际体现了他向法社会学靠拢的倾向。

论述题与深度思考题

1. 富勒、德沃金和罗尔斯的法律思想存在很多相同或类似的地方。他们作为当代自然法学的代表人物，都坚持自然法的基本立场，反对实证主义和功利主义法学，认为政治、法律和道德有着不可分割的联系。他们都以道德哲学作为法理学的基础。他们所讨论的道德和正义都不仅仅是形式上或程序上的正义、道德，而且是实体上的道德和正义，如富勒讨论的“外在自然法”、德沃金的权利理论和罗尔斯的正义原则都是这方面的表现。在政治上，他们都信奉自由主义。

此外，富勒、德沃金和罗尔斯各自的讨论重点、具体内容、理论视角和方法都不相同。(1) 富勒的学说主要围绕法律与道德之间的关系展开，旨在探讨法律的本质、法律制度的合法性和正义性。他以法律的目的性为基点，提出法律不是单纯意义上的社会规则，在规则背后必然有一定的道德性要求。在此基础上他提出法的“内在道德”和“外在道德”等观点。(2) 德沃金的主要关注点在于个人权利问题。他也探讨法的本质，但他是围绕着法律的解释和适用展开的，认为在法律的适用中，法官要服从的不仅有规则，还有原则和政策，在他后期的理论中，他以一种诠释学的立场来看待法官对法律的解释，构建了他“法律帝国”的思想。(3) 而罗尔斯主要探讨的是整个社会制度的正义性，由此出发论述其法律哲学的思想。他将古典自然法的社会契约的理论加以改造，提出当人们处在“原始地位”，不知道自己的社会地位和阶级身份，即处在“无知之幕”后面时，对社会的正义原则的选择。在此基础上，他提出了正义的第一和第二原则。因此，可以说他们三个人的视角、方法各不相同。同时，富勒重点讨论程序自然法问题，而德沃金和罗尔斯侧重讨论实体自然法——实体的正义观和个人权利问题。

富勒、德沃金和罗尔斯学说的差异与其写作的背景有关。富勒代表了第二次世界大战后复兴自然法的新自然法学说。富勒的学说是对法西斯政权的反思，是对法西斯政权与实证主义的关系、法西斯政权的法律是否可以称之为法、审判法西斯战犯应基于什么理论等问题思考的产物。因此，富勒学说的中心是法律与道德之间的关系和法治原则的必要条件。而德沃金和罗尔斯的新自然法学主要是 20 世纪 50 年代末到 70 年代美国政治斗争的产物。民权运动、反对种族歧视、妇女解放运动、反对越战运动等，使人们对现存政治制度和政策产生怀疑，并对自由主义本身提出挑战。德沃金和罗尔斯的新自然法学从不同的角度捍卫了西方占统治地位的自由主义法学，同时又加以修正，这在一定程度上反映了社会中处于不利地位的人们的要求。当然，他们理论的差异也和他们各自的学术经历存在密切的联系。

2. 西方社会在进入 20 世纪后，法律思想有了新的发展，法学流派增多，观点纷呈、各有千秋。总体而言，当代法学思潮表现为三个基本的特点：

第一个特点是新法学思潮的兴起。在新自然法学、新分析法学和社会法学这三大主流法学流派占据主导地位的前提下，各种新法学思潮竞相涌现，如经济分析法学、批判法学、新马克思主义法学、女权主义法学、欧洲结构主义符号法学、现象学法学、政策法学、心理法学，等等。这些法学流派有的是对传统主流法学流派中某些观念深化、发展的产物，更多的是在借鉴、吸收哲学和其他社会科学成果的基础上发展起来的。

第二个特点是三大主流法学流派的融合。一方面，三大主流法学流派各执一端，新自然法学侧重法的价值判断，新分析法学注重法的形式分析，社会法学强调法的事实性质，从而各具特色。另一方面，三大主流法学流派在相互影响的过程中又表现出“趋同”的倾向。三者以各自的方式确立了“法官立法”的原则；受“法律社会化”的影响，都在一定程度上强调社会利益、限制个人权利；三者相互渗透，各自表现出向其他两个法学流派靠拢的倾向；“趋同”还表现为出现了一种新的试图对三大法学流派进行整合的法学派别——综合法学。

第三个特点就是法律与全球化思潮的迅猛发展。受经济全球化的强大影响，在世界范围内，特别是第三世界国家和苏联及东欧国家，出现了一股以市场为导向的法律改革潮流，而这些法律改革的基本原则和最终目的就是增加法的可预测性、可计算性和透明度，即实现法治，以保证资本的跨国界的自由流动，保证世界范围内的贸易自由。与之相适应的是经济分析法学的迅速发展。它强调每个人都是自己利益的合理最大化者，在其行为时，他会考虑每个可能的行为方案的成本和收益。据此，法律规则影响人们的行为，在市场的作用下，法律规则的发展方向是使“福利最大化”。也有些法律理论对法律全球化持一种批判的态度，它们批判全球化带来的社会不公和隐藏其中的法律霸权等问题。无论如何，法律全球化引起了广泛的关注与理论上的探讨。

（参见谷春德主编：《西方法律思想史》，5 版，北京，中国人民大学出版社，2017。）

第三十章　中国特色社会主义法学

知识逻辑图

- 中国特色社会主义法学
  - 马克思主义法学的历史遗产
    - 对资本主义法律制度的批判
    - 对社会主义法律制度的建构
  - 毛泽东人民民主专政理论
    - 人民民主专政和两类矛盾理论
    - 人民民主的法制思想
  - 邓小平民主与法制思想
    - 制度建设的重要性
    - 社会主义法制建设的基本方针
    - 一手抓建设一手抓法制
  - 江泽民依法治国理论
    - 依法治国，建设社会主义法治国家
    - 依法执政，党的执政方式的改革
    - 依法治国和以德治国
  - 胡锦涛社会主义法治理念
    - 社会主义法治理念的内容
    - 以人为本的法律思想
  - 习近平法治思想
    - 习近平法治思想的内容
    - 习近平法治思想是历史唯物论的继承和发展

名词解释与概念比较

1. 依法治国
2. “以人为本”

选择题

（一）单项选择题

1. 马克思曾说：“社会不是以法律为基础，那是法学家的幻想。相反，法律应该以社会为基础。法律应该是社会共同的，由一定的物质生产方式所产生的利益需要的表现，而不是单个人的恣意横行。”根据这段话所表达的马克思主义法学原理，下列哪一选项是正确的？（　　）（司考）

A. 强调法律以社会为基础，这是马克思主义法学与其他派别法学的根本区别

B. 法律在本质上是社会共同体意志的体现

C. 在任何社会，利益需要实际上都是法律内容的决定性因素

D. 特定时空下的特定国家的法律都是由一定的社会物质生活条件所决定的

2. 下列关于法的现代化的表述，哪一选项是错误的？（　　）

A. 所谓法的现代化，是指法与现代化需要相适应的过程，因此，法的现代化完全是为了满足现代化的要求才成为一种迫切的需要

B. 从中国法治现代化的进程看，法律制度的变革与法律观念的更新出现了不同步的现象

C. 对于中国法治现代化而言，外来法律资源与本土法律文化的关系是关键问题

D. 法治的现代化主要是指法律制度的西方化

3. 全面依法治国，必须坚持人民的主体地位。对此，下列哪一理解是错误的？（　　）（司考）

A. 法律既是保障人民自身权利的有力武器，也是人民必须遵守的行为规范

B. 人民依法享有广泛的权利和自由，同时也承担应尽的义务

C. 人民通过各种途径直接行使立法、执法和司法的权力

D. 人民根本权益是法治建设的出发点和落脚点，法律要为人民所掌握、所遵守、所运用

4. 全面依法治国必须坚持从中国实际出发。对此，下列哪一理解是正确的？（　　）（司考）

A. 从实际出发不能因循守旧、墨守成规，法治建设可适当超越社会发展阶段

B. 全面依法治国的制度基础是中华法系，实践基础是中国传统社会的治理经验

C. 从中国实际出发不等于“关起门来搞法治”，应移植外国法律制度和法律文化

D. 从实际出发要求凸显法治的中国特色，坚持中国特色社会主义道路、理论体系和制度

5. 推进依法行政、转变政府职能要求健全透明预算制度。修改后的《预算法》规定，经本级人大或者常委会批准的政府预算、预算调整和决算，应及时向社会公开，部门预算、决算及报表也应向社会公开。对此，下列哪一说法是错误的？（　　）（司考）

A. 依法行政要求对不适应法治政府建设需要的法律及时进行修改和废止

B. 透明预算制度有利于避免财政预算的部门化倾向

C. 立法对政府职能转变具有规范作用，能为法治政府建设扫清障碍

D. 立法要适应政府职能转变的要求，但立法总是滞后于改革措施

6. 下列有关法与政策的表述，哪一个是不正确的？（　　）

A. 在新中国的历史上，曾经存在过政策优于法律的情形

B. 在强调依法治国的今天，只需要法律不需要政策

C. 法和政策都具有强制性

D. 法和政策的产生途径不同

7. 某法院完善人民陪审员选任方式，在增加陪审员数量的基础上建立“陪审员库”，随机抽选陪审员参与案件审理。关于人民陪审员制度，下列哪一说法是错误的？（　　）（司考）

A. 应避免陪审员选任的过度“精英化”

B. 若少数陪审员成为常驻法院的“专审员”，将影响人民陪审员制度的公信力

C. 完善人民陪审员制度的主要目的是让人民群众通过参与司法养成守法习惯

D. 陪审员的大众思维和朴素观念能够弥补法官职业思维的局限性

8. 梁某欲将儿子转到离家较近的学校上小学，学校要求其提供无违法犯罪记录证明。梁某找到户籍地派出所，民警告之，公安机关已不再出具无违法犯罪记录证明等18类证明。考虑到梁某的难处，民警仍出具了证明，并附言一句：“请问学校，难道父母有犯罪记录，就可以剥夺小孩读书的权利吗？”对此，下列哪一说法是正确的？（　　）（司考）

A. 公安机关不再出具无违法犯罪记录证明，将减损公民合法权益

B. 民警的附言客观上起到了普法作用，符合“谁执法谁普法”的要求

C. 派出所对学校的要求提出质疑，不符合文明执法的要求

D. 梁某要求派出所出具已明令不再出具的证明，其法治意识不强

9. 中国古代有“厌讼”传统，老百姓万不得已才打官司。但随着经济社会发展，我国司法领域却出现了诉讼案件激增的现象。对此，下列哪一说法是错误的？（　　）（司考）

A. 相比古代而言，法律在现代社会中对保障人们的权利具有更重要的作用

B. 从理论上讲，当诉讼成本高于诉讼可能带来的收益时，更易形成“厌讼”的传统

C. 案件激增从一个侧面说明人民群众已逐渐树立起遇事找法、解决问题靠法的观念

D. 在法治社会，诉讼是解决纠纷的唯一合法途径

（二）多项选择题

1. 关于对全面推进依法治国基本原则的理解，下列哪些选项是正确的？（　　）（司考）

A. 要把坚持党的领导、人民当家作主、依法治国有机统一起来

B. 坚持人民主体地位，必须坚持法治建设以保障

人民根本利益为出发点

C. 要坚持从中国实际出发，并借鉴国外法治有益经验

D. 坚持法律面前人人平等，必须以规范和约束公权力为重点

2. 根据中国特色社会主义法治理论有关内容，关于加强法治工作队伍建设，下列哪些表述是正确的？（　　）（考研）

A. 全面推进依法治国，必须大力提高法治工作队伍思想政治素质、业务工作能力、职业道德水准

B. 建立法律职业人员统一职前培训制度，有利于他们形成共同的法律信仰、职业操守和提高业务素质、职业技能

C. 加强律师职业道德建设，需要进一步健全完善律师职业道德规范制度体系、教育培训及考核机制

D. 为推动法律服务志愿者队伍建设和鼓励志愿者发挥作用，可采取自愿无偿和最低成本方式提供社会法律服务

3. 关于司法的表述，下列哪些选项可以成立？（　　）（司考）

A. 司法的依据主要是正式的法律渊源，而当代中国司法原则“以法律为准绳”中的“法律”则需要作广义的理解

B. 司法是司法机关以国家名义对社会进行全面管理的活动

C. 司法权不是一种决策权、执行权，而是一种判断权

D. 当代中国司法追求法律效果与社会效果的统一

4. 在法律发展中，必须坚持用社会主义法治理论指导司法工作，逐步建立和完善中国特色社会主义的司法制度。下列说法正确的有（　　）。

A. 司法工作的灵魂是司法公正，我国的司法制度应当以公正、高效、权威为价值目标

B. 司法主体民主表现为人民直接参与司法以及司法人员通过人民代表大会制度产生

C. 审判程序民主是司法程序民主的核心内容

D. 在司法权的运行方式上，坚持专门机关工作与群众路线相结合

5. 资本主义从自由竞争发展到垄断阶段后，出现了不少调整经济立法、社会公共事务的法律，并出现了大量的授权立法、委托立法，同时我国也出现了社会经济立法。针对该现象，下列表述正确的是（　　）。

A. 法是社会的产物，法的内容是由一定的社会物质生活条件决定的

B. 随着经济的发展，不同法系在相互学习、逐步靠拢，有相互融合的趋势

C. 法的发展可以突破限制，在不同法系和不同社会制度之间，从技术层面实现法的移植

D. 我国在发展经济立法的过程中，吸收和借鉴了别国的立法经验，这是法的现代化能否成功的关键

6. 党的十八届四中全会决定明确指出：“完善以宪法为核心的中国特色社会主义法律体系。”据此，下列哪些做法是正确的？（　　）（司考）

A. 建立全国人大及其常委会宪法监督制度，健全宪法解释程序机制

B. 健全有立法权的人大主导立法工作的体制，规范和减少政府立法活动

C. 探索委托第三方起草法律法规草案，加强立法后评估，引入第三方评估

D. 加快建立生态文明法律制度，强化生产者环境保护的法律责任

7. 全面推进依法治国，要求深入推进依法行政，加快建设法治政府。下列做法符合该要求的是（　　）。（司考）

A. 为打击医药购销领域商业贿赂，某省对列入不良记录逾期不改的药品生产企业，取消所有产品的网上采购资格

B. 某市建立行政机关内部重大决策合法性审查机制，未经审查的，不得提交讨论

C. 某省交管部门开展校车整治行动时，坚持以人为本，允许家长租用私自改装的社会运营车辆接送学生

D. 某市推进综合执法，为减少市县两级政府执法队伍种类，要求无条件在所有领域实现跨部门综合执法

8. 程某利用私家车从事网约车服务，遭客管中心查处。执法人员认为程某的行为属于以“黑车”非法营运，遂依该省《道路运输条例》对其处以 2 万元罚款。对此，下列哪些说法是正确的？（　　）（司考）

A. 当新经营模式出现时，不应一概将其排斥在市场之外

B. 程某受到处罚，体现了“法无授权不可为”的法治原则

C. 科学技术的进步对治理体系和治理能力提出了更高要求

D. 对新事物以禁代管、以罚代管，这是缺乏法治思维的表现

9.2015 年 4 月，最高人民法院发布了《关于人民法院推行立案登记制改革的意见》。关于立案登记制，下列理解正确的是（　　）。(司考)

A. 有利于做到有案必立，保障当事人诉权

B. 有利于促进法院案件受理制度的完善

C. 法院对当事人的起诉只进行初步的实质审查，当场登记立案

D. 适用于民事起诉、强制执行和国家赔偿申请，不适用于行政起诉

材料分析题

材料一：法律是治国之重器，法治是国家治理体系和治理能力的重要依托。全面推进依法治国，是解决党和国家事业发展面临的一系列重大问题，解放和增强社会活力、促进社会公平正义、维护社会和谐稳定、确保党和国家长治久安的根本要求。要推动我国经济社会持续健康发展，不断开拓中国特色社会主义事业更加广阔的发展前景，就必须全面推进社会主义法治国家建设，从法治上为解决这些问题提供制度化方案。(摘自习近平《关于〈中共中央关于全面推进依法治国若干重大问题的决定〉的说明》)

材料二：同党和国家事业发展要求相比，同人民群众期待相比，同推进国家治理体系和治理能力现代化目标相比，法治建设还存在许多不适应、不符合的问题，主要表现为：有的法律法规未能全面反映客观规律和人民意愿，针对性、可操作性不强，立法工作中部门化倾向、争权诿责现象较为突出；有法不依、执法不严、违法不究现象比较严重，执法体制权责脱节、多头执法、选择性执法现象仍然存在，执法司法不规范、不严格、不透明、不文明现象较为突出，群众对执法司法不公和腐败问题反映强烈。(摘自《中共中央关于全面推进依法治国若干重大问题的决定》)

问题：

根据以上材料，结合全面推进依法治国的总目标，从立法、执法、司法三个环节谈谈建设社会主义法治国家的意义和基本要求。

论述题与深度思考题

1. 结合依宪治国、依宪执政的总体要求，谈谈法律面前人人平等的原则对于推进严格司法的意义。

2. 联系实际，论述我国社会主义法治建设在构建社会主义和谐社会中的保障作用。(考研)

参考答案

名词解释与概念比较

1. 依法治国，就是广大人民群众在党的领导下，依照宪法和法律的规定，通过各种途径和形式管理国家事务、管理经济文化事业、管理社会事务，保证国家各项工作都依法进行，逐步实现社会主义民主的制度化、法律化，使这种制度和法律不因领导人的改变而改变，不因领导人看法和注意力的改变而改变。

2. “以人为本”就是要坚持以人为本，就是要以实现人的发展为目标，从人民群众的根本利益出发谋发展、促发展，不断满足人民群众日益增长的物质文化需求，切实保障人民群众的经济、政治和文化权益，让发展的成果惠及全体人民。

选择题

(一) 单项选择题

1. 答案：D

解析：马克思主义法学理论认为，法的本质最终体现为法的物质制约性。法的物质制约性是指法的内容受社会存在这个因素的制约，其最终也是由一定社会物质生活条件决定的。马克思主义法学理论分析社会的特点在于，认为：法律是社会的组成部分，也是社会关系的反映；社会关系的核心是经济关系，经济关系的核心是生产关系；生产关系是由生产力决定的，而生产力则是不断发展变化的；生产力的不断发展最

终导致包括法律在内的整个社会的发展变化。这就提供了一个将法律置于物质的能动的社会发展过程中加以考察的唯物史观的分析框架。按照这种观点，立法者不是在创造法律而只是在表述法律，是将社会生活中客观存在的包括生产关系、阶级关系、亲属关系等在内的各种社会关系以及相应的社会规范、社会需要上升为国家的法律，并运用国家权威予以保护。所以说在特定时空下的特定国家的法律都是由一定的社会物质生活条件所决定的。由此，答案D是正确的。

2. 答案：D

解析：法的现代化实际是为了满足社会现代化的需要，所以A项正确。从中国法制现代化进程看，法律制度的变革比法律观念的更新要快，所以B项正确。中国是后进的法治现代化国家，如何处理外来法律文化和本土法律文化是关键问题，所以C项正确。法治现代化绝非西方化，而是正确处理西方化和本土化的关系，所以D项错误。

3. 答案：C

解析：坚持人民主体地位是全面推进依法治国的基本原则之一。其要点包括：(1) 人民是法治的主体和力量源泉。(2) 人民代表大会制度是根本政治制度。(3) 保障人民根本权益是出发点和落脚点。(4) 保证人民享有广泛权利和自由，同时还需遵守相关义务，故A、B项正确。(5) 增强学法尊法守法用法意识，使法律为人民所掌握、遵守和运用。故D项正确。

人民虽然是法治的主体，一切权力属于人民，但并不意味着人民“直接行使”立法权、执法权、司法权等国家权力——此类权力只能由特定的国家机关直接行使。故C项错误。

4. 答案：D

解析：从中国实际出发包括三个要求：(1) 中国特色社会主义道路、理论体系、制度是全面推进依法治国的根本遵循，D项正确。(2) 必须从我国基本国情出发，推进理论创新，发展符合中国实际的社会主义法治理论。(3) 汲取中华法律文化精华，借鉴国外法治有益经验，但绝不照搬外国法治理念和模式。

A项前半句“不能因循守旧、墨守成规”的说法正确，符合“理论创新”的要求；后半句涉及法理学中“法律与社会的关系”，其主要内容是：(1) 社会是法律的前提和基础；(2) 法律与社会发展具有一致性；(3) 法律可能超前于或滞后于社会发展。A项后半句中“超越社会发展阶段”的说法是错误的。“社会发展阶段”是马克思主义法理学的一个专有概念，专指“原始社会、奴隶社会、封建社会、资本主义社会、社会主义社会”等人类社会的五大发展阶段。法律虽然可能超前或滞后于社会的发展进程，但不可能达到超越“社会发展阶段”的程度。故A项错误。

B项前半句错误，全面依法治国的制度基础是中国特色社会主义法律体系，而不是中华法系，中华法系随着清末变法的推行早已经解体；B项后半句错误，实践基础是社会现实而不是传统经验，具体而言是中国特色社会主义初级阶段的基本国情。

C项前半句正确，从中国实际出发，不能闭关锁国故步自封；后半句错误，法的现代化的捷径之一是法律移植，即可以（而非“应当”）移植外国法律制度；另外，法律文化是一国根深蒂固的法律传统，一般都经过上百年甚至千年的积淀而成，一般不是移植的对象。

5. 答案：D

解析：根据《关于全面推进依法治国若干重大问题的决定》（以下简称《决定》）要求，实现立法和改革决策相衔接，要做到：(1) 重大改革于法有据、立法主动适应改革和经济社会发展需要；(2) 实践证明行之有效的，要及时上升为法律。实践条件还不成熟、需要先行先试的，要按照法定程序作出授权；(3) 对不适应改革要求的法律法规，要及时修改和废止。

A项，不适应法治政府建设需要的法律，当然要及时修改和废止，故A项正确。需要注意，修改或废止并不是解决法律滞后的全部手段，还包括法律解释、法律论证等。

B项，任何的公权力透明化行使，都有助于克服腐败、部门偏向等，预算制度也不例外，故B项正确。

C项，法律具有规范作用，具体到本题，预算立法对预算公开作出了规定，有利于规范政府职能的转变，有利于法治政府建设。故C项正确。需要说明的是，C项后半句“能为法治政府建设扫清障碍”的说法不够严谨，法治政府的障碍有很多，仅靠立法是无法“扫清”的；如果后半句改为“有利于为法治政府建设扫清障碍”则是正确的。

D项，立法必须要主动适应改革和社会发展，并允许有适度的超前性和概括性，故D项错误。

6. 答案：B

解析：形成于抗日根据地时期的“政法”传统一

度影响着新中国的法制实践，用政策代替法律、改变法律的情况屡见不鲜，故A项正确。法律具有滞后性，也需要稳定性，而社会生活的复杂多样性就需要政策这种更有灵活性和针对性的手段来弥补法律的不足，故B项错误。法和政策都具有强制性，只是强制方式不同：法依靠国家强制力保证实施，而党员违反政党的政策会遭受批评教育或纪律制裁。故C项正确。法由国家机关依照法定程序创制，政党的政策由领导机关依照政党的章程制定，故D项正确。

7. 答案：C

解析：人民陪审员属于群众参与司法的一项重要措施，其要点包括：(1) 目的在于提升司法的民主性，提高公众参与的程度；(2) 陪审员的大众思维和法官的职业思维形成互补，故D项正确；(3) 陪审员是“随机抽选”的，不存在常驻法院的专审员，故B项正确。

根据以上原理，可以得知：(1) 应避免陪审员选任中的过度“精英化”（但并不是说将所有的精英都排除在外），故A项正确；(2) 人民陪审员制度的目的在于司法民主化，并不在于养成民众的守法习惯（当然，人民陪审员制度有这样的意义，但这不是“目的”），故C项错误。

8. 答案：B

解析：A项，根据《决定》要求，行政机关不得法外设定权力，没有法律法规依据不得作出减损公民、法人和其他组织合法权益或者增加其义务的决定。本题中，公安机关不再出具无违法犯罪记录证明，并没有减损公民合法权益，也没有增加其义务；反而减少了公民义务，间接地增加了公民合法权益。故A项错误。

B项，根据《决定》要求，“谁执法谁普法”，赋予了执法者的普法职责，民警的附言点明了“受教育的权利”，客观上起到了普法作用，符合“谁执法谁普法”，故B项正确。

C项，文明执法要求执法的态度、手段、方式等都应当文明化。对没有法律根据的要求提出质疑，并没有违反“文明执法”的要求。故C项错误。

D项涉及法律意识，法律意识是指人们对于法律现象的看法，主要包括：法律学说，对法的评价和解释，法律动机（法律要求），对权利、义务的认知（法律感），对法律的了解、掌握和运用程度（法律知识），以及对行为是否合法的评价等。本题中，梁某要求派出所出具明令不再出具的证明，表面上看是梁某为了自己便利而要求派出所做“违法（违反规章）”行为，法治意识不强，但是从深层次看，派出所出具此类证明的行为，并不能构成真正的违法，也不会受到处分。原因在于：(1) 没有增加公民义务或减损公民权利；(2) 公安机关虽然不再出具相关证明，但其他行业还需一个接受的过程；(3) 公安机关进行“个案平衡”，恰恰是行政合理的要求，也是便民行政的要求。故D项错误。

9. 答案：D

解析：A项：随着现代社会的发展，法律作为一种正式的、规范的、有国家强制力保障实施的高级规范，其地位越来越受到重视，对于保障人们权利所起的作用也越来越大。故A项正确。

B项：“厌讼”的原因有多种，例如：(1) 从经济学角度看，诉讼成本高于收益；(2) 从政治学角度看，司法没有公信力；(3) 从人类学角度看，倡导“和”的文化，反对“锱铢必较”；等等。B项指出了“厌讼”的经济学根据，是正确的。需要注意的是，这并不是“厌讼”的唯一根据。

C项：增强全民法治观念，建设社会主义法治文化，引导全民自觉守法、遇事找法、解决问题靠法，这是推动全社会树立法治意识的重要措施，这也导致司法正逐渐成为解决纠纷最主要的手段。故C项正确。

D项：把诉讼作为解决纠纷的唯一合法途径，这是错误的。原因：法律有局限性，法治社会需要建成多层次、多领域的依法治理体系，建立多元化的纠纷解决机制。故D项错误。

（二）多项选择题

1. 答案：ABCD

解析：A项考查“坚持党的领导”原则。《决定》指出：“党的领导是中国特色社会主义最本质的特征，是社会主义法治最根本的保证。把党的领导贯彻到依法治国全过程和各方面，是我国社会主义法治建设的一条基本经验……只有在党的领导下依法治国、厉行法治，人民当家作主才能充分实现，国家和社会生活法治化才能有序推进。”由此可见，党的领导与人民当家作主、依法治国是统一的。故A项正确。

B项考查“人民主体”原则。《决定》指出：“必须坚持法治建设为了人民、依靠人民、造福人民、保护人民，以保障人民根本权益为出发点和落脚点，保证人民依法享有广泛的权利和自由、承担应尽的义务，维护社会公平正义，促进共同富裕。”故B项正确。

C项考查“从中国实际出发”原则。《决定》指出：“中国特色社会主义道路、理论体系、制度是全面推进依法治国的根本遵循。必须从我国基本国情出发，同改革开放不断深化相适应……汲取中华法律文化精华，借鉴国外法治有益经验，但决不照搬外国法治理念和模式。”故C项正确。

D项考查“法律面前人人平等”原则。《决定》指出：“平等是社会主义法律的基本属性……必须以规范和约束公权力为重点，加大监督力度，做到有权必有责、用权受监督、违法必追究，坚决纠正有法不依、执法不严、违法不究行为。”故D项正确。

2. 答案：ABC

解析：《决定》强调，全面推进依法治国，必须大力提高法治工作队伍思想政治素质、业务工作能力、职业道德水准。故A项正确。

《决定》提出，我国将建立法律职业人员统一职前培训制度。这有利于推进法治专门队伍正规化、专业化、职业化，全面提高司法人员的职业道德和职业技能。故B项正确。

司法部印发的《关于进一步加强律师职业道德建设的意见》，要求健全完善加强律师职业道德建设的长效机制。具体包括职业道德规范制度体系、职业道德教育培训机制、践行职业道德的监督管理机制、遵守职业道德的考核奖惩机制和职业道德建设扶持保障政策。故C项正确。

《决定》提出，推动法律服务志愿者队伍建设。建立激励法律服务人才跨区域流动机制，逐步解决基层和欠发达地区法律服务资源不足和高端人才匮乏问题。法律服务志愿者的工作性质决定了向服务对象提供社会法律服务应当采用自愿无偿方式，不能向服务对象收取任何费用。“最低成本方式提供社会法律服务”表述不妥，各级政府为推动法律服务志愿者队伍建设和鼓励志愿者发挥作用，必须加大财政投入，仅靠志愿者自愿无偿提供法律服务不利于解决我国法律服务人才分布不均衡问题，法律服务人才跨区流动激励机制离不开必要的财政支持。故D项错误。

3. 答案：ACD

解析：司法是司法机关以国家名义对具体纠纷进行认定和裁决的专门性活动，而外部行政行为属于对社会进行全面管理的活动，因此，司法权不是一种决策权、执行权，而是一种判断权。所以选项C正确，选项B错误。司法的依据主要是正式的法律渊源，而当代中国司法原则“以法律为准绳”中的“法律”需要作广义的理解，它包括具有立法权的国家机关颁布的法律、法规，特别情况下还包括习惯、政策等。在当代中国，司法要追求法律效果与社会效果的统一，也就是审判既要合法，还要具有良好的社会效果，以实现“辨法析理，胜败皆服、息事宁人、促进和谐”。因此，正确选项为A、C、D。

4. 答案：ABD

解析：公正是司法工作的灵魂，也是依法治国的重要标志。建立社会主义司法制度，应当以公正、高效、权威为目标，公正是灵魂，高效是保障，权威是品格，所以A选项的表述是正确的。司法主体民主体现在两个方面，一个是人民直接参与司法，另一个是司法人员通过人民代表大会制度产生，所以B选项的表述是正确的。司法公开制度是程序民主的核心内容，所以C选项的表述是错误的。司法制度主要表现在司法制度的本质和司法权的来源、配置、行使和运行方式等方面，在司法权的运行方式上表现为坚持专门机关工作与群众路线相结合。所以D选项的表述是正确的。

5. 答案：ACD

解析：法是社会的产物。社会性质决定法的本质，社会物质生活条件最终决定法的本质。所以A选项正确。法系划分的理论依据主要是法的传统，不同的法系出现了一定的融合，但因各自传统的不同，在思维方式、法的渊源、法律分类、诉讼程序等许多方面都存在差异。所以B选项错误。法的移植是鉴别、认同、吸收、调适和同化外国法的过程，使之成为本国法的有机组成部分，移植大多是技术层面的。法的移植可以发生在不同性质、不同法律传统的国家之间。所以C选项正确。我国法的现代化的形式是立法主导型的，吸收和借鉴了其他国家的立法经验，移植来的经验能否与我国的法律传统和社会现实相融合，是我国法的现代化能否成功的关键。所以D选项正确。

6. 答案：CD

解析：A项考查宪法监督制度的完善。党的十八届四中全会《决定》明确指出“健全宪法实施和监督制度”，我国现行宪法中明确授予全国人大及其常委会

"监督宪法实施"的职权，不存在"建立"的问题，准确说法应是"完善"全国人大及其常委会宪法监督制度，健全宪法解释程序机制。故A项错误。

B项考查完善立法体制。《决定》中明确提出："健全有立法权的人大主导立法工作的体制机制。"但坚持人大在立法工作中的主导作用，与政府立法本身并不矛盾，因此，"规范"政府立法活动是正确的，而"减少"政府立法活动不正确。故B项错误。

C项考查"完善立法体制"和"深入推进科学立法、民主立法"的内容。"探索委托第三方起草法律法规草案"和"引入第三方评估"都是明确写进《决定》中的，而《立法法》第63条规定："全国人民代表大会有关的专门委员会、常务委员会工作机构可以组织对有关法律或者法律中有关规定进行立法后评估。评估情况应当向常务委员会报告。"故C项正确。

D项考查"加强重点领域立法"的内容。《决定》指出："用严格的法律制度保护生态环境，加快建立有效约束开发行为和促进绿色发展、循环发展、低碳发展的生态文明法律制度，强化生产者环境保护的法律责任，大幅度提高违法成本。"故D项正确。

7. 答案：AB

解析：《决定》指出："各级政府必须坚持在党的领导下，在法治轨道上开展工作，创新执法体制，完善执法程序，推进综合执法，严格执法责任，建立权责统一、权威高效的依法行政体制，加快建设职能科学、权责法定、执法严明、公开公正、廉洁高效、守法诚信的法治政府。"该题目的四个选项都是围绕这个主题设计的。

A项：医疗购销领域的商业贿赂仍不鲜见，而且危害极大，而网上采购，更加提高了查处的难度，因此，对于此类行为，取消其网上采购资格并没有明显的违法之处。故A项正确。

B项：决定提出："健全依法决策机制。把公众参与、专家论证、风险评估、合法性审查、集体讨论决定确定为重大行政决策法定程序，确保决策制度科学、程序正当、过程公开、责任明确。建立行政机关内部重大决策合法性审查机制，未经合法性审查或经审查不合法的，不得提交讨论。"故B项正确。

C项：决定提出："坚持严格规范公正文明执法。依法惩处各类违法行为，加大关系群众切身利益的重点领域执法力度。完善执法程序，建立执法全过程记录制度。明确具体操作流程，重点规范行政许可、行政处罚、行政强制、行政征收、行政收费、行政检查等执法行为。严格执行重大执法决定法制审核制度。"交管部门开展校车整治行动时，应当坚持以人为本，但是家长租用私自改装的社会营运车辆接送学生正是校车安全隐患整治的对象，不能以"以人为本"为理由，就不予整治。故C项错误。

D项：决定提出："深化行政执法体制改革。根据不同层级政府的事权和职能，按照减少层次、整合队伍、提高效率的原则，合理配置执法力量。推进综合执法，大幅减少市县两级政府执法队伍种类，重点在食品药品安全、工商质检、公共卫生、安全生产、文化旅游、资源环境、农林水利、交通运输、城乡建设、海洋渔业等领域内推行综合执法，有条件的领域可以推行跨部门综合执法。"因此，某市在推进综合执法时，为减少市县两级政府执法队伍种类，不能要求无条件在所有领域实现跨部门综合执法。故D项错误。

8. 答案：ACD

解析：A项正确。出现新的经营模式后，不能一概排斥，应在综合判断、分析与衡量的基础上，明确新事物的优缺点，进行利益衡量，再最终决定要采取的措施。

B项错误。"法无授权不可为"针对的是公权力机关的执法行为，程某是行政相对人，适用的应是"法无禁止即自由"。

C项正确。科学技术是第一生产力，对法律有根本的决定作用。随着科学技术的进步，必然对治理体系和治理能力提出了更高的要求。

D项正确。要自觉提高运用法治思维和法治方式对新事物进行科学适当管理，而不能一味采取以禁代管、以罚代管，否则无法克服法律的局限性，应该灵活运用法律解释、推理等技巧，努力实现法律与社会发展的协调。

9. 答案：AB

解析：《决定》在优化司法职权配置方面提出："改革法院案件受理制度，变立案审查制为立案登记制，对人民法院依法应该受理的案件，做到有案必立、有诉必理，保障当事人诉权。"最高人民法院发布的《关于人民法院推行立案登记制改革的意见》体现了以群众需求为导向，能够切实保障当事人的诉权，从制度上、源头上、根本上解决"立案难"的问题。故A

项正确。

上述意见的内容主要包括五个方面：（1）对符合法律规定的起诉、自诉和申请，一律接收诉状，当场登记立案。（2）对提交的材料不符合形式要件的，及时释明，以书面形式一次性全面告知应当补正的材料和期限。（3）对在法律规定期限内无法判定的，应当先行立案。（4）对不符合法律规定的，应当依法裁决不予受理或者不予立案，并载明理由。当事人不服的，可以提起上诉或者申请复议。禁止不收材料、不予答复、不出具法律文书。（5）强化责任追究，对有案不立、拖延立案、人为控制立案、"年底不立案"、干扰依法立案等违法行为，依法依纪严肃追究有关责任人员和主管领导责任。这些都有利于促进法院案件受理制度的完善。故B项正确。

立案登记制是指，法院对当事人的起诉不进行实质审查，仅仅对形式要件进行核对。除了意见规定不予登记立案的情形，当事人提交的诉状一律接收，并出具书面凭证。起诉状和相关证据材料符合诉讼法规定条件的，当场登记立案。故C项错误。

登记立案针对的是初始案件，包括民事起诉、行政起诉、刑事自诉、强制执行和国家赔偿申请（对上诉、申请再审、申诉等，法律另有规定，不适用登记立案的规定）。因此，这一规定能够解决行政诉讼立案难的问题。故D项错误。

材料分析题

第一，全面推进依法治国的总目标是建设中国特色社会主义法治体系，建设社会主义法治国家。具体含义是：在党的领导下，坚持中国特色社会主义制度，贯彻中国特色社会主义法治理论，形成完备的法律规范体系、高效的法治实施体系、严密的法治监督体系、有力的法治保障体系，形成完备的党内法规体系，坚持依法治国、依法执政、依法行政共同推进，坚持法治国家、法治政府、法治社会一体建设，实现科学立法、严格执法、公正司法、全民守法，促进国家治理体系和治理能力现代化。

第二，从立法看，要完善以宪法为核心的法律体系，加强宪法实施。具体包括：（1）建设中国特色社会主义法治体系，必须坚持立法先行，发挥立法的引领和推动作用，抓住提高立法质量这个关键。（2）形成完备的法律规范体系，要贯彻社会主义核心价值观，使每一项立法都符合宪法精神。（3）要完善立法体制机制，坚持立改废释并举，增强法律法规的及时性、系统性、针对性、有效性。

第三，从执法看，要深入推进依法行政，加快建设法治政府。法律的生命力和法律的权威均在于实施。建设法治政府要求在党的领导下，创新执法体制，完善执法程序，推进综合执法，严格执法责任，建立权责统一，权威高效的依法行政体制，加快建设职能科学、权责法定、执法严明、公开公正、廉洁高效、守法诚信的法治政府。

第四，从司法看，要保证公正司法，提高司法公信力。要完善司法管理体制和司法权力运行机制，规范司法行为，加强监督，让人民群众在每一个司法案件中感受到公平正义。

论述题与深度思考题

1.（1）依宪治国、依宪执政是依法治国、依法行政的前提，其基本含义是：宪法是国家的根本大法，是党和人民意志的集中体现，全国各族人民、一切国家机关和武装力量、各政党和各社会团体、各企业事业组织，都必须以宪法为根本活动准则。

（2）法律面前人人平等是社会主义法律的基本属性，其基本含义是：1）宪法法律对所有公民和组织的合法权利予以平等保护，对受侵害的权利予以平等救济；2）任何个人都不得有超越宪法法律的特权，对一切违反宪法法律的行为都必须予以纠正和追究。

（3）坚持法律面前人人平等的原则，对严格司法提出了更高的要求：1）司法机关及其工作人员在司法过程中必须坚持以事实为根据、以法律为准绳，坚持事实认定符合客观真相、办案结果符合实体公正、办案过程符合程序公正，统一法律适用的标准，避免同案不同判，实现对权利的平等保护和对责任的平等追究。2）推进以审判为中心的诉讼制度改革，全面贯彻证据裁判规则，确保案件事实证据经得起法律检验，确保诉讼当事人受到平等对待，绝不允许法外开恩和法外施刑。3）司法人员工作职责、工作流程、工作标准必须明确，办案要严格遵循法律面前人人平等的原则，杜绝对司法活动的违法干预，办案结果要经得住法律和历史的检验。

（4）总之，坚持法律面前人人平等，意味着人民群众的诉讼权利在司法程序中应得到平等对待，人民群众的实体权利在司法裁判中得到平等保护。只有让人民群众在每一个司法案件中感受到公平正义，人民群众才会相信司法，司法才具有公信力。

2. 社会主义和谐社会本质上是法治社会，构建社会主义和谐社会就是建设社会主义法治国家。只有依照法律规范来治理社会，人们和政府的行为才能有章可循，有法可依，社会才会有和谐的基础。作为法治社会最主要的规则，法律是所有社会规范中最具有明确性、确定性和国家强制性的规范，法律规范的这些特征使法律成为社会控制的主要手段。加强社会主义法治建设是实现社会和谐发展的基石和保障。

社会主义法治建设的保障作用主要体现在：（1）法治对社会主义和谐社会的保障作用体现在立法方面。有法可依是实行社会主义法治的前提，有了完备的法律体系作保障，才能更好地引导、规范和约束公民和政府的行为，使之依法办事，为构建和谐社会创造健康的制度环境。（2）法治对社会主义和谐社会的保障作用体现在执法方面。法治强调对公权力的合理监督以保障社会公众的权利，这就要求建立服务型政府，严格依法行政，有助于贯彻以保障人权为核心的法治原则和精神，促进社会和谐发展。（3）法治对社会主义和谐社会的保障作用体现在司法方面。公正高效的司法是构建和谐社会的有力保障，司法往往被视为社会公正的最后一道防线，而社会公正是和谐社会的内在要求。公正独立的司法体制，有助于真正形成公平和公正的社会环境，使社会各阶层人民群众各得其所，和谐相处，最终实现社会安定。（4）法治对社会主义和谐社会的保障作用体现在守法方面。社会成员遵纪守法，政府依法办事是构建和谐社会的内在要求，全体社会成员守法意识和政府依法行政的法律意识的不断提高，是构建社会主义和谐社会的主要条件。（5）法治对社会主义和谐社会的保障作用体现在法律监督方面。法律监督可以通过对立法、执法、司法和守法等法治环节的作用保障和促进构建和谐社会的进程。

模拟题一及答案

一、名词解释和概念比较

1. 法的结构形式、法的表现形式与法的实现形式
2. 法的本质与法的现象（考研）
3. 调整性规则和保护性规则（考研）
4. 正式解释和非正式解释（考研）
5. 法律汇编与法典编纂（考研）
6. 法律责任和法律制裁（考研）

二、选择题

（一）单项选择题

1. 将法的本质归结为“主权者的命令”的西方法学流派是（　　）。（考研）

A. 自然法学　　B. 历史法学　　C. 分析实证主义法学　　D. 社会学法学

2. 下列表述哪一个是正确的？（　　）（考研）

A. 判例法是由法院对具体的人、具体的案件所作的判决形成的，只对特定当事人有效

B. 在我国，地方性法规也在全国范围内具有效力

C. 法在时间上的适用效力是普遍的，不存在时间的限制

D. 法在有效期内能够反复适用

3. 下列有关法律调整的说法正确的是（　　）。

A. 法律调整是规范性调整，因此它排斥个别性调整

B. 法律调整通过外在压力发挥作用，因此它排斥内在调整

C. 法律调整是阶级社会中比较有效的调整方式，但它必须与其他社会调整相互配合

D. 法律调整需要第三方在纠纷解决过程中保持中立角色，因此它排斥当事人自己解决冲突

4. 下列有关法的起源与发展的表述，哪一个是正确的？（　　）（考研）

A. 有社会，即有法律

B. 在原始社会，习惯、道德和宗教规则往往是三位一体的

C. 氏族习惯是通过制定的方式产生的

D. 最早的法律是成文法

5. 关于法与国家关系的若干角度，下列哪一观点是正确的？（　　）

A. 乡规民约也是法的一种，是民间法

B. 法决定国家权力

C. 国家权力决定法

D. 国家与法在性质上有根本的一致性，在职能上有不可分割的关联性

6. 关于中国共产党的政策与社会主义法的关系，正确的表述是（　　）。（考研）

A. 政策对法律具有指导作用，法律对政策的实施具有保障作用，两者相辅相成

B. 政策决定法律，法律对政策具有积极或消极的作用

C. 政策与法律在指导思想和制定机关方面相同，两者不可分离
D. 政策是法律的评价标准，也是法律的基本组成部分
7. 下列关于法的全球化与地方性的说法中，正确的是（　　）。
A. 对国际通行规则的移植不必考虑本国的国情
B. 对国际通行规则我们全部不予采用以维护国家在法律上的自主性
C. 在法的全球化进程中我们应该放弃民族利益以融入全球一体化的进程
D. 对国际通行规则的吸收借鉴应考虑本国的社会土壤
8. 下列哪一项陈述是正确的？（　　）（考研改编）
A. 在我国，作为部门法的宪法仅指 1982 年的《宪法》及其 52 条修正案
B. 行政法规是行政法的表现形式之一
C. 行政法是行政法规的表现形式之一
D. 行政法属于行政法规
9. 提交会议讨论而被列入会议议程的建议或提案称为（　　）。
A. 法律草案　　B. 法律草稿　　C. 议案　　D. 法律
10. 下列哪一项有关法律规则和法律条文的表述是正确的？（　　）
A. 一个法律条文就是一个法律规则
B. 一个法律规则仅由一个法律条文表达
C. 法律规则的要素可以在法律条文的表达中省略
D. 一个法律规则可以由不同规范性文件的不同法律条文表达
11. 1979 年的《中华人民共和国刑法》第 158 条规定：禁止任何人利用任何手段扰乱社会秩序。扰乱社会秩序情节严重，致使工作、生产、营业和教学、科研无法进行，国家和社会遭受严重损失的，对首要分子处 5 年以下有期徒刑、拘役、管制或者剥夺政治权利。从结构上看，这一法律规范缺少（　　）。
A. 假定　　B. 处理　　C. 制裁　　D. 行为模式
（二）多项选择题
1. 下列哪些概念应从法的内容角度来理解？（　　）
A. 法律规范　　B. 法律体系　　C. 法系　　D. 立法体系
2. 下列有关法的价值的表述，哪些是不正确的？（　　）（考研）
A. 法律规定制裁表现着法律对秩序价值的追求
B. 在现代司法实践中，为了实现实质主义，可以违背程序主义
C. 历史上所有的法律均追求平等的价值
D. 所有的法学家均坚持这样一种观点：恶法不是法律
3. 下列有关法制、法治与宪政的表述，哪些是不正确的？（　　）（考研）
A. 若实行法治，就不能实行法制　　B. 凡实行法制，就实行宪治
C. 在一切社会中，法制均以法治为前提　　D. 无论法治还是宪治，均强调对公共权力的限制
4. 关于国内法的国际化，下列说法中正确的是（　　）。
A. 在国内法的国际化过程中，法律的“输出国”往往在政治、经济或文化上占有一定的主导地位
B. 对于接受国而言，对他国法律既可能是基于本国的认同服膺而主动地纳入，也可能是迫于形势而被动地接受
C. 国内法的国际化在最初形态上表现为一国对他国法律的移植
D. 由于各国在政治制度、意识形态等方面各有不同，国内法的国际化只发生在私法领域
5. 下列有关“法的渊源”的表述，正确的有（　　）。

A. 我国法律渊源体系中所包含的法律是指狭义的法律

B. 在我国，宪法、法律、行政法规、地方性法规等主要是根据所调整的社会关系而作出的分类

C. 根据“条约必须遵守”的原则，一切国际条约和国际惯例均构成当代我国法的渊源之一

D. 我国法律渊源体系的基本渊源是宪法

6. 林某与所就职的鹏翔航空公司发生劳动争议，解决争议中曾言语威胁将来乘坐鹏翔公司航班时采取报复措施。林某离职后在选乘鹏翔公司航班时被拒载，遂诉至法院。法院认为，航空公司依《民法典》负有强制缔约义务，依《民用航空法》有保障飞行安全义务。尽管相关国际条约和我国法律对此类拒载无明确规定，但依航空业惯例航空公司有权基于飞行安全事由拒载乘客。关于该案，下列哪些说法是正确的？（　　）（司考改编）

A. 反映了法的自由价值和秩序价值之间的冲突

B. 若法无明文规定，则法官自由裁量不受任何限制

C. 我国缔结或参加的国际条约是正式的法的渊源

D. 不违反法律的行业惯例可作为裁判依据

7. 马克思说：“立法者应该把自己看作是一个自然科学家，它不是在制造法律，不是在发明法律，而是在表述法律……如果一个立法者用自己的臆想来代替事物的本质，那么我们就应该责备他极端任性。”下列哪些说法不违背这句话的原意？（　　）（考研）

A. 立法应反映客观规律

B. 立法不是立法者所代表的国家意志的体现

C. 客观规律与法律规范是同时产生的

D. 法律要具有科学性

8. 按照法律关系的定义，下列哪些关系本身不属于法律关系？（　　）（考研）

A. 甲将租来的房子出卖，与乙签订买卖合同而形成关系

B. 张某收养李某而形成抚养关系

C. 在奴隶制社会，奴隶主与奴隶的关系

D. 在原始社会，不同氏族成员之间产生的货物买卖关系

9. 下列有关法律推理的说法，哪些是正确的？（　　）

A. 法律推理的目的在于寻求正当性证明

B. 法律推理的过程中不存在价值判断的问题

C. 在法律推理中可以进行法律解释

D. 法律推理可以采取三段论的形式

10. 下列选项中关于立法体制的表述，哪些是不正确的？（　　）

A. 立法体制的核心是立法解释

B. 联邦制和单一制国家的立法体制完全相同

C. 中国的全国人大及其常委会行使国家立法权

D. 在中国立法体制中，地方权力机关处于无权地位

三、简答题

1. 什么是法的价值？简要说明法的价值的特性。（考研）

2. 试述法制与法治的区别。（考研）

3. 根据不同的标准，对法律规则可作出哪些不同分类？（考研）

4. 试述公法与私法的划分以及它们的发展。（考研）

5. 试述权利与义务的相互关系。（考研）

6. 当代中国法的渊源。（考研）

四、材料分析题

1. 材料：2001 年 5 月，某省甲县种子公司与该省乙县种子公司签订合同，约定由甲县种子公司代为培育玉米种子。2003 年年初，乙县种子公司以甲县种子公司没有履约为由诉至 A 市中级人民法院，请求赔偿。后来两公司因为赔偿价格问题发生争议。

参考法条：某省人大1989年出台的《某省农作物种子管理条例》规定，相关争议应该适用政府指导价；全国人大2001年公布的《中华人民共和国种子法》规定，有关价格的争议应适用市场价。

问题（考研）：

（1）A市中级人民法院应当采用哪个法律作为判决的依据？为什么？

（2）联系本案的事实，假如A市中级人民法院在适用法律时采用演绎法律推理，那么其推理的结构应如何表述？并请说明其推理的步骤。

（3）假设2001年全国人大公布的《中华人民共和国种子法》规定，有关种子价格的争议应适用政府指导价，该案应如何判决？为什么？

2. 材料：广东省汕头市一居民甲，从该市中国银行一储蓄所提款后，未及点数即回家。不一会儿，该所经手人储蓄员乙匆匆来到甲家中，说多付给甲人民币600元，经查点后属实，甲遂退还乙600元，乙表示感谢后返回。事后，甲想起该储蓄所柜台前的告示"钱款当面点清，离柜概不负责"，觉得该告示不公，遂表示异议。双方就此发生争议。

请说明（在必要时联系法条回答）：

（1）这一告示是一种格式条款，设立此条款力图体现何种法律价值？容易导致对哪些法律价值的限制或者损害？

（2）这一告示公平与否，或者是否有效？为什么？

（3）撇开公平性或者有效性不论，如果甲认为这一告示同时约束双方，不退还乙600元，甲对这一告示的解释的合法性根据何在？

五、论述题

1. 联系实际，谈谈当代中国立法的基本原则。（考研）

2. 试论法的实施的要素与条件。

3. 试述法律责任的概念、特征及认定。（考研）

参考答案

一、名词解释和概念比较

1. 法作为社会关系的法律表现具有一定的形式，包括结构形式、表现形式和实现形式。

（1）法的结构形式是一个国家法的内在结构。任何国家的法都是由法律规范组成的，法律规范是一个国家法的最基本的构成单位，在发达的法律规范体系中，这些规范既相互联系又相互配合从而形成一个有机联系的整体。调整同一类社会关系的不同的法律规范形成法律制度，若干相互联系、相互配合的法律制度又构成法律部门，若干法律部门最后形成一个国家的法律规范体系，即法的体系。这个由法律规范、法律制度和法的体系所组成的有机联系的整体就是法的结构形式。

（2）法的表现形式是法律规范的外在表现，即法律渊源。在历史和现实中具有重大影响的法律渊源主要包括习惯法、判例法和制定法。法律渊源还表现出不同层次的法律规范之间的等级关系，在判例法中表现为由基层法院、上诉法院和最高法院所颁布的判例体系，而在制定法中则表现为由有着不同的管辖权的国家机关所制定的宪法、法律、行政法规和地方法规等组成的制定法体系。一个国家究竟采取什么种类的法律渊源在很大程度上取决于历史、文化传统。

（3）法的实现形式表现为法通过什么方式作用于人们的行为。法作用于社会关系的特殊形式即法的实现形式是通过确立社会关系参加者的权利与义务，通过法律关系调整社会关系。通过这种形式把法律规范的一般规定落实到社会关系参加者的权利义务中。

2.（1）法的现象即常常被称为“法”的这种现象是国家制定或者认可并得到国家强制力保证的人人必须遵守的一般行为。我们之所以把它称为法的现象，是因为无论是法的国家意志性、国家强制性还是普遍性，都是人们通过感性认识能够了解的，其性质与人们的感觉相一致，是我们研究的前提。法的现象应该包括一切国家、一切时期所制定或认可的行为规则，法的概念应该适用于古今中外所有的法，但不能包括不具有国家意志性、国家强制性和普遍性的规则。

（2）在中外历史上对法的本质的认识历来有不同的观点。马克思主义法律观的最主要的特征是从“国家—阶级关系—物质生活条件”的关系链来理解法的本质。首先，法是被奉为法律的国家意志。国家意志可以有多种形式，如国家的个别命令、任命书、判决书、法律。其次，法是统治阶级意志的体现。马克思主义法律观的鲜明特征是把具有普遍约束力的法律、国家意志放到阶级关系、政治关系、统治和被统治关系的框架中加以分析。最后，法所反映的统治阶级意志是由一定的物质生活条件所决定的。“国家—阶级关系—物质生活条件”的关系链反映了人们对法的认识从现象到本质、从初级本质到深层本质的过程。法是被奉为法律的国家意志，这是对法的认识的现象层次；法是统治阶级意志的体现，这是对法的认识的第一层次的本质；法所反映的意志受到物质生活条件的制约，这是对法的认识的深层本质。

（3）法的现象是相对于法的本质而言的，现象与本质是一对认识论的范畴，人们通过现象认识事物的本质。这种表现出来的现象有时和法的本质一致，有时和法的本质不一致，甚至会带给我们某种假象。实际上，在法的现象背后是否存在更深层的本质，并不是人们杜撰出来的东西。所谓事物的本质就是现象之间的内在联系，只要我们能够证明在法的现象之间存在一种内在的联系，能够用这种内在的联系说明各种法的现象，包括不同历史时期和不同国家的法，把它们串联到一起，体现出法的现象的内在的逻辑联系，那么，在现象后面是否还存在一个不可知的本质之类的形而上学的问题就迎刃而解了。同样，人们是否正确地认识了法的本质，是否为假象所掩盖，也是一个实践的问题，只有通过实践的检验，才能够证明或证伪人们对法的本质的认识是否正确。

3. 按照法律规则在法律调整中的不同作用，可以把法律规则分为调整性规则和保护性规则。

（1）调整性规则就是直接体现法对社会关系调整职能的规则，包括授权性规则、义务性规则和禁止性规则。它为社会关系参加者规定了权利和义务，提供了各种合法行为的模式和尺度；其使命在于用法律权利和法律义务的手段确认和调整社会关系，把社会关系“理顺”，并纳入一定目的和秩序范围之中。

（2）保护性规则体现着法对社会关系的保护职能，它规定的是违法行为所应承担的法律责任和法律制裁措施（包括保护权利的措施）。例如《刑法》和《治安管理处罚法》中的绝大部分规则都是规定这类措施的，其他部门法，如民法、行政法、经济法等，在规定主体的权利、义务的同时，也包含了有关法律责任的规定。

（3）调整性规则和保护性规则的区分，反映着法律调整发展的专门化趋势。法的调整职能和保护职能本来是紧密联系的，但在法的发展中，这两种职能日趋分化，产生出专门规定国家强制措施的指令，这类指令的内容以及对社会关系产生作用的方式都与执行调整职能的指令有所不同，因此保护性规则也就作为一种独立的指令应运而生。

4. 根据解释主体和法律效力的不同，可将法律解释分为正式解释和非正式解释。

（1）法律的正式解释，又称法定解释、有权解释或官方解释，指被授权的国家机关（或国家授权的社会组织）在其职权范围内对法律文本所作的具有法律效力的解释。正式解释又可分为立法解释、司法解释和行政解释。立法解释，是指立法机关对其制定的法律规范所作的解释。司法解释，是指国家司法机关在法律适用过程中，对具体应用法律规范的有关问题所进行的解释。行政解释，是指国家行政机关对于不属于审判和检察工作的其他法律如何具体应用的问题以及自己依法制定的行政法规、规章等所进行的解释。

（2）非正式解释也称非法定解释或无权解释，是指未经授权的国家机关、社会组织或公民个人对法律规范所作的没有法律效力的解释，可以分为学理解释和任意解释。学理解释，是指在学术研究、法学教育和法制宣传中，由专家、学者和法律工作者对法律规范所进行的解释。学理解释主要表现为法律学说，这种解释具有较强的系统性、逻辑性和历史性，在世界各国的法制发展史上都曾起到过重要的作用，在不同程度上受到统治者的重视，甚至成为法律渊源之一。在我国当前的实践中，学理解释虽然不具有法律效力，但对于立法、司法和普及法律知识、提高公民的法律意识，乃至推动法学教育和研究的发展都具有十分重要的意义。任意解释，是指公民、当事人、辩护人、代理人等按照自己的理解，对法律规范所进行的解释。这种解释本身虽然不具有法律效力，但亦有一定的参考价值，特别是在具体案件的处理过程中，律师的意见对当事人的决策、法官的判断和裁量等往往能够产生重要的影响。

5.（1）法律汇编又称法规汇编，是指在不改变内容的前提下，将现行规范性法律文件按照一定标准（如制定时间顺序、涉及问题性质等）加以系统排列，汇编成册。法律（法规）汇编是规范性文件系统化的最常见的形式，它的意义不仅在于为人们查阅法律法规提供便利，而且也往往是法典编纂的必要准备。法律汇编的主要特点是：1）法律汇编具有一定的系统性。2）法律汇编不改变原有规范性文件的内容，也不制定新的规范，因此它本身并不是创制法的活动，但它往往是法典编纂的必要前提。3）根据法律汇编的主体，法律汇编可以分为官方的和非官方的两种。官方汇编由各级法的创制机关的工作机构，如全国人大常委会法制工作委员会等负责编辑。非官方汇编通常由有关国家机关、教学科研机构、社会团体或企事业单位根据工作、学习或教学科研的需要而编辑。法律汇编的正式出版应当经出版行政主管部门审核批准。

（2）法典编纂亦称法律编纂，是指在对某一部门法全部现行法规范进行审查、整理、补充、修改的基础上，制定新的系统化的规范性法律文件——部门法典的活动。它的基本特点是：1）法典编纂是法的创制的形式之一，它不仅是对某一部门法律规范的集中或整理，还必须根据该部门法的调整对象和方法、整个法的体系的协调性以及法典编纂特定规则的要求，对原有规范进行加工和变动，废止和修改某些规范以消除相互矛盾、冲突的部分，补充新的规范以填补空白，并协调规范间的相互关系。因此，法典编纂是国家的一项重要立法活动，只能由立法机关进行。2）法典编纂具有较强的系统性和科学性，必须讲求高度的立法技术。在编纂法典的过程中，立法者必须对全部法律规范重新加以排列和组织，协调不同规范以及法典整体与部分之间的关系，因而法典编纂技术在一定程度上体现着一国立法技术的发达水平。

6.（1）法律责任是一种独立的责任形式，不同于其他的社会责任如政治责任、道义责任等。广义的法律责任，与法律义务同义，如每个公民都有遵守法律的责任（义务）、国家有责任尊重和保障人权、人民法院有责任（义务）保护当事人合法权利等。狭义的法律责任，是指由于违背了相关法律义务或基于特定的法律联系，有责主体应受谴责而必须承受的法律上的不利负担。这是一种追溯性的责任。

（2）法律制裁是指国家专门机关和国家授权的特定机构对违法者依其所应当承担的法律责任而采取的惩治性措施。从宽泛的意义上看，法律责任包含着法律制裁，法律制裁是法律责任的落实，是实现法律责任的措施之一。

（3）法律制裁以法律责任的存在为前提。没有责任，就没有制裁。但是一般而言，责任强调的重心是违法行为的应受惩罚性，以及在行为主体和损害之间的归责过程。而法律制裁首先强调的是国家对于担责主体侵害行为的矫正和惩罚。现实生活中，有些责任并不必然直接伴随着法律制裁。有些情况下，责任并不需要借助制裁就可以得到实现了。制裁是由国家出面而认定和落实的。它是保障责任落实的措施，是国家追究法律责任的实际结果。当然，在追究违法者的法律责任时，可视其违法情节、危害程度、主观方面等具体情况，依法减免或从重、加重制裁。制裁要比责任考量更多的案件的具体细节。

二、选择题

（一）单项选择题

1. 答案：C

解析：英国分析法学的创始人奥斯丁（J. Austin）说：法是“政治优势者所制定的规则”“主权者的命令”，“法是什么是一回事，法是否符合正义是另一回事”。对法律规则的分析、分类和解释成为分析法学的主要使命。所以，正确答案应为选项C。

2. 答案：D

解析：本题考查法律渊源和法的时间效力的相关知识。在英美法系国家中，判例被看作是正式法源，法官必须遵守。它又被称作“判例法”，不仅对已决案件的当事人有效，而且对以后类似的案件也具有约束力。故A项错误。所谓“地方性法规”，指的是具有立法权的地方人大及其常委会，根据执行法律或者行政法规的需要，以及针对自身权限范围内的地方性事务，制定的规范性法律文件。它仅在本行政区划内有效。故B项错误。法具有生效时间和失效时间，有的法律本身明确规定了自身施行时间，故C项错误。法，作为一种一般规范性文件，其特征在于可以在生效时间内反复适用于对象，故D项正确。

3. 答案：C

解析：根据是否依据普遍适用的规则，社会调整分为规范性调整和个别性调整。法律调整是规范性调整，但它并不排斥个别性调整，而且在某些领域，只能依靠个别性调整来实现法的作用，故A项错误。法律调整虽然是通过外在压力发挥作用，但是，它并不排斥内在调整，内在调整实行得好，外在调整也会取得预期效果，故B项错误。在审判中，法律调整需要中立的第三方在纠纷解决过程中发挥作用，但并不排斥当事人的意思自治，例如刑事和解、被害人承诺等情况，故D项错误。正确答案为C。

4. 答案：B

解析：本题考查法的起源与发展。法的产生是社会基本矛盾发展的必然结果，是与私有制和阶级的出现分不开的，它伴随着国家的产生而出现。因此，在阶级和国家产生之前的社会中不存在法律。故A项错误。原始社会的社会规范主要是习惯，其本身兼有风俗、道德和宗教规范等多重属性，多种调整手段之间并无性质和功用上的区别，混合在一起共同调整着氏族生活，故B项正确。氏族习惯是氏族成员在长期的社会生产和生活中经过长期不断重复和积累而形成的、共同信奉的行为标准和生活惯例，具有自发性，并不经由制定这种自觉形式产生，故C项错误。法的形成经历了由习惯演变为习惯法、再发展为成文法的长期过程，因此最早的法律是习惯法。它由人们口头相传而不具有文字形式，故D项错误。

5. 答案：D

解析：乡规民约不是由国家制定、认可或解释，并且不是由国家强制力保证实施的，不具有法的外部特征，不是法；国家权力与法具有相辅相成的共生性，不是决定与被决定的关系，二者共同为经济基础所决定；国家与法在性质上具有根本的一致性，在职能上有不可分割的联系。因此，D项对，A、B、C项错。

6. 答案：A

解析：执政党政策是社会主义法的核心内容，社会中的法律往往需要首先为党所认知，党的政策是人民意志集中的成果，是通往法律的桥梁。法律受党的政策的指导，同时，社会主义法是贯彻执政党政策、完善和加强党的领导、提高党的执政能力的不可或缺的手段。但是政策并不决定法律，决定法律的是物质生活条件，所以A项对、B项错。政策与法律在指导思想上是一致的，但制定机关不同，所以C项错。政策虽然指导法的制定，但不是法的组成部分，二者是并列、相互补充的规则体系，所以D项错。

7. 答案：D

解析：全球化与地方化是辩证统一的，我们一方面应融入全球化的进程，另一方面也应注意维护本民族的利益。目前的国际秩序和相应的国际规则并不完全合理，我们也有自己的传统和国情，因此我们在借鉴国际通行的法律规则时一定要考虑本国的社会环境是否适合这些规则的发展，不能全盘吸收。故D项正确。

8. 答案：B

解析：本题考查法律部门的内涵。所谓法律部门，又称部门法，是指根据一定的标准或原则对一国现行的全部法律规范进行划分所形成的同类法律规范的总称。只要具有相同的调整对象或者兼具相同的调整方法就构成一个法律部门，而不限于特定的表现形式。所以，只要规定有关国家根本制度、公民基本权利与义务、国家政权组织的地位、隶属关系、权限范围、组织活动原则等方面的法律规范都属于宪法部门，它不仅包括1982年《宪法》及其修正案，也包括与宪法内容相关的其他法律规范，故A项错误。同理，行政法律部门不仅包括国务院颁布的行政法规这一种表现形式，也包括一切与国家行政管理活动相关的法律规范，其表现形式包括法律、行政法规、部门规章、地方性法规、地方规章等。故C、D项错误，B项正确。

9. 答案：C

解析：本题考查立法程序及其规范性文件的形态。当代中国的立法程序大体分为四个步骤：法律案的提出、法律案的审议、法律案的表决和通过、法律的公布。其中在前三个步骤中，提交会议讨论而被列入会议议程的建议或提案被称为议案（立法议案、法律案、法律议案），它一般都附有法律草案，即待讨论的规范性文件的文本雏形。而只有在议案被表决通过后，才被称作法律，故C项正确。

10. 答案：D

解析：本题考查法律规则与法律条文的关系。法律规则属于法律规范，是意义的范畴；而法律条文是规范性语句，属于形式的范畴。故A项错误。它们的关系为：一个法律规则可以由同一个规范性文件中的数个法律条文来表达，也可以由不同规范性文件中的不同法律条文来表达，故B项错误、D项正确。同一个法律条文可以表达不同法律规则的要素，也可以仅表达某个法律规则的某个要素或若干个要素，但不能笼统地说可以省略法律规则的要素（行为模式不可省略），故C项错误。

11. 答案：A

解析：本题考查的是法律规范的逻辑结构。法律规范依“三要素说”由假定、处理、制裁三要素构成。假定，指法律规范适用的条件和范围；处理，指法律规范要求的作为和不作为；制裁，则指违反法的规则所必须承担的法的责任。题干中的法律规范具备了处理和制裁两要素，缺乏的是假定，所以选A。

（二）多项选择题

1. 答案：AB

解析：本题考查四个概念的界定依据。法律规范是法的内容的基本单位，是关于人们的行为或活动的命令、允许和禁止的一种规范，故选择A项。法律体系是由一国的法律规范按一定标准所构成的体系，同样是从内容方面来理解，故选择B项。法系是从历史传统角度所作的划分，而立法体系是依据一国立法权限的划分所形成的体系结构，故不选C、D项。

2. 答案：BCD

解析：本题考查对法的一些价值内涵的理解。(1) 秩序是法律要实现的最基本价值。为防止社会的无序状态，法律的作用表现在：1）通过其制定、执行和遵守的过程，影响和引导人们遵守一般的社会规范；2）将一些重要的社会关系加以确认，作为保护对象，在这些对象遭受破坏时，采取制裁等措施使原来的社会关系得以恢复；3）直接调整一定的社会关系，形成有条不紊的状态。故A项正确。(2) 程序性是现代司法追求的目标，也是现代法的一个重要特征。法在本质上要求实现程序化，程序的独特性质和功能也为保障法律的效率和权威提供了条件。法就是一种程序制度化的体系或制度化解决问题的程序。司法的特点是“程序先于实质”而不是相反，因此B项错误。(3) 平等是现代法律追求的目标，但并非历史上所有法律追求的目标。如奴隶制法律就不追求平等，柏拉图的正义论事实上就是为不平等的分配制度辩护的。故C项错误。(4) 在法律与道德关系问题上，存在“恶法非法”和“恶法亦法”两种主张，前者认为不合乎道德的法律不是真正的法律，后者认为只要由有权立法机关经由正当程序制定的法律就是有效的法律，而不论这种法律是否合乎道德。在这一问题上至今仍存在争议。故D项错误。

3. 答案：ABC

解析：本题考查法制、法治与宪政这三个概念的关系。所谓“法制”，在静态意义上，指的是一国的法律制度；在动态意义上，指的是由立法、执法、司法、守法、对法律实施的监督等各个环节构成的一个系统。只要存在法律制度以及法律制度的运行就可以认为存在法制。所谓“法治”，是由西方政治家和法学家提出的一种严格依照法律治理国家的治国方略和理论思想，包括两层基本含义：法治之法应当是良好的法律；法律获得普遍的服从与遵守。法治的核心在于对公共权力的限制。比较而言，法制强调法律制度的存在和运作这一事实，而法治更突出这种法律制度具有与民主相关联、制约权力、保护权利的价值特征。法制是法治的前提和基础，有法治必然有法制，有法制则未必有法治，故A、C项错误。至于“宪治”，指的是将国家的根本规范性文件——宪法——作为治理国家的总章程，以之保护公民的基本权利，限定和划分国家机构的权力与职责（国家机构部分），它同样以权利保护和权力限制为价值取向。法治与宪治在现代民主国家密不可分，而有法制则未必意味着有宪治。故 B 项错误，D 项正确。

4. 答案：ABC

解析：国内法的国际化是通过某一国或某些国家的法律被广泛移植而实现的，一般而言，法律输出国具有一定的优势，而输入国或基于本国法律发展的需要主动借鉴吸收，或迫于形势被动采纳。国内法的国际化在公、私法领域都有发生，前者如从欧洲开始扩展到世界的仿照法国民法典和德国民法典的编纂法典运动，后者如建立宪法法院或宪法委员会和司法审查制度在世界的流行。故 D 项错误。

5. 答案：AD

解析：我国法律渊源体系中所说的法律特指全国人大及其常委会制定的法律，是狭义的法律，在我国，宪法、法律、行政法规、地方性法规等主要是根据法的制定机关不同而作出的分类，所以 A 项对、B 项错。虽然条约必须遵守，但这是针对主权国家自愿接受的条约，故 C 项错。宪法具有最高的法律效力，是基本法律渊源，故 D 项对。

6. 答案：ACD

解析：A 项考查法的价值冲突。法的基本价值主要包括三种：秩序、自由与正义。考试中经常考查这三种价值的判断。判断标准是：（1）秩序价值的核心是“安全/稳定”；（2）自由价值的核心是“权利”；（3）正义价值的核心是“平等与合理差别”。本题中，林某有乘坐飞机的自由，但航空公司基于安全考虑，可以对这种自由作出限制。因此体现的是自由与秩序的冲突。A 项正确。

B、C、D 项考查法的渊源。根据前述相关题目的讲解，我们得知：（1）法的渊源包括正式渊源和非正式渊源；（2）无论是正式渊源还是非正式渊源，都对法官的自由裁量权有限制（只不过，正式渊源的限制程度更高，约束力更强），B 项错误；（3）我国缔结或参加的国际条约属于我国法的正式渊源，C 项正确；（4）行业惯例、社会习惯、道德等，属于法的非正式渊源，特定情况下可以作为裁判依据，D 项正确。

注意：请区分国际惯例和习惯：“国际惯例”属于“法的正式渊源”；习惯或行业惯例属于“法的非正式渊源”。习惯法则属于正式渊源。

7. 答案：AD

解析：本题考查马克思主义关于法与客观规律和国家意志的关系问题。（1）法与客观规律。唯物主义的一个基本客观规律在于“经济基础决定上层建筑，上层建筑应当反映经济基础”。法律，作为上层建筑的一部分，由经济基础决定并应反映这种经济基础，只有这样才能保护和促进经济基础和生产力的发展。这种主观认识和客观事实的相吻合，既是立法应当遵循的客观规律，也是法律科学性的根本体现。规律制约规范，规范反映规律。在时间顺序上，必然是客观规律在前，而后才认识到客观规律并将其反映到法律之中。因此，A、D 项正确，C 项错误。（2）法与国家意志。法律对于经济基础和客观规律的反映并不是直接发生的，而需要以国家意志作为中介。也就是说，法律对客观规律的体现并不是“自发的”，而需要首先由国家立法者认识和掌握了这种客观规律之后，才能反映到立法之中。因此，法律不仅要体现客观规律，也必然体现国家意志，即客观规律（物质制约性）→国家意志（阶级性）→法律。这就是法律的“双重决定性”。而国家意志具体由立法者通过法定的程序制定或认可具有普遍约束力的行为规范来实现。故 B 项错误。

8. 答案：ACD

解析：本题考查法律关系的特征。首先，法律关系是根据法律规范建立的一种社会关系，法律规范的存在是法律关系产生的前提。奴隶制社会中并不存在界定奴隶主和奴隶关系的法律规范，奴隶主凭借事实性支配的权力来控制奴隶；原始社会中，不同氏族成员间进行货物买卖属于自发行为，是出于生活的需要，也不存在相应的法律规范。故 C、D 项不属于法律关系。其次，法律关系要具有合法性。甲将租来的房子出卖违背了法律的规定，属于违法行为，不具有合法性。故 A 项不属于法律关系。故选择 A、C、D 项。

9. 答案：ACD

解析：本题考查法律推理的相关内容。法律推理的目的在于为推理的结论（裁判结论）提供一种正当性证明，即裁判结论是从一个合法的前提（如实在法的规定）中推导出来的，体现了法官受法的约束的原则，故A项正确。法律推理往往不是直线式的，而在其中充斥着法官个人的价值判断，存在着从前提到结论的创造性联结，而联结的中介即价值判断，故B项错误。法律推理在很多时候和法律解释都是分不开的，推知大前提的过程也就是解释法律规范的过程，故C项正确。司法三段论是法律推理最基本也是最重要的形式，故D项正确。

10. 答案：ABD

解析：本题考查立法体制的相关内容。所谓“立法体制”，是有关立法权限的划分所形成的结构和制度，其核心在于一国立法权限的划分，故A项错误。从国家结构的形式看，小的单一制国家多采用单一立法体制，大的单一制国家有的采用单一立法体制，有的采用复合立法体制；而联邦制国家的立法体制都是二元或多元的，故B项错误。我国现行立法体制为“一元二级多分支”的机构体系。所谓“一元”，是指我国立法是在统一的宪法下、统一由最高权力机关规范的活动，是一个统一的体系。其中全国人大及其常委会行使国家立法权，故C项正确。“二级”，是指我国立法分为中央和地方两部分，地方立法从属于中央立法。其中，省、自治区、直辖市以及设区的市和经济特区所在的市的人民代表大会及其常委会可以制定地方性法规，民族自治地方的权力机关可以制定民族自治法规同，故D项错误。“多层次”是指无论是中央立法还是地方立法中都存在不同层级的机关或机构的立法。

三、简答题

1. 法的价值是事物价值的具体形态，除体现事物价值的一般原理之外，也具有法律认知和法律实践领域的特点。在法学理论中，法的价值的含义通常有以下三种不同的理解：一是指法律在发挥其作用的过程中所能够保护和增进的价值，如自由、平等、公平、秩序、安全、效率等。二是指法律所包含的价值评价标准。三是指法律自身所应当具有的良好品质和属性。此种意义上的法的价值被称为法的“形式价值”，它与法的“目的价值”不同，并不是指法律所追求的社会目标和社会理想，而仅仅是指法律在形式上应当具备哪些值得肯定的或良好的品质或属性。从价值的一般原理看，在上述关于法的价值的三种理解中，法的目的价值最为根本，应该说是法的价值这一概念的直接含义所在，而法的形式价值则是在延伸意义上对法的价值含义的认识，它实际指称的是法的价值功能和属性，服务于法的目的价值的实现。基于这样的分析，我们可以在一般意义上对法的价值的概念作如下定义，即法的价值是作为法律价值主体的人所希求并借助于作为法律价值客体的法律的价值属性而得以满足的各种价值目标的集合。

就法的价值的特性而言，法的价值作为事物价值的具体形态之一，具有事物价值的共同属性。法的价值也存在于作为法的价值主体的人和作为法的价值客体的法律的关系结构之中。这种关系可以称为法的价值关系。法的价值也是一种特殊形态的事物价值，它存在于人类的法律生活领域，体现了人类法律认知和法律实践的特点，从而在内容和形式上表现出不同于其他形态事物价值的特点。具体主要有三：其一，法律存在于人类社会生活领域，作为调整社会生活关系的一种制度或规范现象，它在很大程度上是人为努力或安排的结果，因此，法律服务于人类的法价值需求的价值功能和属性，是人类所赋予的而非固有的，这也体现了现象（或事实）分类中自然现象（或事实）和人为或制度现象（或事实）的不同。其二，法律作为存在于人类社会生活领域的制度现象和制度实践，其满足于人类价值需求的内容有自己的偏重和独到之处。古往今来，法的价值目标在最为普遍和一般的意义上常常被表述为正义或公共幸福；法律是一种致力于公平正义的艺术，法的价值就在于最大限度地促进人类生活的福祉。其三，法的价值在表达形式上也有自己的特点。比如，人们最为常见地把法的价值目标在整体上表述为正义或公共幸福。不仅如此，法律作为制度规范现象，作为社会主流意识形态的体现，其价值目标在表述上也必然更为规范。

法的价值的特性除了表现在它与其他事物价值相区别的意义，还涉及其自身在不同时空场景下所发生的变化以及所呈现出的多样性问题，从而也表现为普遍性和特殊性的统一。

法律是一种社会生活现象，作为人类有目的的活动的结果，不仅在形态结构上具有共同的价值功能和属性，而且在满足人类的价值需求上，在实体价值目标上，也具有跨时空的普遍性。在承认法的价值在实体内容上的变异性和多样性的同时，也要看到，在任何确定的时空场景下，社会的主流意识形态对于法的价值的形成和发展，总是发挥着支配性或整合性的作用，从而使法的价值不仅在形式上而且还在内容上表现为相对确定的形态。

2. 法制和法治是两个有重大区别的概念。

首先，从约定俗成的意义上说，法制和法治两个概念的用法历来不同。按照通常理解，法制是法律制度的简称，它是相对于政治制度、经济制度、文化制度以及其他各种制度而言的。法治则是与人治相对的一个概念：主张法治意味着否定人治，赞成人治则意味着反对法治。法治和人治被人们在对立的意义上加以使用，在中外历史上已经存在了几千年。

其次，法制和法治两个概念的基本内涵不同。法制的基本内涵是指法律以及与法律的制定和实施相关的各种制度（如立法制度、司法制度等）。法治的基本内涵则是与人治不同甚至对立的一种治国理论和治国方略或原则。作为一种治国理论，法治和人治探讨的是一个国家长治久安、兴旺发达的关键所在的问题。

再次，虽然法治与法制具有内在联系，即实行法治首先必须要有法制或法律制度，但我们却不能说有了法制就必定有法治。从人类的政治法律实践看，任何国家在任何时期都有这样或那样的法制，但却不一定是在实行法治。如希特勒统治下的德国也有法律制度，但不是在实行法治。

最后，即使在动态的意义上理解“法制”，也与现代“法治”的要求相去甚远。“法制”的动态含义即四言十六字：“有法可依，有法必依，执法必严，违法必究”，简单地说就是有法可依，依法办事。与此不同，现代“法治”与民主政治密切相关，它不局限于在形式或逻辑意义上考虑问题，不单纯以“有法”、法律完备为满足，还要求在价值层面上考虑法律是不是良好、是不是尊重和保护人权、体现社会正义。不仅如此，作为现代“法治”的一个鲜明特征，它还强调宪法和法律应该具有至高无上的权威，任何组织和个人都不得凌驾于宪法和法律之上。因此，现代“法治”要求在法律制定和实施的各个环节上贯彻民主原则，实行立法权、司法权和行政权的分离和相互制约，实行司法权独立行使，严格做到法律面前人人平等，体现法律的正当程序原则。

3.（1）根据法律规则调整行为的方式不同，可以分为授权性规则和义务性规则。授权性规则，是规定人们可以为或不为一定行为或者要求他人为或不为一定行为的规则；是法律授予人们一定的权利，使其享有一定的行为自由。义务性规则，是规定人们必须作出某种行为或者不得作出某种行为的规则，主要为人们设定义务。义务性规则可以分为两种类型：1）命令性规则，即规定人们必须为一定的行为。2）禁止性规则，即规定人们不得或不准为一定行为。再者，还有一种特殊的法律规则即授权性规则和义务性规则相互重合的规则，有的学者称之为权义复合性规则。这种规则既授予权利又设定义务，具有双重性质。它主要表现在授予国家机关及其工作人员职权方面。被授权的主体（国家机关及其工作人员）不仅可以作出某种行为，而且应当或必须作出某种行为，不具有选择性。有时，它还表现在授予公民权利方面。

（2）依照法律规则内容的确定性程度的不同，可以分为确定性规则、委任性规则和准用性规则。确定性规则是指明确规定了行为规则的内容，无须再援用其他法律规则来确定本规则的内容。委任性规则是指没有明确规定行为规则的内容，而委托某一机关或某一机构加以具体规定的法律规则。准用性规则是指没有具体规定某一行为规则的内容，而是规定可以参照或援用其他法律规则的规定来加以明确的法律规则。

（3）根据规则对行为的作用不同，可以分为控制性规则和构成性规则。控制性规则是用来控制行为的，它所涉及的行为在逻辑上先于或独立于规则之外。无论控制性规则是否存在，人们都可以从事此类行为。构成性规则与控制性规则相反，它们所涉及的行为在逻辑上依赖于这些规则。也就是说，构成性规则先于它所涉及的行为，没有这些规则就不可能有这些行为或活动的存在。

有关法律规则的分类还有很多：依照权利、义务的刚性程度可以分为强行性规则和任意性规则；按照同个别调整的联系分为绝对确定的规则和相对确定的规则等。

4. 法在其发展过程中，出现了对立而又相互联系的公法和私法两个领域。这是一切民族法律制度的共同表现，而在欧洲大陆国家的法中特别明显。大陆法系国家，区分公法规范和私法规范，尽管相当复杂，甚至它们之间还有一定的交织，但还是能明确地把它们区分开的。例如，有时依据法律和法典（如刑法典——公法，民法典——私法）就可以把它们区别开。在英美法系国家的判例法中，法的形式渊源虽然是各种各样的判例，但也可以把它们分为属于公法（如由议会活动而产生的先例）或者属于私法（如合同方面的先例）。

公法规定国家权力的组成和国家权力、政府与国民的关系，其重心在于规定人们的积极义务、禁止性行为和法律责任，主要是实施自上（国家权力）而下（社会主体）"管"的义务性规范、禁止性规范。"私法"一词，同样也是在法学通常理解的意义上使用的，反映了非集中的、单个主体自由的原则。在私法领域，各种生活状况下的决定，不仅可以根据预先设计好的典型化了的法律规范，而且也可以由社会关系参加者根据生活的需要，独立、自主地从自身利益出发（主要是通过契约）而作出。人们的自由、来自生活的法权要求、个人自主地位的保证，制约着这一特殊法律领域的发展（先是通过习惯、判例，后来是通过法律）。通过私法领域，能够实现人们在社会生活中，首先是在经济生活中的独立自主性和平等，可以保卫个人的尊严、保卫社会关系参加者的正当权利免受国家的不当干涉。

19 世纪末、20 世纪初，特别是 20 世纪 30 年代资本主义世界经济危机以来，国家干预成为资本主义法律发展的一个非常重要的特点。这直接影响到公法和私法的划分及其理论基础。美国现实主义法学认为，公法与私法、私人自治领域与公共权力行使领域之间没有一条明显的界限。古典法学家所谓"公法与私法划分"和"私人自治"理论都只不过是一种"幻想"。而所谓"私法"只不过是公法的一种形式。第二次世界大战以后，现实主义法学有很多方面被一些法学家继承下来。他们认为，公法与私法、公共权力行使领域与私人自治领域之间的界限不是固定不变的、绝对的，而是流动的、活的，而且正在形成一些介于公法与私法之间的具有两个领域的某些特征的"中间领域"。

随着西方国家对经济生活领域控制的加强和法律社会职能的凸显，一些学者指出，当代大陆法系传统的公、私法分类已经出现了危机。这种危机主要表现在以下三个方面：第一，"公法的私法化"。由于政府职能的扩大，传统的私法调整方式被部分地或间接地引入了公法领域，私法关系向公法领域延伸。尤其随着社会与公共服务事业的扩大，要求公共机构根据私法准则执行公共职能。第二，"私法的公法化"，指公法对私人活动控制的增强，从而限制了私法原则的效力，如为了公共利益而对私人财产的使用加以限制，对当事人契约自由加以限制等。第三，新的、"混合"性的法（也称社会法）的出现。既不是公法关系也不是私法关系的法已经产生和完善起来，如经济法、劳动法、土地法和社会保障法等。

从以法律调整方法界定公、私法的角度看，所谓"私法公法化"实际上是在"放"的方法中加入了"管"的因素，即"放中有管"；而"公法的私法化"是在"管"的方法中加入了"放"的因素，即"管中有放"；"混合法"实际上是"管""放"的高度结合。"管""放"的相互渗透和结合适应了当今社会经济、政治发展的新趋势。因此，公法的私法化与私法的公法化实际上是法律调整的两种基本方法，即集中的方法和非集中的方法在不同领域以不同方式和比例的结合，但这种结合正是以公法原则和私法原则的相对独立为前提的，并不是彻底地否认公、私法的划分。

5. 权利与义务是相对而言的，正像马克思所说，"没有无义务的权利，也没有无权利的义务"。

（1）从结构上看，二者是紧密联系、不可分割的。没有无义务的权利，也没有无权利的义务，它们的存在和发展都必须以另一方的存在和发展为条件。

（2）从数量上看，二者的总量是相等的。如果我们把既不享受权利也不履行义务表示为零，那么权利和义务的关系就可以表示为以零为起点向相反两个方向延伸的数轴，权利是正数，义务是负数，正数每长一个刻度，负数也一定长一个刻度，它们的绝对值相等。

（3）从产生和发展看，二者经历了一个从浑然一体到分裂对立再到相对一致的过程。原始社会中，权利和义务是混为一体的；随着阶级社会、国家的出现和法律的产生，权利和义务发生分离；在剥削阶级法律制度中，统治者集团只享受权利而把几乎一切义务都强加于被统治者；社会主义社会则实行"权利和义务相统一"的原则。

（4）从价值上看，权利和义务代表了不同的法律精神。古代社会基本上都是倾向于义务本位的，而现代社会基本上倾向于权利本位。法律发展的规律之一就是由义务本位向权利本位演进。

6. 当代中国社会主义法的基本渊源有：

（1）宪法。宪法是我国的根本法，是治国安邦的总章程，是我国社会主义法的基本渊源。与我国法的其他渊源相比，宪法有以下特征：

1）宪法的内容与普通法律不同。宪法规定的是国家政治、经济和社会制度的基本原则，公民的基本权利和基本义务，国家机关的组织和活动原则等国家和社会生活中最基本、最重要的问题。其他法律的规定是宪法规定的原则在某一方面的具体化。

2）宪法的地位和效力与普通法律不同。宪法在我国法的渊源体系中居于首要地位，具有最高的法律效力。宪法是我国全部立法工作的基础、根据和最基本的效力来源，一切法律、法规和其他规范性文件，都不得与宪法的规定相抵触。

3）宪法的制定和修改程序与普通法律不同。作为根本大法，宪法具有更大的权威性、稳定性和严肃性，因而在制定和修改上也有不同于普通法律的特殊程序。我国现行宪法规定：宪法由全国人民代表大会修改。宪法的修改，由全国人民代表大会常务委员会或者五分之一以上的全国人民代表大会代表提议，并由全国人民代表大会以全体代表的三分之二以上的多数通过。而普通法律只需由全国人民代表大会以全体代表的过半数即可获得通过。

（2）法律。在我国，作为法的渊源之一的法律一词是在狭义上使用的，专指由国家最高权力机关及其常设机关，即全国人民代表大会和全国人大常委会制定颁布的规范性文件。其法律效力仅次于宪法。根据现行宪法的规定，法律又可以分为基本法律和基本法律以外的法律。基本法律由全国人大制定和修改，全国人大常委会在全国人大闭会期间，可以作部分修改。基本法律以外的法律由全国人大常委会制定和修改。通常规定和调整基本法律调整的问题以外的比较具体的社会关系，如商标法、文物保护法、治安管理处罚法等即是由全国人大常委会制定的。此外，全国人民代表大会和全国人大常委会发布的具有规范性内容的决定和决议，也属于法的渊源。

（3）行政法规和部门规章。作为法的渊源之一的行政法规专指由国家最高行政机关——国务院在法定职权范围内为实施宪法和法律制定的有关国家行政管理的规范性文件。在我国，行政法规是一种重要的法律渊源，其效力仅次于宪法和法律。依照宪法和组织法规定，国务院还有权发布决定和命令，其中具有规范性内容的，也是法的渊源，与行政法规具有同等效力。

国务院所属各部、各委员会在自己的职权范围内，有权发布规章，通常称为“部门规章”或“部委规章”。这类规章和国务院各部、各委员会发布的规范性决定、命令，也是我国法的渊源，其效力低于宪法、法律和行政法规。

（4）地方性法规和地方政府规章。地方性法规指省、自治区和直辖市的人民代表大会及其常务委员会根据本地区的具体情况和实际需要，在法定权限内制定发布的适用于本地区的规范性文件。根据宪法和有关组织法的规定，省、自治区、直辖市和设区的市的人民代表大会及其常委会在不同宪法、法律和行政法规相抵触的前提下，可以制定和发布适用于本地区的地方性法规，并报全国人大常委会和国务院备案。

（5）自治条例和单行条例。我国是单一制国家，同时又在中央的统一领导下在各民族聚居区实行民族区域自治。各民族自治地方设立自治机关，行使自治权。根据宪法、组织法和民族区域自治法的规定，民族自治地方的人民代表大会有权根据当地民族的政治、经济和文化的特点，制定自治条例和单行条例。自治区人民代表大会制定的自治条例和单行条例，报全国人民代表大会常务委员会批准后生效；自治州、县人民代表大会制定的自治条例和单行条例，报自治区人民代表大会常务委员会批准后生效。

（6）特别行政区的法源。特别行政区的法是指特别行政区的国家机关在宪法和法律赋予的权限范围内制定或认可，在该特别行政区域具有普遍约束力的行为规则。我国《宪法》第 31 条规定：“国家在必要时得设立特别行政区。在特别行政区内实行的制度按照具体情况由全国人民代表大会以法律规定。”这是“一个国家，两种制度”的原则构想在我国《宪法》中的体现。

（7）国际条约。国际条约是两个或两个以上国家就政治、经济、贸易、军事、法律、文化等方面的问题确定其相互权利义务关系的协议。国际条约的名称包括条约、公约、协定、和约、盟约、换文、宣言、声明、公报等。国际条约虽然不属于国内法范畴，但我国政府与外国签订的或者我国加入的国际条约，对于我国国内的国家机关、企事业单位、社会团体和公民也具有与国内法一样的约束力。从这个意义上讲，我国签订或加入的国际条约也是我国法的渊源之一。

四、材料分析题

1.（1）A市中级人民法院应适用《中华人民共和国种子法》作为判决依据。“上位法优于下位法”是不同位阶的法律规范冲突时的基本解决方式，我国《立法法》也明确了这一点。全国人大制定的《中华人民共和国种子法》中的规范构成了省人大制定的《某省农作物种子管理条例》中的相关规范的上位法，因此前者优先于后者适用。

（2）推理结构：

价格争议适用市场价＋甲县、乙县两公司对种子赔偿价格发生争议＝以市场价确定赔偿价格

推理步骤：

第一步：种子法与种子管理条例在赔偿标准问题上发生规范冲突，依据上位法优于下位法的准则，适用种子法的规定，即种子价格争议适用市场价（确定大前提）。

第二步：本案中甲县和乙县两公司对于甲县公司违约后产生的种子赔偿价格问题发生争议，符合种子法关于“价格争议适用市场价”这一规范的适用条件（将事实涵摄在大前提之下）。

第三步：根据“价格争议适用市场价”（大前提）和甲县、乙县两公司就种子赔偿价格问题发生争议（小前提）得出“甲县、乙县两公司应按照市场价格确定赔偿价格”的判决（结论）。

（3）应当判决“甲县、乙县两公司按照政府指导价确定赔偿价格”。因为此时不发生规范冲突问题，法官可同时引用《某省农作物种子管理条例》与《中华人民共和国种子法》。（注意：只有同一主体制定的法律规范间才存在新、旧法的关系，显然《某省农作物种子管理条例》与《中华人民共和国种子法》不构成新、旧法关系。）

2.（1）此条款力图体现“效率（秩序）”的价值，但容易导致对自由与平等的价值的限制或者损害。

银行每天要发生大量的金钱流通业务，将每笔款项交易的完成这种形式特征确立为交易有效的标志，可以最大限度地降低交易成本，保证交易秩序的确定性。否则，如果认可经常发生的双方间交易额差错的情况，就会产生大量的交涉成本和核查成本，对于银行不利。但是，这种格式条款是由银行单方面强加于顾客身上的，剥夺了对方的意思表示自由，也是对顾客的不平等对待。

（2）这一告示不公平（理由如上），无效。《民法典》第497条规定：“有下列情形之一的，该格式条款无效：（一）具有本法第一编第六章第三节和本法第五百零六条规定的无效情形；（二）提供格式条款一方不合理地免除或者减轻其责任、加重对方责任、限制对方主要权利；（三）提供格式条款一方排除对方主要权利。”第506条规定：“合同中的下列免责条款无效：（一）造成对方人身损害的；（二）因故意或者重大过失造成对方财产损失的。”第496条规定：“采用格式条款订立合同的，提供格式条款的一方……采取合理的方式提示对方注意免除或者减轻其责任等与对方有重大利害关系的条款……”

假如银行营业员因故意或者重大过失少支付款额，造成顾客财产损失的，根据上述规定，告示条款无效。在本案中，柜台告示一方面免除了银行的如数点款责任，另一方面将这一责任强加给顾客，同时排除了顾客如数提取自己合法金额的权利（这是取款合同中的主要权利），因此无效。

（3）甲对这一告示的解释的合法性根据在于《民法典》第498条的规定：“对格式条款的理解发生争议的，应当按照通常理解予以解释。对格式条款有两种以上解释的，应当作出不利于提供格式条款一方的解释。格式条款和非格式条款不一致的，应当采用非格式条款。”

五、论述题

1. 根据我国当前社会主义法治理论和实践的发展，有关法理学著述中看法比较一致的立法原则主要有：

（1）实事求是，一切从实际出发的原则。

这一原则是辩证唯物主义的思想路线在我国法的制定工作中的体现。实事求是，就是一切从实际出发，理论联系实际，把马列主义的普遍原理同中国革命和建设的具体实践相结合，这是我国立法工作的活的灵魂。这一原则要求：

1）立法必须从我国国情出发，从我国社会主义初级阶段的实际出发。我国的立法工作必须充分考虑到现阶段的基本国情和实际，以此作为根本依据，而不能脱离、超越社会主义初级阶段的实际。不仅中央的立法是这样，地方的立法也要从本地实际出发，因地制宜。

2）立法工作必须从建设和改革开放的需要和可能出发。一方面，要反对脱离客观实际，主观主义地为完备法制而进行立法，甚至照搬照抄外国法律的倾向。另一方面，也要反对在客观条件已经具备和成熟的情况下，不积极主动、抓紧时机去完备法制的倾向。

3）立法工作必须主观符合客观，加强调查研究。立法是人们有目的、有意识的自觉活动，而现代化建设和改革开放的需要是客观存在，要想使二者统一起来，立法者就必须使自己的主观符合客观，加强调查研究，深入广泛了解社会发展的需要，倾听人民群众的意见和建议。这样才能使立法符合客观发展的规律，才能制定出符合客观需要的法律。

(2) 社会主义法制统一的原则。

我国是一个集中、统一的社会主义国家。社会主义法制的统一，是维护国家统一、政治安定、社会稳定，促进经济协调发展和社会全面进步的基础。

坚持社会主义法制的统一对做好立法工作至关重要。任何国家的各种现行法律规范在整体上都应当是相互联系、彼此协调、内在统一的，即作为一个国家现行法律所形成的法律体系，在形式和内容上都应当是有机联系的统一整体。坚持社会主义法制的统一要做到两条：一是必须依照法定权限、遵循法定程序立法，不得超越法定权限、违反法定程序立法；二是坚持以宪法为核心和统率，任何法律、行政法规和地方性法规都不能同宪法相抵触，行政法规、地方性法规不得同法律相抵触，地方性法规不得同宪法、法律、行政法规相抵触，法律法规的规定之间要衔接协调，不能相互矛盾。同时，我们也要看到，我国各地经济、文化、社会发展很不平衡，市场经济还不完善，整个国家处在改革转型的时期，法律规范之间的关系比较复杂，这就要求在坚持法制统一的前提下，建立既统一又分层次的立法制度。

(3) 发扬社会主义民主的原则。

在我国，法的制定过程，实际上也是发扬社会主义民主，进行民主讨论、民主决策的过程。民主既是一种国家制度，也是一种工作方法。在我国，民主立法作为工作方法，就是必须坚持立法工作中的群众路线。

在立法工作中坚持群众路线，从根本上说是由社会主义国家及其法律的本质决定的。我国宪法规定，“中华人民共和国的一切权力属于人民”。我国国家机关的法的制定活动，实质上是代表人民行使法的创制权力的活动。所以，任何法律的制定、修改和废止，都必须坚持群众路线，认真听取群众意见。这样做可以集思广益，有利于立法的科学化。事实证明，在立法工作中广泛听取各方面的意见，反复进行比较、论证、协调，可以制定出质量较好的法律、法规和规章，也便于执法、司法、守法和进行法制宣传。所以，在立法工作中要十分注意倾听基层群众的意见，要通过组织立法听证会、论证会、座谈会等多种形式广泛征求社会各方面对有关法律草案的意见，对于事关人民群众切身利益的重要法律草案，要向全社会公布，切实做到集思广益，使制定的法律充分体现人民群众的共同意愿，增强贯彻实施法律的群众基础。对此，《立法法》有明确的规定。

在立法工作中坚持群众路线，并不等于实行“群众立法”。法的制定工作是国家机关的专有活动，必须由享有法律、法规、规章创制权的国家机关，按照法定程序进行。也就是说，在立法中要实行领导与群众相结合、专门机关与群众相结合的方式，在广泛发扬民主和专家作用的基础上，由有权的专门机关作出适当的、正确的立法决策。

(4) 维护法律的严肃性、稳定性和连续性的原则。

法律的严肃性，是指法律必须具有权威，不因领导人的改变而改变，不因领导人的看法和注意力的改变而改变。法律一经制定，就必须严格实施，即使要修改、补充或废止，也必须依照法定程序进行，绝不能因人而异、因言而废法。法的稳定性，是指法律一经制定和实施，就应当在一定时期内保持相对不变，绝不能朝令夕改。没有这种稳定性，就会损害法的严肃性、权威性。但是，法的稳定性并不是绝对的、无条件的，而是相对的、有条件的。法的连续性，是指制定、修改、补充法律时，应当保持与原有法律在内容和效力等方面的衔接；在新的法律未生效之前不能随意终止原有法律、法规的效力。

法的严肃性、稳定性和连续性要求我们在法的制定工作中，既要积极，又要慎重。对于应兴应革的一些事情，要抓紧时机，尽可能通过制定法律来指导行动。同时，又要看到法律是党和国家政策的定型化，是把在实践中证明行之有效的经验，用法律的形式固定下来。所以，要成熟一个制定一个，对那些还不成熟或还没有把握的问题，不应勉强制定为法律。只有保证立法的质量，才能实现、维护法的严肃性、稳定性和连续性。

（5）总结我国经验与借鉴外国经验相结合的原则。

这一原则是社会主义法的继承性在法的制定工作中的体现。我国的立法工作应该正确处理好总结本国经验与吸收、借鉴外国经验的关系问题。既要认真总结、充分体现本国历史上和现实中的立法经验，也要重视借鉴、合理吸收外国历史上和现实中的立法经验。对于属于人类共同精神财富的法律文化，我们一定要有所选择地加以继承、吸收和借鉴。在建立社会主义市场经济的法律体系的过程中，我们应当特别注意立足于中国的国情和实际，大胆地吸收和借鉴外国的立法经验。凡是国外立法中比较好又适合我国情况的东西，都应当加以吸收；他们走过的弯路，也值得我们警惕。有些适合我国情况的法律条文，还可以直接移植，在实践中加以充实、完善。这样做，不仅可以加快我国的立法步伐，还有利于我国法律与国际相关规定的接轨。

同时我们也要注意，不能用西方的法律体系来套中国特色社会主义法律体系。外国法律体系中已有的法律，但不符合我国国情和实际的，我们完全可以不搞；外国法律体系中没有的，但我国的现实生活需要的法律，我们要及时制定。

2.（1）影响法的实施的要素。

法的实施需要在特定的社会环境中运行，因此各种社会因素都会对法的实施和实现产生影响，其中重要的因素包括：1）国家的阶级本质及政治体制；2）法律规范的正当性与合理性，与统治阶级及民众的利益、价值观和社会公共道德的适应程度；3）法律与社会生活、经济发展的适应程度；4）国家机关在其职权活动中贯彻法治原则的程度；5）社会成员的法律意识水平，特别是对现行法律制度的认同程度；6）法律文化传统，法律与习惯及其他社会规范的关系，以及法律与其他社会控制机制的关系；7）法律职业的构成及作用。

（2）法的实施与社会环境。

法律需要在具体的社会环境中实施，因此社会对法的实施及执法与司法的运作发生各种作用，直接影响着法律实施的社会效果，决定着立法者的预期目的能否实现。社会环境对于法的实施可以起到以下正反两方面的作用：

1）社会环境对于法的实施可以起到积极作用，促进法律规范和法律制度既定功能的正常发挥，产生预期的效果和目的，实现公正与效率的价值目标，减少法律实施的成本，并可以推动法律适应社会发展的需求不断进行改革和发展。

2）社会环境亦可能对法的实施起消极作用，阻碍法律规范和法律制度功能和既定目标的实现，增加法律实施的成本，腐蚀执法者和法律职业，破坏法律程序，并可能败坏执法机关的公信力和权威，最终对法治的运作和法律秩序造成严重的危害。在移植继受西方法的国家，由于法与社会的相互适应需要一定的过程，社会对司法运作的消极影响尤为明显。因此，在建设法治的进程中，必须注意法律与社会的适应，克服社会对法的实施的消极影响，培养和提高全社会的法律意识，逐步创造良好的法律环境。

（3）法的实施的条件。

法的正常实施依赖于各种制度条件和社会条件，一般而言，其中较重要的包括：

1）法律实施的成本与规则或制度的正当性及社会认同成反比。符合传统习惯和公共道德及绝大多数人的利益和价值观的规则或制度，执行成本低；反之，移风易俗或试图进行社会变革或改造的法律，实施成本高、难度大；

缺少正当性或公众认同的法律或制度亦然。获得正当性及社会认同的方式除习惯和传统之外，最重要的是民主化、充分参与讨论的过程和信息的公开等。

2）法律实施的有效程度与规则或制度的正当性（合法性）及执法成本成正比。在任何规则和制度的实施中，所能利用的执法成本或资源越多，得到实施的程度就越高；如果没有必要的资源和成本加以保证，即使是良好的规则与制度也不能自然得到实施。相比之下，良法容易有效实施、执法成本低，可以最大限度地避免或减少国家强制力的使用。

3）法律实施的有效程度与社会主体（包括执法者和公民）的道德和守法意识成正比。尽管任何法律都不可能期待百分之百地实施和实现，但是，符合传统和公共道德及绝大多数人的利益和价值观的规则或制度，被社会主体自觉遵守的程度高，社会效果相对较好。缺乏道德、信仰和守法意识的维系或支持，法律规则或制度就只能依靠强制力和执法保障实施。法与社会道德的同向性（也包括与传统和习惯的同向性）越高，则法律运行成本越低，反之亦然。

4）习惯在法律实施和社会控制中具有重要作用。在法律制度建构中，确认社会事实、来源于传统或常规的规则或制度，容易被社会主体理解、接受和遵守，实施成本相对较低，实施的有效程度相对较高。反之，缺乏传统或本土资源、超前创新的规则和制度建构，运行成本高、实施有效程度低，在实践中亦容易背离最初的制度设计与预期。

5）法律不仅可以确认和发展传统，也可以进行积极的社会建构。但是其前提是必须来源于真实的社会需求，具备了必要的客观条件和合理的时机。缺乏客观性和社会性的建构不仅需要极高的执行成本，甚至可能失败。

6）法的实施不仅需要完善的执法和司法机制，还需要依靠社会力量，因此，一个多元化纠纷解决机制是保障法律实施的重要条件。

如果上述任何一个条件或要素不足或缺乏，就需要相应地增加其他环节的力量。例如，社会主体守法意识差，就需要相应增加执法成本；再如，缺少足够的公共资源投入，就需要增加非正式制度的设计作为补充。而如果所有的环节或要素均存在不足或严重匮乏，并无法形成基本的平衡，那么该法律规则和制度就不具备创立和实施的基本条件。

3.（1）法律责任是一种独立的责任形式，不同于其他的社会责任，如政治责任、道义责任等。人们通常在广义和狭义两种意义上使用法律责任一词。广义的法律责任，与法律义务同义，如每个公民都有遵守法律的责任（义务）、国家有责任尊重和保障人权、人民法院有责任（义务）保护当事人合法权利等。狭义的法律责任，是指由于违背了相关法律义务或基于特定的法律联系，有责主体应受谴责而必须承受的法律上的不利负担。这是一种追溯性的责任。

（2）其主要特征表现在：

1）法律责任以违反法律义务为前提。违反法律义务包括违反法定义务和约定义务。由于违反有法律意义的约定义务也是一种宽泛的违法行为，因而也可说违约是违法行为。

2）法律责任表明侵害行为的应受谴责性。违法行为的应受谴责性是联系违反义务的行为与不利负担的中介。行为的应受谴责性是责任中的核心概念，它基于义务的违反，同时又是确定不利负担的最基本依据，三者有前后相继的连贯性。

3）法律责任的必为性。法律责任是一种具有法律拘束力的责任，具有不可逃避性。这说明法律责任是一种特殊的法律义务，也说明追究法律责任是国家必须克尽的法律义务。这种必为性是说应受责的行为人必须接受相应的不利负担以及某些行为必须接受法律的谴责。

4）法律责任是一种不利负担。法律责任对于担责主体而言是一种不利负担，即担责主体要承担一定的损害或者损失。而承担这种不利负担，正好表明国家和法律对于这种行为的一种立场，即这种行为是被国家和法律所否定并谴责的。

（3）法律责任的构成，要说明的是在什么情况下、具备了什么样的条件或者状况才可追究一个担责主体的法律责任。要对一种违反法律义务的行为主体课以法律责任，需要具备如下几个方面的条件：

1）责任主体。责任主体，即担责主体，是指因为违反法律义务或者出现特定法律事实而应当受到法律上不利负担的人。这里的人，包括自然人、法人或者其他社会组织（如非法人组织、国家等）。

责任主体适格，是承担法律责任的基本前提，也是认定责任种类和大小的基本条件。如果一种损害结果不是由一种具有法律意义的责任主体所引起的，那么就不存在法律责任。如果不是由适格的法律责任主体所造成的，那也同样不能认定法律责任。现实有许多的侵害，不是由适格主体所引发的，那么就不能就此损害确立法律责任。主体具有完整的法律责任能力，即主体适格，是其行为产生法律责任的前提。

2）违反法律义务的行为。违反法律义务的行为是造成具有法律意义的损害的行为，也可以称为违法行为。违反法律义务包括违反法定义务和违反约定义务。当然，并不是所有违反约定义务的行为都可能引起法律后果。这里的约定义务，是为法律所保护的约定义务。违反法律义务的行为包括作为和不作为两类。违反法律义务，可以是直接的，也可以是间接的。有些特殊的法律责任，是基于一定的法律事实而产生的，并不以违反法律义务为前提。但一般而言，这种法律事实的产生多是以违反法律义务为前提的。

3）损害结果。损害结果是违反法律义务的行为侵害社会或者他人的合法权利和利益所造成的损失和伤害。损害结果可以是物质性侵害结果、非物质性侵害结果等。这些损害结果有些是有形的、具体的，有些则是无形的、抽象的。物质性危害结果，又称有形的危害结果。它具有具体性、可见性、可以计量性等特点。它的发生有一个过程，如人的死亡、伤害结果的发生、财产的损害等。非物质性危害结果，又称无形的危害结果，它是抽象的、不可见的、不能具体测量的，但也是客观存在的，如名誉权受到损害、人格被侮辱、国家机关的威信遭受损害等。

不管是何种损害结果，都必须是有可能通过法律证据来证明实际发生或者可能发生的那些损害。这些损害是具有法律意义的损害结果，也是能够通过证据来证明的损害结果。

4）因果关系。因果关系是要说明损害结果的出现是由于一定的加害行为所引起的。因果关系是指在违反法律的侵害行为与损害结果之间引起与被引起的因果关系，是能够通过法律来证明损害是由于侵害行为所引起的因果关系，即法律上的因果关系。因果关系对于确定行为主体、认定责任主体和决定责任范围具有重要意义。

5）过错。过错是责任主体在实施侵害行为时的一种主观心理状态。一种侵害行为之所以要受到法律的谴责和非难，就是因为侵害人在有可能遵守法律义务的时候，却选择了违反义务。而这种违反法律义务的心理状态就是一种过错。心理状态成为责任的要素，是现代法律责任体系公正性和人道性的体现。侵害人的心理状态对于决定责任的有无、责任类别和责任大小等都具有重要意义。

模拟题二及答案

一、名词解释和概念比较

1. 法律现象与法的现象
2. 法的原则与法律原理
3. 确认性规则与构成性规则
4. 绝对法律关系与相对法律关系
5. 判例和判例法

二、选择题

（一）单项选择题

1. 下列有关法的表述，哪一个是不正确的？（　　）

A. 在汉语中，法不仅指成文法，也包括不成文法

B. 在西方，无论哪一个民族的语言中的“法”，都有“法”“权利”二义

C. 中国近代以来，国法意义上的“法”，逐渐由“法律”一词所代替

D. 国法中也包括判例法

2. 法律格言说：“紧急时无法律。”关于这句格言含义的阐释，下列哪一选项是正确的？（　　）

A. 在紧急状态下是不存在法律的

B. 人们在紧急状态下采取紧急避险行为可以不受法律处罚

C. 有法律，就不会有紧急状态

D. 任何时候，法律都以紧急状态作为产生和发展的根本条件

3. 我国《刑法》第 21 条规定，为了使国家、公共利益、本人或者他人的人身、财产和其他权利免受正在发生的危险，不得已采取的紧急避险行为，造成损害的，不负刑事责任。紧急避险超过必要限度造成不应有的损害的，应当负刑事责任，但是应当减轻或者免除处罚。该条文中的价值平衡，适用的是下列哪一项原则？（　　）

A. 价值位阶原则　　B. 个案平衡原则　　C. 比例原则　　D. 功利原则

4. 关于法律概念、法律原则、法律规则的理解和表述，下列哪一选项不能成立？（　　）

A. 法律规则并不都由法律条文来表述，并非所有的法律条文都规定法律规则

B. 法律原则可最大限度地实现法律的确定性和可预测性

C. 法律概念是解决法律问题的重要工具，但是法律概念不能单独适用

D. 法律原则可以克服法律规则的僵硬性缺陷，弥补法律漏洞

5. 下列哪一种说法没有表明市场经济是法治经济？（　　）

A. 市场经济是主体独立的经济　　B. 市场经济是契约经济

C. 市场经济是宏观调控下的经济　　D. 市场经济是开放经济

6. 法的历史形态的划分标准是下列哪一项？（　　）

A. 社会形态　　B. 是否促进生产力　　C. 法的外部特征　　D. 法的理论渊源

7. 下列哪一项是法学上通常所说的法的渊源？（　　）

A. 历史渊源　　B. 理论渊源　　C. 形成渊源　　D. 效力渊源

8. 美国 1789 年宪法没有明文规定美国是“三权分立”的政府体制，但学者们认为根据 1789 年的宪法文本尤其是该宪法第 1 条（规定立法机关的权力）、第 2 条（规定行政机关的权力）和第 3 条（规定法院的权力）等条文的规定可以推导出美国是“三权分立”的体制。这种解释方法属于下列哪一种？（　　）

A. 体系解释　　B. 语法解释　　C. 学理解释　　D. 目的解释

9. 关于法律解释和法律推理，下列哪一说法可以成立？（　　）（司考）

A. 作为一种法律思维活动，法律推理的根本目的在于发现绝对事实和真相

B. 法律解释和法律推理属于完全不同的两种思维活动，法律推理完全独立于法律解释

C. 法官在进行法律推理时，既要遵守和服从法律规则又要在不同利益冲突间进行价值平衡和选择

D. 法律推理是严格的形式推理，不受人的价值观影响

10. 某法院法官在审理案件中推理如下：《刑法》规定，故意伤害他人身体的，处 3 年以下有期徒刑、拘役或者管制；张某殴打他人造成轻伤，所以对其判处 2 年有期徒刑。这位法官所用的是下列哪一种推理？（　　）

A. 类比法律推理　　B. 归纳法律推理　　C. 演绎法律推理　　D. 设证法律推理

11. 某国家机关的司机在上班的时间里受该机关的领导指派将某一紧急公文送交另一国家机关，在送交的途中，该司机因其过失将一行人撞伤。请问：该司机的过失行为所导致的法律责任属于下列哪一种？（　　）

A. 无过错责任　　B. 个人责任　　C. 行政责任　　D. 职务责任

12. 关于法与宗教的关系，下列哪种说法是错误的？（　　）

A. 法与宗教在一定意义上都属于文化现象

B. 法与宗教都在一定程度上反映了特定人群的世界观和人生观

C. 法与宗教在历史上曾经是浑然一体的，但现代国家的法与宗教都是分离的

D. 法与宗教都是社会规范，都对人的行为进行约束，但宗教同时也控制人的精神

（二）多项选择题

1. 下列有关法的普遍性的表述，哪些是错误的？（　　）

A. 所有法律、法规等在全国范围内普遍有效

B. 相同的事项、相同的法律主体适用相同的法律、法规

C. 法律、法规不应只针对特定的个人

D. 法的普遍性与其他社会规范的普遍性相同

2. 下列哪些概念应从法的内容角度来理解？（　　）

A. 法律规范　　B. 法律体系　　C. 法系　　D. 立法体系

3. 下列有关人权的表述，哪些是不正确的？（　　）

A. 马克思主义法学最早提出了人权的理论　　B. 人权只是一种法定权利

C. 第二代人权的内容主要是发展权、环境权等　　D. 人权只是国际法上规定并保护的权利

4. 下列规范或其表现形式，哪些不能被看作是我国“正式法的渊源”？（　　）

A. 在我国，由县、乡两级国家权力机关发布的决议、决定　　B. 社团章程

C. 自治条例和单行条例　　D. 军事法规

5. 下列关于执法与守法的概念及关系的理解，哪些是正确的？（　　）

A. 执法与守法的主体、客体完全相同

B. 执法的主体应守法，守法的主体也执法

C. 执法与守法都包含行使权利（或权力）、履行义务两个方面

D. 执法与守法均通过行为表现出来

6. 当代西方资本主义法律制度与自由资本主义时期法律制度比较，出现了哪些变化？（　　）

A. 加强国家对社会生活的干预　　B. 强调绝对私有权原则

C. 社会立法的出现　　D. 授权立法的作用增强

7. 下列选项关于法与科学技术的表述，哪些是正确的？（　）

A. 当代自然科学技术的发展扩大了法律调整的社会关系的范围

B. 当代的法律保护科学技术发展所带来的一切成果

C. 科学技术的发展一定程度上提高了当代立法的质量和水平

D. 法律能够调整由于科学技术的利用而产生的社会关系

8. 下列有关成文法与不成文法的表述，有哪些选项是正确的？（　）

A. 成文法是国家立法机关创制的法　　B. 成文法通常用法律条文的形式表达

C. 判例法不通过文字表述　　D. 按照成文法划分的标准，习惯法不属于成文法

三、简答题

1. 怎样认识法的作用的局限性？
2. 简述法律原则与法律规则的区别和联系。
3. 什么是法的溯及力及其适用原则？
4. 简述法的适用的基本原则。
5. 简述我国法律解释的体制。
6. 简述法律意识与法律制度的关系。

四、材料分析题

1. 材料：湖南省桃江县桃花江镇肖家山村，全村一百多口人，几十户人家依岗伴陇地散落着。20 世纪 90 年代该村梭关门组的土地几次被征收，1994 年、1995 年两年间，梭关门组共被桃江县政府征用土地近 49 亩，1995 年 3 月，该组获得土地征收费、青苗补偿费以及房屋拆迁费等共计 78 万余元。围绕土地的收益分配，在梭关门组引发了一场轩然大波。早在 1994 年 4 月 20 日，梭关门组就召开了全组村民大会，制定并经大部分村民签名通过了《梭关门村民小组承包责任制的各项规定》，该规定的第 2 条明确了这样一项原则："凡出嫁到城关镇的女青年，户口在本镇本村本组的，一律不享受本组村民的待遇，婚嫁在农村的青年要在我组落户，承认空头户口、但必须承担上级下达的各种上交任务。"很显然，此项规定剥夺了虽已婚嫁外地但户口尚未迁出梭关门组的出嫁女子参与利益分配的权利，并以苛刻的条件逼迫婚嫁女子迁出户口。这个结果，令梭关门组的 6 位出嫁女感到气愤和疑惑："难道婚嫁外地犯了错，一纸乡规民约凭什么剥夺了我们作为组民应该享受的待遇？"为捍卫自己的合法权益，这 6 位出嫁女踏上了艰辛的维权路。

为争回组民应享受的待遇，她们多次找村组负责人反映情况，据理力争，但费尽了唇舌，村组负责人却以组规代表了组上大多数村民的意见为由对她们进行搪塞和敷衍。1995 年 3 月，她们又获悉了一个更令人震惊的消息：近 80 万元的土地征用费，梭关门组除扣除"五保户"特殊照顾费等费用后，余款已按人口全部分配到户，每人分得现金 5 422.49 元，而她们却分文未得。她们最终想到了求助法律。于是她们以母子或母女的名义，将诉状递到了桃江县人民法院，将梭关门组推上了被告席。

1999 年 11 月 22 日，桃江县人民法院对此案进行了公开开庭审理。经过紧张的法庭调查和辩论之后，法院审理认为：被告梭关门组系集体经济组织，其财产属于全体成员共有。近年来，由于国家建设需要，政府有关部门依法在被告处征用部分田地，被告因此取得的征收款应属集体共同所有的财产。原告 6 名妇女虽然已出嫁，但她们及其子女的户口均留在梭关门组，应依法享有与其他村民同等的收益分配权。梭关门组制定的乡规民约，剥夺了已婚妇女应享有的分配的权益，违背了我国法律中男女平等的原则，该规定不具有法律效力。桃江县人民法院鉴于本案的特殊性，多次组织双方调解，并走访和邀请有关部门做原、被告双方的工作，但双方分歧太大，无法达成一致意见。在多次调解无效后，桃江县人民法院作出一审判决：由被告梭关门组分别偿付原告每人土地征收

费 4 997.25 元。

问题：从六女状告村组的行为我们可得到什么启示？从法与民主、法与社会自治的角度加以思考。

2. 2013 年 7 月，W 市某区人民法院审理了一起父母诉请子女“常回家看看”的民事案件。该院判决：被告人应自判决生效之日起，每两个月至少到父母居住处看望、问候一次；法定节假日均须履行探望义务。这是 2012 年修订的《老年人权益保障法》施行后的全国首例判决。

对此，有人认为，该判决保护了老年人权益，维护了传统伦理道德：有人则认为，不应当将道德法律化，探望父母虽符合伦理道德，但不应成为法律上的强制义务。

请根据上述材料，运用相关法理学知识，回答下列问题（考研改编）：

（1）如何看待上述两种不同的观点？

（2）如何理解法律与道德的相互关系？

五、论述题

1. 如何把握法与正义的关系？

2. 试论社会主义法与道德的联系和区别。

3. 试论法治与市场经济的关系。

4. 某民法典第 1 条规定：“民事活动，法律有规定的，依照法律；法律没有规定的，依照习惯；没有习惯的，依照法理。”从法的渊源的角度分析该条规定的含义及效力根据。

参考答案

一、名词解释和概念比较

1. （1）法律现象是一个类概念，包括法、法律规范、法律制度、法律体系、法律渊源、法律关系、法律行为、法律意识等，包括法在现实生活中的运作，以及法的制定、法的实施、法的实现、法律监督等，其中每一个范畴都可以被称为法律现象，它们的总体则构成一个国家建立在经济基础之上的法律上层建筑。法律上层建筑可以作出进一步的划分，一部分是制度上层建筑，即法律制度及其运作机制；另一部分是思想上层建筑，即作为法律制度建立和运行的思想基础、意志基础的法律意识。法律上层建筑的所有组成部分，所有法律现象都和法有着紧密的联系，法是它们的中心，但是这并不意味着一切法律现象都是法。

（2）在法学上被称为“法”的这种现象是国家制定或认可并得到国家强制力保证的人人必须遵守的一般行为规则。我们之所以把它称为法的现象，是因为无论是法的国家意志性、国家强制性还是普遍性，都是人们通过感性认识就能够了解的，而且这些性质和人们的感觉相一致，因此是我们研究的不言而喻的前提。我们所研究的法的现象应该包括一切国家、一切时期所制定或认可的行为规则，法的概念应该适用于所有的法，古代的、现代的，东方的、西方的，国际的、国内的，而不包括不具有国家意志性、国家强制性和普遍性的现象，如没有国家存在的社会的行为规则，如氏族社会的习惯；有国家存在但又不属于国家所颁布的行为规则，如各类社会组织所颁布的规则；尽管具有国家意志性和国家强制性但不具有普遍适用性的现象，如国家的任命书、（不承认判例作为法的渊源的国家或地区）法院的判决书，它们都不属于法的现象的范畴。

2. （1）在用语上，法的原则（principle of law）与法律原理（doctrines of law，简称“法理”）是有一定区别的：前者是被确认为法律规范内容的一部分的基础性原理和价值准则，作为由法律明文规定的基本原则，其本身是成文法法律渊源的组成部分，可以作为审判案件的明确依据；后者是对法律上之事理所作的具有说服力的权威性阐述，是法律的公理或法律的教义、信条。

（2）法律原理不是正式的法律规范，大体可构成法的非正式渊源，只有被实在法接受为法律规范内容的法律原理，才属于法律原则。例如，“法律面前人人平等”，在被国法正式确认之前，它被看作是法律原理，而在被法律确认之后则为法律原则。由此可见，法律原理对于适用法律规范具有不同形式或者不同程度的影响，有时还有较大的影响（著名的“人权原则”的形成方式与“法律面前人人平等原则”的大体相同）。

(3) 但是，法律原理是依靠法学家从法律规范和原则中抽象出来的，法学家在其中起着重要的作用，然而，一个法学家所抽象出的法律原理是否得到其他法学家的认同，是否得到立法者的认同则是不确定的。在古罗马法时代，作为法律渊源的“法理”被确定为五大法学家的著作，其道理也就在这里。而法律原则则没有这种不确定性，一般它们是直接表现在法律中的，而在法律条文中没有表现出来的法律原则，需要法律家、法学家的抽象，这类法律原则与法律原理的界限就很难分清了。

3. 按照规则所调整的关系是否发生于该规则产生之前，可以把法律规则区分为确认性规则与构成性规则。

(1) 确认性规则是对在法律调整之前就已经存在的各种行为方式和行为关系进行评价，通过授予法律权利和设定法律义务对该行为关系予以确认并加以调整的规则。确认性规则所调整的行为关系在该规则产生之前就已经存在，如民事关系、婚姻家庭关系等，确认性规则的作用只是按照一定价值标准对这些关系加以区分和选择，将某些既存的社会行为方式上升为法律上的权利义务，使之合法化和规范化，从而纳入法律调整的轨道。

(2) 构成性规则是以该规则的规定作为产生某种行为方式的前提条件的法律规则。在构成性规则生效之前，受其调整的社会关系并不存在，只有当规则产生之后，相关的行为才可能出现。例如没有关于税种、税率的规定，就不会形成具体的税收关系；没有关于诉讼程序的规定，也就不会产生诉讼活动中的权利义务关系。如果说确认性规则说明法是一定现实社会关系的法律表现的话，那么构成性规则又体现着法在规划和建构社会关系方面的积极性和能动性。

4. 具体法律关系依据其主体是单方具体化还是双方具体化，可以划分为绝对法律关系和相对法律关系。

(1) 绝对法律关系中主体的一方——权利人——是具体的，而另一方——义务人——是除权利人之外的所有的人。因此，它以“一个人对其他一切人”的形式表现出来。最典型的绝对法律关系是所有权关系，如某房屋的所有权人是具体的，如属于张三，而义务人则是除张三以外的一切人，他们都有义务不得侵犯张三对该房屋的所有权。其他如人身权、知识产权等领域的法律关系也具有类似的特点。

(2) 相对法律关系的主体，无论是权利人还是义务人都是具体的。它以“某个人对某个人”的形式表现出来，最典型的相对法律关系是债权关系，债的一方（债权人）享有请求他方为一定行为或不为一定行为的权利，他方具有满足该项请求的义务。在相对法律关系中主体之间的联系达到了最直接、最密切的程度。比如，运输法律关系中的托运人（如某工厂）和承运人（如某铁路货运站）都是具体的，该工厂有权利要求铁路货运站把货物在规定的时间运到目的地，并有义务按时向货运站交付规定的运费。铁路货运站有权利向该工厂收取运费，并有义务按时将货物运送到目的地。如果任何一方不履行自己的义务，另一方的权利就不可能实现。劳动法、行政法等领域的法律关系大都与此类似。

5. (1) 判例狭义上是指能够作为先例据以判定后来案件的法院判决，或者是法院在审理案件时作为依据而遵守的先前判决；在广义上，可以泛指对于法院审判类似案件具有一定影响力的先前判决。

(2) 判例法是指由有约束力的判例中所包含的法律规则或原则形成的法。它是相对于制定法而言的，也不等于判例；在英美法系国家是法的主要渊源。

(3) 两个概念严格说来不完全相同。判例是指司法审判中可供遵循的先例本身，是一个案件的先前判决；而判例法是指作为个案的先例中所包含的一般性的法律原则或规则，它是判例中包含的某种普遍原则，但判例只是这种原则的载体。

二、选择题

(一) 单项选择题

1. 答案：B

解析：本题考查法的名称和国法的外延。在汉语中，“法”不仅在典章制度意义上使用（成文法），也包括“道”“理”“礼”“法度”等不成文法，故A项正确。在西方欧陆国家，许多民族的语言中“法”兼有“法”“权利”二义，但在英语国家，“法”（law）和“权利”（right）则是分开的，故B项错误。清末民初，由于受日本的影响，我国国法意义上的法逐渐由法律一词取代，故C项正确。国法包括四部分：制定法、判例法、习惯法、其他执行国法职能的法（如教会法），故D项正确。

2. 答案：B

解析：本题考查法律的局限性。选项A错误，因为任何时候都存在法律。选项B正确，因为紧急避险行为是法定的免责事由。选项C错误，因为紧急状态的存在是由法律明确规定的。选项D错误，因为法律不是以紧急状态而是以社会生产力和生产关系的社会条件作为产生和发展的根本条件的。

3. 答案：C

解析：价值平衡有三个原则：价值位阶原则指在不同位阶的法的价值发生冲突时，在先的价值优于在后的价值。个案平衡原则是指在处于同一位阶上的法的价值之间发生冲突时，必须综合考虑主体之间的特定情形、需求和利益，使个案的解决能够适当兼顾双方的利益。比例原则是指为保护某种较为优越的法价值须侵及一种法益时，不得逾越此目的所必要的程度。换句话说，即使某种价值的实现必然会以其他价值的损害为代价，也应当使被损害的价值减低到最小限度。紧急避险的价值平衡属于比例原则，因此，本题的正确答案是C。

4. 答案：B

解析：法律规则是法律条文的内容，法律条文是法律规则的表现形式，并不是所有的法律条文都直接规定法律规则，也不是每一个条文都完整地表述一个规则或者只表述一个规则，所以A项的说法是正确的，不能选。法律原则是只对行为或者裁判设定一些概括性的要求或者标准，在适用的时候具有较大的余地供法官选择和灵活应用，同时它具有更大的覆盖性和抽象性，能够克服法律规则的僵硬性缺陷，弥补法律漏洞，所以D项的说法是正确的，不能选。而法律原则的覆盖性和抽象性同时也决定了它不可能最大限度实现法律的确定性和可预测性，所以B项的说法是错误的，应该选。法律概念是对各种法律现象或者法律事实加以描述、概括的概念。法律概念本身不是法律规则或者法律原则，而是表述规则和原则之内容的工具，在这个意义上，法律概念不是完全独立的法的要素，而是依附于法律规则或法律原则的，其不能单独适用，所以C项的说法是正确的，不能选。本题正确答案是B。

5. 答案：C

解析：本题考查法与市场经济的关系。市场经济需要法律的保障，体现在：（1）市场经济是主体独立、平等的经济；（2）市场经济是契约经济；（3）市场经济是自由竞争、平等竞争的经济；（4）市场经济是多重利益并存的经济；（5）市场经济是开放性经济。故A、B、D项正确。而法的宏观调控功能是法在克服市场经济运行机制的弱点中产生的功能，是用以弥补市场经济缺陷的，本身不能体现市场经济是法治经济，故选择C。

6. 答案：A

解析：本题考查法的历史形态的划分标准。按照马克思主义法学的理解，法的历史形态，是按照法所体现的国家意志和赖以建立的经济基础加以划分的类型和形态。法的四种历史形态，即奴隶制法、封建制法、资本主义法、社会主义法，是与四种社会形态，即奴隶制、封建制、资本主义和社会主义相对应的。故选择A。

7. 答案：D

解析：法的渊源，指法这种事物的来源或根据。其基本含义主要是指法的来源或法的栖身之所。在西方法学中，法的渊源具有以下几方面含义：（1）法的历史渊源，例如罗马法、教会法等，有时也特指制定某一法律的特定历史事件；（2）法的理论渊源或思想渊源，如理性主义、功利主义等；（3）法的本质渊源，如人的理性、公共意志等；（4）法的效力渊源，是指法律由不同机关创制或认可而具有不同效力，从而可以划分为不同类别，如制定法、判例、经过认可的习惯和法理；（5）法的文献渊源，如法律汇编、判例汇编等；（6）法的学术渊源，如权威性的法学著作、工具书等。法学上通常所说的渊源，是指被承认具有法律效力、法的权威性或具有法律意义并作为法官审理案件之依据的规范或准则来源，它是一种效力渊源。故选择D。

8. 答案：D

解析：本题考查法律解释的方法和类别。所谓体系解释，是指将被解释的法律条文放在整部法律中乃至整个法律体系中，联系此法条与其他法条的相互关系来解释法律。本题并不涉及将三个法条放入整部美国宪法中进行解释的问题，而是从这三个法条推知一种政治制度，故A项错误。语法解释，是指从法律条文所运用的语言的含义来说明法律规定的内容，显然，本题的推理超出了语言的含义范围，故B项错误。学理解释，是指由学者或其他个人及组织对法律规定所作的学术性和常识性解释，它属于非正式解释，不具有法律约束力。“三权分立”的原则虽然最先为学者提出，但是现在这种解释已经成为一种对法院有约束力的“合宪性”依据，而不再是纯粹的学理解释，故C项错误。目的解释，是指从制定某一法律的目的来解释法律。学者们从这三个条文推出“三权分立”制度，根据的正是条文背后的规范“目的”，即国父们有关权力制衡和用权力约束权力的立法目的，故D项正确。

9. 答案：C

解析：本题考查法律解释和法律推理。

选项A不成立，因为法律推理是一种寻求正当性证明的推理，自然科学研究中的推理才是一种寻找和发现真相和真理的推理。法律意义上的真实或真相其实只是程序意义上和程序范围内的，或者说法律上的真实与真相，并不是现实中的真实与真相。在具体操作上，进行法律推理，与其说是追求绝对的真实，毋宁说是根据由符合程序要件的当事人的主张和举证而重构的事实作出决断。选项B不成立，因为法律推理不能完全独立于法律解释。法律推理是为了得出法律判决的结论，找出确定的答案是法律推理的主要目的，而法律解释的目的是进一步明确法律的意义。法律解释只是为法律论证提供了命题，命题本身的正确与否不是靠解释来完成的，它只能通过法律论证的方法来加以解决。通过法律论证，法官们可以进行比较与鉴别，从各种解释结果中找出最好的答案。选项C成立、选项D不成立，因为法律推理是人的推理，自然要受人的价值观的影响，不是完全客观的。法官要在不同利益冲突间进行价值平衡和选择。

10. 答案：C

解析：类比推理是从个别到个别的推论。其一般形式为：

A事物有a、b、c、d属性；

B事物有a、b、c属性；

因此，B类事物也具有d属性。

类比推理得到的结论可能是真也可能是假。

归纳推理是从个别到一般的推论，归纳推理主张的是如果前提为真，结论就比较有可能为真或者不是假的。

演绎推理是从大前提和小前提中必然地推导出结论或结论必然地蕴涵在前提之中的推论。

设证推理是对从所有能够解释事实的假设中优先选择一个假设的推论。

根据上述四种推理的概念，结合本题，大前提是“故意伤害他人身体的，处3年以下有期徒刑、拘役或者管制”，小前提是“张某殴打他人造成轻伤”，结论是“对张某判处2年有期徒刑”。所以法官所用的是演绎推理。本题的正确答案是C。

11. 答案：D

解析：本题考查法律责任的种类。（1）根据主观过错在法律责任中的地位，法律责任可分为过错责任和无过错责任，前者以存在主观过错为必要条件，后者则不以主观过错为必要条件。本案中司机承担责任的前提是存在过失，属于过错责任，故A项错误。（2）根据行为主体的名义，可分为职务责任和个人责任，前者是指行为主体以职务的身份或名义从事活动时违法所引起的责任，后者是以个人的身份或名义从事活动时违法所导致的责任。司机在上班的时间里受该机关的领导指派将某一紧急公文送交另一国家机关的途中撞人，属于以职务的身份或名义从事活动时的违法，应承担职务责任，故D项正确、B项错误。（3）根据责任所违反的法律的性质，可分为民事责任、刑事责任、行政责任和违宪责任，司机的行为属于民事侵权，因此属于民事责任，故C项错误。

12. 答案：C

解析：法与宗教都是社会存在的反映，都是社会意识，属于上层建筑的范畴，并在一定程度上反映了特定人群的世界观和人生观，属于广义的文化现象的组成部分。在社会发展早期，法与宗教是浑然一体的，没有严格分离。但随着社会的发展和进步，法与宗教逐渐分离，二者的调整范围也分离开来。法只规范人的行为，退出了对人的精神领域的调整。而宗教却在规范人们行为的同时，还控制着人的精神。在当今社会，除政教合一的国家以外，其他国家的法与宗教都严格分离，只有政教合一的国家还把某些宗教教义作为本国法的渊源。根据上述关于法与宗教的关系的一般知识可知，选项A、B、D正确，C项错误。故本题的答案为C。

（二）多项选择题

1. 答案：AD

解析：本题考查对法的普遍性的理解。所谓“法的普遍性”，是指法作为一般行为规范在国家权力管辖范围内具有普遍适用的效力。它包含两方面内容：一是法的效力对象的广泛性，法在其空间效力范围内对任何人一律平等适用，相同的事项和相同的主体即应适用相同的法律，故B、C项正确。二是法的效力的重复性，指法在有效期内对人们的行为可以反复适用。但须注意，法有普遍性并不等于说法的效力是绝对和无限的，它要受到时空限制：对于一国的具体法律而言，按照其制定主体和效力范围的不同，有的在全国范围内生效（如狭义上的“法律”），有的则只在部分地区生效（如地方性法规），故A项错误。法律效力的普遍性以属地主义原则为主，而其他社会规范（如宗教规范）则可能适用属人主义原则，故存在不同，D项错误。

2. 答案：AB

解析：本题考查四个概念的界定依据。法律规范是法的内容的基本单位，是关于人们的行为或活动的命令、允许和禁止的一种规范，故选择A。法律体系是由一国的法律规范按一定标准所构成的体系，同样从内容方面来进行理解，故选择B。法系是从历史传统角度所作的划分，而立法体系是依据一国立法权限的划分所形成的体系结构，故不选C、D。

3. 答案：ABCD

解析：本题考查人权的性质、发展、保护等内容。(1) 人权首先是一种道德意义上的权利，属于应有权利的范围，是指作为人应该享有的权利；只有当人权为法律所规定，转为实在法上的权利时（尤其是一国的宪法将人权转化为“基本权利”时），它才转化为法定权利，故B项错误。(2) 人权理论最早发源于西方文艺复兴时期的人文主义思潮，随后古典自然法学者洛克、孟德斯鸠、卢梭等人明确提出“天赋人权”的理论，构成了早期人权理论的渊源，因此A项错误。(3) 到目前为止，在历史上前后出现了三代人权的概念：第一代人权强调个人权利和政治权利，第二代人权强调经济、社会和文化权利，第三代人权强调自决权、发展权、环境权、和平与安全权等集体人权。故C项错误。(4) 人权不仅需要通过国际法在世界范围内进行普遍保护（国际人权法），更需要得到国内法的确认和保障。保护人权是国内法的主要内容和立法的基本原则之一，也构成一国宪法的主要内容之一（公民的基本权利）。因此，D项错误。

4. 答案：AB

解析：本题考查当代中国的正式法源的类别。在当代中国，正式法源有宪法、法律、行政法规、地方性法规、部门规章和地方性规章、民族自治法规、经济特区法规、特别行政区的规范性文件、国际条约。其中，宪法由全国人民代表大会制定；法律包括由全国人大制定的基本法律和由全国人大常委会制定的非基本法律；行政法规由国务院制定；部门规章由国务院所属部委制定；地方性法规由省、自治区、直辖市、设区的市的人民代表大会及其常委会制定；地方性规章由前述所在地的人民政府制定；民族自治法规由民族自治地方的权力机关制定，包括自治条例和单行条例。四个选项中，C项无疑属于正式法源；A项“县、乡两级国家权力机关发布的决议、决定”仅是一种效力层次较低的规范性文件，不属于上述任何一种，不是正式法源；同样，B项“社团章程”只是一种社团内部规范，不是法律，也不是正式法源；D项“军事法规”由国务院或国务院和中央军委联合发布，在地位上相当于行政法规，因而属于正式法源。

5. 答案：CD

解析：本题考查执法与守法的概念及比较。所谓“执法”，包括广义和狭义二种，狭义上的执法是指享有行政管理职权的国家机关及其公职人员依法行使管理职权，履行职责，实施法律的活动，称为“行政执法”。所谓“守法”，是指国家机关、社会组织和公民依照法律规定，正确行使权利、切实履行义务的活动。(1) 从主体上看，执法的主体仅包括国家行政机关及其公职人员，而守法的主体（在现代国家）包括一切国家机关、组织和个人，后者比前者宽泛，因此A、B项错误。(2) 从客体看，严格地说，执法的客体也要比守法的客体范围小。一般说来，守法的主体要遵守在一国范围内所有有效的规范性法律文件（法律）和非规范性法律文件（如判决），而执法的客体则主要涉及行政类规范性法律文件，故A项错误。(3) 从内容看，执法包括行政机关及其公职人员依照法律，行使公权力进行日常管理，并履行法定义务的行为；守法包括人们依法通过自己的行为行使法律权利、履行法律义务，而这些都通过行为（作为/不作为）表现出来，因此C、D项正确。

6. 答案：ACD

解析：本题考查资本主义法律制度的历史发展。当代西方资本主义法与自由资本主义时期的法相比有以下变化：(1) 加强国家对社会生活的干预；(2) 与国家的福利政策相联系；(3) 加强法官的自由裁量权；(4) 社会立法的出现，打破了公法与私法的界限；(5) 授权立法、行政立法的作用日益增大；(6) 建立违宪审查制度；(7) 自由资本主义时期的三大原则——绝对所有权原则、契约自由原则、过错责任原则，分别为对所有权行使的限制、标准化契约和严格责任原则取代。故A、C、D项正确，B项错误。

7. 答案：AC

解析：本题考查法律与科学技术的关系。一方面，科学技术对法的作用在于：(1) 科学技术的发展扩大了法律调整社会关系的范围，导致一些新的法律部门和法律制度产生，故A项正确；增加了法律内容中各种科学技术规范的分量，提高了法律的科学水平，故C项正确；也为调整传统社会关系的法律规范开拓了新的领域。(2) 科学技术的发展改善了法律调整机制，可以利用新技术来确保法律的及时实施。另一方面，法律对科学技术的作用在于：(1) 法组织和管理科技活动；(2) 法鼓励科技活动并促进科技成果的推广和使用；(3) 法防范和治理科技发展带来的消极后果。由于科技发展在造福社会的同时也可能由于失控、滥用而导致某些社会危害性，因此必须预防而不是保护，故B项错误。此外，科技的发展还带来了一系列人与自然、人与自身关系方面的科技伦理问题，如克隆技术、借腹生子等，这些问题在伦理上都没有定论，法律上不能加以有效调整，故D项错误。

8. 答案：ABD

解析：本题考查成文法与不成文法的区别。成文法又称制定法，是指有立法权或立法性职能的国家机关以国家的名义，依照特定程序创制的，以规范化的条文形式出现的规范性法律文件的总称，故A、B项正确。不成文法，是指由国家有权机关认可的、不具有文字形式或虽具有文字形式却不具有规范化条文形式的法的总称，包括习惯法和判例法，故D项正确。所谓判例法，是由于判例被国家赋予法律效力而形成的法律，它具有一定的文字记载，以此作为自己存在的根据，故C项不正确，但这种记载不是以规范化条文的形式出现的，因此不是成文法。

三、简答题

1. 法的作用有局限性，这种局限性表现在：

(1) 法是社会发展的主观因素，受生产力发展水平和客观规律的限制。立法者不能脱离生产力发展水平和客观规律的限制以及社会文化发展的限制而任意立法，也不可能依靠法律解决所有的社会问题。

(2) 法受其本身属性的限制。法律不可能对所有的社会关系进行调整。法律只调整统治阶级认为有重要意义的社会关系，即不运用国家权力就不能保证个人利益服从集体利益、局部利益服从整体利益、暂时利益服从长远利益的那种社会关系。爱情、友谊、个人小额收入的使用、时装、饮食口味等社会现象在现代社会不是法律调整的对象，因为它们在客观上不要求、不接受也不需要法律的调整，而应由其他社会规范（如道德、习惯、社会风气、美学规范等）加以调整。

(3) 法所调整的社会关系的范围不是固定不变的。法所调整的社会关系的范围取决于国家所处的历史发展阶段、经济发展水平、国内和国际环境，以及统治阶级对调整这种关系是否关切。

(4) 法还受到被社会所制约的主体对法的利用程度的局限。社会主体的法律意识和法律文化水平高，就能比较充分、恰当地发挥法律的作用。反之，社会主体的法律意识和法律文化水平低，认识不到法律的作用，不能及时将社会需要上升为法律，或者不能确定适用何种法律调整手段，或者将已有的法律束之高阁，或者根本就不知法不懂法，法律的价值则不能得到应有的利用。

因此，应正确认识法的作用。我们考察法的作用不能脱离社会的经济制度、政治形势和文化条件，既要看到法的重大作用，又要看到法的作用的局限性。

2. 法律原则与法律规则的区别主要有：

(1) 性质不同。法律规则设定了具体明确的行为内容，而法律原则只规定了一些笼统、模糊的概括性要求。

(2) 适用范围不同。法律规则由于内容具体明确，它们只适用于某一类型的行为。与规则相比，法的原则不预先设定任何确定而具体的事实状态，也没有规定具体的权利、义务和责任。原则的内容在明确化程度上显然低于规则，但是，原则对人的行为有更大的覆盖面和抽象性，它们是对从社会生活或社会关系中概括出来的某一类法律制度、某一法律部门甚或全部法律体系均通用的价值准则，具有宏观的指导性，其适用范围比法律规则宽广。一条法律规则只能对一种类型的行为加以调整，而一条原则却调整某一个或数个行为领域，甚至涉及全部社会关系的协调和指引。

(3) 初始性特征不同。原则只具有初始性特征，而规则在大部分情况下具有确定性特征，只在特定情形中具有初始性。

(4) 冲突解决方式和后果不同。在适用方式上，法律规则是以“全有或全无的方式”应用于个案当中：如果一条规则所规定的事实是既定的，那么，或者这条规则是有效的，在这种情况下，必须接受该规则所提供的解决办法；或者该规则是无效的，在这种情况下，该规则对裁决不起任何作用。而法律原则的适用则有所不同，它不是以“全有或全无的方式”应用于个案当中，因为不同的法律原则具有不同的分量，而且这些不同分量的原则甚至冲突的原则都可能存在于一部法律之中。

二者也有相互统一的一面。如前所述，原则是规则的灵魂，是规则的根本出发点，它为规则规定了适用的目的和方向以及应考虑的相关因素；而规则是原则的具体化、形式化和外在化，其适用就是为了实现法律所承载的价值目标。作为规则集合束的原则，在结构上具有开放性，其内涵模糊、外延宽泛，因此，它可以有效地弥补规则的相对封闭性之缺陷，堵塞规则之网上的疏漏。此外，一般来说，规则与原则具有共同的道德理由，体现着相同的价值。不过，二者承载的价值是有所不同的，规则的着眼点主要是满足法律的合法性要求，而原则却在于保证整个法律体系合目的性的底线。所以，规则体现着法的形式价值，而原则体现着法的实质价值。在哲学意义上，二者是形式与实质的关系，是“手段—目的”的关系。

3. 法的溯及力又称法律溯及既往的效力，是指新法律可否适用于其生效以前发生的事件和行为的问题。如果可以适用，该法律就有溯及力；如果不能适用，则没有溯及力。

关于法律的溯及力问题，现代国家一般通行的原则有两个：首先是“法律不溯及既往”原则，即国家不能用现在制定的法律指导人们过去的行为，更不能由于人们过去从事了某种当时是合法而现在看来是违法的行为而依照现在的法律处罚他们。不少学者认为，“法律不溯及既往”应当是法治的基本原则之一。其次，作为“法律不溯及既往”原则的补充，许多国家同时还认为法律规范的效力可以有条件地适用于既往行为，即所谓“有利追溯”的原则。在我国民法中，有利追溯原则表现为，如果先前的某种行为或关系在行为时并不符合当时法律的规定，但依现行法律则是合法的，并且对相关各方都有利，就应当依新法律承认其合法性并予以保护。在我国刑法中，“有利追溯”表现为“从旧兼从轻”原则，即新法在原则上不溯及既往，但新法不认为是犯罪或处罚较轻的，适用新法。

4. 当代法治国家在法律适用方面奉行一些带有普遍性的基本原则，例如，公平、公正和公开，法律面前人人平等，合法性与合理性，正当程序，人权保障等，但同时也存在一些差异。我国法的适用的基本原则，在遵循法制普遍原则的同时，也具有鲜明的中国特色，其中最重要的原则包括：

（1）以事实为根据，以法律为准绳。这一原则在我国的民事诉讼法、行政诉讼法和刑事诉讼法中均有明确规定，其基本含义是：以事实为根据，要求司法机关处理案件必须以案件事实为根据，重证据、不轻信口供，实事求是，以发现客观事实作为办案目标和法律适用的基础。以法律为准绳，要求执法机关在法律适用中严格依法办事，包括实体规范和正当程序，如“无罪推定”“疑罪从无”等原则，从定性、量刑，到民事、行政审判，均以法律为基本依据。这一原则是保证司法公正，包括实体公正与程序公正的根本。贯彻以事实为根据、以法律为准绳的原则，需要注意正确处理法律与政策、政治、形势、舆论和公共道德的关系，最大限度地兼顾法律适用的法律效果与社会效果。既不能随便屈从现实需要和舆论，牺牲法律的确定性和统一性，也不能无视各种重要的社会价值。在缺乏明确的法律规则时，应遵循法律精神和原则，参照国家政策及其他社会规范，作出合理、公正的司法处理。一旦司法机关在法律适用过程中或其结果出现错误，给公民造成了损害，国家不仅应对违法者追究法律责任，而且需要承担国家赔偿责任。

（2）公民在法律面前一律平等。我国宪法、三大诉讼法、法院及检察院组织法都规定了这一原则，在法律适用方面，其基本含义是：首先，对于全体公民，不分民族、种族、性别、职业、社会出身、宗教信仰、财产状况、居住期限等，一律平等适用法律，不能因人而异。其次，对任何公民的合法权利均平等地予以保护；而任何人都必须履行其法定义务。再次，对任何人的违法犯罪行为都必须平等地追究法律责任，任何人都不得凌驾于法律之上，不允许存在法外特权。最后，对诉讼当事人的诉讼权利给予平等的保护；在刑事诉讼中被告人有权获得辩护；符合法定条件的当事人有权获得法律援助。

（3）司法机关依法独立行使职权。这一原则同样是我国《宪法》确认的重要原则，三大诉讼法、法院及检察院组织法都有此规定，其基本含义是：首先，国家司法权只能由司法机关统一行使，其他任何组织和个人都无权行使司法权；其次，司法机关依法独立行使职权，不受其他行政机关、团体和个人的干涉；最后，司法机关处理案件，必须按照国家的法律规定，准确地适用法律。这一原则的意义在于使司法机关依法独立行使司法权、依法办案，不受干涉，以保障司法公正。其在本质上首先是保证司法权的独立行使。为了使这一原则得到实现，除了需要严格贯彻宪法体制、保证司法权独立行使之外，还应该逐步实现司法机关在财政、经费、资源和人事方面的保障；并确立司法官的身份保障。

5. 在我国，只有宪法和法律规定的国家机关所进行的法律解释，即法定解释，才具有法律约束力。法定解释的权限和效力涉及国家权力的行使和相互制约。鉴于法定解释在法制建设中的重要地位和作用，新中国成立以来我国始终重视通过宪法和法律确定法律解释的权限。1955 年全国人民代表大会常务委员会曾公布《关于法律解释问题的决议》。1981 年 6 月 10 日第五届全国人民代表大会常务委员会第十九次会议通过了《关于加强法律解释工作的决议》，对法律解释的体制和权限作出了明确规定，确立了以全国人大常委会为主体的各机关分工、配合的法律解释体制。其基本内容如下：

（1）凡关于法律、法令条文本身需要进一步明确界限或作补充规定的，由全国人民代表大会常务委员会进行解释或用法令加以规定。

（2）凡属于法院审判工作中具体应用法律、法令的问题，由最高人民法院进行解释。凡属于检察院检察工作中具体应用法律、法令的问题，由最高人民检察院进行解释。最高人民法院和最高人民检察院的解释如果有原则性的分歧，报请全国人民代表大会常务委员会解释或决定。

（3）不属于审判和检察工作中的其他法律、法令如何具体应用的问题，由国务院及主管部门进行解释。

（4）凡属于地方性法规条文本身需要进一步明确界限或作补充规定的，由制定法规的省、自治区、直辖市人民代表大会常务委员会进行解释或作出规定。凡属于地方性法规如何具体应用的问题，由省、自治区、直辖市人民政府主管部门进行解释。

6. 法律意识与构成一国政治上层建筑的法律制度存在密切的联系。

首先，法律制度和法律意识作为法律上层建筑的有机组成部分受到共同的经济基础的制约。经济基础的决定作用表现在经济基础决定着法律上层建筑的性质和发展变化；当根据法律意识建立的法律制度不符合社会经济基础的需要时，它就会成为社会发展的桎梏，或迟或早要被适合经济基础的法律制度所代替。

其次，法律制度是根据法律意识建立的。法律意识的形成是法的形成的前提条件。而法律制度形成之后又对法律意识起着积极的作用。当然强调法律制度是根据法律意识建立的，并不否认法律制度归根到底依赖于经济基础，而是表明包括法律制度在内的上层建筑现象区别于经济基础的重要特征，就在于它是根据人的意识建立的，而经济基础则是不以人的主观意志为转移的。因此，把这两类关系混淆起来，认为法律制度像经济基础一样都是不以人的意志为转移的，否认法律制度是根据法律意识建立的，或者因为法律制度是根据法律意识建立的而否定它们归根到底是由经济基础决定的，这两种观点都不正确。

最后，法律意识是一国法律制度的有机组成部分。法律制度是由现行法、法律实践和法律意识构成的。一个国家占统治地位的法律意识不仅仅属于独立于法律制度而存在的思想上层建筑领域，而且体现在现行法和渗透到法律调整中，在法的创制和法的实施过程中，都不可能离开法律意识的作用。所以，法律意识是法律制度的有机组成部分。

四、材料分析题

1.（1）本案给我们的启示是：法与民主紧密联系，民主对法治有促进作用，但法治也可以制约民主的偏激。在一个民主的国家里，民众应该充分行使自己的权利，以法律手段维护自己的权利。民主进程可以直接激发公民在选举、竞选、结社、监督、批评和建议方面的权利意识，并使公民学会以适当的方式行使自己的权利，学会为争取自己的权利而斗争。除此而外，民主对经济、文化和社会领域的公民权利和自由的发展也都有积极的促进作用。民主对公民权利的促进，实际上是对社会主义法治进程的有力推动。因为享有广泛的权利和自由正是社会主义法治的基本要求之一。本案中，原告敢于拿起法律武器维护自己的权利，说明了我国普通民众民主和权利意识的提高，也使我们看到，民主和法治建设需要每个公民的身体力行。同时也说明村民的民主决定侵害了少数村民的利益，必须对这种民主的弱点加以克服，而法律是最主要的克服方法。

（2）本案还涉及法律规范与自治组织规范的关系。法律需要自治组织规范的配合，自治组织规范也需要法律规范的引导和支持，并且不能违背法律规范。

法律规范与社会自治组织规范的区别主要在于：二者的创制机构和所体现的意志不同；二者的效力范围和功能不同；二者所依赖的保障实施的制裁手段不同；二者的复杂程度、体系化程度一般也不同。这两种规范之间的相互关系可能有以下几种情形：

其一，二者是一致的，是相互协调和支持的。法律要取得社会治理的实效，当然不能缺少其他社会自治规范的配合。就法律本身而言，其最高的实施强制力本身也说明法律要求其他社会自治规范与之相协调。以法律为中心的社会控制体系，要求社会自治规范至少与法不相抵触和矛盾。

其二，二者互不交叉，各行其是。法律的调整领域是受到严格限制的，社会生活有许多领域是法律不予以涉足的。这些领域中的规范在自己的领域中发挥效力，法律不予干涉，这些社会自治规范也有其社会正当性。

其三，二者之间相互冲突。法与社会自治性规范在现实生活中也经常会发生冲突。这通常表现为所谓的“国家法”与“民间法”之间的冲突。在社会转型时期，这种冲突经常出现。二者的冲突以及社会自治规范对于国家正式规则的抗拒，一方面会挑战正式法律的权威，使其治理效果打一定折扣；另一方面也产生以国家正式法律来变革社会自治规范的必要性和正当性。而这种变革所容易带来的问题是：可能过度迷信以国家权力来变革社会自身组织生活的能力，以一种外来的正式权力和规则来粗暴地改造本土生活；也可能过度迷信社会自身组织生活的正当性基础，完全否认由外来力量来推动乡土自治生活变革的正当性。在社会转型时期，应当认真看待法与社会自治规范之间的关系，要力求达到法律与社会自治规范的协调，既要在社会改造时充分尊重社会自治的正当性，也要认识到有些社会自治形式和规范在当代社会发展背景下被改造的必然性。

2.（1）第一，某些道德上的要求可以上升为法律，并以强制力保障执行。“常回家看看”是我国伦理道德的要求，立法将其上升为法律规范，并在司法中予以确认，不仅有助于老年人权益的保障，也有助于弘扬关爱老人这一伦理道德。第二，并非所有的道德都应上升为法律。有些道德在条件不成熟的情况下上升为法律，反而可能损害法律的权威。良好社会秩序的形成，需要法律调整与道德调整的相互协调。

（2）第一，道德是法律的基础和评价标准：道德是法律的理论基础，道德是法律的价值基础，道德是法律运行的社会基础；道德是法律的补充，可以弥补法律的漏洞。第二，法律是传播道德、保障道德实施的有效手段：法律通过立法，将社会中的道德理念、信念、基本原则和要求法律化、制度化、规范化，赋予社会的道德价值观念以法律的强制力；法律是道德的承载者；法律是形成新的道德风貌、新的精神文明的强大力量。

五、论述题

1. 在价值目标的意义上说，法的价值问题往往被概括为法律与正义的关系问题。正义是关于法的价值目标的一种整体概括的表述，在古代思想家那里，法律就曾被比作一种“正义之术”，法学则被认为是关于正义和非正义的学问。但是，在阐述法律与正义的关系之前，首先要说明什么是正义。

关于正义概念的含义，古往今来的各种政治和法律理论意见纷纭。在对这一问题的探索和回答中，有些理论强调人类社会生活中安全或秩序的极端重要性，认为正义存在于和谐的社会关系之中；有些理论认为社会生活中平等是最为重要的，正义寓于某种平等之中。可见，正义涉及广泛而复杂的考量因素，包含了在社会个体和整体之间不同的立场选择和偏重，不同的时代、不同的社会和人群，甚至于不同的社会个体，往往会有不同的正义观。

尽管如此，在人类的政治和法律理论中，我们也能看到意图在一般意义上对正义概念作出界定的努力。古罗马法学家乌尔比安曾经提出：“正义乃是使每个人获得其应得的东西的永恒不变的意志”。同样的说法也可见于其他许多思想家的言论中，按照中国古代思想家的说法，法律的目的在于“定分止争”“赏善罚奸”，因此人类法律生活中的正义问题，归根到底是一个公平地分配利益和赏罚的问题。给予每个人所应当得到的，不给予他或她所不应当得到的，这就是正义作为法的价值目标整体的基本内涵。在得与予的意义上把握正义概念的一般含义，虽然在形态上与平等的概念比较相似，但其内涵更为深刻，外延更加丰富。

正义作为法的整体价值目标，其在现实生活中的运用存在不同的形态。而不同时期的思想家对各种正义形态的阐述，则形成了各种关于正义的理论。例如，古希腊亚里士多德曾经提出其著名的关于分配正义（distributive justice）和校正正义（corrective justice）的理论，对后世影响深远。所谓分配正义，主要涉及的是在制度安排或立法上如何公正地分配权利和义务的问题；而校正正义则适用于当一条分配正义的规范被违反的时候，关注的是在执法和司法中如何公正地分配赏罚的问题。美国的政治哲学家罗尔斯（John Rawls）的“正义论”在当今社会也风靡一时，影响广泛。他对正义含义的理解试图将自由与平等这两种价值相结合，认为正义观念由两项原则要求构成：（1）每个人在人类基本自由的享有上应当拥有平等的权利；（2）社会和经济的不平等应当被安排得对每个人都有利，获取各种地位和职务的机会应当向所有人开放。他还进一步认为，在社会政策和法律的安排中，第一个原则优先于第二个原则；自由只有因自由本身的缘故才能被限制，如果实现社会和经济平等的主张不能使所有人的自由总量得到增加，那么这些主张就必须让位。应该看到的是，不同的正义理论往往包含了不同的问题指向，有的更加偏重原理的阐述，有的更加关注现实问题的解决。

法律是以权利和义务为内容的行为规范，必然涉及人类生活在利益和不利问题上得与予的考量，从而与一般意义上的正义观念发生紧密联系。在事实层面，法律与正义之间，不是有无联系的问题，而是有什么联系的问题，或者说人们应当如何对待两者之间的联系的问题。当我们说法律的价值目标在整体上以正义为依归，实际上也就意味着主张立足法律的合法性要服从立足正义的正当性。在人类的法律理论和实践中，正义这一概念的确在许多情况下扮演了一种高级法（higher law）的角色，并为评论和改造实在法提供了指导。社会正义观的变化，常常是法制改革的前兆。尽管如此，在法律与正义的关系上，我们也会发现一些更加立足于合法性概念的理论。这种理论认为，正义具有非理性的性质，如果要使它有意义，就必须把它置换为合法性的概念。凯尔森说，正义“通过忠实地适用实在秩序以保持其存在”；罗尔斯也指出，“同专制相反，正义乃是对法律的正确适用”。除此之外，在法律和正义的关系上，还存在着在合法性和正当性之间做调和的言论，例如亚里士多德就曾说过：“非正义这一术语，被认为既应适用于违反法律的人，也应适用于获得比他应得的多的东西的人，亦即不正直的人。因而很明显，奉公守法的人和正直的人都是正义的。”

在现代法治社会，如何处理法律与正义、合法性与正当性的关系，的确是一个重要而复杂的问题。法治是法律制度的德性状态，一味强调合法性而无视法律在价值目标上的正当性追求，显然已经被历史证明是极其有害的。与此同时也要看到，法治意味着在社会生活秩序的建构中对法律权威和作用的认同，没有对合法性概念的重视，一味以价值正当性为由对抗或超越法律的权威性，也就没有法治可言。法治的理论和实践需要我们在合法性和正当性之间求得适当的平衡，使两者保持必要的张力。为此，一方面在原则上坚持法律对于正义的追求，服从于正当性概念的评论和主导，并在最低限度上坚信整个法制与正义的一致性；另一方面在具体的法律活动中高度重视合法性要求，在最大限度服从法律权威的同时，借助于一定的制度安排和程序设计，形成法律在正当性问题上的反思机制。在这方面，现代法治理论和实践已经积累了相当的经验。

2.（1）社会主义法与道德的必然联系。

法律与道德是两个有着十分密切联系的现象。法律是国家颁布的行为规则，但它不是纯粹的技术和抽象的规范，在法律规范中包含着国家对人们应该做什么、允许做什么和禁止做什么的要求，它是从国家立场出发对人们行为的评价，包含着立法者关于什么是正义与非正义、合理与不合理、善与恶的价值判断，反映了立法者支持什么、反对什么、赞成什么的价值取向，它不可能脱离道德。同时，在历史唯物论看来，道德也不是抽象的善恶观念，而是归根到底由一定的物质生活条件决定的。

在社会主义条件下，法的道德基础同样不是脱离社会的实际利益和历史发展的抽象观念，它归根到底是社会主义经济基础的反映。我国正处在社会主义初级阶段，坚持以公有制为主体、多种所有制经济共同发展的方针，以按劳分配为主体，效率优先、兼顾公平的收入分配制度，在共同富裕的目标下鼓励一部分人先富起来，而正在建立和发展的社会主义市场经济体制是同社会主义基本制度结合在一起的。在这样的历史条件下，作为社会主义法的道德基础，就应该肯定由此而造成的人们在分配方面的合理差别，同时鼓励人们发扬国家利益、集体利益、个人利益相结合的社会集体主义精神。在我国，在贯彻集体主义原则时，应当注意批判那种不重视个人正当利益、轻视个人尊严、价值和权利的错误倾向，不能把封建士大夫的“重义轻利”和小农经济的平均主义作为我国社会主义法的道德基础。同时，也不应该把我国社会主义法的道德基础片面地、错误地理解为只调动个人积极性，只强调个人利益、小团体利益，而无视国家利益、集体利益，甚至像某些人所鼓吹的那样，把我国社会主义法律的道德基础从集体主义转向个人主义。个人主义与集体主义是两种根本对立的价值观。个人主义是资产阶级道德与法律的基本精神，它建立在私有制的基础上，把“私人利益至高无上”奉为最高的准则。在我国鼓吹个人主义，不管打着什么旗号，其实质都是主张个人利益应该高于集体利益，在实际上只能导致损人利己、损公肥私、金钱至上、以权谋私、欺诈勒索等极端利己主义的思想和行为，最终瓦解社会主义法与道德赖以存在的社会基础。

还应该提出，我国社会占统治地位的道德中包含着两个不同的层次的道德，即社会主义道德和共产主义道德。它们与社会主义法有着不同的关系。社会主义法作为人们必须遵守的规范，必须考虑社会上大多数人的道德水准，体现对人们行为的广泛性要求。显然不能把一个社会中只有少数先进分子才能身体力行的道德作为要求社会全体公民都必须做到的道德准则，作为法律的道德基础。但是，我们不能同意某些西方学者关于法律只反映义务道德，而与愿望道德无关的主张。因为这种主张只看到两种道德是对人们的不同层次的要求，只看到它们之间的区别，没看到它们之间的内在联系和相互转化的可能性。我们不能把社会主义法与更高层次的道德——共产主义道德完全分割。因为社会主义道德和共产主义道德是同一阶级的道德，它们之间存在着内在联系。共产主义毕竟是我们追求的伟大目标。我国宪法不仅把“五爱”作为社会公德加以提倡，而且规定，“在人民中进行爱国主义、集体主义和国际主义、共产主义的教育，进行辩证唯物主义和历史唯物主义的教育，反对资本主义的、封建主义的和其他的腐朽思想”。因此，那种把社会主义道德和共产主义道德割裂开来，否定共产主义道德对社会主义法的深远影响的观点也是错误的。

（2）社会主义法与道德的区别。

社会主义法与社会主义道德之间，一方面有着不可分割的联系，社会主义法具有广泛的道德基础；另一方面，作为两种不同的调整社会关系的方式，它们在形成、表现形式、调整机制、调整对象、调整范围、评价行为的标准等方面又各不相同。

1）从二者的形成看，社会主义法的形成虽然受到经济、政治和文化等各种因素的影响，但其形成以国家的确认为标志，离开社会主义国家不可能存在社会主义法。而社会主义道德属于无产阶级道德范畴，它早在无产阶级夺取国家政权之前就存在。在建立社会主义国家政权之后，它变成了社会上占统治地位的道德。

2）从二者的表现形式看，社会主义法具有明确、正式的表现形式，规定在一定条件下人们的权利与义务以及违反这种规定的制裁或补救措施。而社会主义道德往往缺乏准确的、正式的表现形式，通常只是指出人们应作出或不应作出某种行为的一般原则。

3）从二者的作用机制看，法律不但是一种规定权利与义务的规则，而且法律发挥作用需要特殊的机制。首先，这种规则需要有国家的权威性，需要有正式颁布法律并确认其效力的机关。其次，当发生纠纷和对法律有不同理解时，需要有根据法律与事实对法律作出有权解释并对纠纷进行裁决的有权威性的机关；当违反法律时，需要有对违法者加以审判和制裁的机关，使被违法者所破坏的社会秩序得到保护。也就是说，关于权利与义务的规则需要有一系列授予权力、区分情况、进行审判、保护权利以及制裁违法行为的规则相伴随。只有把上述几类规则相结合，才可能成为完全意义上的法律规则。而道德仅存在于社会舆论、习俗和人们内心的信念之中，缺乏明确的表现形式，当人们对道德上的权利与义务发生争执时，一般没有像法律所要求的权威机构对其中的是非曲直明确作出裁决，即使有这种裁决，也是舆论性质的，缺乏像法律权威机构那样的机构保证其实施。

4）从二者调整的对象看，不能简单认为法律调整人们的外部行为，而道德调整人们的思想动机。因为不论是法律还是道德，其调整对象都既包括行为也包括动机。二者的区别在于：法律着重要求的是人们外部行为的合法性，而不能离开行为过问动机，单纯的思想不是法律调整的对象。而道德所要求的不仅仅是人们的外部行为，还包括人们行为动机的高尚、善良，对人们行为时的心理的“内在”影响是道德发挥作用的特殊机制。

5）从二者调整的范围看，一般来说，道德调整的范围比法律调整范围更广。法律调整的是那些要求并可能由国家评价和保证的社会关系，有些关系，如爱情关系、友谊关系、社会组织内部成员之间的关系等，既不需要也不应该由法律调整。而道德调整的领域却几乎囊括一切社会关系。需要法律调整的社会关系，大都需要道德调整。一般来说，凡是违反社会主义法律的行为，大都同时受到社会主义道德的谴责，但违反社会主义道德的行为，却有很多不是违法行为。因此，在司法实践中，我们不能把违法行为当作一般的违反道德的行为看待，而不予以法律制裁；也不能把只违反道德的行为当作违法行为而予以法律制裁。

总之，社会主义法与道德是我国社会主义上层建筑的两个紧密相连的部分。一方面，社会主义法制的加强有助于培养社会主义道德，社会主义法的制定以法律的形式将社会主义道德的基本原则和要求确认下来。社会主义法的实施，对违法犯罪的打击和对合法行为、对社会有贡献的行为的鼓励，有利于扶持正气，压制邪气，树立和发扬社会主义道德风气。另一方面，社会主义道德建设又能为社会主义法制建设创造良好的思想道德环境，社会主义道德建设不仅是社会主义法的制定的基础，而且对社会主义法的实施也有重要影响，如果没有广大人民群众和干部道德水准的提高，就不可能提高全民族的社会主义法制观念，社会主义法不可能得到顺利贯彻实施。从个人角度，现实生活中走上违法犯罪道路的人，一般也是从道德上出问题开始的。因此，对社会主义现代化建设来说，它们都是必不可少、不可偏废的。我们必须有意识地发挥二者相辅相成、互相促进的作用，从我国社会主义现代化建设总体布局的高度，使依法治国与以德治国相互配合，协调发展。

3. 法是社会生产力发展的必然结果，是商品交换的产物。近代以来，随着市场经济的逐步发展，法律获得前所未有的发展。在此基础上，市场经济成为法治的经济起点，法治是市场经济的保障。建设社会主义市场经济体制，在社会主义市场经济体制条件下厉行法治，是历史的必然，也是社会主义的应有之义。

（1）市场经济是法治的经济起点。

“市场经济”一词，是在19世纪新古典经济学兴起以后才流行起来的。所谓市场经济，是指以市场机制调节经济运行和资源配置为主要方式的经济形式和经济体制。市场经济由商品经济发展而来，是在社会化大生产条件下的商品经济或发达的商品经济。

商品经济、市场经济是法律存在与发展的土壤；商品经济、市场经济需要法律的促进和保障；商品经济、市场经济越发展，法律的体系就越完善，其作用就越广泛。人类历史上经济关系的每一次大的变革，无不有相应的法律变革相伴随，也只有完善健全的法律制度，才能对新的经济关系起到更好的保障和促进作用。对于现代商品经济即市场经济来说，它所需要并由它决定的法律规则无论在范围方面还是在性质方面，都与自然经济和产品经济有显著的区别。在市场经济条件下，法律规范不仅数量多、影响范围广，而且这些规则共同构成一个复杂的整体，以权利本位和权利义务一致为特征，从而更好地保障市场经济有序、高效的运作。

说市场经济是法治的起点，大致有两个方面的具体内涵：第一，市场经济的发展要求经济运行法制化。现代化大生产导致市场主体结构的多元化和社会经济关系的复杂化，市场联系日益广泛、紧密，经济全球化日渐明显，国际大市场正逐步形成，市场交易灵活、便捷，产品结构更加多样化，等等。这些都对法律的发展和完善提出了更高的要求。如果说从《法国民法典》到《德国民法典》反映了市场经济由自由资本主义阶段发展到垄断资本主义阶段，那么，现代市场经济的迅速发展必然要求现代法制能够更准确地反映客观经济规律，推动经济发展。第二，市场经济的发展呼唤着经济运行规则必然法制化。现代市场经济的发展要求经济运行规则法制化，必须将市场的自发调节（看不见的手）同国家宏观调节（看得见的手）相结合，建立一套完善、有效的法律约束机制。

（2）法治是市场经济的制度保障。

1）建立市场经济秩序需要法治。

市场经济需要法治，是指需要通过法治形成稳定的、积极的经济秩序。市场经济秩序是一种稳定的、进化的自发秩序。它是稳定的，但不是停滞的；它是进化的，但不是突变的或跃进式的；它有相当的自发性，虽要借助外力的推动，但却不是靠外力强行构建的。市场经济新秩序的形成，需要的是在一种普遍的、抽象的、一般性规则下进行的自由选择，需要经济主体在法治下自由地追求自我利益和自我发展，任何强制推选和说教，只会破坏市场经济的自发而稳定的秩序，而不会对这种秩序的维护和演进有任何益处。

2）市场主体的行为需要法律调整。

市场竞争内在要求主体依法行为，遵守各种市场规则，按照这些规则进行竞争。对市场主体行为的法律调整是运用国家权力以法律手段对市场主体行为的调整，它是国家运用国家权力以法律手段对市场主体行为进行的有组织、有结果的调整，并有国家强制力作保障。其基本内容是：确认经济活动主体平等的法律地位，如企业法、公司法等；调整经济活动中的各种关系，规范生产要素的自由流动；解决经济活动中的各种纠纷；维护正常的经济秩序。

3）市场主体的多样化权益需要法律保障。

捍卫各类市场主体的合法权益，才能为市场经济的不断发展提供持续的动力。调整市场经济的法律法规不仅把对市场主体的合法权益的确认、保护贯穿于全部条文之中，而且专门规定了保护条款，规定了民事、经济纠纷的诉讼程序和仲裁等程序。法律在此领域的作用表现在：对合法权益所受的侵害提供多样的救济手段和方式，其中司法手段是最主要也是最有力的保护合法权益的手段之一；在多样化的、相互冲突的利益之间作出合理的选择，以利于市场自身的完善；减少由于多元利益相互冲突和竞争给市场带来的负面影响。

4）法是对市场经济进行宏观调控的重要手段。

社会主义市场经济要求由国家对经济实行宏观调控。这是因为市场机制本身存在局限性和缺陷，如市场竞争的不完全性导致市场失灵，经济的外部性，公共物品的供给不能由市场机制来调节，市场机制本身不能解决社会目标问题，市场调节的事后性会引起经济波动，市场不能自觉维护市场秩序，市场本身不能解决宏观总量的均衡问题等。另外，中国的社会制度和具体国情也要求国家进行宏观调控。

5）法律有助于抑制市场经济对基本社会价值和利益的侵害。

市场经济的发展逻辑有一个“怪圈”，它一方面热情地呼唤公正、平等、秩序、民主、自由等社会基本价值，并且确实为这些基本价值的实现奠定了经济基础。但另一方面它也具有损害这些基本价值的倾向，而对社会共同目标、基本价值等关注不够甚至有所损害，正是市场的自身缺陷之一。法律在阻止市场经济对自由、平等价值的侵犯方面可以发挥广泛的作用，诸如：第一，法律确认一些基本的自由和权利并禁止其交换，从而保障人们在享有基本自由和权利方面的平等。第二，促进必要的社会平等，限制不公正的社会不平等。这是对人们体面生活的保障、对社会稳定的维持，也是为市场经济的发展创造良好的社会环境。第三，完善法律机制，努力避免法律成为市场交易和金钱的牺牲品，确认法律作为社会公正裁判者和捍卫者的相对独立的地位和价值。

6）法律能够促进渐进式改革方式的完善，减少改革的风险和代价。

中国的市场化改革走的是渐进式的改革道路。改革措施最初一般是从制定和实施相关政策开始，然后再逐步以法律的形式固定下来。这种调整方式本身就具有渐进式的特点。随着改革的深入，应更多依靠法律来出台和实施渐进式的改革措施，以克服政策的不稳定性。法律可以为推行渐进式改革及肯定这种改革方式和方略本身发挥多方面积极作用，诸如：a. 有助于促进自上而下改革和自下而上改革两种方式的结合，一方面肯定政府在改革中总揽全局的权威地位，另一方面又鼓励各基层单位制度创新的积极性；b. 把从农村到城市、从沿海到内地、从局部到整体、从体制外到体制内的总体改革思路和方略具体化，在每个阶段都制定相应的法规、政策；c. 促进改革、发展和稳定相协调，实现稳定与改革、发展的良性循环，把改革、发展中出现的矛盾、冲突等纳入法律调整，以避免矛盾激化而产生的社会动荡；d. 有助于减少渐进式改革的弊端，按照地区、城乡、不同阶层平衡发展的方向推进社会主义和谐社会的建设。

4. 法的渊源通常是指法的效力来源，是指特定法律共同体所承认的、具有法的约束力或具有说服力并能作为法律决定的大前提的规范或准则。法的渊源包括法的正式渊源和非正式渊源，其中，正式渊源是指具有明文规定的法律效力，并且直接作为法律人的法律决定的大前提的规范。非正式渊源是指不具有明文规定的法律效力但具有法律说服力、能够构成法律决定的大前提的规范或准则。

材料中法典的规定，体现了法的正式渊源与非正式渊源的关系。具体包括以下几点：（1）“民事活动，法律有规定的，依照法律”，即法的正式渊源要优先适用。（2）“法律没有规定的，依照习惯”，即当出现法律漏洞时，此时可以优先适用法的非正式渊源中的“习惯”。（3）“没有习惯的，依照法理”，即在适用非正式渊源时，也要注意效力位阶。一般而言，习惯相对于法理具有优先性。

材料中的法典之所以规定“法律优先于习惯，习惯优先于法理”的效力位阶，主要原因在于：（1）法律具有正式性、明确性的特征，能够最大限度地实现法律的确定性和可预测性，因此要优先适用。（2）法律具有局限性，当出现法律漏洞时，法官可以依照“习惯”“法理”等非正式渊源来裁判。正如法律格言所言：“法官不得拒绝裁判”，即在民事案件中，法官可以依照习惯、法理来判案。（3）与“法理”相比，“习惯”具有优先适用的效力，这是因为，“习惯”更贴近社会的实际生活状况，更利于实现法的可接受性。

当然，在司法实践中，“法律、习惯与法理”的关系并非绝对的线性关系。为了实现个案正义，即便有“法律”，法官也可能优先适用“习惯”；即便有“习惯”，法官也可能优先适用“法理”。也就是说，法典规定的“法律优先于习惯、习惯优先于法理”的效力位阶可能被打破。需要指出的是，如果要打破正式渊源与非正式渊源的效力位阶，法律人必须要作出充分的论证。

总之，法律实施中要正确处理正式渊源与非正式渊源的关系，一般情况下：（1）法律要优先适用；（2）当出现法律漏洞时，可以适用习惯；（3）当习惯缺位时，可以适用法理。只有这样，才能实现法的可预测性与可接受性的融合，实现形式法治与实质法治的融合。

模拟题三及答案

一、名词解释和概念比较

1. 法学体系与法律体系
2. 法治与法制（考研）
3. 调整性规则与保护性规则
4. 法定解释与学理解释（考研）
5. 国家监督和社会监督
6. 法律事实

二、选择题

（一）单项选择题

1. 民间故事“铡美案”中，驸马陈世美被依法处决。这一法律现象表明（　　）。（考研）

A. 法律是公共意志的反映，具有超阶级性

B. 法律有时候也是被统治阶级将意志上升为国家意志的结果

C. 法律是统治阶级整体意志、共同意志的体现

D. 我国封建社会的法律也贯彻公民在法律面前人人平等的原则

2. 下列哪一表述不是马克思主义法学对法的问题的看法？（　　）

A. 法不是单个人肆意横行

B. 法既执行政治职能，也执行社会公共职能

C. 法最终决定于历史传统、风俗习惯、国家结构、国际环境等条件

D. 法受社会物质条件的制约

3.《民法典》第 509 条规定：当事人应当按照约定全面履行自己的义务。当事人应当遵循诚信原则，根据合同的性质、目的和交易习惯履行通知、协助、保密等义务。该法律规定作用于人们行为的基本方式是（　　）。

A. 禁止　　B. 授权　　C. 积极义务　　D. 规定和实施法律制裁

4.《中华人民共和国劳动合同法》第 19 条规定：“劳动合同期限三个月以上不满一年的，试用期不得超过一个月；劳动合同期限一年以上不满三年的，试用期不得超过二个月；三年以上固定期限和无固定期限的劳动合同，试用期不得超过六个月。”关于这个条文，下列哪一选项是错误的？（　　）（司考）

A. 该条规定不属于法律原则

B. 该条规定属于法律规则中的授权性规则

C. 该条规定对于签订劳动合同的劳动者与用人单位具有指引作用

D. 审理劳动合同纠纷的仲裁员可以该条规定判断劳动合同的相关条款是合法还是违法、是有效还是无效，就此而言，该条规定具有评价作用

5. 关于法律调整和法律作用的说法，下列表述错误的是哪一项？（　　）

A. 法律调整体现了法律的社会作用

B. 法律作用是比法律调整更为广泛的一个概念

C. 虽然对许多社会关系法律并不直接调整，但是法律会对它发生作用

D. 法律调整需要专门的法律调整机制，而法律作用不需要通过法律调整机制来实现

6. 在某法学理论研讨会上，甲和乙就法治的概念和理论问题进行辩论。甲说：①在中国，法治理论最早是由梁启超先生提出来的；②法治强调法律在社会生活中的至高无上的权威；③法治意味着法律调整社会生活的正当性。乙则认为：①法家提出过“任法而治”“以法治国”的思想；②法治与法制没有区别；③“法治国家”概念最初是在德语中使用的。下列哪一选项所列论点是适当的？（　　）（司考）

A. 甲的论点②和乙的论点①　　B. 甲的论点①和乙的论点③

C. 甲的论点②和乙的论点②　　D. 甲的论点③和乙的论点②

7. 按照马克思主义的观点，法作为一种社会现象，与其他社会现象都有程度不同的联系，其中与下列哪一种的联系是根本的联系？（　　）

A. 法与经济　　B. 法与文化　　C. 法与民族精神　　D. 法与宗教

8. 下列关于法与道德、宗教、科学技术和政治关系的选项中，哪一项表述不成立？（　　）（司考）

A. 宗教宣誓有助于简化审判程序，有时也有助于提高人们守法的自觉性

B. 法具有可诉性，而道德不具有可诉性

C. 法与科学技术在方法论上并没有不可逾越的鸿沟，科学技术对法律方法论有重要影响

D. 法的相对独立性只是对经济基础而言的，不表现在对其他上层建筑（如政治）的关系之中

9. 人权突出强调人的普遍性尊严和价值。人权的普遍性，最重要的表现在于（　　）。

A. 享有人权的主体是普遍的　　B. 享有的权利是广泛的

C. 人权观念为世界大多数国家所接受　　D. 人权具有普世的价值

10. 下列哪一项不属于立法活动？（　　）

A. 法的制定　　B. 法的修改　　C. 法的废除　　D. 法律汇编

11. 法律体系是一个重要的法学概念，人们尽可以从不同的角度、不同的侧面来理解、解释和适用这一概念，但必须准确地把握这一概念的基本特征。下列关于法律体系的表述中，哪种说法未能准确地把握这一概念的基本特征？（　　）（司考）

A. 研究我国的法律体系必须以我国现行国内法为依据

B. 在我国，近代意义的法律体系的出现是在清末沈家本修订法律后

C. 尽管香港的法律制度与大陆的法律制度有较大差异，但中国的法律体系是统一的

D. 我国古代法律是“诸法合体”，没有部门法的划分，不存在法律体系

12. 甲公司与乙公司签订了一份购销合同，后乙公司违约。甲公司向法院提起诉讼，法院判决乙公司承担违约责任，乙公司不执行判决，由法院强制执行。关于此案的法律关系，表述正确的是（　　）。

A. 法院对乙公司强制执行的法律关系是调整性法律关系

B. 法院与甲、乙公司在诉讼中的法律关系是平权型法律关系

C. 甲、乙公司分别作为诉讼的原、被告，二者之间是纵向法律关系

D. 甲、乙公司的合同关系是调整性法律关系

13. 美国1789年宪法没有明文规定美国是三权分立的政府体制，但学者们认为根据1789年的宪法文本尤其是该宪法第1条（规定立法机关的权力）、第2条（规定行政机关的权力）和第3条（规定法院的权力）等条文的规定，可以推导出美国是三权分立的体制。这种解释方法属于下列哪一种？（　　）（考研）

A. 体系解释　　B. 语法解释　　C. 学理解释　　D. 目的解释

14. 关于法律责任的说法，下列哪一项是不正确的？（　　）

A. 法律责任与违法行为相联系，违法是承担法律责任的根据，不构成违法就不需要承担任何法律责任

B. 法律责任是一定的国家机关代表国家对违法行为实施制裁的根据

C. 法律责任只能由国家司法机关或国家授权的专门机关来追究，其他任何机关和个人都无此项权力

D. 法律责任意味着国家对违法行为的否定性反应和谴责

15. 下列哪个选项不属于我国的国家监督体系？（　　）（司考）

A. 中国人民政治协商会议对法律实施的合法性进行的监督

B. 国家审计机关对国家的财政金融机构和企业事业组织财务收支的监督

C. 全国人大对不符合宪法、法律的行政法规和地方性法规的撤销

D. 各级人民法院对行政机关的监督

16. 下列关于法律意识与法律制度的关系的表述中不正确的是（　　）。

A. 法律制度和法律意识都是法律上层建筑的有机组成部分

B. 法律制度是根据法律意识建立的

C. 在法的创制和实施过程中都离不开法律意识的作用

D. 法律意识可以起到法的作用，因此法律意识也属于法的范畴

17. 是否承认“恶法亦法”反映了两个重要法学流派的对立，这两个流派是（　　）。

A. 自然法学与社会法学　　B. 自然法学与分析法学

C. 自然法学与神学法学　　D. 分析法学与社会法学

（二）多项选择题

1. 根据马克思主义法学的基本观点，下列表述中哪些是错误的？（　　）

A. 法在本质上是社会成员公共意志的体现

B. 法既执行政治职能，也执行社会公共职能

C. 法最终决定于历史传统、风俗习惯、国家结构、国际环境等条件

D. 法不受客观规律的影响

2. 法的作用，有时又称为法的职能，是指法对社会生活的影响。我们可以从哪些角度研究法的作用？（　　）

A. 法的社会作用　　B. 法的规范作用

C. 法的思想影响作用　　D. 法的行为影响作用

3. 法的价值冲突及其解决是法的价值研究的重要内容，如何解决法律冲突，是法的价值研究中最为重要的内容。解决法的价值冲突的原则主要包括（　　）。

A. 定义排除原则　　B. 优先性原则　　C. 比例平衡原则　　D. 习惯性原则

4. 关于法律调整和法律调整机制，下列理解错误的是（　　）。

A. 法律调整是从法的价值方面描述法的实现、法在生活中如何起作用的一个范畴

B. 法律调整和法律的社会作用可以同等理解

C. 法律调整一切的社会关系

D. 社会虽然在发展，但是法律调整的对象是不会发生改变的

5. 对社会主义民主与社会主义法治的关系表述不正确的是（　　）。

A. 社会主义民主的性质决定社会主义法治的性质

B. 社会主义法治的发展程度决定社会主义民主的发展程度

C. 社会主义法治是社会主义民主的必要前提

D. 社会主义法治是实现社会主义民主的重要保障

6. 下列关于法治与法制的表述哪些是不适当的？（　　）

A. 法治要求法律全面地、全方位地介入社会生活，这意味着法律取代了其他社会调整手段

B. 法治与法制的根本区别在于社会对法律的重视程度不同

C. 实现了法制，就不会出现牺牲个案实体正义的情况

D. 法治的核心是权利保障与权力制约

7. 我国《民法典》第 8 条规定："民事主体从事民事活动，不得违反法律，不得违背公序良俗。"对于这条规定，下列哪些理解不正确？（　　）（司考改编）

A. 这一条的内容是法律规则

B. 一切民事案件均可以优先适用这一条文

C. 这一条的内容所反映的是正义的价值

D. 在处理民事案件时可以采取"个案平衡原则"适用这一条文

8. 在下列关于经济与法的关系的说法中，正确的有哪些？（　　）

A. 法的起源从根本上讲取决于经济关系　　B. 在法的许多层面上都有经济发展的印记

C. 法从根本上决定经济的发展　　D. 社会主义市场经济与法也有着密切联系

9. 甲公司是瑞士一集团公司在中国的子公司。该公司将 SNS 柔性防护技术引入中国，在做了大量的宣传后，开始被广大用户接受并取得了较大的经济效益。原甲公司员工古某利用工作之便，违反甲公司保密规定，与乙公司合作，将甲公司的 14 幅摄影作品制成宣传资料向外散发，乙公司还在其宣传资料中抄袭甲公司的工程设计和产品设计图、原理、特点、说明，由此获得一定的经济利益。甲公司起诉后，法院根据《中华人民共和国著作权法》《伯尔尼保护文学艺术作品公约》的有关规定，判决乙公司立即停止侵权、公开赔礼道歉、赔偿损失 5 万元。针对本案和法院的判决，下列何种说法是错误的？（　　）（司考改编）

A. 一切国际条约均不得直接作为国内法适用

B.《伯尔尼保护文学艺术作品公约》可以视为中国的法律渊源

C.《伯尔尼保护文学艺术作品公约》不是我国法律体系的组成部分，法院的判决违反了"以法律为准绳"的司法原则

D.《中华人民共和国著作权法》和《伯尔尼保护文学艺术作品公约》分属不同的法律体系，法院在判决时不应同时适用

10. 下列各项中属于我国社会主义法律渊源的有（　　）。

A. 普通法与衡平法　　B. 民族自治地方的自治条例

C. 法院判例　　D. 我国同外国缔结或加入的国际公约

11. 我国《商标法》规定："商标使用人应当对其使用商标的商品质量负责。"该法律规则属于（　　）。

A. 授权性规则　　B. 义务性规则　　C. 强行性规则　　D. 确定性规则

12. 下列有关执法与守法区别的说法哪些是不正确的？（　　）（司考）

A. 执法的主体不仅包括国家机关，也包括所有的法人；守法的主体不仅包括国家机关，也包括所有的法人和自然人

B. 行政机关的执法具有主动性，公民的守法具有被动性

C. 执法是执法主体将法律实施于其他机关、团体或个人的活动，守法是一切机关、团体或个人实施法律的活动

D. 执法须遵循程序性要求，守法无须遵循程序性要求

13. "在法学家们以及各个法典看来，各个个人之间的关系，例如缔结契约这类事情，一般是纯粹偶然的现象，这些关系被他们看作是可以随意建立或不建立的关系，它们的内容完全取决于缔约双方的个人意愿。每当工业和商业的发展创造出新的交往形式，例如保险公司等的时候，法便不得不承认它们是获得财产的新方式。"据此，下列表述正确的是（　　）。（司考）

A. 契约关系是人们有意识、有目的地建立的社会关系

B. 各个时期的法都不得不规定保险公司等新的交往形式和它们获得财产的新方式

C. 法律关系作为一种特殊的社会关系，既有以人的意志为转移的思想关系的属性，又有物质关系制约的属性

D. 法律关系体现的是当事人的意志，而不可能是国家的意志

14. 法律解释由于解释主体及解释效力的不同，可分为正式解释和非正式解释，下列选项中，哪些说法是正确的？（　　）

A. 是否具有普遍性意义的法律约束力是区别正式解释和非正式解释的关键

B. 某诉讼法著名学者在北京一研讨会上对法律所作出的解释是非正式解释

C. 江苏省某法官在庭审中对当事人所作的法律解释是正式解释

D. 某律师在接待当事人咨询时对法律所作的解释是非正式解释

15. 周某半夜驾车出游时发生交通事故致行人鲁某重伤残疾，检察院以交通肇事罪起诉周某。法院开庭，公诉人和辩护人就案件事实和证据进行质证，就法的适用展开辩论。法庭经过庭审查实，交通事故致鲁某重伤残疾并非因周某行为引起，宣判其无罪释放。依据法学原理，下列判断正确的是（　　）。（司考）

A. 法院审理案件的目的在于获得正确的法律判决，该判决应当在形式上符合法律规定，具有可预测性，还应当在内容上符合法律的精神和价值，具有正当性

B. 在本案中，检察院使用了归纳推理的方法

C. 法院在庭审中认定交通事故致鲁某重伤残疾并非因周某行为引起，这主要解决的是事实问题

D. 法庭主持的调查和法庭辩论活动，从法律推理的角度讲，是在为演绎推理确定大小前提

16. 关于法律责任本质的说法，下列观点正确的是（　　）。

A. 影响比较大的分类是意志责任论、社会责任论和规范责任论

B. 法律责任是国家的否定性评价

C. 法律责任是道义评价和法律评价的统一

D. 法律责任是自主选择性和社会制约性的统一

17. 下列何种表述属于法律意识的范畴？（　　）（司考）

A. 郭某感觉到中国法官的腐败行为越来越少了

B. 贾某因卡式炉爆炸而毁容，向法院起诉，要求酒店支付 50 万元精神损害赔偿金

C. 梅某认为偷几本书不构成盗窃罪

D. 进城务工的农民周某拿不到用人单位报酬，自认倒霉

18. 法与道德的关系问题是法学的重要问题，各个法学流派都对其作出了自己的回答。下列表述错误的有哪些？（　　）

A. 自然法学派认为，实在法不是法律

B. 分析实证主义法学派认为，法与道德在本质上没有必然的联系

C. 中国古代的儒家认为，治理国家只能靠道德，不能用法律

D. 近现代的法学家大多倾向于否定“法律是最低限度的道德”的说法

19. 某国跨国甲公司发现中国乙公司申请注册的域名侵犯了甲公司的商标权，遂起诉要求乙公司撤销该域名注册。乙公司称，商标和域名是两个领域的完全不同的概念，网络域名的注册和使用均不属中国《商标法》的调整范围。法院认为，两国均为《巴黎公约》成员国，应当根据中国法律和该公约处理注册纠纷。法院同时认为，对驰名商标的权利保障应当扩展到网络空间，故乙公司的行为侵犯了甲公司的商标专用权。据此，下列表述正确的是（　　）。（司考）

A. 法律应该以社会为基础，随着社会的发展而变化

B. 科技的发展影响法律的调整范围，而法律可以保障科技的发展

C. 国际条约可以作为我国法的渊源

D. 乙公司的辩称和法院的判断表明：法律决定的可预测性与可接受性之间存在着一定的紧张关系

三、简答题

1. 简述法的价值冲突及其解决原则。

2. 简述法律调整的过程。（考研）
3. 简述法律原则与法律规范的关系。
4. 简述法律权利的概念和特点。
5. 中国现行法律解释体制及其特征。（考研）
6. 法律责任的归责原则有哪些？

四、材料分析题

1. 材料一：当今世界正经历百年未有之大变局，我国正处于实现中华民族伟大复兴关键时期，顺应时代潮流，适应我国社会主要矛盾变化，统揽伟大斗争、伟大工程、伟大事业、伟大梦想，不断满足人民对美好生活新期待，战胜前进道路上的各种风险挑战，必须在坚持和完善中国特色社会主义制度、推进国家治理体系和治理能力现代化上下更大功夫，把我国制度优势更好转化为国家治理效能，为实现“两个一百年”奋斗目标、实现中华民族伟大复兴的中国梦提供有力保证。

材料二：要加大对危害疫情防控行为执法司法力度，严格执行传染病防治法及其实施条例、野生动物保护法、动物防疫法、突发公共卫生事件应急条例等法律法规，依法实施疫情防控及应急处理措施。

材料三：这场抗疫斗争是对国家治理体系和治理能力的一次集中检验。在新的征程上，要突出问题导向，从完善疾病预防控制体系、强化公共卫生法治保障和科技支撑、提升应急物资储备和保障能力、提升国家生物安全防御能力、完善城市治理体系和城乡基层治理体系等方面入手，抓紧补短板、堵漏洞、强弱项，加快完善各方面体制机制，增强社会治理总体效能，不断提升应对重大突发公共卫生事件的能力和水平，为保障人民生命安全和身体健康夯实制度保障。

根据上述材料，结合在法治轨道上统筹推进疫情防控工作的要求，谈谈如何发挥法治在国家治理体系和治理能力现代化的积极作用。（司考）

2. 试论“正义不仅要实现，而且要以看得见的方式实现”。（考研）

五、论述题

试述法治与社会自治的关系。

参考答案

一、名词解释和概念比较

1. 法学体系指的是由各分支学科构成的知识系统，其构成要素是法学学科；法律体系是法的内在结构，指一国现行法分为不同部门而组成的内在统一、有机联系的系统，其构成要素是法律规范以及由此形成的法律部门。法律体系是法学体系赖以建立和存在的前提和基础。一国现行法律体系是该国法学研究的主要内容，并且制约着法学体系的形成和大部分法学学科的内容和范围。

2. 法制是指法律制度，一国或一地区法律上层建筑的系统。与它相对应的是政治制度、经济制度、文化制度等概念。法制首先强调的是法作为制度化构成物所形成的统一体，而法治则首先强调法作为社会控制工具在治国诸方式中的地位和功能。法制的产生与发展和国家直接相联系，而法治则直接与民主国家相联系。在任何国家中都存在法制，而只有在民主国家中才有法治。法治的基本要求是严格依法办事，法律在各种社会调整措施中具有至上性、权威性，而且法律应当是良法、善法。而法制并不必然蕴含严格依法办事的内容。法治总是与专制、特权、任性相对立，而法制却并不必然意味着这种对立，它可以充当专制、特权的工具。

3. （略）

4. 根据解释主体和法律效力的不同，可将法律解释分为正式解释和非正式解释。法律的正式解释，又称法定解释、有权解释或官方解释，指被授权的国家机关（或国家授权的社会组织）在其职权范围内对法律文本所作的具有法律效力的解释。正式解释又可分为立法解释、司法解释和行政解释。非正式解释也称为非法定解释或无权解释，是指未经授权的国家机关、社会组织或公民个人对法律规范所作的没有法律效力的解释，可以分为学理解释和任意解释。学理解释，是指在学术研究、法学教育和法制宣传中，由专家、学者和法律工作者对法律规范所进行的解释。两者的区别主要表现在：

	法定解释	学理解释
主体	被授权的国家机关或社会组织在其授权范围内	未经授权的国家机关、社会组织或公民
效力	有法律约束力	无法律约束力

5. 按照监督的主体，可以把法律监督分为国家监督和社会监督。国家监督即国家机关进行的法律监督，又可以分为权力机关的监督、行政机关的监督、司法机关的监督和监察机关的监督等。这种监督不仅包括各类国家机关对自身和本系统国家机关的活动的监督，如最高国家权力机关对地方各级国家权力机关的监督、最高国家行政机关对地方各级国家行政机关的监督等；而且包括各类国家机关对其他种类国家机关的活动的监督，如权力机关对行政机关、司法机关的监督，检察机关对审判机关的监督等。社会监督即各政党、社会团体、组织和人民群众所进行的监督。

6. 法律事实是法律规范所规定的、能够引起法律后果即法律关系产生、变更和消灭的现象。法律事实必须是法律所规定的，只有那些具有法律意义的事实才能引起法律后果。另外，法律事实的概念又反映了法律调整受到具体社会生活情况和社会事实的制约。法律事实可以根据不同标准进行分类。法律事实依据它是否以权利主体的意志为转移可以分为行为和事件；按照产生法律后果是否要求某些现象存在，法律事实可分为肯定的法律事实和否定的法律事实；按照作用时间的长短，法律事实可分为一次性作用的法律事实和连续性作用的法律事实——状态；按照产生法律后果所需要法律事实的数量，法律事实可分为单一的法律事实和由足够法律事实所组成的系统，即事实构成。

二、选择题

（一）单项选择题

1. 答案：C

解析：法是统治阶级意志的体现，法所体现的统治阶级意志具有整体性，是统治阶级通过国家意志表现出来的整体意志、共同意志或根本意志。在某些情况下，统治阶级中的个别意志和统治阶级的整体意志相抵触时，统治阶级就会通过惩罚的方式，迫使阶级内部的个别意志符合统治阶级的根本利益。驸马陈世美被依法处决，反映了统治阶级在个别案例中，为了维护本阶级更大的利益而对个别利益的牺牲。封建社会的法律的本质是维护不平等的等级关系，法律面前人人平等的原则不是其主张的。

2. 答案：C

解析：（略）

3. 答案：C

解析：（略）

4. 答案：B

解析：《劳动合同法》第 19 条的规定属于法律规则，而非法律原则，因此，A 项说法正确。该条规定属于义务性规则，而非授权性规则，因此，B 项说法错误。法律规范的指引作用是指对本人的行为具有引导作用，题干中给出的规定对于签订劳动合同的劳动者与用人单位具有指引作用，因此，C 项说法正确。法律规范的评价作用是指，法律作为一种行为标准，具有判断、衡量他人行为合法与否的评价作用，因此，D 项说法正确。综上，本题的正确答案是 B 项。

5. 答案：D

解析：法律调整体现了法律的社会作用，但不应把这二者等同。法律作用是比法律调整的含义更为广泛的一个概念，对于许多社会关系法律并不直接调整，但不等于法律对它们没有发生作用。法律调整需要通过一整套法律手段来实现，即需要通过法律调整机制来实现，而法律作用却不一定都需要通过法律调整机制来实现，如法的思想影响作用就是如此。故D项错误，当选。

6. 答案：A

解析：（略）

7. 答案：A

解析：在法与法外因素的关系中，法与经济的关系是根本的，而民族精神、文化、宗教等因素一般来讲属于上层建筑范畴，法与它们存在着相互影响，但法与它们的关系谈不上是根本的。故A项正确。

8. 答案：D

解析：在历史上，宗教和法是两种有着密切联系的社会现象，法中的很多规范或程序规定都源于宗教仪式和教规，宗教宣誓使得法庭当事人受到约束，不仅可以简化程序，也有助于提高守法自觉性，故A项正确。B项考查法与道德的区别，由于法规范的是人们的行为，有明确的权利和义务，所以可诉诸法院予以裁决；而道德规范的是人的思想，不可能通过现实裁决来实施，故B项正确。科学技术对法律方法论的影响是显而易见的，而且法律方法论中也引进了一些新的技术因素，两者没有不可逾越的鸿沟，故C项正确。法具有独立性，不仅独立于经济基础，而且独立于其他上层建筑如政治、意识形态等，故D项符合题意。

9. 答案：A

解析：人权突出强调人的普遍性尊严和价值。人权的普遍性，最重要的是指享有人权的主体的普遍性。故A项当选。

10. 答案：D

解析：（略）

11. 答案：D

解析：（略）

12. 答案：D

解析：本题考查的是法律关系分类的实际运用。甲、乙公司签订合同，二者之间形成的法律关系是调整性法律关系，所谓调整性法律关系是不需要使用法律制裁主体权力就能够正常实现的法律关系；后乙公司违约，导致二者之间的调整性法律关系破裂，此后法院对乙公司的强制执行，体现了国家的保护职能，法院与乙公司之间是保护性法律关系。甲、乙公司与法院所形成的诉讼法律关系是隶属型法律关系，法院依法行使国家的司法权，对属于其管辖范围内的案件行使管辖权，甲、乙公司与法院之间具有隶属关系，所以是隶属型法律关系；当然，对于甲、乙作为原告、被告来说，二者之间又是平权型法律关系，这正是诉讼法所讲的“诉讼当事人地位平等”的法理依据。

13. 答案：D

解析：（略）

14. 答案：A

解析：法律责任虽然与违法行为相联系，但是，没有违法并非不承担任何责任，而是不承担惩罚性的责任，民法中的公平责任就是在责任人没有违法的情况下要求其承担的。所以A项是错误的，应选。其他几项都反映了法律责任的特征，不选。

15. 答案：A

解析：（略）

16. 答案：D

解析：本题考查的是法律意识与法律制度的关系。法律意识与法律制度之间存在着密切联系。首先，法律意识和法律制度作为法律上层建筑的有机组成部分受到经济基础的制约；其次，法律制度是依据法律意识建立的；最后，一个国家占统治地位的法律意识不仅仅属于思想上层建筑，而且渗透到法律制度和法律调整过程中，成为法律制度的有机组成部分。法律意识在一定条件下可以起到法的作用，但不能认为法律意识就是法。故本题答案为D。

17. 答案：B

解析：（略）

（二）多项选择题

1. 答案：ACD

解析：（略）

2. 答案：ABC

解析：（略）

3. 答案：ABC

解析：（略）

4. 答案：ABCD

解析：（略）

5. 答案：BC

解析：作为一种国家制度，社会主义民主是社会主义法治的政治前提和基础。因此，社会主义民主的性质决定社会主义法治的性质，社会主义民主的发展程度决定社会主义法治的发展程度；反过来，社会主义法治是实现社会主义民主的重要保障。因此，A、D项是正确的表述，B、C项是不正确的。

6. 答案：ABC

解析：（略）

7. 答案：ABC

解析：（略）

8. 答案：ABD

解析：在法与经济的关系上，经济因素对法的影响是根本性的，法并不能从根本上决定经济的发展。故选项C错误，其他项均正确。

9. 答案：ACD

解析：国际条约是指我国作为国际法主体同外国缔结的双边、多边协议和其他具有条约、协定性质的文件。条约生效后，对缔约国的国家机关、团体和公民就具有法律上的约束力，因此国际条约也是当代中国法的渊源之一。我国的国内法中还规定了国际条约的法律效力。例如，《中华人民共和国民事诉讼法》第267条规定：中华人民共和国缔结或参加的国际条约同中华人民共和国的民事法律有不同规定的，适用国际条约的规定，但中华人民共和国声明保留的条款除外。该条规定以一般原则的方式将国际条约并入我国国内法，作为我国法律渊源。而《伯尔尼保护文学艺术作品公约》是我国业已缔结的国际条约，据此《中华人民共和国著作权法》和《伯尔尼保护文学艺术作品公约》都是我国的法律渊源，在审判时可以直接适用。由此可知，本题答案为A、C、D。

10. 答案：ABD

解析：我国的法律渊源包括香港地区的法律渊源，而香港地区的法律渊源包括五项：普通法、衡平法、条例、附属立法和习惯法，所以A项正确。民族自治地方的自治条例和单行条例属于我国法律渊源，故B项正确。判例区别于判例法，所以C项错误。我国缔结或加入的国际条约对我国有法律效力，故D项正确。

11. 答案：BCD

解析：依照调整性规则为主体提供行为模式的不同方式，可以把调整性规则分为义务性规则、禁止性规则和授权性规则。授权性规则规定主体享有作出或不作出某种行为的权利，肯定主体为实现其利益所必需的行为自由。本题没有赋予主体权利，所以A项错误。义务性规则，是指在内容上规定人们的法律义务，即有关人们应当作出或不作出某种行为的规范，所以B项正确。强行性规则为社会关系参加者规定了明确的行为模式，行为主体必须遵守规则的规定，不允许他们自行协议解决问题，违反法定行为方案的协议是无效的。强行性规则是主体不可以自由选择的行为模式，所以C项正确。确定性规则是指内容已明确肯定，无须再援引或参照其他规则来确定其内容的法律规则，故D项正确。

12. 答案：ABD

解析：A项错在执法的主体仅包括国家行政机关，即执法机关，而不包括所有的法人。B项错在公民的守法既包括积极的守法也包括消极的守法。C项是正确的表述。D项错在积极的守法也要遵循程序性要求。守法就是遵守法律所规定的行为规范，将抽象的行为模式转化为在具体的法律关系中行使权利、履行义务的行为，这是守法的实质要求。有一点必须注意，那就是行使权利并不意味着为所欲为。

13. 答案：AC

解析：本题考查法律关系。选项A正确：体现了“意思自治”原则。选项B错误：在有保险公司的时期，法律才有规定。选项C正确：题目中所引的文字是符合马克思的法律的本质学说的。选项D错误：有些法律关系的产生，不仅要通过法律规范所体现的国家意志，而且要通过法律关系参加者的个人意志，也有很多法律关系的产生，并不需要特定法律主体的意志。

14. 答案：ABD

解析：法律解释根据解释主体和解释效力的不同可分为正式解释和非正式解释。正式解释又称有权解释，是指由特定的国家机关、官员或其他有解释权的人对法律作出的具有法律上的约束力的解释。根据解释主体的不同，正式解释可分为立法解释、司法解释和行政解释三种。非正式解释又称无权解释、学理解释，是指由学者或其他个人及组织对法律规定所作的不具有法律约束力的解释，这种解释是学术性或常识性的，不被作为执行法律的依据。是否具有普遍性意义的法律约束力是区别正式解释与非正式解释的关键。在我国，普通法官及其他司法、执法人员在日常司法、执法过程中所作的法律解释通常被认为是非正式解释。

15. 答案：AD

解析：选项A正确：法律人适用法律的最直接目标就是获得一个合理的法律决定。在法治社会，所谓合理的法律决定就是指法律决定具有可预测性和正当性。法律决定的可预测性是形式法治的要求，它的正当性是实质法治的要求。选项B错误：检察院用的是演绎的三段论的推理方式。选项C错误：法院在庭审中认定交通事故致鲁某重伤残疾并非因周某行为引起，这不单单是解决事实问题，实际上是从大前提和小前提中推出的结论。选项D正确：法律人适用法律解决个案纠纷的过程，首先要查明和确认案件事实，作为小前提；其次要选择和确定与上述案件事实相符合的法律规范，作为大前提；最后以整个法律体系的目的为标准，从两个前提中推导出法律决定或法律裁决。

16. 答案：BCD

解析：法律责任种类中影响较大的是道义责任论、社会责任论和规范责任论，它们都从某个方面体现了真理，但并不完全，所以A项错。法律责任体现的其实是国家与违法者之间的关系，是国家的否定性评价；它含有道义评价，因为行为人可以自由选择其是否违法，自由意味着道义上的可谴责性，法律评价是法律规范所划定的义务界限，社会制约性是指统治阶级对法律责任设定与否及设定方式的选择受经济基础制约。所以B、C、D项正确。

17. 答案：ACD

解析：（略）

18. 答案：ACD

解析：本题考查的是古今中外法学派关于法与道德的观点。关于法与道德在本质上的联系，这是一个法在本质上是否包含道德内涵的问题。西方法学界存在两种观点：一种是肯定说，以自然法学派为代表，肯定法与道德存在本质上的必然联系，认为法在本质上是内含一定道德因素的概念。实在法只有在符合自然法、具有道德上的善的时候，才具有法的本质而成为法。一个同道德严重对立的邪恶的法并不是一个坏的法，而是丧失了法的本质的非法的“法”，因而不是法，即“恶法非法”。另一种是否定说，以分析实证主义法学派为代表，否定法与道德存在本质上的必然联系，认为不存在适用于一切时代、民族的永恒不变的正义或道德准则，而法学作为科学无力回答正义的标准问题，因而是不是法与是不是正义的法是两个必须分离的问题，道德上的善或正义不是法律存在并有效力的标准，法律规则不会因违反道德而丧失法的性质和效力，即使那些同道德严重对抗的法也依然是法，即“恶法亦法”。由上可知，A、C、D项表述均错误。

19. 答案：ABCD

解析：法律应该与社会发展和文明进化相适应，随着社会的不断发展，法也不断地发展、进步。因此，A项说法正确。科技发展对一些传统法律领域提出了新问题，使民法、刑法、国际法等传统法律部门面临着种种挑战，要求各个法律部门的发展要不断深化。同时，随着科技的发展，出现了大量新的立法领域，科技法日趋成为一个独立的法律部门；关于科技法的研究也随之广泛开展起来，科技法学作为一个新的独立的学科，也被广泛承认。因此，科技的发展影响法律的调整范围。法对科技进步的作用体现为，运用法律管理科技活动，确立国家科技事业的地位以及国际间科技竞争与合作的准则。首先，法律可以确认科技发展在一个国家社会生活中的战略地位，1993年颁布的《中华人民共和国科学技术进步法》就是指导我国科技事业发展的基本法律；其次，法律可以对国际竞争起到促进和保障作用，可以对科技活动起到组织、管理、协调作用。因此，法律可以保障科技的发展。综上，B项说法正确。

当代中国法的渊源主要是以宪法为核心的各种制定法，包括宪法、法律、行政法规、地方性法规、经济特区的规范性文件、特别行政区的法律法规、规章、国际条约、国际惯例等。因此，C项说法是正确的。

通过本案中乙公司的辩称和法院的判断可知，法律决定的可预测性与可接受性之间存在着一定的紧张关系。因此，D项说法正确。

三、简答题

1.（1）法的价值冲突包括不同形态的法律价值之间的冲突和不同主体在同一形态法律价值上发生的冲突。（2）法的价值冲突的解决原则：首先，定义排除原则。通过对所涉价值形态的含义作出明确限定的方式，对相关的价值主张予以排除。其次，优先性原则。有可能借助于优先性的安排对冲突加以解决。最后，比例平衡原则。基于个案的情况作出适当的权衡。应该指出的是，在法的价值冲突解决的实践中，上述各种准则往往需要加以综合运用。

2. 法律调整的过程就是各种专门法律手段对主体行为和社会关系产生影响的过程。这一过程可以分为以下几个阶段：

第一阶段，法律规范开始生效阶段。经过法的创制，法律规范被通过并付诸实施，进入对一定社会关系的法律调整过程。这个阶段是法律调整的初始阶段，其特点在于确立了法律调整的规范性根据，把一定的社会关系纳入了法律调整的领域。

第二阶段，产生法律关系阶段。当出现一定法律事实后，根据法律的规定，使一定主体之间产生、变更或消失法律上的权利、义务关系，使法律规范转化为现实关系。

第三阶段，法律上的权利和义务获得实现，转化为主体享受权利、承担义务的行为的阶段。其特点是把包含在法律规范中的应然的要求，转化为具体社会关系参加者之间的具体行为尺度（具体的法律权利和义务），又转化为社会关系参加者的实际行为，权利被享用、义务被履行，法在生活中获得了实现。在许多情况下，法律调整到此结束。

机动性的第四阶段，即法的适用。有时，法律调整过程的实现需要国家权力的介入。或者表现为国家行政机关根据法律规定作出具体行为，或者主体间发生纠纷或出现违法犯罪行为，需要有权机关判明是非，认定和追究法律责任。在此情况下，法律调整过程还需要一个机动性的第四阶段。这个阶段有时不需要，有时出现在法律关系产生前，有时出现在法律关系产生后。

3.（1）联系：

第一，法律原则是法律规范的指导思想，法律原则与法律规范的关系是抽象与具体的关系。第二，法律规范是法律原则的具体化，将法律原则的精神体现在具体规定中，保障法律原则的具体落实。第三，二者都是法的四要素之一，法的要素包括法律概念、法律规范、法律原则、法律技术。第四，当法律规范缺位或不清楚时，就需要参考法律原则进行判决，但是单独依靠法律原则一般不能进行判决。

（2）区别：

第一，法律原则具有兼容性，不具有排他性，对某件事情适用但并不排除其他原则的适用。而法律规范具有排他性，具有全有或全无的性质，即对于某件事情或者适用，或者不适用。一旦适用则排除其他规则的适用。第二，矛盾的法律原则可以存在于同一部法律中，而法律规范则不可以这样。第三，法律原则可以适用于多个事件，而法律规范不具有这样的广泛适用性。第四，法律原则对于所适用的案件不能彻底解决，还需要法律规范的介入，而法律规范则可以提供彻底解释方案。第五，法律原则比法律规范更抽象，也更稳定。

4. 法律权利是指法律所允许的权利人为了满足自己的利益而采取的、有其他人的法律义务所保证的法律手段。第一，它来自法律规范的规定，得到国家的确认和保障；第二，它是保证权利人利益的法律手段，权利与利益有着密切的联系，但权利并不等于利益，权利人实现自己利益的行为是法律权利的社会内容，而权利则是这一内容的法律形式；第三，它是与义务相关联的概念，离开义务就无法理解权利，它得到义务人的法律义务的保证，否则，权利人的权利不可能行使；第四，它确定权利人从事法律所允许的行为的范围，在这一范围内，权利人满足自己利益的行为或者要求义务人从事一定行为是合法的。

5.（1）1981 年 6 月 10 日第五届全国人民代表大会常务委员会第十九次会议通过了《关于加强法律解释工作的决议》，对法律解释工作的体制和权限作出了明确规定，确立了以全国人大常委会为主体的各机关分工配合的法律解释体制，即凡属于法律、法令条文本身需要进一步明确界限或作出补充规定的，由全国人民代表大会常务委员会进行解释或用法令加以规定。凡属于法院审判工作中具体应用法律、法令的问题，由最高人民法院进行解释。凡属于检察院检察工作中具体应用法律、法令的问题，由最高人民检察院进行解释。最高人民法院和最高人民检察院的解释如有原则性分歧，由全国人民代表大会常务委员会解释或决定。不属于审判和检察工作中的其他法律、法令如何具体应用的问题，由国务院及主管部门进行解释。凡属于地方性法规条文本身需要进一步明确界限或作出补充规定的，由制定法规的省、自治区、直辖市人大常委会进行解释或作出规定。凡属于地方性法规如何具体应用的问题，由省、自治区、直辖市人民政府主管部门进行解释。

（2）我国法律解释体制的特征：第一，中央国家机关与地方国家机关之间分工配合。中央国家机关的解释指全国人大常委会、最高人民法院、最高人民检察院、国务院及其主管部门的解释。地方国家机关的解释指制定地方性法规的省、自治区、直辖市人大常委会以及相应人民政府主管部门的解释。第二，立法解释、司法解释与行政解释之间分工配合。这三种权限并不是并行的，而是以立法机关的解释为主体的。在最高人民法院与最高人民检察院的司法解释出现原则性分歧时，应由全国人大常委会进行解释或决定。第三，法定解释应遵循合法性原则，首先解释权限必须合法；其次解释内容必须合法，不得与宪法和法律相抵触。

6. 法律责任的归结，即归责，是指国家专门机关以及获得国家授权的其他社会组织根据宪法和法律规定，依照法定程序而将违法行为损害归结于特定担责主体的专门活动。法律责任的归责原则主要包括：

（1）归责的法定性原则。责任法定是归责合理性、正当性的基本要求，也是贯彻社会主义法治原则的具体体现。责任法定性原则要求对归责机关的责任认定权力予以法律限制，归责机关要遵循关于法律责任的实体性规定和程序性规定。归责的法定性也体现着归责的原则性与灵活性的结合与统一。

（2）归责的适度性原则。在设定责任时要遵循责任公平合理原则和责任的比例原则。首先，法律责任的大小、处罚的轻重应当与侵害行为的严重性程度、加害者的主观程度等相一致，不能畸重畸轻，要做到罪责罚相适应，侵害与处罚相一致。其次，适度性原则的基础是责任的对等性原则。再次，归责的适度性原则要求充分考虑每个归责过程的具体特点和具体情节，力求做到在具体的归责过程中达到具体正义。最后，责任的适度性蕴涵着对于责任的社会效益的考量。

（3）因果关系原则。归责的关键性前提之一就是在损害后果与加害人的损害行为之间建立因果联系。只有在因果联系的基础上进行归责，责任才有可能是正当合理的。

（4）归责的人道性原则。归责的人道性原则的凸显是人类文明进步的重要体现。

（5）责任的不可逃避性原则。法律责任的不可逃避性意味着要求没有任何违法行为能够逃避国家的否定性评价和社会的道义谴责。责任的预防意义，主要不在于惩罚的轻重，而在于其必为性、不可逃避性。

四、材料分析题

1. 统筹推进疫情防控工作，必须坚持在法治轨道上推进，这是全面依法治国的必然要求，是实现国家治理体系和治理能力现代化的重要保障，实现国家治理体系和治理能力现代化，内在的要求是必须发挥法治的积极作用，具体包括以下几个方面：

首先，从立法环节看，发挥法治在国家治理体系和治理能力现代化的作用，必须完善中国特色社会主义法律体系，加强宪法实施。法律是治国之重器，良法是善治之前提，建设中国特色社会主义法治体系，必须坚持立法先行，发挥立法的引领和推动作用。正如材料所言，在立法工作中，要突出问题导向，完善疾病预防控制体系，强化公共卫生法治保障，完善城市治理体系和城乡基层治理体系，加快完善各方面体制机制，提升应对重大突发公共卫生事件的能力和水平，为保障人民生命安全和身体健康夯实制度保障。

其次，从执法环节看，发挥法治在国家治理体系和治理能力现代化的作用，必须推进依法行政，建设法治政府。法律的生命力在于实施，法律的权威也在于实施。各级政府必须坚持在党的领导下、在法治轨道上开展工作，这是推进国家治理体系和治理能力现代化的重要保障。正如材料所言，要加大对危害疫情防控行为执法力度，严格执行传染病防治法及其实施条例、野生动物保护法、动物防疫法、突发公共卫生事件应急条例等法律法规，依法实施疫情防控及应急处理措施。

再次，从司法环节看，发挥法治在国家治理体系和治理能力现代化的作用，必须提高司法公信力，实现司法公正。公正是法治的生命线，要努力让人民群众在每一个司法案件中感受到公平正义，提高司法公信力，这对推进国家治理体系和治理能力现代化有重要的引领作用。正如材料所言，对危害疫情防控行为，要加大司法力度，推进严格司法和公正司法，同时，加强司法中的人权保障，严格适用相关法律规定。

最后，从守法环节来看，发挥法治在国家治理体系和治理能力现代化的作用，必须实现全民守法，建设法治社会。法律的权威源自人民的内心拥护和真诚信仰。人民权益要靠法律保障，法律权威要靠人民维护，推进国家治理体系和治理能力现代化，必须要形成守法光荣、违法可耻的社会氛围。从材料来看，在法治轨道上推进疫情防控，应加强法制宣传教育，及时解决因疫情引发的矛盾争议，夯实依法治国的群众基础。

总之，实现国家治理体系和治理能力现代化，必须要重视法治的积极作用，在法治轨道上推进疫情防控，这是实现国家治理体系和治理现代化的重要保障，有利于把我国制度优势更好转化为国家治理效能，有利于实现党执政兴国、人民幸福安康，有利于实现国家的长治久安，为实现“两个一百年”奋斗目标、实现中华民族伟大复兴的中国梦提供有力保证。

2. 这句话表述的是正义价值对法的意义，法治建设要维护正义价值，既要保护实体正义，又要保障程序正义。

（1）正义的基本概念和特征。

正义是人类追求的共同理想，是法的核心价值。正义以利益为依归，是对利益的正当分配。一般而言，作为社会基本结构的社会体制的正义，是最根本和最具决定意义的，是社会的首要正义。

（2）实体正义与程序正义的概念和关系。

1）实体正义是指通过法律规定的实体权利和义务来公正地分配社会利益与负担。2）程序正义是指为了实现法律上的实体权利与义务，设定必要程序以实现正义。3）二者的关系。实体正义是法律的目标，程序正义是实现正义的必备手段；同时，程序正义也有其独立价值。

（3）正义对法律价值的作用。

1）正义是法律存在根据和评价标准。正义是检验现实中法律制度好坏的根本标准和依据。2）正义是法律发展和进步的根本动因。正义始终引导着包括法律在内的社会基本制度的革故鼎新。3）正义适用于具体的法律实践。正义往往在法律适用与法律推理中成为解释法律的重要根据，成为解决疑难案件、填补法律空白或漏洞的依据。

（4）法治建设中既要保障实体正义又要实现程序正义。

1）在立法环节，要坚持科学立法原则，科学地分配实体正义和程序正义。这就要求我们科学划定权利、义务和责任。坚持权利本位，把保障权利作为权利义务设定的出发点；同时要考虑权利义务的平衡和弱势群体的实际承受能力，这样才能按照正义标准分配实体正义和程序正义。2）在执法环节，要坚持依法行政和正当程序的原则。一方面，要坚持依法行政，按照法定的职权、程序实施执法行为，实现实体正义；另一方面，要坚持正当程序原则，不得私下接触行政相对人，在对行政相对人作出不利处分前应当允许申辩。3）在司法环节，要坚持司法公正原则。一方面，司法裁判结果要公正，使当事人权益得到保障，违法犯罪者受到制裁。另一方面，司法过程要公正，司法程序要具有正当性，使当事人在司法过程中受到公平的对待。

五、论述题

（1）社会自治的内涵。

自治是一种社会治理方式，它是指一定地域或群体的成员基于自己的真实意愿，依托一定的组织体，自我认知、自我管理、自我决定的活动方式。自治包括地方自治和社会自治。社会自治是与社会日常生活中的权力组合相联系的自治，属于社会民主问题，对政治民主化有直接影响。社会自治是市民社会的一个基本原则，自治组织是公民社会的结构性元素。

（2）社会自治对法治的影响。

社会自治对法治具有积极作用，是法治的社会基础，具体包括：

1）社会自治有助于维持社会领域的独立性，抑制国家权力对社会生活的不适当干预。第一，市场是社会的核心部分，市场本身蕴含着自治的因素，它具有的自组织性、独立性支配着社会的自主性，能够产生对抗外来因素过度干预的力量。第二，自治使社会成员组织起来，通过争取更多的社会自我控制和自我管理权力，可以在一定范围内替代国家行政管理，从而减少国家权力的直接行使和滥用。第三，社会自治的发展并不是要完全取代国家的功能，它只是要求对国家权力范围的某种限制。国家权力至少在一个相当长的时期内有社会自治所无法取代的作用，而且社会自治也是相对的，自治中的许多问题也要求国家予以干预、协调。同时，国家权力从市场、社会中的某种程度的退出并不意味着社会陷入失控和混乱，相反会促进人们自我管理，孕育充满活力的新秩序。此外，社会自治本身使社会成员获得了更多的自由和创造能力，增强了整个社会的整体生产活力。

2）社会自治影响立法过程。社会自治有助于提高公民的政治参与和法律参与的积极性和能力，影响立法和法律的实现。社会自治组织的重要功能之一就是通过公共传媒表达其意见和在公共空间中交换意见，并在此基础上参与和影响国家的政治过程和法律实践活动等。

社会自治对立法及法的实现过程和结果的具体影响表现在：第一，社会自治的组织化有助于发现社会的法律需要，形成符合人民整体利益的共同意志。组织化的一个基本功能是增强人际间的信息交流与互动，从而更容易形成群体的共同意志，进而在群体与群体的交流中形成社会的整体意志，类似卢梭所说的“公意”。组织化的另一个功能是，在形成共同意志的基础上，有助于更顺畅、更及时地表达意志，从而及时被立法机关所关注，避免法律对社会需要的滞后性，导致阻碍社会生产发展。第二，社会自治组织能有效影响立法过程，有助于使立法真正体现最大多数人民群众的共同需要。社会自治组织能更好地集中特定群体和阶层的利益，并力争将本组织的意志向立法者渗透，通过多种渠道影响立法者，对法律议案发表意见。多元利益群体的共同参与可以有效协调多元利益的冲突，提高立法质量，体现法律的和谐思想，发挥和谐价值。第三，社会自治组织能够监督行政执法和司法活动，遏制法的实施过程中的腐败。自治组织有自己的组织机构，与基础民众有顺畅的信息沟通，是基层与国家机关之间的信息桥梁，也是利益博弈的折中器，它们可以有效行使政治性权利如批评等来表达意愿，对国家机关的违法行为表示不满，施加压力，促进它们依法行政和司法，发挥权力制约和法律监督的功能。

（3）法治对社会自治的促进作用。

社会自治也内在地需要法律的介入和参与。法律规制社会自治的程度和方式，是一个重大的课题。社会自治的健康发展需要国家权力通过法律予以必要的扶持、培育和保障。通过结社法、政党法、村民自治法等，可以培育、规范社会自治领域的活动。这些法律体现了国家对于社会事务的管理，这种管理是必要的。如果没有国家和法律的介入，社会自治就难以得到健康的发展，而不能形成真正的民主自治。法律介入社会自治领域，对社会自治组织规范的内容、效力等都会有影响。自治组织规范所涉及的事项中，如有法律规定的，须依照法律规定，法律所不涉及的问题由组织自主决定。但是也要看到，法律也设定了国家干预社会自治的程度和方式，国家不能以法律的名义任意干涉社会自治生活。社会自治必须免受国家的过分干预或不当介入。

图书在版编目（CIP）数据

法理学练习题集 / 朱景文主编．-- 6 版．-- 北京：
中国人民大学出版社，2023.1
21 世纪法学系列教材配套辅导用书
ISBN 978-7-300-31264-4

Ⅰ.①法… Ⅱ.①朱… Ⅲ.①法理学-高等学校-习
题集 Ⅳ.①D90－44

中国版本图书馆 CIP 数据核字（2022）第 222959 号

21 世纪法学系列教材配套辅导用书
法理学练习题集（第六版）
主　编　朱景文
Falixue Lianxitiji

出版发行	中国人民大学出版社		
社　址	北京中关村大街 31 号	**邮政编码**	100080
电　话	010－62511242（总编室）		010－62511770（质管部）
	010－82501766（邮购部）		010－62514148（门市部）
	010－62515195（发行公司）		010－62515275（盗版举报）
网　址	http://www.crup.com.cn		
经　销	新华书店		
印　刷	北京七色印务有限公司	**版　次**	2006 年 4 月第 1 版
开　本	890mm×1240mm　1/16		2023 年 1 月第 6 版
印　张	26.75	**印　次**	2023 年 10 月第 2 次印刷
字　数	846 000	**定　价**	68.00 元

《　　　　　　　》※任课教师调查问卷

为了能更好地为您提供优秀的教材及良好的服务，也为了进一步提高我社法学教材出版的质量，希望您能协助我们完成本次小问卷，完成后您可以在我社网站中选择与您教学相关的 1 本教材作为今后的备选教材，我们会及时为您邮寄送达！如果您不方便邮寄，也可以申请加入我社的**法学教师 QQ 群：83961183（申请时请注明法学教师）**，然后下载本问卷填写，并发往我们指定的邮箱（cruplaw@163.com）。

邮寄地址：北京市海淀区中关村大街 31 号中国人民大学出版社 806 室收

邮　　编：100080

再次感谢您在百忙中抽出时间为我们填写这份调查问卷，您的举手之劳，将使我们获益匪浅！

基本信息及联系方式：※

姓名：＿＿＿＿＿＿ 性别：＿＿＿＿＿＿ 课程：＿＿＿＿＿＿＿＿＿＿＿＿

任教学校：＿＿＿＿＿＿＿＿＿＿＿＿＿＿ 院系（所）：＿＿＿＿＿＿＿＿＿＿

邮寄地址：＿＿＿＿＿＿＿＿＿＿＿＿＿＿ 邮编：＿＿＿＿＿＿＿＿＿＿＿＿

电话（办公）：＿＿＿＿＿＿ 手机：＿＿＿＿＿＿ 电子邮件：＿＿＿＿＿＿

调查问卷：※

1. 您认为图书的哪类特性对您选用教材最有影响力？（　　）（可多选，按重要性排序）
   A. 各级规划教材、获奖教材　　B. 知名作者教材
   C. 完善的配套资源　　D. 自编教材
   E. 行政命令
2. 在教材配套资源中，您最需要哪些？（　　）（可多选，按重要性排序）
   A. 电子教案　　B. 教学案例
   C. 教学视频　　D. 配套习题、模拟试卷
3. 您对于本书的评价如何？（　　）
   A. 该书目前仍符合教学要求，表现不错将继续采用。
   B. 该书的配套资源需要改进，才会继续使用。
   C. 该书需要在内容或实例更新再版后才能满足我的教学，才会继续使用。
   D. 该书与同类教材差距很大，不准备继续采用了。
4. 从您的教学出发，谈谈对本书的改进建议：＿＿＿＿＿＿＿＿＿＿＿＿＿＿＿＿

＿＿＿＿＿＿＿＿＿＿＿＿＿＿＿＿＿＿＿＿＿＿＿＿＿＿＿＿＿＿＿＿＿＿＿＿

＿＿＿＿＿＿＿＿＿＿＿＿＿＿＿＿＿＿＿＿＿＿＿＿＿＿＿＿＿＿＿＿＿＿＿＿

选题征集：如果您有好的选题或出版需求，欢迎您联系我们：

联系人：黄　强　联系电话：010-62515955

索取样书：书名：＿＿＿＿＿＿＿＿＿＿＿＿＿＿＿＿＿＿＿＿＿＿＿＿＿＿

书号：＿＿＿＿＿＿＿＿＿＿＿＿＿＿＿＿＿＿＿＿＿＿＿＿＿＿＿＿＿＿＿

备注：※ 为必填项。